Anwenden & Vertiefen

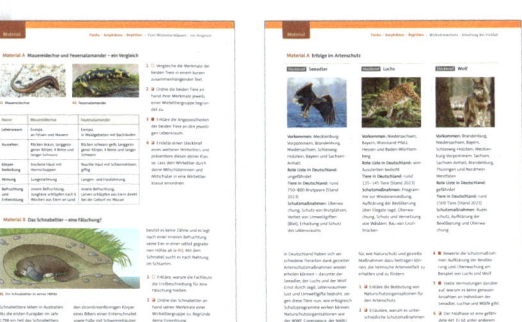

Material

Zu jedem Unterkapitel gehört eine Materialseite. Dort sind Versuche und materialgebundene Aufgaben zu finden, mit denen die neuen Erkenntnisse zur Anwendung gebracht und vertieft werden.

Vernetzen & Üben

Auf einen Blick

Am Ende eines jeden Kapitels werden die wichtigsten Themen und Begriffe zusammenfassend in einer Mindmap vernetzt. So kann man sich einen ganzheitlichen Überblick über das Gelernte verschaffen.

Blickpunkt

Die Blickpunktseiten enthalten Themen, die Naturwissenschaft lebendig machen. Sie bieten Interessantes aus anderen Fachgebieten oder vertiefende Informationen zu einem Thema.

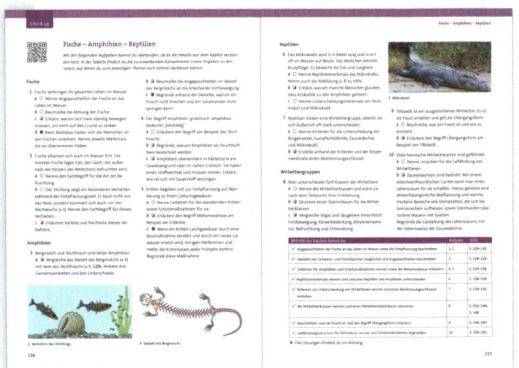

Check-up

Jedes Kapitel schließt mit Aufgaben zur Überprüfung des Lernerfolgs. Mit der Kompetenzübersicht und den Lösungen im Anhang lässt sich das erworbene Wissen sicher einschätzen.

Biosphäre Band 1

Allgemeine Ausgabe

Cornelsen

Band 1 Allgemeine Ausgabe

Autorinnen und Autoren: Friederike Breede, Dormagen; Silke Hübner, Kaiserslautern; Tim Kahler, Wettenberg; Berit Klöppner, Eisenach; Dr. Sven Klose, Heiligenhaus; Dr. Dirk Krüger, Hannover; Lisa Matthiesen, Hamburg; Kristin Menke, Münster; Gabriele Merk, Alzey; Dr. Sabine Mogge, Kassel; Laura Prodöhl, Minden; Nicole Schaller-Picard, Wuppertal; Dr. Adria Wehser, Burg Stargard

Berater: Dr. Dirk Krüger, Hannover

Teile dieses Buches sind anderen Ausgaben der Lehrwerksreihe Biosphäre entnommen.

Autorinnen und Autoren dieser Ausgaben sind: Andreas Bauer, Anke Brennecke, Anne-Kathrin Dierschke, Engelhard Göbel, Dr. Karl-Wilhelm Leienbach, Prof. Dr. Anke Meisert, Martin Post, Hans-Peter Schörner, Silke Rest, Dr. Volker Vopel, Ribana Weickenmeier

Redaktion: Berit Klöppner, Andrea Weber
Designberatung: Britta Scharffenberg
Umschlaggestaltung: Klein & Halm Grafikdesign; SOFAROBOTNIK GbR, Augsburg & München
Layoutkonzept und Layout: Klein & Halm Grafikdesign
Technische Umsetzung: L42 GmbH, Berlin
Grafik: Karin Mall; Tom Menzel; Bernhard A. Peter, Pattensen, NewVision! GmbH; Andrea Thiele

www.cornelsen.de

Soweit in diesem Lehrwerk Personen fotografisch abgebildet sind und ihnen von der Redaktion fiktive Namen, Berufe, Dialoge und Ähnliches zugeordnet oder diese Personen in bestimmte Kontexte gesetzt werden, dienen diese Zuordnungen und Darstellungen ausschließlich der Veranschaulichung und dem besseren Verständnis des Inhalts.

Dieses Werk enthält Vorschläge und Anleitungen für Untersuchungen und Experimente. Vor jedem Experiment sind mögliche Gefahrenquellen zu besprechen. Beim Experimentieren sind die Richtlinien zur Sicherheit im Unterricht einzuhalten.

Für die Nutzung des kostenlosen Internetangebots zum Buch gelten die allgemeinen Geschäftsbedingungen (AGB) des Internetportals www.cornelsen.de, die jederzeit unter dem entsprechenden Eintrag abgerufen werden können.

Die Webseiten Dritter, deren Internetadressen in diesem Lehrwerk angegeben sind, wurden vor Drucklegung sorgfältig geprüft. Der Verlag übernimmt keine Gewähr für die Aktualität und den Inhalt dieser Seiten und solcher, die mit ihnen verlinkt sind.

1. Auflage, 1. Druck 2025

Alle Drucke dieser Auflage sind inhaltlich unverändert und können im Unterricht nebeneinander verwendet werden.

© 2025 Cornelsen Verlag GmbH, Mecklenburgische Str. 53, 14197 Berlin, E-Mail: service@cornelsen.de

Das Werk und seine Teile sind urheberrechtlich geschützt. Jede Nutzung in anderen als den gesetzlich zugelassenen Fällen bedarf der vorherigen schriftlichen Einwilligung des Verlages.
Hinweis zu §§ 60 a, 60 b UrhG: Weder das Werk noch seine Teile dürfen ohne eine solche Einwilligung an Schulen oder in Unterrichts- und Lehrmedien (§ 60 b Abs. 3 UrhG) vervielfältigt, insbesondere kopiert oder eingescannt, verbreitet oder in ein Netzwerk eingestellt oder sonst öffentlich zugänglich gemacht oder wiedergegeben werden. Dies gilt auch für Intranets von Schulen und anderen Bildungseinrichtungen.

Der Anbieter behält sich eine Nutzung der Inhalte für Text- und Data Mining im Sinne § 44 b UrhG ausdrücklich vor.

Druck: Mohn Media Mohndruck, Gütersloh

ISBN 978-3-06-011506-8

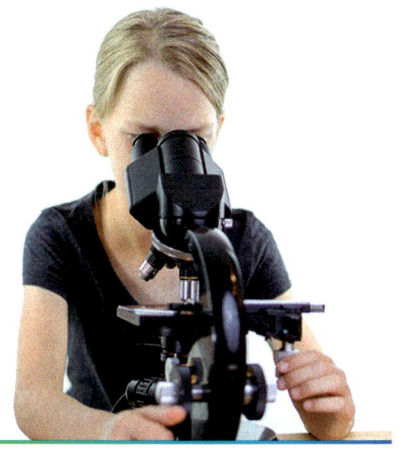

1

Die Biologie beschäftigt sich mit Lebewesen 8

Kennzeichen der Lebewesen
1.1 Tiere und Pflanzen 10

Denk- und Arbeitsweisen in der Biologie
Methode Die Natur erforschen – Denkweisen
 in der Biologie 14
Methode Die Natur erforschen – Arbeitsweisen in der
 Biologie 16
Methode Sicher Arbeiten im naturwissenschaftlichen
 Unterricht 18

Lebewesen bestehen aus Zellen
1.2 Das Mikroskop – Blick in den Mikrokosmos 20
Methode Mikroskopieren 24
1.3 Aufbau von Pflanzen- und Tierzelle 26
Methode Ein mikroskopisches Präparat
 von Pflanzenzellen herstellen 30
Methode Eine mikroskopische Zeichnung anfertigen 31

Auf einen Blick 32
Check-up 34

2

Säugetiere 36

Haustiere
2.1 Der Hund – ein beliebtes Haustier 38
Methode Steckbriefe erstellen 40
2.2 Eigenschaften des Hundes 42
2.3 Die Katze – ein Schleichjäger 46
Methode Vergleichen – Gemeinsamkeiten
 und Unterschiede von Tieren finden 50

Nutztiere
2.4 Das Rind – ein wichtiges Nutztier 52
2.5 Wildschwein und Hausschwein 56
Blickpunkt Haltung von Nutztieren 60
Methode Bewerten – Haltungsformen für Nutztiere 62

Säugetiere im Lebensraum
2.6 Das Eichhörnchen – ein Kletterkünstler 64
2.7 Der Maulwurf – ein Jäger im Untergrund 68
2.8 Fledermäuse – Jäger in der Luft 72
2.9 Der Biber – ein Baumeister am Wasser 76
Blickpunkt Wale – Säugetiere im Wasser 78
2.10 Überwinterungsformen bei Säugetieren 80
Methode Experimentieren 84
Methode Protokollieren 85
Methode Daten in einem Diagramm darstellen 86

Auf einen Blick 88
Check-up 90

Inhalt

3

Vögel 92

Vogelflug
3.1 Vögel – an das Fliegen angepasst 94
3.2 Wie Vögel fliegen – verschiedene Flugtechniken 98

Fortpflanzung der Vögel
3.3 Fortpflanzung beim Haushuhn 102

Verhalten der Vögel
3.4 Verhalten der Vögel 106
3.5 Vom Überwintern der Vögel 110

Auf einen Blick 114
Check-up 116

4

Fische – Amphibien – Reptilien 118

Fische
4.1 Fische in ihrem Lebensraum 120
4.2 Fische – Vielfalt der Fortpflanzung 124

Amphibien
4.3 Amphibien – Leben im Wasser und an Land 128
Methode Vergleichen und Ordnen 130
Methode Mit einem Bestimmungsschlüssel arbeiten ... 132
4.4 Amphibien – Fortpflanzung 134

Reptilien
4.5 Reptilien – angepasst an das Leben an Land 138

Wirbeltiergruppen
4.6 Fünf Wirbeltierklassen – ein Vergleich 142
4.7 Evolution der Wirbeltiere 146
4.8 Wirbeltierschutz – Erhaltung der Vielfalt 150
Methode Informationen recherchieren 152

Auf einen Blick 154
Check-up 156

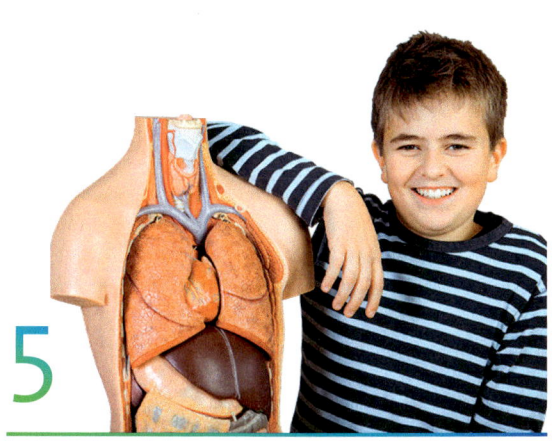

5 Körper des Menschen 158

Körperhaltung und Bewegung

5.1	Das Skelett besteht aus Knochen	160
Methode	Modellieren	164
Methode	Mit Modellen forschen – Wodurch sind Knochen so stabil?	165
5.2	Gelenke und Muskeln	166
5.3	Bewegung hält fit	170

Ernährung und Verdauung

5.4	Die Ernährung	174
5.5	Nährstoffnachweise	178
5.6	Gesunde und umweltschonende Ernährung	182
Blickpunkt	Essstörungen	186
5.7	Die Verdauung	188

Atmung und Herz-Kreislauf-System

5.8	Die Atmung	192
5.9	Blutkreislauf und Herz	196
5.10	Blut und Blutbestandteile	200
5.11	Zusammenspiel der Organe	204
Methode	Daten verarbeiten und darstellen	206

Auf einen Blick 208
Check-up 210

6 Sexualität und Fortpflanzung des Menschen 212

Entwicklung in der Pubertät

6.1	Pubertät – ein wichtiger Entwicklungsschritt	214
6.2	Bau der Geschlechtsorgane	218

Sexualität und Fortpflanzung

6.3	Liebe und Sexualität	224
6.4	Schwangerschaft, Geburt und Empfängnisverhütung	228

Auf einen Blick 234
Check-up 236

Inhalt

7

Samenpflanzen 238

Bau der Samenpflanzen
7.1 Samenpflanzen – Bau und Funktion der Organe 240
7.2 Die Kirsche – Aufbau einer Blüte 244
Methode Mit der Lupe arbeiten 246
Methode Mit der Stereolupe arbeiten 247
Methode Eine Blüte untersuchen 248

Fortpflanzung und Wachstum bei Samenpflanzen
7.3 Vielfalt der Bestäubung 250
7.4 Die Kirsche – von der Blüte zur Frucht 254
7.5 Ausbreitung von Samen und Früchten 258
7.6 Aus Samen entwickeln sich Pflanzen 262

Vielfalt und Ordnung
7.7 Samenpflanzen lassen sich ordnen 266
7.8 Weitere Pflanzenfamilien 270
Methode Einen Bestimmungsschlüssel für Pflanzenfamilien anwenden 274
Methode Ein Herbarium anlegen 275
7.9 Der Mensch nutzt Pflanzen 276

Lebensräume
7.10 Lebensräume sind überall 280
Methode Abiotische Faktoren erfassen am Beispiel der Temperatur 282
7.11 Pflanzen und Tiere des Waldes 284
7.12 Nahrungsbeziehungen im Wald 288
7.13 Der Laubwald im Jahresverlauf 292
7.14 Lebensräume schützen 296

Auf einen Blick 300
Check-up 302

Anhang

Basiskonzepte 304
Aufgaben richtig verstehen – Aufgaben lösen 308
Lösungen der Check-up-Aufgaben 310

Glossar 322
Register 329
Bildnachweis 335

Digitale Anreicherung

Videos, interaktive Übungen und Ähnliches fördern das Verständnis für komplexe Inhalte oft mehr, als es Text und Bild im Buch vermitteln können. Über QR-Codes stehen deshalb auf vielen Seiten zusätzlich digitale Materialien zur Verfügung.

Hinter diesem QR-Code findest du eine Gesamtübersicht über die digitalen Materialien in diesem Buch.

1
Die Biologie beschäftigt sich mit Lebewesen

▶ Biologie ist die Naturwissenschaft, die sich mit Lebewesen beschäftigt. In diesem Kapitel erfährst du, welche Kennzeichen Lebewesen haben und wie du sie von unbelebten Objekten unterscheiden kannst.

▶ Im Kapitel werden dir wichtige Denk- und Arbeitsweisen von Biologinnen und Biologen vorgestellt. Außerdem lernst du einige Regeln kennen, die beim naturwissenschaftlichen Arbeiten gelten.

▶ Du lernst, wie ein Mikroskop aufgebaut ist und wie man damit umgeht. Dabei erfährst du, wie man ein Objekt zum Mikroskopieren vorbereitet und was man beim Mikroskopieren beachten sollte.

▶ Alle Lebewesen haben gemeinsam, dass sie aus Zellen aufgebaut sind. Du erfährst, woraus Zellen bestehen und wie sich die Zellen von Tieren und Pflanzen unterscheiden.

Ein Mädchen schaut durch ein Mikroskop. Mikroskope sind Geräte, die Objekte sehr stark vergrößern. Sie werden von Forschenden in der Biologie häufig eingesetzt. Welche Objekte kann man im Mikroskop betrachten und was sieht man dabei?

1.1 Tiere und Pflanzen

1 Kriechende Weinbergschnecke

Wenn die Luft früh am Morgen noch feucht und kühl ist, sind viele Weinbergschnecken unterwegs. Sie kriechen langsam über Steine, Moos, Blätter und Äste. Sofort erkennen wir sie als Lebewesen, während wir Steine als nicht lebendig einordnen. Doch welche Merkmale hat ein Lebewesen? Und treffen diese Merkmale auf Tiere und Pflanzen in gleicher Weise zu?

Tiere bewegen sich • Die Fähigkeit, sich zu bewegen, gehört zu den auffälligsten Merkmalen der Tiere. Auch die Weinbergschnecke lässt sich hierdurch trotz ihrer Langsamkeit leicht vom nicht lebendigen Stein unterscheiden. **Bewegung** ist ein Kennzeichen der Lebewesen. Aber auch Autos bewegen sich. Daher muss es weitere Kennzeichen für Lebewesen geben.

Tiere reagieren • Stößt die Weinbergschnecke mit ihren Fühlern auf ein Hindernis, zieht sie diese ruckartig ein. Erst langsam streckt sie dann ihre Fühler wieder aus und orientiert sich neu. Schnecken können Reize aus ihrer Umgebung wahrnehmen. **Reizbarkeit** stellt ein weiteres Kennzeichen der Lebewesen dar.

Tiere ernähren sich • Schaut man der Schnecke bei ihrem Weg über den Stein genauer zu, kann man beobachten, wie sie mit der Raspelzunge den grünen Bewuchs abweidet. Dieser Bewuchs ist die Nahrung der Weinbergschnecke. Die Nahrung wird vom Körper aufgenommen und umgewandelt. Die in der Nahrung enthaltenen Stoffe werden genutzt. Unverdauliche Reste scheidet sie als Kot wieder aus. Die Umwandlung nennt man **Stoffwechsel**. Dieser dient der Aufrechterhaltung der Lebensvorgänge im Körper. Stoffwechsel ist ein weiteres Kennzeichen der Lebewesen.

2 Weinbergschnecke: **A** vor der Berührung, **B** nach der Berührung

Tiere pflanzen sich fort • Weinbergschnecken leben durchschnittlich 8–12 Jahre. Doch schon vor vielen Jahrhunderten gab es diese beeindruckenden Tiere. Generation für Generation bringen sie Nachkommen hervor und pflanzen sich dadurch fort. **Fortpflanzung** ist ein weiteres Kennzeichen der Lebewesen.

Tiere entwickeln sich • Elterntiere legen zunächst Eier in Erdhöhlen ab (▶ 3A), in denen dann die kleinen Schnecken aus den Eiern schlüpfen (▶ 3B). Die Nachkommen unterscheiden sich in ihrer ersten Lebensphase deutlich von ausgewachsenen Weinbergschnecken. Diese Jungschnecken entwickeln sich über Monate zu erwachsenen Tieren, die sich dann selbst fortpflanzen können. Eine solche **Entwicklung** ist typisch für Lebewesen.

Tiere wachsen • Während ihrer Entwicklung nehmen die jungen Weinbergschnecken auch an Größe zu. Sie tragen nach dem Schlüpfen noch ein weiches Gehäuse von nur wenigen Millimetern Länge, das mitwachsen kann. Ausgewachsene Tiere weisen eine Gehäusegröße von bis zu 40 Millimetern auf. Wachstum ist ein weiteres Kennzeichen von Lebewesen.
Tiere wie die Weinbergschnecke sind also Lebewesen, da für sie alle Kennzeichen des Lebendigen zutreffen: Bewegung, Reizbarkeit, Stoffwechsel, Fortpflanzung, Entwicklung und Wachstum.

Menschen und Tiere • Menschen zeigen alle Kennzeichen des Lebendigen. Sie unterscheiden sich biologisch nicht von Tieren. So kann sich der Mensch auf unterschiedliche Weise fortbewegen: Er geht, läuft, springt und schwimmt. Mit seinem Sinnesorgan Auge nimmt er zum Beispiel die verschiedenen Körperfarben und Körperformen der Tiere wahr. Er reagiert auf diese Wahrnehmungen mit einem bestimmten Verhalten. Während er die junge Katze streichelt, weicht er vor der Schlange aus Furcht zurück. Der Mensch zeigt hierdurch seine Reizbarkeit. Auch die Kennzeichen Stoffwechsel, Fortpflanzung, Entwicklung und Wachstum lassen sich beim Menschen feststellen.

1 📝 Nenne für den Menschen Beispiele für jedes Kennzeichen der Lebewesen. Lege dazu in deiner Biologiemappe eine Tabelle nach dem unten abgebildeten Muster an. Vervollständige die Zeile zum Menschen.

Kennzeichen	Bewegung	Reizbarkeit	Stoffwechsel	Fortpflanzung	Entwicklung	Wachstum
Mensch	gehen	sehen	—	—	—	—

2 📝 Nenne für zwei Tiere deiner Wahl Beispiele für die Kennzeichen der Lebewesen. Erweitere die Tabelle aus Aufgabe 1 hierzu um zwei Zeilen und fülle diese aus.

3 Weinbergschnecke: **A** bei der Eiablage, **B** frisch geschlüpfte Jungtiere, **C** Jungschnecke

1 Keimender Samen einer Rosskastanie

Pflanzen • Wenn Pflanzen zu den Lebewesen gehören, müssen sie wie Tiere die Kennzeichen des Lebendigen aufweisen.

Aus dem Samen der Rosskastanie wächst eine Wurzel und ein Spross, die immer größer werden (▶1). Aus dem Spross entwickelt sich im Verlauf der Zeit ein mächtiger Baumstamm mit Ästen und vielen Laubblättern. Die Pflanze ist gewachsen und hat sich entwickelt. Die Kennzeichen Wachstum und Entwicklung kann man bei allen Pflanzen beobachten.

Im Frühjahr bildet der Rosskastanienbaum Blüten, aus denen Früchte hervorgehen. In ihnen befinden sich die Samen, die der Fortpflanzung dienen.

Pflanzen nehmen Stoffe aus der Umgebung auf. Mithilfe des Sonnenlichts wandeln sie diese in Zucker und andere Nährstoffe um. Hierbei setzen die Pflanzen Sauerstoff frei. Zur Aufrechterhaltung ihrer Lebensvorgänge werden also Stoffe aufgenommen, umgewandelt und abgegeben. Pflanzen haben einen Stoffwechsel. Wenn man Gänseblümchen über den Tag hinweg beobachtet, stellt man fest, dass ihre Blüten am Morgen geschlossen sind (▶2). Mit den ersten Sonnenstrahlen öffnen sich die Blüten. Abends, wenn die Sonne untergeht, schließen sie sich wieder. Gänseblümchen reagieren auf Licht. Beim Öffnen und Schließen der Blätter bewegen sie sich. Pflanzen zeigen also auch die Kennzeichen Reizbarkeit und Bewegung.

1 ⬛ Ergänze in der für Aufgabe 1 auf Seite 11 bereits angelegten Tabelle eine Pflanzenart deiner Wahl.

2 ⬛ Erläutere ein Kennzeichen der Lebewesen. Beziehe dich auf Tiere und Pflanzen.

2 Gänseblümchen: **A** morgens, **B** mittags, **C** abends

| Material | Die Biologie beschäftigt sich mit Lebewesen • Tiere und Pflanzen |

Material A Lebendig oder nicht lebendig?

1. Beurteile, ob es sich bei den in A–I abgebildeten Objekten jeweils um ein Lebewesen handelt. Diskutiere mit deiner Tischnachbarin oder deinem Tischnachbarn.

2. Zu Aufgabe 1 auf Seite 11 hast du bereits eine Tabelle in deinem Heft angelegt. Erweitere diese Tabelle um die Beispiele Kerze, Kirschstein und Roboter.

Methode

Die Natur erforschen – Denkweisen in der Biologie

In diesem Biologiebuch steckt viel biologisches Wissen. Doch wie sind Biologinnen und Biologen zu diesem Wissen gekommen? Wie denken und arbeiten sie? Bevor sie praktisch arbeiten, durchdenken sie ihre Arbeit.

Biologinnen und Biologen sind neugierig. Und in der Biologie gibt es faszinierende Phänomene. Etwas Ungeklärtes zu entdecken ist eigentlich leicht, weil es in der Biologie viele offene Fragen gibt: Wie sind die vielen verschiedenen Wirbeltiere entstanden? Was brauchen Pflanzen zum Wachsen? Sobald du dir eine biologische Frage gestellt hast, suchst du nach Erklärungen. Und schon bist du mitten im biologischen Arbeiten. Doch bevor du **Arbeitsweisen** wie das Beobachten, Vergleichen, Experimentieren oder Modellieren nutzt, musst du dein Vorgehen schrittweise methodisch durchdenken. Dazu nutzt du unterschiedliche **Denkweisen**.

1 Es gibt viele Schritte zu Durchdenken.

2 Keimende Bohnen

Denkweisen
Zu den Denkweisen gehören: **Fragen stellen, Hypothesen formulieren, Planen und Durchführen** der praktischen Arbeit, **Daten auswerten** und die **Ergebnisse deuten**.
Die Denkweisen helfen, das folgende praktische Arbeiten zu strukturieren. Beim Durchdenken dieser Schritte wird dir klar, welche Arbeitsweise du auswählen musst, ob du also beobachten, vergleichen, experimentieren oder modellieren wirst.

1 Denkweise: Fragen stellen
Wenn dir ein biologisches Phänomen auffällt, löst das oft Fragen aus: Wie ist es entstanden, wie funktioniert das? Du beginnst, nach Erklärungen für das Phänomen zu suchen. In der Biologie stellst du Fragen, die mit naturwissenschaftlichen Methoden beantwortet werden können.
So eine Frage könnte sein: *Was brauchen Feuerbohnen zum Wachsen?*

2 Denkweise: Hypothesen formulieren
Ausgehend von deinen Erklärungen – Pflanzen brauchen Wasser, Sonne, Erde, Luft – kannst du Vermutungen aufstellen. Vermutungen sind unsichere Annahmen, was in Zukunft passieren kann. In der Wissenschaft spricht man nicht von Vermutungen, sondern von **Hypothesen**. Im Gegensatz zu Vermutungen sind Hypothesen gut begründet. Hypothesen machen Voraussagen, die du prüfen musst.
Du kannst eine Hypothese in einem Wenn-dann-Satz formulieren, wenn du glaubst, die Ursache für das Wachstum zu kennen, und dies gut begründen kannst: *Wenn eine Feuerbohne bei 25 °C wächst, dann wächst sie in der gleichen Zeit höher als bei 8 °C, weil niedrige Temperaturen das Wachstum verlangsamen.*

Hypothesen benennen genau, welche Größen du messen möchtest: Temperatur in Grad Celsius, Länge des Stängels in Zentimetern. Diese Größen nennt man Kriterien oder **Faktoren**.

3 Denkweise: Planen und Durchführen

Für die praktische Arbeit musst du besonders sorgfältig die Planung und Durchführung durchdenken. Deine Hypothese legt fest, welche Arbeitsweise du nutzen wirst. Mit deiner Hypothese vermutest du, dass eine Ursache, wie die Temperatur, eine Wirkung auf das Wachstum hat. Solche Zusammenhänge untersuchst du mit Experimenten. Die praktische Arbeit musst du so planen und durchführen, dass die gemessenen Daten aussagekräftig sind.

- Du misst mit Messgeräten wie Thermometer oder Lineal.
- Du bedenkst Wiederholungen und legst eine sinnvolle Anzahl Feuerbohnen fest.
  Ansatz A bei 8 °C: 10 Bohnen im Kühlschrank
  Ansatz B bei 25 °C: 10 Bohnen im Brutschrank
- Du legst zeitliche Abstände und die Dauer der Messung fest: *täglich messen, 10 Tage lang.*
- Du versuchst, störende Einflüsse zu vermeiden und in beiden Ansätzen gleiche Startbedingungen zu schaffen.
  Deshalb sollen alle 20 Bohnen gleich alt und bereits gekeimt sein. Zu Beginn sind sie 1–2 cm lang.

4 Denkweise: Auswerten und Deuten

Die **Auswertung** ist eine Denkweise, bei der du deine gemessenen Daten möglichst objektiv – also sachlich, ohne Wertung und neutral – beschreibst. Hier notierst du die Längen aller Bohnenpflanzen in beiden Ansätzen. Falls eine Pflanze nicht gewachsen ist, berichtest du das auch.
Besonders anschaulich gelingt die Auswertung, wenn du die Daten in Tabellen oder Diagrammen darstellst.
Du berichtest, dass die Stängel bei 8 °C 1–2,4 cm lang und bei 25 °C 14–36,5 cm lang gewachsen sind.

Die **Deutung** ist deine Interpretation, wie die Ergebnisse zustande gekommen sein können. Die Deutung ist deine persönliche Sicht und daher nicht objektiv, sondern subjektiv. Du führst sie getrennt von der Auswertung durch, damit sie von anderen hinterfragt werden kann. Zur Deutung gehört, dass du dein Vorgehen selbstkritisch betrachtest und berichtest, wenn dir Fehler unterlaufen sind.

Die Deutung erlaubt es, deine Hypothesen auf Basis der Daten vorläufig zu bestätigen oder zu widerlegen. Wenn du alle methodischen Schritte gut durchdacht hast, kannst du eine Antwort auf die zu Beginn formulierte Frage finden:
Deine Hypothese hat sich bestätigt. 25 °C sind bessere Bedingungen für das Wachstum von Feuerbohnen als 8 °C.
Ob allerdings etwas niedrigere oder höhere Temperaturen als 25 °C noch bessere Bedingungen sind, müsstest du durch neue Ansätze prüfen.

3 Experiment mit Bohnensamen: Nach der Durchführung folgt die Auswertung.

Methode

Die Natur erforschen – Arbeitsweisen in der Biologie

Du hast gelesen, dass Biologinnen und Biologen viel durchdenken, bevor sie praktisch arbeiten. Es stellt sich die Frage: Wie arbeiten sie? Eine einfache Antwort wäre: mit Versuchen. Sie können ihre Arbeit allerdings viel genauer benennen und sprechen nicht allgemein von „Versuchen".

Nachdem du eine Hypothese für deine Forschung formuliert hast, willst du mit einer der folgenden Arbeitsweisen zu aussagekräftigen Ergebnissen kommen. Dazu gehört, dass andere deine Arbeitsweise wiederholen können, zu denselben Ergebnissen kommen und sie diese so interpretieren wie du. Doch wie wird diese Qualität beim praktischen Arbeiten erreicht?

1 Arbeitsweise: Beobachten

Es ist gar nicht so leicht, ein biologisches Phänomen genau zu beobachten, denn sofort fragst du dich: Was genau soll ich denn beobachten?

Du musst dich entscheiden, welche Eigenschaften, Merkmale oder Abläufe du beobachten willst. Dabei nutzt du **Kriterien**. Kriterien sind Bedingungen, die dir helfen, das Beobachtete zu beurteilen und zu vergleichen. **Beobachten** ist nicht nur Hingucken, sondern bedeutet, deine ganze Aufmerksamkeit auf die Kriterien zu lenken. Beispiele für Kriterien sind die Flügelschläge von Vögeln, die Körpermasse von Tieren oder die Farbe von Blüten. Andere Eigenschaften von Lebewesen interessieren dich dann nicht und werden auch nicht beobachtet. Beim Beobachten greifst du nicht in das biologische Phänomen ein.

Beim Beobachten kannst du das Ziel verfolgen, einen Zusammenhang zwischen zwei Kriterien zu überprüfen. Zum Beispiel hast du erfahren, dass Elefanten bis zu 70 Jahre alt werden, Hamster dagegen nur 4 Jahre. Daraus könntest du einen Zusammenhang vermuten, den du als Hypothese in einem Je-desto-Satz formulierst:
Je größer das Säugetier, desto älter kann es werden.
Solche **Je-desto-Hypothesen** bearbeitest du durch Beobachten. Die Kriterien wären nun die Körpermasse von Säugetieren in Kilogramm und deren Höchstalter in Jahren. Die Tabelle (▶ 2) zeigt Beobachtungsdaten, die Biologinnen und Biologen dazu erhoben haben.

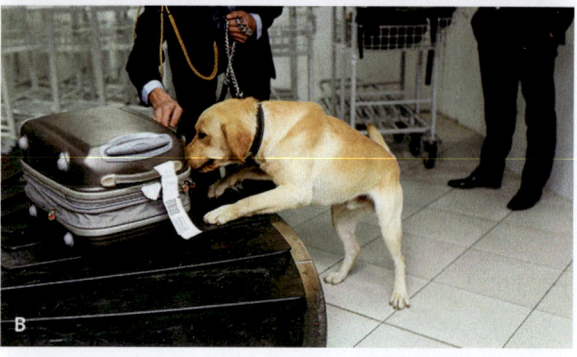

1 Beobachten: **A** mit Fernglas, **B** unter Zuhilfenahme eines Drogenspürhunds

Säugetier	Körpermasse (kg)	Alter (Jahre)
Afrikanischer Elefant	6000	70
Flusspferd	3200	54
Giraffe	1200	34
Pferd	500	50
Löwe	250	30
Mensch	100	110
Pavian	54	35
Kaninchen	2	18
Igel	1,2	14
Hamster	0,5	4

2 Beobachtungsdaten: Körpermassen und Alter von Säugetieren

Beobachten geht nicht nur mit den Augen, du beobachtest auch mit Kriterien beim Riechen von Gewürzen oder beim Hören von Fledermausrufen. Manchmal braucht man Instrumente als Hilfen wie Fernglas, Waage, Mikroskop, Ultraschall-Detektor oder Spürhund, weil manche Kriterien nicht mit dem bloßen Auge, der Nase oder den Ohren zu erkennen sind.

2 Arbeitsweise: Vergleichen und Ordnen

Beim **Vergleichen** in der Biologie gehst du auch mit Kriterien vor. Dabei vergleichst du mindestens zwei Objekte wie Hund, Fledermaus, Eidechse und Frosch auf Unterschiede und Gemeinsamkeiten. Dazu nutzt du ein Kriterium, zum Beispiel Haare. Wenn alle Objekte mit diesem Kriterium verglichen sind, dann sind sie in zwei Gruppen geordnet: Haare vorhanden (Hund, Fledermaus), Haare nicht vorhanden: (Eidechse, Frosch). In der nächsten Stufe werden die Objekte mit einem weiteren Kriterium verglichen, zum Beispiel Gebiss. Dabei können in den beiden Gruppen auch unterschiedliche Kriterien, zum Beispiel zusätzlich das Kriterium Haut, genutzt werden.

Wichtig ist, dass du nicht auf einer Stufe das Kriterium wechselst, bevor du alle Objekte mit dem einen Kriterium verglichen hast. Hältst du das durch, hast du einen **kriterienstet Vergleich** geschafft. Das kriterienstete Vergleichen führt zu einem Ordnungssystem (▶3).

3 Arbeitsweise: Experimentieren

Das **Experimentieren** ist die einzige Arbeitsweise, mit der du einen Zusammenhang zwischen einer Ursache und ihrer Wirkung untersuchen kannst. Man nennt es einen **Ursache-Wirkungs-Zusammenhang**.
Beim Experimentieren greifst du dafür bewusst in biologische Vorgänge ein. Du steigerst zum Beispiel gezielt die Anzahl der Kniebeugen als Ursache und beobachtest die Wirkung auf die Pulsschläge. Du vermutest also, dass sich die Pulsschläge in Abhängigkeit von der Anzahl Kniebeugen verändern. Dabei vermeidest du alle weiteren Einflüsse auf den Pulsschlag: Du kontrollierst Störungen, achtest auf den Gesundheitszustand und vermeidest Stress bei den Personen, bei denen du die Messungen durchführst.

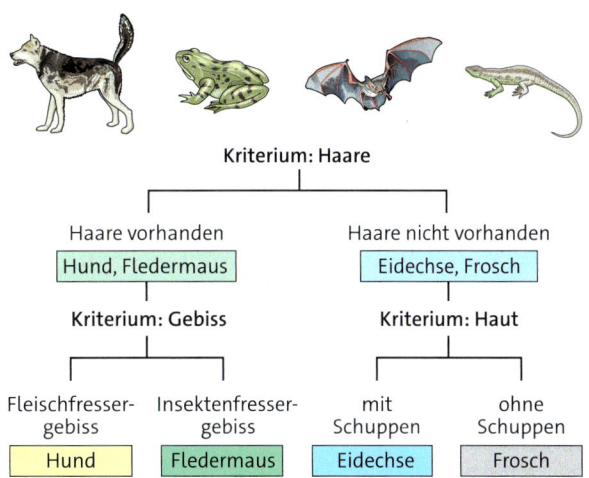

3 Beispiel für ein kriterienstetes Ordnungssystem

4 Arbeitsweise: Modellieren

Modellieren bedeutet mehr, als mit Modellen bekanntes biologisches Wissen zu veranschaulichen. Um neues biologisches Wissen zu erforschen, entwickeln und überprüfen Biologinnen und Biologen Modelle.
Zum Beispiel suchst du für das biologische Phänomen, dass sich im Herbst die Blätter verfärben, nach Erklärungen. Der Grund könnte die Temperatur, die Tageslänge oder die Sonnenscheindauer sein.
Daraus entwickelst du ein gedankliches Modell:
Es besagt, dass die Temperatur die Herbstfärbung auslösen könnte.

In solchen Modellen stecken Erklärungen über Vorgänge in der Natur, die Ereignisse voraussagen und getestet werden müssen. Dazu leitet man aus dem Modell unterschiedliche Hypothesen ab, die mit der passenden Arbeitsweise bearbeitet werden müssen:
Du kannst experimentieren, indem du grünblättrige Bäume im Gewächshaus bis zum Beginn der Herbstfärbung unterschiedlichen Temperaturen aussetzt. Du kannst aber auch beobachten und bis zum Beginn der Herbstfärbung die Temperatur, Tageslänge oder Sonnenscheindauer messen.
Werden dabei die Hypothesen widerlegt, muss das Modell überarbeitet werden und der Ablauf beginnt von vorne. Das Modellieren und die Modelle sind dabei wissenschaftliche Werkzeuge, um neue Erkenntnisse zu gewinnen.

Methode

Sicher Arbeiten im naturwissenschaftlichen Unterricht

Im naturwissenschaftlichen Unterricht werden häufig Experimente mit besonderen Geräten und Materialen durchgeführt. Aus Sicherheitsgründen sind dabei bestimmte Regeln und Verhaltensweisen einzuhalten.

Vor dem Experimentieren

1 Vorbereitung

Bevor du mit dem Experiment beginnen kannst, musst du deinen Arbeitsplatz aufräumen. Räume Jacken, Taschen, Brotboxen und Getränkeflaschen weg, damit sie dich nicht behindern und nicht verunreinigt werden. Auf dem Tisch bleiben nur die Materialien, die du für das Erstellen des Protokolls und das Experiment benötigst. Lange Haare bindest du aus den gleichen Gründen zusammen.

1 Sorgfältig arbeiten

2 Aufräumen und Entsorgen

2 Klären der Versuchsdurchführung

Lies dir die Versuchsanleitung durch und befolge Sicherheitshinweise wie das Tragen von Schutzhandschuhen und Schutzbrille, sofern sie angegeben sind. Hast du noch Fragen zur Durchführung oder zum Protokoll, kläre diese mit deiner Fachlehrkraft. Beginne nie mit einem Experiment, wenn dir etwas unklar ist. Arbeitet ihr in einer Gruppe, so verteilt eure Aufgaben untereinander. Hole die Versuchsmaterialien und stelle sie sicher in die Mitte auf den Tisch, damit sie nicht umfallen oder herunterfallen können. Kontrolliere, dass die Materialien sauber und nicht defekt sind. Melde Probleme deiner Lehrkraft. Lass den Versuchsaufbau, wenn nötig, von ihr kontrollieren.

Während des Experimentierens

3 Sorgfältig arbeiten

Experimentiere, wenn möglich, im Stehen, damit du schnell ausweichen kannst, wenn etwas Unerwartetes passiert. Befolge die Anweisungen in der Versuchsanleitung gewissenhaft und arbeite sauber.
Sollten Versuchsmaterialen kaputtgehen oder Chemikalien verschüttet werden, informiere direkt deine Lehrkraft. Fasse keine Glassplitter an und wische keine Chemikalien ohne Erlaubnis der Lehrkraft weg. Halte dich an die vorgegebenen Mengenangaben. Schütte nichts in die Gefäße zurück, wenn du zuviel entnommen hast. Sonst könnten unterschiedliche Chemikalien miteinander in Kontakt kommen. Verlasse deinen Arbeitsplatz nicht, solange das Experiment läuft. Essen und Trinken ist während des Experimentierens streng verboten.

Nach dem Experimentieren

4 Aufräumen und Entsorgen

Wenn du mit dem Experiment fertig bist, räumst du die Versuchsmaterialien sauber zurück. Schmutzige Gefäße sind nach Vorgabe der Lehrkraft zu reinigen.

Symbol	⚠	☣	🧪	🔥	🗲
Bezeichnung	gesundheits-schädlich	gesundheits-gefährdend	ätzend	leicht entzündlich	Gase unter Druck
Mögliche Gefährdung	Gefahren nicht eindeutig festgelegt, zusätzliche Hinweise auf der Verpackung	Schäden beim Verschlucken, eventuell krebserregend	Schäden an Haut, Augen.	entzündet sich in der Nähe von Flammen	Hitze kann zur Explosion führen, da Behälter unter Druck steht.
Beispiele aus dem Alltag	Imprägnierspray, Sekundenkleber	Fleckenentferner, Backofenspray	WC-Reiniger, Kalklöser, Bleichmittel	Brennspiritus, Deo, Haarspray	Gaspatronen zur Sprudelherstellung

3 Gefahrstoffsymbole

Verbrauchte Chemikalien und Abfälle werden in die dafür vorgesehenen Behälter entsorgt. Schütte keine Chemikalien in die Vorratsgefäße zurück. Hast du Handschuhe und Schutzbrille während des Experimentierens getragen, behältst du sie aus Sicherheitsgründen auch beim Aufräumen an.

Gefahrstoffe

Manche Chemikalien sind ätzend, reizen Haut und Augen oder sind entzündlich. Sie werden als **Gefahrstoffe** bezeichnet und erfordern Sicherheitsmaßnahmen und Vorsicht beim Arbeiten. Du erkennst diese Gefahrstoffe an den Gefahrstoffsymbolen (▶ 3) in der Versuchsanleitung und auf den Gefäßen (▶ 4A).
Im Alltag findest du auch auf Deodorants, Reinigungsmitteln (▶ 4B) und Brennspiritus diese Gefahrstoffsymbole und solltest die Sicherheitshinweise beachten. Arbeitest du mit Gefahrstoffen im Unterricht, musst du Schutzbrille und Schutzhandschuhe anziehen und solltest unbedingt die Hinweise deiner Lehrkraft befolgen.

4 Gefahrstoffe mit Kennzeichnung: **A** Chemikalienbehälter, **B** Reinigungsmittel

Besondere Laborgeräte

Im Biologieunterricht und vor allem beim Experimentieren benutzt du häufig spezielle Laborgeräte. Sie sind aus Glas wie beispielsweise Bechergläser und Erlenmeyerkolben oder aus Metall wie Spatel. Auch Messinstrumente wie Thermometer und Waage werden oft verwendet (▶ 5).

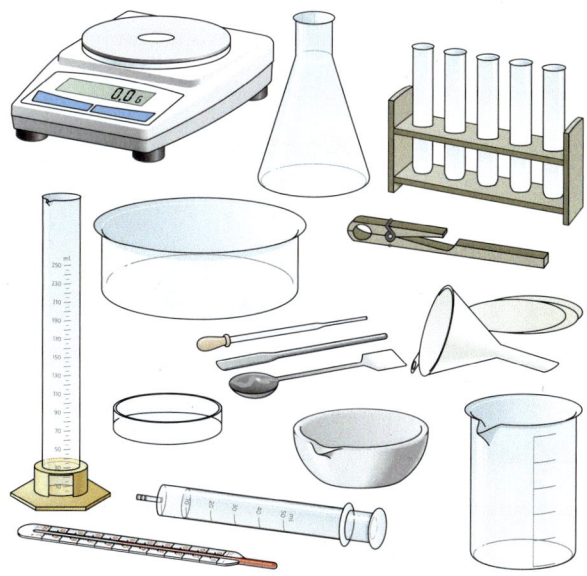

5 Laborgeräte

1.2 Das Mikroskop – Blick in den Mikrokosmos

1 Fledermauskasten

Fledermäuse gehören zu den bedrohten Tierarten. Der Mensch zerstört häufig ihren Lebensraum. Fledermauskästen schaffen eine Rückzugsmöglichkeit für Fledermäuse, aber auch für andere nachtaktive Tiere. Wie kann man prüfen, ob Fledermäuse dieses Angebot annehmen?

Mikroskop • Tiere hinterlassen bei der Nutzung von Höhlen und anderen Unterkünften verschiedene Spuren. Naturschützerinnen und Naturschützer können diese Spuren verwenden, um die Nutzung der Fledermauskästen oder anderer Verstecke durch Fledermäuse nachzuweisen. Der Fund von Haaren ist dabei sehr aussagekräftig, da sich diese von Tierart zu Tierart stark unterscheiden.

Solche Unterschiede lassen sich jedoch mit bloßem Auge meist nicht erkennen. Hierfür benötigt man eine Lupe oder ein Hilfsmittel, mit dem man noch kleinere Gegenstände erkennen kann, das **Mikroskop**.

Naturforschende hatten bereits früh den Wunsch, kleinste Strukturen zu vergrößern und miteinander zu vergleichen. Die Forscher Robert Hooke und Antoni van Leeuwenhoek bauten zwei der ersten Mikroskope. Mithilfe eines selbst gebauten Mikroskops betrachtete Hooke bereits im Jahr 1665 die Rinde von Korkeichen (▶ 2). Er stellte fest, dass Kork aus kleinen kastenförmigen Gebilden aufgebaut ist. Diese benannte er mit dem lateinischen Begriff *cellulae*. Somit legte Hooke den Grundstein für die heutige Erkenntnis, dass Lebewesen aus **Zellen** aufgebaut sind.

2 Geschichte der Zellbiologie: **A** Mikroskop von Hooke, **B** Korkzellen, von Hooke gezeichnet

Vergrößerung • Hookes Mikroskop erreichte wahrscheinlich eine Vergrößerung um das 270-Fache. Schulmikroskope vergrößern meist um das 40- bis 400-Fache. Moderne Mikroskope aus Forschung und Wissenschaft ermöglichen sogar Vergrößerungen um das Millionenfache. Manchmal fällt es beim Blick durch das Mikroskop schwer, die Größe eines Objekts richtig einzuschätzen. Hier hilft es, wenn man zum Vergleich ein Objekt bekannter Größe unter das Mikroskop legt.

Auflösung • Nicht immer führt eine höhere Vergrößerung auch zu mehr Erkenntnissen oder besseren Bildern. Wenn man ein Foto auf dem Handy sehr stark vergrößert, so nimmt man das Bild häufig verschwommen wahr. Man erkennt dann weniger als zuvor. Dies liegt daran, dass die Kamera nah beieinanderliegende Bildpunkte nicht mehr getrennt voneinander abbilden kann. Das Bild wird dadurch unscharf. Die Fähigkeit, Punkte noch getrennt voneinander abzubilden, bezeichnet man als **Auflösung**.

Foto oder Zeichnung • Wissenschaftlerinnen und Wissenschaftler dokumentieren ihre mit dem Mikroskop gewonnenen Erkenntnisse. Hierfür kann man entweder eine Zeichnung anfertigen oder versuchen, ein Foto aufzunehmen. Auch das Abpausen eines aufgenommenen Fotos ist möglich.

Beim Vergleich verschiedener Haarproben benötigt man vielleicht Bilder, die wichtige Details des jeweiligen Haares hervorheben und störende Bereiche wie eingeschlossene Luftblasen oder Verschmutzungen weglassen. Dies kann eine **Zeichnung** sehr gut leisten, da hier der Zeichnende entsprechend eingreifen kann.

Im Gegensatz zu einer Zeichnung kann ein **Foto** viel schneller angefertigt werden. Es enthält meist mehr Informationen, aber störende Elemente können nicht wie beim Zeichnen ausgelassen werden. Dies kann unübersichtlich wirken und einen Vergleich erschweren.

3 **A** Fledermaus, **B** Fledermaushaar (100-fach), **C** Fledermaushaar (400-fach), **D** Haarprobe, **E** menschliches Haar (100-fach)

1 Zeichne den Aufbau eines einzelnen Fledermaushaars und vergleiche es mit dem menschlichen Haar (▶3C, E).

2 Erkläre die Bedeutung des Mikroskops für die Wissenschaft.

3 Vergleiche die Dokumentation mit Zeichnung oder Foto hinsichtlich ihrer Vor- und Nachteile.

1 Lebewesen sind aus Zellen aufgebaut: **A** Oberfläche der Gurkenschale (100-fach), **B** Fruchtfleisch der Gurke (400-fach), **C** schematische Darstellung einer Zelle

Maßeinheiten in der Mikroskopie:
1 Millimeter (mm) = 1000 Mikrometer (μm)

Zelltheorie • Zwischen dem 14. und 15. Lebensjahr wächst ein Mensch durchschnittlich 6 Zentimeter im Jahr. Lange Zeit war unklar, wie Wachstum bei einem Lebewesen abläuft. Aufbauend auf den Beobachtungen von Hooke konnten entscheidende Erkenntnisse zu dieser Frage gewonnen werden. Die beiden Forscher Matthias Schleiden und Theodor Schwann formulierten im Jahr 1839 erstmals die Aussage, dass alle Lebewesen aus Zellen bestehen. Egal ob Blätter bei Pflanzen oder Haut und Haare beim Menschen – alle diese Teile eines Lebewesens bestehen aus Zellen (▶ 1).

Das Wachstum eines Lebewesens lässt sich damit erklären, dass sich Zellen teilen und somit die Anzahl an Zellen steigt (▶ 2C). So geht der Mensch lediglich aus einer Zelle, der befruchteten Eizelle, hervor. Im Laufe seines Lebens bilden sich ausgehend von dieser einen Zelle mehrere Billionen von Zellen.

Aufgrund dieser Erkenntnisse stellte der Arzt Robert Virchow 1858 die **Zelltheorie** auf. Sie besagt, dass alle Lebewesen aus Zellen bestehen und Zellen nur aus Zellen hervorgehen können.

Vielfalt von Zellen • Zwar gehen alle Zellen des Menschen nur aus einer Zelle hervor. Aber nicht alle diese Zellen sind gleich aufgebaut. Im Körper gibt es viele verschiedene **Zelltypen.** Nur so können Vorgänge wie Bewegung, Nahrungsaufnahme oder Wahrnehmung von Reizen ablaufen.

Andere Lebewesen bestehen nur aus einer einzigen Zelle. Bei solchen **Einzellern,** zu denen auch die **Bakterien** gehören, muss diese Zelle alle anfallenden Aufgaben bewältigen (▶ 2A, B). Gemeinsam ist allen Zelltypen, dass sie meist sehr klein sind und man sie mit dem bloßen Auge nicht erkennt. **Zellgrößen** gibt man in der Maßeinheit Mikrometer an. Tausend Mikrometer entsprechen dabei einem Millimeter.

1 📝 Stelle in einem Zeitstrahl die Namen der Wissenschaftler und ihre Erkenntnisse dar, die zur Formulierung der Zelltheorie beigetragen haben.

2 📝 Schätze die Breite eines menschlichen Haares (▶ **3E**, S. 21) näherungsweise in Mikrometern ab.

2 Zellen im Mikroskop: **A** Pantoffeltierchen (Einzeller), **B** Bakterienzelle, **C** sich teilende tierische Zelle

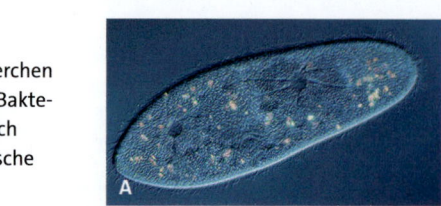
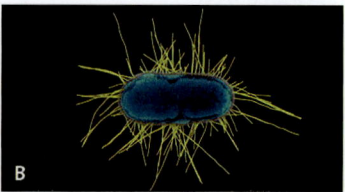
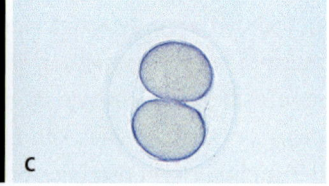

Material

Die Biologie beschäftigt sich mit Lebewesen • Das Mikroskop – Blick in den Mikrokosmos

Versuch A Wer war es? – Überführung eines tatverdächtigen Tieres anhand von Haarproben

A1 Tiere auf dem Bauernhof

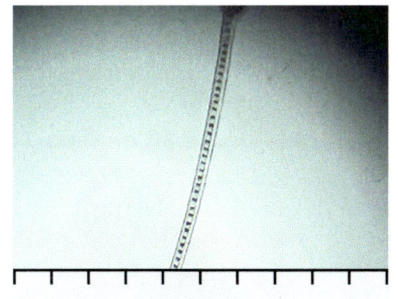

A2 Haarprobe (100-fach, Abstand zwischen zwei Strichen beträgt 100 Mikrometer)

Familie Tierlieb betreibt einen Hof mit allerlei Tieren. Neuerdings macht sich eines der Tiere über die Vorräte in der Scheune her. Tochter Klara möchte herausfinden, welches der Tiere (▶A1 A–D) sich heimlich bedient und geht auf Spurensuche. Sie stellt Haare am Tatort sicher und betrachtet diese unter dem Mikroskop (▶A2).

Zur Identifizierung des „Täters" besorgt sich Klara von allen tatverdächtigen Tieren eine Vergleichsprobe.

Material: Mikroskop, Pinzette, Objektträger, Deckgläschen, Pipette, Wasser, Hundehaar, Schafshaar, Kaninchenhaar, Katzenhaar

1 ◪ Mikroskopiere die vier Haarproben und fertige für jedes Haar eine entsprechende Skizze an. Nimm die Methodenseite 25 zu Hilfe.

2 ◪ Lege zusätzlich zu den Haarproben ein Geodreieck oder Millimeterpapier unter oder auf den Objektträger. Schätze näherungsweise die Breite der einzelnen Haare.

3 ● Vergleiche die vier Haarproben mit der Tatortspur und begründe anhand geeigneter Merkmale, wer der „Täter" war.

4 ◪ Erläutere, warum Merkmale wie Haarfarbe und Haarlänge nicht zur Täterbestimmung herangezogen werden sollten.

Versuch B Vielfalt im Heuaufguss

In Tümpelwasser verbirgt sich eine Vielfalt an Lebewesen. Erst ein Blick durch das Mikroskop verschafft Einblicke in diese Lebenswelt. Hierfür setzt man zunächst einen Heuaufguss an. Bakterien und Pilze ernähren sich von dem Heu und dienen ihrerseits als Nahrungsgrundlage für verschiedene Kleinstlebewesen, die mit dem Tümpelwasser hinzugegeben wurden. Schon kurze Zeit später findet man aufgrund der guten Nahrungsgrundlage eine Vielzahl dieser Lebewesen in einem einzelnen Wassertropfen.

Material: Heu, Tümpelwasser, Glasgefäß, Abdeckung

Durchführung: Befülle ein Glasgefäß mit Heu, etwas Tümpelwasser und gieße es bis knapp unter den Glasrand mit Leitungswasser auf. Lege eine Abdeckung so darauf, dass das Gefäß noch gut belüftet wird. Stelle es für zwei Wochen in einen warmen Raum.

1 ◪ Gib mit einer Pipette einen Tropfen des Heuaufgusses auf einen Objektträger und mikroskopiere.

2 ◪ Finde zwei verschiedene Kleinstlebewesen im Wassertropfen. Vergleiche sie hinsichtlich Größe und Fortbewegung. *Tipp: Die Bewegung der Lebewesen kann durch Zugabe von Wattefäden verlangsamt werden. Du kannst auch den QR-Code nutzen (▶ ▣).*

Methode

Mikroskopieren

Aufbau des Mikroskops

Eine wichtige Methode in der Biologie ist das Beobachten. Um kleinste biologische Strukturen wie Zellen gut beobachten zu können, benötigt man ein Hilfsmittel: das Mikroskop.

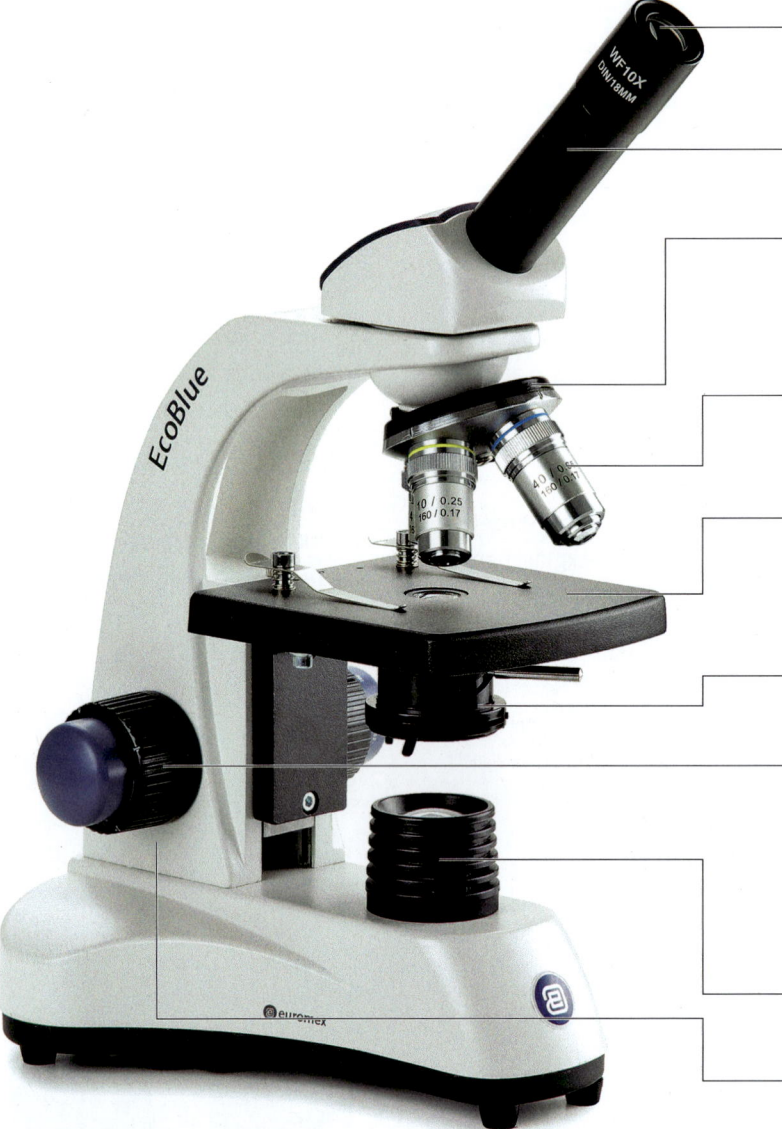

Okular: vergrößert das Bild. Die Vergrößerung ist neben der Linse eingraviert.

Tubus: Röhre mit dem Okular am oberen Ende

Objektivrevolver: Vorrichtung, um verschiedene Objektive mit unterschiedlichen Vergrößerungen über das Objekt zu stellen

Objektiv: stellt ein vergrößertes Bild des Objekts her. Die Vergrößerung ist meistens seitlich eingraviert.

Objekttisch: Auflage für das Objekt. Es wird in den Lichtstrahl, über die Öffnung im Objekttisch gelegt.

Blende: reguliert die Helligkeit und den Kontrast des Bildes.

Triebrad: verändert den Abstand zwischen dem Objekttisch und dem Objektiv und stellt so das Bild scharf. Meistens ist ein Triebrad für die grobe und eines für die feine Einstellung vorhanden.

Mikroskopleuchte: durchleuchtet das Objekt.

Stativ und Fuß: Halterung für die Teile des Mikroskops. Am Stativ trägt man das Mikroskop beim Transport.

1 Bau eines Lichtmikroskops

In der Schule verwendet man meist Durchlichtmikroskope. Hier strahlt das Licht von unten durch das Objekt. Um ein gutes Bild zu erzielen, legt man das Objekt auf eine Glasplatte, den **Objektträger**, und deckt es mit dem dünnen **Deckgläschen** ab. Das Objekt sollte möglichst dünn sein, damit genug Licht von unten hindurchstrahlen kann. Je nach Objektiv vergrößert das Mikroskop unterschiedlich stark. Schulmikroskope haben oft eine bis zu 400-fache Gesamtvergrößerung. Um diese zu bestimmen, multipliziert man die Okularvergößerung mit der Objektivvergrößerung.

Bedienung des Mikroskops

Um beim Mikroskopieren gute Ergebnisse und ein detailreiches Bild zu erzielen, musst du dich mit den Bauteilen (▶1) und der Handhabung eines Mikroskops vertraut machen. Nutze die folgende Arbeitsanleitung.

1 Transport
Greife das Mikroskop mit einer Hand am Stativ und mit der anderen Hand unter dem Fuß.

2 Vorbereitung
Schließe das Mikroskop an die Stromversorgung an und schalte die Lichtquelle ein. Fahre den Objekttisch mit dem Grobtrieb ganz nach unten und drehe das kürzeste Objektiv am Objektivrevolver ein. Berühre die Linse des Objektivs nicht mit den Fingerspitzen.

3 Auflegen des Objektträgers
Platziere den Objektträger so über der Öffnung auf dem Objekttisch, dass der durchfallende Lichtstrahl das zu untersuchende Objekt, das Präparat, gut ausleuchtet.

4 Ausrichten des Objekttischs
Fahre den Objekttisch mit dem Grobtrieb nahe an das eingedrehte Objektiv heran. Schaue währenddessen seitlich auf das Mikroskop und kontrolliere, dass sich Objektiv und Präparat nicht berühren (▶2).

5 Einstellen der Bildschärfe
Schaue nun durch das Okular und senke den Objekttisch mithilfe des Grobtriebs langsam ab, bis du ein scharfes Bild deines Präparats erhältst. Nutze den Feintrieb, um bei Bedarf noch zu regulieren.

6 Wahl des passenden Objektivs
Die einzelnen Objektive vergrößern unterschiedlich stark. Geringe Vergrößerungen, wie mit dem kürzesten Objektiv, eignen sich, um einen Überblick zu gewinnen. Große Vergrößerungen eignen sich hingegen dazu, Details zu erkennen. Durch Drehen des Objektivrevolvers kannst du die Objektive und somit die Vergrößerung wechseln. Eventuell musst du anschließend mit dem Feintrieb die Bildschärfe nachregulieren.

7 Helligkeit und Kontrast
Mithilfe der Blende kannst du die Lichtmenge und so den Kontrast regulieren. Prüfe, ob durch Veränderung der Blende ein schärferes Bild entsteht.

8 Suche geeigneter Stellen
Schaue durch das Okular und verschiebe den Objektträger vorsichtig auf dem Objekttisch, bis eine geeignete Stelle erscheint.

Zum Einüben des Mikroskopierens verwendet man einfache Präparate, die nicht aufwendig hergestellt werden müssen. Man kann beispielsweise mit einem Filzstift einen Strich auf einen Objektträger auftragen und diesen mithilfe des Mikroskops genauer beobachten.

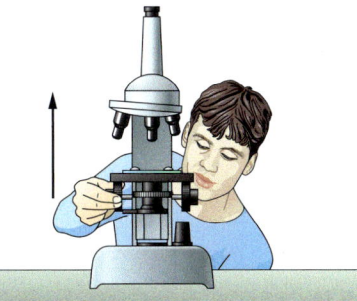

2 Heben des Objekttischs

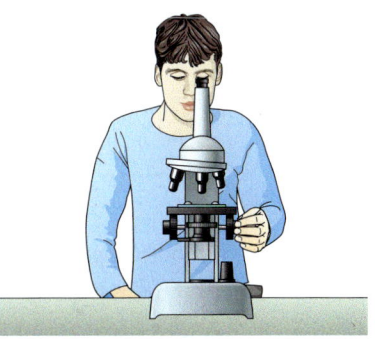

3 Einstellen der Bildschärfe

1 ☐ Trage mit einem Filzstift einen Strich auf einen Objektträger auf. Drücke dabei den Stift nicht durchgehend gleich fest auf.

2 ◪ Mikroskopiere den Strich und folge dabei der oben stehenden Arbeitsanleitung.

3 ◪ Vergleiche unterschiedliche Bereiche des aufgetragenen Strichs. Wähle die Vergrößerung, bei der du die meisten Details erkennen kannst.

4 ◪ Berechne die verwendete Gesamtvergrößerung.

1.3 Aufbau von Pflanzen- und Tierzelle

1 A Alpenveilchen, **B** Gepard

Pflanzen wie das Alpenveilchen wachsen und überleben zum Teil unter schwersten Bedingungen. Im Gegensatz zu Tieren können sie sich bei Kälte, Trockenheit oder Gefahr nicht in Sicherheit bringen. Die Lösungen für diese Probleme finden sich bereits im Aufbau der pflanzlichen Zelle. Wie ist eine pflanzliche Zelle aufgebaut? Welche Unterschiede bestehen zum Aufbau einer tierischen Zelle?

Aufbau pflanzlicher Zellen • Pflanzen wie das Alpenveilchen besitzen keine Knochen, die ihren Körpern Stabilität verleihen. Trotzdem zeigen sie eine feste Struktur. Eine Ursache hierfür kann auf der Ebene der pflanzlichen Zellen beobachtet werden. Bei der Betrachtung eines Blattes der Wasserpest unter dem Mikroskop fällt auf, dass jede Zelle von einer rahmenähnlichen Verdickung umgeben ist. Eine solche **Zellwand** schützt die Zelle nach außen hin (▶ 3). Der Zusammenschluss mehrerer solcher Zellwände gibt der Pflanze ihre Stabilität.

Neben den Zellwänden fallen die vielen linsenförmigen grünen Kügelchen innerhalb der Zelle auf. Diese Blattgrünkörner heißen **Chloroplasten**. Mit ihrer Hilfe kann die Pflanze bei Lichteinstrahlung aus Wasser und Kohlenstoffdioxid energiereichen Zucker herstellen. Diesen Vorgang bezeichnet man als **Fotosynthese**. Somit kann sich die Pflanze praktisch selbst ernähren.

Wenn Zellen der Wasserpest länger durch Licht angestrahlt werden, zum Beispiel im Mikroskop, kann man beobachten, dass sich die Chloroplasten bewegen. Sie bleiben dabei immer eng an der Zellwand. Das Zentrum der Zelle scheint ihnen für ihre Bewegung versperrt. Dies liegt an einem weiteren Bestandteil der pflanzlichen Zelle, der **Vakuole**.

Die Vakuole kann man sich wie einen großen, mit einem wässrigen Zellsaft gefüllten Sack vorstellen. Sie dient der Zelle zur Speicherung von Abfallstoffen, Nähr- und Farbstoffen sowie

2 A Spross und Blätter der Wasserpest, **B** Blatt der Wasserpest (100-fach)

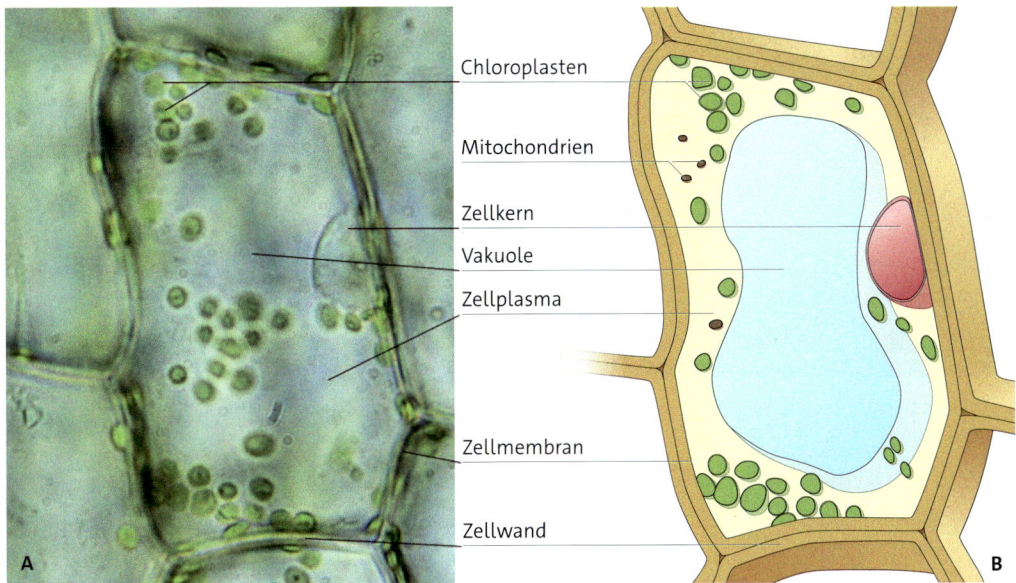

3 A Zelle eines Blattes der Wasserpest (400-fach vergrößert), **B** Schemazeichnung einer Pflanzenzelle

von natürlichen Frostschutzmitteln. Ist genug Wasser vorhanden, füllt die Vakuole fast das gesamte Innere der Zelle aus und drückt von innen gegen die Zellwand.

Im lichtmikroskopischen Bild gut erkennbar ist zudem eine kreisrunde Struktur innerhalb der Zelle, die deutlich größer als die Chloroplasten ist. Sie dient als Informationsspeicher und Steuerzentrale der Zelle. Ein solcher **Zellkern** enthält alle von der Zelle benötigten Informationen in Form des Erbmaterials und steuert so die Lebensvorgänge innerhalb der Zelle.

Andere Strukturen sind zu klein, um sie unter dem Lichtmikroskop zu erkennen. Hierzu gehören die „Kraftwerke der Zelle", die der Energiebereitstellung innerhalb der Zelle dienen. Dafür benötigen diese Bestandteile der Zelle, die **Mitochondrien,** Sauerstoff und Zucker.

Alle aufgezählten Zellbestandteile sind innerhalb der Zelle in eine wässrige Grundsubstanz eingebettet, das **Zellplasma.** Das Zellplasma und die sich in ihm befindenden Zellbestandteile werden zur Zellwand hin von einem dünnen Häutchen abgegrenzt, der **Zellmembran.**

Diese Zellmembran sorgt nicht nur für die Begrenzung der Zelle, sie kontrolliert auch den Transport in die Zelle hinein und heraus. Die Zellmembran ist im lichtmikroskopischen Bild meist nicht zu erkennen.

Die Zelle als System • Die verschiedenen Zellbestandteile bezeichnet man auch als **Zellorganellen.** Ähnlich wie die Zelle selbst sind sie jeweils durch eine oder mehrere Membranen vom Zellplasma abgetrennt. Hierdurch kann jedes Zellorganell seine Aufgabe ungestört erledigen. Dadurch ermöglichen sie gemeinsam eine reibungslose Arbeitsweise der Zelle.
Eine solche Struktur wie die Zelle, in der unterschiedliche Bestandteile zusammenarbeiten und als Ganzes funktionieren, wird in der Biologie als **System** bezeichnet.

1 ☐ Stelle die einzelnen Zellbestandteile und ihre Funktion in einer tabellarischen Übersicht dar.

2 ✎ Erkläre, warum Pflanzen nicht wie manche Tiere Nahrung sammeln oder auf die Jagd gehen müssen.

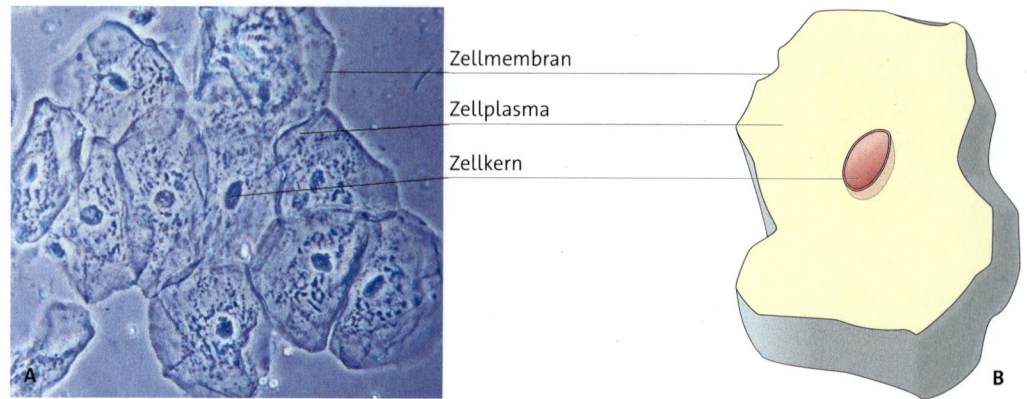

1 A Zellen der Mundschleimhaut (400-fach vergrößert), **B** Schemazeichnung einer tierischen Zelle

Aufbau tierischer Zellen • Tierische und pflanzliche Zellen haben Gemeinsamkeiten, aber auch Unterschiede. Beim Betrachten von Mundschleimhautzellen im Lichtmikroskop fällt auf, dass diese Zellen keine Zellwand besitzen (▶1). Die äußere Abgrenzung der Zellen erfolgt nur durch die dünne Zellmembran. Die Zellen können dadurch schneller auseinanderreißen. Ebenso fehlen Chloroplasten. Tiere müssen somit energiereiche Nahrung aufnehmen und dafür Pflanzen fressen oder Beute jagen. Sowohl pflanzliche als auch tierische Zellen besitzen einen Zellkern. Weil eine Vakuole bei tierischen Zellen fehlt, liegt der Zellkern meist mittig in der Zelle. Auch bei tierischen Zellen ist das Innere der Zelle mit Zellplasma gefüllt. Eine weitere Gemeinsamkeit pflanzlicher und tierischer Zellen ist das Vorhandensein von Mitochondrien zur Energiebereitstellung.

Organisationsebenen • So unterschiedlich Tiere und Pflanzen doch sind, gemeinsam ist ihnen der Aufbau aus Zellen. Zellen erfüllen dabei unterschiedliche Aufgaben. Einen Zusammenschluss gleich aufgebauter Zellen bezeichnet man als **Gewebe**. Ein Beispiel ist das Muskelgewebe bei Tieren. Verschiedene Gewebe können wiederum zusammen ein **Organ** bilden, zum Beispiel einen Muskel. Das Zusammenwirken aller Organe ermöglicht schließlich das Überleben eines **Organismus**. Zellen, Gewebe und Organe bilden so die **Organisationsebenen** eines Organismus (▶2).

1 ☐ Nenne die Unterschiede zwischen pflanzlicher und tierischer Zelle.

2 ☐ Beschreibe den Aufbau des Alpenveilchens aus Zellen, Geweben und Organen.

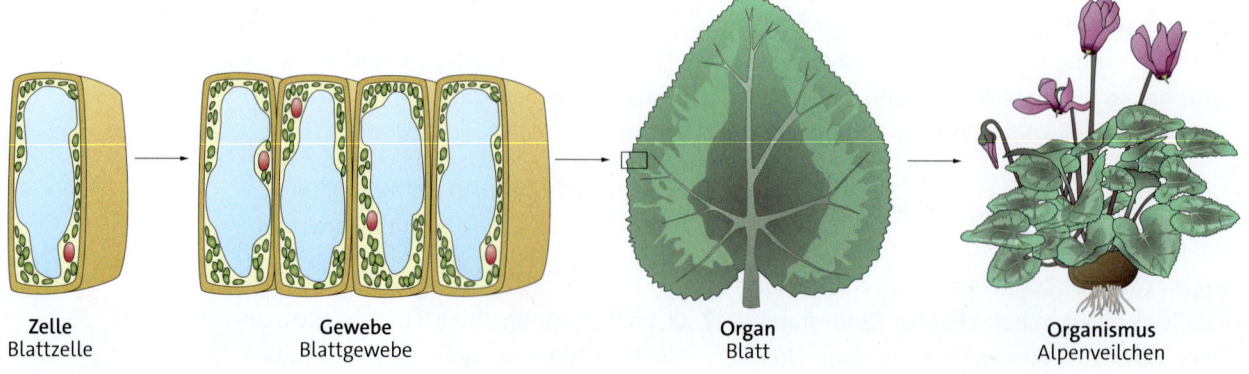

| Zelle | Gewebe | Organ | Organismus |
| Blattzelle | Blattgewebe | Blatt | Alpenveilchen |

2 Organisationsebenen

Material

Die Biologie beschäftigt sich mit Lebewesen • Aufbau von Pflanzen- und Tierzelle

Versuch A Das Modell einer Zelle bauen

A1 Modell einer Zelle

Das lichtmikroskopische Bild einer Zelle ist häufig sehr eingeschränkt. Die begrenzte Vergrößerung und Auflösung eines Schulmikroskops verhindern oft, dass man alle Zellorganellen erkennen kann. Dadurch, dass man von oben auf die Zellen schaut, wirken die Zellen auch häufig platt und wenig dreidimensional. Modelle können dabei helfen, ein besseres Verständnis vom Aufbau einer Zelle zu erlangen. Modelle sind dabei keine Kopie des Originals, sondern sie unterscheiden sich mindestens in einem Merkmal vom Original. Solche Merkmale können die Größe, die Ausstattung oder auch das verwendete Material sein.

1 ◨ Erkläre anhand der Abbildung den Unterschied zwischen einem Modell und dem Original (▶ A1).

2 ◻ Nenne Zellbestandteile, die in einem Modell einer tierischen Zelle und dem Modell einer pflanzlichen Zelle dargestellt werden müssten.

3 ◨ Wähle geeignete Materialien zur Darstellung der verschiedenen Zellbestandteile aus (Schuhkarton, Plastikbälle, Knete …). Stelle in einer Tabelle jeweils Zellbestandteil und gewähltes Material gegenüber.

4 ◨ Baue das Modell einer tierischen oder einer pflanzlichen Zelle mithilfe der Materialien.

5 ■ Vergleiche dein Modell mit einer lebenden Zelle, dem Original. Welche Unterschiede bestehen? Welche Eigenschaften des Originals kann das Modell nicht gut darstellen?

Material B Zellen im lichtmikroskopischen Bild

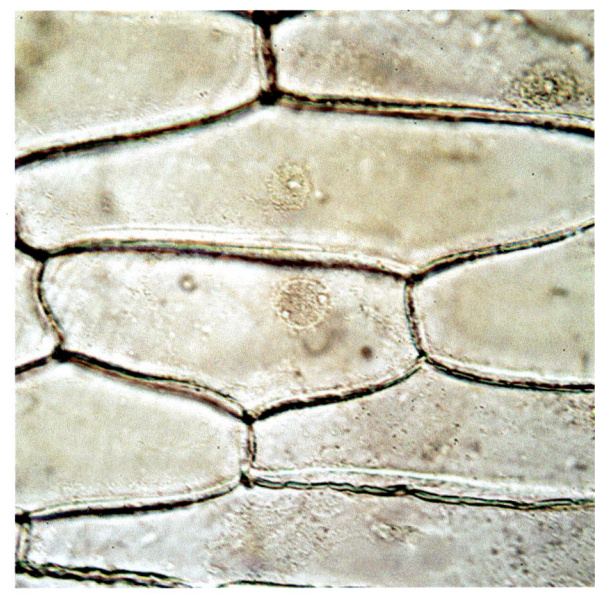

B1 Zellen der Küchenzwiebel

Als Zwiebel bezeichnet man einen unter der Erde angelegten Bestandteil einer Pflanze, der ihr als Speicher für Nährstoffe dient. Ein bekanntes Beispiel hierfür ist die weiße Küchenzwiebel. Das lichtmikroskopische Bild zeigt Zellen aus der Schale einer weißen Küchenzwiebel (▶ B1).

1 ◻ Benenne die in der Abbildung sichtbaren Zellbestandteile (▶ B1).

2 ◨ Begründe, warum es sich bei diesen Zellen um pflanzliche Zellen handelt.

3 ◨ Vergleiche die dargestellten Zellen mit den Zellen der Wasserpest (▶ 3A, Seite 27).

4 ■ Begründe die Unterschiede zwischen Zwiebelzelle und Wasserpestzelle.

Methode

Ein mikroskopisches Präparat von Pflanzenzellen herstellen

Biologische Objekte müssen zum Mikroskopieren meist erst zurechtgeschnitten werden. Nur so passen sie auf den Objektträger, sind dünn genug und es fällt ausreichend Licht durch das Objekt. Eine solche Vorbereitung des zu untersuchenden Objekts nennt man Präparation. Im Folgenden wird die Präparation einer pflanzlichen Zelle beschrieben, in diesem Fall aus der Schuppenhaut einer roten Küchenzwiebel.

Folgende Hilfsmittel werden benötigt:

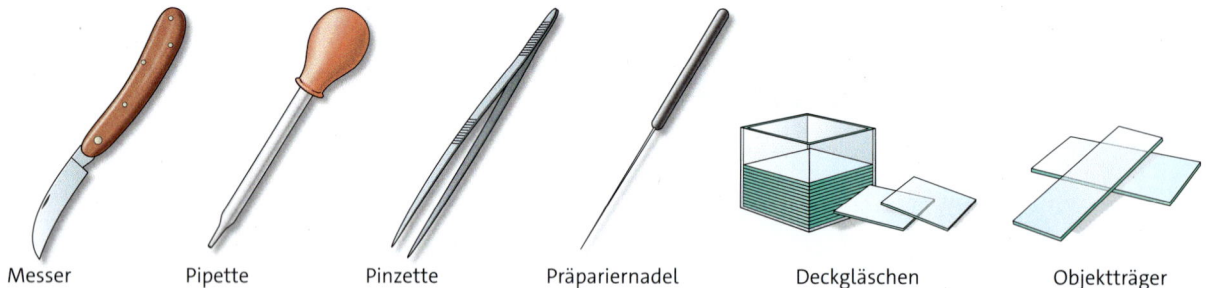

Messer   Pipette   Pinzette   Präpariernadel   Deckgläschen   Objektträger

1 Hilfsmittel für die Anfertigung eines mikroskopischen Präparats

Gehe wie folgt vor:

1 Schneide mit dem Messer die Küchenzwiebel längs so durch, dass vier gleiche Teile entstehen. Löse eine Schuppe heraus.

3 Gib mit der Pipette einen Wassertropfen auf einen sauberen Objektträger.

5 Lege die abgezogene Zwiebelhaut mit der Pinzette im Wassertropfen auf dem Objektträger ab.

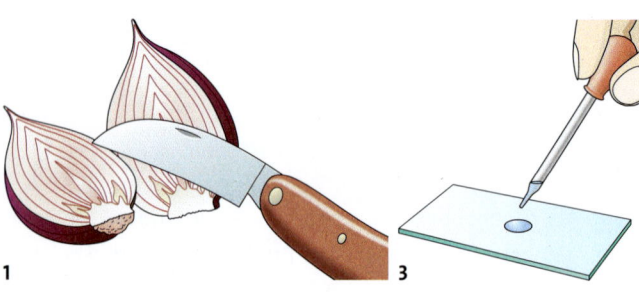

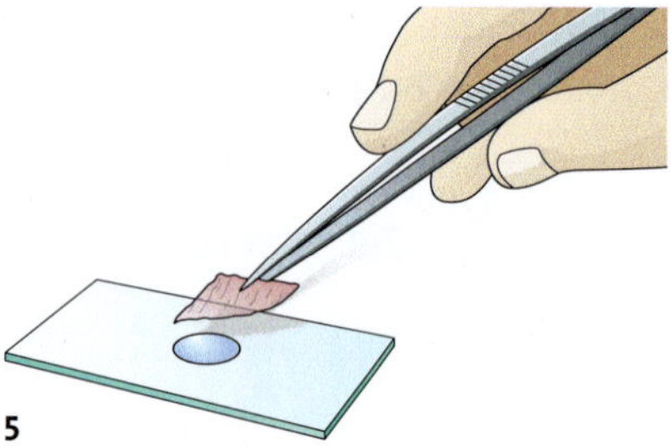

2 Knicke die Schuppe in der Mitte (**A**) und ziehe beide Teile vorsichtig auseinander (**B**), sodass die beiden Hälften über die äußere Haut der Schuppe verbunden bleiben.

4 Ziehe die überstehende Zwiebelhaut vorsichtig mit einer Pinzette ab.

6 Setze ein Deckglas mit seiner Kante neben dem Wassertropfen auf den Objektträger auf. Senke es mit einer Präpariernadel vorsichtig über dem Präparat ab. Somit werden keine Luftblasen eingeschlossen.

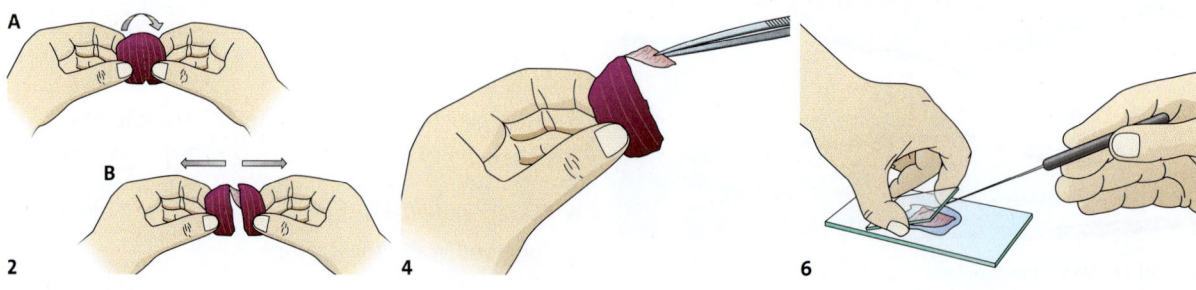

Eine mikroskopische Zeichnung anfertigen

Biologinnen und Biologen dokumentieren ihre Forschungsergebnisse. So können Fragestellungen beantwortet und Ergebnisse miteinander verglichen werden. Eine mikroskopische Untersuchung lässt sich dabei über eine Zeichnung gut dokumentieren. Dabei gelten für die Anfertigung einer mikroskopischen Zeichnung besondere Regeln.

1 Bereitlegen des Materials
Für eine mikroskopische Zeichnung benötigst du weißes Papier. Die Linien auf kariertem oder liniertem Papier könnten sonst beim Zeichnen stören. Nutze zum Zeichnen einen spitzen Bleistift, damit du bei Bedarf korrigieren kannst.

2 Festlegung des Zeichenausschnitts
Durch das Mikroskopieren möchtest du in der Regel eine Fragestellung beantworten. Vielleicht möchtest du wissen, wie eine einzelne Zelle aufgebaut ist oder wie mehrere Zellen in Verbindung stehen. Du musst dich also entscheiden, ob du nur eine Zelle oder vielleicht ganze Gewebe zeichnen möchtest.

3 Angabe der formalen Merkmale
Notiere am oberen Ende des DIN-A4-Blattes deinen Namen, das Datum, um was für ein Präparat es sich handelt und die verwendete Vergrößerung. Eventuell kannst du auch die Leitfrage dort festhalten.

4 Zeichnen
Zeichne möglichst groß, nutze mindestens eine halbe DIN-A4-Seite. Es wird nur das gezeichnet, was du siehst. Zeichne die Umrisse des Objekts mit durchgezogenen Linien und mache keine Schraffuren.

5 Beschriften
Beschrifte deine Zeichnung mit den passenden Fachbegriffen. Schreibe in Druckschrift. Ziehe die Beschriftungslinien mit dem Lineal.

Auf dem Wochenmarkt kann man die Farbenvielfalt der Pflanzenwelt bestaunen. Die Ursache für die Färbung liegt in den Zellen der Pflanzen. Dabei können unterschiedliche Zellorganellen für die Färbung verantwortlich sein.
Bearbeite die folgenden Aufgaben und beantworte die Frage: Welche Zellorganellen sorgen für die Färbung der Pflanzenzellen?

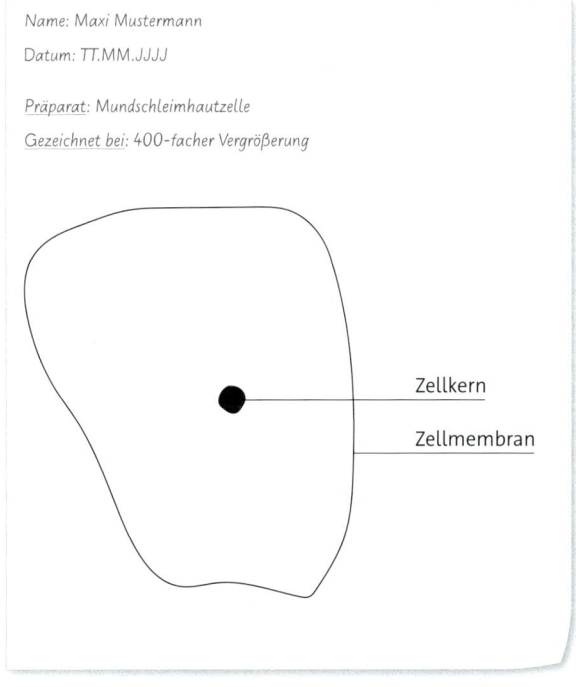

2 Dokumentation: Mikroskopie einer Mundschleimhautzelle

1 🔖 Mikroskopiere ein Blatt der Kanadischen Wasserpest. Die Blätter dieser Pflanze sind sehr dünn und können als Ganzes mikroskopiert werden.

2 🔖 Mikroskopiere eine Zelle aus der Schuppenhaut der roten Küchenzwiebel (▶ Seite 30).

3 🔖 Dokumentiere deine Ergebnisse jeweils mithilfe einer Zeichnung. Nenne das Zellorganell, das jeweils für die Färbung der Zelle verantwortlich ist.

3 Farbenvielfalt bei Pflanzen

Auf einen Blick

Die Biologie beschäftigt sich mit Lebewesen

Mit dieser Übersicht kannst du die wichtigsten Inhalte des Kapitels wiederholen. Ergänze das Schema um weitere Begriffe und finde Querbeziehungen zwischen den Themen.

- **Kennzeichen der Lebewesen** — Tiere und Pflanzen

- **Denk- und Arbeitsweisen in der Biologie**
  - Denkweisen
  - Arbeitsweisen

- **Lebewesen bestehen aus Zellen**
  - Das Mikroskop
  - Aufbau von Pflanzen- und Tierzelle

Die Biologie beschäftigt sich mit Lebewesen

Bewegung

Reizbarkeit

Stoffwechsel

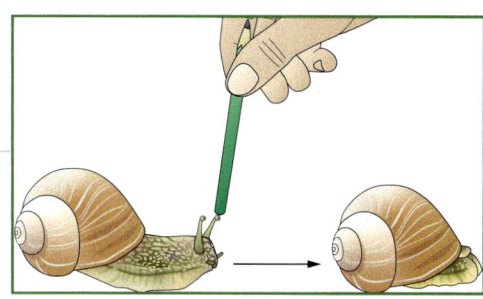

Fortpflanzung

Entwicklung

Wachstum

Fragen stellen – Hypothesen formulieren

Planen und Durchführen – Auswerten und Deuten

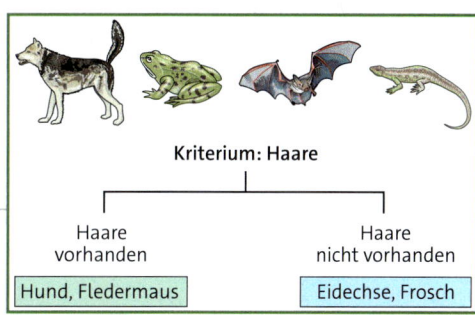

Beobachten – Vergleichen und Ordnen

Experimentieren – Modellieren

Blick in den Mikrokosmos

Methode: Mikroskopieren

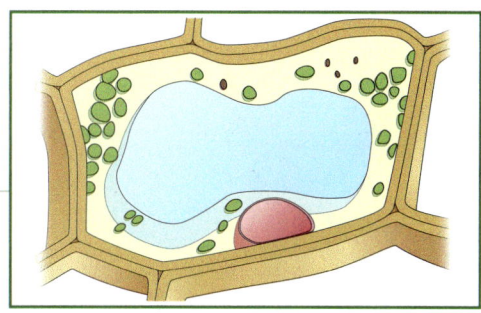

Bau der Pflanzenzelle

Bau der Tierzelle

Methode: Präparat von Pflanzenzellen herstellen

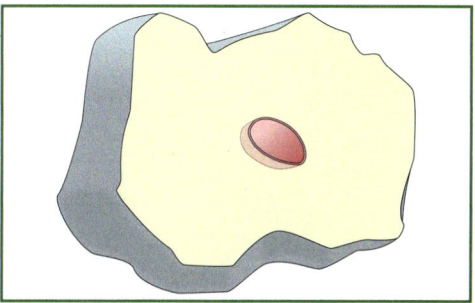

Methode: Eine mikroskopische Zeichnung anfertigen

Check-up

Die Biologie beschäftigt sich mit Lebewesen

Mit den folgenden Aufgaben kannst du überprüfen, ob du die Inhalte aus dem Kapitel verstanden hast. In der Tabelle findest du die zu erwerbenden Kompetenzen sowie Angaben zu den Seiten, auf denen du zum jeweiligen Thema noch einmal nachlesen kannst.

Kennzeichen der Lebewesen

1 Alle Lebewesen zeichnen sich durch bestimmte Eigenschaften aus. Man nennt sie die Kennzeichen des Lebendigen.
   a ☐ Nenne die Kennzeichen des Lebendigen.
   b ☐ Beschreibe ein Beispiel für Bewegung bei Pflanzen.
   c ✏ Begründe anhand der Kennzeichen des Lebens, warum der Mensch auch ein Lebewesen ist.

Denk- und Arbeitsweisen in der Biologie

2 Um Erkenntnisse über die Natur zu gewinnen, sind bestimmte Denk- und Arbeitsweisen wichtig.
   a ✏ Ordne folgende Tätigkeiten den Denkweisen beziehungsweise Arbeitsweisen zu: Beobachten, Planen und Durchführen, Modellieren, Fragen stellen, Vergleichen.
   b ✏ Beschreibe mit eigenen Worten, was das naturwissenschaftliche Beobachten vom einfachen „Hingucken" unterscheidet.
   c ✏ Beschreibe den Unterschied zwischen Beobachten und Deuten.

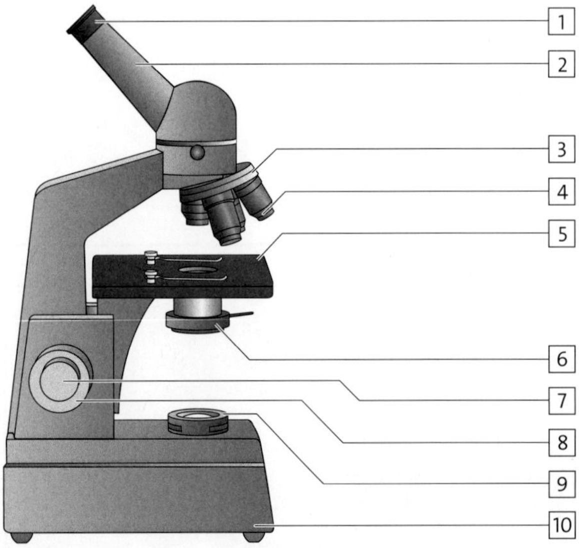

d ✏ Eine Schülerin hat zwei Hypothesen aufgestellt: 1. „Je länger eine Erdbeerpflanze im Licht steht, desto früher blüht sie." 2. „Wenn eine Erdbeerpflanze 72 Stunden lang kein Licht bekommt, dann stirbt sie ab." Beschreibe, mit welchen Arbeitsweisen die Hypothesen jeweils bearbeitet werden sollten.
e ✏ Die zweite Hypothese ist nicht vollständig. Nenne den fehlenden Bestandteil und formuliere eine mögliche Ergänzung.

3 Beim Experimentieren müssen aus Sicherheitsgründen bestimmte Verhaltensregeln eingehalten werden.
   a ☐ Nenne vier Regeln zum richtigen Verhalten beim Experimentieren.
   b ☐ Gib an, woran man Gefahrstoffe erkennt, und nenne Vorsichtsmaßnahmen beim Umgang mit diesen Stoffen.

Das Mikroskop – Blick in den Mikrokosmos

4 Mit dem Lichtmikroskop kann man kleinste Strukturen von Lebewesen betrachten und erkennt, dass sie aus Zellen aufgebaut sind.
   a ☐ Benenne die mit Ziffern beschrifteten Teile des Mikroskops in Abbildung 1.
   b ☐ Nenne die Teile, die für die Vergrößerung des Objekts notwendig sind.
   c ☐ Nenne die beiden Faktoren, die für ein gutes mikroskopisches Bild ausschlaggebend sind.

5 Bei der Bedienung des Mikroskops sollte man bestimmte Regeln einhalten, damit man ein Objekt betrachten kann.
   a ☐ Beschreibe vorbereitende Schritte, die notwendig sind, damit du ein Objekt unter dem Mikroskop betrachten kannst.

1 Lichtmikroskop

Aufbau von Pflanzen- und Tierzelle

6 Der Aufbau aus Zellen ist allen Lebewesen gemeinsam.

a ☐ Ordne die Abbildungen 2A und 2B einer Tier- beziehungsweise Pflanzenzelle zu.

b ☐ Benenne die mit den Ziffern 1–10 bezeichneten Strukturen.

c ☐ Nenne die Gemeinsamkeiten von Tier- und Pflanzenzellen.

d ✏ Beschreibe die Funktionen der Vakuole.

e ■ Mundschleimhautzellen reißen beim Präparieren meist auseinander. Zwiebelzellen haften stärker aneinander, man kann sie als Zwiebelhäutchen abziehen. Erläutere, auf welchem baulichen Unterschied diese Beobachtung beruht.

7 Jeder Organismus ist ein System und besteht aus mehreren Organisationsebenen.

a ☐ Nenne drei dem Organismus untergeordnete Organisationsebenen.

b ✏ Ordne die folgenden Bestandteile verschiedenen Organisationsebenen zu: Herz, Muskelzelle, Mensch, Mundschleimhaut.

c ✏ Ein Organismus ist meist aus verschiedenen räumlich getrennten Organen aufgebaut. Erläutere die Vorteile dieses Aufbaus. Nimm dabei Bezug auf die Struktur und Funktion der Organe.

d ■ Vergisst man, Zimmerpflanzen zu gießen, lassen diese ihre Blätter hängen. Die Pflanze erscheint weniger straff und formstabil. Erläutere diese Beobachtung unter Berücksichtigung der Organisationsebenen von der Zelle bis zum Organ.

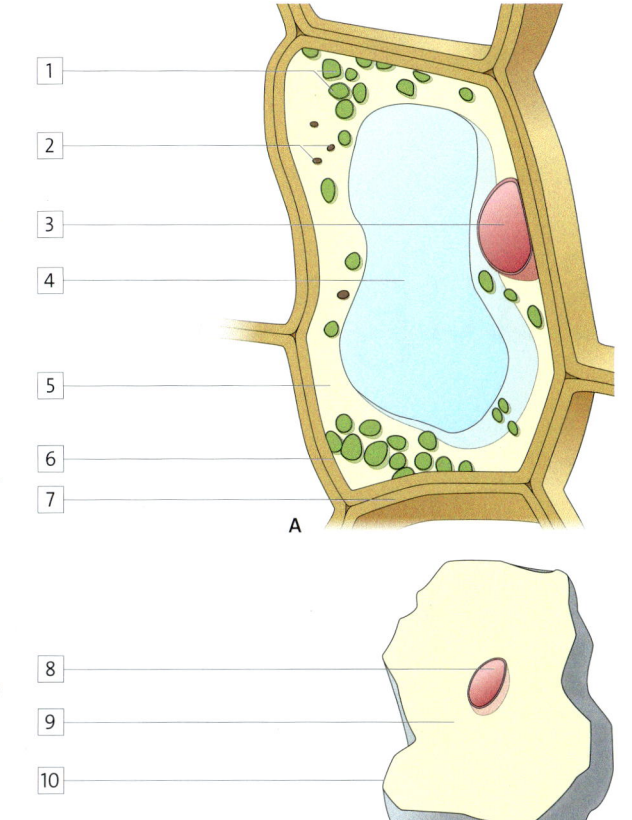

2 Zellen

Mithilfe des Kapitels kannst du:	Aufgabe	Hilfe
✓ die Kennzeichen des Lebendigen nennen und den Menschen als Lebewesen beschreiben.	1	S. 10–12
✓ Denk- und Arbeitsweisen unterscheiden und Hypothesen beurteilen.	4	S. 14–17
✓ Regeln für das Verhalten beim Experimentieren und Sicherheitsbestimmungen nennen.	5	S. 18–19
✓ den sachgerechten Umgang mit dem Mikroskop und Regeln für das Mikroskopieren beschreiben.	2, 3	S. 20–25
✓ den Aufbau von Lebewesen aus Zellen beschreiben sowie die Bestandteile von Tier- und Pflanzenzelle und deren Funktionen nennen.	6	S. 26–28
✓ Systemebenen eines Organismus nennen und Beispiele zuordnen sowie Zusammenhänge zwischen den Systemebenen darstellen.	7	S. 28

▶ Die Lösungen findest du im Anhang.

2
Säugetiere

▶ Das Kapitel beschäftigt sich mit dem Haustier Hund. Du erfährst, von welchem Wildtier Hunde abstammen und wie sie zum beliebten Begleiter und Helfer des Menschen werden konnten. Du lernst, was Katzen mit Hunden gemeinsam haben, aber auch, worin sie sich unterscheiden.

▶ In diesem Kapitel werden dir die Nutztiere Rinder und Schweine vorgestellt. Du erfährst etwas über die Haltung von Nutztieren und wie man verschiedene Haltungsformen unterscheiden und bewerten kann.

▶ Säugetiere besiedeln unterschiedliche Lebensräume: Sie leben unter der Erde, in der Luft, in den Baumkronen oder im Wasser. Das Kapitel beschreibt, wie Maulwürfe, Fledermäuse, Eichhörnchen und Biber an ihre Lebensräume angepasst sind.

▶ Du erfährst, wie Säugetiere die kalte Jahreszeit überstehen. Es wird erklärt, weshalb manche Tiere wie Füchse im Winter aktiv sind und andere Säugetiere einen Winterschlaf halten.

▶ In diesem Kapitel lernst du auch eine wichtige naturwissenschaftliche Arbeitsweise näher kennen, das Experimentieren. Dabei erfährst du, wie man Experimente richtig plant, durchführt und protokolliert.

Bestimmt kennst du dieses Tier: Es ist eine Füchsin mit zwei Jungen. Füchse gehören zu den Säugetieren wie Hunde und Katzen. Woran erkennt man Säugetiere? Welche Merkmale haben alle Säugetiere gemeinsam?

2.1 Der Hund – ein beliebtes Haustier

1 Hundegruppe

Hunde sind seit Langem treue Begleiter des Menschen. Obwohl sie oft sehr unterschiedlich sind, haben sie viele Gemeinsamkeiten. Wie kommt das und welche sind es?

Vielfalt • Hunde sehen sehr verschieden aus. Sie haben unterschiedliche Fellfarben und Größen, Steh- oder Hängeohren. Auch im Verhalten unterscheiden sich Hunde: Manche sind sehr wachsam, andere gute Jäger. Diese Eigenschaften sind vom Menschen gewünscht. Dazu wählt er Hunde mit besonderen Eigenschaften, die er gezielt miteinander verpaart. Bei einigen Nachkommen sind diese Eigenschaften noch ausgeprägter. Man wiederholt den Vorgang der gezielten Verpaarung sehr oft und erhält schließlich Tiere mit den gewünschten Eigenschaften. Diese Vorgehensweise nennt man **Züchtung**.

So sind mit der Zeit viele unterschiedliche Hunde entstanden. Man bezeichnet sie als **Rassen**. Sie haben jeweils spezielle Fähigkeiten. Der Mensch nutzt sie für verschiedene Aufgaben, zum Beispiel als Polizeihunde, zum Aufspüren von Gegenständen oder Lebewesen, zur Jagd, als Wach- und Schutzhunde oder zum Hüten von Viehherden. Hunde werden häufig als Familienhunde gehalten, wobei oft das Aussehen im Vordergrund steht.

Alle Hunde können sich untereinander fortpflanzen und deren Nachkommen ebenso. Sie gehören einer **Art** an. Die Nachkommen von Tieren unterschiedlicher Rassen heißen **Mischlinge**.

Vom Wildtier zum Haustier • Der Wolf ist die Stammform aller Haushunde. Wissenschaftlerinnen und Wissenschaftler schätzen, dass schon vor mehr als 30 000 Jahren in der Steinzeit Wölfe die Nähe der Menschen suchten. Diese nahmen Wolfsjunge bei sich auf und

Säugetiere • Der Hund – ein beliebtes Haustier

zähmten sie. Wahrscheinlich halfen diese Wölfe beim Aufspüren von Tieren bei der Jagd oder boten Schutz vor gefährlichen Wildtieren. Im Laufe von Jahrtausenden wurde so aus dem Wildtier ein Haustier – der Hund. Dabei hat sich auch das Aussehen des Tieres verändert. Dieser Vorgang heißt **Domestizierung**.

Leben im Wolfsrudel • Wenn man die Lebensweise der Wölfe kennt, kann man Hunde besser verstehen. Wölfe bilden meist eine Familiengruppe von 5 bis 10 Tieren. Dieses **Rudel** wird von den Leitwölfen angeführt, einem männlichen und einem weiblichen Tier. Leitwolf und Leitwölfin bestimmen, wann gejagt wird und wer zuerst fressen darf. Nur sie bekommen Junge. Im Rudel hat jedes Mitglied seinen Platz: Es herrscht eine strenge **Rangordnung**.
Bei der Jagd verfolgen Wölfe das Beutetier über lange Strecken. Das Rudel hetzt das Tier, bis es erschöpft ist. Wölfe sind **Hetzjäger**.

Verständigung • Wölfe verständigen sich mit ihrer Körpersprache (▶2). Die Leitwölfe zeigen ein Verhalten, indem sie sich mit erhobener Rute aufrecht stellen und so größer erscheinen. Man nennt es **Imponierverhalten**. Manchmal kommt es zu Streitereien, die mit Drohgebärden beginnen. Dann versteift sich der Körper und der Wolf hält die Rute waagerecht. Er legt die Ohren an, knurrt und entblößt die Zähne. Der Wolf zeigt ein **Drohverhalten**. Wenn der schwächere Wolf seine Rute einzieht, sich auf den Rücken legt und seine Kehle zeigt, hat er große Angst. Man bezeichnet dies als **Demutsverhalten** (▶3). Es löst beim ranghöheren Tier eine Beißhemmung aus. Selten kommt es daher zu blutigen Kämpfen innerhalb des Rudels.

3 Rangordnungskampf: Der unterlegene Wolf zeigt Demutsverhalten.

Rute = Schwanz

Verhalten beim Hund • Viele Verhaltensweisen des Wolfes beobachtet man auch beim Hund. Seine Familie ist das Rudel, in das er sich einordnet. Der Hund verständigt sich durch Körpersprache. Auffallende Stellen seines Reviers markiert er mit Urin.

1 ☐ Beschreibe die Körpersprache des Wolfs in den Abbildungen 2 A, B und C.

2 ✏ Erläutere die Aussage: „In jedem Hund steckt noch ein Wolf."

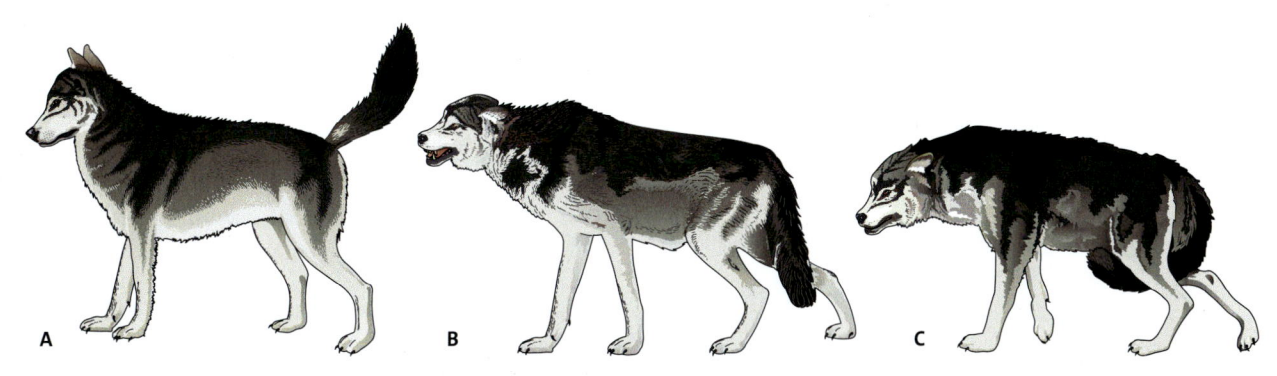

2 Körpersprache des Wolfs: **A** Imponierverhalten, **B** Drohverhalten, **C** Angstverhalten

Methode

Steckbriefe erstellen

Steckbriefe werden in der Biologie genutzt, um Informationen zu Lebewesen übersichtlich darzustellen. In einem Steckbrief werden wesentliche Merkmale und Eigenschaften kurz und stichpunktartig zusammengefasst. Somit erhält man schnell einen Überblick.

Folgende Arbeitsschritte helfen bei der Erstellung eines Steckbriefs:

1 Informationen sammeln
Sammle Daten, Merkmale und Fakten zu deinem Thema aus Büchern, Fachzeitschriften, bei Fachpersonen oder im Internet.

2 Informationen sortieren
Gliedere die Informationen in unterschiedliche Kategorien. Nutze dazu Oberbegriffe wie beispielsweise Aussehen, Lebensraum oder Lebensweise.

3 Informationen auswählen
Nicht alle Informationen passen in einen Steckbrief. Wähle geeignete Kategorien aus, um das Lebewesen möglichst genau zu charakterisieren.
Die wichtigsten Informationen sollen am Anfang stehen. Zu viele Informationen machen den Steckbrief unübersichtlich, zu wenige Informationen machen ihn nichtssagend.

4 Format und Größe
Entscheide, ob du den Steckbrief handschriftlich, beispielsweise als Plakat, oder digital präsentieren möchtest. Üblich sind handschriftliche Plakate im DIN-A4- oder DIN-A3-Format.
Ein digitaler Steckbrief ist meist umfangreicher, aber du hast mehr Möglichkeiten. So kannst du weitere Bilder, aber auch Video- oder Tonausschnitte hinzufügen.

5 Gestaltung
Ein Steckbrief soll klar aufgebaut und ansprechend gestaltet sein. Setze die Überschrift deutlich ab, zum Beispiel durch größere Schrift oder Farbe. Gliedere den Steckbrief in verschiedene Bereiche. Platziere ein bis zwei Fotos gut sichtbar auf das Blatt und wähle eine gut lesbare Schrift. Hebe Oberbegriffe hervor und schreibe die dazugehörigen Stichpunkte dahinter.

Steckbrief Marderhund

Aussehen: schwarzbraunes, langes Fell; Flanken und Bauch heller; heller Bereich von der Stirn bis zur Schnauzenspitze; relativ kurze Beine, buschiger Schwanz
Kopf-Rumpf-Länge: 50–70 cm
Körpermasse: 4–8 kg
Lebensraum: feuchte Wälder mit dichtem Unterholz
Lebensweise: nachts aktiv, tagsüber versteckt in unterirdischen Bauten
Nahrung: kleine Tiere, Beeren, Früchte, Aas (Allesfresser)
Vorkommen: ursprünglich Ostasien. Um 1950 setzten Pelztierzüchter Tausende Tiere in Westrussland aus. Von dort Ausbreitung nach fast ganz Europa, seit 1962 auch in Teilen Deutschlands
Wissenswert: Marderhunde sind in Westeuropa Neubürger (Neozoen).

1 Steckbrief zum Marderhund

---

1 ✏ Erstelle einen Steckbrief zu einem Haustier deiner Wahl oder zu einem der folgenden Wildtiere: Eichhörnchen, Biber oder Maulwurf. Nutze dazu Informationen aus diesem Buch.

2 ✏ Präsentiert die verschiedenen Steckbriefe in der Klasse.

Material

Säugetiere • Der Hund – ein beliebtes Haustier

Material A Vielfalt bei Wölfen

A1 Europäischer Grauwolf

A2 Polarwolf

A3 Wolfshund (Mischling)

Wölfe leben in verschiedenen Gebieten der Erde und unterscheiden sich im Aussehen. Das Fell des Polarwolfs ist dichter als das des Graufwolfs. Er hat kleine, runde Ohren und eine kurze Schnauze. Obwohl beide ungefähr gleich groß werden, wiegt der Polarwolf bis zu 80 kg, der Grauwolf bis 50 kg. Polarwölfe kommen in sehr kalten nördlichen Regionen der Erde vor. Sie ernähren sich von Mäusen, Hasen, Lemmingen und Rentieren, manchmal von Vögeln. Der Grauwolf lebt in Wäldern und Graslandschaften Europas und Asiens. Er frisst Rehe, Hirsche, Hasen, Wildschweine, gelegentlich auch Schafe, Ziegen und andere Tiere.

Die Nachkommen einer Verpaarung von Wolf und Hund heißen Wolfshunde. Sie werden manchmal gezüchtet, zeigen aber noch einige Verhaltensweisen des Wildtiers.

1 ☐ Verfasse kurze Steckbriefe zu den drei Wölfen.

2 ▨ Erläutere die Angepasstheiten von Grauwolf und Polarwolf an ihren jeweiligen Lebensraum.

3 ■ Nenne mögliche Probleme bei der Haltung von Wolfshunden.

4 ▨ Erläutere den Satz: „Ohne Vielfalt keine Züchtung."

Material B Körpersprache des Hundes

F

A

E

B

D

C

Die Körperhaltung und Stellung von Ohren und Rute sind Hinweise auf die jeweilige Stimmung des Hundes. Achte auch darauf, ob der Hund bellt, knurrt und wie er dich ansieht. So ergibt sich ein Gesamtbild seiner Stimmung.

1 ☐ Beschreibe die Unterschiede in der Körperhaltung des Hundes in den Abbildungen A–F.

2 ▨ Ordne die Bilder den jeweiligen Stimmungen zu: Entspannung, Freude, Anspannung, Unterwerfung, Furcht, Spielaufforderung.

3 ■ Beschreibe, wie man sich bei einer Begegnung mit einem fremden Hund verhalten sollte.

2.2 Eigenschaften des Hundes

1 Hund in Bewegung

Hunde haben einen großen Bewegungsdrang. Sie rennen und toben gerne. Dabei sieht man oft ihre Zunge, die aus dem Maul heraushängt. Warum ist das so?

Körperbau • Viele Hunde sind gute und ausdauernde Läufer, in ihnen ist das Erbe des Hetzjägers Wolf noch vorhanden. Der Hundekörper wird stabilisiert durch ein inneres Knochengerüst, das **Skelett.**
Das Skelett gliedert sich in Schädel, Rumpfskelett und Gliedmaßenskelett mit vier Beinen (▶ 2). Vom Kopf über den Rücken bis zum Schwanz sind viele kleine Knochen, die Wirbel, beweglich miteinander verbunden. Sie bilden die Wirbelsäule. Der Hund ist ein **Wirbeltier.** An den beiden Seiten der Wirbelsäule sind schmale, gebogene Knochen, die Rippen. Sie bilden den Brustkorb.
Die Vorder- und Hinterbeine sind über die Schulterblätter und Beckenknochen mit dem Rumpfskelett beweglich verbunden. Der Oberschenkelknochen ist über das Kniegelenk am Unterschenkelknochen befestigt. Diese heißen Schien- und Wadenbein. Die Fersenknochen, Fußwurzelknochen und Mittelfußknochen berühren den Boden nicht. Der Hund tritt nur mit den Zehenknochen auf, unterstützt durch die stumpfen Krallen, die nicht in die Pfote eingezogen werden können. Der Hund ist ein **Zehengänger.**

Gebiss • Vorn im Ober- und Unterkiefer befinden sich jeweils sechs kleine Zähne, die **Schneidezähne** (▶ 2). Der Hund nutzt sie zur Fellpflege und zum Abschaben der Fleischreste von Knochen. Daneben sind im Ober- und Unterkiefer je zwei lange **Eckzähne.** Da sie dem Ergreifen und Festhalten der Beute dienen, heißen sie **Fangzähne.** Mit den hinteren großen Zähnen, den **Backenzähnen,** zerkleinert der Hund die Nahrung. Jeweils zwei Backenzähne im Ober- und Unterkiefer sind größer, kräftiger und schärfer als die anderen. Sie heißen **Reißzähne.**
Das Gebiss eines Hundes ist ein typisches **Fleischfressergebiss.** Die Anordnung und Anzahl der Zähne wird in einer **Zahnformel** zusammengefasst.

Säugetiere • Eigenschaften des Hundes

Körpertemperatur • Der Hund hat eine gleichbleibende Körpertemperatur zwischen 38 und 39 Grad Celsius. Der Hund ist ein **gleichwarmes** Tier. Sein Fell mit längeren Deckhaaren und kurzen Wollhaaren schützt gut vor Kälte (▶ 3). Der Hund schwitzt nur an den Pfoten. Hohe Temperaturen können für ihn lebensgefährlich werden, weil sich sein Körper dann zu stark erwärmt. Bei Hitze hängt der Hund die Zunge heraus und atmet schnell, er hechelt. Dabei verdunstet sein Speichel. Dies kühlt das Körperinnere ab. Auch bei großer Anstrengung, Stress oder Schmerzen regulieren Hunde ihre Körpertemperatur durch Hecheln.

Sinnesleistungen • Der Hund nimmt die Umwelt hauptsächlich über die Nase wahr. Er kann Gerüche aus verschiedenen Richtungen gleichzeitig aufnehmen. Oft nutzt er dazu eine bestimmte Atemtechnik, die Schnüffelatmung. Dabei atmet er bis zu 300-mal in der Minute hintereinander sehr schnell ein und nur 1- bis 2-mal aus. Der Hund ist wegen seines extrem feinen Geruchssinns ein Nasentier. Außerdem ist der Hund ein Ohrentier. Er kann höhere und leisere Töne wahrnehmen als der Mensch. Darüber hinaus kann er seine Ohrmuscheln in unterschiedliche Richtungen bewegen. Sein Sehvermögen ist allerdings nicht so gut entwickelt wie das des Menschen.

Der Hund kann mit seinen feinen Sinnen unterschiedliche Gefühle des Menschen erkennen und auf sie reagieren. Er spürt an der Körperhaltung, dem Körpergeruch oder am Gesichtsausdruck, ob ein Mensch sich freut, ob er traurig oder verärgert ist. Manche Hunde können sogar Krankheiten beim Menschen riechen.

3 Aufbau des Fells

1 Beschreibe mithilfe der Zahnformel den Aufbau des Hundegebisses (▶ 2).

2 Erläutere die Funktionen der einzelnen Zahntypen.

3 Beschreibe Situationen, bei denen der Mensch gezielt die Sinnesleistungen des Hundes einsetzt.

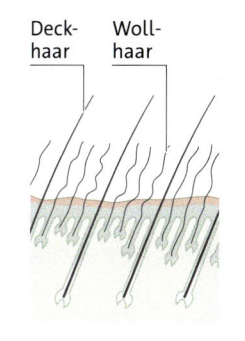

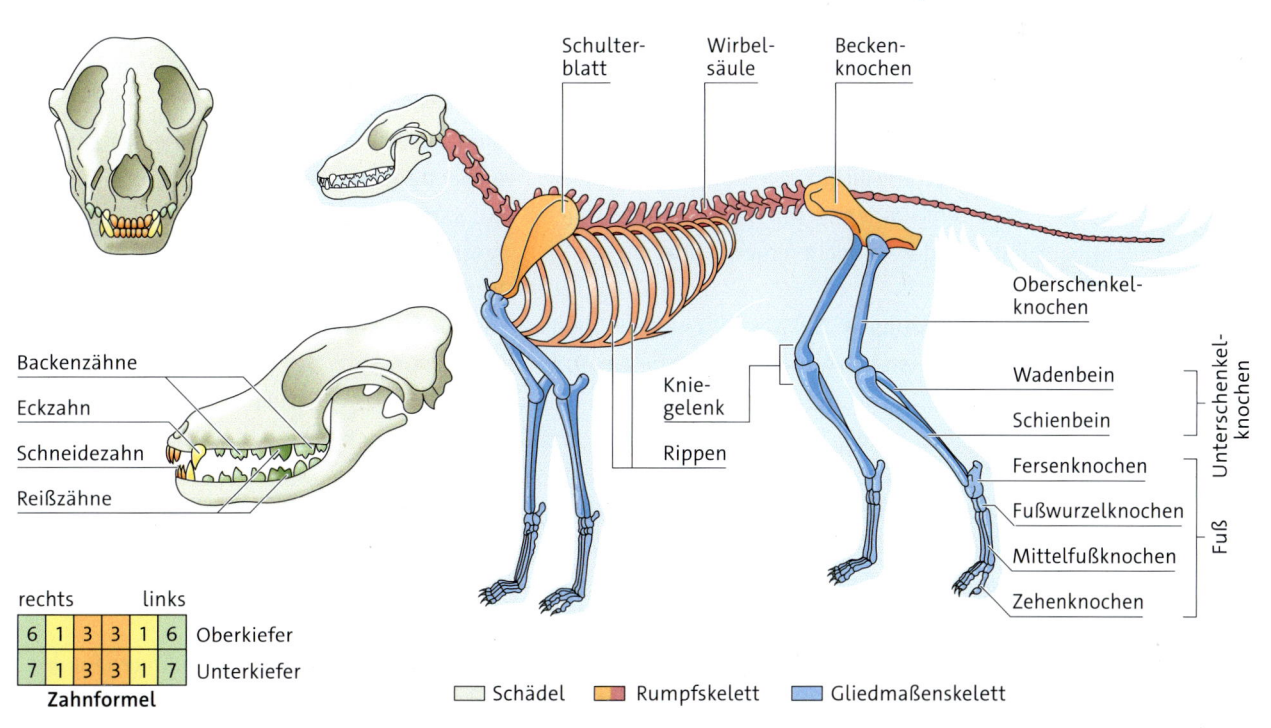

rechts				links	
6	1	3	3	1	6	Oberkiefer
7	1	3	3	1	7	Unterkiefer

Zahnformel

2 Skelett und Gebiss des Hundes

☐ Schädel   ☐ Rumpfskelett   ☐ Gliedmaßenskelett

1 A Junger Hund, **B** älterer Hund

Bedürfnisse des Hundes • Hunde werden 10–15 Jahre alt. Als Rudeltier ist der Hund nicht gerne allein, sondern möchte am täglichen Familienleben teilhaben. Damit das funktioniert, braucht er eine gute Erziehung. Geeignetes Futter und ein fester Schlafplatz sind wichtig, damit der Hund gesund bleibt und sich wohlfühlt. Das Tier sollte außerdem regelmäßig tierärztlich untersucht sowie entwurmt und passend geimpft werden.

Die Hunde der meisten Rassen sind gute und ausdauernde Läufer. Sie brauchen deshalb genügend Platz und viele Möglichkeiten, sich zu bewegen. Besonders junge Hunde benötigen ausreichend Kontakt zu anderen Hunden und Menschen, um ihr Sozialverhalten zu trainieren. Bei alten Hunden lassen die Sinnesleistungen nach, und sie brauchen mehr Ruhe.

Hundehaltung • Bei der Anschaffung eines Hundes entstehen Ausgaben für Leine, Geschirr, Futter, Fellpflege und Spielzeug. Außerdem fallen Kosten für die Tierärztin oder den Tierarzt und die Hundesteuer an. Wenn man eine Hundeversicherung hat, dann übernimmt diese die Kosten bei einem Unfall mit dem Hund.

Wer einen Hund halten möchte, braucht Zeit. Tägliche Beschäftigung und Auslauf bei jedem Wetter gehören dazu. Neben der Erziehung zur Sauberkeit kann man mit dem Hund in der Hundeschule verschiedene Alltagssituationen üben. Dabei lernt der Hund zum Beispiel, entspannt an der Leine zu laufen oder bei Begegnungen mit anderen Hunden richtig zu reagieren. Sportliche Hunde haben Spaß an Geschicklichkeitsübungen und am Überspringen von Hindernissen.

Hundekauf • Ein Hund ist kein Spielzeug, sondern ein Lebewesen. Einen Hund zu halten bedeutet, Verantwortung für ihn zu übernehmen. Zuerst sollte man abklären, ob Hundehaltung im Haus oder in der Wohnung erlaubt ist und ob jemand aus der Familie Allergien gegen Tierhaare hat.

Sind alle mit der Anschaffung eines Hundes einverstanden, kann man überlegen: Welcher Hund passt zu mir? Soll es ein junger oder älterer Hund sein, ein Rüde oder eine Hündin? Wie viel Platz habe ich? Wie viel Zeit kann ich täglich für den Hund aufwenden? Möchte ich einen Hund aus der Hundezucht oder einen Hund aus dem Tierheim? Was mache ich im Urlaub mit dem Hund?

Rüde = männlicher Hund

1 Vergleiche die Bedürfnisse von jungen und alten Hunden.

2 Erstelle eine Liste mit wichtigen Punkten, die vor der Anschaffung eines Hundes geklärt werden müssen.

Material

Säugetiere • Eigenschaften des Hundes

Material A Beinskelett von Hund und Mensch

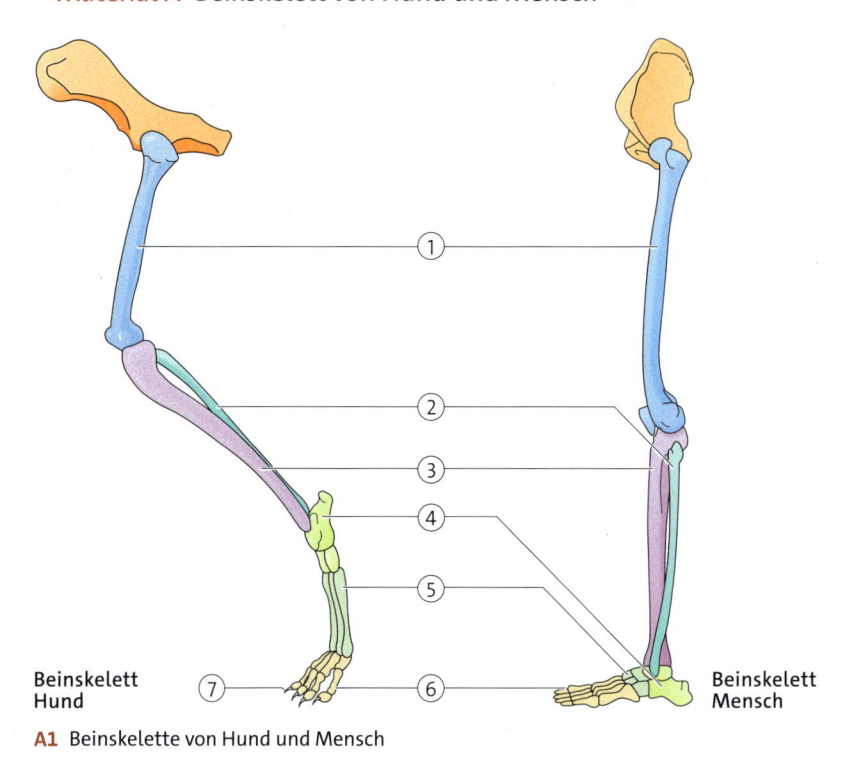

Beinskelett Hund

Beinskelett Mensch

A1 Beinskelette von Hund und Mensch

1 ☐ Gib bei den Zahlen der Beinskelette von Hund und Mensch die entsprechenden Fachbegriffe an (▶ A1).

2 ☐ Nenne Gemeinsamkeiten und Unterschiede im Aufbau eines Hundebeins und eines Menschenbeins.

3 ◪ Hund und Mensch unterscheiden sich in ihrer Gangart.
a Erläutere die Begriffe Sohlengänger und Zehengänger.
b Ordne sie Hund und Mensch richtig zu.

4 ◪ Beschreibe den Zusammenhang zwischen der Fortbewegung und dem Aufbau des Beinskeletts bei Hund und Mensch.

Material B Geruchssinn des Hundes

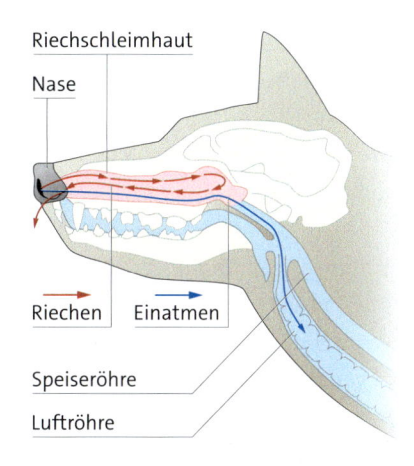

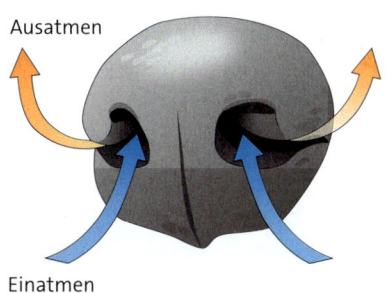

Riechschleimhaut
Nase
Riechen Einatmen
Speiseröhre
Luftröhre
Ausatmen
Einatmen

B1 Atmen und Riechen beim Hund

Die Nasenhöhle des Hundes ist mit einer Schleimhaut ausgekleidet, die dem Riechen dient, der Riechschleimhaut. Dort befinden sich die Riechsinneszellen. Hunde haben meist 220 Millionen Riechsinneszellen, der Mensch bis zu 10 Millionen. Die Fläche der Riechschleimhaut entspricht beim Hund der Größe eines DIN-A4-Blattes, beim Menschen ungefähr der Größe einer Briefmarke.

Der Hund kann bis zu 300-mal in der Minute vorn durch die Nasenlöcher einatmen. Das Ausatmen erfolgt seitlich durch die Nasenlöcher. So wird der erschnüffelte Geruch nicht verdünnt und die Riechsinneszellen werden ständig mit neuen Gerüchen versorgt.

Hunderassen mit verkürzter Schnauze haben oft verengte Nasenöffnungen.

1 ◪ Beschreibe mithilfe der Abbildung den Weg des Luftstroms beim Ein- und Ausatmen (▶ B1).

2 ◪ Erläutere Gründe für die bessere Riechleistung des Hundes im Vergleich zum Menschen.

3 ■ Entwickle ein Modell, das verdeutlicht, wie die Fläche der Riechschleimhaut in die Hundenase passt.

4 ■ Bewerte die Züchtung von Kurzschnauzrassen.

2.3 Die Katze – ein Schleichjäger

1 Eine Katze schleicht sich an ein Beutetier an.

Katzen schleichen sich lautlos an ihre Beute an. Sie jagen häufig in der Dämmerung oder in der Nacht. Wie können Katzen ihre Beute wahrnehmen? Wie fangen sie ein Beutetier?

Jagdverhalten • Die Katze spitzt ihre Ohren und drückt sich flach auf den Boden. Sie hat eine Maus entdeckt. In ihrer geduckten Haltung schleicht sie sich langsam und lautlos näher an die Beute heran. Die Katze ist ein **Schleichjäger**. In Sprungnähe verharrt sie und beobachtet die Maus ganz genau. Dann stößt sie sich mit ihren kräftigen Hinterbeinen ab und packt die Maus mit den scharfen Krallen.
Jede Katze hat ein eigenes Revier. Dort jagt sie allein. Die Katze ist ein **Einzelgänger**.

Körperbau • Mit ihrem Körperbau ist die Katze gut an die Schleichjagd angepasst. Sie hat kurze Beine. Dadurch kann sie sich in geduckter Körperhaltung an die Beute anschleichen. Sie tritt nur mit den Zehenknochen auf. Die Katze ist ein **Zehengänger**. Beim Laufen hat sie die Krallen eingezogen und kann sich so auf ihren weichen Ballen der Pfoten fast lautlos fortbewegen.
An der **Wirbelsäule** erkennt man, dass die Katze zu den Wirbeltieren gehört (▶3). Ihre lange, bewegliche Wirbelsäule ermöglicht ihr die geduckte Haltung und große Sprünge. Der lange Schwanz hilft, das Gleichgewicht zu halten. Im Gegensatz zum Menschen hat die Katze kein Schlüsselbein. Dadurch sind die Schultern schmal. Sie kann so durch enge Stellen gehen, sobald ihr Kopf hindurchpasst.

2 Katze bei der Jagd

Ihre Beutetiere tötet die Katze mit einem gezielten Nackenbiss. Dabei nutzt sie ihre spitzen Eckzähne. Mit den Backenzähnen und besonders den kräftigen Reißzähnen zerkleinert sie die Beute und zerbricht Knochen. Mit den kleinen Schneidezähnen kann sie Fleisch von Knochen abschaben. Die Katze hat ein **Fleischfressergebiss** (▶4).

Sinne • Die Katze jagt häufig bei Dämmerung oder in der Nacht. Dabei nutzt sie ihr empfindlichstes Sinnesorgan, das Auge. Ihr besonders leistungsfähiger **Sehsinn** ermöglicht ihr das Sehen bei Dunkelheit fast genauso gut wie bei Tageslicht.

Auch die Ohren sind sehr empfindlich. Die Katze hört leises Piepsen und Nagen auch über weite Entfernungen von 20 Metern. Der sehr gute **Gehörsinn** wird durch die beweglichen Ohrmuscheln unterstützt. Die Katze kann diese unabhängig voneinander bewegen. So kann sie Geräusche aus verschiedenen Richtungen aufnehmen, ohne den Kopf zu bewegen. Sie kann die Richtung, aus der ein Geräusch des Beutetiers kommt, genau bestimmen, ohne durch eigene Bewegungen aufzufallen.

Bei wenig Licht helfen der Katze ihre empfindlichen Tasthaare: Mit den weit abstehenden Schnurrhaaren und den kürzeren Borstenhaaren an der Oberlippe, am Kinn und an den Augen nimmt sie Berührungen wahr. So erkennt sie, ob eine Öffnung zu eng ist oder ein Gegenstand im Weg steht. Zusätzlich kann sie mit ihrem **Tastsinn** Luftbewegungen und Temperaturschwankungen spüren. Dies hilft der Katze bei wenig Licht, die Bewegungen eines Beutetiers wahrzunehmen.

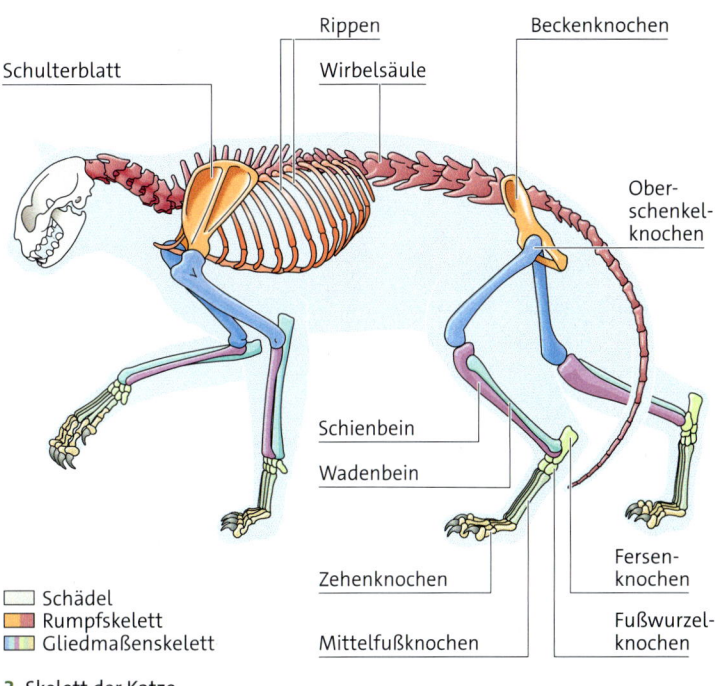

☐ Schädel
☐ Rumpfskelett
☐ Gliedmaßenskelett

3 Skelett der Katze

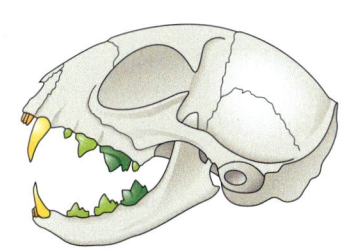

4 Schädel und Gebiss der Katze

Die Katze kann auch gut riechen, wesentlich besser als ein Mensch. Der **Geruchssinn** hilft ihr nicht nur bei der Jagd, sondern auch bei der Erkennung von Reviermarkierungen. Diese halten andere Katzen von dem Revier fern. Dadurch bleibt das Revier groß genug und sie kann ausreichend Beute jagen.

Die sehr guten Sinnesleistungen der Katze ermöglichen das Jagen im Dunkeln. Die Katze ist ein **Nachtjäger**.

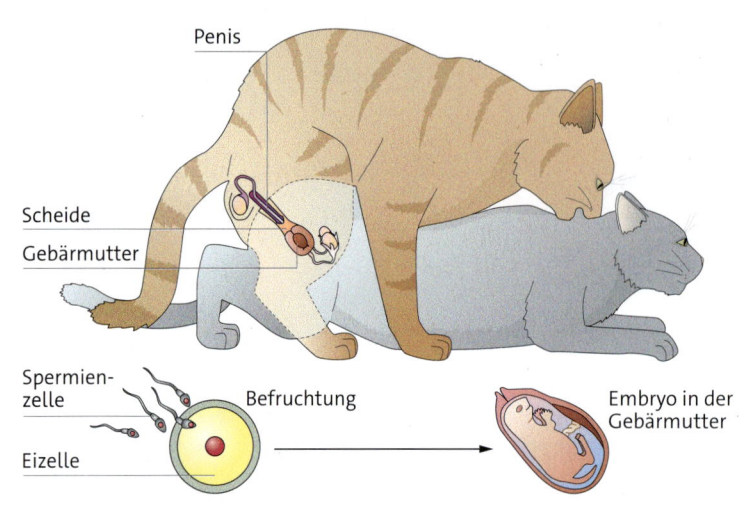

1 Fortpflanzung bei der Katze

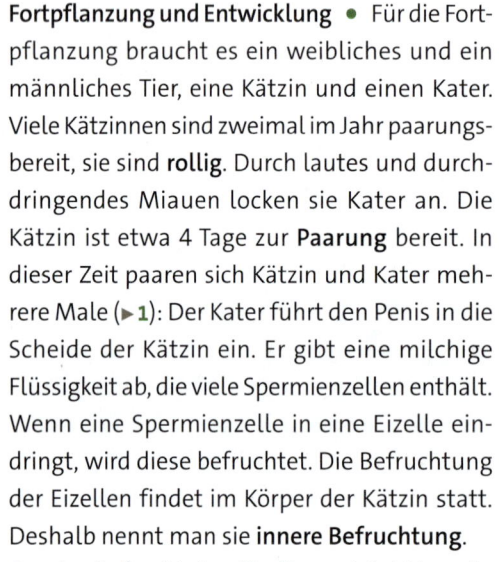

2 Tragstarre bei der Katze

Fortpflanzung und Entwicklung • Für die Fortpflanzung braucht es ein weibliches und ein männliches Tier, eine Kätzin und einen Kater. Viele Kätzinnen sind zweimal im Jahr paarungsbereit, sie sind **rollig**. Durch lautes und durchdringendes Miauen locken sie Kater an. Die Kätzin ist etwa 4 Tage zur **Paarung** bereit. In dieser Zeit paaren sich Kätzin und Kater mehrere Male (▶1): Der Kater führt den Penis in die Scheide der Kätzin ein. Er gibt eine milchige Flüssigkeit ab, die viele Spermienzellen enthält. Wenn eine Spermienzelle in eine Eizelle eindringt, wird diese befruchtet. Die Befruchtung der Eizellen findet im Körper der Kätzin statt. Deshalb nennt man sie **innere Befruchtung**.

Aus den befruchteten Eizellen entsteht jeweils ein **Embryo**. Die Entwicklung der Embryonen erfolgt im Körper des Muttertiers in der Gebärmutter, die sie mit Nährstoffen versorgt. Die Embryonen wachsen heran und die Organe entwickeln sich. Die Kätzin ist ungefähr 9 Wochen trächtig. An einem ruhigen Platz, dem Nest, gebärt sie 2–7 Jungtiere, die Kitten. Sie sind anfangs völlig auf das Muttertier angewiesen, da sie blind und fast taub sind.

Die Kätzin wärmt die Jungtiere, hält das Nest sauber und versorgt sie mit Milch aus ihren Zitzen: Sie säugt ihre Jungen 50 Tage lang. Katzen sind **Säugetiere**. In der Zeit, in der die Kätzin die Jungtiere säugt, wechselt sie die Umgebung mehrmals. Damit schützt sie die Jungtiere vor Störungen und Fressfeinden. Um die Kitten zu tragen, packt sie diese mit den Zähnen an der Haut im Nackenbereich. Die Kitten verhalten sich beim Tragen völlig regungslos in der Tragstarre (▶2).

Die Katzenjungen öffnen etwa 7–10 Tage nach der Geburt ihre Augen. Die vollständige Sehfähigkeit wird erst 10 Wochen nach der Geburt erreicht. Die Kitten spielen ab der zweiten Woche intensiv und trainieren so ihre Muskeln und die Geschicklichkeit. Die Katzenmutter bringt lebende Mäuse mit. So können die Kitten lebenswichtige Verhaltensweisen und Jagdtechniken wie das Anschleichen und Anspringen der Beute üben. Mit 7–8 Monaten werden die Jungtiere selbst geschlechtsreif.

griechisch *embryo* = Junges, Ungeborenes

1 ☐ Beschreibe, wie die Katze an den Beutefang angepasst ist.

2 ▨ Erstelle eine Zahnformel für das Gebiss der Katze (▶4, Seite 47). Nimm Seite 43 zu Hilfe.

3 ▨ Erläutere am Beispiel der Reißzähne das Basiskonzept „Struktur und Funktion".

4 ▨ Erkläre, warum man junge Katzen nicht zu früh vom Muttertier trennen sollte.

Material

Säugetiere • Die Katze – ein Schleichjäger

Material A Angepasstheiten der Katze an die Jagd bei Nacht

A1 Augen von Katzen bei verschiedenen Helligkeiten

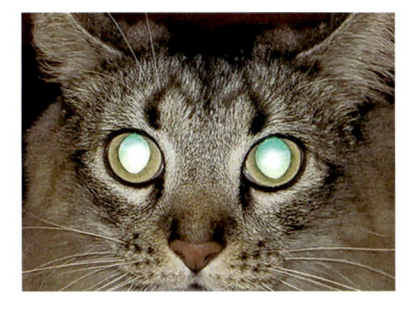

A2 Leuchtende Augen einer Katze

Die Augen der Katze verändern sich je nach Helligkeit. Bei Tageslicht ist die Öffnung des Auges, die Pupille, als schmaler senkrechter Schlitz sichtbar. Mit schwacher werdendem Licht vergrößert sich die Pupille. So kann mehr Licht ins Auge fallen. Bei Dunkelheit wird die Pupille zu einer weiten, kreisrunden Öffnung.
Im Inneren des Katzenauges ist eine Schicht, die das Licht zurückwirft. Die Sehfähigkeit wird so noch gesteigert, denn das Licht fällt ein zweites Mal auf die Sinneszellen im Auge. Dadurch kann die Katze selbst bei sehr schwachem Licht Beutetiere jagen. Durch die lichtverstärkende Schicht leuchten die Augen der Katze bei Nacht, wenn sie angestrahlt werden (▶A2). Die Katze ist ein Nachtjäger.

1 ☐ Ordne den Abbildungen des Auges (▶A1 A–C) jeweils eine Tageszeit zu. Begründe deine Entscheidungen.

2 ▨ Erläutere, durch welche Angepasstheiten Katzen bei Dämmerung und in der Nacht gut sehen können.

3 ▨ Erkläre, weshalb die Reflektoren an Fahrrädern „Katzenaugen" genannt werden.

Material B Gleichgewichtssinn der Katze

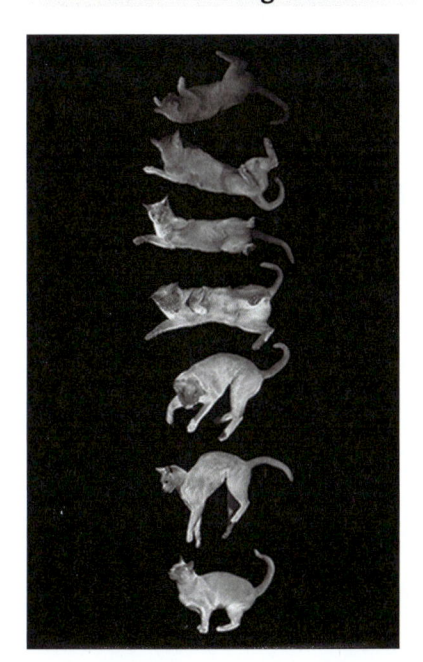

B1 Fallende Katze

Katzen sind gute Kletterer. Bei der Jagd klettern sie auf Bäume und springen über hohe Zäune. Wenn eine Katze aus einer Höhe von wenigen Metern auf den Boden fällt, landet sie auf allen vier Pfoten. Diese erstaunliche Fähigkeit wird Stellreflex genannt. Sie hängt mit dem Gleichgewichtssinn zusammen.

Die Katze kann ihre Lage in der Luft schnell wahrnehmen. Sie biegt ihren Rücken und steuert mit dem Schwanz die Drehbewegungen in der Luft. Indem sie ihre Pfoten waagerecht abspreizt, bremst sie das Fallen ein wenig ab. Die Katze federt die Landung mit ihren kräftigen Beinen ab und landet auf den Füßen (▶B1).

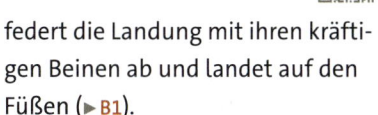

1 ☐ Beschreibe die verschiedenen Körperhaltungen einer Katze beim Fallen. Beachte dabei auch die Haltung des Schwanzes (▶B1). Du kannst zusätzlich den QR-Code nutzen (▶ 🔳).

2 ▨ Erkläre, warum sich eine Katze bei einem Fall aus größerer Höhe nicht verletzt.

3 ▨ Begründe, warum ein Fall aus niedriger Höhe mit einem größeren Verletzungsrisiko für die Katze verbunden ist.

Methode

Vergleichen – Gemeinsamkeiten und Unterschiede von Tieren finden

Biologinnen und Biologen vergleichen Tiere und andere Lebewesen, indem sie mithilfe von Kriterien Unterschiede und Gemeinsamkeiten beschreiben. Das Vergleichen kann dabei helfen, bestimmte Fragestellungen zu untersuchen oder Beobachtungen zu erklären, zum Beispiel: „Weshalb können Katzen auf Bäume klettern, Hunde aber nicht?" Das Vergleichen ist auch eine Voraussetzung, um die große Vielfalt von Lebewesen zu ordnen.

Beim Vergleichen von Lebewesen gehst du folgendermaßen vor:

1 Beobachten und Kriterien finden
Das genaue Beobachten ist eine Voraussetzung für das Vergleichen. Aus der Fragestellung ergibt sich meistens, welche Lebewesen du vergleichen sollst. Du musst dich aber entscheiden, welche Merkmale der Lebewesen du beobachten willst. Du brauchst also **Kriterien** für den Vergleich. Beispiele für Kriterien können sein: Körperbau, Fortbewegung oder Verhalten.
Im Beispiel der Fähigkeit zu klettern liegt es nahe, Kriterien zu wählen, die mit den Gliedmaßen zu tun haben wie Bau des Fußskeletts und der Pfoten.

2 Zielgerichtet vergleichen
Ein Merkmal wie der Bau der Pfoten kann bei verschiedenen Tieren sehr unterschiedlich aufgebaut sein und unterschiedliche Funktionen haben. Du prüfst für jedes ausgewählte Kriterium, wie es bei den zu vergleichenden Tieren beschaffen ist. So vergleichst du die Tiere systematisch. Dabei stellst du fest, dass manche Kriterien bei den Tieren gleich ausgeprägt sind, andere unterschiedlich. Wenn du die Tiere mit einem Kriterium verglichen hast, kannst du ein weiteres Kriterium wählen.

3 Informationen darstellen
Wenn du **Gemeinsamkeiten** und **Unterschiede** für Kriterien gefunden hast, legst du am besten eine Tabelle für eine übersichtliche Darstellung an (▶1). Gemeinsamkeiten und Unterschiede kannst du entweder in einer eigenen Spalte kennzeichnen oder mit Farben markieren.
Wenn du eine bestimmte Fragestellung bearbeitet hast, prüfst du abschließend, ob dein Vergleich Antworten auf die Frage gibt.

1 ◪ Vergleiche Hund und Katze anhand weiterer Kriterien, in dem du die Abbildungen (▶2–5) genau betrachtest.

2 ■ Stelle eine Vermutung auf, welches Kriterium einen Hinweis auf die Fragestellung geben könnte.

3 ◪ Vergleiche anhand der Abbildung 6 die Körpersprache von Hund und Katze und finde Hinweise auf die Frage: „Weshalb zeigen Katzen und Hunde beim Aufeinandertreffen oft aggressives Verhalten?"

Kriterien	Hund	Katze	Gemeinsamkeit (G) / Unterschied (U)
Aufbau des Fußskeletts	aus Fußwurzel-, Fersen-, Mittelfuß- und Zehenknochen	aus Fußwurzel, Fersen-, Mittelfuß- und Zehenknochen	G
Äußerer Bau der Pfoten	behaart, mit verhornten Ballen	behaart, mit verhornten Ballen	G
Vorhandensein von Krallen	vorhanden	vorhanden	G
Bau der Krallen	eher stumpf	spitz und scharf	U
Art der Fortbewegung	Zehengänger	Zehengänger	G

1 Tabelle für den Vergleich

Säugetiere • Die Katze – ein Schleichjäger

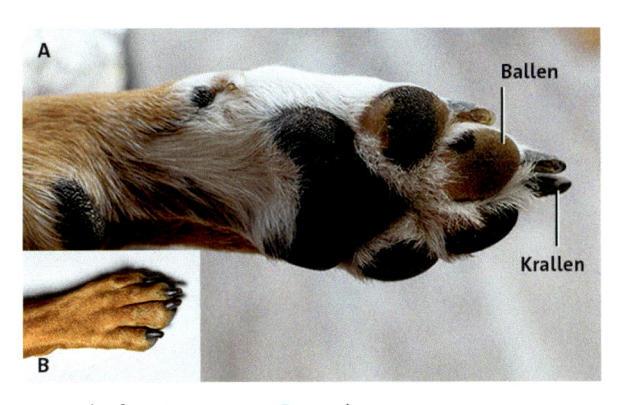

2 Hundepfote: **A** von unten, **B** von oben

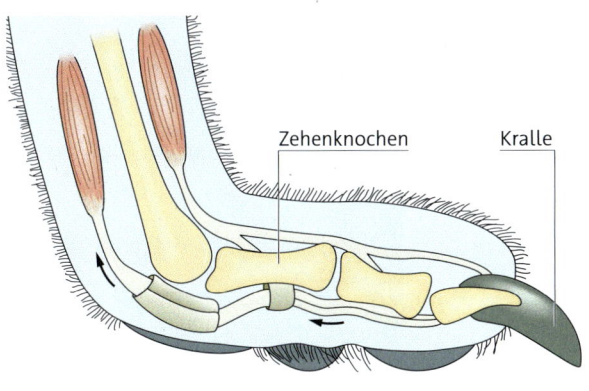

3 Bau der Hundepfote (Krallen nicht einziehbar)

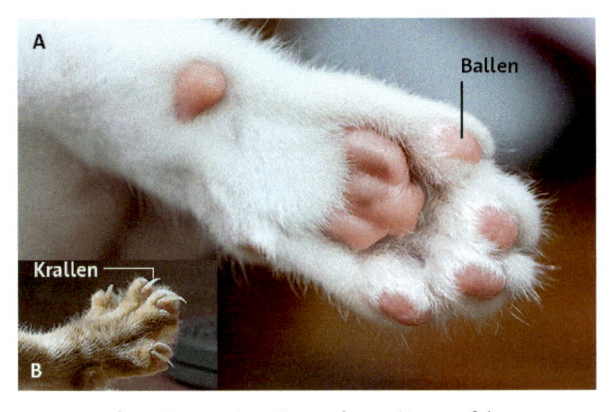

4 Katzenpfote: **A** von unten, **B** von oben mit ausgefahrenen Krallen

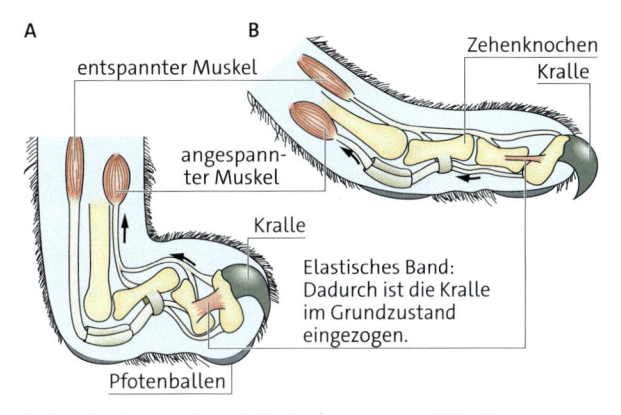

5 Bau der Katzenpfote: **A** Krallen eingezogen, **B** Krallen ausgefahren

A Drohen

B Entspannung

C Aufforderung zum Spiel

D Zum Angriff bereit

6 Körpersprache von Hund und Katze

2.4 Das Rind – ein wichtiges Nutztier

1 Rinder auf der Weide

Rinder auf der Weide sieht man meist in Gruppen grasen. Manche haben sich hingelegt und kauen stundenlang. Welche besonderen Eigenschaften haben Rinder und wie nutzen wir sie?

Kuh = weibliches Rind
Bulle, Stier = männliches Rind
Kalb = junges Rind

Herdentier • Rinder leben unter natürlichen Bedingungen in Gruppen, diese werden **Herden** genannt. Das gibt ihnen Sicherheit und Schutz. Innerhalb einer Herde besitzt jedes Tier eine bestimmte Position. Es besteht eine **Rangordnung**. Untereinander verständigen sie sich durch ihre Körperhaltung und mit verschiedenen Lauten. Dabei werden auch Kopf, Schwanz und Hörner eingesetzt.

Pflanzenfresser • Auf einer Weide kann man Rinder beim Grasen beobachten, sie sind Pflanzenfresser. Das **Pflanzenfressergebiss** ist an das Fressen von Gräsern angepasst (▶ 2). Lange Grashalme werden mit der langen, rauen Zunge umfasst und abgerissen. Kürzere Büschel klemmt das Rind zwischen Schneide- und Eckzähne des Unterkiefers und die hornige Kauplatte. Wenn es den Kopf hebt, wird das Gras ruckartig abgetrennt. Beim Schlucken gelangt das Gras nur grob zerkaut in den Magen.

Wiederkäuermagen • Die Nahrung des Rindes enthält wenig verwertbare Bestandteile und ist schwer verdaulich. Daher werden Gräser und Kräuter schrittweise in den verschiedenen Mägen des Rindes verarbeitet (▶ 3).
Gräser und Kräuter gelangen zunächst über die Speiseröhre in den ersten Magen, den **Pansen**.

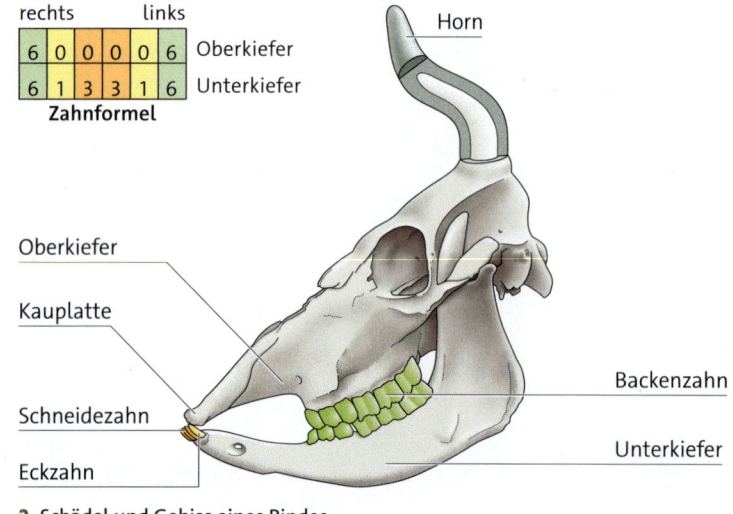

rechts			links			
6	0	0	0	0	6	Oberkiefer
6	1	3	3	1	6	Unterkiefer

Zahnformel

2 Schädel und Gebiss eines Rindes

Dieser fasst bis zu 200 Liter. Dort zersetzen Bakterien und winzige Organismen die Pflanzennahrung. Sie wird vorverdaut. Durch Bewegungen der Pansenwand wird die Nahrung durchmischt. Sie verteilt sich zwischen Pansen und dem zweiten Magen, dem **Netzmagen**.

Hat das Rind genug Nahrung aufgenommen, legt es sich nieder. Im Netzmagen bilden sich an den gefalteten Innenwänden Nahrungsballen. Diese werden über die Speiseröhre zurück ins Maul befördert. Im Maul werden sie mit viel Speichel vermischt. Das Rind zerreibt nun die Nahrungsballen zwischen den Backenzähnen zu einem Brei. Ein Teil der Nahrung wird also noch einmal gekaut. Das Rind ist ein **Wiederkäuer**.

Nach dem Wiederkäuen schluckt das Rind den Nahrungsbrei und befördert ihn so zurück in den Pansen. Von dort gelangt er wieder in den Netzmagen. Eine Öffnung im Netzmagen lässt lediglich feine Nahrungsteilchen und flüssigen Panseninhalt in den dritten Magen, den **Blättermagen**. Dort wird ihnen Wasser entzogen. Schließlich gelangt der eingedickte Nahrungsbrei in den vierten Magen, den **Labmagen**. Hier und im über 50 Meter langen Darm findet die weitere Verdauung statt. Die Bausteine aus der Nahrung gelangen schließlich durch den Darm in das Blut des Rindes.

Huftier • Am Skelett ist zu erkennen, dass die kräftigen Beine der Rinder in Füße mit jeweils nur zwei Zehen enden (▶ 4). Zwei übrige Zehen sind verkümmert. Das Rind läuft nur auf den vordersten Zehenknochen. Daher zählt man es zu den **Zehenspitzengängern**.

Die beiden Zehen sind zum Schutz mit Horn überzogen, dem Huf. Rinder gehören deshalb zu den **Huftieren**. Weil sie jeweils zwei Hufe an jedem Fuß haben, werden sie als **Paarhufer** bezeichnet. Die beiden Hufe können die Tiere beim Laufen abspreizen. So verhindern sie, dass sie auf matschigem Untergrund in den Boden einsinken.

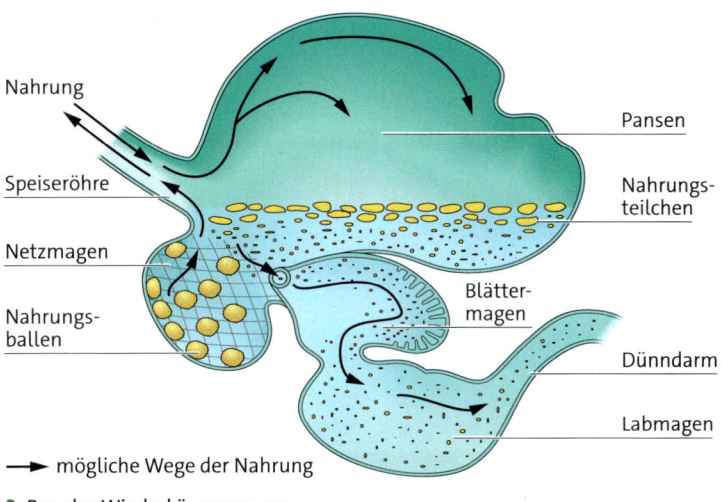

→ mögliche Wege der Nahrung

3 Bau des Wiederkäuermagens

1 ☐ Nenne die Funktionen der verschiedenen Zahntypen und der Kauleiste beim Grasen.

2 ✏ Beschreibe den Weg der Nahrung durch den Wiederkäuermagen. Nimm Abbildung 3 zu Hilfe.

3 ✏ Ermittle, welche Teile des Beines beim Rind von außen zu sehen sind. Betrachte dazu Abbildung 4.

4 ✏ Erkläre, weshalb man das Rind sowohl als Zehenspitzengänger als auch als Paarhufer bezeichnet (▶ 4).

Verdauung = Zerlegung der Nahrung in einzelne verwertbare Bestandteile

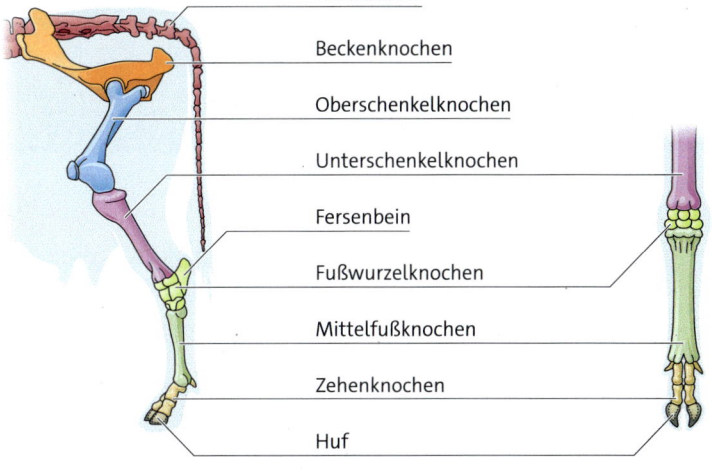

4 Rinderbein

1 Laufstallhaltung

2 Intensivhaltung

3 Freilandhaltung

die **Milchrinderrassen,** die dafür entsprechend gezüchtet wurden. Rinder mit besonders viel Muskelfleisch bezeichnet man als **Fleischrinder.** Meist werden männliche Rinder, die **Bullen** oder Stiere, als Fleischrinder genutzt. Sie haben mehr Muskelmasse als weibliche Rinder.
Wenn bei der Züchtung auf ein spezielles Merkmal Wert gelegt wurde, zum Beispiel „viel Muskelmasse", spricht man von **Einnutzungsrassen.** **Zweinutzungsrassen** haben beide Merkmale: große Milchleistung und viel Muskelmasse.

In Deutschland werden die Rinder überwiegend in Ställen gehalten. Wenn die Tiere sich in Grenzen frei bewegen können, bezeichnet man dies als **Laufstallhaltung** (▶1). Die Ställe bestehen aus Futterplätzen, Tränken und Liegeflächen, die mit Einstreu gepolstert sind.
Da große Betriebe viel Milch oder Fleisch in kurzer Zeit produzieren wollen, werden dort mehrere Hundert Tiere im Stall auf engem Raum gehalten. Dies nennt man **Intensivhaltung** (▶2). Die Rinder können sich dort weniger bewegen. Sie erhalten Kraftfutter. Fleischrinder bauen dadurch viel Muskelmasse auf und Milchrinder produzieren viel Milch. In diesen engen Ställen können sich die Rinder leicht mit Krankheiten anstecken. Hygiene ist in den Ställen besonders wichtig, damit sich keine Krankheiten ausbreiten. Deshalb werden die Tiere regelmäßig tierärztlich betreut.
Wenn Rinder entweder das ganze Jahr über oder von Frühling bis Herbst im Freien gehalten werden, spricht man von **Freilandhaltung** oder Weidehaltung (▶3). Dabei können die Rinder in der Herde auf einer Wiese grasen. Häufig werden schattige Plätze zum Ausruhen angeboten.

Nutztier • Der Mensch nutzt nahezu alle Körperteile des Rindes. Das Rind ist daher ein wichtiges **Nutztier.** Es liefert vor allem Fleisch, Leder, Felle und Milch.
Muttertiere, die **Kühe,** geben Milch, wenn sie ein Jungtier geboren haben. Das Jungtier wird als **Kalb** bezeichnet. Besonders viel Milch geben

1 ☐ Beschreibe den Unterschied zwischen Einnutzungs- und Zweinutzungsrassen.

2 ☑ Entscheide, welche der drei Haltungsformen dem natürlichen Verhalten des Rindes am besten entsprechen. Begründe.

Material

Säugetiere • Das Rind – ein wichtiges Nutztier

Material A Reh- und Fuchsgebiss im Vergleich

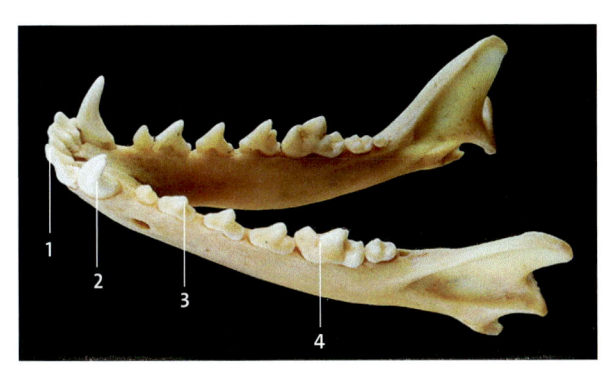

A1 Unterkiefer 1

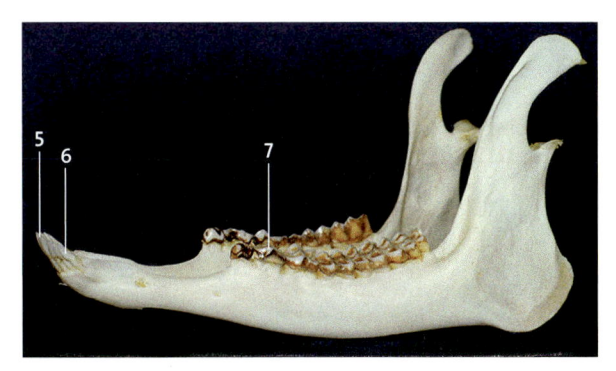

A2 Unterkiefer 2

Bei einem Spaziergang im Wald wurden zwei Unterkiefer gefunden (▶A1, A2). Man vermutet, dass sie vom Reh, einem Pflanzenfresser, und vom Fuchs, einem Fleischfresser, stammen.

1 ☐ Beschreibe die Unterschiede der Unterkiefer.

2 ◪ Ordne die Abbildungen einem Reh oder Fuchs zu.

3 ◪ Benenne die mit Zahlen gekennzeichneten Zahntypen.

4 ◪ Beschreibe die Funktion der verschiedenen Zahntypen.

5 ■ Erstelle jeweils eine Zahnformel für die Unterkiefer.

Material B Rinderrassen

B1 Braunvieh

B2 Charolais-Rind

B3 Dänisches Rotvieh

Rinderrasse	Braunvieh	Charolais-Rind	Dänisches Rotvieh
Körpermasse (Kilogramm)	750–1200	800–1300	650–900
Milchleistung einer Kuh (Liter pro Tag)	20	4–6	23
Körpermassen-Zunahme eines Kalbes (Gramm pro Tag)	1200	1400	1000
Muskelanteil	relativ groß	sehr groß	eher gering

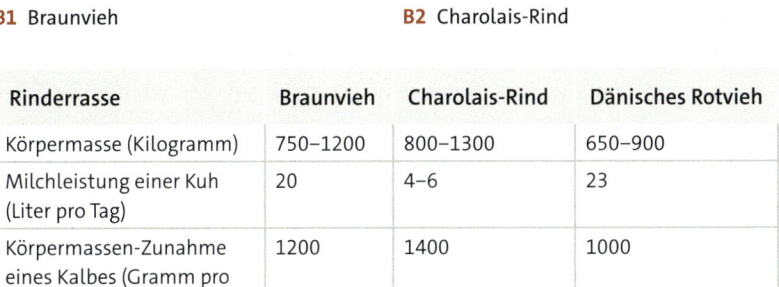

Unsere Hausrinder stammen von wilden Rindern, den Auerochsen, ab. Diese sind ausgestorben. Inzwischen wurden viele Rinderrassen mit unterschiedlichen Eigenschaften gezüchtet.

1 ☐ Beschreibe den Unterschied zwischen einer Fleischrinderrasse und einer Milchrinderrasse.

2 ◪ Ordne die abgebildeten Rassen einer Fleischrinderrasse, einer Milchrinderrasse oder einer Zweinutzungsrasse zu.

3 ◪ Begründe deine Zuordnung.

2.5 Wildschwein und Hausschwein

1 Bache mit Frischlingen

Wildschweine leben in Laub- und Mischwäldern in einer Familiengemeinschaft. Mit ihrem Rüssel durchwühlen sie den Waldboden. Was suchen sie im Boden?

Wildschwein:
weiblich = Bache
männlich = Keiler
Jungtier = Frischling

Wildschwein • Wildschweine leben in Waldgebieten. Sie bevorzugen feuchte und sumpfigen Stellen. Bei der Nahrungssuche durchwühlen sie mit ihrer rüsselartigen Schnauze den lockeren Erdboden gezielt nach Wurzeln, Würmern, Mäusen, Schnecken und Pilzen. Im Herbst fressen sie zusätzlich Eicheln, Kastanien und Nüsse. Wildschweine sind Allesfresser.
Selbst bei geschlossenem Maul sind im Gebiss die stark entwickelten Eckzähne, die **Hauer**, sichtbar. Diese sind bei den männlichen Wildschweinen besonders groß. Sie dienen zum Aufwühlen des Erdbodens, aber auch als Waffe. Im Ober- und Unterkiefer befinden sich jeweils 6 Schneidezähne, 2 Eckzähne und 14 Backenzähne (▶2). Die vorderen Backenzähne haben scharfe Kanten, wie es bei Fleischfressern üblich ist. Die hinteren Backenzähne besitzen eine breite Oberfläche wie bei Pflanzenfressern. Mit ihnen kann die Nahrung gut zermahlen werden. Wildschweine haben ein **Allesfressergebiss**.

Schweine können nicht schwitzen. Sie wälzen sich gerne in schlammigen Wasserlöchern: Sie **suhlen** sich, um sich abzukühlen. Nach dem Suhlen trocknet der Schlamm am Körper und bildet eine Kruste. So wird die Haut vor Ungeziefer und Verletzungen geschützt.

Wildschweine leben in einem Familienverband, diesen nennt man **Rotte**. Sie besteht aus mehreren weiblichen Tieren, den **Bachen**, und den Jungtieren, den **Frischlingen**. Die männlichen Schweine, die **Keiler**, sind Einzelgänger. Nur zur Paarungszeit im Winter gesellen sie sich zu einer Rotte.
Im Frühjahr werden 3–12 Frischlinge geboren. Sie tragen auf dem dunkelbraunen Fell hellbraune Längsstreifen. Somit werden sie im Wald nicht so schnell von Feinden gesehen: Sie sind gut getarnt. Nach 6 Monaten wechseln die Jungtiere ihr Haarkleid und nehmen die braunschwarze Färbung der Alttiere an.

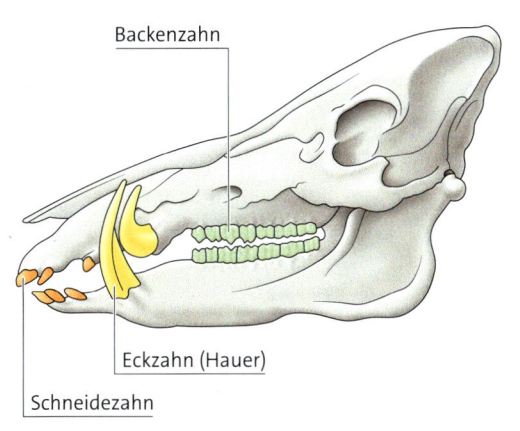

Säugetiere • Wildschwein und Hausschwein

2 Gebiss eines Keilers

3 Ferkel

Hausschwein • Das Hausschwein ist die domestizierte Form des Wildschweins, seiner Stammform. Hausschweine werden vom Menschen seit über 9000 Jahren zur Fleischerzeugung genutzt. Sie sind **Nutztiere**. Die Schweine wurden früher meist freilaufend auf Wiesen oder in Wäldern gehalten. Heute ist die Stallhaltung üblich.
Der Körperbau des Hausschweins unterscheidet sich vom Wildschwein. Das Hausschwein hat mehr Fleischmasse. Sein Körper ist zudem länger und es hat kürzere Beine als das Wildschwein.
Die meisten Rassen haben kein Fell, sondern nur wenige Borsten, sodass man ihre rosafarbige Haut sieht. Die Ohren laufen spitz zu und hängen oftmals über den kleinen Augen.
Hausschweine zeigen aber noch Eigenschaften des Wildschweins. Die paarigen Hufe können sie weit auseinanderspreizen. So verhindern sie zusammen mit den nach hinten gerichteten kleineren Afterzehen das Einsinken in den matschigen Untergrund. Schweine sind Paarhufer und Zehenspitzengänger (▶ 4).

Auch Hausschweine wühlen gerne nach Nahrung und suhlen sich im Schlamm. Obwohl sie oft als schmutzig bezeichnet werden, ist das Gegenteil der Fall. Wenn sie ausreichend Platz haben, nutzen Hausschweine nur einen bestimmten Bereich als Kotecke.

Ihr Geruchssinn ist besser als der von Hunden, daher werden Hausschweine in manchen Gegenden zur Suche nach Trüffelpilzen genutzt. Forschungen haben gezeigt, dass Schweine sehr soziale Tiere sind. Sie fühlen sich in ihrer Familiengruppe am wohlsten, pflegen sich gegenseitig und ruhen gerne eng aneinander gekuschelt. Hausschweine werden bis zu 12 Jahre alt.

Hausschwein:
weiblich = Sau
männlich = Eber
Jungtier = Ferkel

1 🖉 Erstelle eine Zahnformel für das Gebiss eines Keilers (▶ 2). Nimm Seite 43 zu Hilfe.

2 🖉 Erläutere die Angepasstheit des Schweinegebisses an die Nahrungsaufnahme.

3 ▢ Beschreibe den Aufbau des Schweinefußes. Nutze dazu die Abbildung 4.

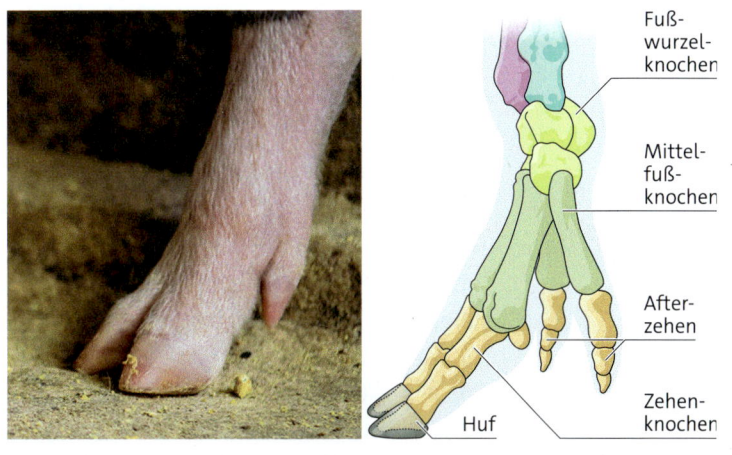

4 Fuß des Hausschweins: Foto (links) und Schemazeichnung (rechts)

Edelschwein (Sau) ✗ Landrasse (Eber)

Kreuzungssau ✗ Pietrain-Eber

Mastschweine

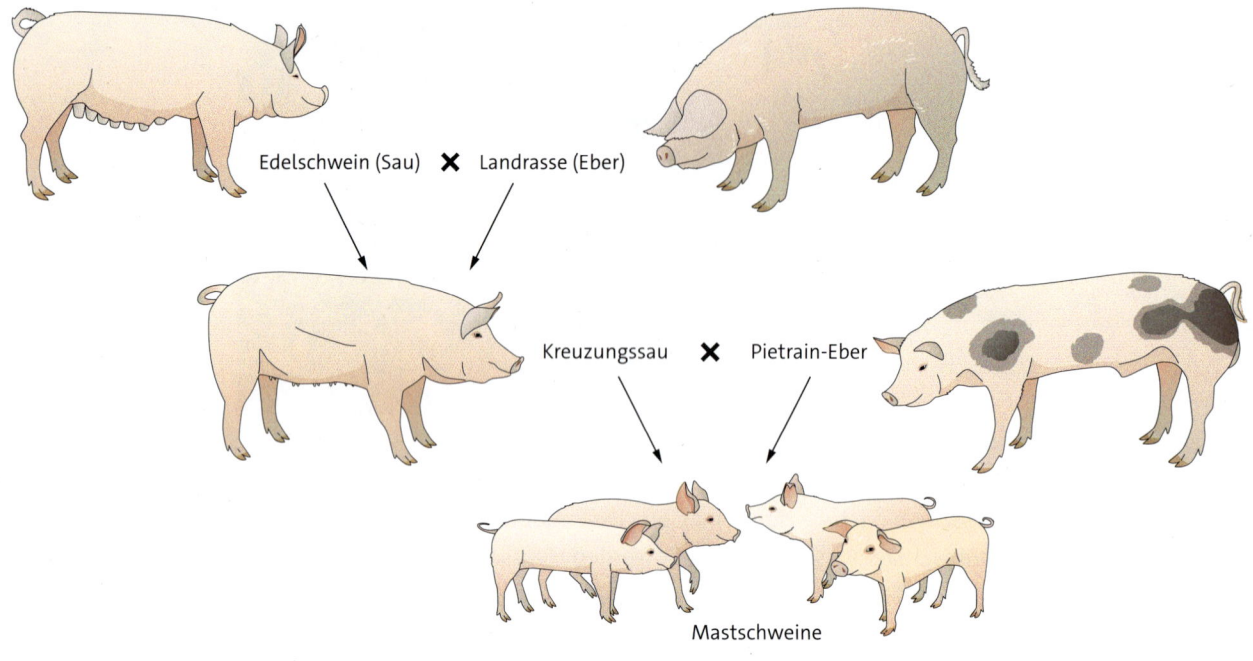

1 Züchtung

Kombination verschiedener Eigenschaften • Vor 250 Jahren begann man in England, einheimische Schweine mit asiatischen Rassen zu verpaaren. Deren Nachkommen sind zum Beispiel die Landrasse und das Edelschwein (▶1). Die Sauen der Edelschweinrasse bringen viele Ferkel zur Welt. Die Schweine der Landrasse wachsen sehr schnell und bilden viel Muskelfleisch. Um die Besonderheiten der einzelnen Rassen zu nutzen, vermehrt man diese gezielt. Ausgesuchte männliche und weibliche Tiere werden miteinander verpaart. Dabei werden manche Eigenschaften eher vom Vater vererbt, andere kommen von der Mutter. Daraus entstehen Mischlinge aus beiden Rassen, die Kreuzungstiere.

Diesen Vorgang der Auswahl und gezielten Vermehrung nennt man **Züchtung**.

Für die Weiterzucht wählt man diejenigen Kreuzungssauen, die die meisten gesunden Ferkel zur Welt bringen, und verpaart sie mit Ebern, zum Beispiel der Rasse Pietrain. Die Tiere dieser Rasse wachsen schnell und bilden viel Muskelfleisch.

Für die Züchtung spezieller Schweinerassen sind die Ansprüche der Menschen ausschlaggebend. Früher waren Speckschweine erwünscht, heute bevorzugt man magere Fleischschweine mit zartem Fleisch. Dies ist ein **Zuchtziel**. Weitere Zuchtziele sind beispielsweise robuste Tiere, die nicht schnell gestresst sind, gesunde Ferkel, eine gute Fleischqualität und eine schnelle Gewichtszunahme der Mastschweine.

Nach knapp 4 Monaten Tragzeit werden die Ferkel geboren. Diese trennt man nach 4–6 Wochen von der Mutter und bringt sie in Aufzuchtställe. Wenn die Ferkel ein Gewicht zwischen 25 und 30 Kilogramm haben, werden sie in spezielle Mastbetriebe transportiert. Dort bleiben diese Mastschweine noch knapp 3 Monate, bis sie ein Schlachtgewicht zwischen 100 und 120 Kilogramm erreicht haben.

1 ☐ Nenne Zuchtziele beim Edelschwein und beim Pietrain-Schwein.

2 ☐ Beschreibe den Vorgang der Züchtung mithilfe der Abbildung 1.

Material

Säugetiere • Wildschwein und Hausschwein

Material A Vergleich Wildschwein – Hausschwein

A1 Wildschwein

A2 Hausschwein

1. Vergleiche den Körperbau von Haus- und Wildschwein anhand der Fotos miteinander.
2. Beschreibe Angepasstheiten des Wildschweins, die in der Natur notwendig sind und die dem Hausschwein fehlen.
3. Erläutere, welche Eigenschaften des Wildschweins vorteilhaft für die Haltung des Hausschweins sind.
4. Beschreibe Merkmale des Hausschweins, die vermutlich auf Zuchtziele zurückzuführen sind.

Material B Das Leicoma-Schwein – eine seltene Rasse

Rasse	Ferkel pro Wurf	Gewichtszunahme pro Tag in Gramm	Schlachtgewicht in Kilogramm	Fettanteil im Muskelfleisch
Leicoma-Schwein	12	930	120–130	mittel bis hoch
Landrasse	14	860	95–100	gering

B1 Leicoma-Schwein

Die Schweinerasse Leicoma wurde erst Anfang 1970 im Gebiet Leipzig, Cottbus und Magdeburg gezüchtet. Die Schweine werden groß und sind robust. Sie können auch draußen gehalten werden. Typisch sind die Schlappohren und die rosa Haut mit hellen Borsten, die vor Sonnenbrand schützen. Das Fleisch ist sehr schmackhaft und hat einen überdurchschnittlichen Fettanteil.
Die Rasse wäre fast ausgestorben. Im Jahr 1985 gab es über 4000 Zuchtsauen, 2014 nur noch 19. Im Jahr 2024 wurden wieder 120 weibliche Tiere gezählt. Die Zunahme ist auf ein Zuchterhaltungsprogramm zurückzuführen. Das Ziel ist es, gefährdete Nutztierrassen vor dem Aussterben zu bewahren.

1. Erkläre die Herkunft des Namens Leicoma.
2. Beschreibe die Unterschiede des Leicoma-Schweins und der Landrasse mithilfe der Tabelle.
3. Stelle eine Vermutung auf, weshalb es fast zum Aussterben der Rasse Leicoma kam.
4. Diskutiere, ob es sinnvoll ist, die Rasse Leicoma zu erhalten.

Blickpunkt

Haltung von Nutztieren

Die Tiere, von denen unser Essen stammt, haben oft nur ein kurzes Leben. Sie leben auf engem Raum und können ihren natürlichen Bedürfnissen kaum nachgehen. Damit will man die Kosten für die Erzeugung von Fleisch oder Eiern niedrig halten.

1 Tierhaltungsformen von Schweinen: **A** Intensivtierhaltung (Stall), **B** Weidehaltung

Schweinehaltung • Das Schwein ist einer der wichtigsten Fleischlieferanten. Auch die modernen Rassen zeigen Bedürfnisse und Verhaltensweisen ihrer Vorfahren, der Wildschweine. Es gibt verschiedene Formen der Haltung, bei denen den Tieren unterschiedlich viel Bewegung, Tageslicht und Beschäftigungsmöglichkeiten geboten werden. Betriebe halten oft mehrere Tausend Mastschweine in großen Ställen mit verschiedenen Buchten (▶ 1A). Die Bodenplatten haben Spalten, sodass Kot und Urin aufgefangen werden. Jeweils 10–11 Schweine teilen sich eine Bucht. Dem einzelnen Tier steht weniger als ein Quadratmeter zur Verfügung. Dadurch geraten die Tiere in Stress, weil sie nicht wühlen oder spielen können. Sie beißen sich dann gegenseitig in Schwanz und Ohren. Die Tiere sind anfällig für Krankheiten und müssen mit Medikamenten behandelt werden. Durch häufiges Füttern und wenig Bewegung legen sie schnell an Körpermasse zu. In dieser Massen- oder Intensivtierhaltung wiegen die Ferkel mit 6 Monaten 100–120 Kilogramm und sind somit schlachtreif.
Bei der Weidehaltung haben Schweine Auslauf im Freien (▶ 1B). Sie können auf weichem Boden herumlaufen, wühlen, sich suhlen, nach Nahrung suchen und so ihren natürlichen Verhaltensweisen nachgehen. Weil sich die Schweine beim Auslauf viel bewegen, kann es etwas länger dauern, bis sie schlachtreif sind.

Tierwohl • Die meisten Schweine werden so gehalten, dass sie ihren angeborenen Bedürfnissen nicht ausreichend nachkommen können. Verbraucherinnen und Verbraucher sehen das zunehmend kritisch. Um das Leben der Tiere zu verbessern, müssten die Ställe umgebaut werden. Betriebe mit Zehntausenden Schweinen würde es vermutlich nicht mehr geben. Die Kosten würden sich erhöhen und somit auch die Preise für Fleisch- und Wurstwaren. Dafür hätten die Tiere ein besseres Leben, das mit dem Tierschutzgesetz (▶ 2) vereinbar ist. Seit 2023 gibt es eine verpflichtende Tierhaltungskennzeichnung. Sie beschreiben fünf Haltungsformen: Stall, Stall + Platz, Frischluftstall, Auslauf/Weide und Bio (▶ 2, S. 63). So kann man selbst entscheiden, aus welcher Haltungsform man Fleisch oder Wurst kauft.

Tierhaltung § 2
Wer ein Tier hält, betreut oder zu betreuen hat,
1. muss das Tier seiner Art und seinen Bedürfnissen entsprechend angemessen ernähren, pflegen und verhaltensgerecht unterbringen,
2. darf die Möglichkeit des Tieres zu artgemäßer Bewegung nicht so einschränken, dass ihm Schmerzen oder vermeidbare Leiden oder Schäden zugefügt werden,
3. muss über die für eine angemessene Ernährung, Pflege und verhaltensgerechte Unterbringung des Tieres erforderlichen Kenntnisse und Fähigkeiten verfügen.

2 Tierschutzgesetz (Auszug)

---

1 📝 Vergleiche die Lebensbedingungen für Schweine bei Intensivtierhaltung im Stall und Weidehaltung.

2 📝 Beurteile, ob die Aussagen aus dem Tierschutzgesetz (▶ 2) für beide Haltungsformen zutreffen.

Säugetiere • Wildschwein und Hausschwein

3 Tierhaltungsformen bei Hühnern: **A** Freilandhaltung, **B** Bodenhaltung, **C** Hühnerhaltung in einem Mastbetrieb

Hühnerhaltung • Haushühner fühlen sich in Gruppen von 5 bis 20 Hennen und einem Hahn wohl. Sie verbringen viel Zeit mit Scharren bei der Futtersuche, mit Sonnen- und Sandbaden und Gefiederpflege. Die Eiablage findet im Nest an einem ruhigen Platz statt. Als Schlafplatz bevorzugen Hühner höher gelegene Sitzstangen. Die Legerassen sind eigens zur Eiproduktion gezüchtet. An einer auf dem Ei aufgedruckten Ziffer erkennt man, wie die Hennen gehalten werden, also um welche Haltungsform es sich handelt.

Die Ziffer 0 steht für **Biohaltung**. Im Stall werden pro Quadratmeter höchstens 6 Tiere gehalten. Eine Gruppe darf nicht mehr als 3000 Tiere haben. Die Ställe haben Fenster. Jede Henne hat auf der Sitzstange 18 cm Platz. Tagsüber muss ein großer Auslauf ins Freie möglich sein. Die Tiere dürfen scharren, picken, herumlaufen und sich zurückziehen, um ihre Eier zu legen.

Die Ziffer 1 auf dem Ei bedeutet **Freilandhaltung**. Der wichtigste Unterschied zur Biohaltung ist, dass die Tiere kein Biofutter erhalten. Außerdem darf man 9 Hennen auf einem Quadratmeter Stallfläche halten. Die Sitzstangen bieten für jede Henne 15 cm Platz. Tagsüber gibt es einen Auslauf ins Freie. Eine Gruppe darf bis zu 6000 Tiere groß sein.

Die **Bodenhaltung** ist eine Form der reinen Stallhaltung, erkennbar an der Ziffer 2 auf dem Ei. Hier leben bis zu 6000 Legehennen in einer Halle. Künstliches Licht regelt die Tageslänge. Ein kleiner Bereich ist eingestreut, damit die Tiere scharren können. Es gibt Sitzstangen mit 15 cm Platz je Tier und künstliche Nester für die Eiablage. Da auf einen Quadratmeter 9 Hühner kommen, die keinen weiteren Auslauf haben, herrscht großes Gedränge. Dieser Stress macht die Tiere aggressiv, sodass sie sich gegenseitig verletzen. Der Kot der vielen Tiere hat einen stechenden Geruch und reizt ihre Lungen. Auch Hautschuppen, Federn, Einstreu und Futter erzeugen Schmutz und Staub. Sie machen die Hühner anfällig für Krankheiten.

Nach ungefähr einem Jahr legen die Hennen nur noch wenige Eier. Dann werden sie geschlachtet und bestenfalls als Suppenhuhn verkauft. Die meisten Hennen werden zu Tierfutter verwertet, verbrannt oder zur Biogasgewinnung genutzt.

Masthühner • Für die Fleischerzeugung wurden spezielle Hühnerrassen gezüchtet. In den Mastbetrieben leben bis zu 60 000 männliche und weibliche Tiere in Bodenhaltung auf Einstreu. Sie erhalten spezielles Hochleistungsfutter, damit sie schnell wachsen und sehr viel Muskelfleisch bilden. Das extrem starke Muskelwachstum, vor allem der Brustmuskeln, bewirkt, dass die Oberschenkel der Tiere nach außen gedrückt werden und sie nicht mehr richtig stehen oder gehen können. Am Ende der Mast hat jedes Tier weniger Platz, als ein DIN-A4-Blatt groß ist. Masthühner leben nur 28–42 Tage und werden dann geschlachtet..

3 Vergleiche die einzelnen Haltungsformen bei den Legehennen.

4 Beschreibe die Auswirkungen der Mast auf die Gesundheit der Masthühner.

5 Diskutiert, warum nicht alle in Deutschland Eier aus Bio- oder Freilandhaltung kaufen.

Bewerten – Haltungsformen für Nutztiere

Das Handeln des Menschen hat Auswirkungen auf andere Lebewesen und muss daher gut durchdacht werden. Nutztiere wie Schweine werden zur Produktion von Fleisch gehalten. Beim Einkauf kann man entscheiden, ob man Fleisch kauft und falls ja, aus welcher Haltungsform das Fleisch stammen soll. Die folgende Methode hilft dabei, über das eigene Handeln nachzudenken sowie Entscheidungen bewusst und begründet zu treffen.

1 Das Problem benennen
Benenne zunächst das Problem, um das es bei der Entscheidung geht.
Beispielsweise kannst du dir die Frage stellen: Aus welcher Haltungsform wähle ich das Fleisch, das ich konsumieren möchte?

2 Handlungsmöglichkeiten nennen
Nenne verschiedene Möglichkeiten, mit dem Problem umzugehen.
Beim Beispiel Fleischkonsum hast du folgende Möglichkeiten:
a *Ich esse möglichst billiges Fleisch.*
b *Mir ist die Form der Tierhaltung egal.*
c *Ich esse Fleisch aus einer tiergerechten Haltung. Dafür nehme ich höhere Preise in Kauf.*
d *Ich esse gar kein Fleisch mehr.*

3 Informationsbeschaffung
Für begründete Entscheidungen benötigt man zuverlässige und sachlich richtige Informationen zum jeweiligen Thema. Diese kannst du in Schul- und Fachbüchern, im Internet oder bei Experten vor Ort finden.
Informiere dich über die Lebensbedingungen der Schweine in den verschiedenen Haltungsformen. Dabei achtest du auf die Kennzeichnung auf dem Etikett oder erkundigst dich im Geschäft oder in der Fleischerei, aus welcher Haltungsform die Fleisch- und Wurstwaren stammen. Die Abbildung 2 zeigt die Bedingungen für die Schweine in verschiedenen Formen der Stallhaltung (1–3) sowie in Weidehaltung (4) und Biohaltung (5).

4 Kriterien finden
Für das Bewerten braucht man Kriterien. Sonst wird es beliebig.
Beim Kauf von Fleisch können die Haltungsbedingungen für die Tiere, die Behandlung mit Medikamenten oder auch der Preis sinnvolle Kriterien sein. Hierzu kannst du eine Tabelle anlegen (▶1).

5 Argumente sammeln
Formuliere ein Argument für jedes Kriterium. Ein Argument sollte auf sachlichen Informationen beruhen, kann aber zusätzlich auch eine persönliche Meinung zum Ausdruck bringen.
Ein Argument für den Kauf von Fleisch aus Weidehaltung könnte zum Beispiel sein: „Die Schweine haben Auslauf und Tageslicht. Sie können ihren natürlichen Bedürfnissen nachgehen. Dies ist besser für das Tierwohl."

Kriterien	Intensivtierhaltung (Stall)	Weidehaltung oder Biohaltung
Tiergerechte Haltungsbedingungen	Die Schweine leben ohne Tageslicht und Auslauf. (0 Punkte)	Die Schweine haben Auslauf und Tageslicht. Sie können ihren natürlichen Bedürfnissen nachgehen. ●● (2 Punkte)
Einsatz möglichst weniger Medikamente	Schweine werden in dieser Haltungsform leicht krank und müssen mit Medikamenten behandelt werden. Diese befinden sich später teilweise auch im Fleisch. (0 Punkte)	In dieser Haltungsform werden Schweine seltener krank und müssen nicht mit Medikamenten behandelt werden. ●● (2 Punkte)
Preis	Das Fleisch ist billig. ● (1 Punkt)	Das Fleisch ist teuer. (0 Punkte)

1 Kriterien und Argumente für den Kauf von Fleisch aus verschiedenen Tierhaltungsformen

Säugetiere • Wildschwein und Hausschwein

Haltungsform	1 = Stall	2 = Stall + Platz	3 = Frischluftstall	4 = Auslauf/Weide	5 = Biohaltung
Platz für ein 110 kg schweres Schwein	0,75 m²	0,84 m²	1,1 m²	1,5 m² insgesamt	2,3 m² insgesamt
Merkmale	kaum Bewegungsfreiheit, häufig Stress	etwas Bewegungsfreiheit, etwas weniger Stress	gutes Stallklima, Beschäftigungsmöglichkeiten	deutlich mehr Bewegungsfreiheit, teilweise natürliches Verhalten möglich	wesentlich mehr Bewegungsfreiheit, freier Auslauf und viele natürliche Verhaltensweisen möglich, Futter in Bioqualität
Fleischpreis	relativ billig				relativ teuer

2 Haltungsformen von Schweinen

6 Kriterien und Argumente gewichten

Du kannst ein Punktesystem verwenden: Ist dir ein Kriterium besonders wichtig, bekommt die Erfüllung des Kriteriums zwei Punkte. Wenn es dir wichtig ist, einen Punkt, und wenn es dir nicht so wichtig ist, keinen Punkt.
Du prüfst, auf welche Haltungsform die Kriterien besser zutreffen, und verteilst die Punkte. In diesem Fall hat die Weidehaltung mehr Punkte und somit fällt die Entscheidung für diese.

7 Die Perspektive wechseln

Nachdem du dich für eine Möglichkeit entschieden hast, prüfst du, welche Konsequenzen diese Entscheidung für andere hätte. Hier könnte das bedeuten, dass die Nachfrage nach Fleisch aus Weidehaltung wächst. Das wäre zum Wohl der Tiere. Landwirtinnen und Landwirte würden erkennen, dass sie höhere Gewinne durch die tiergerechte Haltung erzielen. Betriebe, die sich nicht der Nachfrage anpassen, hätten Nachteile. Stellst du fest, dass du mit einigen der Konsequenzen nicht einverstanden bist, musst du deine vorherige Auswahl überdenken. Es kann außerdem sein, dass man ein Argument findet, das wichtiger ist als alle anderen. Wenn dir beispielsweise das Argument besonders wichtig ist: „Ich möchte nicht, dass ein Tier für mich geschlachtet wird", wirst du dich ganz gegen den Fleischkonsum aussprechen.
Viele Entscheidungen müssen zudem von mehreren Beteiligten gemeinsam getroffen werden. Dieser Kompromiss beruht dann auf den Interessen mehrerer

Kein Tier soll leiden! Gute Haltungsbedingungen sind ein Muss, koste es, was es wolle!

Ich muss Gewinne erwirtschaften, damit ich meinen Betrieb weiterführen kann. Durch verbesserte Haltungsbedingungen entstehen höhere Kosten.

Ich möchte, dass die Schweine tiergerecht gehalten werden, aber das Fleisch sollte nicht zu teuer sein.

3 Verschiedene Perspektiven

Menschen und muss nicht immer mit der persönlichen Meinung übereinstimmen.

1 ◪ Nenne weitere Kriterien zum Thema Tierhaltung.

2 ◪ Formuliere zu diesen Kriterien passende Argumente und gewichte sie.

3 ◪ Nenne weitere Personenkreise, die direkt oder indirekt durch das Kaufverhalten der Verbraucherinnen und Verbraucher betroffen wären.

2.6 Das Eichhörnchen – ein Kletterkünstler

1 Springendes Eichhörnchen

Hoch oben in der Krone eines alten Baumes sieht man ein Eichhörnchen. Schnell und geschickt klettert und springt es zwischen den Ästen hin und her. Wie gelingt es dem Tier, sich so flink von Ast zu Ast zu bewegen, ohne herunterzufallen?

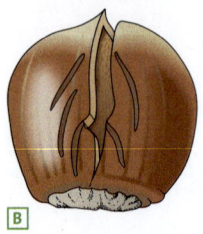

2 Haselnüsse mit Fraßspuren unterschiedlich erfahrener Eichhörnchen

Lebensweise • Das Eichhörnchen verbringt die meiste Zeit seines Lebens auf Bäumen: Es ist ein Baumbewohner. Mann kann es in Wäldern, Parks und Gärten in ganz Europa beobachten. Seine Nahrung besteht vorwiegend aus Beeren, Nüssen und anderen Früchten. Es frisst aber auch Pilze und Flechten sowie besonders im Frühling Knospen und Blüten. Auch tierische Nahrung steht auf seinem Speiseplan. Dabei bevorzugt es Insekten, Schnecken, Vogeleier und Jungvögel. Das Eichhörnchen ist ein **Allesfresser**.

Das Eichhörnchen ist ein geschickter und flinker Kletterer. Der Körper ist an die Fortbewegung auf Bäumen angepasst. Wegen seiner geringen Körpermasse kann es auch in den dünnen Zweigen der Baumkrone nach Nahrung suchen. Mit den kräftigen Hinterbeinen kann es sich gut abstoßen. Der buschige Schwanz dient beim Klettern und Springen als Balancierhilfe und Steuerruder. Es klettert an Baumstämmen hinauf oder mit dem Kopf voran hinunter. Dabei hält es sich mit seinen sehr scharfen und gebogenen Krallen an der Baumrinde fest. Eichhörnchen sind auch gute Schwimmer, die kleine Bäche oder Seen durchqueren können. Man kann die Tiere jedoch nur am Tag beobachten. Eichhörnchen sind **tagaktiv**. Die Nacht verbringen sie in ihren Nestern, den **Kobeln**. Diese bauen sie in Astgabeln hoch oben in der Baumkrone.

1 ☐ Beschreibe die Funktion des Schwanzes eines Eichhörnchens beim Klettern und Springen.

Säugetiere • Das Eichhörnchen – ein Kletterkünstler

Körpermerkmale und Skelett • Eichhörnchen haben ein kurzes, dichtes Fell. Es ist auf der Oberseite hellrot bis braunschwarz, auf der Bauchseite weiß oder cremefarben. Ein ausgewachsenes Eichhörnchen ist etwa 25 Zentimeter groß. Hinzu kommt der bis zu 20 Zentimeter lange, dicht behaarte und buschige Schwanz. Es wiegt etwa 200–400 Gramm.

Das Skelett des Eichhörnchens besteht aus Schädel, Rumpfskelett und Gliedmaßenskelett (▶3). An den Vordergliedmaßen befinden sich 4 Finger, die hinteren Gliedmaßen sind deutlich länger und besitzen 5 Zehen. Eichhörnchen treten mit dem gesamten Fuß auf: Sie sind **Sohlengänger**.

Die Wirbelsäule verläuft vom Kopf über den Rumpf bis zum Schwanz und besteht aus einzelnen Wirbeln. Das Eichhörnchen gehört zu den Wirbeltieren.

Nagetiergebiss • Beobachtet man ein Eichhörnchen beim Öffnen einer Nuss, fallen zunächst die großen, bräunlich gefärbten Schneidezähne auf. Diese **Nagezähne** sind auffällig gebogen und haben eine scharfe Kante. Beim Nagen nutzen sie sich an dieser Kante ab. Die Nagezähne wachsen jedoch ein Leben lang nach. Damit bleiben sie stets gleich lang. Tiere, die wie das Eichhörnchen Nagezähne besitzen, bezeichnet man als **Nagetiere**.

Mit seinen Nagezähnen nagt das Eichhörnchen kleine Furchen in die Spitzen der Nüsse, bevor es diese durch kräftiges Zubeißen öffnet. Junge Eichhörnchen benagen Nüsse eher zufällig, bis sie gelernt haben, diese an der richtigen Stelle aufzuknacken (▶2).

Das Eichhörnchen hat keine Eckzähne, im Gegensatz beispielsweis zum Hund. Stattdessen hat es hinter den Nagezähnen große Zahnlücken. Auf diese folgt jeweils eine Reihe Backenzähne. Mit den Backenzähnen zermahlt das Eichhörnchen seine Nahrung. Das Eichhörnchen hat ein typisches **Nagetiergebiss** (▶3).

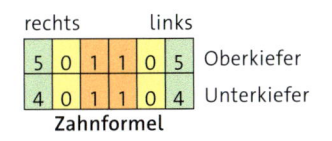

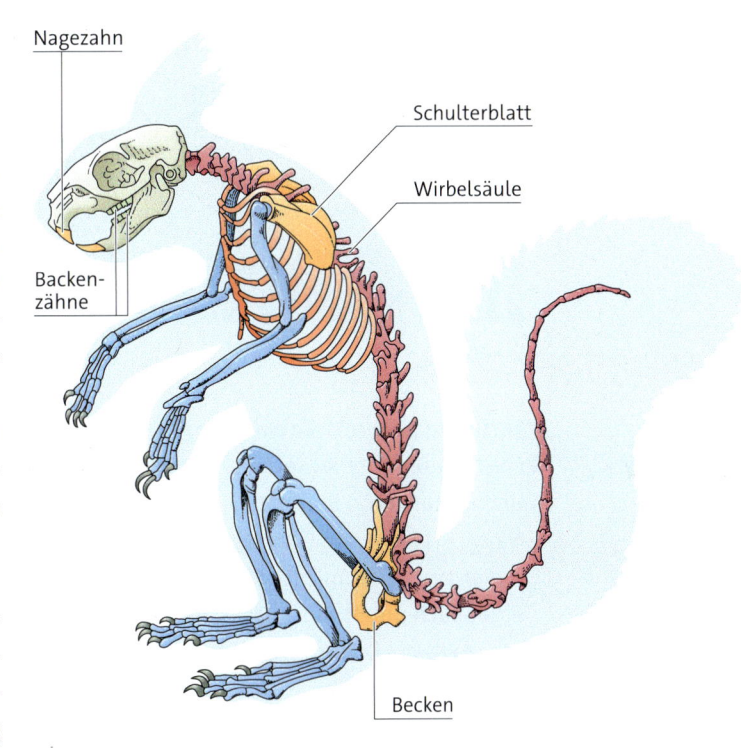

rechts				links		
5	0	1	1	0	5	Oberkiefer
4	0	1	1	0	4	Unterkiefer

Zahnformel

3 Skelett und Gebiss des Eichhörnchens

☐ Schädel
☐ Rumpfskelett
☐ Gliedmaßenskelett

4 Eichhörnchen mit Haselnuss

1 Kobel

2 Neugeborene Eichhörnchen im Kobel

Fortpflanzung und Entwicklung • Eichhörnchen bauen ihre Kobel aus Zweigen, Nadeln und Blättern von Bäumen. Sie polstern sie mit Moos, Blättern und Gras aus. Die Kobel haben meist zwei Schlupflöcher, von denen immer eines nach unten weist. Die Tiere nutzen meistens mehrere Kobel, zwischen denen sie wechseln. Manchmal benutzen sie auch verlassene Spechthöhlen. Die Eichhörnchen halten sich zum Ruhen und Schlafen im Kobel auf. Auch die Jungtiere werden in einem Kobel geboren und großgezogen.

Eichhörnchen paaren sich zweimal pro Jahr. Das Weibchen bringt in der Regel 6 nackte Jungtiere zur Welt. Ihre Augen und Ohren sind anfangs noch geschlossen. Bei der Geburt sind die Jungtiere etwa 10 Zentimeter groß und wiegen nur wenige Gramm. Diese trinken zunächst Milch aus den Milchdrüsen auf der Bauchseite des Muttertiers. Sie werden gesäugt. Eichhörnchen sind **Säugetiere**.
Nach etwa 6 Wochen verlassen die Jungtiere zum ersten Mal das Nest, nach weiteren 2 Wochen werden sie nicht mehr gesäugt und suchen selbstständig Nahrung. Die jungen Eichhörnchen bleiben noch einige Monate in der Nähe des Muttertiers, bevor sie geschlechtsreif werden.

Überwinterung • Im Herbst kann man oft beobachten, wie die Eichhörnchen flink über den Waldboden huschen und Eicheln oder Nüsse in ihren Mäulern tragen. Sie verstecken diese im Boden, an Baumwurzeln oder in Astlöchern. Die Tiere fressen im Herbst viel, sodass sich eine dicke Fettschicht unter der Haut bildet. Ihr Fell wird dunkler und dichter. Auch die kleinen Haarpinsel an den Ohren werden länger.
Wenn die Außentemperaturen weiter sinken, ruhen die Tiere immer länger in ihren Kobeln. An manchen Tagen unterbrechen sie den Ruhezustand. Dann suchen sie nach vergrabenen Eicheln und Nüssen, um diese zu fressen. Anschließend ziehen sie sich wieder in ihre Kobel zurück und ruhen erneut. Eichhörnchen halten **Winterruhe**.
Nicht alle Nüsse und Eicheln werden im Winter von den Eichhörnchen gefunden. Die im Boden verbliebenen Früchte keimen im kommenden Frühjahr und neue Pflanzen wachsen heran. Aus diesem Grund bezeichnet man das Eichhörnchen auch als Gärtner des Waldes.

1 ☐ Beschreibe, wie das Eichhörnchen an die kalte Jahreszeit angepasst ist.

2 ☐ Begründe, weshalb das Eichhörnchen ein Wirbeltier und ein Säugetier ist.

Material

Säugetiere • Das Eichhörnchen – ein Kletterkünstler

Material A Gebissvergleich

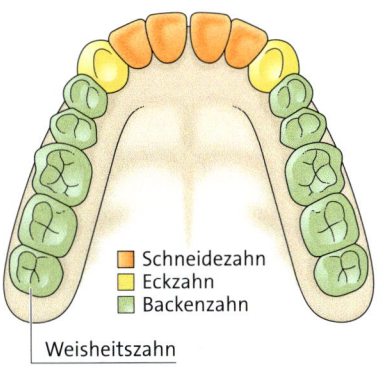

Schneidezahn
Eckzahn
Backenzahn
Weisheitszahn

Dauerzähne (Oberkiefer)

A1 Gebiss des Menschen: Oberkiefer eines Erwachsenen

Der Mensch hat ein Allesfressergebiss. Ein Erwachsener besitzt 32 Zähne, wobei die hinteren Backenzähne, die Weisheitszähne, teilweise fehlen können. Oberkiefer und Unterkiefer haben dieselbe Anzahl von Zähnen.

1 ◼ Erstelle eine Zahnformel für das Gebiss des Menschen (▶ A1).

2 ◼ Vergleiche das Gebiss des Menschen mit dem des Eichhörnchens. Betrachte dabei die Zahntypen und die Anzahl der Zähne. Nimm die Seite 65 zu Hilfe.

3 ◼ Erläutere die folgende Aussage: „Das Gebiss des Eichhörnchens gibt Auskunft über seine Ernährung."

Material B Nagezähne des Eichhörnchens

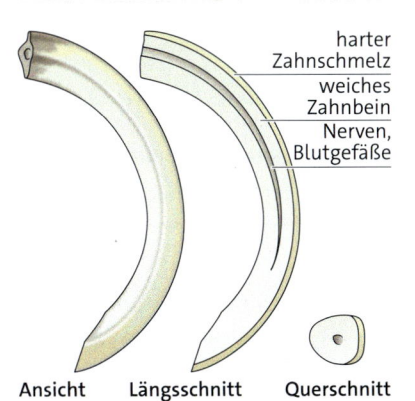

harter Zahnschmelz
weiches Zahnbein
Nerven, Blutgefäße

Ansicht   Längsschnitt   Querschnitt

B1 Nagezahn eines Eichhörnchens

Eichhörnchen besitzen vorn im Ober- und Unterkiefer je zwei Nagezähne. Diese haben einen besonderen Bau (▶ B1).

1 ◻ Beschreibe den Bau des Nagezahns.

2 ◻ Beschreibe, wie der Bau des Nagezahns die Funktion des Nagens ermöglicht.

3 ◼ Erkläre, weshalb die Nagezähne an der Nagekante immer scharf bleiben.

4 ■ Begründe, weshalb ein Eichhörnchen, das nur weiches Futter erhält, schließlich verhungert.

Material C Überwinterung

Außentemperatur	Körpertemperatur		Atemzüge pro Minute	
	Eichhörnchen	Fuchs	Eichhörnchen	Fuchs
Sommer: 20 °C	37 °C	38,5 °C	60	24
Herbst: 15 °C	37 °C	38,5 °C	60	24
Winter: 2 °C	37 °C	38,5 °C	45	24
Frühjahr: 10 °C	37 °C	38,5 °C	40	24

In der Tabelle sind die Messergebnisse einer Untersuchung dargestellt.

1 ◼ Vergleiche die Messergebnisse für Fuchs und Eichhörnchen.

2 ◼ Zeichne zwei Säulendiagramme für A Körpertemperatur und B Atemzüge pro Minute. Trage jeweils auf der x-Achse die Jahreszeiten mit den angegebenen Temperaturen ein. Nimm Seite 87 zu Hilfe.

3 ◼ Erkläre mithilfe der Diagramme, weshalb der Fuchs als winteraktives Tier, das Eichhörnchen hingegen als Winterruher bezeichnet wird.

2.7 Der Maulwurf – ein Jäger im Untergrund

1 Ein Maulwurf erscheint an der Oberfläche.

Selten bekommt man einen Maulwurf zu sehen, meistens erkennt man seine Anwesenheit an den vielen Maulwurfshügeln. Wie lebt der Maulwurf und wie ist er an sein Leben im Boden angepasst?

Lebensweise • Der Maulwurf verbringt nahezu sein ganzes Leben in einem weitverzweigten Gangsystem im Boden (▶ 2). Es bietet Schutz vor Raubtieren wie Füchsen und Greifvögeln. In den selbst gegrabenen Gängen jagt der Maulwurf nach Beutetieren. Er lagert sie im Spätherbst in Vorratskammern. Dank seiner Vorräte hat er auch in der kalten Jahreszeit genug zu fressen.

Der Maulwurf ist das ganze Jahr unterwegs, er ist **winteraktiv**. Im Gangsystem wird es im Winter nicht zu kalt und im Sommer ist es kühl und feucht. Über die Laufgänge kann der Maulwurf den Wohnkessel im Zentrum erreichen. Dieser ist mit Gras und anderem Material weich ausgepolstert und befindet sich in etwa 60 Zentimetern Tiefe.

Beim Graben schiebt der Maulwurf mit dem Kopf die überschüssige Erde nach oben. So entstehen an der Oberfläche die Maulwurfshügel. Sie dienen auch zur Belüftung des Gangsystems.

Außer zur Paarungszeit lebt der Maulwurf als **Einzelgänger**. Gegen andere Maulwürfe wird das Revier heftig verteidigt. Die Männchen verlassen im Frühjahr ihr unterirdisches Revier, um eine Partnerin zu suchen. Die Weibchen bringen im eigenen Wohnkessel bis zu fünf Jungtiere zur Welt.

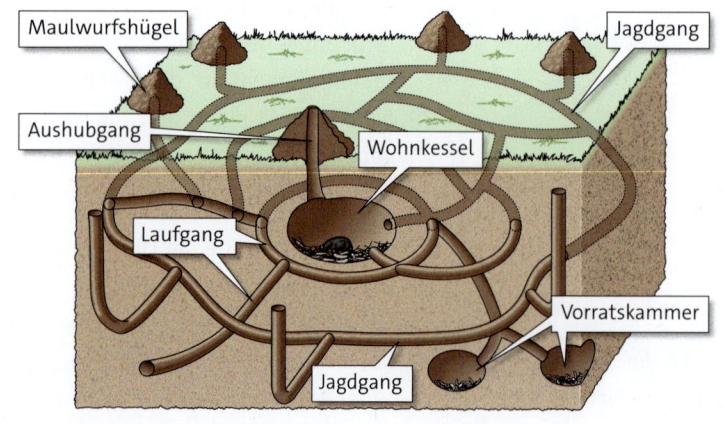

2 Gangsystem des Maulwurfs

Säugetiere • Der Maulwurf – ein Jäger im Untergrund

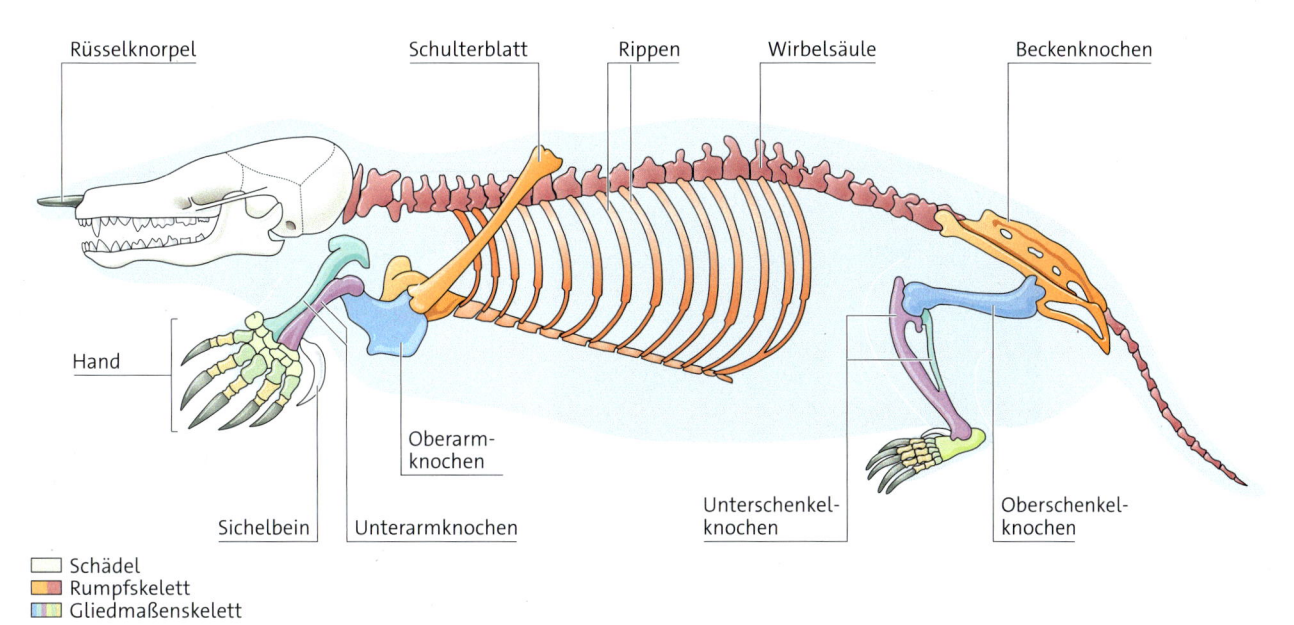

Rüsselknorpel — Schulterblatt — Rippen — Wirbelsäule — Beckenknochen

Hand

Sichelbein — Unterarmknochen — Oberarmknochen — Unterschenkelknochen — Oberschenkelknochen

☐ Schädel
☐ Rumpfskelett
☐ Gliedmaßenskelett

2 Skelett des Maulwurfs

Körperbau • Mit seinen kurzen Armen und den schaufelartigen Händen gräbt der Maulwurf Gänge und Höhlen. Diese **Grabhände** besitzen lange Krallen und sind durch einen speziellen Knochen, das **Sichelbein**, zusätzlich verbreitert (▶ 2). Dadurch haben sie eine große Fläche.

Während der Maulwurf die Erde von vorne lockert und wegschaufelt, stemmt er die kurzen Hinterbeine in die Erde und verhindert so das Zurückrutschen. Mit der spitz zulaufenden Nase bohrt sich der Maulwurf in die gelockerte Erde. Die Nase ist durch einen Rüsselknorpel verstärkt, der den Maulwurf beim Graben schützt.

Sein zylinderförmiger Körper und die kurzen Beine erleichtern die Fortbewegung durch die engen Gänge. Das kurze, dichte Fell kann sich beim Vorwärts- und Rückwärtslaufen im Boden in die jede beliebige Richtung umlegen. Es weist keine Strichrichtung auf. Gleichzeitig schützt es vor Kälte und Nässe.

Ernährung und Gebiss • Der Maulwurf ernährt sich hauptsächlich von Regenwürmern. Er erbeutet aber auch andere Kleintiere wie Schnecken, Insekten und Spinnen. Maulwürfe haben einen sehr hohen Nahrungsbedarf. Sie nehmen pro Tag mehr Nahrung auf, als der Hälfte ihrer Körpermasse entspricht. Ohne Nahrung überleben sie in der Regel höchstens einen Tag. Daher sucht der Maulwurf alle 3–4 Stunden seine Gänge nach Beutetieren ab.

Für den Winter sammelt er meist Regenwürmer und bewahrt sie in seiner Vorratskammer auf. Er beißt ihnen den vorderen Körperabschnitt ab, damit sie nicht entkommen können.

Der Maulwurf hat 44 spitze und scharfe Zähnen. Mit ihnen kann er harte Insektenpanzer durchbeißen. Sein Gebiss ist damit an die Art der Nahrung angepasst. Er besitzt ein **Insektenfressergebiss** (▶ 3, Seite 70).

Zylinderform

1 ☐ Nenne die verschiedenen Bereiche im Gangsystem des Maulwurfs und ihre jeweilige Funktion.

2 ✎ Erläutere, weshalb es für den Maulwurf vorteilhaft ist, das Wohnen und Ausruhen räumlich vom Vorrat zu trennen.

3 ✎ Stelle in einer Tabelle die Körpermerkmale des Maulwurfs und ihre Funktion dar.

1 Kopf eines Maulwurfs

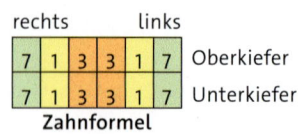

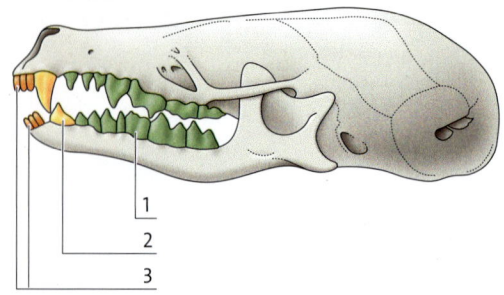

rechts			links			
7	1	3	3	1	7	Oberkiefer
7	1	3	3	1	7	Unterkiefer

Zahnformel

3 Schädel und Gebiss eines Maulwurfs

Sinnesorgane • Bei der Jagd auf Beutetiere verlässt sich der Maulwurf nicht auf seine winzigen Augen, die geschützt im Fell versteckt sind (▶1). Er kann mit ihnen nur Hell und Dunkel unterscheiden. Obwohl der Maulwurf keine Ohrmuscheln hat, hört er feine Bewegungen und leise Geräusche der Beutetiere im Dunkeln der Gänge.

Mit seiner langen, rüsselartigen Nase besitzt er einen sehr guten Geruchssinn. Mit den empfindlichen Tasthaaren an der Nase, dem Maul und Schwanz kann der Maulwurf seine Gänge abtasten. Zugleich melden die Tasthaare leichte Erschütterungen.

Nase und Ohren sind durch Hautlappen geschützt, damit Sand und Erde beim Graben nicht eindringen können. Mund- und Nasenöffnung liegen unter der Schnauzenspitze. So können sie beim Graben nicht verstopfen.

Nützling statt Schädling • Viele Menschen ärgern sich über Maulwurfshügel in ihrem Garten. Sie behindern das schnelle Abmähen der Wiesen. Bei seinen Grabtätigkeiten zerstört der Maulwurf teilweise unterirdische Pflanzenteile. Er frisst sie aber nicht. Manche Menschen zertreten alle Maulwurfshügel und damit auch die meist seitlich liegenden Ausgänge. Damit fehlt die Luftzufuhr für das Gangsystem und der Maulwurf könnte ersticken. Aber meist legt er einfach neue Hügel an.

Der Maulwurf frisst Pflanzenschädlinge an den Wurzeln und trägt so zur natürlichen Schädlingsbekämpfung bei. Durch das Graben der Gänge lockert er den Boden auf und sorgt für eine gute Belüftung des Bodens. Dadurch können die Pflanzen besser wachsen.

Der Maulwurf steht unter Naturschutz. Es ist verboten, ihn zu fangen oder zu töten.

2 Mauwurfshügel im Garten

1. ☐ Ordne den Ziffern in Abbildung 3 die passenden Fachbegriffe für die Zahntypen zu. Nimm Seite 43 zu Hilfe.

2. ◪ Erkläre, wie der Maulwurf seine Sinnesorgane einsetzt, um Beutetiere aufzuspüren.

3. ◪ Nimm Stellung zu der Behauptung, dass Maulwürfe dem Garten schaden.

Material

Säugetiere • Der Maulwurf – ein Jäger im Untergrund

Material A Wahres und Falsches zum Maulwurf

A: „Maulwürfe ernähren sich von Pflanzenwurzeln und Insektenlarven."

B: „Maulwürfe haben ein gutes Gehör."

C: „Maulwürfe sind blind."

D: „Maulwürfe leben ausschließlich unter der Erde."

E: „Maulwürfe haben ein Nagetiergebiss."

F: „Auf Sportplätzen sollte man Maulwürfe entfernen."

G: „Die Maulwurfshügel dienen auch zur Belüftung der Gänge."

H: „Maulwürfe leben in Familienverbänden zusammen."

A1 Aussagen zum Maulwurf

Leon muss ein Referat über den Maulwurf halten. Dazu informiert er sich im Internet. Unter anderem findet er diese Aussagen (▶ A1).

1 ☐ Überprüfe die Aussagen und nenne die richtigen und falschen Aussagen.

2 ◰ Korrigiere die falschen Aussagen so, dass sie richtig werden.

3 ◼ Bei einer der Aussagen kann man nicht eindeutig entscheiden, ob sie richtig oder falsch ist. Begründe deine Wahl.

Material B Blindmäuse

Beschriftungen: hornige Schnauzenspitze, Tasthaare, breite Schneidezähne zum Graben, funktionslose Augen, keine Ohrmuscheln, zylinderförmiger Körper, kein Schwanz, kleine Hände, kurze Beine

B1 Körpermerkmale der Blindmaus

B2 Blindmaus

Im östlichen Mittelmeerraum findet man merkwürdig aussehende Tiere, die Blindmäuse. Sie verbringen ihr ganzes Leben unter der Erde in einem verzweigten, selbst gegrabenen Gangsystem. Ihre Nahrung besteht aus Pflanzen. Blindmäuse leben als Einzelgänger und verteidigen ihr Revier aggressiv gegen Artgenossen.

1 ◰ Vergleiche die Körpermerkmale und Eigenschaften von Blindmäusen und Maulwürfen in Form einer Tabelle.

2 ◰ Erläutere, durch welche Merkmale die Blindmäuse an das Leben im Boden angepasst sind.

2.8 Fledermäuse – Jäger in der Luft

1 Eine Fledermaus startet ihre Jagd.

Fledermäuse jagen in der Dämmerung und nachts. Sie fliegen leise und sehr schnell. Wie können sie ihre Beute nachts finden? Warum jagen viele Arten in großen Gruppen?

Ernährung • Fledermäuse ernähren sich hauptsächlich von Insekten. Die Beute wird meist im Flug mit den Eckzähnen ergriffen. Diese sind etwas größer als die anderen Zähne. Alle ungefähr 38 Zähne sind sehr scharfkantig und spitz. Mit diesem Gebiss kann die Fledermaus die harte Hülle von Insekten aufbrechen und die Beute im Flug fressen. Eine Fledermaus kann in einem Sommer bis zu 60 000 Mücken erbeuten.

Lebensweise • Bei Tag sind die Fledermäuse in Baumhöhlen, auf Dachböden oder Felsspalten versteckt. Sie hängen kopfüber an Steinen oder Holz und halten sich mit ihren Fußkrallen fest. Die Flügel sind eng um den Körper gelegt. So verlieren sie weniger Körperwärme. In den Höhlen sind sie vor ihren Fressfeinden, den Eulen, Greifvögeln und Katzen, geschützt.
Mit dem Sonnenuntergang starten die Fledermäuse ihre Jagd auf Beute. Sie sind **nachtaktive** Tiere. Nachts ist die dünne Flughaut besser vor der Sonne geschützt und es sind weniger Vögel unterwegs, die ebenfalls Jagd auf Insekten machen.
Einige Fledermausarten jagen in großen Gruppen. So sind sie besser vor Greifvögeln und Eulen geschützt. Diese können Fledermäuse aus einer größeren Gruppe nur schwer erbeuten.

Orientierung und Sinne • Fledermäuse können ihre Beute bei Nacht nicht sehen. Ihr Sehsinn ist schwach ausgeprägt. Sie stoßen beim Fliegen fortwährend Rufe aus. Die Rufe sind sehr hohe Töne, die Menschen nicht hören können: Man bezeichnet sie als Ultraschall. Treffen die Ultraschallwellen der Rufe auf Beutetiere, werden sie als Echo-Schallwellen zurückgeworfen (▸ 3).
Die Echo-Schallwellen erreichen die großen und empfindlichen Ohren der Fledermäuse. Je kürzer der Abstand zwischen den Rufen und den Echo-Schallwellen ist, desto kleiner ist der Abstand zum Beutetier.

Säugetiere • Fledermäuse – Jäger in der Luft

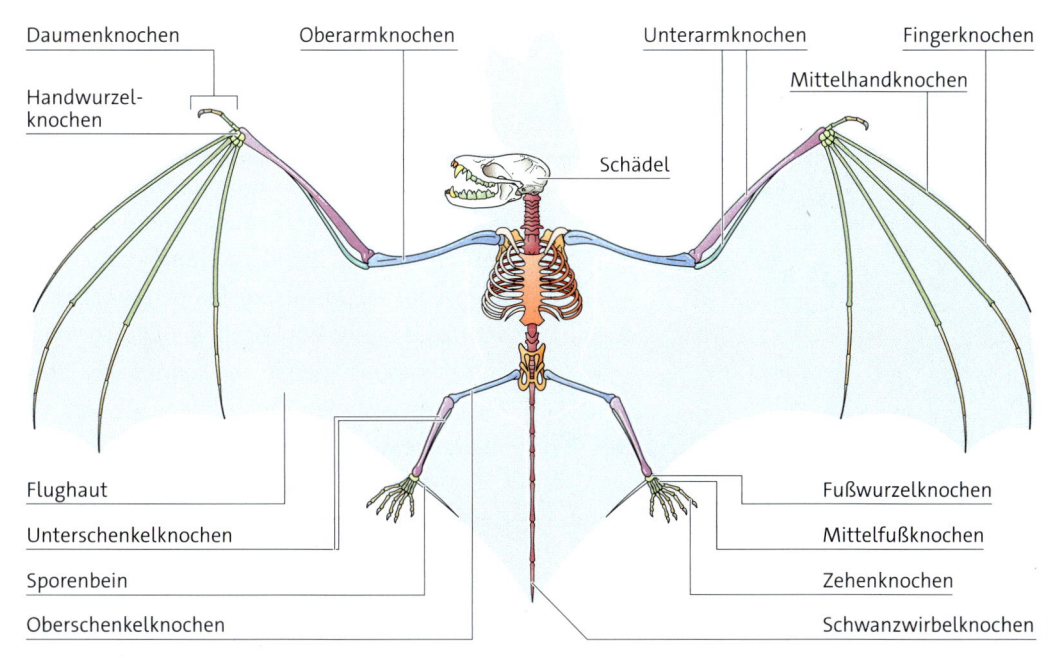

Daumenknochen | Oberarmknochen | Unterarmknochen | Fingerknochen
Handwurzelknochen | | Mittelhandknochen |
| | Schädel |
Flughaut | | | Fußwurzelknochen
Unterschenkelknochen | | | Mittelfußknochen
Sporenbein | | | Zehenknochen
Oberschenkelknochen | | | Schwanzwirbelknochen

2 Skelett und Flughäute der Fledermaus

Die Fledermäuse können aus dem Echo der Schallwellen die Größe, die Körperform, die Bewegung und die Geschwindigkeit eines Beutetiers erkennen. Der **Gehörsinn** ist so gut ausgebildet, dass sie auch bei vollkommener Dunkelheit ihre Beute oder Hindernisse bei ihrem schnellen Flug wahrnehmen. Mit dieser Echo-Ortung erkennen sie auch glatte Oberflächen. Sie deuten diese als Wasser und können im Flug trinken.

Angepasstheit an das Fliegen • Fledermäuse haben einen Körperbau, der an das Fliegen angepasst ist. Ihre Flügelfläche besteht aus Häuten. Diese **Flughäute** setzen längs der Körperseiten an und spannen sich über eine große Fläche (▶ 2). Diese reicht von den verlängerten Mittelhand- und Fingerknochen der Arme bis zu den Beinen und dem Schwanz. An den Füßen besitzen Fledermäuse einen zusätzlichen Knochen, das **Sporenbein**. Es ist wichtig für das Spannen der dünnen Haut zwischen den Beinen und dem Schwanz. Die großen Flughäute ermöglichen durch schnelle Bewegungen ein flatternde Fortbewegung. Deshalb zählen die Fledermäuse zu den **Flattertieren**. Nur die kurzen Daumen und die kleinen Füße ragen aus den großen Flughäuten heraus. Sie sind nach hinten gerichtet und dienen dem Festhalten und Klettern.

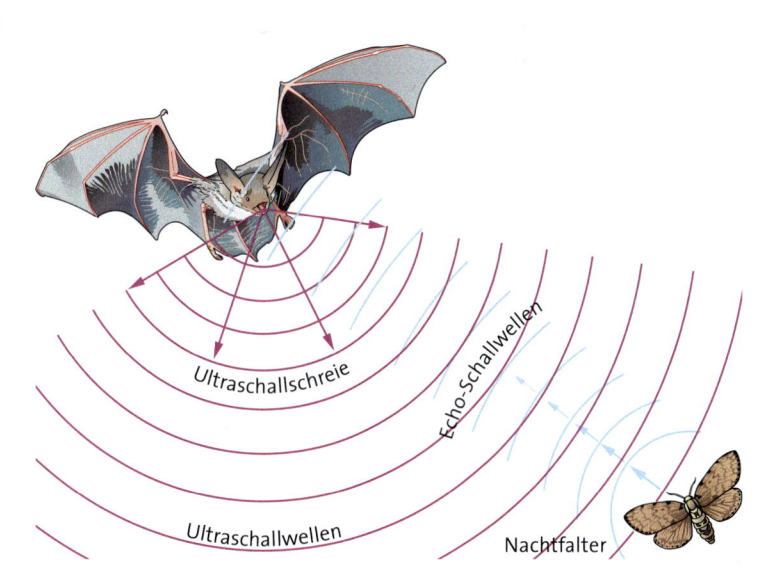

3 Echo-Ortung der Fledermaus

1 🗒 Beschreibe, wie Fledermäuse nachts erfolgreich jagen können.

1 Fledermäuse im Winterquartier

Überwinterung • Im Winter gibt es in unseren Breiten keine Insekten. Deshalb suchen die Fledermäuse Ende Oktober Winterquartiere auf. Diese müssen frostsicher, feucht, ruhig und ohne Zugluft sein. Tiefe Höhlen sind besonders gut geeignet, da dort die Temperatur wenig schwankt. Die Fledermäuse hängen dicht nebeneinander an der Höhlendecke und schlafen bis zum Frühjahr (▶ 1). Während der aktiven Jagdzeit haben die Fledermäuse als Säugetiere eine gleichbleibende Körpertemperatur. Während des Schlafs in den Wintermonaten verringert sich die Atemfrequenz und die Anzahl der Herzschläge. Die Körpertemperatur sinkt bis fast auf die Umgebungstemperatur. Die Fledermäuse halten **Winterschlaf**. Dadurch benötigen sie wenig Energie und können von ihren Fettreserven leben. Diese haben sie sich im September und Oktober angefressen.

Fortpflanzung • Die Paarung der Fledermäuse findet meist Ende August statt. Sie paaren sich in der Nähe ihrer Sommerquartiere, seltener im Winterquartier. Nach der Paarung bleiben die Spermienzellen der männlichen Fledermäuse im Körper der Weibchen. Erst mit den steigenden Temperaturen im April und Mai erfolgt nach dem Winterschlaf die Befruchtung der Eizellen. Die Weibchen sind etwa 6–8 Wochen trächtig.

Ab Mai schließen sich mehrere trächtige Weibchen zu Fortpflanzungskolonien zusammen. Sie suchen ein eigenes Quartier auf, die Wochenstube. Die Weibchen gebären dort meist im Juni ein oder seltener zwei Jungtiere. Die anfangs nackten und blinden Jungen werden im Juli und August gesäugt. Sie wachsen schnell und können bereits nach 4–5 Wochen fliegen und selbst jagen.

Die nicht trächtigen Weibchen und Männchen suchen einzeln oder in kleinen Gruppen meist ab April ihre Sommerquartiere auf.

2 Aktivitäten der Fledermäuse im Verlauf eines Jahres

1 ⬜ Erstelle einen Zeitstrahl über ein Jahr mit den Aktivitäten der Fledermäuse, getrennt nach weiblichen und männlichen Tieren.

2 ⬛ Erläutere die Besonderheit bei der Fortpflanzung der Fledermäuse als Angepasstheit an ihre Lebensbedingungen.

Material

Säugetiere • Fledermäuse – Jäger in der Luft

Material A Das Überleben von Fledermäusen ist bedroht

A1 Lebensräume und Jagdweise verschiedener Fledermausarten

1 Abendsegler, 2 Langohr, 3 Mausohr, 4 Wasserfledermaus, 5 Zwergfledermaus

Die Fledermausarten unterscheiden sich hinsichtlich der Jagdweise und der Lebensräume für die Jagd (▶ A1). Sie benötigen Winter- und Sommerquartiere sowie Insekten als Nahrung. Damit es zahlreiche Insekten gibt, muss die Landschaft vielfältige Strukturen wie Bäume, Hecken und blühende Samenpflanzen aufweisen. Die Entfernungen zwischen den Jagdrevieren und den Sommer- und Winterquartieren dürfen nicht zu groß und die Wege hin und zurück nicht gefährlich sein. Menschen verändern die Landschaft. Sie fällen Bäume und legen pflegeleichte Gärten an. Dort wachsen nur wenige insektenfreundliche Pflanzen. In der Landwirtschaft werden große Anbauflächen benötigt und Gifte gegen Insekten eingesetzt.

1 ☐ Beschreibe die Jagdweise und die Lebensräume, die Fledermäuse für die Jagd nutzen (▶ A1). Nimm auch die Steckbriefe zu Hilfe.

2 Begründe die Notwendigkeit vielfältiger Landschaften für Fledermäuse.

3 Erkläre, warum der Mensch eine Gefährdung für Fledermäuse darstellt.

4 Nenne Maßnahmen zum Schutz von Fledermäusen. Nenne Möglichkeiten, wie du dazu beitragen kannst.

5 Stelle die Fledermausarten Mausohr und Zwergfledermaus in Steckbriefen dar. Nimm auch den QR-Code zu Hilfe (▶ 📷).

Steckbrief Großer Abendsegler

Flug: schnell, hoch, mit Wendungen und Sturzflügen
Lebens-/Jagdräume: freier Luftraum über Wäldern, Parks, Wiesen und Seen
Sommerquartier: Baumhöhlen, Baum- und Gebäudespalten, Fledermauskästen
Winterquartier: Baumhöhlen, Felsspalten, Mauerrisse

Steckbrief Braunes Langohr

Flug: langsam schwankend, niedrig, manchmal rüttelnd
Lebens-/Jagdräume: lichte Wälder, Parks, Gärten und Siedlungen
Sommerquartier: Baumhöhlen, Fledermauskästen, Dachböden
Winterquartier: Keller, Stollen, Höhlen, selten dickwandige Baumhöhlen

Steckbrief Wasserfledermaus

Flug: nahe der Wasseroberfläche, schnell, wendig
Lebens-/Jagdräume: Landschaften mit Gewässern, Wiesen, keine Siedlungen
Sommerquartier: fast nur Baumhöhlen, häufiger Wechsel, selten Nistkästen
Winterquartier: Höhlen, Felsspalten, Keller

2.9 Der Biber – ein Baumeister am Wasser

1 Ein Biber beim Fressen

Biber kommen wieder in vielen Regionen in Deutschland vor. An Flüssen und Seen hinterlassen sie ihre Spuren durch angenagte Bäume und Äste. Wozu machen sie das?

Lebensweise • Biber kann man meist nur abends oder nachts beobachten. Tagsüber schlafen die Mitglieder der fünf- bis achtköpfige Biberfamilie in ihrer Behausung aus Ästen, Rinden und Schlamm, der **Biberburg** (▶3). Dort leben die Elterntiere mit den Neugeborenen und den Jungtieren vom letzten Jahr. Nach dem zweiten Lebensjahr werden die Jungtiere aus dem Revier vertrieben.

2 Von einem Biber angenagter Baumstamm

Biber fressen bevorzugt Blätter, Knospen und nahrhaften Triebe sowie die Rinde von Laubbäumen. Diese finden sich vor allem in der Baumkrone. Um an diese Nahrung zu gelangen, fällen sie die Bäume mit ihren scharfen **Nagezähnen** (▶4). Der Biber ist das größte **Nagetier** in Europa.

Die abgenagten Äste verwendet der Biber als Baumaterial für seine Biberburg oder einen Damm. Als reiner Pflanzenfresser ernährt er sich zusätzlich von Kräutern, Gräsern und Wasserpflanzen. Für den Winter legt er unter Wasser einen Vorrat an Pflanzen an (▶3). So kann er zu jeder Jahreszeit aktiv sein. Dabei hilft ihm auch sein Fettpolster, das er sich im Sommer bis zum Herbst angefressen hat.

Bei einer Körpermasse von bis zu 30 Kilogramm haben erwachsene Biber keine Fressfeinde. Junge Biber werden von Greifvögeln, Wölfen und Hunden erbeutet.

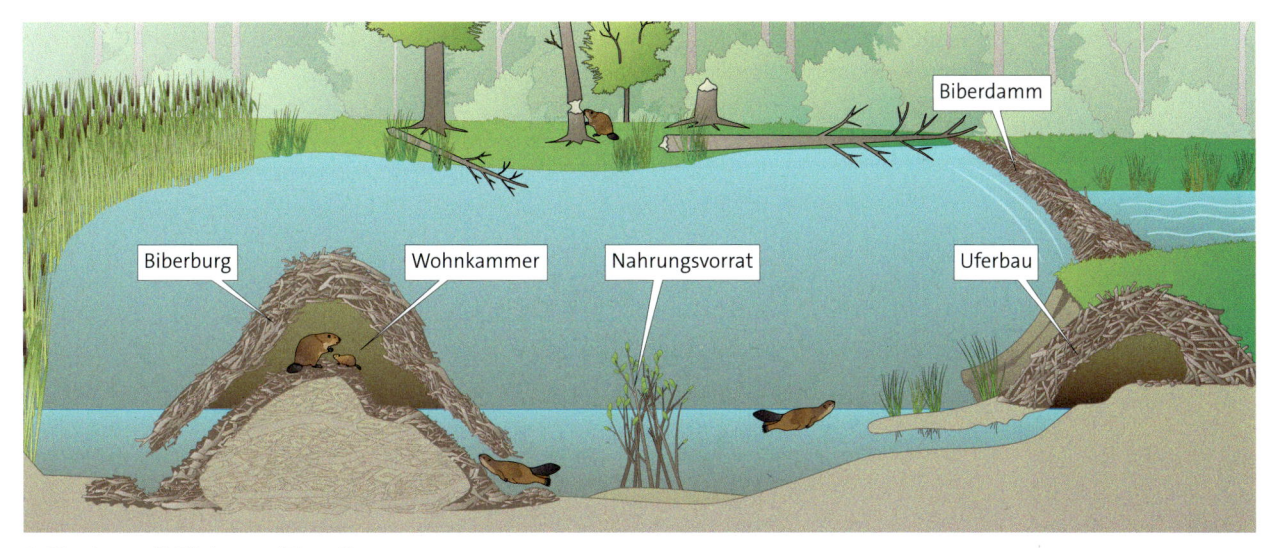

Säugetiere • Der Biber – ein Baumeister am Wasser

Biberdamm
Biberburg
Wohnkammer
Nahrungsvorrat
Uferbau

3 Biberburg mit Uferbau und Hauptbau

Biberburg • Eine Biberfamilie benötigt ein großes Revier. Wenn steile Uferböschungen vorhanden sind, gräbt der Biber einen unterirdischen Uferbau. Andernfalls baut er sich eine große Biberburg (▶ 3). Sie wird meist über mehrere Bibergenerationen angelegt und besteht aus einem Höhlensystem mit verschiedenen Kammern. Als Schutz vor Fressfeinden liegen alle Eingänge unter Wasser. Wenn diese Eingänge trockenfallen, kann der Biber Dämme bis zu eineinhalb Meter hoch bauen, um Wasser anzustauen. Eine mit Spänen ausgelegte Wohnkammer befindet sich oberhalb des Wasserspiegels. Selbst im Winter ist die Biberburg gut gegen Temperaturschwankungen gedämmt. Durch seine Bautätigkeit verändert der Biber auch Landschaften. Jedoch ist es verboten, Biberbaue und Dämme zu stören. Der Biber steht unter Naturschutz.

Körperbau • An dem auffälligen, breiten und flachen Schwanz mit seiner schuppenartigen und unbehaarten Haut kann man den Biber sofort erkennen (▶ 1). Diese **Biberkelle** dient als Antrieb und Steuer beim Schwimmen und zum Abstützen beim Fressen an Land. Die kräftigen Hinterbeine mit den Schwimmhäuten helfen beim Schwimmen. Unter Wasser orientiert er sich mit seinen Tasthaaren an den Lippen und Pfoten. Trotz seiner kleinen Ohren besitzt er ein gutes Gehör. Er kann aber schlecht sehen. Bei seinen bis zu 20 Minuten dauernden Tauchgängen verschließt er Augen und Ohren. Der Biber fettet sein dichtes Fell ständig ein. Es ist dadurch wasserabweisend.

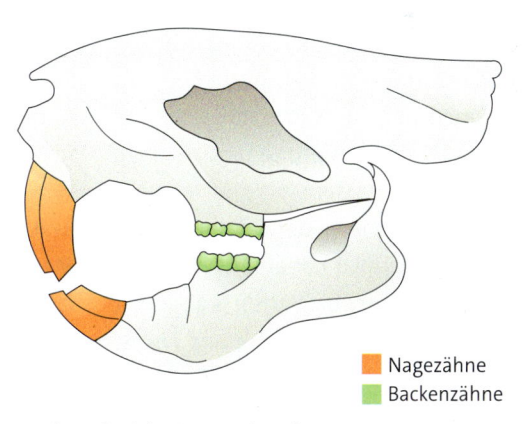

■ Nagezähne
■ Backenzähne

4 Biberschädel mit Nagetiergebiss

1 ◨ Beschreibe die Merkmale des Bibers, mit denen er an das Leben im Wasser angepasst ist.

2 ◻ Erkläre, wozu Biber Bäume fällen.

3 ◨ Erläutere die Vorteile einer Biberburg für die Biberfamilie.

Blickpunkt

Wale – Säugetiere im Wasser

Der Blauwal ist das größte heute lebende Säugetier. Er kann bis zu 30 Meter lang und 200 Tonnen schwer werden. Damit ist er eines der größten Tiere, die je auf der Erde gelebt haben.

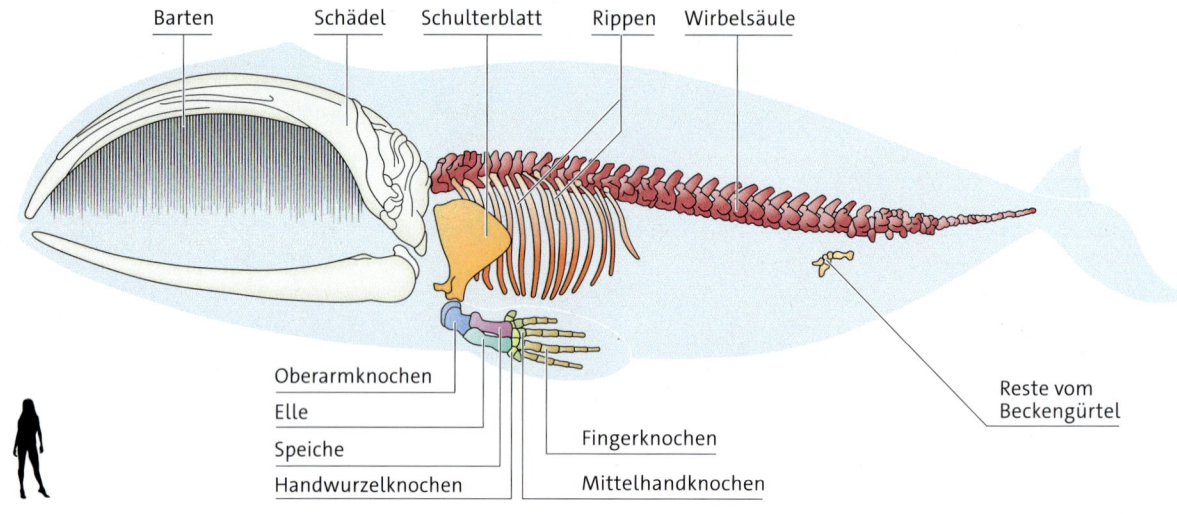

1 Skelett eines Bartenwals (Schema)

Lebensweise • Wale sind die einzigen **Säugetiere**, die ausschließlich im Wasser leben. Dort paaren sie sich und die Jungtiere werden lebend im Wasser geboren. Sie werden mit sehr nährstoffreicher Milch gesäugt. Wale leben meist in größeren Familien zusammen und verständigen sich über Laute.

Bei den Walen unterscheidet man zwei große Gruppen: die Zahnwale und die Bartenwale. **Zahnwale** besitzen spitze Zähne, mit denen sie hauptsächlich Fische und Tintenfische erbeuten. Zur Orientierung und zur Jagd verwenden sie Ultraschall. In Deutschland lebende Zahnwale sind die Schweinswale in der Nord- und Ostsee. **Bartenwale** wie der Blauwal haben ausgefranste riesige Hornplatten im Oberkiefer, die **Barten** (▶1). Damit filtern sie überwiegend kleine Meerestiere und Fische aus dem Wasser.

Körperbau • Wale können sich mit dem abgerundeten Kopf und dem schmalen Körperende besonders gut durch das Wasser bewegen. Sie sind **stromlinienförmig** gebaut. Als Säugetiere besitzen sie eine gleichbleibende Körpertemperatur. Bis auf einzelne Haare fehlt ein Fell. Eine dicke Speckschicht schützt sie vor Auskühlung. Wale haben keine Hinterbeine und nur noch Reste eines Beckens (▶1). Die waagerechte Schwanzflosse dient als Antrieb. Sie wird nicht von Knochen gebildet. Die Brustflossen entsprechen dagegen den Armen. Mit ihnen können Wale steuern. Die Rückenflosse sorgt für Stabilität. Sie kann bei Bartenwalen jedoch fehlen.

Manche Wale wie der Pottwal können bis zu 90 Minuten lang und bis zu 3000 Meter tief tauchen. Da alle Wale mit Lungen atmen, kommen sie zum Ein- und Ausatmen an die Wasseroberfläche. An der Oberseite des Kopfes befindet sich eine Atemöffnung, das **Spritzloch**. Es entspricht den Nasenlöchern bei anderen Säugetieren. Beim Ausatmen erzeugen Wale eine große Fontäne aus Wasserdampf, die gut zu beobachten ist (▶2).

2 Blauwal mit Fontäne

1 ☐ Nenne Merkmale, die zeigen, dass Wale Säugetiere sind.

2 ☑ Erläutere die Angepasstheit der Wale an das Leben im Wasser.

Material — Säugetiere • Der Biber – ein Baumeister am Wasser

Material A Biberfell

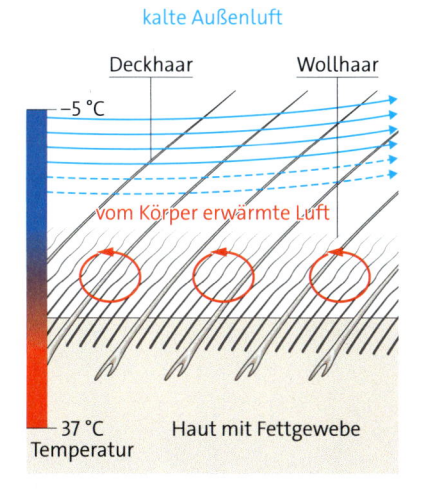

Abbildung: Querschnitt durch das Biberfell mit kalter Außenluft (−5 °C), Deckhaar, Wollhaar, vom Körper erwärmte Luft, Haut mit Fettgewebe (37 °C Temperatur).

Das Biberfell ist besonders dicht. Auf der Fläche einer 2-€-Münze sind genauso viele Haare wie auf dem gesamten Kopf eines Menschen. Das Biberfell besteht aus dichten Wollhaaren sowie längeren und steiferen Deckhaaren. Die Wollhaare halten auch beim Tauchen die Luft im Fell. Deckhaare werden zum Ende breiter und legen sich wie Dachziegel über das Fell. Ständiges Einfetten wirkt wasserabweisend.

1. ☐ Beschreibe die Merkmale der Woll- und Deckhaare beim Biber.
2. ◩ Erläutere, wie das Fell den Biber an Land und im Wasser vor Auskühlung schützt. Verwende auch die Abbildung.
3. ■ Beurteile die Aussage: „Das Fell wärmt den Biber."

Material B Biber verändern die Landschaft

B1 Ein durch die Tätigkeit von Bibern entstandenes Gewässer

Biber wurden an verschiedenen Flüssen wieder angesiedelt. Die Biber konnten sich vermehren und sich erneut in Deutschland ausbreiten. Die Art ist weiterhin streng geschützt. Nicht alle Menschen freuen sich über die Anwesenheit der Biber.

Viele Jahrhunderte lang wurden Biber vom Menschen gejagt. Ihr Lebensraum wurde zerstört. Dies führte dazu, dass sie um das Jahr 1900 nahezu ausgerottet waren. Später gab es Schutzprogramme.

1. ☐ Ermittle anhand der Informationstexte (▶B2) mögliche Folgen der Biberansiedlung.
2. ◩ Diskutiere die Vor- und Nachteile einer Wiederansiedlung von Bibern.

Bibergänge können Straßen und Äcker in der Nähe der Ufer unterhöhlen. Autos und Traktoren können einbrechen.

Biberdämme stauen Wasser an. Es bilden sich teilweise größere Gewässer, die auch in Trockenperioden weiter bestehen.

Bei Hochwasser können die großen Wassermengen die Ufer stark beschädigen. Biberstaudämme bremsen die Flut.

Dämme gegen Hochwasserschutz können von Bibergängen durchzogen und damit durchlässig werden.

In durch Biber angestaute Gewässer siedeln sich schnell zahlreiche Tiere und Pflanzen an, darunter auch viele seltene Arten.

In Gärten und Parks in der Nähe von Biberburgen werden Obst- und Parkbäume von Bibern angenagt.

2.10 Überwinterungsformen bei Säugetieren

1 Rehe im Winter

Auch bei Schneefall und starkem Frost sieht man im Winter auf Wiesen und Weiden Rehe stehen. Sie suchen unter dem Schnee nach Nahrungspflanzen. Wie schaffen sie es, trotz schwieriger Nahrungssuche und niedriger Außentemperaturen die Winterzeit zu überstehen?

Aktive Überwinterung • Rehe scharren im Winter bei niedriger Schneedecke auf Wiesen und Weiden, um an Futtergräser zu gelangen. Wenn sie nicht gestört werden, bleiben sie an derselben Stelle und bewegen sich nur wenig. Erst bei großer Kälte und eisigem Wind halten sich Rehe im dichten Wald auf. Dort fressen sie Knospen und Blätter von Fichten und kleinen Sträuchern.

Wenn man Rehe längere Zeit beobachtet, kann man erschließen, wie sie an Nahrung gelangen und was sie fressen. Im Winter suchen sie Nahrung, die möglichst einfach und mit möglichst wenig Bewegung zu erreichen ist. Lediglich bei sehr niedrigen Temperaturen bleiben sie im windgeschützten Wald.

Wenn sich die Tiere wenig bewegen, benötigen sie wenig Energie. Nahrung, die einfach zu finden ist, liefert auf einfache Weise Energie für ihren Körper. Daher passt ihr Verhalten zu ihrem Energiebedarf.

Darüber hinaus sind Rehe in der Lage, sich auch längere Zeit nicht oder nur wenig zu bewegen und abzuwarten, bis besonders ungünstiges Wetter vorübergeht. Das liegt daran, dass sie im Herbst viel fressen und Fettreserven bilden. Im Winter zehren sie davon.

Rehe vermeiden im Winter zwar Bewegung, so gut es geht, müssen aber trotzdem häufig auf Nahrungssuche gehen und damit aktiv sein. Die Art, wie sie den Winter überstehen, nennt man deshalb **aktive Überwinterung**.

Säugetiere • Überwinterungsformen bei Säugetieren

2 Im Winter:
A Eichhörnchen,
B Fledermaus: Braunes Langohr

Winterruhe • Eichhörnchen fressen sich im Herbst eine dicke Fettschicht an. Sie verbringen in den Wintermonaten längere Zeiten in einem ausgepolsterten, gut wärmegedämmten Kobel und fressen nicht. Viele Vorgänge in ihrem Körper verlaufen langsamer. Zum Beispiel sinken Herzschlag und Atemfrequenz. So brauchen sie weniger Energie. Wegen des langen Aufenthalts im gedämmten Kobel verlieren die Eichhörnchen wenig Wärme.
Sie benötigen aber weiterhin Energie für das Aufrechterhalten ihrer Körpertemperatur von 37 Grad Celsius. Deshalb unterbrechen die Tiere ihren Ruhezustand an manchen Tagen und suchen Nahrung. Weil sie im Herbst Früchte in ihnen bekannten Verstecken vergraben haben, ist die Nahrungssuche einfach (▶2A).
Ein Überwinterungsverhalten, bei dem lange Ruhezeiten mit normaler Körpertemperatur zur Nahrungsaufnahme kurz unterbrochen werden, nennt man **Winterruhe**.

Winterschlaf • Einheimische Fledermäuse wie das Braune Langohr finden im Winter nicht genügend Nahrung. Sie überwintern an geschützten Orten und schlafen durchgehend (▶2B). Bei diesem Schlaf sind Puls und Atemfrequenz deutlich geringer als im Sommer. Ihre Körpertemperatur ist ebenfalls verringert. Mit den Fettreserven, die sich die Tiere im Spätsommer angefressen haben, können sie genügend Energie bereitstellen. Dadurch kommen sie ohne weitere Nahrungsaufnahme durch den Winter. Diese Art der Überwinterung heißt **Winterschlaf**.

Wärmedämmung • Alle Säugetiere besitzen Haare. In Regionen mit kalten Wintern bilden sie ein Winterfell. Es hat längere und dichter stehende Haare als das Sommerfell. Zwischen den Haaren befindet sich Luft. Sie wird im dichten Fell festgehalten (▶3).
Wenn die Luft zwischen den Haaren vom Körper erwärmt wird, bleibt die Wärme dort. Dies bezeichnet man als **Wärmedämmung**. Selbst bei Wind wird nur wenig von dieser Luft aus dem dichten Fell wegtransportiert. Der Körper kühlt kaum aus.
Die wärmedämmende Funktion des Fells senkt den Energiebedarf sowohl bei aktiver Überwinterung als auch bei Winterruhe und Winterschlaf.

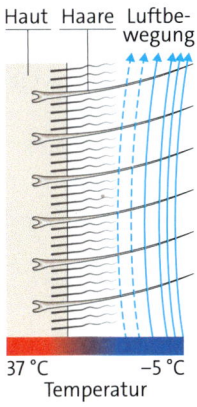

3 Wärmedämmung durch dichtes Fell

1 ▸ Vergleiche die Überwinterungsformen aktive Überwinterung, Winterruhe und Winterschlaf hinsichtlich Nahrungsaufnahme und Energiebedarf.

2 ▸ Erläutere, wie die wärmedämmende Wirkung durch die Struktur des Fells zustande kommt (▶3).

1 Rehe im Winter bei der Nahrungssuche im Wald

Ernährung im Jahresverlauf • Obwohl Rehe über 170 verschiedene Pflanzenarten fressen, sind meistens drei bis vier Arten ihre Hauptnahrung. Hauptsächlich werden Blätter von Nadelbäumen und Sträuchern gefressen. Außerdem fressen Rehe Knospen und Borke von Bäumen. In einem Wald, in dem man die Rehe beobachtet hat, fraßen sie im Frühjahr vor allem Kräuter wie Wachtelweizen und Weidenröschen. Später bevorzugten sie die Blätter von Kleinsträuchern wie Heidelbeere und Heidekraut sowie von Bäumen.

Weil das Nahrungsangebot für die Rehe so unterschiedlich ist, hatte ein Forscher die Vermutung, dass die Tiere je nach Jahreszeit unterschiedlich lange nach ihrer Nahrung suchen müssen. Er vermutete, dass die Rehe im Winter länger für das Fressen benötigen, weil sie unter dem Schnee die Nahrung schlechter finden. Die Beobachtung einiger Tiere hat er mithilfe von Messgeräten durchgeführt, die er ihnen um den Hals gebunden hat (▶3). Gemessen wurde, wo sich die Tiere aufhalten und wie stark sie sich bewegen. Aus der Geschwindigkeit der Fortbewegung konnte er schließen, ob die Tiere fressen oder wandern. Die Messwerte wurden zu einem Satelliten gefunkt, mit einem Empfänger auf der Erde aufgefangen und mit einem Tabellenkalkulationsprogramm ausgewertet (▶4). Ein überraschendes Ergebnis ist, dass die Rehe im Winter nicht so lange fressen wie im Frühjahr. Stattdessen schlafen sie länger. Dabei sparen sie Energie. Sie fressen sich im Herbst einen Vorrat an, von dem sie im Winter zehren können. Im Frühjahr fressen sie dann wieder mehr, weil sie abgemagert sind.

Jahreszeit	Hauptnahrungspflanzen, die wichtigste steht jeweils vorn
Frühjahr	Eiche, Walderdbeere, Wachtelweizen, Weidenröschen, Weißbuche
Sommer	Himbeere, Heidelbeere, Eiche, Salweide, Birke
Herbst	Heidekraut, Himbeere, Heidelbeere, Kiefer, Birke
Winter	Kiefer, Heidekraut, Heidelbeere, Fichte, Preiselbeere

2 Hauptnahrung der Rehe in den Jahreszeiten

3 Rotwild mit Mess- und Sendehalsband

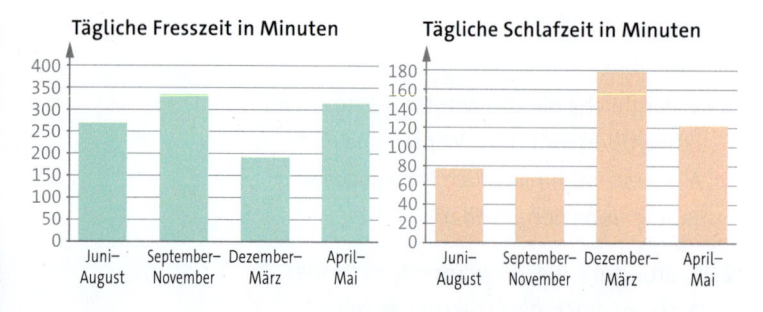

4 Tägliche Fress- und Schlafzeiten bei Rehen in den Jahreszeiten

1 ☐ Fasse zusammen, wie Rehe im Verlauf des Jahres das Nahrungsangebot nutzen.

2 ☐ Beschreibe, wie man die Bewegungen eines Rehes automatisch aufzeichnen lassen kann.

Material

Säugetiere • Überwinterungsformen bei Säugetieren

Versuch A Experiment zur Wärmedämmung

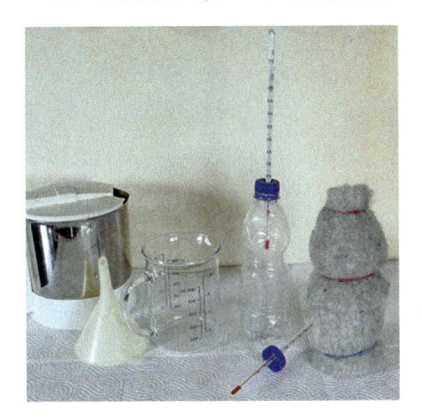

A1 Materialien und Versuchaufbau

Zeit in min	Flasche 1 mit Filz: Temperatur in °C	Flasche 2 ohne Filz: Temperatur in °C
0	55	56
5	~~~~~~~~	~~~~~~~~
10	~~~~~~~~	~~~~~~~~
~~	~~~~~~~~	~~~~~~~~

A2 Tabelle für die Messwerte

Material:
2 Wasserflaschen (0,5 l), Trichter, Messbecher (0,5 l), 1 Wasserkocher (1,5 l), 2 Thermometer (bis 100 °C), Uhr (möglichst digital), Filztuch (etwa 20 cm × 40 cm), Tablett (etwa 20 cm × 30 cm), 2 Haushaltsgummibänder, Haushaltswatte

Durchführung:
Stelle die beiden Wasserflaschen auf das Tablett. Eine Flasche umwickelst du vollständig mit dem Filztuch. Es wird mit den Gummibändern fixiert.
Erhitze im Wasserkocher etwas mehr als 1 Liter Wasser auf etwa 60 Grad Celsius. Fülle dann mithilfe des Messbechers und Trichters jeweils 0,5 Liter heißes Wasser in die beiden Flaschen. Stelle in jede Flasche ein Thermometer, dichte die Flaschenöffnung mit Watte ab und warte etwa 1 Minute. Lies dann die Temperatur ab.
Miss für 30 Minuten alle 5 Minuten die Temperatur. Lege eine Tabelle in deinem Heft an (▶ A2) und trage die Werte ein.

1. ◨ Führe das Experiment durch. Fertige ein Protokoll an. Nimm die Seiten 84 und 85 zu Hilfe.

2. ◨ Erstelle aus den Daten ein Liniendiagramm. Nimm Seite 86 zu Hilfe.

Auswertung:

3. ◨ Deute die Ergebnisse. Gib an, ob die Hypothese von Seite 84 bestätigt oder widerlegt wurde.

Material B Wiederkäuen und Jahreszeit

Monate	Fresszeit in Minuten	Wiederkäuzeit in Minuten
April – Mai	314	269
Juni – August	270	357
September – November	335	429
Dezember – März	190	273

B1 Fress- und Wiederkäuzeiten bei Rehen

Rehe sind Wiederkäuer. Unterschiedliche Nahrung muss unterschiedlich lange verdaut werden.

B2 Berechnung des Faktors

Nadeln sind härter und schlechter verdaulich als Laubblätter. Daher hat man die Vermutung aufgestellt, dass Rehe in Winter länger wiederkäuen, weil ihre Nahrung dann schlechter verdaulich ist. Zum besseren Vergleich der Messwerte rechnet man aus, mit welchem Faktor man die Fresszeit multiplizieren muss, um die Wiederkäuzeit zu erhalten (▶ B2). Man teilt also die Wiederkäuzeit durch die Fresszeit, zum Beispiel mit einem Tabellenkalkulationsprogramm. Beim Faktor 2 müsste das Reh doppelt so lange wiederkäuen wie fressen.

1. ◨ Vergleiche die Dauer der Fress- und Wiederkäuzeiten zu den verschiedenen Jahreszeiten (▶ B1).

2. ◨ Berechne die weiteren Faktoren. Nimm den QR-Code zu Hilfe (▶ ▣). Werte die Ergebnisse mit Bezug auf die Vermutung aus.

Methode

Experimentieren

In den Naturwissenschaften werden häufig Experimente durchgeführt, um Beobachtungen in der Natur zu erklären. Ausgehend von diesen Phänomenen geht man beim Experimentieren folgendermaßen vor.

1 Eingerollter Siebenschläfer im Winterschlaf

Der Siebenschläfer hat als Säugetier ein Fell. Zur Überwinterung hält er Winterschlaf und nimmt dabei eine kugelförmige Haltung ein (▶1). Aus den jeweiligen Beobachtungen lassen sich zwei mögliche **Fragestellungen** ableiten:
Verringert das Fell die Wärmeabgabe bei Kälte?
Warum rollt sich der Siebenschläfer beim Winterschlaf ein?
Jede Fragestellung führt zu einer **Hypothese**. Das ist eine Vorhersage, die geprüft werden muss. Dazu wird ein passendes **Experiment** geplant. Nur so gewinnt man aussagekräftige Beobachtungen, die eine Auswertung und Überprüfung der Hypothese ermöglichen. Beim Experimentieren gehst du wie folgt vor:

1 Fragestellung
Das Problem, das experimentell untersucht werden soll, ergibt sich meist aus einer Beobachtung im Alltag. Naturforschende versuchen, dieses Problem durch eine oder mehrere Fragen auszudrücken.
Im Beispiel lautet die erste Fragestellung: Verringert das Fell die Wärmeabgabe bei Kälte?

2 Hypothesen
Formuliere Vorhersagen, die deine Fragestellung und somit das Phänomen begründet erklären können. Die aufgestellte Hypothese muss sich über ein Experiment überprüfen lassen. Zur genauen Formulierung kannst du diese Vorhersage durch eine Wenn-dann-Beziehung beschreiben.

Beispielsweise könnte eine Hypothese lauten: Wenn ein Körper mit Fell bedeckt ist, dann verliert er weniger Wärme als ohne Fell, da das Fell wärmedämmend wirkt.

3 Planung des Experiments
Überlege, wie das Experiment durchgeführt werden muss, um die Hypothesen zu überprüfen. Wichtig ist, dass du die Versuchsansätze so planst, dass immer nur ein Faktor, also eine Einflussgröße, verändert wird. Nur so lässt sich ein beobachteter Unterschied auf eine Veränderung im Ansatz zurückführen. Ein Experiment könnte so aussehen (▶ S. 83, Versuch A).
Materialien: Welche Materialien benötigst du? Liste die Materialien auf.
Versuchsaufbau und Durchführung: Hier beschreibst du, wie die Versuchsmaterialien eingesetzt werden und wie das Experiment genau durchgeführt wird. Eine Skizze kann die Beschreibung veranschaulichen. Dabei ist es wichtig, dass du Aufbau und Durchführung so genau beschreibst, dass auch jemand anderes dieses nachvollziehen und wiederholen kann.

4 Durchführung
Das Experiment wird wie geplant durchgeführt.

5 Beobachtungen
Alle Beobachtungen und Messwerte, die du bei der Durchführung des Experiments wahrnehmen oder messen kannst, werden notiert. Dazu eignen sich Texte, Tabellen, Diagramme und Skizzen. Wichtig ist, dass du die Beobachtungen hier noch nicht deutest.

6 Auswertung und Deutung
Erst im Anschluss wertest du die Beobachtungen und Messwerte aus und erklärst sie. Kann deine Hypothese gestützt oder widerlegt werden? Lässt sich die zu Versuchsbeginn formulierte Frage beantworten? Das Ergebnis wird in einer Aussage formuliert. Bei der abschließenden Deutung prüfst du dein Vorgehen selbstkritisch und nennst mögliche Fehler.

Protokollieren

Damit Experimente wiederholbar sind und auch nachträglich nachvollzogen und auf ihre Aussagekraft überprüft werden können, müssen diese ordentlich protokolliert werden. Dazu eignet sich die einheitliche Dokumentation nach dem Schema des Versuchsprotokolls.

Ausgehend von der zweiten Fragestellung „Warum rollt sich der Siebenschläfer beim Winterschlaf ein?" (▶S. 84), könnte das Versuchsprotokoll zu einem passenden Experiment folgendermaßen aussehen:

Versuchsprotokoll   **Name:** Mia Beier   **Datum:** 06.12.2024

Fragestellung: Warum rollt sich der Siebenschläfer beim Winterschlaf ein?

Hypothese: Wenn der Siebenschläfer sich kugelförmig einrollt, dann hält er seinen Körper beim Überwintern wärmer, da ein runder Körper weniger Oberfläche hat als ein lang gestreckter, über den Wärme verloren geht.

Material: 1 Messzylinder 250 ml, 1 Rundkolben 250 ml, 2 durchbohrte Stopfen, 2 Thermometer, 500 ml Wasser, Wasserkocher

Versuchsaufbau und Durchführung: Mit dem Wasserkocher werden 500 ml Wasser auf 65 °C erhitzt. Anschließend werden je 200 ml des erwärmten Wassers in den Rundkolben und den Messzylinder gefüllt.
Beide Gefäße werden mit dem durchbohrten Stopfen verschlossen und jeweils ein Thermometer wird hindurchgeführt, sodass diese in das Wasser eintauchen.
Die Temperatur wird erstmals bei 60 °C und weiterhin alle 5 Minuten für eine Dauer von 30 Minuten in beiden Gefäßen gemessen.
Alle Werte werden in einer Tabelle protokolliert.

Beobachtung: Temperaturänderung von 200 ml Wasser in Abhängigkeit der Zeit in einem Messzylinder und einem Rundkolben

Zeit in Minuten	Temperatur im Messzylinder in Grad Celsius	Temperatur im Rundkolben in Grad Celsius
0	60,0	60,0
5	56,0	57,5
10	52,0	55,0
15	49,0	52,5
20	46,0	50,5
25	43,5	48,5
30	41,5	46,5

Die Temperatur sinkt in beiden Gefäßen. Dabei sinkt die Temperatur zu Beginn schneller als am Ende der Messung. Die Wassertemperatur nimmt im Messzylinder im Vergleich zum Rundkolben schneller ab. So liegt die Temperatur nach 30 Minuten im Messzylinder bei 41,5 °C und im Rundkolben bei 46,5 °C.

Auswertung und Deutung: Die Temperatur nimmt im Messzylinder schneller ab als im Rundkolben. Beide Gefäße haben das gleiche Volumen, aber durch ihre Körperform eine unterschiedliche Oberfläche. Der Messzylinder gibt über seine lang gestreckte, größere Oberfläche mehr Wärme ab als der Rundkolben mit seiner kugeligen, geringeren Oberfläche bei gleichem Volumen.

Überprüfung der Hypothese: Die Hypothese wurde bestätigt. Das kugelförmige Einrollen des Siebenschläfers verringert die Körperoberfläche und somit die Wärmeabgabe. Dadurch bleibt der Siebenschläfer wärmer.

Methode

Daten in einem Diagramm darstellen

Naturwissenschaftlerinnen und Naturwissenschaftler erfassen Daten beim Experimentieren oder Beobachten. Häufig werden die Daten in Diagramme übertragen. Dadurch sind sie übersichtlicher und können leichter verglichen und ausgewertet werden. Erklärungen für die Daten können Diagramme jedoch nicht liefern.

So gehst du vor, wenn du Messwerte in einem Diagramm darstellen möchtest:

1 Daten vorbereiten

Häufig liegen die Daten, zum Beispiel die Messwerte aus einem Experiment, schon in einer Tabelle vor. Bei dem protokollierten Experiment zum Winterschlaf des Siebenschläfers (▶ S. 85) wurden die Daten in einer Tabelle notiert (▶ 1). Die Temperatur von Wasser in zwei unterschiedlichen Gefäßen wurde über eine bestimmte Zeitspanne gemessen. In die erste Spalte wurde die Zeit in Minuten eingetragen, in die zweite und dritte Spalte die im Messzylinder und Rundkolben gemessene Temperatur.

Wenn die Messdaten noch nicht in Form einer Tabelle vorliegen, musst du diese zuerst anlegen sowie Beschriftungen für die erhobenen Daten festlegen. Bei einem Experiment sind das die Einflussgröße und die gemessenen Größen, die **Messgröße**. Im genannten Experiment ist die Zeit die **Einflussgröße**, da man sie selbst beeinflussen kann. Die Temperatur ist die Messgröße.

2 Diagramm vorbereiten

Zeichne zunächst ein Koordinatensystem auf ein Blatt kariertes Papier oder Millimeterpapier. Es besteht aus zwei Achsen, der waagerechten *x*-Achse und der senkrechten *y*-Achse. Lege nun fest, welche Größe auf welcher Achse eingetragen wird. Gibt es eine Messung über einen Zeitraum, wird die Zeit meistens auf der *x*-Achse eingetragen. Die Messgröße trägt man auf der *y*-Achse ein. Beschrifte die Achsen mit den passenden Größen und Einheiten. Wichtig ist, die Achsen gleichmäßig einzuteilen, das heißt, du gehst vom größten Wert aus und unterteilst die Achsen in gleiche Abstände. Die Achsen beginnen dort, wo sie sich treffen. Dies ist der Wert null.

Bei den Messwerten aus der Tabelle wird auf der *x*-Achse die Zeit in Minuten eingetragen und auf der *y*-Achse die Temperatur in Grad Celsius (▶ 2).

3 Messwerte eintragen

Suche zuerst auf der *x*- und auf der *y*-Achse die zueinandergehörenden Werte. Markiere den Messwert dort mit einem Kreuz, wo sich die Werte nach dieser gedachten Linie treffen.

Im Beispiel gibt es zwei Messreihen: Die im Messzylinder gemessenen Temperaturen (zweite Tabellenspalte) und die im Rundkolben gemessenen (dritte Spalte). Du trägst zuerst die in der ersten Messreihe notierten Werte ein, und zwar für jede Zeit die zugehörige Temperatur. Du beginnst mit dem Zeitpunkt 0. Dieser liegt auf der x-Achse ganz links. Du gehst auf der y-Achse hoch bis zur gemessenen Temperatur 60,0 Grad Celsius. Dort machst du ein Kreuz. Danach trägst du den Messwert nach 5 Minuten ein. Dann suchst du auf der x-Achse die Zeit 5 Minuten und gehst senkrecht hoch, bis du auf der y-Achse die Temperatur 56,0 Grad Celsius findest. Dort machst du wieder ein Kreuz (▶ 3).

Erst wenn alle Messwerte aus dieser Tabellenspalte eingetragen sind, trägst du die der zweiten Messreihe ein. Du solltest die beiden Messreihen mit verschiedenen Farben darstellen, um sie zu unterscheiden. Gib die Bedeutung der Farben in einer Legende an.

4 Diagramm fertigstellen

Die aufeinanderfolgenden Messwerte aus jeder Messreihe kannst du dann durch eine Linie verbinden, wenn es sich um lückenlos messbare Größen handelt, zum Beispiel Zeit, Länge und Temperatur. Schließlich solltest du deinem Diagramm noch eine Überschrift geben, aus der hervorgeht, um welche Daten es sich handelt.

In diesem **Liniendiagramm** kann der Verlauf oder die Änderung der Werte schnell abgelesen werden. Ein Liniendiagramm eignet sich immer dann, wenn auf den beiden Achsen eine lückenlos messbare Größe wie die Zeit und Temperatur abgetragen wird und wenn die Messpunkte dicht genug liegen. Dies ist im vorliegenden Beispiel der Fall.

Säugetiere • Überwinterungsformen bei Säugetieren

Zeit in Minuten (Einflussgröße)	Temperatur im Messzylinder in Grad Celsius	Temperatur im Rundkolben in Grad Celsius
0	60,0	60,0
5	56,0	57,5
10	52,0	55,0
15	49,0	52,5
20	46,0	50,5
25	43,5	48,5
30	41,5	46,5

1 Tabelle mit Daten aus zwei Messreihen

5 Säulendiagramm

Manchmal eignet sich ein **Säulendiagramm** besser als ein Liniendiagramm. Wenn die Messgröße beispielsweise Personen, Tier- oder Pflanzenarten, Gruppen von Lebewesen oder Farben sind, dann eignet sich nur ein Säulendiagramm, da man diese Größen nicht fortlaufend messen kann. Auch wenn es nur wenige Messpunkte gibt, die weit auseinanderliegen, eignet sich ein Säulendiagramm besser.
Im Beispiel wurde an vier Tagen im Jahr die Anzahl der Herzschläge eines Igels pro Minute gemessen (▶ 2).
Für das Säulendiagramm wird ebenfalls ein Koordinatensystem angelegt. Im Beispiel wird die Einflussgröße Zeit auf der *x*-Achse und die Messgröße Herzschläge pro Minute auf der *y*-Achse eingetragen.
Für den Messwert 15 suchst du diesen auf der *y*-Achse, gehst auf dieser Höhe nach rechts bis zum Datum 15. Februar und zeichnest von diesem Punkt eine senkrechte Linie nach unten bis zur *x*-Achse. So erhältst du die Länge der ersten Säule. Die Breite der Säule kannst du beliebig wählen, sie enthält keine Informationen. Mit den übrigen Daten verfährst du entsprechend (▶ 4).

Tage	Anzahl der Herzschläge pro Minute
15. Februar	15
15. April	170
15. August	200
15. November	15

2 Tabelle mit Messwerten: Herzschläge eines Igels

3 Liniendiagramm

Die einzelnen Säulen sollten gleich breit sein und einen Abstand zueinander haben, damit das Diagramm übersichtlich bleibt.

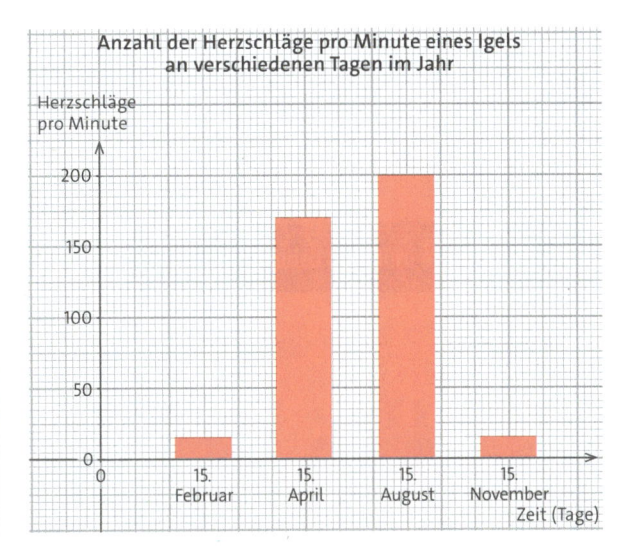

1 📝 Erstelle mithilfe der Daten im QR-Code (▶ 🔲) jeweils geeignete Diagramme.

4 Säulendiagramm

87

Auf einen Blick

Säugetiere

Mit dieser Übersicht kannst du die wichtigsten Inhalte des Kapitels wiederholen. Ergänze das Schema um weitere Begriffe und finde Querbeziehungen zwischen den Themen.

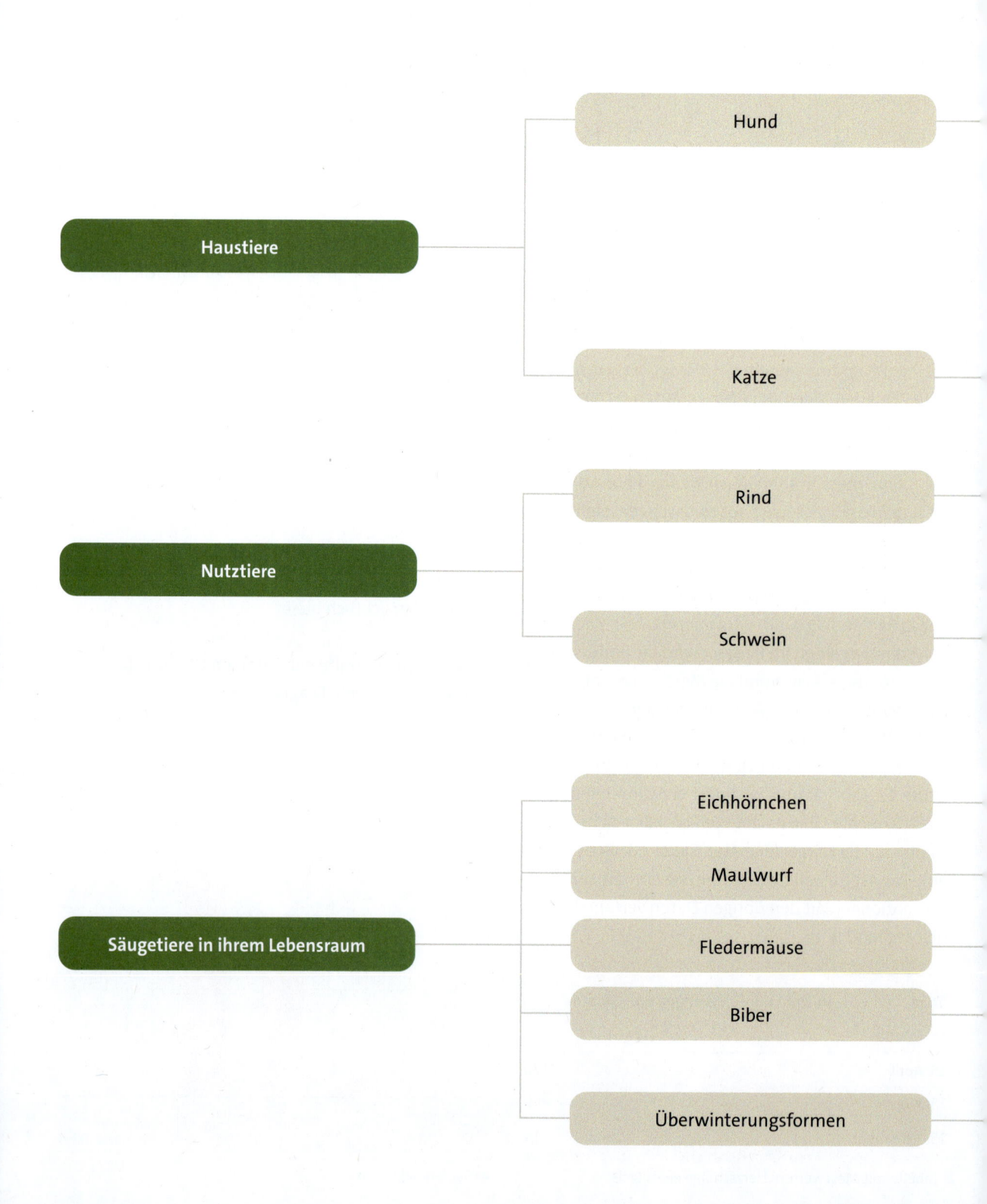

- **Haustiere**
  - Hund
  - Katze

- **Nutztiere**
  - Rind
  - Schwein

- **Säugetiere in ihrem Lebensraum**
  - Eichhörnchen
  - Maulwurf
  - Fledermäuse
  - Biber
  - Überwinterungsformen

Säugetiere

- Vom Wolf zum Hund
- **Methode: Steckbriefe erstellen**
- Skelett eines Wirbeltiers
- Fleischfressergebiss – Bau und Funktion der Zähne
- Haltung von Hunden
- Merkmale der Säugetiere
- **Methode: Vergleichen – Gemeinsamkeiten und Unterschiede**
- Pflanzenfresser mit Wiederkäuermagen
- Wildschwein und Hausschwein
- Züchtung
- **Methode: Bewerten – Haltungsformen für Nutztiere**
- Nagetiergebiss
- Angepasstheit des Skeletts – Grabhand
- Orientierung mit Ultraschall
- Nagetier am Wasser
- Aktive Überwinterung
- Winterruhe – Winterschlaf

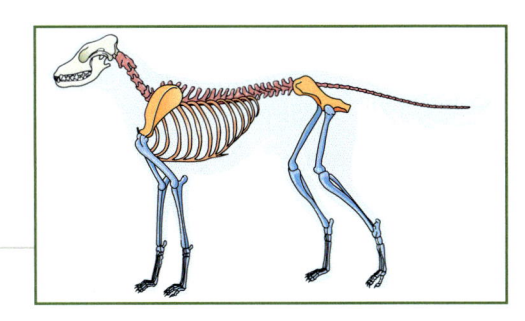

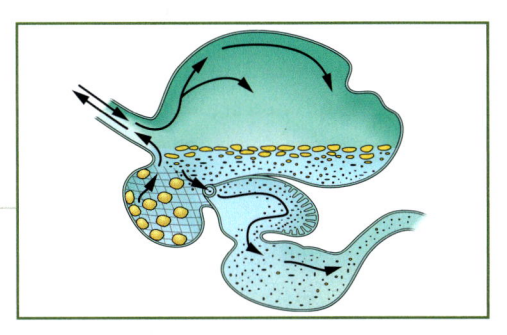

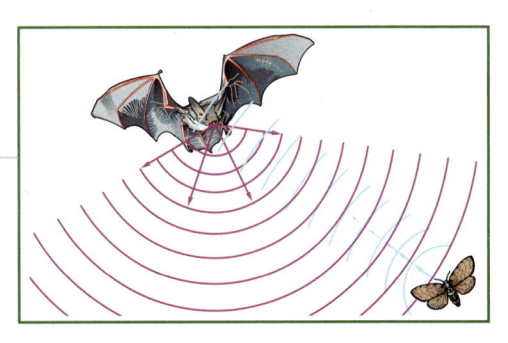

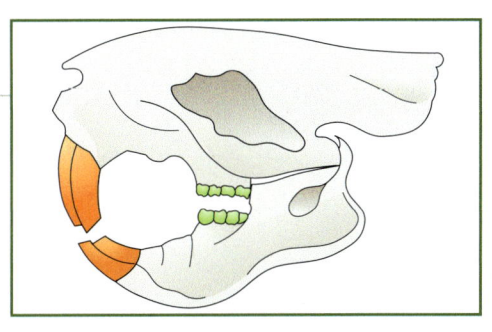

Check-Up

Säugetiere

Mit den folgenden Aufgaben kannst du überprüfen, ob du die Inhalte aus dem Kapitel verstanden hast. In der Tabelle findest du die zu erwerbenden Kompetenzen sowie Angaben zu den Seiten, auf denen du zum jeweiligen Thema noch einmal nachlesen kannst.

Haustiere

1 Der Hund und die Katze sind die beliebtesten Haustiere des Menschen.
 a ◨ Vergleiche Hund und Katze nach den Kriterien Skelett, Fortbewegung und Zusammenleben.
 b ☐ Erläutere den Begriff Wirbeltier.
 c ◨ Leite aus den Eigenschaften des Hundes Verwendungen durch den Menschen ab.
 d ☐ Ordne den Ziffern beim Hundegebiss (▶ **1A**) die Fachbegriffe zu und benenne den Gebisstyp.
 e ☐ Hund und Katze sind Säugetiere. Erläutere diesen Begriff.
 f ☐ Ordne den Ziffern beim Katzenbein (▶ **1B**) die entsprechenden Fachbegriffe zu.

2 Das Rudeltier Wolf wurde durch Domestizierung zum Haustier Hund.
 a ☐ Nenne gemeinsame Verhaltensweisen von Wolf und Hund.
 b ◨ Vergleiche das Jagdverhalten von Wolf und Katze.
 c ◨ Erläutere an je zwei Beispielen die Angepasstheit von Hund und Katze an ihre Lebensweisen.
 d ◨ Briefträger werden beim Betreten eines Grundstücks manchmal von einem Hund gebissen. Auf dem Postamt ist derselbe Hund aber zahm. Begründe das unterschiedliche Verhalten.

Nutztiere

3 Rind und Schwein sind bedeutende Nutztiere des Menschen.
 a ☐ Bei Rindern gibt es Einnutzungs- und Zweinutzungsrassen. Erläutere diese Begriffe.
 b ◨ Der Mensch hat verschiedene Rassen von Hausschweinen gezüchtet. Erläutere den Begriff Züchtung am Beispiel des Schweins.

4 Rind und Schwein ernähren sich unterschiedlich.
 a ☐ Ordne den Ziffern beim Gebiss des Hausschweins (▶ **2B**) die richtigen Fachbegriffe zu.
 b ◨ Erstelle für die Gebisse von Rind und Schwein die Zahnformeln und gib die Gebisstypen an (▶ **2**).
 c ◨ Vergleiche den Bau der Backenzähne von Rind und Hund (▶ **1A, 2A**). Begründe die Unterschiede.

5 Rind und Schwein sind Huftiere.
 a ☐ Erläutere die Begriffe Huftier, Paarhufer und Zehenspitzengänger.
 b ◨ Wildschweine leben in feuchten bis sumpfigen Wäldern. Begründe, inwiefern die Gliedmaßen eine Angepasstheit an ihren Lebensraum sind.

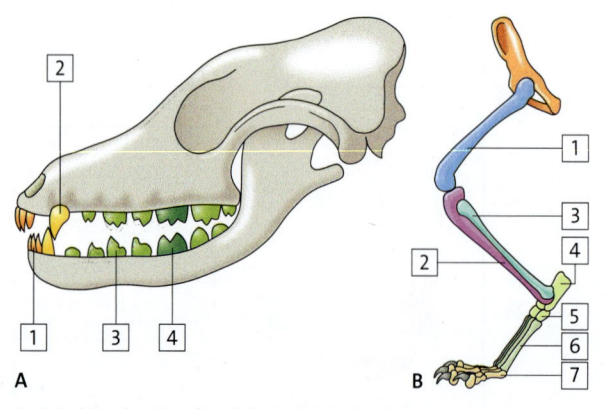

1 **A** Gebiss des Hundes, **B** Beinskelett der Katze

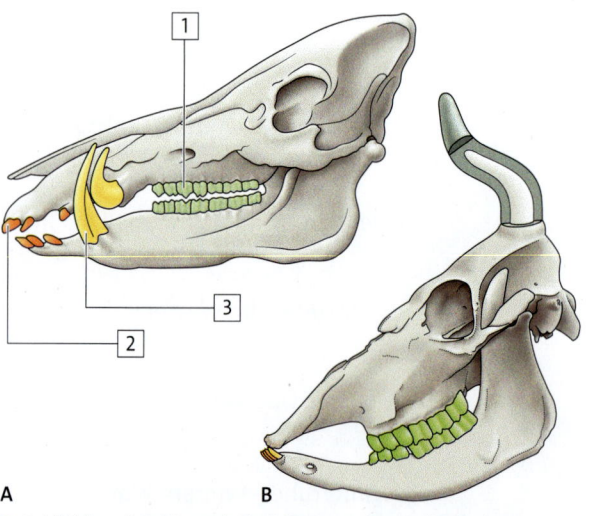

2 Schädel und Gebisse: **A** Rind, **B** Hausschwein (Keiler)

Säugetiere in ihrem Lebensraum

6 Säugetiere sind an sehr unterschiedliche Lebensräume angepasst.
  a ☐ Nenne zu den Lebensräumen Land, Wasser und Luft jeweils ein Säugetier.
  b ◪ Erläutere bei Biber, Fledermaus und Maulwurf an jeweils zwei Merkmalen die Angepasstheit an ihre jeweiligen Lebensbedingungen.
  c ☐ Nenne drei Überwinterungsstrategien von Säugetieren und erläutere sie kurz. Ordne ihnen entsprechende Säugetiere zu.
  d ☐ Auch in Bezug auf ihre Nahrung unterscheiden sich Säugetiere. Nenne Formen ihrer Ernährungsweise und ordne Beispiele zu.
  e ☐ Erläutere den Begriff Wiederkäuer.

7 Du hast verschiedene Methoden kennengelernt.
  a ☐ Nenne Kriterien, die bei der Erstellung eines Steckbriefs beachtet werden sollten.
  b ◪ Ergänze den abgebildeten Steckbrief zum Eichhörnchen mithilfe der Seiten 64–66.
  c ◪ Beschreibe kurz, wie man vorgeht, wenn man zwei Tiere vergleichen möchte. Benutze dabei die Begriffe: Kriterien, Gemeinsamkeiten, Unterschiede.
  d ◪ Die Haltungsbedingungen für Rinder sollen bewertet werden. Nenne mögliche Kriterien dafür.

Steckbrief Eichhörnchen

Aussehen: rotes bis dunkelbraunes Fell; Bauch hell; buschige Ohren, sehr buschiger Schwanz
Kopf-Rumpf-Länge: 20–25 cm
Körpermasse: 200–400 g
Lebensraum: Wälder, Parks, Gärten
Lebensweise: tagaktiv, klettert in Bäumen …

3 Unvollständiger Steckbrief zum Eichhörnchen

  e ◪ Jemand nennt folgende Argumente für die Weidehaltung: „1. Rinder müssen auf der Weide gehalten werden, sonst liefern sie keine Milch." und „2. Rinder sollten auf die Weide, damit sie glücklich sind." Begründe, weshalb beide Argumente nicht für eine Bewertung geeignet sind.
  f ◼ Formuliere selbst zwei geeignete Argumente für die Weidehaltung.

Mithilfe des Kapitels kannst du:	Aufgabe	Hilfe
✓ die Begriffe Wirbeltiere und Säugetiere erläutern.	1	S. 42; 47
✓ Hund und Katze kriteriengeleitet vergleichen und das unterschiedliche Verhalten von Hund und Katze begründen.	1, 2	S. 42–44; S. 46–51
✓ Gebisse verschiedener Säugetiere vergleichen sowie Zahn- und Gebisstypen benennen.	1, 4	S. 43; 52; 57
✓ die Begriffe Einnutzungs- und Zweinutzungsrassen sowie Züchtung erläutern.	3	S. 54; 58
✓ die Begriffe Huftier, Paarhufer und Zehengänger erläutern und die Angepasstheit der Gliedmaßen von Wildschweinen begründen.	5	S. 53; 57
✓ den Bau von Wirbeltieren hinsichtlich Angepasstheit an den Lebensraum erläutern.	6	S. 64–82
✓ Kriterien für einen Steckbrief nennen und einen Steckbrief ergänzen.	7 a, b	S. 40
✓ beschreiben, wie ein kriteriengeleiteter Vergleich durchgeführt wird.	7 c	S. 50–51
✓ den Inhalt von Argumenten beurteilen und selbst Argumente für das Bewerten formulieren.	7 d–f	S. 62–63

▶ Die Lösungen findest du im Anhang.

3
Vögel

▶ In diesem Kapitel erfährst du, weshalb Vögel fliegen können. Du lernst die Körpermerkmale kennen, die das Fliegen ermöglichen.

▶ Zudem wird erläutert, wie der Vogelflug funktioniert und welche verschiedenen Flugtechniken es bei Vögeln gibt.

▶ Vögel legen Eier. Du erfährst, weshalb sich Vögel auf diese Weise fortpflanzen. Außerdem wird beschrieben, wie ein Hühnerei entsteht und wann ein Küken daraus schlüpft.

▶ Du setzt dich mit dem Verhalten der Vögel auseinander. Dabei erfährst du, weshalb Vögel singen, wie sie einen Partner finden und wie sie ihre Jungen großziehen.

▶ Das Kapitel beschäftigt sich auch mit der Frage, weshalb manche Vögel im Herbst wegziehen und andere nicht. Hier erfährst du auch, wie weit und wohin manche Vögel fliegen.

Eine Blaumeise wurde im Moment des Auffliegens fotografiert. Man erkennt die einzelnen Federn der Flügel. Wie wichtig sind Federn für das Fliegen? Welche weiteren Voraussetzungen sind notwendig, damit Vögel fliegen können?

3.1 Vögel – an das Fliegen angepasst

1 Die Taube hebt ab und fliegt.

Es sieht so leicht aus: Die Taube hebt ab und fliegt einfach davon. Wie schafft sie es, sich in die Luft zu erheben und zu fliegen, als würde es keine Kraft kosten?

Ernährungsweise • Der Energiebedarf einer Taube beim Fliegen ist sehr hoch. Deshalb muss sie viel Nahrung aufnehmen. Nicht nur zum Fliegen benötigt die Taube Energie. Sie benötigt auch Energie, um ihre Körpertemperatur aufrechtzuerhalten. Tauben sind **gleichwarme Tiere.** Obwohl sie viel Nahrung aufnehmen, können Vögel ihre Körpermasse gering halten. Sie fressen nur kleine Portionen und haben eine schnelle Verdauung.

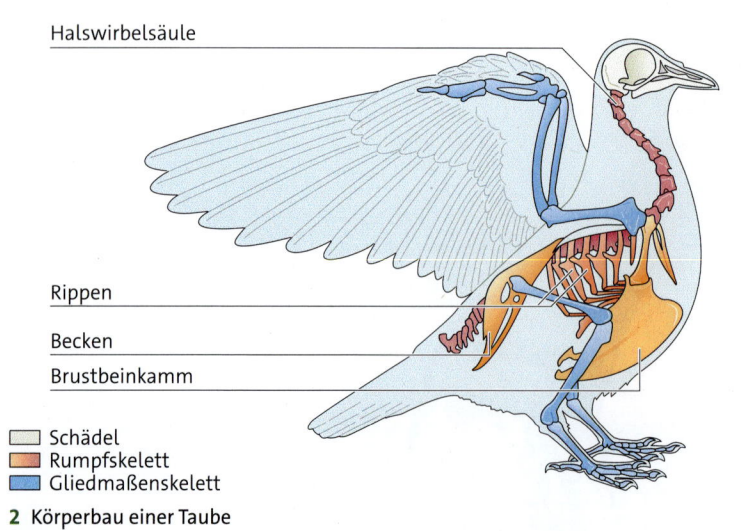

Körperbau • Der Vogelkörper ist an das Fliegen angepasst. Er ist stromlinienförmig gebaut und fast vollständig von einem Federkleid, dem Gefieder, bedeckt. Nur Schnabel und Füße sind frei von Federn.

Wie Säugetiere besitzen Vögel eine **Wirbelsäule,** die den Körper durchzieht. Vögel gehören zu den **Wirbeltieren.** Die Wirbelsäule der Vögel ist größtenteils starr, nur die Halswirbel sind frei beweglich. Die Wirbelknochen von Brust bis Schwanz sind miteinander verwachsen. Dies verhindert, dass sich der Rumpf beim Fliegen verbiegt. Zudem sind die Rippen untereinander und mit dem Brustbein verbunden (▶ 2).

Halswirbelsäule
Rippen
Becken
Brustbeinkamm

☐ Schädel
☐ Rumpfskelett
☐ Gliedmaßenskelett

2 Körperbau einer Taube

Vögel • Vogel – an das Fliegen angepasst

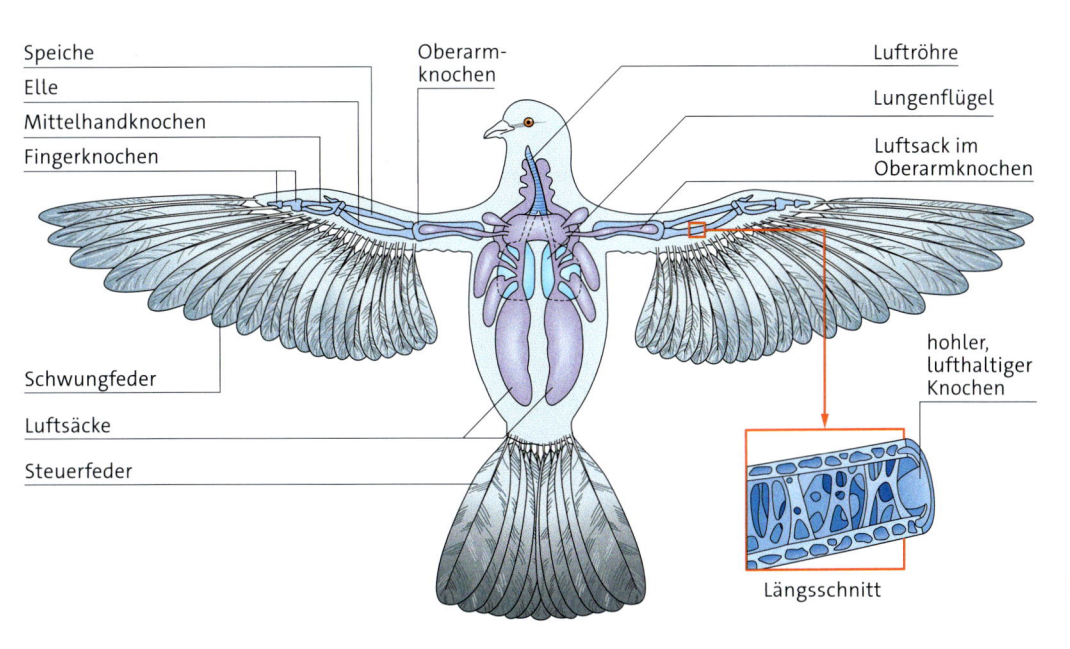

Labels on figure:
- Speiche
- Elle
- Mittelhandknochen
- Fingerknochen
- Oberarmknochen
- Luftröhre
- Lungenflügel
- Luftsack im Oberarmknochen
- Schwungfeder
- Luftsäcke
- Steuerfeder
- hohler, lufthaltiger Knochen
- Längsschnitt

3 Leichtbauweise des Taubenkörpers

Fortpflanzung • Die Fortpflanzung der Vögel geschieht über Eier, die nach der Befruchtung nacheinander im Körper des Weibchens entstehen und gelegt werden. Somit bleibt die Körpermasse des weiblichen Vogels klein. Erst außerhalb des Vogelkörpers entwickelt sich das Jungtier im Ei. Die Eier werden von den Elterntieren ausgebrütet.

Leichtbauweise • Die Leichtbauweise ist das Erfolgsrezept der Vögel: Sie haben zum Beispiel keine Zähne und ihre Knochen sind viel leichter als unsere. Säugetiere mit vergleichbarer Körpergröße haben eine größere Körpermasse. Beispielsweise wiegt ein Igel doppelt bis dreifach so viel wie eine Taube. Anders als Säugetiere besitzen Vögel dünnwandige und hohle Knochen, die ihre Stabilität durch Verstrebungen erhalten (▶3). Säugetiere haben im Gegensatz dazu markgefüllte Knochen.
Zwei weitere Merkmale der Vögel tragen zur geringen Körpermasse bei: der zahnlose Schnabel, der aus leichtem **Horn** besteht, und der sehr leichte Schädel.

Atmung • Ein weiterer Unterschied zwischen Säugetieren und Vögeln ist der Aufbau der Lunge: Zusätzlich zu den Lungenflügeln weisen Vögel wie die Taube dünnwandige Säcke auf, die von den Lungenflügeln abzweigen. Diese nennt man **Luftsäcke** (▶3). Die Luftsäcke befinden sich zwischen den inneren Organen und ragen bis in die Hohlräume der Knochen hinein. Der Sauerstoff gelangt aus den Luftsäcken über die Lunge in die Blutgefäße. Diese versorgen die Flugmuskeln und die anderen Organe mit Sauerstoff. So können Vögel den erhöhten Sauerstoffbedarf beim Fliegen decken.

Flügel • Die Flügel der Vögel entsprechen den Vordergliedmaßen der Säugetiere und ähneln ihnen auch im Aufbau. Sie bestehen ebenfalls aus einem Oberarmknochen, den beiden Unterarmknochen Elle und Speiche sowie den Mittelhandknochen und den Fingerknochen. Der Oberarmknochen hat im Gegensatz zu Säugetieren einen Luftsack. Die Hand der Vögel besitzt nur drei Fingerknochen.

1 ☐ Beschreibe die Ernährungsweise der Taube.

2 ☑ Erläutere, wie die geringe Körpermasse der Vögel zustande kommt.

Horn = leichte, aber sehr stabile Substanz aus abgestorbenen Zellen, ähnlich unseren Fingernägeln

1 Bau einer Vogelfeder (Schema)

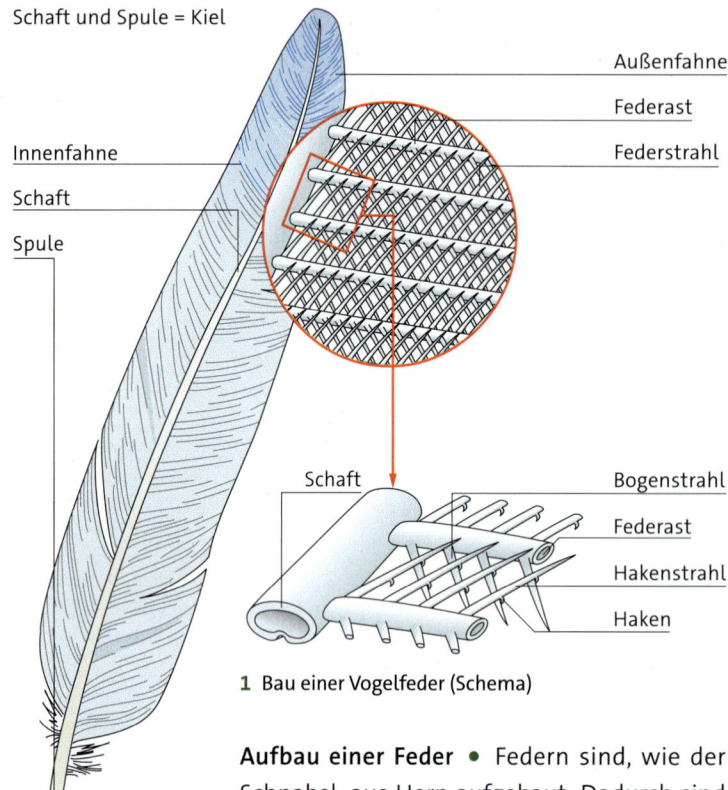

Labels: Schaft und Spule = Kiel; Innenfahne; Schaft; Spule; Außenfahne; Federast; Federstrahl; Schaft; Bogenstrahl; Federast; Hakenstrahl; Haken

2 Federtypen

Schwungfeder; Steuerfeder; Deckfeder; Daune

Aufbau einer Feder • Federn sind, wie der Schnabel, aus Horn aufgebaut. Dadurch sind sie leicht, biegsam und fest zugleich. Wie die Haare des Menschen steckt die Feder in der Haut des Vogels und ist somit am Körper befestigt. Die Feder wächst von der Stelle aus, die im Vogelkörper steckt. Diesen Bereich nennt man die **Spule** (▶1). Zur Spitze hin wird der Durchmesser der Spule kleiner, sie wird zum **Schaft**. Spule und Schaft zusammen bezeichnet man als **Federkiel**.

Durch den röhrenförmigen Aufbau ist der Federkiel sehr biegsam, aber trotzdem fest. Vom Schaft aus gehen beidseitig Äste ab. Sie bilden die Federfläche, die **Fahne**. An den Ästen findet man bogenförmige Strahlen, die **Bogenstrahlen**. Diese gehen zu einer Seite ab. Zur anderen Seite gehen Strahlen ab, die kleine Haken besitzen, die **Hakenstrahlen**.

Somit treffen die bogenförmigen Strahlen eines Astes auf die Hakenstrahlen des anderen Astes. Die Haken verzahnen sich mit den Bogenstrahlen wie bei einem Klettverschluss. Hierdurch entsteht eine fast geschlossene Federfläche, die beim Fliegen keine Luft hindurchlässt.

Federtypen • Vögel besitzen unterschiedliche Arten von Federn: Schwungfeder, Steuerfeder, Deckfeder und Daune (▶2).

Am Beispiel der Taube lässt sich gut erkennen, welche Funktion die jeweilige Feder hat. So sind die Federn, die die Tragfläche des Flügels bilden, lang und stabil. Man nennt sie **Schwungfedern.** Die Schwanzfedern sind ähnlich aufgebaut und dienen der Steuerung und dem Abbremsen im Flug. Sie heißen **Steuerfedern**. Die kleineren Federn des Rumpfes schützen den Taubenkörper vor Nässe und Schmutz und verleihen ihm zusätzlich eine glatte und stromlinienförmige Gestalt. Sie werden als **Deckfedern** bezeichnet. Unterhalb der Deckfedern befinden sich kleine, weiche Federn, die **Daunen.** Bei ihnen sind die einzelnen Strahlen nicht miteinander verhakt. Durch den lockeren Aufbau kann sich zwischen den Daunenfedern viel Luft lagern. Diese gibt die Wärme nur wenig nach außen ab: Die Luftschicht wirkt als Wärmedämmung.

1 ☐ Nenne die verschiedenen Federtypen der Taube und deren Funktion. Fertige dazu eine Tabelle an.

Material

Vögel • Vogel – an das Fliegen angepasst

Material A Angepasstheit bei Vögeln

Tierart (V = Vogel, S = Säugetier)	Körperlänge in Zentimetern	Körpermasse in Gramm
Haussperling (V)	16 cm	35 g
Maulwurf (S)	16 cm	90 g
Mäusebussard (V)	55 cm	1000 g
Steinmarder (S)	54 cm	2300 g
Weißstorch (V)	80 cm	2500 g
Wildkatze (S)	80 cm	6200 g
Stadttaube (V)	31 cm	310 g
Igel (S)	30 cm	850 g

A1 Körperlängen und Körpermassen einiger Vögel und Säugetiere

Bei einer Messung wurden Körpermaße von einzelnen Tieren ermittelt (▶ A1). Die Messwerte liegen im üblichen Bereich.
Die Grafik zeigt den unterschiedlichen Aufbau der Gliedmaßenknochen von Vögeln und Säugetieren (▶ A2). Die Knochen der Vögel enthalten viele Luftkammern. Daher spricht man von hohlen Knochen. Säugetierknochen sind mit Knochenmark ausgefüllt.

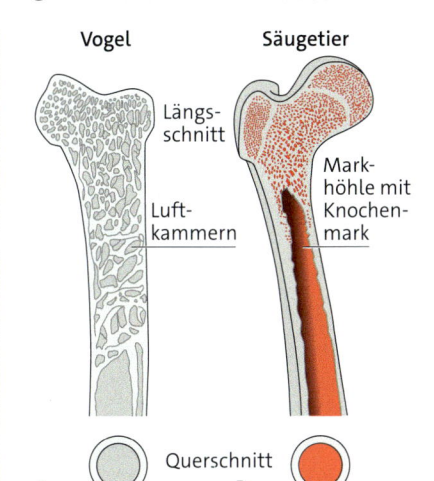

A2 Bau der Knochen: **A** Vogel, **B** Säugetier

1 ☐ Vergleiche die Körpermassen der Vögel und Säugetiere, die ungefähr dieselbe Körperlänge aufweisen (▶ A1).

2 ◪ Formuliere einen möglichen Zusammenhang zwischen der Körpermasse und dem Bau der Knochen.

3 ☐ Nenne weitere Besonderheiten im Körperbau der Vögel, die zu ihrer vergleichsweise geringen Körpermasse beitragen.

4 ■ Erkläre, warum die Leichtbauweise für die Lebensweise der Vögel von Vorteil ist.

Material B Zerzaustes Gefieder

B1 Zerzauste Feder und glatte Feder

Vögel verwenden viel Zeit und Energie, um ihr Gefieder in Ordnung zu halten. Schaut man aufmerksam hin, kann man manchmal beobachten, wie sie einzelne Deck- und Schwungfedern durch den Schnabel ziehen. So sorgen sie dafür, dass die zerzausten Federn wieder eine glatte Fläche bilden (▶ B1).

1 ☐ Beschreibe den Bau einer Schwungfeder. Nimm Abbildung 1 auf Seite 96 zu Hilfe.

2 ◪ Begründe, warum die glatte Fläche der Fahne beim Ordnen des Gefieders wiederhergestellt wird.

3 ■ Erläutere die Bedeutung des glatten Gefieders für Vögel.

Versuch C Eine nutzlose Feder?

C1 Daune

Der Aufbau einer Daunenfeder (▶ C1) unterscheidet sich wesentlich von dem einer Deckfeder.

1 ☐ Betrachte eine Daune mit der Lupe. Beschreibe den Aufbau.

2 ◪ Vergleiche den Bau von Daunenfeder und Deckfeder.

3 ■ Stelle einen Zusammenhang zwischen dem Aufbau und der jeweiligen Funktion her.

3.2 Wie Vögel fliegen – verschiedene Flugtechniken

1 Mäusebussard im Flug

Den Mäusebussard entdeckt man besonders gut, wenn er hoch oben schwebt, fast ohne die Flügel zu bewegen. Manchmal scheint er in der Luft auf der Stelle zu stehen und schlägt dabei schnell mit den Flügeln. Fliegt er fort, bewegt er die Flügel zwar langsamer, aber trotzdem zügig auf und ab. Warum sind seine Flugbewegungen so unterschiedlich?

Bewegung im Lebensraum Luft • Durch das Fliegen haben Vögel im Gegensatz zu den meisten anderen Landwirbeltieren einen neuen Lebensraum erobert. Die Fortbewegung in der Luft ist trotz der vielfältigen Angepasstheiten im Körperbau sehr energieaufwendig. Durch das Fliegen haben Vögel jedoch Zugang zu Futterquellen, die sonst unerreichbar wären. So fangen sie ihre Beute wie Insekten direkt in der Luft oder haben von oben den besseren Überblick. Sie kommen außerdem ohne Umwege schneller ans Ziel oder können weite Strecken zurücklegen.

Der Flügelform kommt dabei eine besondere Bedeutung zu. Der Flügel ist gewölbt. So muss die Luft oberhalb des Flügels eine längere Strecke zurücklegen als die Luft an der Unterseite. Daher strömt sie oben schneller als unten. Durch diese Strömungsverhältnisse wird der Vogel nach oben gedrückt (▶ 2). Diese Wirkung heißt **Auftrieb**. Der Auftrieb hält den Vogel in der Luft.

2 Strömungsverhältnisse am Vogelflügel

3 Ruderflug einer Taube

Vögel nutzen, je nach Situation, unterschiedliche Flugtechniken. Man unterscheidet **Ruderflug**, **Rüttelflug**, **Gleitflug** und **Segelflug**. Den Ruderflug kann man bei fast allen Vögeln beobachten.

Ruderflug • Der Ruderflug ermöglicht das Abheben von einem Ast und das Auffliegen vom Boden. Er wird von vielen Vögeln auch eingesetzt, um sich in der Luft vorwärts zu bewegen. Die Flügel sind dabei ständig in Bewegung und die Muskeln daher immer beansprucht. Deshalb kostet diese Flugtechnik sehr viel Energie. Die Flügelbewegung ist kompliziert, da die Flügel während der Bewegung gedreht und die Fläche verändert wird (▶3). Prinzipiell unterscheidet man zwischen der Abwärtsbewegung, dem Abwärtsschlag, und der Aufwärtsbewegung, dem Aufwärtsschlag.

Beim **Abwärtsschlag** (▶4A) zieht sich der große Flugmuskel zusammen und der Flügel wird von oben nach unten bewegt. Die Federn der Flügel sind hierbei so ausgerichtet, dass eine geschlossene Fläche entsteht. Diese ist undurchlässig für Luft. Der Vogel wird so zeitgleich nach oben und nach vorn gedrückt.

Beim **Aufwärtsschlag** (▶4B) sind die Schwungfedern der Flügel gespreizt, sodass die Luft zwischen ihnen hindurchströmen kann und kaum Widerstand bietet. Der kleine Flugmuskel zieht sich zusammen und sorgt dafür, dass sich der Flügel leicht gedreht nach oben bewegt.

Um an Höhe zu gewinnen, muss ein Vogel beim Ruderflug sehr schnell mit den Flügeln schlagen. Manchmal kann man dies beispielsweise bei Tauben hören, wenn sie auffliegen.

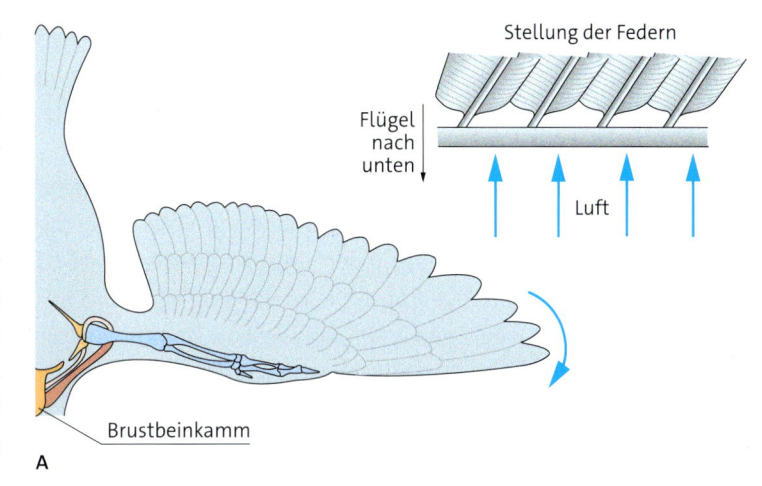

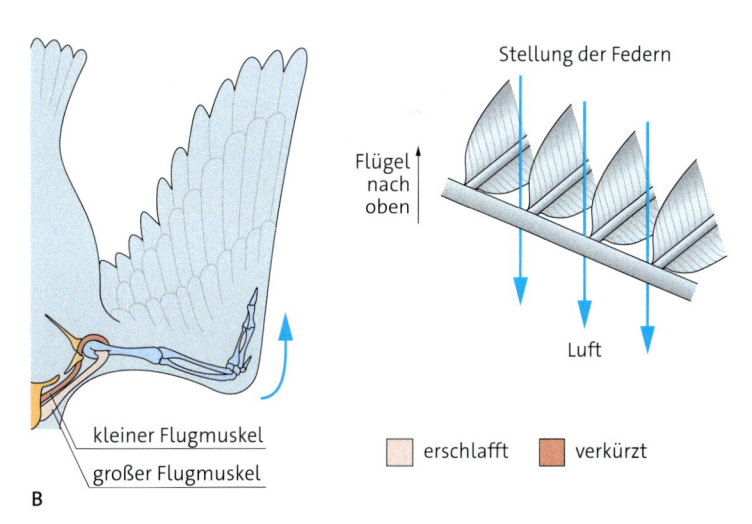

4 Ruderflug: Abwärtsschlag (A), Aufwärtsschlag (B)

1 ☐ Nenne drei Vorteile des Fliegens für die Vögel.

2 ✎ Beschreibe den Ruderflug in eigenen Worten.

3 ✎ Begründe, warum der Ruderflug eine energieaufwendige Flugtechnik ist.

Flug auf der Stelle • Wenn der Mäusebussard ein Beutetier entdeckt hat, scheint er mit schlagenden Flügeln in der Luft stehen zu bleiben. Durch die Haltung seiner Flügel bei sehr schnellen Flügelschlägen ändert sich seine Position in der Luft kaum. Diese Flugtechnik heißt **Rüttelflug**. Sie wird besonders von Greifvögeln angewendet, wenn sie ihre Beute am Boden in den Blick nehmen. Sie ist sehr energieaufwendig und kommt deshalb nur kurzzeitig zum Einsatz.

Energiesparende Flugtechniken • Für längere Flugwege setzen besonders größere Vögel zusätzlich zum Ruderflug auch den Gleitflug und den Segelflug ein. Für beide Flugarten wird weniger Energie benötigt, weil die Flugmuskulatur nicht so stark beansprucht wird. Sie kommen größtenteils ohne Abwärts- und Aufwärtsschlag aus.

Für den **Gleitflug** müssen sich die Vögel bereits in der Luft befinden oder auf einer Anhöhe sitzen. Wenn sie nun ihre Flügel ausbreiten, gleiten sie durch die Luft und sinken nur langsam zu Boden. Der Auftrieb wird durch die Flügelform bewirkt. Besonders Vögel mit großen Flügelflächen können so erstaunliche Strecken zurücklegen (▶ 2).

Greifvögel wie den Mäusebussard kann man oft dabei beobachten, wie sie am Himmel kreisen. Für diesen **Segelflug** lassen sie sich von Luftmassen tragen, die nach oben streben. Solche Luftmassen heißen **Aufwinde**. Sie entstehen, wenn Sonnenstrahlen längere Zeit auf eine Bodenfläche treffen, oder an Berghängen, wo die Luft nach oben geleitet wird. Auch für diese Technik sind die Größe der Flügelfläche und die Flügelform entscheidend.

Oft werden Gleitflug und Segelflug miteinander kombiniert (▶ 1). Nur so können Störche die langen Strecken ins Überwinterungsgebiet zurücklegen.

1 ☐ Erläutere Vorteile und Nachteile, die der Rüttelflug für die Vögel hat.

2 ◪ Beschreibe Unterschiede zwischen den Flugarten. Gehe dabei auf Flugbewegungen und Energiebedarf ein.

3 ■ Begründe, warum große Vögel den Ruderflug selten für längere Strecken nutzen.

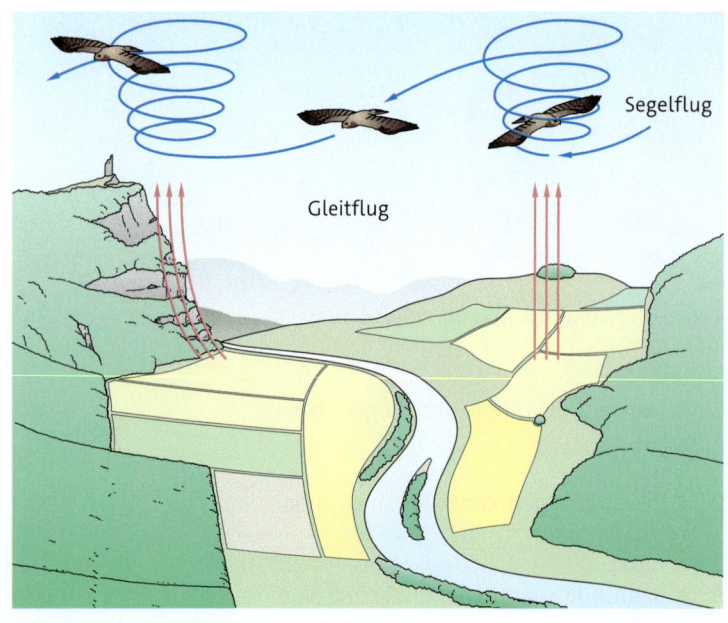

1 Gleitflug und Segelflug in Kombination

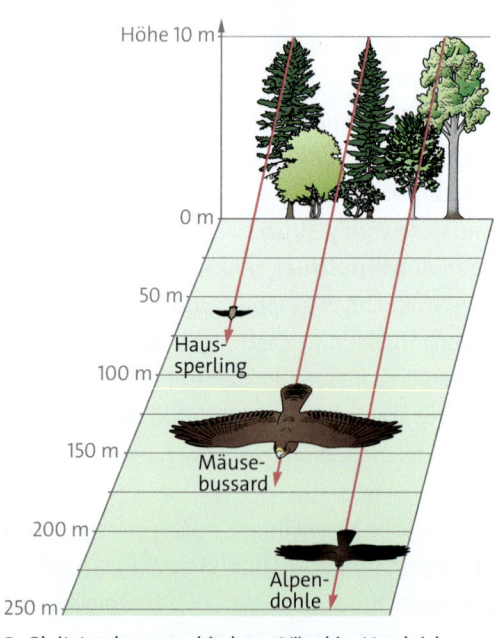

2 Gleitstrecken verschiedener Vögel im Vergleich

Material

Vögel • Wie Vögel fliegen – verschiedene Flugtechniken

Material A Körperbau und Flugtechnik

Vogelart	Körpermasse in Gramm	Flügelspannweite in Zentimetern	Flügelschläge pro Sekunde (Ruderflug)
Haussperling	35	23	13
Amsel	95	38	10
Ringeltaube	450	77	9
Mäusebussard	990	120	4
Weißstorch	2500	200	2

A1 Körpermassen, Flügelspannweiten und Anzahl der Flügelschläge einiger Vögel

A2 Silhouetten einiger Vögel

Die in der Tabelle (▶ A1) angegebenen Werte sind jeweils Beispiele, liegen aber im üblichen Bereich. Die Abbildung (▶ A2) zeigt die Silhouetten vier dieser Vögel in der Luft. Solche Schattenzeichnungen zeigen die Umrisse und die Körperproportionen. Sie verdeutlichen die Flügelform und das Verhältnis zwischen Körper- und Flügelfläche. Die Flugtechnik ist daraus nicht erkennbar. Spatz und Amsel nutzen überwiegend den Ruderflug.

1 ☐ Werte die Tabelle aus. Vergleiche dazu die Körpermassen und die Flügelspannweiten der Vögel. Vergleiche außerdem die Flügelspannweite und die Flügelschläge pro Sekunde. Formuliere je einen abschließenden Satz mit: „Je …, desto …".

2 ■ Stelle Vermutungen auf zu Gründen für den gefundenen Zusammenhang. Wiederhole dazu Voraussetzungen für das Fliegen.

3 ☐ Nenne die jeweilige Flugtechnik, die die in Abbildung A2 gezeigten Vögel vorwiegend einsetzen.

4 ■ Stelle eine begründete Vermutung über den Zusammenhang zwischen Körpermasse, Flügelspannweite und genutzter Flugtechnik auf.

5 ■ Stelle eine Vermutung auf, warum Vögel wie der Strauß flugunfähig sind.

Material B Der Mauersegler – Spezialist des Luftraums

B1 Mauersegler

B2 Mauersegler beim Trinken

Der Mauersegler (▶ B1) wiegt etwa 40 g bei einer Flügelspannweite von 42 cm. Er verbringt fast das ganze Leben in der Luft. Aufgrund der wendigen Flugmanöver gilt er als Flugkünstler. Er erreicht beim Ruderflug Geschwindigkeiten von bis zu 100 km/h, im Gleitflug von bis zu 50 km/h. Er fängt seine Beute in der Luft und trinkt im Flug. Das ermöglicht die Schnabelform (▶ B2). Die kleinen Füße erschweren das Laufen. Daher meidet er den Aufenthalt am Boden.

1 ☐ Nenne Besonderheiten im Körperbau des Mauerseglers.

2 ☐ Beschreibe die Flügelform des Mauerseglers.

3 ◪ Beschreibe Flugtechniken, die Mauersegler vermutlich nutzen. Nimm den QR-Code zu Hilfe (▶ 🔳).

4 ■ Stelle einen Zusammenhang zwischen den Besonderheiten im Körperbau des Mauerseglers und seiner Lebensweise her.

3.3 Fortpflanzung beim Haushuhn

1 Maria isst ein gekochtes Ei.

Maria isst sehr gern ein gekochtes Hühnerei. Neulich meinte jedoch jemand, dass sich in so einem Ei womöglich schon ein Junges entwickelt hätte. Nun ist sie verunsichert. Kann das wirklich sein?

griechisch *embryon* = Ungeborenes

Aufbau eines Hühnereies • Vögel legen Eier. Sie dienen der Fortpflanzung. Alle Vogeleier sind ähnlich aufgebaut. Weil das Hühnerei viel größer ist als die Eier der meisten Singvögel, kann man die Teile gut erkennen (▶2). Die inneren Bestandteile sind durch die Kalkschale und die darunter befindlichen Schalenhäute geschützt. Kalkschale und Schalenhäute sind luftdurchlässig.

Das Jungtier entwickelt sich aus der Keimscheibe. Sie befindet sich auf dem Dotter, dem Eigelb (▶3C). Solange sich das Jungtier im Ei entwickelt, wird es als **Embryo** bezeichnet. Dotter und Eiklar liefern die nötigen Nährstoffe für seine Entwicklung im Ei. Die Hagelschnüre halten den Dotter in der Mitte des Eies. Die Luftkammer beinhaltet einen Luftvorrat für den Embryo und bietet Raum für Bewegungen kurz vor dem Schlupf. Das geschlüpfte Junge heißt **Küken**.

Fortpflanzung bei Hühnern • Hühner pflanzen sich wie alle Vögel geschlechtlich fort. Das männliche Tier heißt **Hahn**. In dessen Hoden werden die Spermienzellen produziert. Das weibliche Tier wird **Henne** genannt. In deren Eierstock befinden sich die Eizellen. Eine reife Eizelle ist sehr groß und besteht schon aus der Dotterkugel.

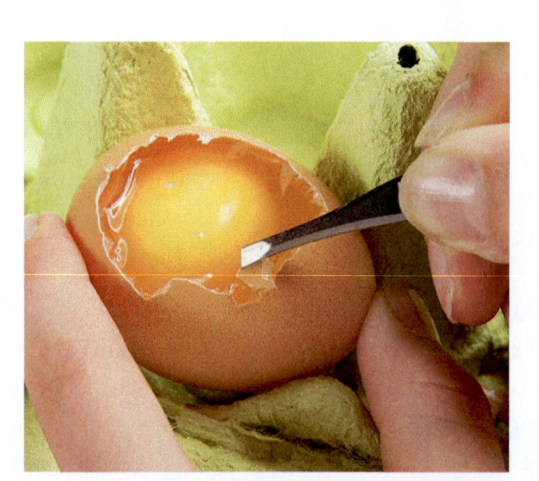

2 Am aufgeschlagenen Ei lassen sich viele Bestandteile erkennen.

Vögel • Fortpflanzung beim Haushuhn

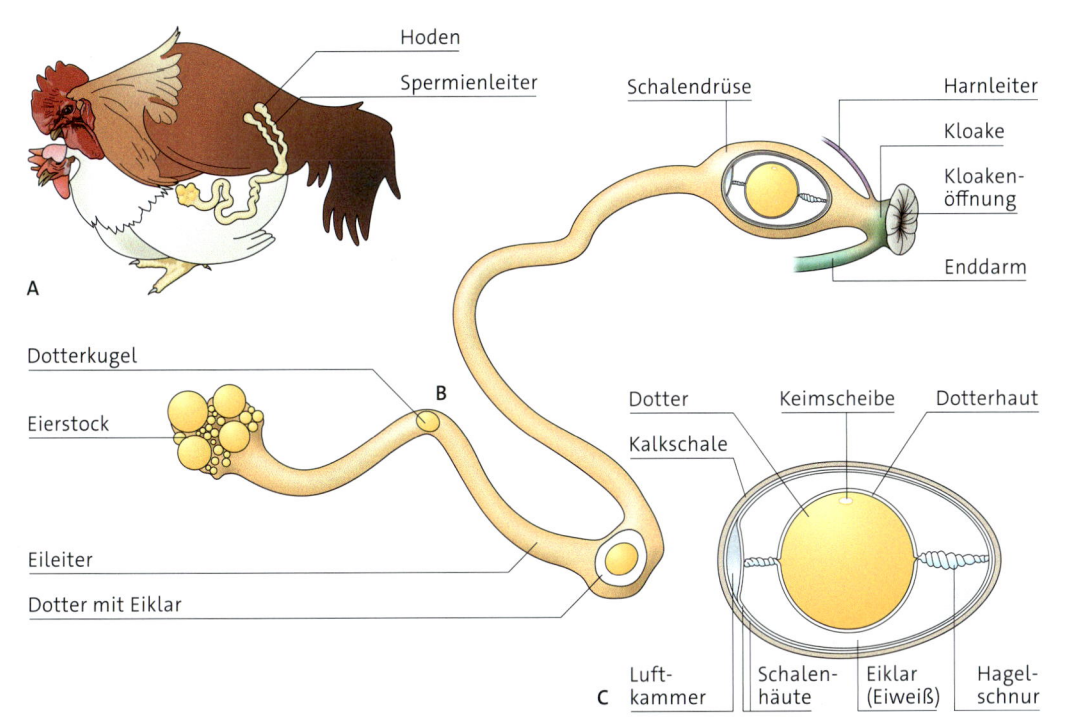

3 Fortpflanzung beim Haushuhn: **A** Begattung der Henne, **B** Bildung des Eies im Inneren der Henne, **C** Längsschnitt durch ein Ei

Begattung und Befruchtung • Damit sich in einem Ei ein Embryo entwickeln kann, muss der Hahn die Spermienzellen in die inneren Geschlechtsorgane der Henne abgeben. Dieser Vorgang heißt **Begattung.** Dazu springt der Hahn auf die Henne und presst den Ausführgang seiner Geschlechtsorgane auf den vorgestülpten Ausführgang des Weibchens (▶3A), die sogenannte **Kloake.** Dort enden die Geschlechtsorgane und die Verdauungsorgane. Nach der Begattung wandern die Spermienzellen durch den Eileiter in Richtung des Eierstocks (▶3B). Dort erfolgt die Verschmelzung von Eizelle und Spermienzelle, also die Befruchtung. Diese geschieht im Inneren des Körpers. Man bezeichnet sie daher als **innere Befruchtung.** Ausschließlich aus befruchteten Eiern können später Küken schlüpfen.
Die Befruchtung kann nur kurz nach dem Austritt der reifen Eizelle aus dem Eierstock erfolgen. Beim Transport durch die Geschlechtsorgane bis zur Kloake werden die weiteren Schichten des Eies gebildet und das Ei kann dann nicht mehr befruchtet werden. Die Bildung des Hühnereies im Inneren der Henne dauert ungefähr 24 Stunden. Die im Handel erhältlichen Hühnereier sind im Allgemeinen nicht befruchtet.

1 ☐ Stelle in einer Tabelle die Teile eines Hühnereies und ihre jeweilige Funktion zusammen.

2 ◩ Beschreibe den Bau der weiblichen Geschlechtsorgane bei Vögeln (▶3B).

4 Der Hahn begattet eine Henne.

Hennen einiger Haushuhnrassen legen 200–300 Eier pro Jahr. Das geschieht jedoch nur, weil ihnen die Eier immer wieder weggenommen werden.

Das Gelege • Die befruchtete Eizelle teilt sich auf dem Weg durch den Eileiter. Die Keimscheibe wird besser sichtbar. Weitere Veränderungen sind zunächst gering.

Nach dem Ablegen des befruchteten Eies beginnt die Henne nicht sofort mit dem Brüten. Dadurch kühlt das Ei etwas ab und die Entwicklung wird erst einmal gestoppt. Die Henne legt in den nächsten Tagen weitere Eier, bis das Gelege ausreichend groß ist. In Abhängigkeit von der Größe der Eier und der Hühnerrasse können das 6–12 Eier sein.

Entwicklung im Ei • Wenn das Gelege ausreichend groß ist, beginnt die Henne zu brüten. Dadurch wird im Nest eine gleichmäßige Temperatur von 30 Grad Celsius erreicht. Erst bei dieser Temperatur entwickelt sich der Embryo weiter.

Zuerst bilden sich Blutgefäße, Nerven, das Gehirn und der Kopf. Nach einigen Tagen beginnt das Herz zu schlagen, die Augen sind vorhanden und die anderen Organe entwickeln sich. Am 9. Tag sind auch Füße, Flügel und Schnabel angelegt und es haben sich erste Federn gebildet. In den folgenden Tagen wächst der Körper schnell und die Organe entwickeln sich weiter. Ab dem 19. Tag kann sich der Embryo mit seinen Geschwistern und der Mutter verständigen. Das Piepsen im Ei ist deutlich zu hören. Nach ungefähr 21 Tagen ist das Jungtier fertig ausgebildet und alle Nährstoffvorräte im Ei sind aufgebraucht (▶1).

2 Henne mit Küken

Schlupf des Kükens • Das Jungtier schlüpft, wenn seine Entwicklung abgeschlossen ist. Dazu pickt es sich mit einem spitzen Hornfortsatz auf dem Schnabel durch die Kalkschale. Dieser Hornfortsatz heißt **Eizahn** und bildet sich später zurück. Sobald es getrocknet ist, sieht das Küken sehr flauschig aus, da es ein Gefieder aus Daunenfedern besitzt. Schon nach kurzer Zeit folgt es der Henne und sucht Nahrung (▶2).

1 ☐ Nenne die Voraussetzungen, die notwendig sind, damit sich in einem Vogelei ein Embryo entwickeln kann.

2 ☐ Erläutere den Einfluss der Temperatur auf die Entwicklung des Embryos im Ei.

3 ☐ Erstelle ein Fließschema zur Fortpflanzung der Vögel.

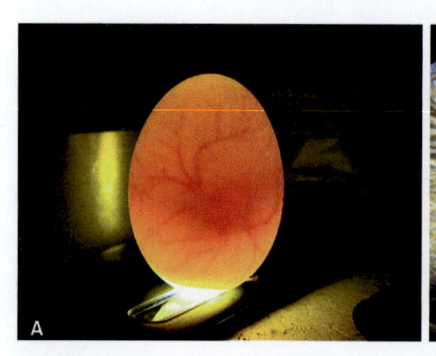

1 **A** Befruchtetes Hühnerei, **B** Embryo nach 9 Tagen, **C** Schlupf des Kükens nach 21 Tagen

Material

Vögel • Fortpflanzung beim Haushuhn

Material A Kalkschale eines Hühnereies im Experiment

A1 Brütende Henne

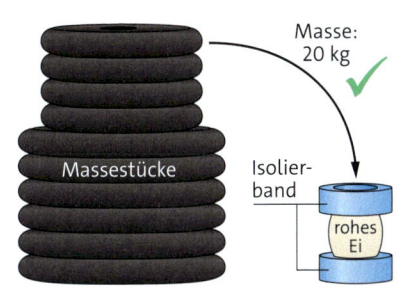

A2 Material und Versuchsdurchführung (Massestücke, Isolierband, rohes Ei, Masse: 20 kg)

Die Eier werden während des Brutvorgangs warm gehalten. Dafür setzt sich die Henne auf ihr Gelege (▶ A1). Im Allgemeinen bleiben alle Eier heil.

Die Belastbarkeit der Eierschale wurde durch ein Experiment getestet. Dazu wurde ein rohes Hühnerei mit unterschiedlichen Massen belastet.

1 ☐ Formuliere eine mögliche Frage, die mit dem Experiment beantwortet werden sollte.

2 ◪ Stelle eine Hypothese auf. Formuliere dabei einen Zusammenhang zwischen der Belastbarkeit der Eierschalen und dem Fortpflanzungserfolg der Vögel. Formuliere einen Satz mit „Je …, desto …".

3 ■ Erkläre, warum die Eierschale nicht zu dick sein darf, obwohl ihre Dicke zu ihrer Festigkeit beiträgt.

Versuch B Wassertest

Auf dem Eierkarton steht das Mindesthaltbarkeitsdatum der Eier. Wenn man sich trotzdem nicht sicher ist, wie frisch ein Ei ist, hilft ein einfacher Test. Man nutzt dabei aus, dass über die Kalkschale des Eies mit der Zeit Wasser verdunstet und sich die Luftkammer vergrößert.
Finde heraus, wie der Test funktioniert.

Material: rohe Hühnereier mit unterschiedlichem Haltbarkeitsdatum, hohes Wasserglas mit kaltem Wasser, Löffel, wasserfester Stift

Durchführung: Beschrifte die Eier. Notiere das Haltbarkeitsdatum. Lass jeweils ein Ei ins Wasser gleiten. Beobachte seine Position und Lage im Glas. Protokolliere.

Auswertung:

1 ☐ Fertige eine Skizze an, die die Position und Lage der jeweiligen Eier zeigt.

2 Beschreibe mithilfe deiner Beobachtungen, wie der Test funktioniert. Nutze Formulierungen wie „Wenn …, dann …".

Untersuchung C Blick ins Ei

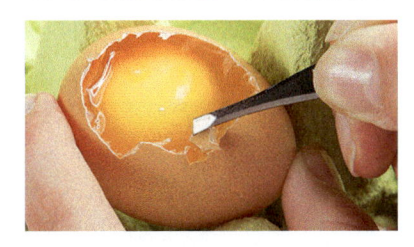

C1 Mit der Pinzette löst du die Schale.

Am geöffneten Ei kann man wichtige Teile erkennen. Untersuche.

Material: 1 rohes Hühnerei, spitze Schere, Pinzette, Eierverpackung

Durchführung: Lege das Ei in die Verpackung. Bohre mit der Spitze der Schere vorsichtig ein Loch in die Schale. Erweitere das Loch anschließend mithilfe der Pinzette (▶ C1). Schneide mit der Schere die Schalenhaut auf.

Beobachtung und Auswertung:

1 ☐ Bewege das Ei ein wenig hin und her und beobachte die Lage des Dotters.

2 ☐ Benenne die sichtbaren Teile des Eies. Gib ihre Funktion an.

3 ■ Erkläre, warum sich das Eiweiß und das Eigelb nicht miteinander vermischen.

3.4 Verhalten der Vögel

1 Zwei Amselmännchen kämpfen miteinander.

Amseln kann man das ganze Jahr über beobachten. Im zeitigen Frühjahr fallen ihre Aktivitäten jedoch besonders auf. Schon am frühen Morgen ist ihr melodischer Gesang nicht zu überhören. Am Tag sieht man des Öfteren kämpfende Amselmännchen. Warum verhalten sich die Tiere so?

althochdeutsch *amsila* = schwarzer Vogel

wissenschaftlicher Name der Amsel = *Turdus merula*

weitere Bezeichnungen: Kohlamsel, Schwarzdrossel

Revierverteidigung • Amseln gehören zu den Vögeln, die sehr früh im Jahr mit dem Brutgeschäft beginnen. Eine wichtige Voraussetzung für die erfolgreiche Aufzucht von Jungen ist ein geeignetes **Revier**. Es muss Nistmöglichkeiten und ausreichend Nahrung bieten. Ende des Winters, spätestens im Frühjahr, besetzt das Amselmännchen ein Revier. Durch den Gesang macht der Vogel dann seinen Anspruch auf das Gebiet deutlich (▶ **2A**). Daher heißt dieser Gesang **Reviergesang.** Im Frühling und im Sommer hört man ihn schon am frühen Morgen.

Trotzdem gibt es immer wieder andere Amseln, die ihm das Revier streitig machen wollen. Dann kommt es zum Kampf zwischen den Amselmännchen und zu Verfolgungsjagden, bis der Eindringling vertrieben ist.

2 Verhalten der Amsel: **A** singendes Männchen, **B** balzende Amseln, **C** Weibchen mit Nistmaterial

Balz • Der Gesang der Amselmännchen dient auch dazu, ein Weibchen anzulocken. Befindet sich ein Amselweibchen in der Nähe, versucht das Männchen, durch seine Bewegungen und seine Körperhaltung auf sich aufmerksam zu machen. Es nähert sich und richtet sich hoch auf. Außerdem plustert es die Brust- und Bauchfedern auf. Ist das Weibchen interessiert, zeigt es dies ebenfalls durch Verhalten und Körperhaltung an (▶ 2B). Nach diesem **Balzverhalten** kommt es zur Paarung.

Nestbau • Nach der Paarung baut das Weibchen das Nest in einer Astgabel von Bäumen, in Büschen oder in Vertiefungen an Gebäuden. Als Nistmaterial verbaut es dünne Zweige, Moos, trockene Gräser, Federn, Stroh und feuchte Erde (▶ 2C). In das Nest legt das Amselweibchen durchschnittlich 4–5 Eier.

Brutpflege • Die Eier werden bei Amseln hauptsächlich vom Weibchen ausgebrütet. Das Brüten dauert ungefähr 2 Wochen (▶ 3A). Das Männchen bewacht das Nest und signalisiert dem Weibchen, wenn Gefahr droht. Dann duckt sich das Weibchen tief ins Nest und bewegt sich nicht. Außerdem trägt das Männchen Nahrung für das Weibchen heran. Die Amsel verlässt das Nest nur kurzzeitig. Werden die Eier länger allein gelassen, kühlen sie aus. Die Embryonen im Ei sterben dann ab.

Sind die Jungen geschlüpft, ist ihr Körper zuerst nicht von Federn bedeckt. Außerdem sind ihre Augen geschlossen. Die Jungen sind völlig auf die Pflege der Elterntiere angewiesen. Sie sind **Nesthocker**.

Die Jungen im Nest werden durch beide Elterntiere gefüttert und versorgt. Nähert sich ein Elterntier mit Futter, betteln die Küken laut und sperren ihre Schnäbel weit auf. Dadurch bringen sie das Elterntier dazu, die mitgebrachten Würmer und Insekten in den auffallend gelb gefärbten Rachen hineinzustopfen (▶ 3B).

Nach ungefähr 14 Tagen sind die Jungen so weit entwickelt, dass sie das Nest verlassen können. Bis sie fliegen und selbstständig Nahrung suchen können, dauert es aber weitere zwei Wochen. In dieser Zeit werden die Jungen noch außerhalb des Nestes betreut (▶ 3C). Mit pfeifenden Tönen zeigen die Jungvögel den Elterntieren an, wo sie sich befinden, und betteln so um Futter.

Wenn die jungen Amseln selbstständig sind, brüten die Elterntiere ein zweites und manchmal ein drittes Mal während einer Brutsaison.

1 ☐ Beschreibe drei Verhaltensweisen der Amsel, die der Fortpflanzung dienen.

2 ◪ Erläutere, warum es für die Embryonen in den Eiern gefährlich ist, wenn das Amselweibchen durch neugierige Beobachter stark erschreckt wird.

3 ■ Begründe, weshalb junge Amseln am Ende der Brutzeit besonders gefährdet sind.

3 Verhalten der Amsel: **A** brütendes Weibchen, **B** Fütterung der Jungen im Nest, **C** Fütterung eines Jungtiers außerhalb des Nestes

Nahrungssuche • Bei der Nahrungssuche zeigen Vögel ebenfalls besondere Verhaltensweisen. Sie unterscheiden sich von Art zu Art. Auf diese Weise können die Vögel unterschiedliche Nahrungsquellen nutzen.

Amseln ernähren sich im Frühjahr und Sommer vorwiegend von Würmern und Insekten und nutzen im Herbst und im Winter auch Früchte und Samen. Besonders gerne jagen sie jedoch Regenwürmer, denn diese stellen eine sehr eiweißreiche Mahlzeit dar und bilden einen großen Happen. Man vermutet, dass die Amseln durch ihre hüpfende Fortbewegung auf dem Rasen die Regenwürmer aufschrecken. Diese bewegen sich in ihren Gängen, um der Gefahr auszuweichen. Amseln nehmen die Würmer wahr, wenn sie kurz unter der Oberfläche kriechen. Blitzschnell hackt der Vogel mit seinem Schnabel in den Boden und zieht den Wurm heraus (▶1).

Manche Vögel passen ihre Verhaltensweisen erstaunlich schnell an, um an Nahrung zu gelangen. So hat man beobachtet, dass Störche Landmaschinen folgen, wenn Wiesen gemäht oder Felder gepflügt werden. Sie fangen die aufgescheuchten Kleintiere wie Regenwürmer oder Mäuse, die den Störchen dann schlecht entkommen können.
Der Buntspecht nutzt eine andere Strategie, um an Fressbares zu kommen. Er hämmert an Bäume und entfernt die Borke. So gelangt er an die Beutetiere. Außerdem klemmen Spechte Zapfen in Spalten oder Rissen von Baumstämmen ein, um sie besser bearbeiten zu können und so an die Samen zu gelangen. Man spricht in diesem Zusammenhang auch von einer **Spechtschmiede** (▶2). Ähnliche Verhaltensweisen zeigen auch andere Vogelarten. Beispielsweise suchen Drosseln immer wieder einen bestimmten Stein auf, um auf seiner Oberfläche die harten Schneckengehäuse aufzubrechen.
Rabenvögel gelten als besonders intelligent. Sie fressen gerne Nüsse. Allerdings weisen Walnüsse eine besonders harte Schale auf. Einige Elstern, Krähen und Raben haben gelernt, dass die Schale aufbricht, wenn sie aus der Höhe auf einen Stein oder eine andere harte Fläche heruntergeworfen wird. So kommen sie an die begehrte Nuss.

2 Ein Buntspecht hat einen Fichtenzapfen eingeklemmt, um die Samen herauszupicken.

1 Ein Amselweibchen zieht einen Regenwurm aus dem Boden.

1 ☐ Beschreibe zwei Verhaltensweisen von Vögeln, die dem Nahrungserwerb dienen.

2 ☑ Erläutere, welchen Vorteil es für die Amseln hat, dass sie im Herbst und Winter andere Nahrung als im Sommer nutzen.

Material | Vögel • Verhalten der Vögel

Material A Jagdverhalten des Turmfalken

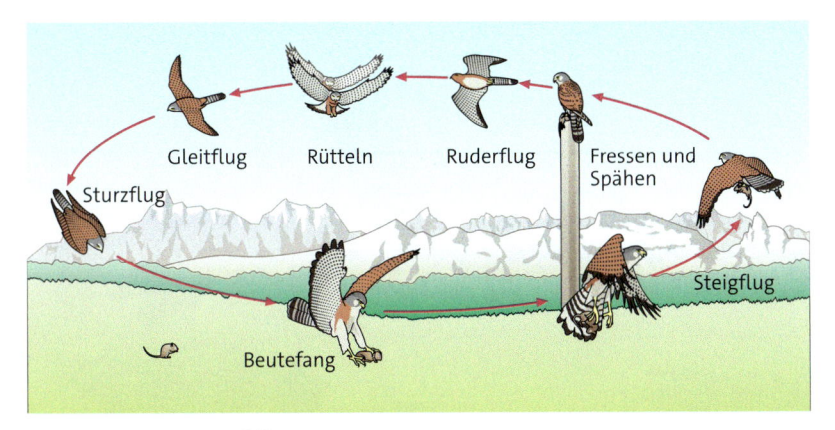

A1 Jagdweise des Turmfalken (Gleitflug, Rütteln, Ruderflug, Fressen und Spähen, Sturzflug, Beutefang, Steigflug)

A2 Turmfalke

Turmfalken meiden dichte, geschlossene Waldbestände. Waldränder nutzen sie allenfalls als Brutgebiete. Sie jagen hauptsächlich in offenen Landschaften mit lockeren Baumbeständen und Wiesen. Stehen solche Jagdgebiete zur Verfügung, ernähren sich Turmfalken überwiegend von Kleinsäugern wie Mäusen, die sie am Boden ergreifen. Manchmal fangen sie auch Eidechsen, kleine Vögel oder Insekten. Das passiert besonders dann, wenn es zu wenige Mäuse im Jagdgebiet gibt. Sind ausreichend Mäuse vorhanden, erbeutet ein Turmfalke pro Tag mindestens drei von ihnen. Muss ein Paar Jungvögel versorgen, steigt die Anzahl entsprechend.

1 ☐ Beschreibe das Jagdverhalten des Falken (▶ A1).

2 ☐ Erläutere die Funktion der unterschiedlichen Flugtechniken bei der Jagd.

3 ◪ Begründe, warum Turmfalken nicht in dichten Waldbeständen jagen.

4 ☐ Der Schnabel und der Fuß sind beim Falken auffallend geformt (▶ A2). Beschreibe diese Körperteile.

5 ◪ Erläutere den Zusammenhang zwischen dem Bau des Schnabels und der Füße sowie der Lebensweise des Falken.

6 ■ Auf Äckern und Wiesen sieht man in regelmäßigen Abständen Holzpfosten, sogenannte Warten. Vermute, wozu diese aufgestellt werden.

Material B Nestflüchter oder Nesthocker?

B1 Wenige Stunden alte Küken von: **A** Kohlmeise, **B** Stockente

Die Brutzeit der Kohlmeise beträgt 12–15 Tage, die der Stockente 24–32 Tage. Wenn die Jungen der Meise und der Stockente aus dem Ei schlüpfen, sind diese ganz unterschiedlich weit entwickelt. Entweder sie bleiben noch längere Zeit im Nest oder sie folgen ihren Eltern nach kurzer Zeit. Dementsprechend werden sie als Nesthocker oder als Nestflüchter bezeichnet.

1 ☐ Beschreibe den Entwicklungsstand der Küken von Kohlmeise und Stockente kurz nach dem Schlüpfen sowie das Verhalten der Elterntiere (▶ B1).

2 ◪ Ordne die Beispiele Nestflüchtern beziehungsweise Nesthockern zu und begründe deine Zuordnung.

3 ■ Stelle einen Zusammenhang zwischen Brutdauer und Entwicklungsstand der Jungvögel nach dem Schlüpfen her.

3.5 Vom Überwintern der Vögel

1 Rückkehr der Weißstörche aus dem Winterquartier

Im Frühling schauen viele Menschen zu den leeren Nestern der Weißstörche. Eines Tages im März sind die Nester wieder besetzt. Die Störche sind aus ihren Winterquartieren in Afrika zurückgekehrt. Warum unternehmen sie überhaupt die lange Reise in den Süden?

Jedes Jahr werden viele Jungstörche beringt. Auf den Ringen steht eine Kennzeichnungsnummer sowie Namen und Adresse der zuständigen Vogelwarte. So können Störche wiedererkannt werden.

Vogelzug der Störche • Ende August werden die Weißstörche unruhig und sammeln sich für eine lange Reise. Das Verhalten der Tiere ist angeboren. Sie werden in Afrika überwintern. Bei uns finden sie in der kalten Jahreszeit nicht genügend Nahrung: Insekten, Regenwürmer, Frösche und Reptilien sind im Winter nicht aktiv und die Störche müssten hungern. Erst im Frühjahr kehren sie zurück, um in den wärmeren Jahreszeiten das dann gute Nahrungsangebot für die Aufzucht der Jungen zu nutzen. Vögel, die in unterschiedlichen Gebieten brüten und überwintern, heißen **Zugvögel**.

Um Genaueres über den Vogelzug der Störche zu erfahren, werden die Tiere beringt. Einige erhalten zusätzlich einen Sender (▶2). Daher weiß man, dass sie niemals direkt über das Mittelmeer fliegen. Sie nutzen entweder die westliche Route über Spanien oder die östliche Route über die Türkei.

Auf der westlichen Route legen die Störche 5000 Kilometer, auf der östlichen Route sogar 11 000 Kilometer zurück. Pro Tag fliegen sie 200 Kilometer. Die Vögel überwinden diese Entfernungen, indem sie sich von Aufwinden in die

2 Ein Storch erhält einen Sender.

Höhe tragen lassen und dann über weite Strecken den Segelflug nutzen. Das spart Energie. Der Direktflug über das Mittelmeer ist nicht möglich, weil es über großen Wasserflächen keine derartigen Aufwinde gibt.

Unterschiedliche Flugstrecken • Weltweit verlassen ungefähr 4000 Vogelarten ihre Brutgebiete, um dem Nahrungsmangel auszuweichen. Dabei legen sie unterschiedliche Strecken zurück. Ähnlich lange Strecken wie unsere Weißstörche überwinden Rauchschwalben und Mauersegler. Auch der Kuckuck überwintert südlich der Sahara (▶3).
Andere Vögel fliegen nur kurze Strecken. Beispielsweise überwintern Kraniche, Feldlerchen und Stare in Südwesteuropa oder in der Mittelmeergegend. Rotkehlchen, die bei uns im Winter zu beobachten sind, müssen nicht unbedingt einheimische Vögel sein. Für einige Rotkehlchen aus nördlicheren Regionen sind unsere Breiten der Süden. Bergfinken und Seidenschwänze, die man im Winter entdeckt, sind ebenfalls häufig solche Wintergäste.

Ziehen oder hier überwintern? • Amseln sind ursprünglich Waldvögel, mittlerweile aber auch in Parks, Gärten und Städten anzutreffen. Ehemals waren Amseln wohl Zugvögel. Heute verlässt allerdings nur ein Teil der in Deutschland ansässigen Vögel ihr Brutgebiet. Man bezeichnet sie daher als **Teilzieher.**
Die ziehenden Amseln überwintern in West- und Südeuropa. Mittlerweile gibt es bei uns vermutlich infolge des Klimawandels kaum strenge Winter. Außerdem finden Amseln in Städten auch im Winter noch Fressbares, beispielsweise an Futterhäusern. In diesem Zusammenhang hat man festgestellt, dass besonders Amseln aus Städten und viele Amselmännchen bei uns überwintern (▶4). In milden Wintern haben diese Vögel einen Vorteil, denn sie können frühzeitig geeignete Brutreviere besetzen.

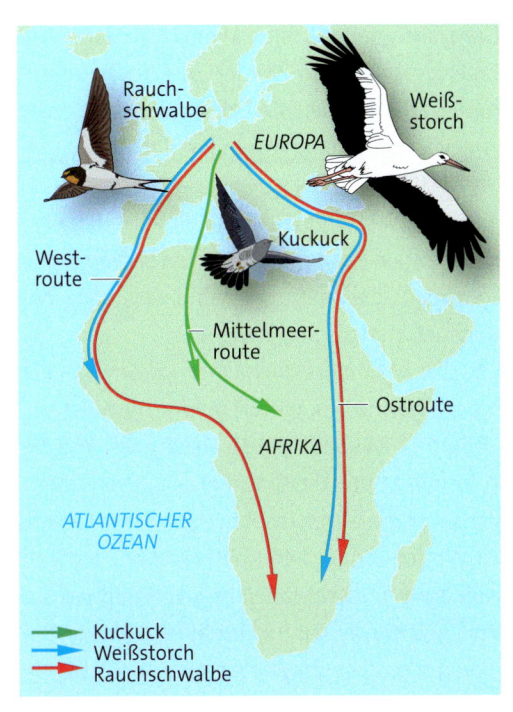

3 Zugrouten verschiedener Vögel

Seit einigen Jahren überwintern einige Störche, die die Westroute nutzen, in Südspanien.

Langstreckenzieher = Zugvögel, deren Brutgebiete und Überwinterungsgebiete mehr als 4000 Kilometer voneinander entfernt liegen

Kurzstreckenzieher = Zugvögel, die höchstens 2000 Kilometer weit fliegen

1 ◩ Beschreibe die beiden Zugrouten der Störche. Nutze dazu einen Atlas.

2 ◩ Erkläre, weshalb besonders Störche und andere große Vögel weite Strecken der langen Reise nicht im Ruderflug, sondern im Segelflug überwinden.

3 ◩ Erläutere, warum viele Vogelarten nicht in unserer Region überwintern.

4 ■ Formuliere eine Vermutung, warum zunehmend auch einige Störche bei uns überwintern.

4 Amselmännchen im Winter

Ganzjährig heimisch • Wenn im Herbst die Tage spürbar kürzer werden und die Temperaturen sinken, haben die Zugvögel unser Gebiet längst verlassen. Trotzdem kann man auch im Herbst und Winter Vögel beobachten. Das sind nicht nur Wintergäste. Auch einheimische Arten kommen mit den veränderten Bedingungen klar. Vögel, die im Brutgebiet überwintern, bezeichnet man als **Standvögel.**

Das sind besonders solche Arten, die immer ein breites Nahrungsangebot nutzen, wie Elstern. Andere Arten stellen ihre Nahrung um, wie die Kohlmeisen und die Blaumeisen. Sie ernähren sich im Sommer von Insekten und deren Larven, im Winter von Samen und Früchten. Spatzen wiederum fressen ganzjährig vorwiegend Samen und Körner. Gimpel ernähren sich von Samen und nutzen im Winter auch Knospen.

Außerdem sieht man Vögel wie Goldammern und Grünfinken, die keine Wanderungen in den Süden unternehmen, sondern innerhalb unserer Region geeignete Landstriche oder auch Städte aufsuchen. Man bezeichnet sie als **Strichvögel.**

2 Kohlmeisen am Futterhaus

Winterfütterung • Im Winter ist Nahrung knapp. Daher kann die Vogelfütterung sinnvoll sein. Vögel am Futterhaus zu beobachten, ist außerdem immer ein Erlebnis. Allerdings muss man bei der Fütterung einiges beachten. Die Futterstelle muss sauber gehalten werden, damit sich keine Krankheiten ausbreiten. Da sich die Vögel unterschiedlich ernähren, sollten neben Kernen und Nüssen auch Haferflocken, Rosinen und Obst angeboten werden. Meisenknödel dürfen nicht in Kunststoffnetzen aufgehängt werden, da dies zu Verletzungen führen kann. Brot und salzige Essensreste dürfen nicht verfüttert werden.

Die Winterfütterung allein reicht jedoch als Vogelschutz nicht aus. Am Futterhaus finden sich nur wenige Vogelarten ein, die oft nicht gefährdet sind. Seltene Arten ziehen daher kaum Nutzen aus dieser Fütterung. Um allen Vögeln zu helfen, ist es wichtig, Parks und Gärten so zu gestalten, dass sie den Tieren auch im Winter ausreichend Nahrungsquellen bieten.

1 Einheimische Vögel: **A** Goldammer, **B** Blaumeise, **C** Grünfink, **D** Gimpel (Dompfaff)

1 ☐ Nenne unterschiedliche Gruppen von Vögeln, die bei uns im Winter beobachtet werden können, und gib je ein Beispiel an.

2 ☐ Nenne Nahrungsquellen für Wildvögel, die Parks und Gärten bieten können.

3 ◪ Erläutere, was du bei der Winterfütterung von Vögeln beachten solltest.

Material

Vögel • Vom Überwintern der Vögel

Material A Nahrung und Zugverhalten einheimischer Vögel

Vogelart	Bevorzugte Nahrung
Haussperling (Spatz)	Getreide und Samen, Krümel (Küken: Insekten, Spinnen)
Rauchschwalbe	fliegende Kleininsekten
Kohlmeise	Insekten, Larven, Spinnen, fett- und ölhaltige Samen
Elster	große Insekten, Würmer, Schnecken, Eier und Küken anderer Vögel, Mäuse, Früchte, Aas
Mauersegler	fliegende Insekten, Spinnen an Fäden
Weißstorch	Frösche, Fische, Mäuse, Regenwürmer, große Insekten

A1 Nahrung verschiedener Vögel

Vogelart	J	F	M	A	M	J	J	A	S	O	N	D
Haussperling	gelb	gelb	gelb	grün	grün	grün	grün	grün	gelb	gelb	gelb	gelb
Rauchschwalbe				gelb	grün	grün	grün	grün	gelb			
Kohlmeise	gelb	gelb	gelb	grün	grün	grün	grün	grün	gelb	gelb	gelb	gelb
Elster	gelb	gelb	gelb	grün	grün	grün	grün	grün	gelb	gelb	gelb	gelb
Mauersegler					gelb	grün	grün	grün	gelb			
Weißstorch			gelb	grün	grün	grün	grün	grün	gelb			

A2 Beobachungszeiten (gelb) und Brutzeiten (grün) von Januar bis Dezember

In Deutschland brüten 243 Vogelarten. Weitere 25 Arten werden in unregelmäßigen Abständen beobachtet. Ungefähr 20 neue Arten haben sich in den letzten Jahren angesiedelt.
Nicht alle Brutvögel kann man ganzjährig beobachten. Manche brüten nur bei uns und überwintern in wärmeren Gebieten.

1 Nenne die Stand- und Zugvögel in der Abbildung (▶A2).

2 Stelle einen Zusammenhang zwischen der Nahrung und dem Zugverhalten der verschiedenen Vogelarten her (▶A1 und A2).

3 Stelle Vermutungen an, warum sich neue Vogelarten bei uns ansiedeln.

Material B Schöne Vorgärten?

B1 Verschiedene Vorgärten

Die Flächen der abgebildeten Gärten sind sehr unterschiedlich gestaltet. Als modern gelten Schottergärten (▶B1A). Andere Vorgärten sind mit Stauden und Büschen bepflanzt (▶B1B). Allerdings ist die Gestaltung in einigen Dörfern und Städten geregelt und somit nicht ganz frei.

Gärten spielen nämlich für die Artenvielfalt in den Wohngebieten eine Rolle. So benötigen die verschiedenen Insektenarten unterschiedliche blühende Pflanzen und Wildkräuter, Sträucher und Stauden als Unterschlupf, als Nahrungsquelle und zur Eiablage. Vielfältig bepflanzte Vorgärten bieten einer höheren Anzahl und Artenzahl von Insekten einen Lebensraum. In Schottergärten siedeln sich dagegen kaum Insekten an.

1 Beschreibe die unterschiedliche Gestaltung der Vorgärten in den beiden Wohngebieten (▶B1A und B).

2 Formuliere eine Vermutung, in welchen Gärten mehr Vögel brüten.

3 Standvögel überwintern bei uns. Bewerte die Gestaltung der Vorgärten unter diesem Aspekt.

Auf einen Blick

Vögel

Mit dieser Übersicht kannst du die wichtigsten Inhalte des Kapitels wiederholen. Ergänze das Schema um weitere Begriffe und finde Querbeziehungen zwischen den Themen.

- **Vogelflug**
  - Angepasstheit an das Fliegen
  - Flugtechniken

- **Fortpflanzung der Vögel**
  - Fortpflanzung beim Haushuhn

- **Verhalten der Vögel**
  - Verhalten der Amsel
  - Überwinterung der Vögel

Vögel

- Leichtbauweise der Vögel
- Flügel und Feder 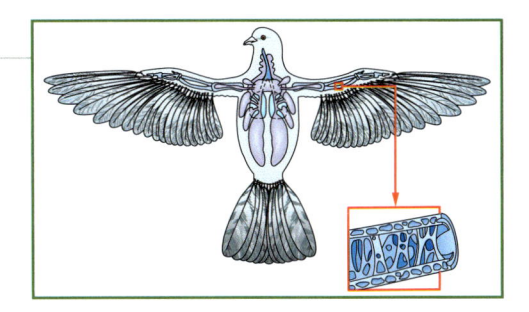
- Auftrieb in der Luft
- Ruderflug
- Rüttelflug
- Gleitflug und Segelflug 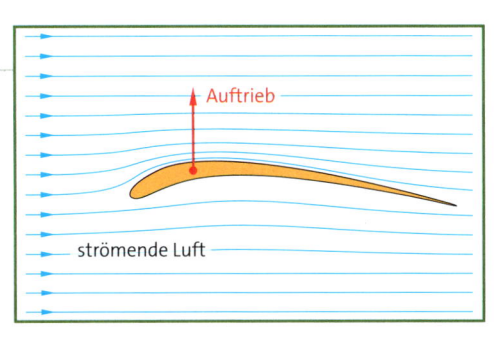
- Aufbau eines Hühnereies
- Begattung und Befruchtung
- Entwicklung im Ei
- Schlupf des Kükens 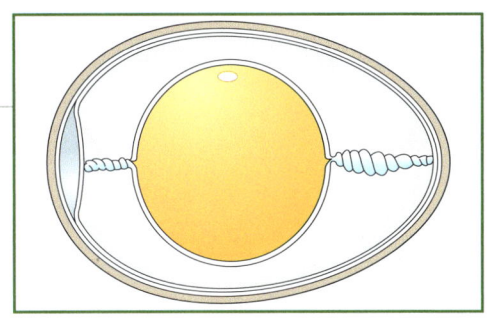
- Revierverteidigung und Gesang
- Balz und Brutpflege
- Nahrungssuche 
- Zugvögel
- Standvögel
- Winterfütterung

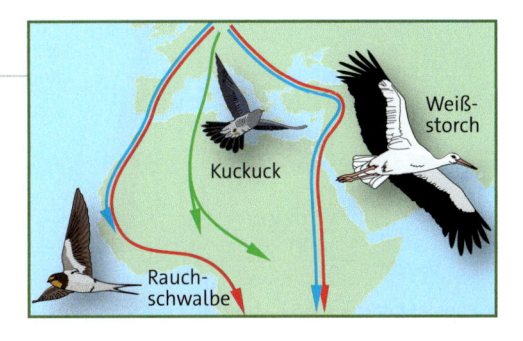

Check-up

Vögel

Mit den folgenden Aufgaben kannst du überprüfen, ob du die Inhalte aus dem Kapitel verstanden hast. In der Tabelle findest du die zu erwerbenden Kompetenzen sowie Angaben zu den Seiten, auf denen du zum jeweiligen Thema noch einmal nachlesen kannst.

Vögel – an das Fliegen angepasst

1 Vögel sind ausgezeichnet an das Leben in der Luft angepasst.
   a ☐ Nenne äußere und innere Baumerkmale, mit denen Vögel an das Fliegen angepasst sind.
   b ◼ Benenne die Bestandteile 1–10 des Vogelskeletts (▶ 1).
   c ◼ Vergleiche den Bau der Vordergliedmaßen einer Taube mit dem einer Fledermaus.
   d ◼ Vergleiche einen Vogel- und einen Säugetierknochen miteinander (▶ 2A und B).

2 Federn haben unterschiedliche Funktionen.
   a ☐ Nenne drei Federtypen von Vögeln.
   b ☐ Ordne folgende Funktionen verschiedenen Federtypen zu: Steuern, Fliegen, Körperbedeckung, Wärmedämmung
   c ◼ Erläutere, wie die wärmedämmende Funktion von Federn zustande kommt.

Wie Vögel fliegen – verschiedene Flugtechniken

3 Die fliegende Fortbewegung ist für Vögel typisch.
   a ☐ Beim Ruderflug bewegen sich die Flügel auf und ab. Abbildung 3 zeigt zwei Stellungen der Federn beim Ruderflug. Ordne die Federstellungen (▶ 3A, B) dem Abwärts- und Aufwärtsschlag zu.
   b ◼ Beschreibe den Abwärtsschlag und Aufwärtsschlag beim Ruderflug.
   c ◼ Begründe, warum diese Flugtechnik viel Energie benötigt.
   d ◼ Erläutere die Flugtechniken, die große Vögel einsetzen, um weitere Strecken energiesparend zurückzulegen.

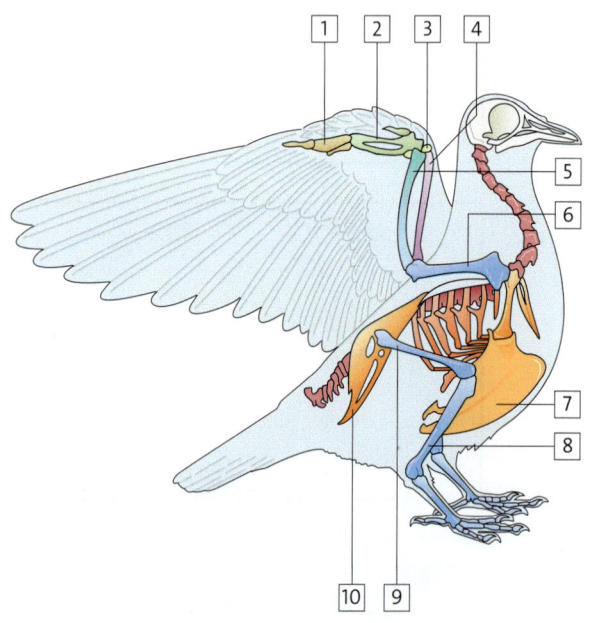

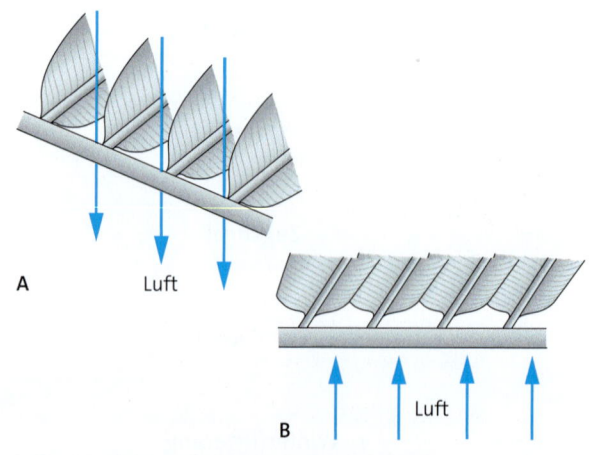

1 Skelett der Taube

2 Bau der Knochen: A Säugetier, B Vogel

3 Zwei Stellungen der Federn beim Ruderflug

Fortpflanzung beim Haushuhn

4 Das Haushuhn pflanzt sich wie alle Vögel fort, indem es Eier legt.
   a ☐ Benenne die mit Ziffern versehenen Teile des Hühnereies in Abbildung 4.
   b ▰ Ordne die Strukturen 6, 3 und 7 des Hühnereies begründet nach dem Zeitpunkt ihrer Entstehung im Körper der Henne.
   c ☐ Nenne den Teil des Hühnereies, aus dem sich der Embryo entwickelt.
   d ▰ Erläutere, weshalb bestimmte Bestandteile des Hühnereies nährstoffreich sind.

Verhalten der Vögel

5 Amseln zeigen verschiedene typische Verhaltensweisen.
   a ☐ Amseln halten sich in einem Gebiet auf, das die Männchen gegen Eindringlinge verteidigen, und in dem sie ihre Jungen großziehen. Nenne den Fachbegriff für dieses Gebiet.
   b ▰ Nenne Merkmale, die ein solches Gebiet braucht, um für Amseln geeignet zu sein.
   c ☐ Beschreibe die Funktion des Gesanges.

6 Amselküken werden etwa 2 Wochen lang im Nest von den Eltern versorgt, während Hühnerküken schon nach kurzer Zeit das Nest verlassen.
   a Begründe diesen Unterschied anhand der Entwicklung von Amsel- und Hühnerküken.

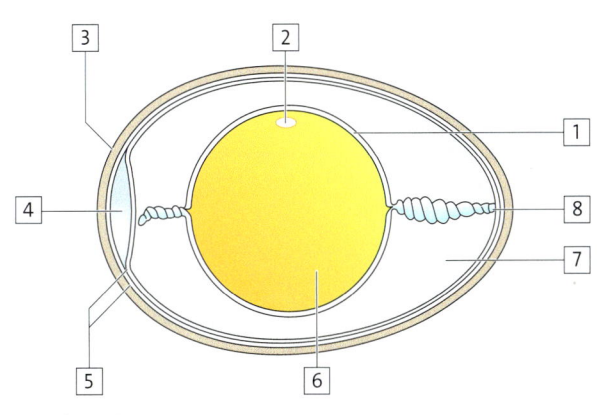

4 Hühnerei

   b Ordne die Begriffe Nesthocker und Nestflüchter dem Haushuhn und der Amsel zu.

Vom Überwintern der Vögel

7 Manche Vogelarten sind ganzjährig bei uns zu beobachten, andere nur im Frühjahr und Sommer.
   a Nenne je zwei Vogelarten, die bei uns überwintern und zwei, die fortziehen.
   b Nenne den Fachbegriff für die beiden Formen der Überwinterung bei Vögeln.
   c Erläutere, weshalb manche Vogelarten in südliche Regionen der Erde ziehen.
   d Begründe, weshalb manche Vogelarten wie die Amsel früher weggezogen sind, mittlerweile aber häufig bei uns überwintern.
   e Beschreibe, was man bei der Winterfütterung von Vögeln beachten sollte.

Mithilfe des Kapitels kannst du:	Aufgabe	Hilfe
✓ die Angepasstheiten von Vögeln an das Fliegen benennen, Teile des Skeletts nennen und zuordnen sowie die Gliedmaßen und Knochen von Vögeln und Säugtieren vergleichen	1	S. 94–95; S. 73
✓ die Funktionen von Federn nennen und verschieden Federtypen ihrer Funktion zuordnen.	2	S. 96
✓ verschiedenen Flugtechniken von Vögeln beschreiben.	3	S. 98–100
✓ die Bestandteile des Hühnereies und ihre Funktion erläutern.	4	S. 102–104
✓ Das Verhalten von Amseln beschreiben und Unterschiede im Verhalten zum Haushuhn mit der Entwicklung begründen.	5, 6	S. 106–108
✓ Verschiedene Überwinterungsstrategien von Vögeln beschreiben und begründen.	7	S. 110–112

▶ Die Lösungen findest du im Anhang.

4 Fische – Amphibien – Reptilien

▶ In diesem Kapitel lernst du weitere Wirbeltiere kennen. Eine vielfältige Wirbeltiergruppe sind die Fische. Du erfährst, wie sie an das Leben im Wasser angepasst sind. Du lernst verschiedene Fische und ihre besondere Lebensweise kennen. Außerdem wird beschrieben, wie sich Fische fortpflanzen.

▶ Der Frosch auf dem Bild gehört zur Wirbeltiergruppe der Amphibien. Sie leben sowohl im Wasser als auch an Land. Welche besonderen Angepasstheiten sie dafür haben, lernst du in diesem Kapitel. Du erfährst auch, wie du Tiere in Gruppen einordnen kannst und wie du einen Bestimmungsschlüssel anwendest. Im Kapitel wird auch erklärt, weshalb Wasser für die Fortpflanzung der Amphibien unverzichtbar ist.

▶ Eine weitere Wirbeltiergruppe, die Reptilien, und ihre Besonderheiten werden dir vorgestellt. Du lernst zudem einige Arten von Reptilien kennen.

▶ Beim Vergleichen der verschiedenen Wirbeltiergruppen findest du heraus, welche Eigenschaften alle Wirbeltiere gemeinsam haben und durch welche Merkmale sich die verschiedenen Gruppen unterscheiden.

▶ Im letzten Teil des Kapitels erfährst du, wie die Wirbeltiere im Verlauf von vielen Millionen Jahren entstanden sind und was Funde wie versteinerte Reste von Lebewesen verraten.

Ein schwimmender Teichfrosch schaut mit seinen hervorstehenden Augen über die Wasseroberfläche. Welche seiner Merkmale passen noch zum Wasserleben? Was unterscheidet Frösche von reinen Wassertieren wie Fischen?

4.1 Fische in ihrem Lebensraum

1 Rotaugen

Keine Wirbeltiergruppe ist so artenreich wie die Fische. Weltweit leben in den Gewässern wie Meeren, Flüssen und Seen knapp 36 000 verschiedene Fischarten. Ein häufiger Vertreter in deutschen Gewässern ist das Rotauge. Wie sind Fische an ein Leben im Wasser angepasst?

2 Stromlinienform

Leben im Wasser • Fische verbringen ihr gesamtes Leben im Wasser und besitzen besondere Angepasstheiten an ihren Lebensraum. Der Körperbau des Rotauges ist **stromlinienförmig**. Dadurch kann es sich besonders gut im Wasser fortbewegen (▶ 2).

Die Fortbewegung und Stabilität im Wasser ermöglichen mehrere verschiedene **Flossen**. Die Schwanzflosse sorgt für den Antrieb. Mit der Rückenflosse und der Afterflosse hält das Rotauge das Gleichgewicht. Die Bauch- und Brustflossen übernehmen die Steuerung (▶ 3).

Der Körper des Rotauges ist schützend bedeckt von knöchernen, überlappenden Platten, den **Schuppen**. Es besitzt ein Sinnesorgan, mit dem es Schwingungen im Wasser wahrnimmt, das **Seitenlinienorgan**. So kann sich das Rotauge im Wasser orientieren und Hindernissen ausweichen. Zudem hat es ein Organ, das sich beim Schwimmen mit Gas füllt und entleert, die **Schwimmblase**. Sie reguliert den Auftrieb in verschiedenen Tiefen. Die Körpertemperatur des Rotauges ändert sich mit der Wassertemperatur. Fische sind **wechselwarm**.

Atmung der Fische • Fische haben besondere Atmungsorgane, mit denen sie unter Wasser atmen können, die **Kiemen**. Diese liegen an beiden Seiten des Kopfes und werden durch die

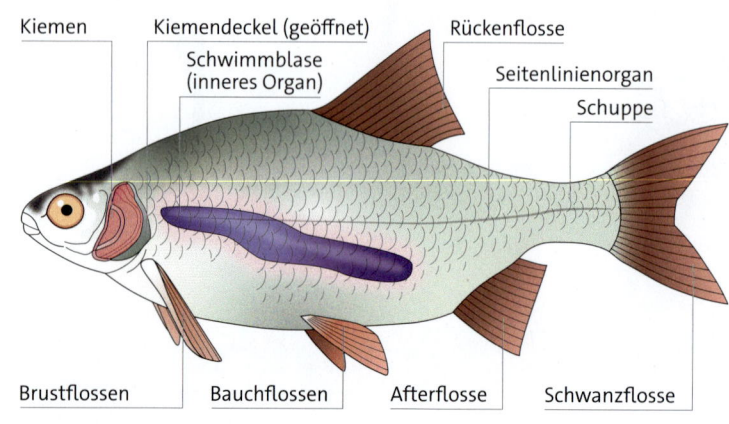

3 Körperbau der Fische

Kiemen | Kiemendeckel (geöffnet) | Rückenflosse | Schwimmblase (inneres Organ) | Seitenlinienorgan | Schuppe | Brustflossen | Bauchflossen | Afterflosse | Schwanzflosse

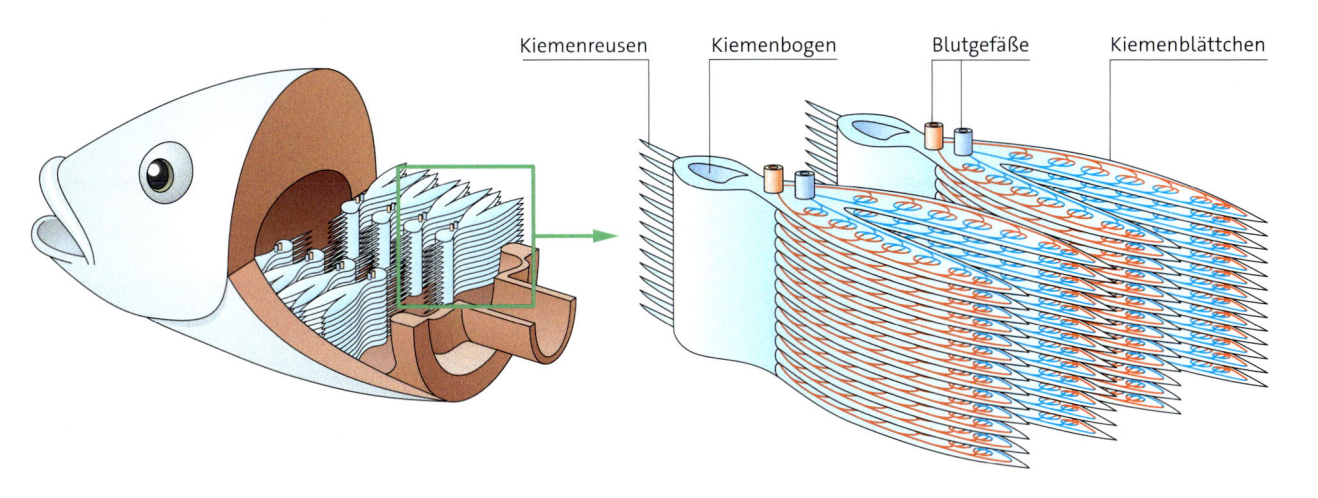

Kiemenreusen Kiemenbogen Blutgefäße Kiemenblättchen

4 Bau der Kiemen

Kiemendeckel geschützt (▶ 3). Kiemen nehmen den gelösten Sauerstoff aus dem Wasser auf und leiten ihn ins Blut. Die Kiemen haben einen besonderen Aufbau (▶ 4). An den knöchernen Kiemenbögen sitzen viele feine Kiemenblättchen und Kiemenreusen. Die Kiemenblättchen sind stark durchblutet. Sie nehmen Sauerstoff aus dem Wasser auf und geben Kohlenstoffdioxid ins Wasser ab. Dies nennt man **Gasaustausch.** Durch die große Oberfläche der Kiemen wird viel Wasser gefiltert. Die Kiemenreusen dienen als Filterapparat und halten Schmutz von den Kiemenblättchen fern.

Beim Einatmen strömt das sauerstoffreiche Wasser durch das Maul (▶ 5A). Dabei sind die Kiemendeckel geschlossen: So wird das Wasser angesaugt. Nach dem Gasaustausch an den Kiemenblättchen wird das sauerstoffarme Wasser durch das Öffnen des Kiemendeckels entlassen: Der Fisch atmet aus (▶ 5B).

Ernährung der Fische • Einige Fische bevorzugen die pflanzliche Nahrung, sie sind **Pflanzenfresser.** Andere Fische, zum Beispiel das Rotauge, fressen sowohl kleine Wassertiere wie Krebstierchen als auch Wasserpflanzen. Man nennt sie **Allesfresser.** Die meisten Fische ernähren sich von kleineren Fischen oder anderen kleinen Wassertieren. Sie sind **Fleischfresser.** Fische zeigen auch unterschiedliches Ernährungsverhalten. Es gibt die **Raubfische,** die ihre Beute jagen. Sie besitzen eine schlanke Körperform und können schnell schwimmen. Zudem haben sie ein großes Maul mit spitzen Zähnen zum Greifen der Beute. Ein bekannter Raubfisch ist der Hecht (▶ 1E, S. 122). Demgegenüber stehen die **Friedfische,** die sich von Pflanzen und kleinen Wassertieren ernähren, wie der Karpfen (▶ 1A, S. 122). Sie besitzen meist keine Zähne.

1 ☐ Nenne die Aufgaben der verschiedenen Flossen eines Fisches.

2 ◪ Beschreibe das Ein- und Ausatmen bei Fischen (▶ 5).

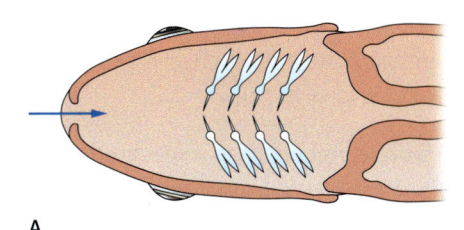

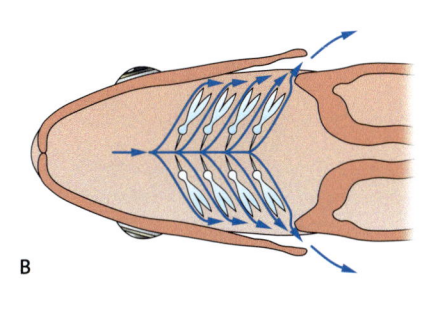

A   B

5 Einatmen und Ausatmen bei Fischen

1 Körperformen bei Fischen: **A** Schuppenkarpfen, **B** Europäischer Aal, **C** Stechrochen, **D** Dornhai, **E** Hecht

Vielfalt der Körperformen • Viele Fischarten lassen sich bereits auf den ersten Blick anhand ihrer Körperform oder ihrer Flossen unterscheiden. Das Aussehen eines Fisches verrät häufig, welchen Lebensraum er bewohnt, wie er sich fortbewegt, welche Nahrung er frisst und wie er sich vor Feinden schützt.

Fische, die im offenen Wasser leben, haben meistens einen schlanken Körper mit einer kräftigen Schwanzflosse (▶1D, E). Fische in Ufernähe oder ruhigen Gewässern haben hingegen meistens einen seitlich zusammengedrückten oder massiven Körperbau (▶1A). Muss ein Fisch oft Engstellen benutzen, benötigt er einen lang gestreckten Körper, mit dem er sich schlängelnd über dem Boden fortbewegen kann (▶1B). Bodenlebende Fische besitzen meistens einen flachen Körper, der es ihnen ermöglicht, sich im Boden einzugraben (▶1C).

Knochenfische und Knorpelfische • Fische lassen sich in zwei große Gruppen unterteilen, die Knochenfische und die Knorpelfische. Das Rotauge gehört, wie die meisten Fische, zu den Knochenfischen. Sie besitzen ein Skelett aus **Knochen** und eine Schwimmblase. Zudem werden ihre Kiemen von einem knöchernen Kiemendeckel geschützt. Die Schwanzflosse besteht aus zwei gleichen Hälften. Ihre Schuppen sind rund und flach geformt (▶2).

Bei den Knorpelfischen besteht das Skelett aus **Knorpeln.** Sie besitzen weder eine Schwimmblase noch einen Kiemendeckel. Ihre Schwanzflosse besteht aus zwei ungleichen Hälften, wobei die obere Hälfte größer und länger ist. Die zahnähnlichen Schuppen der Knorpelfische sind grob und spitzförmig. Zu dieser Gruppe gehören zum Beispiel Haie und Rochen. Auch der größte Fisch der Welt, der Walhai, ist ein Knorpelfisch.

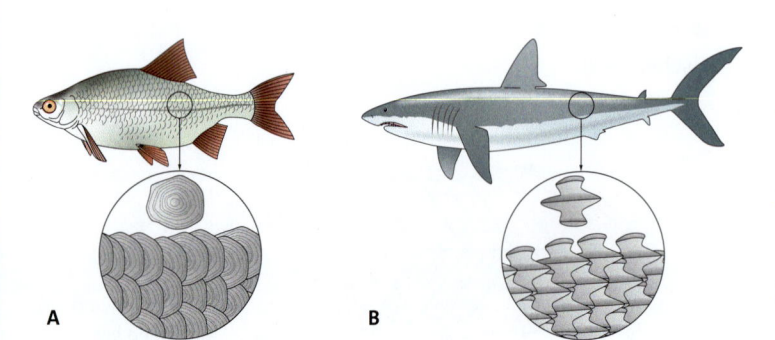

2 Schuppen der Knochenfische (**A**) und Knorpelfische (**B**)

1 ◪ Erkläre die Lebensweise des Hechts anhand seiner Merkmale (▶1E).

2 ◪ Vergleiche die Knochenfische und Knorpelfische in einer Tabelle.

3 ◼ Erläutere, mit welchen Angepasstheiten Haie auch ohne Kiemendeckel und Schwimmblase leben können.

Material

Fische – Amphibien – Reptilien • Fische in ihrem Lebensraum

Material A Umgang mit Fischen

#Fischen-Tab

Wie nehmen Fische ihre Umwelt wahr und was fühlen sie?

Fische nehmen ihre Umwelt auf andere Weise wahr als Menschen. Sie besitzen an beiden Seiten ihres Körpers eine punktierte Linie, die vom Kopf bis zum Schwanz verläuft, das Seitenlinienorgan. Damit spüren Fische selbst kleinste Bewegungen im Wasser. Das Seitenlinienorgan ermöglicht es ihnen auch, die Richtung der Strömung wahrzunehmen. So können sie gleichmäßig im Schwarm schwimmen. Ein Schwarm wirkt auf Feinde wie ein einziger großer Fisch. Auch in trübem Wasser spüren Fische, ob sich ein Fressfeind oder ein Hindernis nähert. Manche Fische wie der Lachs haben neben ihrem feinen Geruchssinn noch den Magnetsinn. Sie nehmen so das Magnetfeld der Erde wahr und sind dadurch in der Lage, ihren ursprünglichen Fluss wiederzufinden. Forschende konnten herausfinden, dass Fische nicht nur Schmerz empfinden können, sondern auch Angst haben, zum Beispiel wenn sie allein sind. Diese Empfindungen äußern sich bei Fischen jedoch anders als bei Menschen.

A1 Informationen zu Fischen im Internet

Lea beobachtet in den Ferien Kinder, die Fische mit einem Kescher fangen, sie in einen Eimer mit Wasser geben und diesen den ganzen Tag stehen lassen. Sie sieht Erwachsene, die Fische angeln, um sie sich besser ansehen zu können. Danach werfen sie sie wieder ins Wasser. Lea fragt sich, ob die Fische etwas dabei fühlen. Im Internet findet sie Informationen (▶ A1).

1. Stelle Vermutungen zu der Frage von Lea auf (▶ A1).
2. Lies den Text (▶ A1) und fasse zusammen, wie Fische ihre Umwelt wahrnehmen.
3. Beurteile anhand der Informationen im Text, ob Fische fühlen können.
4. Bewerte den von Lea beobachteten Umgang der Kinder und Erwachsenen mit Fischen.

Versuch B Modellexperiment: Kiemenatmung – auch an Land?

B1 Vorbereitung des Experiments

Mit den Kiemen sind Fische in der Lage, den Sauerstoff aus dem Wasser aufzunehmen. Dafür sorgen die vielen Kiemenblättchen, die die Kiemenoberfläche stark vergrößern. Je größer die Oberfläche ist, desto mehr Wasser kann an den Kiemenblättchen vorbeiströmen. So können Fische viel Sauerstoff aus dem Wasser aufnehmen. Doch funktionieren diese Kiemenblättchen auch an Land?

Material: Papiertaschentuch, Schere, Sicherheitsnadel, Becherglas mit Wasser

Durchführung:
1. Schneide das Papiertaschentuch in 6 gleich große Teile und trenne die einzelnen Papierlagen voneinander.
2. Spanne die einzelnen Papierlagen auf die Sicherheitsnadel.
3. Tauche die Papierlagen in das Wasser und beobachte sie.
4. Ziehe die Papierlagen aus dem Wasser und beobachte das Aussehen an der Luft.

1. Nenne den Teil der Kiemen, den die Papierlagen im Experiment darstellen.
2. Beschreibe deine Beobachtungen.
3. Begründe mithilfe der Beobachtung, warum Fische nicht an Land atmen können.
4. Erläutere die Vorteile dieses Modellversuchs im Vergleich zu einem Experiment mit Fischen.

4.2 Fische – Vielfalt der Fortpflanzung

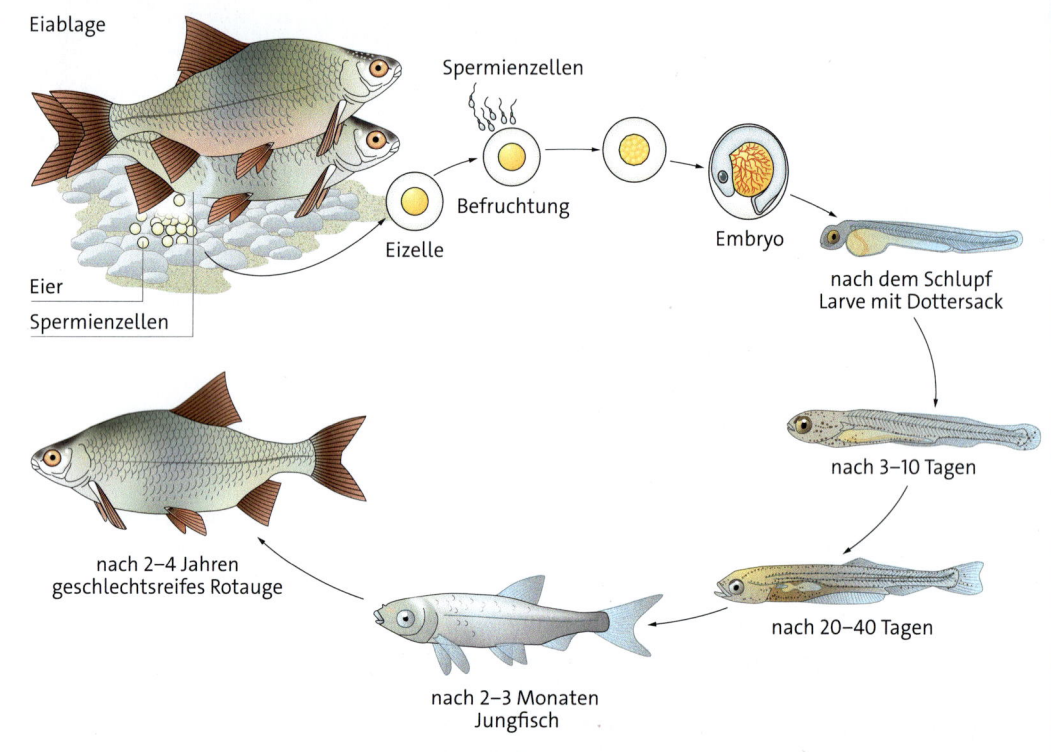

1 Fortpflanzung und Entwicklung des Rotauges

Für Fische ist die Paarungszeit die wichtigste Zeit ihres Lebens. Einige Fischarten schwimmen dafür monatelang bis zu 10 000 Kilometer weit. Rotaugen leben in Seen und Flüssen, paaren sich dort und legen ihre Eier ab. Wie entwickelt sich aus dem Ei das erwachsene Rotauge?

Fortpflanzung der Fische • Zur Fortpflanzungszeit, auch **Laichzeit** genannt, treffen sich zwischen April und Mai die männlichen und weiblichen Rotaugen an ihren **Laichplätzen.** Das Männchen bekommt einen rötlichen Bauch und weiße Flecken auf dem Kopf. Damit wirkt es attraktiver auf das Weibchen. Vor der Paarung kommt es zu Paarungstänzen zwischen den Männchen und Weibchen.

Das Weibchen legt bis zu 100 000 unbefruchtete Eier auf Wasserpflanzen oder Steinen ab. Die Eier von Fischen nennt man **Laich.** Danach gibt das Männchen eine milchige Flüssigkeit über den Laich. Diese Flüssigkeit enthält zahlreiche Spermienzellen, die die Eizellen des Laichs befruchten (▶1). Da die Befruchtung nicht im Körper des Weibchens stattfindet, sondern im freien Wasser, nennt man sie **äußere Befruchtung.**

Entwicklung der Fische • Nach der Befruchtung entwickelt sich im Ei ein **Embryo**. Einige Tage später schlüpft aus dem Ei die **Larve**. Die Larve des Rotauges ist durchsichtig, nur wenige Millimeter groß und ernährt sich zunächst von ihrem Dottersack, den sie an ihrer Bauchseite trägt. Nach und nach entwickelt sich die Larve zu einem Jungfisch. Aus dem durchgängigen Flossensaum werden einzelne Flossen. Gleichzeitig wird der Dottersack aufgebraucht. Mithilfe der Flossen kann der Jungfisch selbstständig auf Nahrungssuche gehen. Hierfür verlässt er die Laichplätze.

Die Jungfische werden größer, bis sie nach einigen Monaten erwachsen sind. Nach 2–4 Jahren sind Rotaugen in der Lage, sich zu vermehren, sie sind nun **geschlechtsreif.** Wenn die Laichzeit gekommen ist, wandern sie zu ihren ursprünglichen Laichplätzen und paaren sich.

Fortpflanzungsstrategien • Die Fortpflanzung ist bei jeder Fischart unterschiedlich und einzigartig.

Die häufigste Form der Fortpflanzung ist die äußere Befruchtung nach dem **Eierlegen** der Weibchen. Sie ist nicht nur beim Rotauge, sondern auch bei vielen anderen Knochenfischen zu finden. Bei dieser Strategie legt das Weibchen zahlreiche Eier, die außerhalb des Körpers befruchtet und danach sich selbst überlassen werden. Die Fortpflanzung kann häufig stattfinden, da das Weibchen nach der Eiablage keine weiteren Anstrengungen hat. Es gibt sehr viele Nachkommen.

Bei einigen Fischarten entwickeln sich die Jungfische innerhalb des Körpers der Weibchen und werden bereits sehr weit entwickelt lebend geboren. Diese Strategie bezeichnet man daher als **Lebendgebären.** Da die Spermienzellen des Männchens in den Körper des Weibchens gelangen müssen, findet eine **innere Befruchtung** statt. Anschließend bilden manche Fischarten Eier mit Dotter, über den der Embryo ernährt wird. Bei anderen Arten wird der Embryo direkt mit Nährstoffen von der Mutter versorgt. Lebendgebärende Fische sind viele Knorpelfische, aber auch Guppys. Grundsätzlich ist diese Fortpflanzungsstrategie für das Weibchen anstrengender. Dadurch gibt es auch nur wenige Nachkommen. Da der Embryo länger vom Weibchen versorgt werden muss, findet die Fortpflanzung außerdem seltener statt.

2 Vom Ei zur Dottersacklarve

Strategie = hier: angeborene Verhaltensweise zum Überleben

Brutpflege • Einige Fische wie der Stichling kümmern sich nach der Befruchtung weiterhin um den Nachwuchs. Dies bezeichnet man als **Brutpflege.** Das Stichlingsmännchen baut aus Pflanzenfasern am Boden ein faustgroßes Nest (▶3). Das Weibchen legt knapp 400 Eier in das Nest. Das Männchen gibt die Spermienzellen darüber. Die befruchteten Eier und später die Larven werden vom Männchen durch Fächeln mit den Brustflossen mit Frischwasser versorgt und streng bewacht, bis sie schließlich nach einigen Wochen das Nest verlassen.

1 Stelle die Fortpflanzung des Rotauges in einem Fließdiagramm dar. Beginne einen Pfad mit den Weibchen und einen anderen mit den Männchen.

2 Erkläre, warum sich die Größe des Dottersacks bei der Entwicklung verändert.

3 Vergleiche die Fortpflanzungsstrategien von Fischen in einer Tabelle.

3 Fortpflanzung und Brutpflege beim Stichling: **A** Männchen beim Nestbau, **B** Männchen und laichbereites Weibchen, **C** Männchen bewacht einen Schwarm Jungfische am Nest.

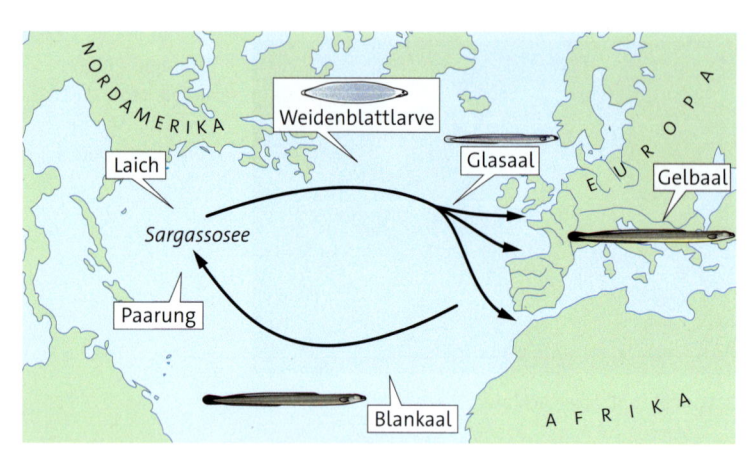

1 Europäischer Aal:
A Wanderung,
B Entwicklung

①		1 Tag; 6 mm
②	Weidenblattlarve	8 Monate; 4,5 cm
③		1,5 Jahre; 7,5 cm
④		2,5 Jahre; 7 cm
⑤	Glasaal	3 Jahre; 6,5 cm
⑥		4 Jahre; 9 cm
⑦	Gelbaal	5 Jahre; 18 cm

Wanderfische • Manche Fische legen während ihrer Entwicklung große Strecken zurück. Solche Fische nennt man Wanderfische.

Europäischer Aal • Der bekannteste heimische Wanderfisch ist der Europäische Aal. Mit der Geschlechtsreife beginnt die Wanderung der Aale (▶1). Die silbrigen **Blankaale** hören auf zu fressen und schwimmen bis zu 10 000 Kilometer in Richtung Sargassosee. Dort paaren sie sich und sterben nach dem Laichen. Aus den befruchteten Eiern schlüpfen nach 2–3 Tagen die Larven. Kurz danach entwickeln sie sich zu **Weidenblattlarven.** Ihre blattähnliche Form hilft ihnen, sich mit der Strömung treiben zu lassen. Nach 1–3 Jahren erreichen die durchsichtigen **Glasaale** die europäische Küste. Die Glasaale wandern in die Flüsse und entwickeln sich weiter zu **Gelbaalen.** Dort leben sie 10–40 Jahre, bis sie zu geschlechtsreifen Blankaalen werden und sich schließlich auf ihre letzte Wanderung in die Sargassosee begeben.

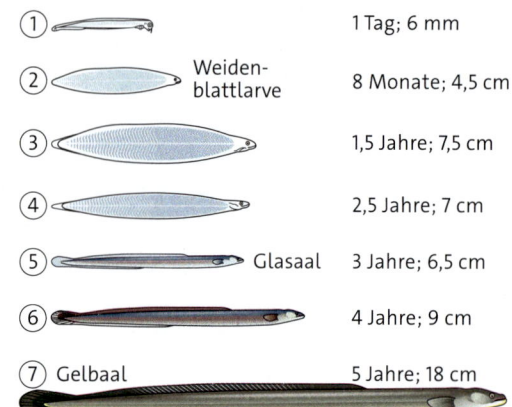

Atlantischer Lachs • Lachse verbringen den Großteil ihres Lebens im Meer. Zur Fortpflanzung wandern sie in Flüsse. Wenn der Atlantische Lachs (▶2) geschlechtsreif ist, beginnt seine Wanderung vom nördlichen Atlantik in Richtung europäische oder kanadische Küste. Die Wanderung flussaufwärts kann bis zu einem Jahr dauern. Zwischen November und Februar erreichen die Lachse ihre flachen und steinigen Laichplätze. Das Weibchen legt bis zu 30 000 Eier, die von den Spermienzellen des Männchens befruchtet werden.

Da Lachse während ihrer Wanderung nicht fressen, sterben die meisten nach der Paarung vor Erschöpfung. Die Larven entwickeln sich zu Jungfischen und diese zu erwachsenen Lachsen. Sie leben 2–5 Jahre im Fluss. Danach färben sie sich silbern und wandern als **Blanklachse** in den Nordatlantik. Hier wachsen und fressen sie noch weitere 4 Jahre, bevor sie geschlechtsreif werden und ihre Laichplätze aufsuchen.

2 Altantischer Lachs

1. Vergleiche die Wanderung des Atlantischen Lachses und des Europäischen Aals.

2. Stelle Vermutungen darüber auf, welchen Gefahren Lachse und Aale auf ihren Wanderungen ausgesetzt sind.

3. Stelle das Wachstum des Aals (▶1B) in einem Säulendiagramm dar (x-Achse: Alter in Monaten, y-Achse: Größe in mm).

Material

Fische – Amphibien – Reptilien • *Fische – Vielfalt der Fortpflanzung*

Material A Überfischung der Meere

Schonzeiten (Nordsee und Ostsee, Schleswig-Holstein)

Dorsch/Kabeljau (Ostsee)	01.01. – 31.12.
Dorsch/Kabeljau (Nordsee)	–
Hecht	01.02. – 30.04.
Lachs	01.10. – 31.12.
Meerforelle	01.10. – 31.12.
Scholle (Ostsee, weiblich)	01.02. – 30.04.
Zander	01.02. – 31.05.

A1 Schonzeiten

In den Medien liest man immer wieder in Schlagzeilen, dass die Meere überfischt sind. Als Überfischung bezeichnet man, dass mehr Fische gefangen werden, als natürlich nachkommen können. Der beliebteste Speisefisch ist der Alaska-Pollack. Er wird auch Seelachs genannt und wird unter anderem zu Fischstäbchen verarbeitet. Weitere beliebte Speisefische in Deutschland sind der Thunfisch, die Forelle, der Dorsch und der Lachs. Diese großen Fischarten pflanzen sich nur sehr langsam fort. Hinzu kommt, dass viele weitere Fischarten ungewollt in den Netzen sterben. Dies bezeichnet man als Beifang.
Auch in Deutschland sind Überfischung und Beifang ein Problem. Deshalb wurden für die Meeresfischerei maximale Fangmengen eingeführt, die Fangquoten. Zusätzlich wurden regional Schonzeiten festgelegt (▶ A1). Dies bedeutet, dass bedrohte Fischarten während ihrer Laichzeit nicht gefangen werden dürfen.

1 ☐ Beschreibe, was der Begriff Überfischung bedeutet.

2 ◪ Nenne mögliche Folgen des Fischens in Laichgebieten.

3 ■ Erläutere die Notwendigkeit von geregelten Fangquoten und Schonzeiten (▶ A1).

4 ◪ Recherchiere, welche Speisefische überfischt oder sogar vom Aussterben bedroht sind. Erstelle eine Liste.

Material B Verwandlung der Scholle

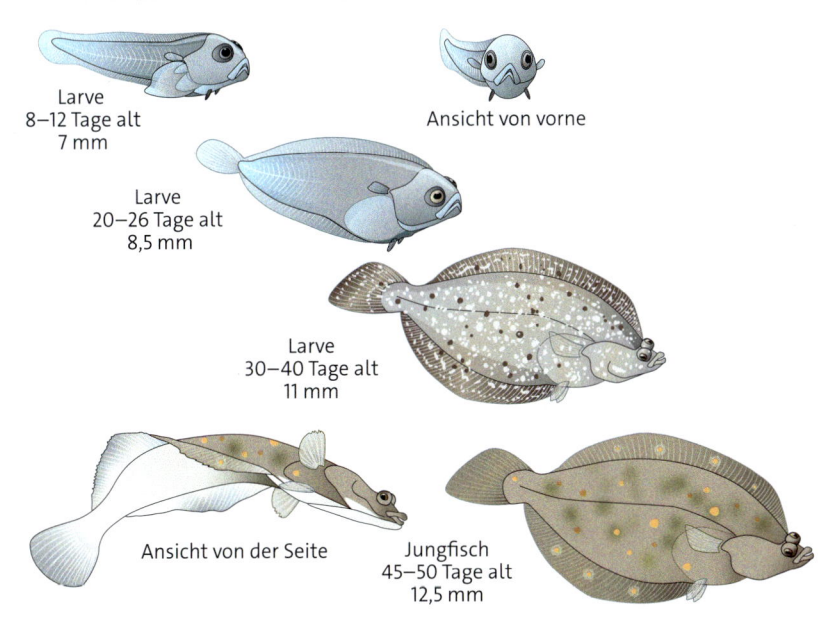

Larve 8–12 Tage alt, 7 mm

Ansicht von vorne

Larve 20–26 Tage alt, 8,5 mm

Larve 30–40 Tage alt, 11 mm

Ansicht von der Seite

Jungfisch 45–50 Tage alt, 12,5 mm

Die Scholle gehört zu den Plattfischen und lebt auf dem Boden von Meeren und Flussmündungen. Ihr Körperbau ist an diese Lebensweise angepasst. Er ist platt, die Rückenflosse und Afterflosse sind verlängert. Beide Augen befinden sich auf einer Seite des Kopfes und lediglich die Oberseite ist zur Tarnung gefärbt. Die Larven der Plattfische schwimmen zunächst noch frei im Wasser. Erst im Laufe der Entwicklung werden sie zu bodenlebenden Fischen.

1 ☐ Beschreibe anhand der Abbildung die Entwicklung der Scholle von der Larve bis zum Jungfisch.

2 ◪ Erläutere die Lebensweise der Larve im Vergleich zum Jungfisch und der erwachsenen Scholle. Gehe hierbei gezielt auf die Angepasstheit an die Lebensweise ein.

3 ■ Forschende sprechen bei Plattfischen häufig von „linksseitig" und „rechtsseitig". Stelle Vermutungen auf, wovon hier die Rede sein könnte.

127

4.3 Amphibien – Leben im Wasser und an Land

1 Teichfrosch auf Wasserpflanze

Geht man im Frühjahr oder Sommer an Gewässern spazieren, kann man sie manchmal entdecken: Frösche, Kröten, Unken oder Molche. Sie schwimmen im Wasser, sitzen am Ufer oder auf Pflanzen. Sie können sich sowohl im Wasser als auch an Land aufhalten und bewegen. Wie schaffen sie das?

Körperbau • Der Teichfrosch zählt wegen seines Körperbaus wie Kröten und Unken zu den Froschlurchen. In der Sitzhaltung wird die typische Froschgestalt besonders deutlich. Der Kopf sitzt ohne erkennbaren Hals auf dem Rumpf auf. Die breiten Schulterblätter, die kurze Wirbelsäule, das schmale Becken und der fehlende Schwanz verkürzen den Oberkörper zusätzlich. Der Körper wirkt gedrungen. Verstärkt wird dieser Eindruck durch die kurzen Vorderbeine. In der Sitzhaltung stützt sich der Teichfrosch auf den Vorderbeinen ab. Seine langen, muskulösen Hinterbeine sind angewinkelt und liegen am Rumpf an.

Fortbewegung • Bei Gefahr bringt sich der Teichfrosch durch einen gewaltigen Sprung in Sicherheit. Dazu stößt er sich mit den Hinterbeinen kraftvoll vom Boden ab und streckt sich. Mit den Vorderbeinen federt er bei der Landung den Oberkörper ab.

Zur Fortbewegung im Wasser nutzt der Teichfrosch seine Hinterbeine. Bei dieser besonderen Schwimmtechnik zieht er beide Hinterbeine gleichzeitig an und streckt sie im Bogen nach hinten aus (▶2). Die Vorderbeine liegen dabei am Körper an. Mit den Schwimmhäuten zwischen den Zehen kann er viel Wasser verdrängen und schnell vorankommen.

2 Schwimmtechnik des Teichfroschs

Ernährung • Der Teichfrosch ernährt sich überwiegend von Insekten, Schnecken, Würmern und Kleinkrebsen. Er kann sogar fliegende Insekten im Sprung fangen. Dazu klappt er die lange, klebrige Zunge blitzschnell aus und verschlingt seine Beute am Stück.

Atmung • Erwachsene Amphibien atmen über einfach gebaute Lungen und die Haut. Sie sind „Doppelatmer". Die Haut ist dünn und mit vielen Blutgefäßen durchzogen. So können sie in kurzer Zeit viel Sauerstoff aus der Luft und aus dem Wasser aufnehmen.

Die **Hautatmung** ist aber nur möglich, wenn die Haut feucht gehalten wird. Schleimdrüsen produzieren ständig neuen Schleim. Er verhindert, dass die Haut austrocknet. An Land suchen Lurche zum Schutz vor Austrocknung feuchte Stellen auf. Sie sind Feuchtlufttiere.

Überwinterung • Die Körpertemperatur der Amphibien ändert sich mit der Umgebungstemperatur. Sie sind **wechselwarme** Tiere. Daher suchen sie sich im Herbst zum Überwintern ein feuchtes, frostgeschütztes Winterquartier in der Nähe eines Gewässers oder überwintern im Schlamm am Gewässerboden. Dort verharren sie steif und reglos. In dieser **Kältestarre** sind der Herzschlag und die Atemzüge stark verlangsamt. So sparen die Amphibien in den kalten Wintermonaten Energie.

Schwanzlurche • Neben den Froschlurchen gehören auch Schwanzlurche wie der Bergmolch (▶ 5) zu den **Amphibien**. Schwanzlurche haben einen lang gestreckten Körper mit einem langen Schwanz und vier annähernd gleich langen Beinen. Durch diesen Körperbau bewegen sich Molche an Land kriechend vorwärts. Im Wasser nutzen sie den langen, seitlich abgeflachten Ruderschwanz als Antrieb. Durch den fast stromlinienförmigen Körperbau sind Molche ähnlich schnell wie einige Fische.

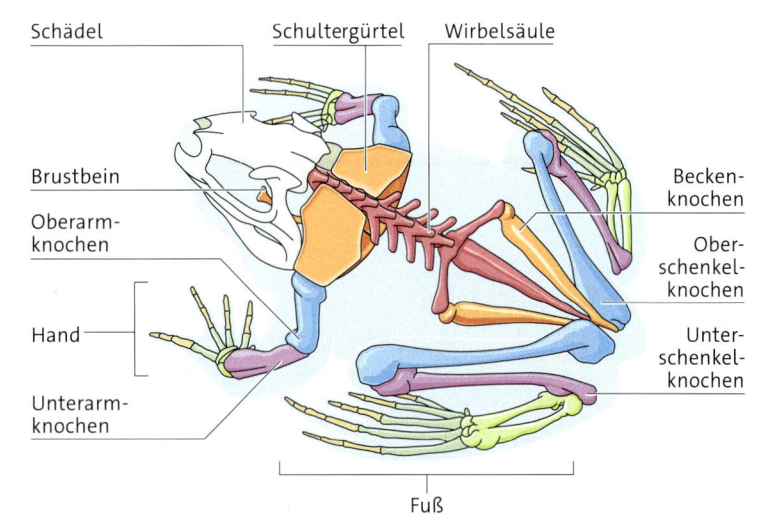

3 Skelett eines Frosches

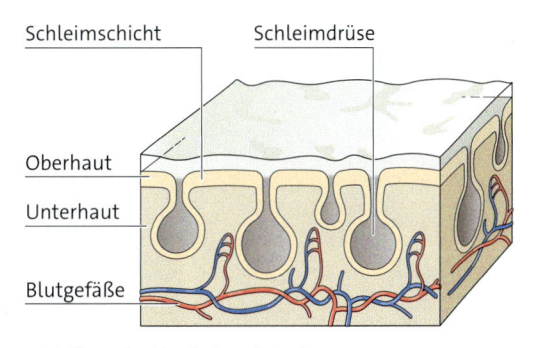

4 Aufbau der Haut eines Frosches

5 Bergmolch: Weibchen (oben), Männchen (unten)

griechisch *amphi* und *bios* = beidlebig

1 ☐ Nenne die Angepasstheiten des Teichfroschs an das Landleben und das Leben im Wasser.

2 ▰ Begründe die Aussage „Amphibien leben zwischen zwei Welten".

3 ▰ Erläutere Vor- und Nachteile der Hautatmung.

Methode

Vergleichen und Ordnen

In der Natur gibt es viele verschiedene Pflanzen und Tiere. Um Tierarten bestimmen zu können, vergleichen Naturwissenschaftler sie untereinander und ordnen sie anhand bestimmter Merkmale in Gruppen ein.

Bachforelle

Erdkröte

Grasfrosch

Teichmolch

1 Zu ordnende Tiere

Beim Ordnen gehst du folgendermaßen vor:

1 Beobachten und vergleichen
Betrachte die Lebewesen, die du ordnen möchtest. Anhand deiner Informationen zu den Lebewesen legst du Vergleichskriterien fest. Als Vergleichskriterien eigenen sich biologische Merkmale, zum Beispiel Vorkommen in einem Lebensraum, Körperbaumerkmale oder die Art der Fortbewegung. In der Tabelle (▶ 2) findest du Beispiele zu Körperbaumerkmalen.

2 Ordnen in Großgruppen
Hast du ein Kriterium festgelegt, worin die Lebewesen Gemeinsamkeiten oder Unterschiede aufweisen, legst du ein passendes Merkmal fest und prüfst jedes Tier, ob es das Merkmal erfüllt oder nicht. Auf diese Weise bildest du zwei Gruppen und sortierst die Lebewesen ein. Dabei darf ein Lebewesen auch allein eine Einzelgruppe bilden.

Wählst du das Kriterium Gliedmaßen und als Merkmal das „Vorhandensein von Beinen" für die Tiere in Abbildung 1 aus, dann stellst du dir die Frage: Besitzt das Tier Beine? So kannst du folgende Gruppen bilden. Die Erdkröte, der Grasfrosch und der Teichmolch besitzen Beine und gehören in eine Gruppe. Die Bachforelle hat Flossen und gehört in eine andere Gruppe (▶ 3).

Das Kriterium Lebensraum, zum Beispiel „im Wasser lebend" oder „an Land lebend", wäre in diesem Fall nicht geeignet, da alle Tiere zumindest einen Teil ihres Lebens im Wasser verbringen. Auch Eigenschaften wie klein, eklig oder schnell stellen keine sinnvollen Vergleichskriterien dar, da sie nicht objektiv anwendbar sind.

Kriterium	Erdkröte	Bachforelle	Teichmolch	Grasfrosch
Körperform	gedrungen, rundlich, ohne Schwanz, breiter Kopf sitzt am Rumpf	stromlinienförmig, lang, seitlich abgeflacht	stromlinienförmig, langer Schwanz, hoher Hautkamm am Rücken der Männchen	gedrungen, rundlich, ohne Schwanz, breiter Kopf sitzt am Rumpf
Körperbedeckung	trockene, raue Haut, warzig, Oberseite braun, Unterseite hell	Haut mit Schuppen, seitlich helle rote Flecken, am Rücken schwarze Flecken	feuchte, schleimige, glatte Haut, bräunlich gefärbt mit dunklen Flecken	feuchte, schleimige, glatte Haut, braun bis grün gefärbt
Gliedmaßen/ Flossen	lange, kräftige Hinterbeine und kurze Vorderbeine	Brustflossen, Bauchflossen, Schwanz-, Rücken-, After- und Fettflosse	vier gleichartige Beine, zwei Vorder- und zwei Hinterbeine	lange, kräftige Hinterbeine und kurze Vorderbeine

2 Merkmale der vier Tiere

3 Untergruppen bilden

Bilden mehrere Lebewesen aufgrund eines gemeinsames Merkmals eine Gruppe, können sie weiter in Untergruppen aufgeteilt werden. Dazu musst du wieder ein Vergleichskriterium festlegen. In unserem Beispiel lassen sich die Erdkröte, der Grasfrosch und der Teichmolch anhand des Kriteriums „Vorhandensein eines Schwanzes" in zwei Untergruppen einteilen: Damit kommen die Erdkröte und der Grasfrosch in eine Gruppe, der Bergmolch in eine andere (▶ 3).

Je nach der gewählten Reihenfolge der Vergleichskriterien erhältst du unterschiedliche Ober- und Untergruppen. Wenn du bei jedem Schritt nur ein Merkmal abfragst und dann alle Tiere in zwei Gruppen einordnest, so ist deine Einteilung **kriterienstet**. Wechselst du bei einem Ordnungsschritt das Merkmal, ist dein Ordnungssystem unstet und damit unbrauchbar.

1 Ergänze mithilfe der Zusatzinformationen im QR-Code (▶ 🔲) die Tabelle um weitere Vergleichskriterien. Beurteile, ob die Kriterien zu einem kriteriensteten Ordnungssystem führen oder nicht.

2 Übertrage die Tabelle in dein Heft und ergänze sie mit den Informationen zum Axolotl.

3 Ordne den Axolotl begründet in eine Gruppe von Abbildung 3 ein.

Steckbrief Axolotl

Aussehen: dunkelgrau oder braun marmoriert, Zuchtformen auch farblos; seitlich abstehende Kiemenbüschel als Atmungsorgane
Länge: 23–28 cm
Lebensweise: dauerhaft im Wasser lebend
Nahrung: ernährt sich von Insekten, Larven, Krebsen, kleinen Fischen
Vorkommen: nur in Seen bei Mexiko, wird für Süßwasseraquarien gezüchtet
Wissenswert: vollendet Entwicklung nicht, bleibt äußerlich im Larvenstadium

Ordnungsschritt 1 — Kriterium: Gliedmaßen
- Beine vorhanden: Erdkröte, Teichmolch, Grasfrosch
- Beine nicht vorhanden: Bachforelle

Ordnungsschritt 2 — Kriterium: Schwanz
- Schwanz vorhanden: Teichmolch
- Schwanz nicht vorhanden: Erdkröte, Grasfrosch

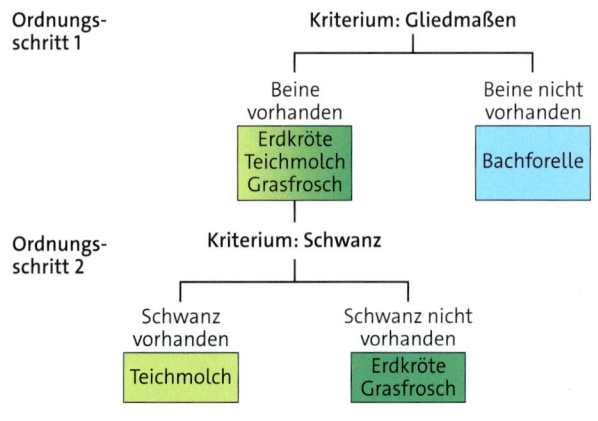

3 Kriterienstetes Ordnungssystem

Methode

Mit einem Bestimmungsschlüssel arbeiten

Bestimmen heißt, Lebewesen korrekt einer Gruppe oder einer Art zuzuordnen. Wenn Biologinnen und Biologen Pflanzen oder Tiere bestimmen wollen, verwenden sie einen Bestimmungsschlüssel.

1 Du möchtest ein Tier bestimmen, das du in der Natur gesehen hast oder auf einem Foto (▶2). Wähle zuerst einen passenden Bestimmungsschlüssel (▶1).

2 Einen Bestimmungsschlüssel geht man von oben nach unten durch. Bei jedem Bestimmungsschritt wird ein **Kriterium** betrachtet. Das ist ein Merkmal, das geeignet ist, Tiere zu unterscheiden.
Der Bestimmungsschlüssel für Amphibien (▶1) beginnt mit dem Kriterium Schwanz.

3 Bei jedem Kriterium gibt es **zwei Entscheidungsmöglichkeiten**: Das sind zwei Ausprägungen des Merkmals. Du betrachtest das zu bestimmende Tier und beurteilst, welche der beiden Möglichkeiten zutrifft. Damit bist du einen Schritt weiter.

2 Zu bestimmendes Tier

Hier wird abgefragt, ob ein Schwanz vorhanden ist oder nicht. Wenn er vorhanden ist, gehört das Tier zu den Schwanzlurchen, fehlt er, ist es ein Froschlurch.

4 Beim nächsten Schritt wird ein weiteres Kriterium abgefragt. Wieder gibt es zwei Möglichkeiten. So geht es weiter, bis der richtige Name für die Art oder die Gruppe gefunden ist.

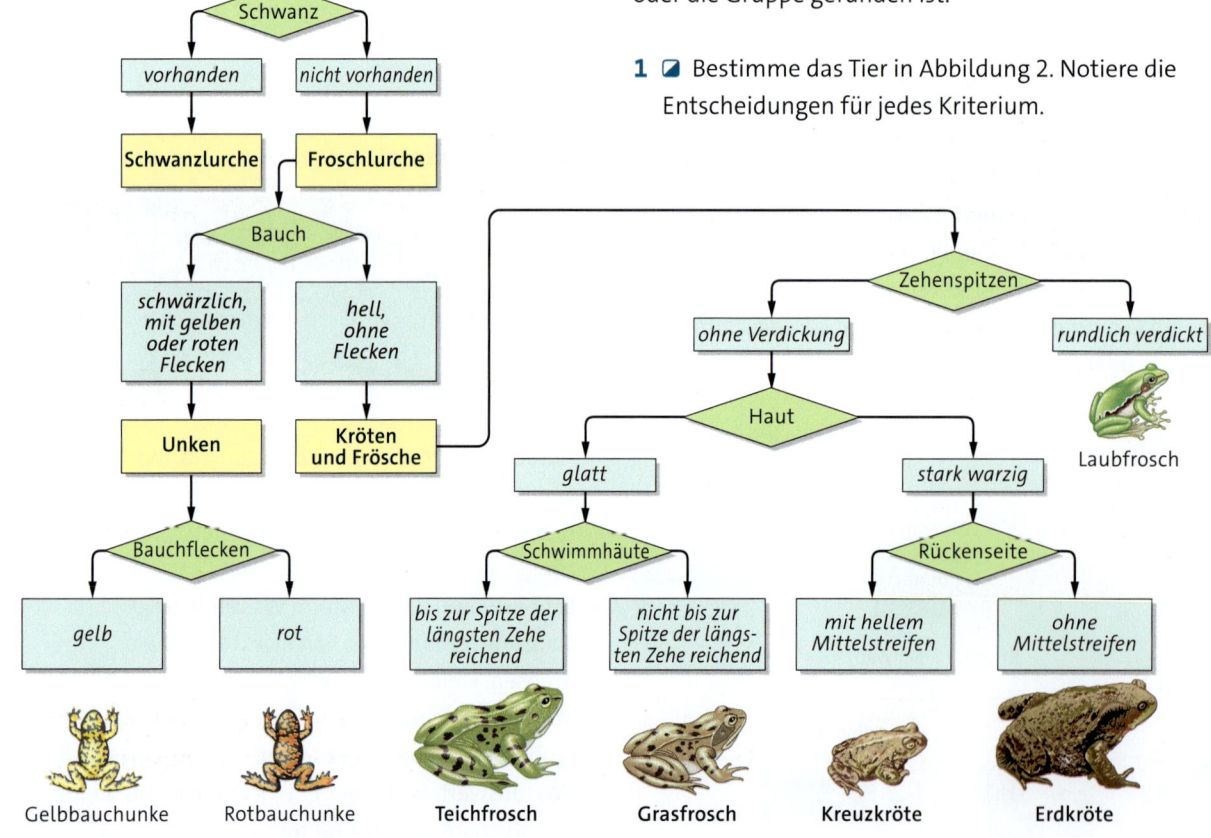

1 📝 Bestimme das Tier in Abbildung 2. Notiere die Entscheidungen für jedes Kriterium.

1 Bestimmungsschlüssel für Amphibien

Material

Fische – Amphibien – Reptilien • Amphibien – Leben im Wasser und an Land

Material A Lungenatmung und Hautatmung im Vergleich

	Monat	Jan.	Febr.	März	April	Mai	Juni	Juli	Aug.	Sept.	Okt.	Nov.	Dez.
Sauerstoff-aufnahme in Mikrolitern	Lunge	200	450	1200	1100	920	800	750	700	600	500	300	220
	Haut	480	550	600	580	550	580	560	580	550	500	490	480

A1 Sauerstoffaufnahme von Fröschen im Verlauf eines Jahres

Ein Forschungsteam hat in einem Experiment ein Jahr lang protokolliert, wie viele Mikroliter Sauerstoff Frösche in einer Stunde einatmen. Dabei wurden die Sauerstoffaufnahme über die Lunge und die über die Haut getrennt voneinander notiert (▶ A1).

1 ◪ Formuliere eine Fragestellung zu diesem Experiment.

2 ◪ Zeichne ein Säulendiagramm (x-Achse: Monate, y-Achse: Sauerstoffaufnahme in Mikrolitern). Verwende für die Messwerte zur Lungenatmung einen blauen Stift und zur Hautatmung einen roten Stift.

3 ◪ Beschreibe das Diagramm.

4 ■ Stelle eine Vermutung auf, warum die Lungenatmung ab März stark zunimmt.

Material B Bestimmungsschlüssel für Schwanzlurche

Ausschnitt aus einem Bestimmungsbuch für einheimische Amphibien			
1	mit Schwanz; Vorder- und Hinterbeine gleich lang	(Schwanzlurche)	weiter bei 2
1*	ohne Schwanz; Hinterbeine viel länger und kräftiger als Vorderbeine	(Froschlurche)	weiter bei 6
2	Schwanz abgeflacht	(Molche)	weiter bei 3
2*	Schwanz rund	(Salamander)	weiter bei 5
3	Bauch orange, ohne schwarze Flecken	(Molche)	Bergmolch
3*	Bauch orange, mit schwarzen Flecken	(Molche)	weiter bei 4
4	Kehle weißlich-orange mit schwarzen Flecken	(Molche)	Teichmolch
4*	Kehle dunkel mit kleinen weißen Flecken	(Molche)	Kammmolch
5	~~~~~~~~~~~~~~~~~~~~~~~~~~~~	(Salamander)	Alpensalamander
5*	~~~~~~~~~~~~~~~~~~~~~~~~~~~~	(Salamander)	Feuersalamander

1 ◪ Bestimme die zwei abgebildeten Amphibienarten A und B mithilfe der Tabelle.

2 ◪ Erstelle aus der Tabelle ein Diagramm wie auf Seite 132.

3 ■ Notiere Kriterien für die Punkte 5 und 5* der Tabelle zur Unterscheidung von Feuersalamander (C) und Alpensalamander (D).

4.4 Amphibien – Fortpflanzung

1 Quakender Teichfrosch

Es ist Frühjahr. „Quak, quak, quak!", so klingt das Froschkonzert am Teich bei Tag und Nacht. Warum quaken die Frösche im Frühjahr so laut?

Paarung • Von Ende April bis Mitte Juni hört man das laute Quaken der männlichen Teichfrösche. Sie blasen die Schallblasen an der Kehle auf und erzeugen so die Balzlaute (▶1). Damit zeigen sie ihre Paarungsbereitschaft und locken die Weibchen an. Jede Froschart hat spezifische Ruflaute, um die passenden Weibchen anzulocken. Nähert sich ein paarungsbereites Weibchen, klettert das Männchen auf den Rücken des Weibchens und hält sich in einem Klammergriff mit den Vorderbeinen an ihm fest.

2 Froschpärchen

Kurz darauf legt das Weibchen seine Eizellen ins Wasser ab, sie bilden zusammenhängende Laichballen. Das Männchen gibt seine Spermienzellen in einer milchig trüben Flüssigkeit über den Laich. Bei der **äußeren Befruchtung** dringen die Spermienzellen außerhalb des weiblichen Körpers in die Eizellen ein und befruchten sie.

Von der Kaulquappe zum Frosch • Aus jeder befruchteten Eizelle entwickelt sich ein Embryo. Die Embryonen reifen in den nächsten Tagen weiter zu wenigen Millimeter großen Larven und schlüpfen nach einer Woche aus den Laichballen. Die Larven der Froschlurche heißen **Kaulquappen** (▶3B). Im Frühstadium atmen sie über Außenkiemen, bleiben an den Überresten der Laichballen haften und ernähren sich von ihrem Dottervorrat. Nach dieser Anheftungsphase vergrößert sich der Ruderschwanz mit dem Flossensaum (▶3C).

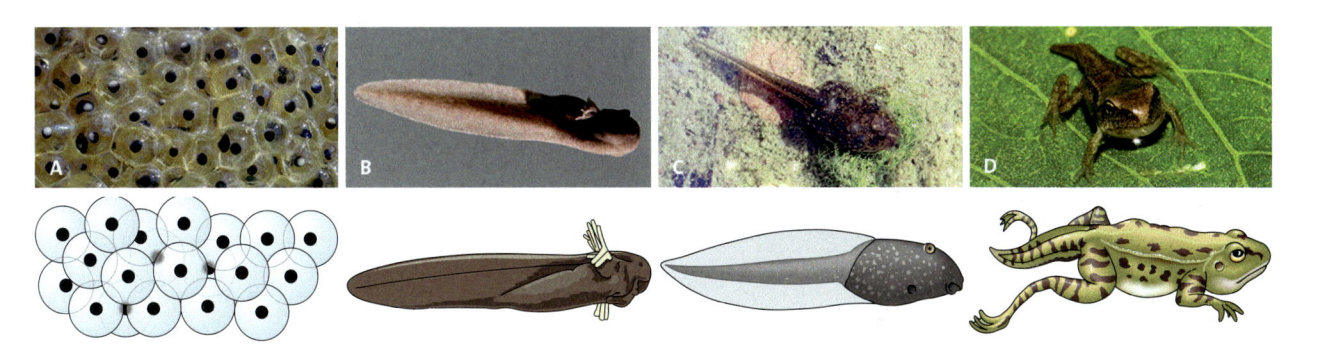

Mit seiner Hilfe kann sich die Kaulquappe fortbewegen und aktiv nach pflanzlicher Nahrung suchen. Die Kiemen werden von einer Hautfalte überwachsen und damit zu **Innenkiemen**. Nach und nach bilden sich die Gliedmaßen aus, zuerst die Hinterbeine, dann die Vorderbeine. Im Endstadium der Larvenentwicklung bilden sich die Kiemen und der Ruderschwanz schrittweise zurück und **Lungen** entstehen. Die Larve hat eine Gestaltwandlung zum Jungfrosch durchlebt. Man bezeichnet diese Gestaltwandlung als **Metamorphose**.

Die Jungfrösche leben schon an Land und atmen wie die erwachsenen Tiere nur noch über Haut und Lungen. Der Schwanz ist fast ganz zurückgebildet. Die Entwicklung vom Ei bis zum Frosch dauert zwei bis drei Monate.

Fortpflanzung beim Bergmolch • Bei der Paarung legt der männliche Bergmolch ein Spermienpaket ab, das das Weibchen aufnimmt. Die Befruchtung der Eizellen erfolgt im Inneren des Körpers des Weibchens. Es legt die Eier einzeln ab. Die Entwicklung vom Ei zum erwachsenen Tier verläuft ebenfalls über **Larvenstadien**, die aber nicht als Kaulquappen bezeichnet werden (▶ 5). Die Larven ernähren sich von Pflanzen und kleinsten Wassertieren. Während der Metamorphose werden Larvenmerkmale wie Kiemen und Hautsäume zurückgebildet und Lungen für das Landleben ausgebildet.

Alpensalamander • Eine Ausnahme in der Fortpflanzung der Lurche bildet der Alpensalamander. Im Körper des Weibchens werden nur ein bis zwei Eizellen befruchtet und bleiben im Mutterleib. Die Larven schlüpfen aus den Eiern und entwickeln sich bis zum Jungtier weiter. Nach einer Tragzeit von zwei bis drei Jahren bringt das Weibchen vollständig entwickelte Jungtiere zur Welt.

1 Vergleiche die Entwicklung von Teichfrosch und Bergmolch tabellarisch.

2 Begründe, warum Frösche in allen Lebensphasen vom Wasser abhängig sind.

3 Entwicklung des Teichfroschs: **A** Eier des Teichfroschs, **B** frisch geschlüpfte Kaulquappe, **C** zweites Larvenstadium, **D** Jungfrosch kurz nach der Metamorphose

4 Alpensalamander

5 Entwicklung des Bergmolchs

1 Warnschild Krötenwanderung

2 Erdkrötenpaar auf Wanderung

Kröten auf Wanderung • Die einheimischen Erdkröten begeben sich zweimal im Jahr auf Wanderschaft. Sobald die Temperaturen im Frühjahr steigen, erwachen die Kröten in ihrem Winterquartier aus der Kältestarre. Die Tiere machen sich dann auf den Weg zurück zu ihrem Laichgewässer, in dem sie sich selbst aus einer befruchteten Eizelle entwickelt haben.

Zuerst starten die Männchen und warten unterwegs auf die Weibchen. Wenn ein Weibchen vorbeikommt, klettert das Männchen auf den Rücken des Weibchens und lässt sich tragen (▶2). Nach der Eiablage wandern die Erdkröten in ihr Sommerquartier und von da aus im Herbst zurück in ihr Winterquartier (▶3).

Schutzmaßnahmen • Auf ihrer Wanderung müssen die langsamen Tiere häufig Straßen überqueren. In der Nähe der Laichgewässer stellen Naturschutzorganisationen daher häufig Krötenschutzzäune auf. Dort werden die Tiere in Eimern eingesammelt und auf der anderen Seite wieder ausgesetzt. Manchmal werden Tunneldurchgänge zur anderen Straßenseite eingerichtet.

Allerdings ist der Straßenverkehr nicht die einzige Gefahrenquelle. Die Laichgewässer und Feuchtgebiete werden durch Trockenlegungen zerstört. Düngemittel oder Unkrautvernichtungsmittel aus der Landwirtschaft stören die Larvenentwicklung in den Laichgewässern, sodass die Anzahl der Jungtiere stark abnimmt. Durch fehlende Hygiene beim Umgang mit Amphibien und das Betreten ihrer Lebensräume trägt der Mensch unbewusst zur Verbreitung von tödlichen Amphibienkrankheiten bei.

Um das Aussterben der Amphibien zu verhindern, sind alle einheimischen Arten unter **Artenschutz** gestellt. Es ist verboten, Laich, Larven oder erwachsene Lurche aus ihrer natürlichen Umgebung zu entfernen, zu Hause zu halten oder zu verkaufen.

1 ◳ Beschreibe Aktivitäten des Menschen, die das Leben der Amphibien bedrohen.

2 ◳ Nenne notwendige Hygienemaßnahmen beim Umgang mit Amphibien.

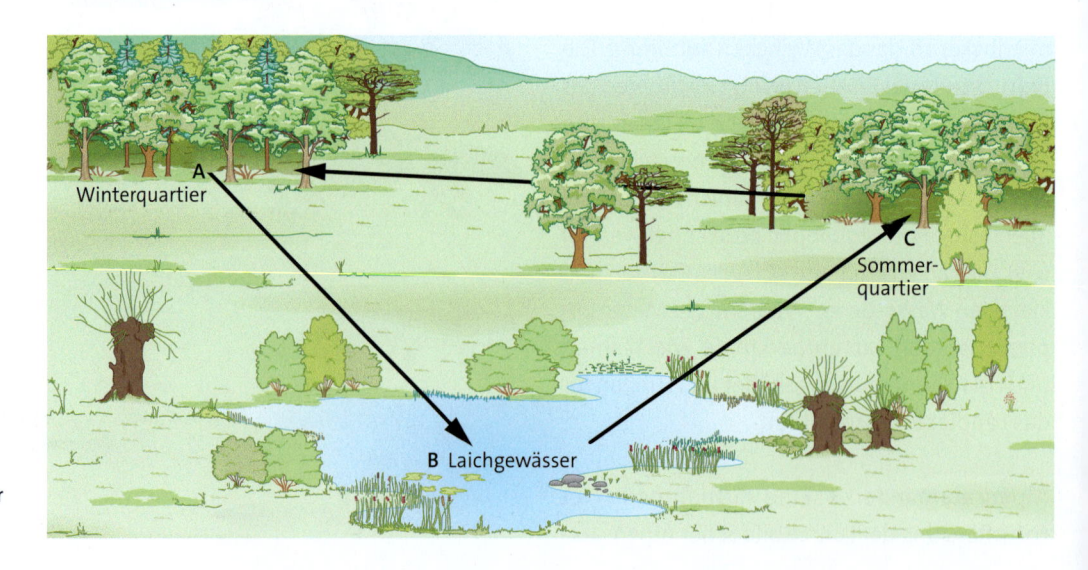

3 Wanderungen der Erdkröte

Material

Fische – Amphibien – Reptilien • Amphibien – Fortpflanzung

Material A Krötenwanderung

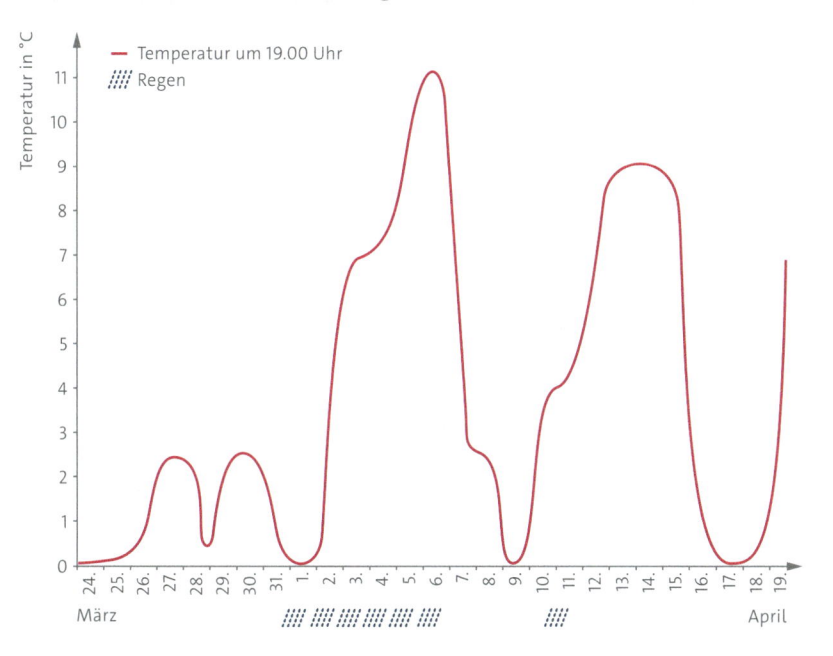

Erdkröten wandern bevorzugt nachts, bei Temperaturen über 5 °C und bei hoher Luftfeuchtigkeit.

1 ◪ Erkläre, warum die Erdkrötenmännchen vor den Weibchen loswandern.

2 ◪ Begründe, warum Erdkröten die genannten Bedingungen für ihre Wanderungen bevorzugen.

3 ◪ Ermittle mithilfe des Diagramms bevorzugte Wanderungstage.

Material B Rote Liste der Amphibienarten

Amphibienart aus Roter Liste	Bestand aktuell	Kategorie
Bergmolch	häufig	ungefährdet
Fadenmolch	selten	ungefährdet
Teichmolch	häufig	ungefährdet
Alpensalamander	sehr selten	ungefährdet
Feuersalamander	mäßig häufig	Vorwarnliste
Geburtshelferkröte	selten	gefährdet
Gelbbauchunke	mäßig häufig	stark gefährdet
Rotbauchunke	selten	stark gefährdet
Erdkröte	sehr häufig	ungefährdet
Wechselkröte	selten	gefährdet
Teichfrosch	häufig	ungefährdet
Kleiner Wasserfrosch	selten	Gefährdung unbekannten Ausmaßes
Grasfrosch	sehr häufig	Vorwarnliste

Mithilfe der Roten Liste wird weltweit abgeschätzt, welche Tier- und Pflanzenarten vom Aussterben bedroht sind. Man erkennt so, welche Arten besonders geschützt werden müssen. Die Tabelle ist ein Auszug aus der Roten Liste. Hier sind der aktuelle Bestand und die Gefährdungskategorie für Amphibienarten in Deutschland aufgelistet.

1 ☐ Nenne die Amphibienarten, die laut der Roten Liste gefährdet sind.

2 ◼ Stelle eine Vermutung auf, weshalb die Gelbbauchunke als stark gefährdet gilt, obwohl sie mäßig häufig vorkommt.

3 ◼ Diskutiere die Aussage: „Wozu braucht man eine Rote Liste – es gibt doch Naturschutzgebiete?"

4 ◪ Nenne mögliche Schutzmaßnahmen für Amphibien.

4.5 Reptilien – angepasst an das Leben an Land

1 Zauneidechse beim Sonnenbad

Nach dem Winter kommen Zauneidechsen aus ihrem Winterversteck. Warum sind sie nur in warmen Jahreszeiten zu beobachten und was sind andere besondere Merkmale der Reptilien?

Reptilien von lateinisch *reptilis* = kriechend

Körperbau • Zauneidechsen sind besonders schnelle und flinke Reptilien. Sie haben einen abgeflachten Körper, vier Beine und einen langen Schwanz. Diesen können sie bei Gefahr zum Teil abwerfen. Damit verwirren sie mögliche Fressfeinde, die den Schwanz greifen, aber nicht die Eidechse schnappen. Ihr Schädel ist flach und spitz zulaufend.

Sinnesorgane • Die Zauneidechse streckt ihre Zunge immer wieder kurz heraus. Dieses Verhalten wird **Züngeln** genannt. Im Mundraum nimmt ein Sinnesorgan mit der Zunge aufgenommene Geruchsstoffe wahr. Damit werden Beutetiere wie Spinnen, Insekten, Schnecken und Würmer aufgespürt und als Ganzes verspeist. Eidechsen können sehr gut sehen und haben ein gutes Gehör. Die Höröffnungen sind auf beiden Seiten des Kopfes als schwarzer Fleck zu erkennen.

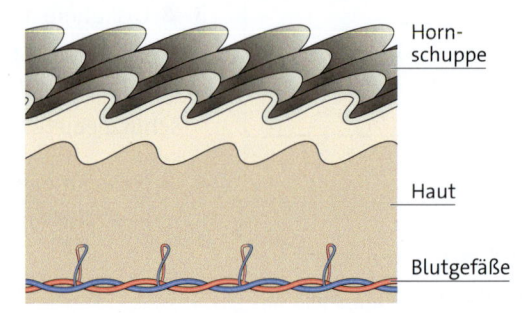

Angepasstheiten an das Landleben • Anders als Amphibien sind Reptilien Landtiere und meistens unabhängig von Gewässern. Daher werden sie auch als **Trockenlufttiere** bezeichnet. Ihre Haut besitzt verdickte und verhärtete Hautteile, die **Hornschuppen**. Sie bilden die äußerste Schicht der Haut, sind wie Dachziegel angeordnet und schützen vor Austrocknung (▶2). Dadurch können Reptilien nicht über die Haut atmen. Sie atmen über Lungen.
Weil die Hornschuppen nicht mitwachsen können, häuten sich Reptilien von Zeit zu Zeit.

2 Reptilienhaut mit Hornschuppen (Hornschuppe, Haut, Blutgefäße)

Auch die Fortpflanzung der Reptilien ist nicht mehr ans Wasser gebunden. Bei der Paarung der Zauneidechse werden die Eizellen im Inneren des Weibchens durch die Spermienzellen des Männchens befruchtet. Nach dieser **inneren Befruchtung** legt das Weibchen 3–10 Eier mit pergamentartiger Schale in sandige Böden. Die Schale schützt das Innere der Eier vor Austrocknung. Aus den Eiern schlüpfen 6–10 Wochen später die Jungtiere (▶ 3).

Pergament = eine Art dünnes Papier

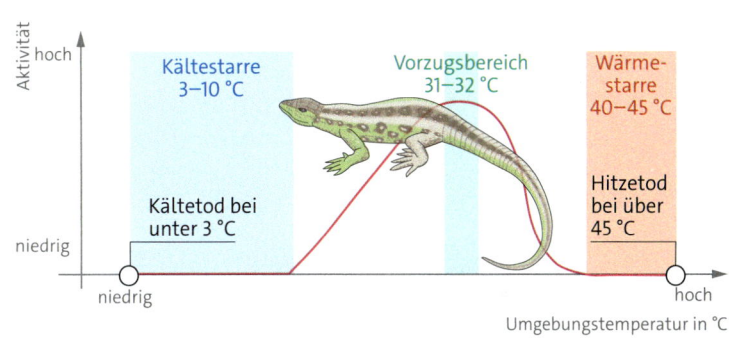

3 Schlüpfende Zauneidechse

Temperaturregulation • Reptilien können ihre Körpertemperatur nicht steuern. Sie wechselt mit der Außentemperatur. Wenn es kälter wird, sinkt ihre Körpertemperatur. Wird es warm, steigt ihre Körpertemperatur wieder an. Reptilien sind **wechselwarm.** Daher müssen sie sich nach dem Winter oder nach kalten Nächten mithilfe der Sonnenstrahlung aufwärmen. Im Winter fallen Reptilien in **Kältestarre** (▶ 4). Atmung und Herzschlag werden stark herabgesetzt, um Energie zu sparen. Ihre Muskeln werden starr und sie können kaum auf Gefahren reagieren. Deshalb suchen sie sich Verstecke, wo man sie nicht stören sollte. In Terrarien sind Wärmestrahler ein wichtiges Zubehör für die Haltung der Tiere. So können sie ihre optimale Körpertemperatur aufrechterhalten.

Fortbewegung • Reptilien bewegen das linke Vorderbein und rechte Hinterbein gleichzeitig im Wechsel mit dem rechten Vorderbein und linken Hinterbein. Das nennt man **Kreuzgang.** Weil die Beine sehr kurz sind, bewegt sich der Körper ebenfalls mit. Diese Bewegung wird auch **Schlängeln** genannt.

4 Temperaturkurve einer Zauneidechse

1 ☐ Stelle mithilfe der Beschreibung im Text die Fortbewegung der Eidechse im Vierfüßlerstand nach.

2 ☐ Beschreibe den Aufbau der Reptilienhaut (▶ 2).

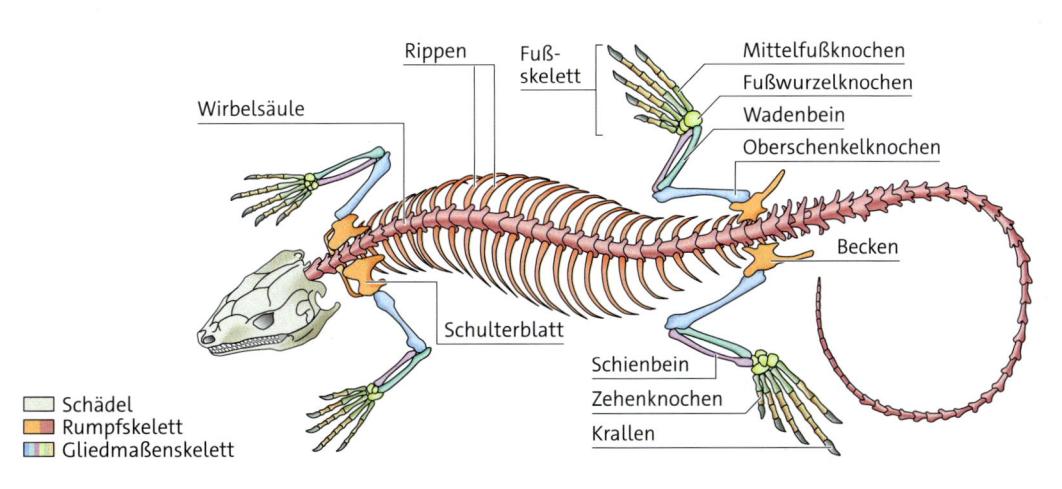

☐ Schädel
☐ Rumpfskelett
☐ Gliedmaßenskelett

5 Skelett der Zauneidechse

1 Blindschleiche: **A** Schlängelnde Fortbewegung, **B** Züngeln

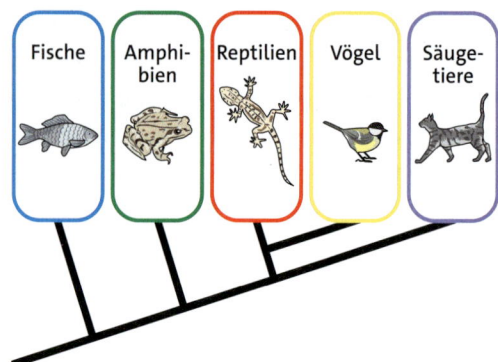

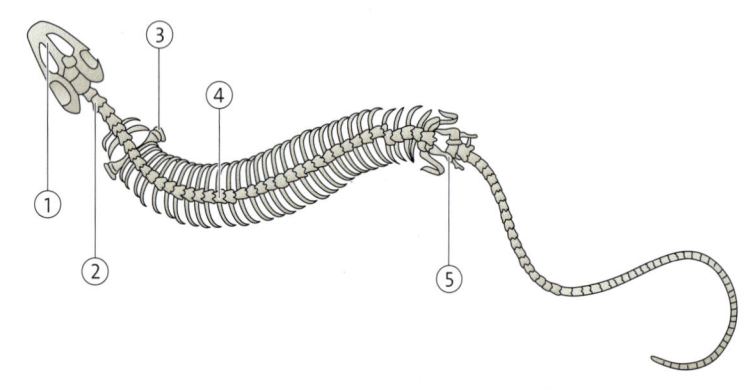

2 Skelett der Blindschleiche

4 Verwandtschaft der Wirbeltiere

Eine Besonderheit der Blindschleiche ist, dass sich die Jungtiere in den Eiern im Körper des Weibchens entwickeln. Bei der Eiablage platzen die Eier auf und es schlüpfen etwa 10 Junge.

Verwandtschaft der Reptilien • Aufgrund ihrer schuppigen Haut gehören Schleichen, Echsen und Schlangen zu den **Schuppenkriechtieren**. Schildkröten und Krokodile mit ihren großen Knochenpanzern sind weitere Reptiliengruppen. Nach heutigem Stand der Wissenschaft werden auch die Vögel als Teilgruppe der Reptilien angesehen. Sie sind direkte Nachkommen der Dinosaurier (▶ 4).

Blindschleiche • Die Blindschleiche ist das häufigste Reptil in Deutschland. Sie lebt in verschiedenen Lebensräumen: im Wald, im Moor, an Wegrändern, in Gärten und Parks. Dort versteckt sie sich in Erdhöhlen, Felsspalten, Holzstapeln oder sonnt und wärmt sich auf dunklem Untergrund.
Ihr Körperbau erinnert an den der Schlangen. Die Blindschleiche gehört aber zur Gruppe der **Schleichen**. Deren besondere Kennzeichen sind bewegliche Augenlider und die Fähigkeit, den Schwanz abzuwerfen.

Reptilien sind vielfältig in ihrer Gestalt. In Deutschland kommen 15 Arten vor, weltweit über 10 000 Arten.

1 ☐ Ordne dem Skelett der Blindschleiche folgende Begriffe zu: Rippen, Reste des Schultergürtels, Reste des Beckengürtels, Schädel, Wirbelsäule (▶ 2).

2 ✎ Begründe anhand des Skeletts, dass die Vorfahren der Schleichen vier Beine hatten.

3 ✎ Vergleiche das Skelett von Zauneidechse und Blindschleiche (▶ 2 und 5, S. 139).

3 Heimische Reptilien: **A** Ringelnatter, **B** Europäische Sumpfschildkröte, **C** Waldeidechse, **D** Kreuzotter

Material

Fische – Amphibien – Reptilien • Reptilien – angepasst an das Leben an Land

Material A Vergleich der Temperaturregulation

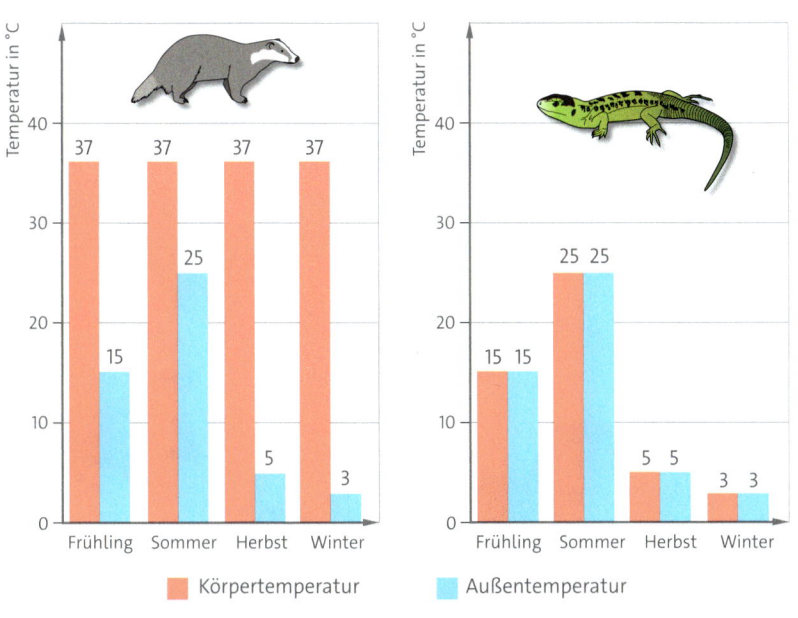

A1 Körpertemperatur verschiedener Wirbeltiere in Abhängigkeit von der Außentemperatur: **A** Dachs, **B** Zauneidechse

Wirbeltiere unterscheiden sich hinsichtlich ihrer Körpertemperatur: Es gibt gleichwarme und wechselwarme Tiere. Sie besitzen eine unterschiedliche Fähigkeit zur Temperaturregulation.

1. Bilde ein Tandem mit deiner Sitznachbarin oder deinem Sitznachbarn. Beschreibt euch gegenseitig jeweils eines der beiden Säulendiagramme (▶ A1, A2). Wenn ihr Unterstützung benötigt, nutzt den QR-Code (▶ [QR]).

2. Erkläre die Begriffe gleichwarm und wechselwarm. Beziehe dich auf die dargestellten Diagramme.

3. Nenne das Merkmal, das Säugetiere dazu befähigt, ihre Körpertemperatur konstant zu halten. Nimm Seite 43 zu Hilfe.

4. Begründe, warum sich Eidechsen Winterquartiere aussuchen, die eine Temperatur von mindestens 3 °C aufweisen.

Material B Giftschlangen

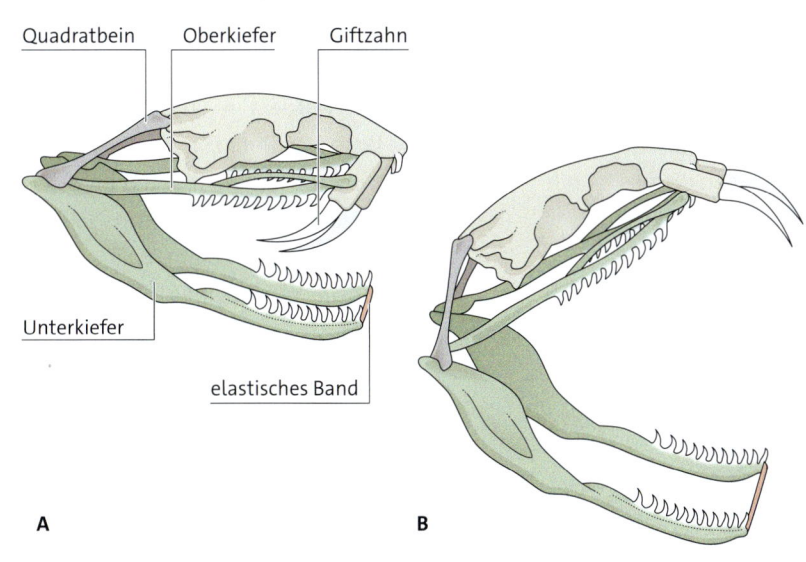

B1 Schädel der Kreuzotter: **A** in Ruhe, **B** beim Ergreifen von Beute

Würgeschlangen umschlingen die Beutetiere mit ihrem Rumpf. Dagegen leiten Giftschlangen mithilfe ihrer Giftzähne giftige Stoffe in Beutetiere, sodass diese bewegungsunfähig werden.

1. Beschreibe mithilfe der Abbildung (▶ B1), wie die Kreuzotter ihre Beute fängt. Berücksichtige dabei auch die Lage des Quadratbeins.

2. Erläutere, warum es wichtig ist, dass sich die Lage des Quadratbeins verändern kann.

3. Recherchiere weitere Tiergruppen mit giftigen Tieren. Liste die giftigsten Tiere der Welt auf und gib die zugehörige Tiergruppe an.

4.6 Fünf Wirbeltierklassen – ein Vergleich

1 Heimische Wirbeltiere

Die abgebildeten Tiere sehen auf den ersten Blick sehr unterschiedlich aus und gehören dennoch alle zu den Wirbeltieren. Wie können diese Tiere in Untergruppen sortiert werden? Welche Gemeinsamkeiten und welche Unterschiede besitzen Wirbeltiere?

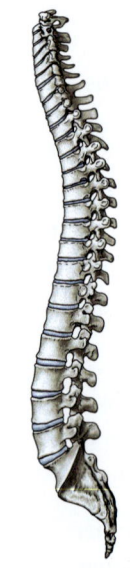

2 Wirbelsäule des Menschen

Wirbelsäule • Alle Wirbeltiere besitzen einen ähnlichen Grundbauplan mit innen liegender Wirbelsäule. Die Wirbelsäule durchzieht den Körper in der Länge und setzt sich aus den Wirbelkörpern zusammen. Die Wirbelkörper bestehen aus harten Knochen und Knorpel. Zwischen den Wirbelkörpern sitzen die weicheren knorpeligen Bandscheiben. Der Aufbau der Wirbelsäule aus Wirbelkörpern und Bandscheiben stützt somit den Körper und ermöglicht zugleich eine große Beweglichkeit (▶ 2).

Gliederung des Körpers • Das Skelett aller Wirbeltiere lässt sich in der Regel in Schädel, Rumpfskelett und Gliedmaßenskelett einteilen (▶ 3). Bei den verschiedenen Tieren sind jedoch die Abschnitte und auch der innere Körperbau unterschiedlich an die jeweiligen **Lebensbedingungen** angepasst. So besitzen Vögel neben zwei Beinen zwei Flügel als Vordergliedmaßen. Diese sind an die Fortbewegung in der Luft angepasst. Fische besitzen Flossen als Gliedmaßen, die eine gute Fortbewegung unter Wasser ermöglichen.

Aufgrund der verschiedenen Merkmale können Wirbeltiere in Gruppen einsortiert werden. Diese werden als die fünf **Wirbeltierklassen** der Fische, Amphibien, Reptilien, Vögel und Säugetiere bezeichnet (▶ 1, S. 144).

Kopf — Rumpf — Schwanz

2 Paar Gliedmaßen

☐ Schädel ☐ Gliedmaßenskelett
☐ Rumpfskelett

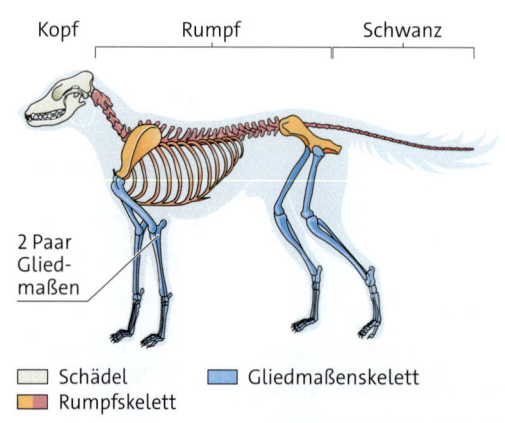

3 Wirbeltierskelett mit markierten Gemeinsamkeiten

Gemeinsamkeiten durch Verwandtschaft • Die Gemeinsamkeiten im Körperbau lassen sich durch die Verwandtschaft der Wirbeltiere erklären. Alle Wirbeltiere haben einen gemeinsamen Vorfahren, aus dem sich die verschiedenen Wirbeltiere entwickelt haben. Die Unterschiede lassen sich wiederum durch die Angepasstheit an verschiedene Lebensbedingungen erklären.

Körperbedeckung • Die etwa 70 000 verschiedenen Wirbeltiere sind weltweit verbreitet. Man findet sie im Wasser, an Land und in der Luft. Aufgrund der vielfältigen **Lebensräume** besitzen sie verschiedene Körperbedeckungen. So haben Säugetiere ein Fell, das sie vor Auskühlung schützt. Fische besitzen Schuppen, die mit einer Schleimschicht überzogen sind. Dadurch sind sie vor Krankheitserregern geschützt und können gut durch das Wasser gleiten. Amphibien besitzen ebenfalls eine feuchte Haut, die sie schützt und über die sie sogar atmen können. Reptilien haben hingegen eine trockene Haut mit dicken Hornschuppen, die vor Verletzungen und Austrocknung an Land schützt. Vögel tragen Federn auf ihrer Haut, mit denen sie nicht nur fliegen können, sondern die auch vor Auskühlung schützen.

Atmung • Fische und die Larven der Amphibien können unter Wasser mit ihren Kiemen atmen. An Land atmen die erwachsenen Amphiben durch ihre Lungen und die Haut. Auch die Reptilien und Vögel atmen durch Lungen. Bei den Vögeln wird die Lunge durch Luftsäcke ergänzt, da viel Atemluft beim Fliegen benötigt wird. Säugetiere atmen ebenfalls durch Lungen, deren innere Oberfläche durch feine Verästelungen besonders stark vergrößert ist.

Befruchtung und Entwicklung • Aufgrund der verschiedenen Lebensbedingungen ist die Fortpflanzung und Entwicklung von Wirbeltieren sehr unterschiedlich. Dies beginnt bereits bei der Befruchtung der Eizelle durch die Spermienzelle. In der Regel legen Fische und Amphibien ihre Eizellen außerhalb des Körpers im Wasser ab und das Männchen gibt seine Spermienzellen zu den Eizellen. Somit werden diese außerhalb des Körpers befruchtet. Es findet also eine **äußere Befruchtung** statt. Aus den abgelegten befruchteten Eiern schlüpft dann eine Larve, die sich im Wasser zum erwachsenen Tier weiterentwickelt.

Bei Säugetieren findet die Befruchtung nach der Paarung im Inneren des Körpers des Weibchens statt. Dies wird als **innere Befruchtung** bezeichnet. Dabei kommt bei den Säugetieren das Jungtier lebend zur Welt und wird von der Mutter gesäugt. Säugetiere sind **lebendgebärend.**

Bei Vögeln findet ebenfalls eine innere Befruchtung statt. Sie legen aber Eier ab, aus denen dann die Jungtiere schlüpfen. Wie Fische und Amphibien sind Vögel **eierlegende** Tiere. Die Eier der Fische und Amphibien werden im Wasser abgelegt und trocknen deshalb nicht aus. Sie sind nur von einer dünnen Eihülle umgeben. Anders ist dies bei den Eiern der Reptilien und Vögel, die an Land abgelegt werden. Diese sind von einer dünnen pergamentartigen Schale oder festen Kalkschale umgeben, die den Nachwuchs im Inneren des Eies vor Austrocknung schützt (▶ **1, S. 144**).

1 ☐ Nenne die Gemeinsamkeiten aller Wirbeltiere.

2 ◪ Ordne die in Abbildung 1 gezeigten Tiere den fünf Wirbeltierklassen begründet zu. Du kannst hierzu auch den QR-Code nutzen (▶ 🔲).

3 ◪ Erläutere am Beispiel der Körperbedeckung die Angepasstheit der verschiedenen Tierklassen an den jeweiligen Lebensraum.

4 ◪ Vergleiche die Wirbeltierklassen der Vögel und Fische miteinander (▶ **1, S. 144**).

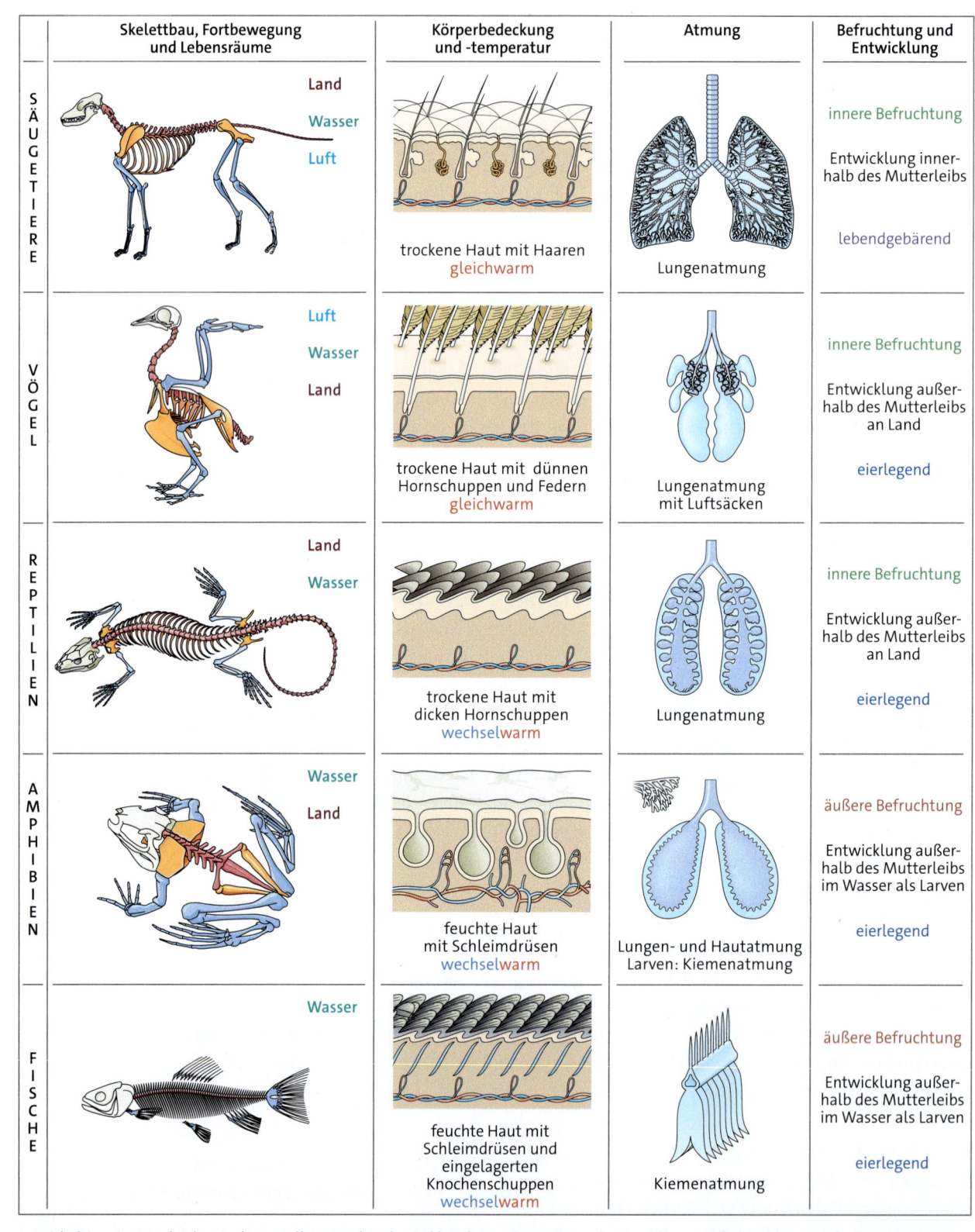

	Skelettbau, Fortbewegung und Lebensräume	Körperbedeckung und -temperatur	Atmung	Befruchtung und Entwicklung
SÄUGETIERE	Land Wasser Luft	trockene Haut mit Haaren gleichwarm	Lungenatmung	innere Befruchtung Entwicklung innerhalb des Mutterleibs lebendgebärend
VÖGEL	Luft Wasser Land	trockene Haut mit dünnen Hornschuppen und Federn gleichwarm	Lungenatmung mit Luftsäcken	innere Befruchtung Entwicklung außerhalb des Mutterleibs an Land eierlegend
REPTILIEN	Land Wasser	trockene Haut mit dicken Hornschuppen wechselwarm	Lungenatmung	innere Befruchtung Entwicklung außerhalb des Mutterleibs an Land eierlegend
AMPHIBIEN	Wasser Land	feuchte Haut mit Schleimdrüsen wechselwarm	Lungen- und Hautatmung Larven: Kiemenatmung	äußere Befruchtung Entwicklung außerhalb des Mutterleibs im Wasser als Larven eierlegend
FISCHE	Wasser	feuchte Haut mit Schleimdrüsen und eingelagerten Knochenschuppen wechselwarm	Kiemenatmung	äußere Befruchtung Entwicklung außerhalb des Mutterleibs im Wasser als Larven eierlegend

1 Wirbeltiere im Vergleich: Die dargestellten Merkmale sind bei den meisten Arten der jeweiligen Wirbeltierklasse zu finden. Die Natur ist aber sehr vielfältig, sodass es aufgrund der jeweiligen Lebensbedingungen einer Art auch zu abweichenden Merkmalen kommen kann.

Material

Fische – Amphibien – Reptilien • Fünf Wirbeltierklassen – ein Vergleich

Material A Mauereidechse und Feuersalamander – ein Vergleich

A1 Mauereidechse

A2 Feuersalamander

Name	Mauereidechse	Feuersalamander
Lebensraum	Europa, an Felsen und Mauern	Europa, in Waldgebieten mit Bachläufen
Aussehen	Rücken braun, langgezogener Körper, 4 Beine und langer Schwanz	Rücken schwarz-gelb, langgezogener Körper, 4 Beine und langer Schwanz
Körperbedeckung	trockene Haut mit Hornschuppen	feuchte Haut mit Schleimdrüsen, giftig
Atmung	Lungenatmung	Lungen- und Hautatmung
Befruchtung und Entwicklung	innere Befruchtung, Jungtiere schlüpfen nach 6 Wochen aus Eiern an Land	innere Befruchtung, Larven schlüpfen aus Eiern direkt bei der Geburt ins Wasser

1 ☐ Vergleiche die Merkmale der beiden Tiere in einem kurzen zusammenhängenden Text.

2 ▨ Ordne die beiden Tiere anhand ihrer Merkmale jeweils einer Wirbeltiergruppe begründet zu.

3 ■ Erkläre die Angepasstheiten der beiden Tiere an den jeweiligen Lebensraum.

4 ▨ Erstelle einen Steckbrief eines weiteren Wirbeltiers und präsentiere diesen deiner Klasse. Lass dein Wirbeltier durch deine Mitschülerinnen und Mitschüler in eine Wirbeltierklasse einordnen.

Material B Das Schnabeltier – eine Fälschung?

B1 Ein Schnabeltier in seiner Höhle

Schnabeltiere leben in Australien. Als die ersten Europäer im Jahr 1798 ein Fell des Schnabeltiers nach London schickten, glaubten die Fachleute, dass es ein Scherz sei. Solch ein Tier passte nicht in ihr Ordnungssystem der Wirbeltiere. Man dachte, dass jemand an den stromlinienförmigen Körper eines Bibers einen Entenschnabel sowie Füße mit Schwimmhäuten und Krallen genäht hatte. Zudem hat ein erwachsenes Schnabeltier ein braunes Fell und Milchdrüsen zum Säugen der Jungtiere. Wenn ein Schnabeltier ausgewachsen ist, besitzt es keine Zähne und es legt nach einer inneren Befruchtung seine Eier in einer selbst gegrabenen Höhle ab (▶ B1). Mit dem Schnabel sucht es nach Nahrung im Schlamm.

1 ☐ Erkläre, warum die Fachleute die Erstbeschreibung für eine Fälschung hielten.

2 ▨ Ordne das Schnabeltier anhand seiner Merkmale einer Wirbeltiergruppe zu. Begründe deine Einordnung.

3 ■ Stelle eine Vermutung auf, warum das Schnabeltier Füße mit Schwimmhäuten und Krallen besitzt.

4.7 Evolution der Wirbeltiere

1 Eroberung des Landes: Fossil (rechts) und Nachbildung (links) von *Tiktaalik*

Seit knapp 500 Millionen Jahren besiedeln Wirbeltiere die Erde. Alle Wirbeltiere sind miteinander verwandt und haben ihren Ursprung im Wasser. Doch wie haben sich die Wirbeltiere im Laufe der Zeit verändert und das Land erobert?

Fossilien • Überreste von Lebewesen, die in früheren Zeiten gelebt haben, nennt man Fossilien. Sie entstehen, wenn ein Lebewesen stirbt und anschließend von Sand, Schlamm oder Erde bedeckt wird. Mit der Zeit wird dieser weiche Boden hart wie Stein. Die Knochen oder Spuren des Tieres bleiben dann im Stein eingeschlossen und werden so über Millionen von Jahren erhalten (▶2). Dank der Fossilien ist es möglich, das frühere Leben auf der Erde nachzubilden und Informationen über die Entstehung der Wirbeltiere zu gewinnen.

Bedeutung von Fossilien • Fossilien liefern Forschenden viele Informationen über Arten, die in der Vergangenheit existierten. Sie sind Beweise für die tatsächliche Existenz der ausgestorbenen Arten. Zudem können Aussagen über ihr Aussehen, ihre Lebensweise und ihre Beziehungen untereinander getroffen werden. Beispielsweise wie die ersten Fische oder Dinosaurier ausgesehen haben und wie sie gelebt haben. Indem Forschende Fossilien nach ihrem Alter sortieren und sie mit heute lebenden Arten vergleichen, erfahren sie, wie einige Wirbel-

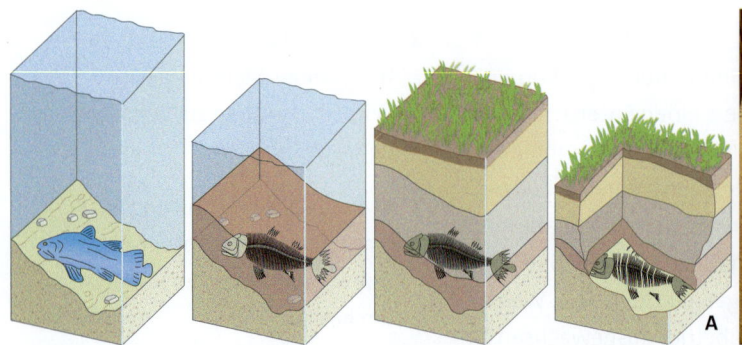

2 A Entstehung eines Fossils, **B** Fossil des Qastenflossers

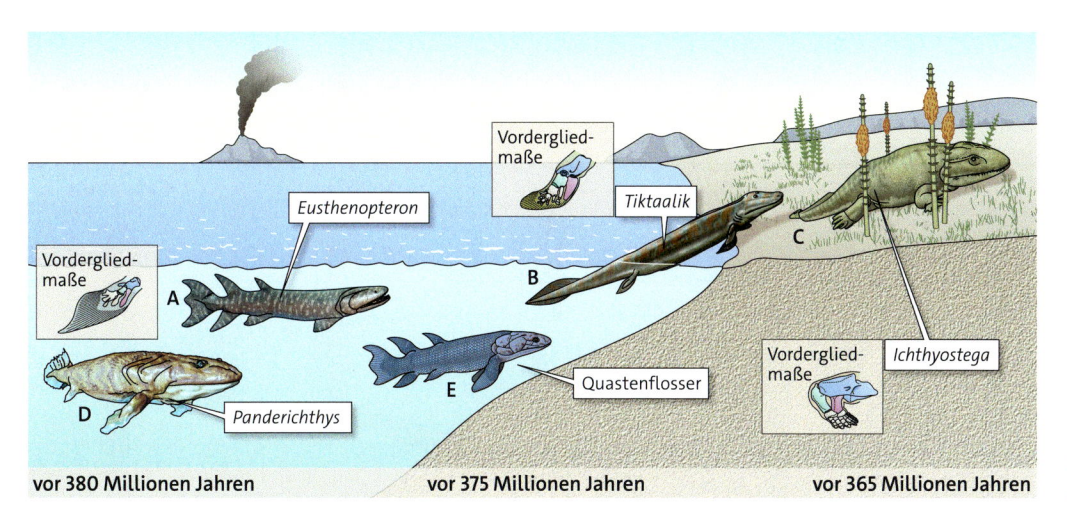

Fische – Amphibien – Reptilien • Evolution der Wirbeltiere

3 Ur-Wirbeltiere erobern das Land.

4 *Archaeopteryx*

tiere aus anderen entstanden sind, die vor langer Zeit lebten.

Vom Wasser zum Land • Das Leben auf der Erde begann im Wasser. Die ersten Wirbeltiere im Wasser waren die Fische mit besonderen Vertretern wie die **Quastenflosser**. Unter ihnen **Panderichthys** und **Eusthenopteron**, die bereits einfache Lungen und **Gehflossen** besaßen, die sich aus den Brustflossen entwickelten (▶ 3). Aus den Quastenflossern entstanden die ersten Amphibien wie **Ichthyostega**. Amphibien waren sehr gut an das Leben an Land angepasst, obwohl sie zur Eiablage das Wasser benötigten und ihre Haut stets feucht gehalten werden musste.

Reptilien entwickelten sich im Laufe der Zeit aus Amphibien, mit weiteren Angepasstheiten an das Leben an Land. Ihre schuppige Haut war vor Austrocknung geschützt und ihre Eier waren von einer festen Schale umhüllt. So waren Reptilien unabhängig vom Wasser und in der Lage, entferntere Landgebiete zu besiedeln.

Aus Gruppen von Reptilien, die ihre Körpertemperatur regulieren konnten, entwickelten sich zunächst die Vögel und dann die Säugetiere.

Übergangsformen • Einige besondere Arten wie *Tiktaalik* (▶ 1) oder *Archaeopteryx* (▶ 4) hatten Eigenschaften verschiedener Wirbeltiergruppen. *Tiktaalik* gilt als Verbindungsglied zwischen Fischen und Amphibien, *Archaeopteryx* zwischen Reptilien und Vögeln. Sie werden als **Übergangsformen** bezeichnet.

Leben im Wandel • Fische, Amphibien und Reptilien wie die Dinosaurier beherrschten die Erde über viele Millionen Jahre. Ein Massenaussterben vor etwa 66 Millionen Jahren führte jedoch zum Aussterben der Dinosaurier. Von da an begannen sich die Vögel und vor allem die Säugetiere auszubreiten. Das Leben an Land begann dem heutigen zu ähneln. Jedoch gelten nicht alle Lebewesen jener Zeit als ausgestorben. Einige Arten von Quastenflossern haben die Jahrmillionen überdauert und besiedeln auch heute noch die Tiefen der Meere. Quastenflosser gelten als Zeugen der Zeit und werden als **lebende Fossilien** bezeichnet.

1 ☐ Beschreibe die Entstehung eines Fossils des Quastenflossers (▶ 2B).

2 ☐ Nenne die Merkmale der Reptilien, die es ihnen ermöglichten, unabhängig vom Wasser zu werden.

3 ◪ Erläutere anhand der Abbildung 3 die Entwicklung der Vordergliedmaßen der Wirbeltiere vom Wasser- zum Landleben.

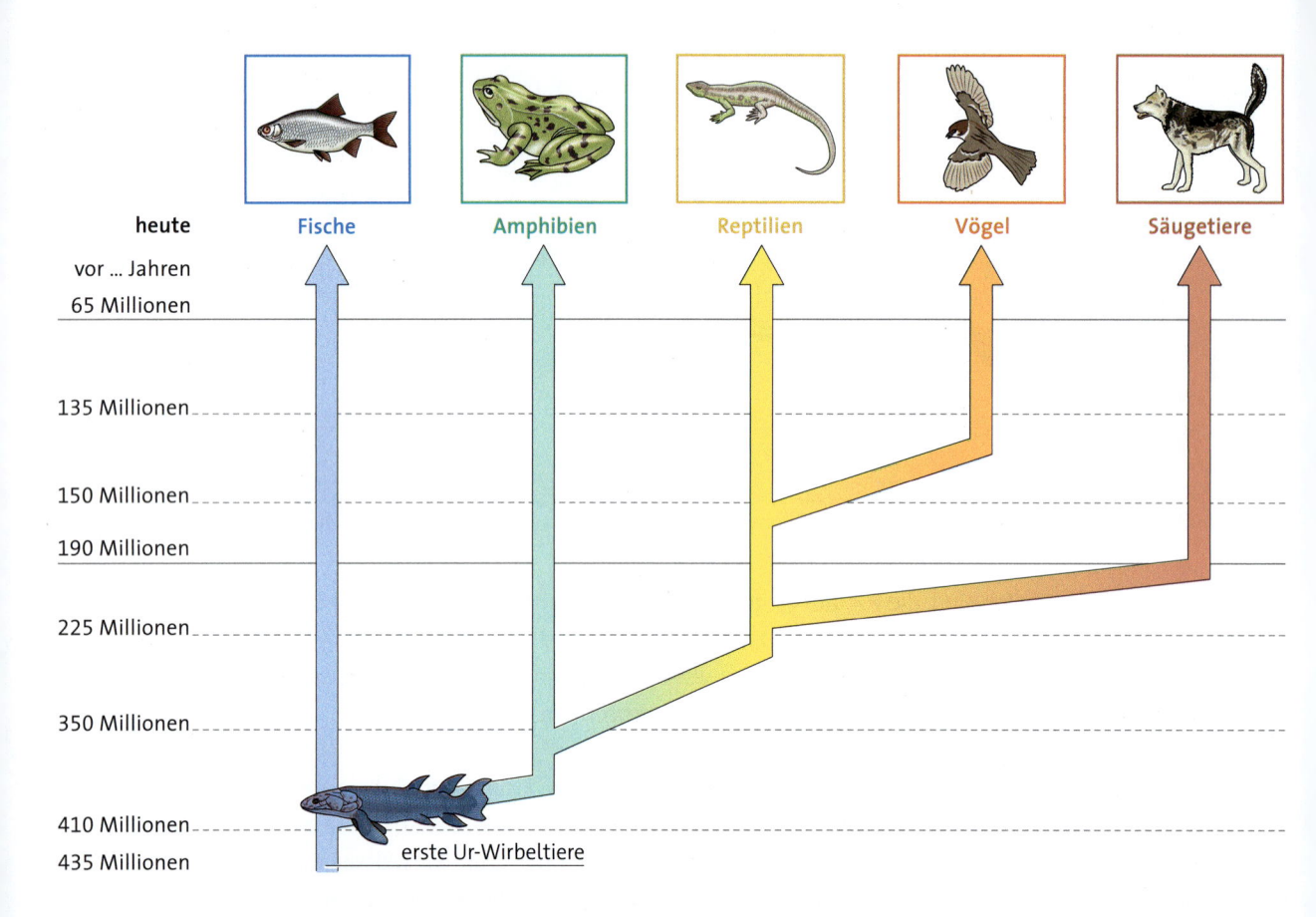

1 Stammbaum der Wirbeltiere

Vielfalt durch Entwicklung • Im Laufe der Erdgeschichte hat eine große Anzahl von Tier- und Pflanzenarten die Erde bewohnt. Viele waren an die starken Umweltveränderungen nicht angepasst und starben aus. Andere Lebewesen, mit besseren Angepasstheiten, konnten sich vermehren. Aus ihnen entwickelten sich neue Arten. Dadurch leben auf der Erde viele verschiedene Arten und es entstehen immer weitere. Man spricht von der **Evolution** der Arten.

Verwandtschaft der Wirbeltiere • Fossile Funde ermöglichen es Forschenden, die Verwandtschaft der Wirbeltiere nachzuvollziehen. Als Darstellungsform der Verwandtschaft und der evolutionären Beziehungen zwischen Arten nutzt man **Stammbäume**. Fische, Amphibien, Reptilien, Vögel und Säugetiere gehören zum **Stamm** der Wirbeltiere. Neue Fossilienfunde ermöglichen es, den Stammbaum immer weiter auszuarbeiten und zu verfeinern.

Die Veränderungen im Laufe der Zeit bezeichnet man als **stammesgeschichtliche Entwicklung**. Diese ist nicht zu verwechseln mit den Veränderungen eines Lebewesens während seines gesamten Lebens, der **Individualentwicklung**.

Stammesgeschichtliche Ordnung • Die Wissenschaft, die Lebewesen in Gruppen einteilt, bezeichnet man als **Systematik**. Sie ordnet die Vielfalt der Lebewesen aufgrund ihrer Verwandtschaft. Lebewesen mit gemeinsamen Eigenschaften und einem gleichen Vorfahren gehören zu einer Gruppe.

1 ☐ Nenne Erkenntnisse, die Forschende mithilfe von Übergangsformen gewinnen können.

2 ☐ Ordne die Übergangsformen *Ichthyostega*, *Tiktaalik* und *Archaeopteryx* begründet in den Wirbeltierstammbaum ein (▶1).

Material — Fische – Amphibien – Reptilien • Evolution der Wirbeltiere

Material A Schlammspringer – Fische an Land

A1 Schlammspringer

Schlammspringer gehören zu den wenigen Fischen, die den größten Teil ihres Lebens an Land verbringen. Die Atmung der Schlammspringers erfolgt über die Haut und über Kiemensäcke, die sich unter den Kiemen befinden. Diese Kiemensäcke sind mit einer dünnen Haut ausgekleidet, die den Gasaustausch ermöglicht. Wenn ein Schlammspringer an Land ist, öffnet er sein Maul und nimmt Luft auf, die in die Kiemensäcke gelangt. Diese Anpassung erlaubt es ihm, auch außerhalb des Wassers aktiv zu sein, solange seine Kiemensäcke feucht bleiben. Um sich fortzubewegen, nutzt er seine starken Flossen, mit denen er klettert und sich über schlammige Flächen „springend" fortbewegt. Diese Angepasstheiten ermöglichen es ihm, in feuchten, schlammigen Lebensräumen aktiv zu sein und nach Nahrung zu suchen.

1 ☐ Beschreibe die Angepasstheiten des Schlammspringers an das Leben an Land.

2 ■ Diskutiere, wie der Schlammspringer dazu beitragen kann, den Übergang der Wirbeltiere vom Wasser zum Land zu erklären.

3 ■ Beurteile die Schlagzeile: „Die Schlammspringer sind so wenig Übergangsformen zu den Amphibien wie die fliegenden Fische Übergangsformen zu den Vögeln sind."

Material B Evolution der Wale

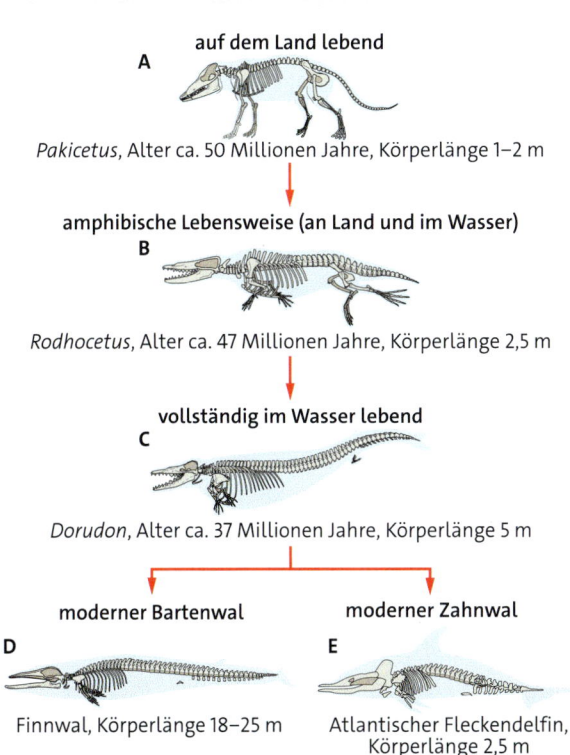

A auf dem Land lebend
Pakicetus, Alter ca. 50 Millionen Jahre, Körperlänge 1–2 m

B amphibische Lebensweise (an Land und im Wasser)
Rodhocetus, Alter ca. 47 Millionen Jahre, Körperlänge 2,5 m

C vollständig im Wasser lebend
Dorudon, Alter ca. 37 Millionen Jahre, Körperlänge 5 m

D moderner Bartenwal
Finnwal, Körperlänge 18–25 m

E moderner Zahnwal
Atlantischer Fleckendelfin, Körperlänge 2,5 m

B1 Entstehung der Wale

Wale sind Säugetiere, die ausschließlich im Wasser leben. Die Vorfahren der Wale lebten vor über 50 Millionen Jahren an Land. Heute unterscheidet man knapp 90 verschiedene Arten von Walen, die in die beiden Gruppen Bartenwale und Zahnwale unterteilt werden (S. 78). Der gesamte Körperbau und die Lebensweise der Wale sind an das Wasser angepasst. Sie haben Flossen, die Flipper, einen stromlinienförmigen Körper und eine kräftige Schwanzflosse, die Fluke. Zum Atmen müssen sie an die Wasseroberfläche kommen. Ihre Kälber werden nach der Geburt gesäugt.

1 ◪ Beschreibe mithilfe der Abbildung B1, wie die heute im Wasser lebenden Wale entstanden sind. Gehe dabei besonders auf die Veränderung der Gliedmaßen und der Körperform ein.

2 ◪ Erläutere, wie es bei den Walen zur Veränderung der Gliedmaßen gekommen sein könnte.

3 ◪ Nimm Stellung zur früheren Bezeichnung der Wale als „Walfische".

4.8 Wirbeltierschutz – Erhaltung der Vielfalt

1 Gewöhnlicher Schweinswal

Der Schweinswal gehört zu den kleinsten Walen und ist in der Nordsee und Ostsee heimisch. Besonders in der Ostsee ist er jedoch stark vom Aussterben bedroht. Auch viele andere heimische Wirbeltierarten sind gefährdet. Was bedroht diese Arten, und wie können sie erfolgreich geschützt werden?

Schweinswal • Der Schweinswal steht in Deutschland unter besonderem Schutz. Im Jahr 1999 wurde das erste deutsche Walschutzgebiet vor Sylt und Amrum ausgewiesen. Es ist Teil des Nationalparks Wattenmeer. Das Gebiet gilt als ein Rückzugsgebiet für Schweinswale. Hier können sie ihren Nachwuchs aufziehen und finden ein breites Nahrungsangebot. Die Schweinswale in der Nordsee gelten als gefährdet, da es nur wenige Tiere gibt, ihre Zahl aber von Jahr zu Jahr nahezu unverändert bleibt. In der Ostsee hingegen sind sie vom Aussterben bedroht.

Reptilien • Reptilien sind in Deutschland die am stärksten gefährdete Wirbeltiergruppe. Die vom Aussterben bedrohte Europäische Sumpfschildkröte (▶2), Deutschlands einzige heimische Schildkrötenart, lebt in flachen, warmen Gewässern. Neben dem Verlust ihrer natürlichen Lebensräume stellen eingeschleppte Arten wie Schmuckschildkröten eine Gefahr dar. Diese wurden meist als Haustiere gehalten und später in natürlichen Gewässern freigelassen, wo sie sich ansiedeln konnten. Sie stellen eine Bedrohung dar, weil sie mit Sumpfschildkröten um begrenzte Nahrung, Sonnenplätze und Lebensraum im Wettbewerb stehen.

2 Europäische Sumpfschildkröte beim Sonnenbaden

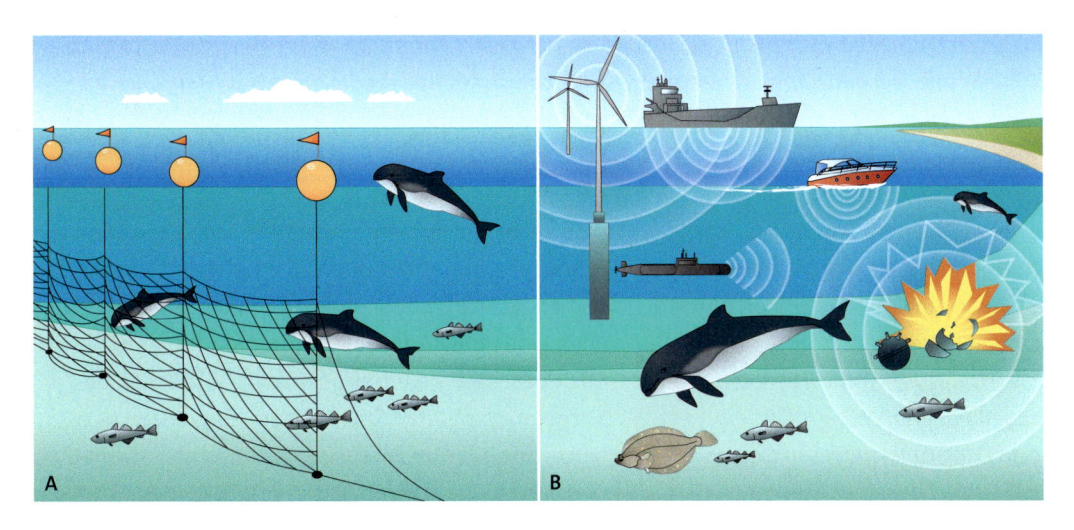

3 Gefahren für Schweinswale

Einteilung nach Gefährdung • Die Gefährdung von Lebewesen wird mit einer Art Alarmsystem eingeteilt, das anzeigt, wie bedroht eine Tierart ist, die **Rote Liste**. In Deutschland gibt es eine eigene Rote Liste für heimische Wirbeltiere mit rund 700 Arten. Die Liste umfasst die Stufen von „ungefährdet" bis „vom Aussterben bedroht" (▶4). Durch sie kann man herausfinden, welche Tiere besonderen Schutz brauchen, und geeignete Maßnahmen beschließen.

Einfluss des Menschen • In Deutschland sind rund ein Drittel aller Wirbeltiere bedroht. Den größten Einfluss übt dabei der Mensch aus. Durch die Bebauung von Land und die Landwirtschaft werden natürliche Lebensräume verkleinert oder zerstört. Auch die Verschmutzung von Gewässern, Böden und Luft durch Schadstoffe und Plastik beeinträchtigt die Gesundheit und Fortpflanzungsfähigkeit vieler Tierarten. Der Klimawandel beeinflusst durch Temperaturveränderungen und extreme Wetterereignisse das Leben vieler Tiere. Ein weiteres Problem stellen eingeführte Arten dar, die heimische Tiere verdrängen, wie das Beispiel der Sumpfschildkröte zeigt.
Zudem führt die Überfischung in Gewässern wie der Ostsee dazu, dass Tiere wie der Schweinswal keine Nahrung mehr finden. Aber auch der Fischfang mit Stellnetzen (▶3) sowie der Unterwasserlärm, zum Beispiel durch Sprengungen von Altmunition, Offshore-Windparks und die Schifffahrt stellen eine tödliche Gefahr für Schweinswale dar.

Schutzmaßnahmen • In Deutschland gibt es verschiedene Schutzmaßnahmen für Wirbeltiere, die durch Gesetze, Verordnungen und Naturschutzprogramme gestützt werden. Sie sollen das Überleben der verschiedenen Arten sichern. Diese Maßnahmen konzentrieren sich auf den Schutz von Lebensräumen, die Regulierung von Jagd und Fischerei, Maßnahmen gegen den Klimawandel sowie auf bestimmte Schutzmaßnahmen für bedrohte Arten. So sind beispielsweise die Wiederherstellung von sumpfigen und feuchten Lebensräumen sowie der Schutz der natürlichen Gewässer für die Sumpfschildkröte geeignete Maßnahmen.

*	Ungefährdet
V	Vorwarnliste
R	Extrem selten
G	Gefährdung unbekannten Ausmaßes
3	Gefährdet
2	Stark gefährdet
1	Vom Aussterben bedroht
0	Ausgestorben oder verschollen

4 Gefährdungsstufen der Roten Liste

1 ☐ Beschreibe Ursachen für die Gefährdung der Wirbeltiere in Deutschland.

2 ◪ Erläutere mögliche Ursachen für den Verlust des Lebensraums der Sumpfschildkröte.

3 ■ Stelle Vermutungen auf, warum vor allem der Fischfang mit Stellnetzen und der Unterwasserlärm eine tödliche Bedrohung für Schweinswale darstellen (▶3).

Methode

Informationen recherchieren

Zur Erstellung eines Steckbriefs, zur Vorbereitung einer Präsentation oder wenn man einfach mehr über ein bestimmtes Thema wissen möchte, ist es notwendig, neue Informationen zu erschließen. Dafür kann man unterschiedliche Medien nutzen.

1 Thema festlegen und Recherche vorbereiten

Egal ob ein Thema vorgegeben ist oder du aus Interesse recherchierst: Notiere zuvor Fragen, die du beantworten willst. Auch eine Mindmap, Notizen oder eine Gliederung können helfen.

Du möchtest einen Vortrag zum Wolf vorbereiten. Du kannst folgende Fragen notieren: Wie groß ist ein Wolfsrudel? Wie viele Wolfsrudel gibt es in Deutschland? Welchen Schutzstatus haben Wölfe hier?

2 Auswahl der Informationsquelle

Je nach Thema und Ausgangsfrage eignen sich verschiedene Informationsquellen. Eine gute Übersicht kannst du dir im **Schulbuch** verschaffen. Damit kannst du deine Fragen auch ordnen. In einem **Lexikon** findest du verlässliche und kurz zusammengefasste Informationen zu einem bestimmten Thema. Die Einträge sind alphabetisch geordnet. Ein tieferes Wissen kann man sich in **Fachbüchern** und **Fachzeitschriften** aneignen. Aktuelle Informationen finden sich in **Tageszeitungen**. Solche Medien können in einer Bibliothek eingesehen oder ausgeliehen werden. Du kannst auch **Expertinnen und Experten** befragen, sie haben oft ein tiefgreifendes Wissen zu einem Thema.

3 Internetrecherche

Eine Recherche im Internet eignet sich, um schnell umfassende Informationen zu erhalten. Die Internetrecherche erfolgt über Suchmaschinen. Sie durchsuchen eine große Anzahl von Internetadressen. Da eine Suchmaschine viele Treffer anzeigt, solltest du die Suche mit mehreren Stichwörtern eingrenzen (▶ 2). Nutze nur Internetseiten, die verlässliche Informationen geben. Das können Seiten von Behörden, Forschungseinrichtungen oder gemeinnützigen Organisationen sein. Auch Internet-Lexika wie die Wikis geben umfassende Informationen.

Da man im Internet sehr viele Informationen bekommt, braucht man Zeit, um die wirklich wichtigen herauszusuchen. Alle Informationen, die man im Internet findet, sollte man kritisch auf Wissenschaftlichkeit und Wahrheitsgehalt prüfen.

1 ☐ Suche in diesem Buch im Inhaltsverzeichnis sowie im Register nach dem Stichwort Wolf. Nenne die Seiten, die angezeigt werden.

2 ◪ Recherchiere im Internet und beantworte die Fragen aus Punkt 1.

1 Informationsquellen

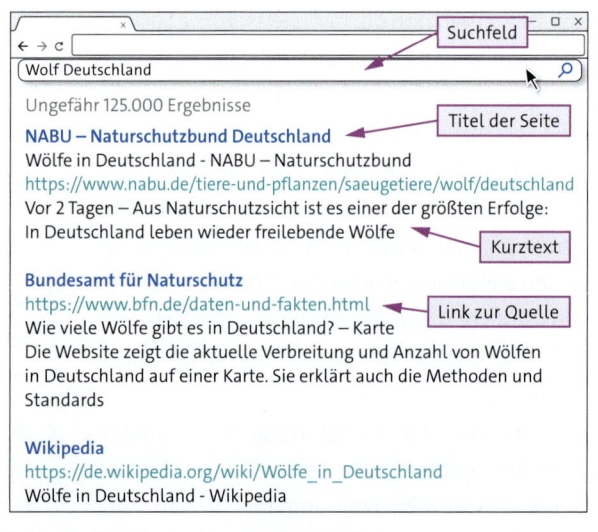

2 Ergebnisse einer Internetsuchmaschine

Material — Fische – Amphibien – Reptilien • Wirbeltierschutz – Erhaltung der Vielfalt

Material A Erfolge im Artenschutz

Steckbrief Seeadler

Vorkommen: Mecklenburg-Vorpommern, Brandenburg, Niedersachsen, Schleswig-Holstein, Bayern und Sachsen-Anhalt
Rote Liste in Deutschland: ungefährdet
Tiere in Deutschland: rund 750–800 Brutpaare (Stand 2023)
Schutzmaßnahmen: Überwachung, Schutz von Brutplätzen, Verbot von Umweltgiften (Blei), Erhaltung und Schutz des Lebensraums

Steckbrief Luchs

Vorkommen: Niedersachsen, Bayern, Rheinland-Pfalz, Hessen und Baden-Württemberg
Rote Liste in Deutschland: vom Aussterben bedroht
Tiere in Deutschland: rund 135–145 Tiere (Stand 2023)
Schutzmaßnahmen: Programme zur Wiederansiedlung, Aufklärung der Bevölkerung über illegale Jagd, Überwachung, Schutz und Vernetzung von Wäldern, Bau von Grünbrücken

Steckbrief Wolf

Vorkommen: Brandenburg, Niedersachsen, Bayern, Schleswig-Holstein, Mecklenburg-Vorpommern, Sachsen, Sachsen-Anhalt, Brandenburg, Thüringen und Nordrhein-Westfalen
Rote Liste in Deutschland: gefährdet
Tiere in Deutschland: rund 1500 Tiere (Stand 2023)
Schutzmaßnahmen: Rudelschutz, Aufklärung der Bevölkerung und Überwachung

In Deutschland haben sich verschiedene Tierarten dank gezielter Artenschutzmaßnahmen wieder erholen können – darunter der Seeadler, der Luchs und der Wolf. Einst durch Jagd, Lebensraumverlust und Umweltgifte bedroht, zeigen diese Tiere nun, wie erfolgreich Schutzprogramme wirken können. Naturschutzorganisationen wie der WWF, Greenpeace, der NABU und der BUND setzen sich dafür ein, solche Schutzprojekte weiter zu fördern und die Lebensräume der bedrohten Arten zu bewahren. Diese Erfolge sind ein Beispiel dafür, wie Naturschutz und gezielte Maßnahmen dazu beitragen können, die heimische Artenvielfalt zu erhalten und zu fördern.

1 Erkläre die Bedeutung von Naturschutzorganisationen für den Artenschutz.

2 Erläutere, warum es unterschiedliche Schutzmaßnahmen für verschiedene Arten gibt.

3 Beschreibe, welche Konflikte durch Raubtiere wie Wolf oder Luchs auftreten können.

4 Bewerte die Schutzmaßnahmen Aufklärung der Bevölkerung und Überwachung am Beispiel von Luchs und Wolf.

5 Stelle Vermutungen darüber auf, warum es keine genauen Anzahlen an Individuen der Seeadler, Luchse und Wölfe gibt.

6 Der Feldhase ist eine gefährdete Art. Er ist unter anderem durch die intensive Landwirtschaft bedroht. Recherchiere und erstelle eine Liste mit geeigneten Schutzmaßnahmen für den Feldhasen.

Auf einen Blick

Fische – Amphibien – Reptilien

Mit dieser Übersicht kannst du die wichtigsten Inhalte des Kapitels wiederholen. Ergänze das Schema um weitere Begriffe und finde Querbeziehungen zwischen den Themen.

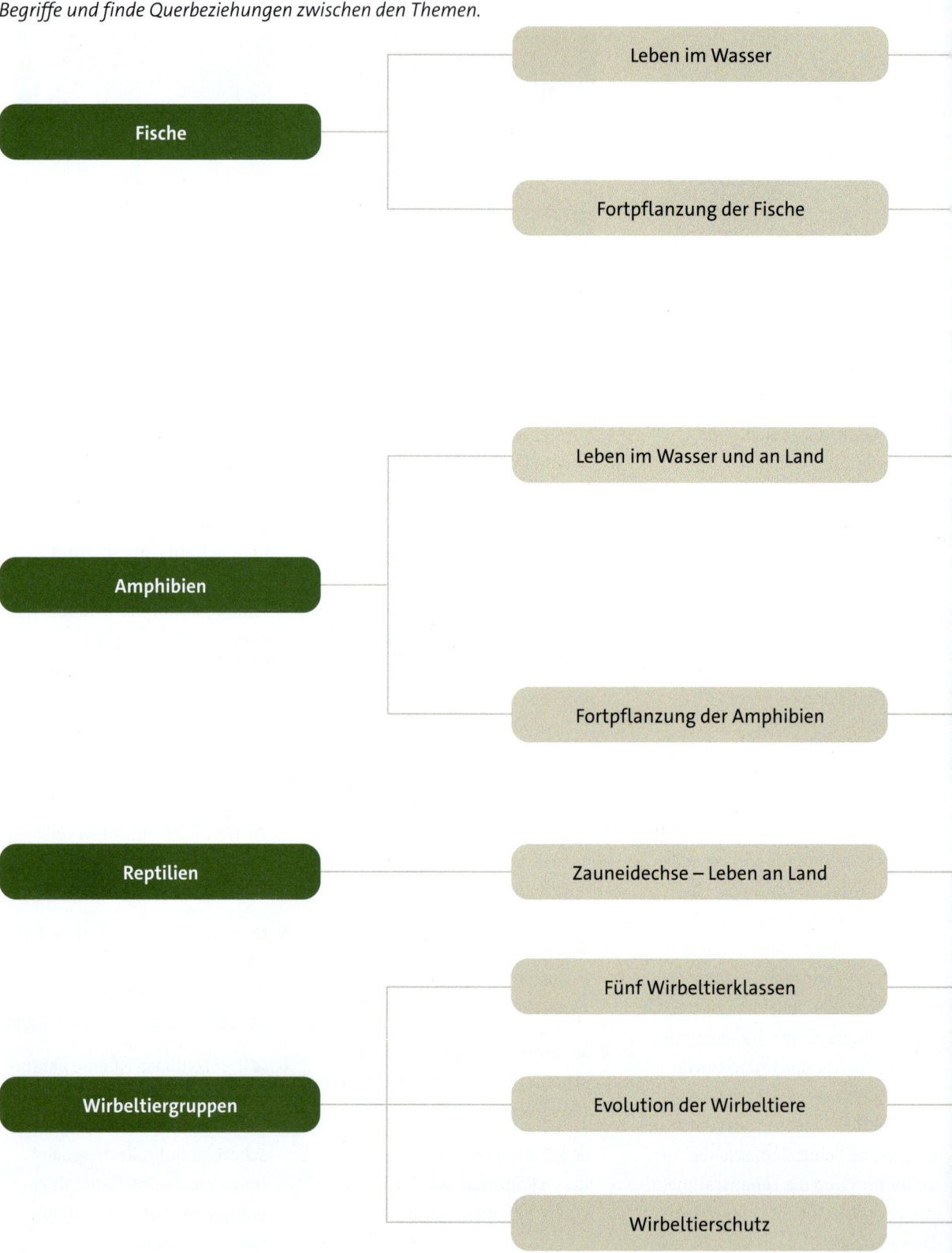

- **Fische**
  - Leben im Wasser
  - Fortpflanzung der Fische

- **Amphibien**
  - Leben im Wasser und an Land
  - Fortpflanzung der Amphibien

- **Reptilien**
  - Zauneidechse – Leben an Land

- **Wirbeltiergruppen**
  - Fünf Wirbeltierklassen
  - Evolution der Wirbeltiere
  - Wirbeltierschutz

Fische – Amphibien – Reptilien

- Kiemenatmung
- Körperformen
- Fortpflanzungsstrategien
- Wanderfische
- Körperbau und Fortbewegung
- Lungen- und Hautatmung
- **Methode: Vergleichen und Ordnen**
- **Methode: Mit einem Bestimmungsschlüssel arbeiten**
- Metamorphose
- Krötenwanderung
- Hornschuppen
- Temperaturregulation
- Gemeinsamkeiten und Verwandtschaft
- Entstehung der Wirbeltiere
- Stammbaum der Wirbeltiere
- Gefährdung und Schutzmaßnahmen

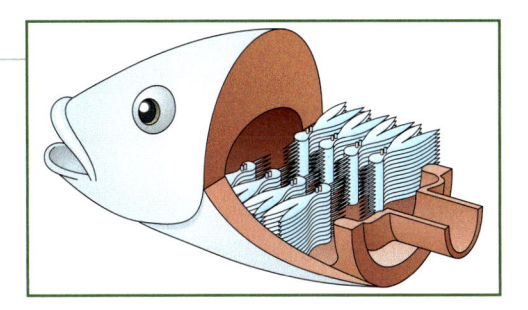

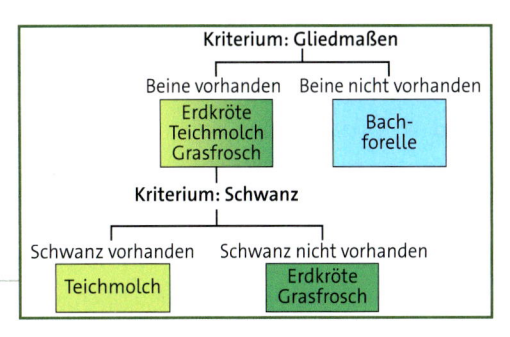

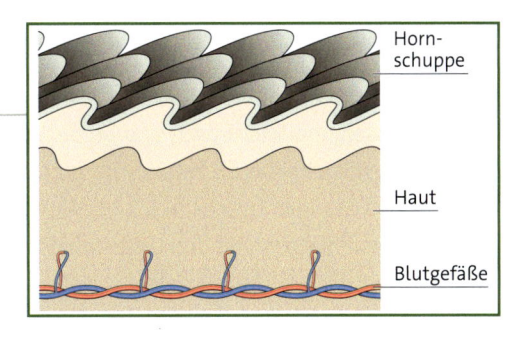

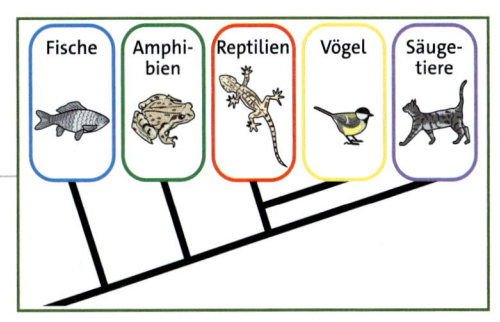

155

Check-up

Fische – Amphibien – Reptilien

Mit den folgenden Aufgaben kannst du überprüfen, ob du die Inhalte aus dem Kapitel verstanden hast. In der Tabelle findest du die zu erwerbenden Kompetenzen sowie Angaben zu den Seiten, auf denen du zum jeweiligen Thema noch einmal nachlesen kannst.

Fische

1 Fische verbringen ihr gesamtes Leben im Wasser.
   a ☐ Nenne Angepasstheiten der Fische an das Leben im Wasser.
   b ☐ Beschreibe die Atmung der Fische.
   c ◪ Erkläre, warum sich Haie ständig bewegen müssen, um nicht auf den Grund zu sinken.
   d ◼ Beim Bootsbau haben sich die Menschen an den Fischen orientiert. Nenne jeweils Merkmale, die sie übernommen haben.

2 Fische pflanzen sich auch im Wasser fort. Die meisten Fische legen Eier, den Laich, der außerhalb des Körpers des Weibchens befruchtet wird.
   a ☐ Nenne den Fachbegriff für die Art der Befruchtung.
   b ☐ Der Stichling zeigt ein besonderes Verhalten während der Fortpflanzungszeit. Er baut nicht nur das Nest, sondern kümmert sich auch um den Nachwuchs (▶1). Nenne den Fachbegriff für dieses Verhalten.
   c ◪ Erläutere Vorteile und Nachteile dieses Verhaltens.

Amphibien

3 Bergmolch und Teichfrosch sind beide Amphibien.
   a ◪ Vergleiche das Skelett des Bergmolchs (▶2) mit dem des Teichfroschs (▶S. 129). Notiere drei Gemeinsamkeiten und drei Unterschiede.
   b ◪ Beschreibe die Angepasstheiten im Skelett des Bergmolchs an die kriechende Fortbewegung.
   c ◼ Begründe anhand der Skelette, warum ein Frosch nicht kriechen und ein Salamander nicht springen kann.

4 Der Begriff Amphibien, griechisch *amphibios*, bedeutet „beidlebig".
   a ☐ Erläutere den Begriff am Beispiel des Teichfroschs.
   b ◪ Begründe, warum Amphibien als Feuchtlufttiere bezeichnet werden.
   c ◪ Amphibien überwintern in Kältestarre am Gewässergrund oder im nahen Erdreich. Sie haben einen Stoffwechsel und müssen atmen. Erkläre, wie sie sich mit Sauerstoff versorgen.

5 Kröten begeben sich zur Fortpflanzung auf Wanderung zu ihrem Geburtsgewässer.
   a ☐ Nenne Gefahren für die wandernden Kröten sowie Schutzmaßnahmen für sie.
   b ◪ Erläutere den Begriff Metamorphose am Beispiel der Erdkröte.
   c ◼ Wenn ein Kröten-Laichgewässer durch eine Baumaßnahme zerstört und durch ein neues Gewässer ersetzt wird, bringen Helferinnen und Helfer die Krötenpaare jedes Frühjahr dorthin. Begründe diese Maßnahme.

1 Verhalten des Stichlings

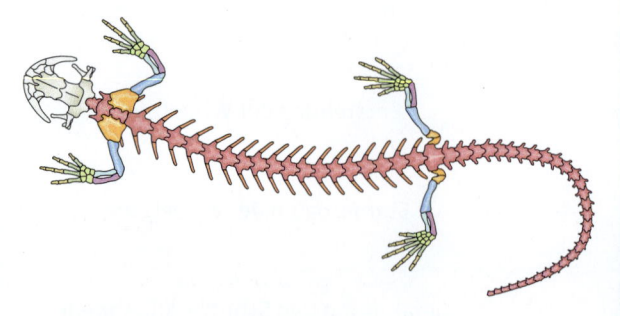

2 Skelett des Bergmolchs

Reptilien

6 Das Nilkrokodil wird 3–4 Meter lang und lauert oft im Wasser auf Beute. Das Weibchen betreibt Brutpflege: Es bewacht die Eier und Jungtiere.
  a ☐ Nenne Reptilienmerkmale des Nilkrokodils. Nimm auch die Abbildung (▶ 3) zu Hilfe.
  b ◪ Erkläre, warum manche Menschen glauben, dass Krokodile zu den Amphibien gehören.
  c ☐ Nenne Unterscheidungsmerkmale von Teichmolch und Nilkrokodil.

7 Reptilien bilden eine Wirbeltiergruppe, obwohl sie sich äußerlich oft stark unterscheiden.
  a ☐ Nenne Kriterien für die Unterscheidung von Ringelnatter, Sumpfschildkröte, Zauneidechse und Nilkrokodil.
  b ◪ Erstelle anhand der Kriterien und der Körpermerkmale einen Bestimmungsschlüssel.

Wirbeltiergruppen

8 Man unterscheidet fünf Klassen der Wirbeltiere.
  a ☐ Nenne die Wirbeltierklassen und ordne sie nach dem Zeitpunkt ihrer Entstehung.
  b ◪ Skizziere einen Stammbaum für die Wirbeltierklassen.
  c ◪ Vergleiche Vögel und Säugetiere hinsichtlich Fortbewegung, Körperbedeckung, Körpertemperatur, Befruchtung und Entwicklung.

3 Nilkrokodil

9 *Tiktaalik* ist ein ausgestorbenes Wirbeltier. Es ist als Fossil erhalten und gilt als Übergangsform.
  a ☐ Beschreibe, was ein Fossil ist und wie es entsteht.
  b ◪ Erläutere den Begriff Übergangsform am Beispiel von *Tiktaalik*.

10 Viele heimische Wirbeltierarten sind gefährdet.
  a ☐ Nenne Ursachen für die Gefährdung von Wirbeltieren.
  b ◪ Zauneidechsen sind bedroht. Mit einem eidechsenfreundlichen Garten kann man einen Lebensraum für sie schaffen. Hierzu gehören eine abwechslungsreiche Bepflanzung und warme, trockene Bereiche wie Steinplatten, die sich bei Sonnenschein aufheizen, sowie Steinhaufen oder lockere Mauern mit Spalten.
  Begründe die Gestaltung des Lebensraums mit der Lebensweise der Zauneidechse.

Mithilfe des Kapitels kannst du:	Aufgabe	Hilfe
✓ Angepasstheiten der Fische an das Leben im Wasser sowie die Fortpflanzung beschreiben.	1, 2	S. 120–125
✓ Skelette von Schwanz- und Froschlurchen vergleichen und Angepasstheiten beschreiben.	3	S. 128–129
✓ Gefahren für Amphibien und Schutzmaßnahmen nennen sowie die Metamorphose erläutern.	4, 5	S. 134–136
✓ Reptilienmerkmale nennen und zwischen Reptilien und Amphibien unterscheiden.	6	S. 138–139
✓ Kriterien zur Unterscheidung von Wirbeltieren nennen und einen Bestimmungsschlüssel erstellen.	7	S. 130–132
✓ die Wirbeltierklassen nennen und einen Wirbeltierstammbaum skizzieren.	8	S. 142–144; S. 148
✓ beschreiben, was ein Fossil ist, und den Begriff Übergangsform erläutern.	9	S. 146–147
✓ Gefährdungsursachen für Wirbeltiere nennen und Schutzmaßnahmen begründen.	10	S. 150–151

▶ Die Lösungen findest du im Anhang.

5 Körper des Menschen

▶ In diesem Kapitel beschäftigst du dich mit dem Skelett des Menschen und seinem Aufbau aus Knochen. Du erfährst außerdem, weshalb erst die Gelenke und das Zusammenspiel der Muskeln den Körper beweglich machen.

▶ Es ist wichtig, den Körper gesund zu erhalten. Das Kapitel erklärt, weshalb Bewegung neben der Ernährung eine große Rolle dabei spielt.

▶ Du erfährst alles Wichtige über die Ernährung. Du lernst Nahrungsmittel und ihre Inhaltsstoffe kennen und lernst, wie man Nährstoffe nachweisen kann. Außerdem erfährst du etwas über die Bedeutung der Inhaltsstoffe für den Körper und über gesunde Ernährung.

▶ Durch die Verdauung der Nährstoffe werden diese für den Körper nutzbar. Du erfährst, wie die Verdauung abläuft und was mit den Nährstoffen im Körper geschieht.

▶ Du erfährst, weshalb Atmen lebensnotwendig ist, und lernst die Lunge und ihren Aufbau kennen.

▶ Das Kapitel informiert dich über die Bestandteile des Blutes und darüber, welche Funktion das Blut im Körper übernimmt. Außerdem wird dargestellt, wie das Herz aufgebaut ist und welche zentrale Rolle es im Körper hat. Dabei lernst du auch etwas über den Aufbau der Blutgefäße und den Blutkreislauf.

▶ Du erfährst, wie alle Organe zusammenarbeiten und wie die Ernährung, die Atmung und der Blutkreislauf zusammenhängen.

Im menschlichen Körper arbeiten viele Organe zusammen. So kann der Mensch essen, atmen und sich bewegen. Welche Organe sind das? Wie funktionieren sie und wie kann man seinen Körper gesund erhalten?

5.1 Das Skelett besteht aus Knochen

1 Turnerin beim Flickflack

Wie beweglich der Körper des Menschen ist, kann man zum Beispiel bei einer Turnerin beobachten. Sie läuft, springt, beugt und streckt ihren Körper. Am Ende ihrer Übung landet sie sicher auf dem Boden und steht wieder aufrecht. Die hierfür nötige Stabilität erhält der Körper durch sein Skelett. Wie ist das Skelett aufgebaut?

Skelett • Im menschlichen Körper befinden sich über 200 Knochen. Sie sind zu einem Knochengerüst, dem Skelett, zusammengesetzt. Es lässt sich wie der gesamte Körper in drei verschiedene Abschnitte untergliedern. Diese Körperabschnitte werden als Kopf, Rumpf und Gliedmaßen bezeichnet. Letztere werden auch Extremitäten genannt. Das Skelett stützt und trägt den Körper und schützt außerdem die inneren Organe.

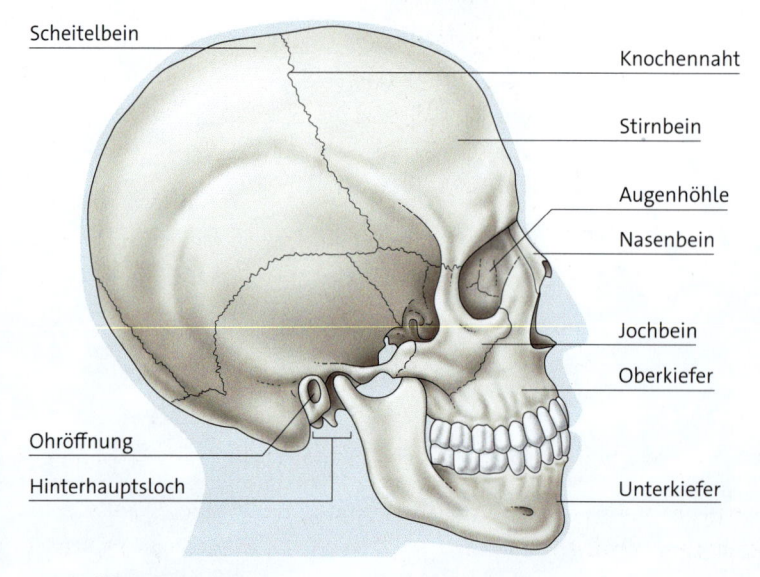

Kopf • Die Knochen des Kopfes bilden den Schädel (▶ 2). Zum größten Teil besteht er aus plattenartigen Knochen, die kugelähnlich zusammengesetzt sind. Erst im Alter von etwa einem Jahr verwachsen diese Knochenplatten entlang der Knochennähte. Dieser Teil des Schädels besteht aus besonders harten Knochen wie Stirnbein oder Scheitelbein. Sie schützen das Gehirn vor Verletzungen.

Die übrigen Knochen des Kopfes bilden den Gesichtsschädel. Dazu gehören Nasenbein, Jochbein, Oberkiefer und der bewegliche Unterkiefer. Neben den Ohröffnungen und den Öffnungen im Gesichtsbereich befindet sich im Schädel das Hinterhauptsloch. Es dient als Anbindungsstelle für den Rumpf.

2 Schädel des Menschen

Beschriftungen: Scheitelbein, Knochennaht, Stirnbein, Augenhöhle, Nasenbein, Jochbein, Oberkiefer, Ohröffnung, Hinterhauptsloch, Unterkiefer

Rumpf • Die aus vielen einzelnen Knochen bestehende Wirbelsäule durchzieht den gesamten Rumpf. Sie trägt am oberen Ende den Schädel. An den Hals schließt sich der Schultergürtel an. Er besteht aus den Schulterblättern und Schlüsselbeinen. Im Bereich der Brust sind die bogenförmigen Rippen mit der Wirbelsäule verbunden. Zur Brust hin enden sie über Knorpelstücke im Brustbein und bilden so den Brustkorb. Er schützt Herz und Lunge. Am unteren Ende der Wirbelsäule ist der Beckengürtel angewachsen. Er besteht aus den schaufelförmigen Darmbeinen, den Sitzbeinen und den Schambeinen. Seine schalenförmigen Knochen schützen und stützen die inneren Organe des Bauchraums.

Gliedmaßen • Die Gliedmaßen sind die beweglichsten Teile des Skeletts. Am Schultergürtel setzen die Arme und am Becken die Beine an. Das Armskelett wird aus langen, röhrenförmigen Knochen gebildet: dem Oberarmknochen und den zwei Unterarmknochen Elle und Speiche. Das Handskelett, das den unteren Abschnitt des Armskeletts bildet, setzt sich aus rundlichen Handwurzelknochen sowie länglichen Mittelhand- und Fingerknochen zusammen. Das Beinskelett gliedert sich in den Oberschenkelknochen und die zwei Unterschenkelknochen Schienbein und Wadenbein. Auch diese Knochen sind lang und röhrenförmig. Das Fußskelett bildet den unteren Teil des Beinskeletts und ist unterteilt in Fußwurzel-, Mittelfuß- und Zehenknochen. Es bildet ein Gewölbe, das beim Gehen und Springen Erschütterungen abfedert.

1 Erläutere anhand einer Struktur die Schutzfunktion des Skeletts.

2 Zeichne den Umriss deiner Hand in dein Heft. Skizziere darin die Knochen und beschrifte die Skizze.

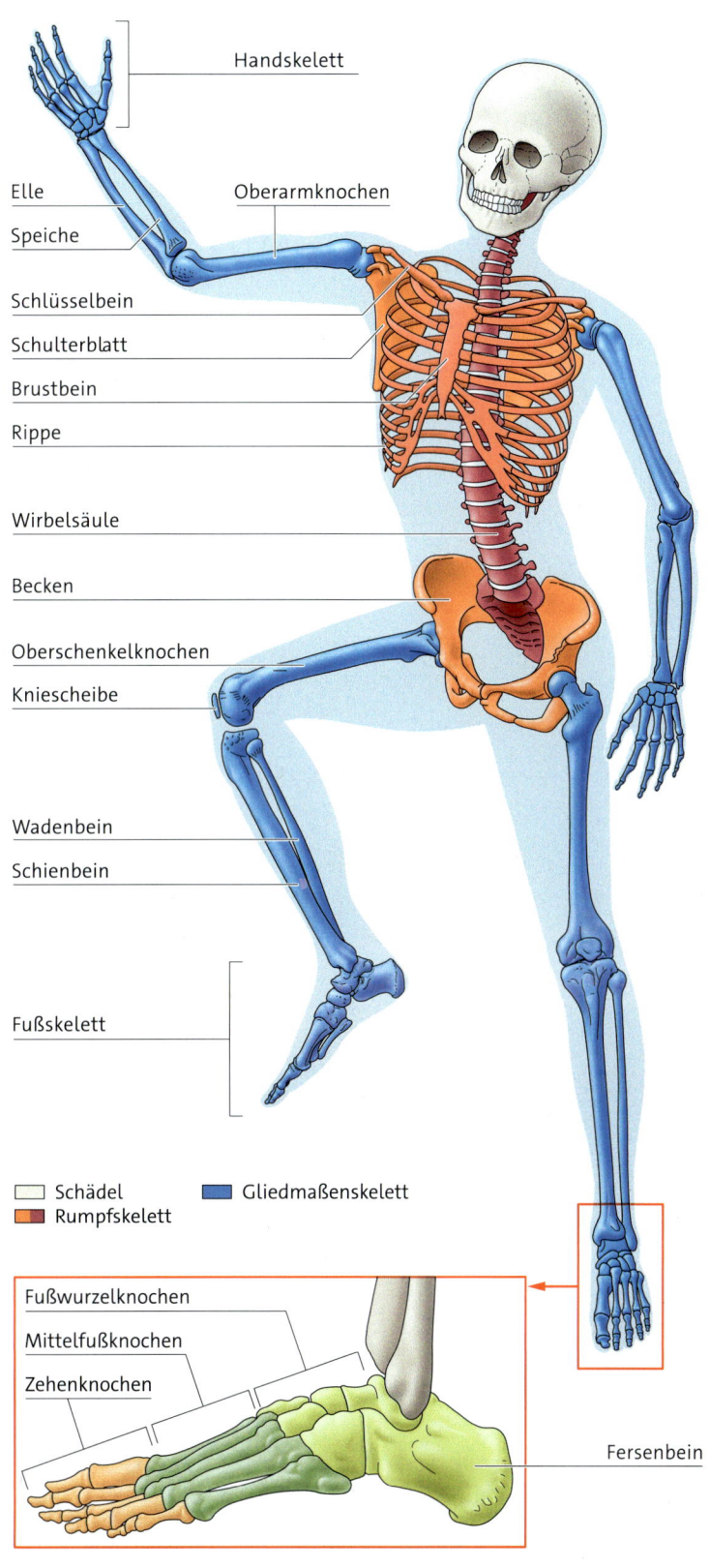

3 Skelett des Menschen

Bauchseite Rückenseite

7 Halswirbel

12 Brustwirbel

5 Lendenwirbel

Kreuzbein

Steißbein

A

Wirbel
Bandscheibe
Rückenmark

Wirbel
Bandscheibe
Rückenmark

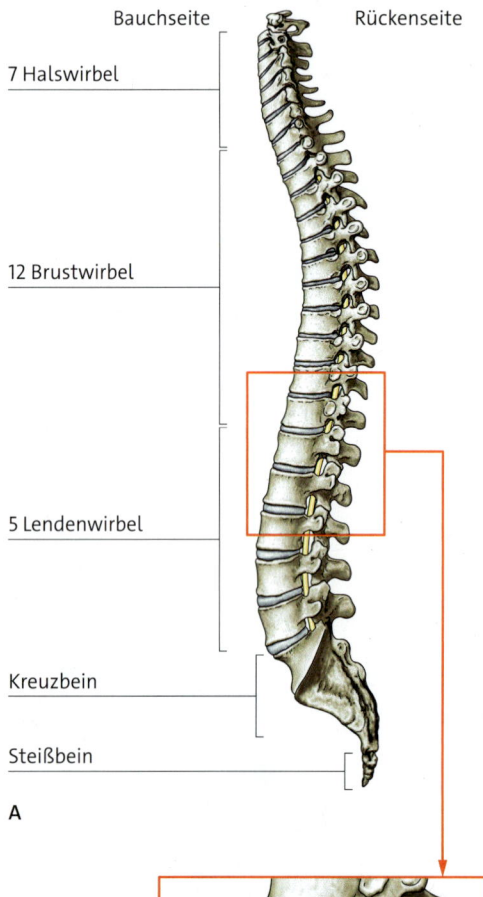

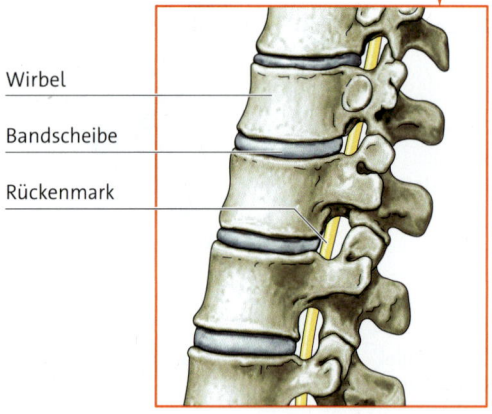

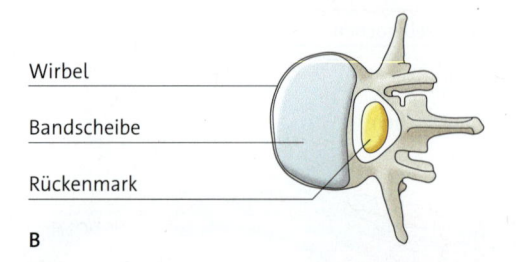

B

1 Wirbelsäule des Menschen: **A** Seitenansicht, **B** Aufbau aus Wirbeln, **C** Aufsicht auf einen Wirbel

Wirbelsäule • Vom Schädel bis zum Becken verläuft die **Wirbelsäule.** Sie besteht aus einzelnen Knochen, den **Wirbeln**. Diese werden nach ihrer Lage im Körper in sieben Hals-, zwölf Brust- und fünf Lendenwirbel unterteilt. Weitere fünf Wirbel sind zum Kreuzbein verwachsen. Die letzten Wirbel sind sehr klein und bilden das Steißbein.

Betrachtet man die Wirbelsäule eines Erwachsenen von der Seite, so fällt auf, dass sie nicht gerade verläuft (▶ 1A). Sie ist vom Kopf bis zum Brustbereich S-förmig gebogen. Vom Brustbereich bis zum Becken zeigt sie eine weitere S-förmige Krümmung. Die Wirbelsäule des Menschen ist somit **doppelt S-förmig** gebogen.

Beim Säugling ist die Wirbelsäule gerade. Erst beim Gehen und Laufen bildet sich die gebogene Form. Wer allerdings eine schwere Last trägt, streckt die Wirbelsäule so gerade wie möglich durch. Die Wirbelsäule ist also eine veränderliche Stütze des menschlichen Körpers. Sie trägt den Rumpf und ermöglicht die aufrechte Körperhaltung.

Zwischen den einzelnen Wirbeln liegen elastische Scheiben, die **Bandscheiben** (▶ 1B). Sie bestehen im Vergleich zum Knochen aus weicherem Material, dem Knorpel, und einem halbflüssigen Kern. Die elastischen Bandscheiben dämpfen Stöße ab und verhindern die Reibung der Wirbelknochen aneinander. Durch die Bandscheiben erhält die Wirbelsäule ihre große Beweglichkeit. So macht die Wirbelsäule den Rumpf beweglich.

Die Wirbelsäule schützt auch das empfindliche Rückenmark, das entlang der Wirbelsäule verläuft. In ihm befinden sich Nervenbahnen, die Signale im Körper weiterleiten.

1 ◨ Nenne drei Funktionen der Wirbelsäule.

2 ◨ Erkläre, wie die Wirbelsäule ihre Beweglichkeit erhält.

Material — Körper des Menschen • Das Skelett besteht aus Knochen

Versuch A Das Skelett

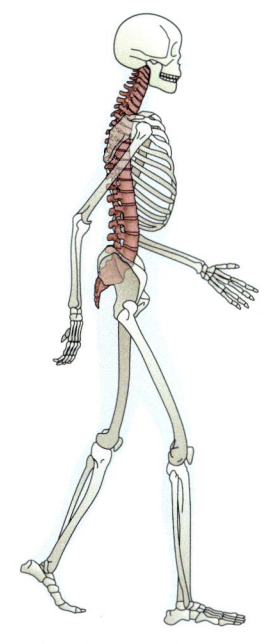

Kriterium	Mensch	Hund
Gang	~~~~~~	~~~~~~
Ausrichtung der Wirbelsäule	~~~~~~	~~~~~~
Form der Wirbelsäule	~~~~~~	~~~~~~

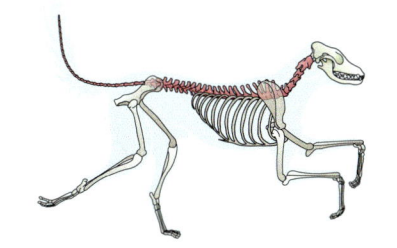

A1 Skelett des Menschen

A2 Skelett des Hundes

1 ☐ Ordne dem Menschen (▶A1) und dem Hund (▶A2) jeweils einen Begriff der folgenden Begriffspaare zu: aufrecht – vierfüßig, waagerecht – senkrecht, doppelt S-förmig – bogenförmig. Erstelle dafür nach dem Muster eine Tabelle in deinem Heft.

2 ✏ Erläutere mithilfe deiner Zuordnungen die Angepasstheit von Mensch und Hund an die Art ihrer Fortbewegung.

Material B Funktionsmodell der Wirbelsäule

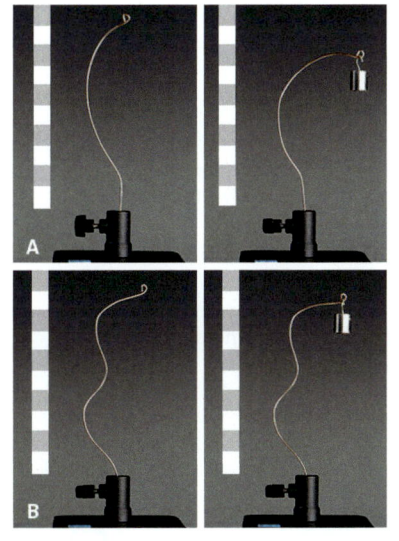

B1 Arbeiten mit einem Funktionsmodell: **A** Experiment mit einem einfach gebogenen Draht, **B** mit doppelt S-förmig gebogenem Draht

Es wird immer wieder behauptet, die Doppel-S-Form der Wirbelsäule sei geeignet, Stöße abzufedern. Jeder, der schon einmal mit dem Fahrrad durch ein Schlagloch gefahren ist, weiß genau, dass man sich besser nicht darauf verlässt. Man geht aus dem Sattel und federt den Stoß mit den Bein- und Armmuskeln ab.

„Welche Funktion erfüllt die Doppel-S-Form gut?", lautet dann eine mögliche Frage. Solche Fragestellung kann man mit Funktionsmodellen untersuchen. Man belastet einen doppelt S-förmig gebogenen Draht mit einer Masse und beobachtet, wie weit er nach unten gebogen wird. Die Wirbelsäule des Menschen besteht anders als der Draht aus lauter Einzelteilen, die nicht zusammenhängen. Das Modell gilt also nur für eine Wirbelsäule, die mit Muskeln im Körper festgehalten wird. Eine solche Wirbelsäule trägt den Kopf und sackt nicht stark zusammen.

1 ☐ Beschreibe die Ergebnisse der Experimente mit den unterschiedlich gebogenen Drähten (▶B1 **A** und **B**).

2 ✏ Formuliere eine Fragestellung, die mit den beiden Experimenten zusammenhängt und sich auf entsprechend gebogene Wirbelsäulen bezieht.

3 ✏ Beschreibe, wie das Funktionsmodell verändert werden müsste, damit es einer Wirbelsäule entspricht, die eine sehr schwere Last tragen kann.

4 ✏ Formuliere eine Hypothese zum Zusammenhang von Muskelkraft und Form der Wirbelsäule. Ergänze: „Je … die Wirbelsäule gebogen ist, desto … Muskelkraft muss man aufwenden, um sich aufrecht zu halten."

Methode

Modellieren

Im Biologieunterricht werden meistens Modelle eingesetzt, um bekanntes biologisches Wissen zu zeigen, zu erklären oder zu lernen. Modelle sind aber auch Ideengeber. Mit ihnen kannst du auch unbekannte Phänomene erforschen. Modelle sind also einerseits Hilfsmittel, um Biologie zu veranschaulichen. Andererseits sind sie Werkzeuge, die anregen, weiterführende Fragen zu stellen, um etwas Neues über ein Phänomen zu erforschen. So kannst du ein spannendes Phänomen durch Modellieren erforschen:

Schritte	Beispiel
1 Biologische Phänomene wahrnehmen Überraschende biologische Phänomene wecken die Neugier. Du willst herausfinden, welche Ursachen zu ihnen geführt haben. Wenn du ein Phänomen erklären willst, beginnst du mit dem Modellieren.	 Warum hat er so ein hochrotes Gesicht?
2 Erklärungen finden und Modell entwickeln Du versuchst, die Ursache für das Phänomen zu finden. Dabei helfen dir deine Erfahrungen oder dein Wissen, doch manchmal reicht das nicht. Dann brauchst du kreative Erklärungen. Deine vielen Erklärungen kannst du in Modellen zusammenfassen. Modelle werden also erst gedacht und dann für andere sichtbar gemacht. Dabei sind dir keine Grenzen gesetzt: Deine Modelle können Zeichnungen sein oder räumliche Struktur haben.	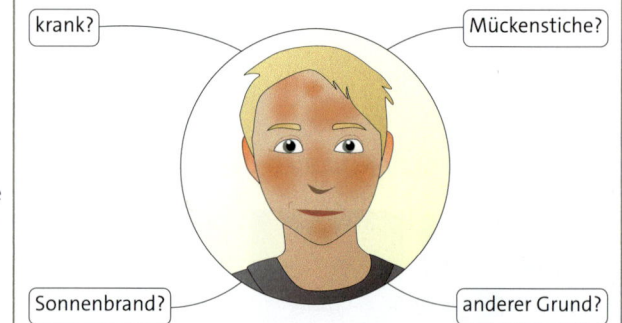 krank? Mückenstiche? Sonnenbrand? anderer Grund?
3 Aus dem Modell Hypothesen ableiten Die Modelle sollen nicht nur zeigen, was du denkst. Sie sollen dir auch helfen, Hypothesen aus dem Modell abzuleiten.	Wenn die Person krank ist, dann müsste sie Fieber haben. Wenn sie Sonnenbrand hat, dann müsste heute oder in den letzten Tagen die Sonne geschienen haben. Wenn sie von Mücken gestochen wurde, dann müssten viele Mücken umherschwirren.
4 Hypothesen testen Zum Testen der Hypothesen wählst du die passende Arbeitsweise wie das Beobachten, Vergleichen oder Experimentieren aus. Du testest dann, ob die Hypothesen bestätigt oder widerlegt werden können.	Wenn du die Person nicht fragen kannst, müsstest du wie eine Ärztin weitere Daten einholen: 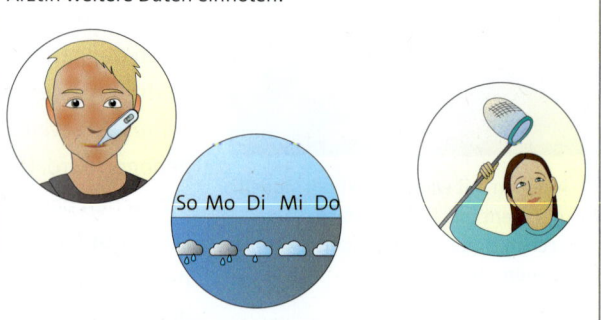 So Mo Di Mi Do
5 Modell ändern oder erweitern Wenn sich herausstellt, dass keine Hypothese bestätigt werden kann, dann müssen neue Erklärungen gesucht werden. Damit beginnt das Modellieren wieder von vorne.	Deine Daten können sein: keine Temperaturunterschiede zu gesunden Menschen, keine Sonne und nur Regen am Tag, keine Mücken zu beobachten. Neue Erklärung: Vielleicht war die Person im Sonnenstudio.

Methode — Körper des Menschen • Das Skelett besteht aus Knochen

Mit Modellen forschen – Wodurch sind Knochen so stabil?

Knochen sind im menschlichen Körper sehr wichtig, weil sie Stabilität und Halt geben. Um die Frage aus der Überschrift zu beantworten, wäre es möglich, mit einem fertigen Modell aus der Biologiesammlung etwas über den Aufbau und die Stabilität von Knochen zu lernen. Du kannst Modelle aber auch als Forschungswerkzeuge benutzen! Mit solchen Modellen kannst du testen, was den Knochen ihre Stabilität geben könnte.

1 Phänomen wahrnehmen: Stabilität von Knochen
Knochen sind sehr stabile Organe. Sie können zwar brechen, halten aber viele seitliche Stöße aus. Welche Strukturen sind für diese Stabilität verantwortlich?

2 Erklärungen finden
Um herauszufinden, wie Knochen aufgebaut sein können, suchst du mit deinem Wissen oder kreativ nach Erklärungen. Ein Knochen könnte (1) aus vielen Schichten wie ein Baumstamm bestehen, (2) ein hohles, dickes oder dünnes Rohr wie ein Grashalm sein, (3) ein Rohr sein, das zusätzlich mit kantigen Strukturen gefüllt ist.

3 Modell entwickeln
Um deine Erklärungen umzusetzen, entwickelst du ein 21 cm langes Knochenmodell aus Papier. Es soll so stabil wie möglich sein und erst bei Belastung mit einer großen Masse in der Mitte einknicken. Du darfst nur bestimmte Materialien nutzen: ein DIN-A4-Blatt, Schere und einen höchstens 2 cm langen Klebestreifen.

4 Aus dem Modell Hypothesen ableiten
Deine Modelle erlauben, Hypothesen, also Vorhersagen, abzuleiten: Wenn ich einen Teil des DIN-A4-Blattes nutze, um mit Papierbällchen das Rohr zu füllen, dann wird es stabiler sein als ein gerolltes Blatt ohne Füllung.

5 Hypothesen testen – Arbeitsweise wechseln
Mit Experimenten wird die Stabilität verschiedener Knochenmodelle durch Belastungstests bestimmt. Mit den Ergebnissen kannst du die Festigkeit der verschiedenen Modelle beurteilen.
Welche Form konnte die größte Masse tragen? Das Knochenmodell, das innere Strukturen enthielt, hatte die größte Stabilität.

6 Modell ändern
Du verwirfst alle Modelle, die früh eingeknickt sind. Übrig bleibt ein besonders stabiles Modell.

7 Kenntnisse auf die Natur übertragen
Was sagt dieses Modell über den Aufbau von Knochen aus? Du kannst die neu gewonnenen Erkenntnisse nutzen, um die Frage zur Stabilität von Knochen zu beantworten: Knochen sind vermutlich keine hohlen Rohre, sondern besitzen gefüllte Strukturen.
Und tatsächlich, ein Foto eines Knochenpräparats erlaubt einen Blick in das Innere (▶ 1B). Dein Forschen mit den Modellen hat geholfen, auf die Strukturen zu kommen, die den Knochen stabilisieren. Lange, gefüllte Strukturen wie beim Oberschenkelknochen können Lasten verteilen und sorgen für Stabilität.
Anstatt ein fertiges Knochenmodell zu nutzen, um die Knochenstruktur zu lernen, hast du dir durch das Modellieren neue Kenntnisse über Knochen selbst erarbeitet. Du konntest durch Modellieren ohne vorherige Kenntnisse die Struktur von Knochen voraussagen.
Genau so modellieren Forschende: Erst suchen sie Erklärungen für ein Phänomen. Daraus entwickeln sie Modelle, aus denen sie Hypothesen ableiten. Diese testen sie, um Ursachen für das Phänomen zu finden.

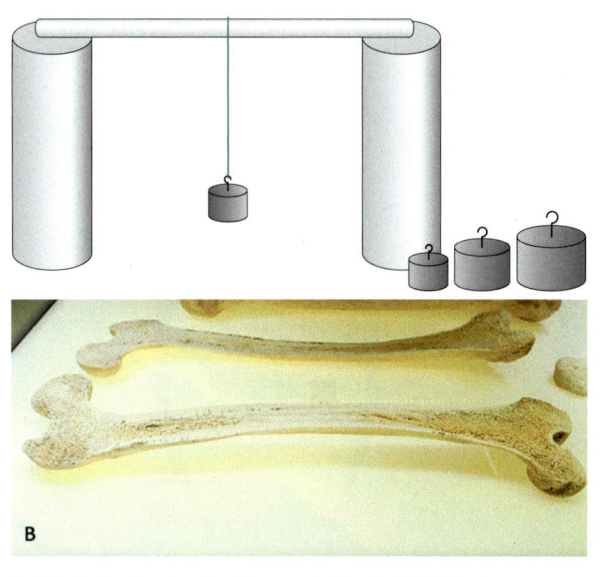

1 A Selbst gebautes Knochenmodell im Test, **B** Foto eines Oberschenkelknochens

5.2 Gelenke und Muskeln

1 Klettern an einer Kletterwand

Das Skelett sorgt für die Stabilität des menschlichen Körpers. Für alle Tätigkeiten im Alltag muss der Körper aber nicht nur stabil, sondern auch beweglich sein. Nur so lässt sich zum Beispiel eine senkrechte Kletterwand erklimmen. Wodurch wird diese Beweglichkeit ermöglicht?

Struktur und Funktion der Gelenke • Die Beweglichkeit des Körpers wird durch bewegliche Verbindungen zwischen den Knochen ermöglicht. Eine solche Verbindung zwischen zwei Knochen nennt man **Gelenk**. Alle Gelenke zeigen den gleichen Grundaufbau. Das verbreiterte Ende des einen Knochens, der **Gelenkkopf**, passt in die Vertiefung am Ende des anderen Knochens, die **Gelenkpfanne**. Die beiden Knochenenden sind mit einer weichen Schicht, dem **Gelenkknorpel**, überzogen. Der Gelenkknorpel verhindert, dass die Knochenenden aneinan-

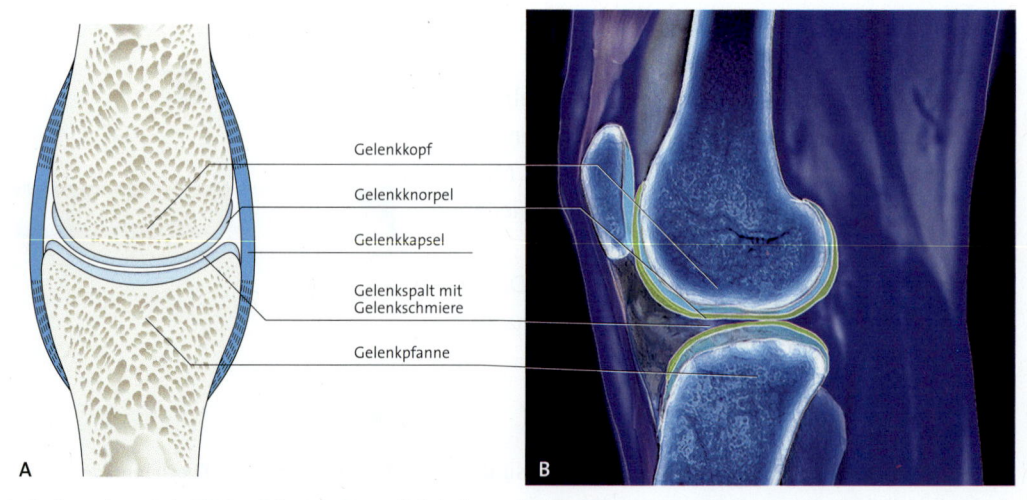

2 Aufbau eines Gelenks: **A** Schema, **B** medizinische Aufnahme

- Gelenkkopf
- Gelenkknorpel
- Gelenkkapsel
- Gelenkspalt mit Gelenkschmiere
- Gelenkpfanne

Körper des Menschen • Gelenke und Muskeln

derreiben und sich gegenseitig beschädigen. Für eine reibungslose Bewegung sorgt zusätzlich die **Gelenkschmiere** im **Gelenkspalt**. Das Gelenk ist von einer festen, aber elastischen **Gelenkkapsel** umgeben, die es zusammenhält. Die Gelenkkapsel wird zudem durch **Gelenkbänder** verstärkt.

Anhand der Bewegungsmöglichkeiten unterscheidet man verschiedene Gelenktypen. Die Arme lassen sich durch das Schultergelenk nach fast allen Seiten drehen. Es handelt sich um ein **Kugelgelenk** (▶ 3). Das Fingergelenk hingegen erlaubt wie das Scharnier einer Tür nur die Bewegung in eine Richtung und zurück. Daher wird es **Scharniergelenk** genannt. Kugelgelenk und Scharniergelenk sind die beiden häufigsten Gelenktypen.

Das **Sattelgelenk**, das den Daumen mit den Handwurzelknochen verbindet, erlaubt die Bewegung in zwei Richtungen. Dadurch kann der Daumen den anderen Fingern gegenübergestellt werden und ermöglicht so unter anderem die Greifbewegung der Hand.

Blutgefäße und Nerven. Über die Blutgefäße wird die Muskulatur mit Sauerstoff und Nährstoffen versorgt. Die Nerven ermöglichen die Steuerung des Muskels.

Werden Muskeln häufig gebraucht, so werden neue Muskelfasern und neue Blutgefäße zur Versorgung des Muskels gebildet – er wächst.

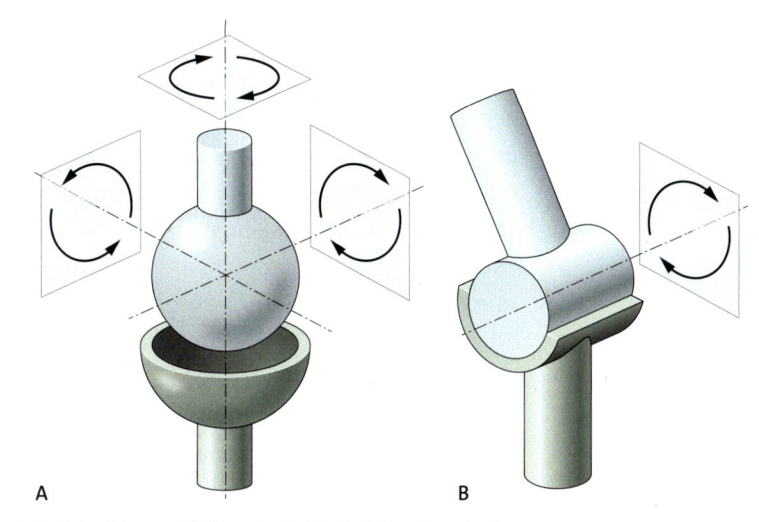

3 Gelenktypen: **A** Kugelgelenk, **B** Scharniergelenk

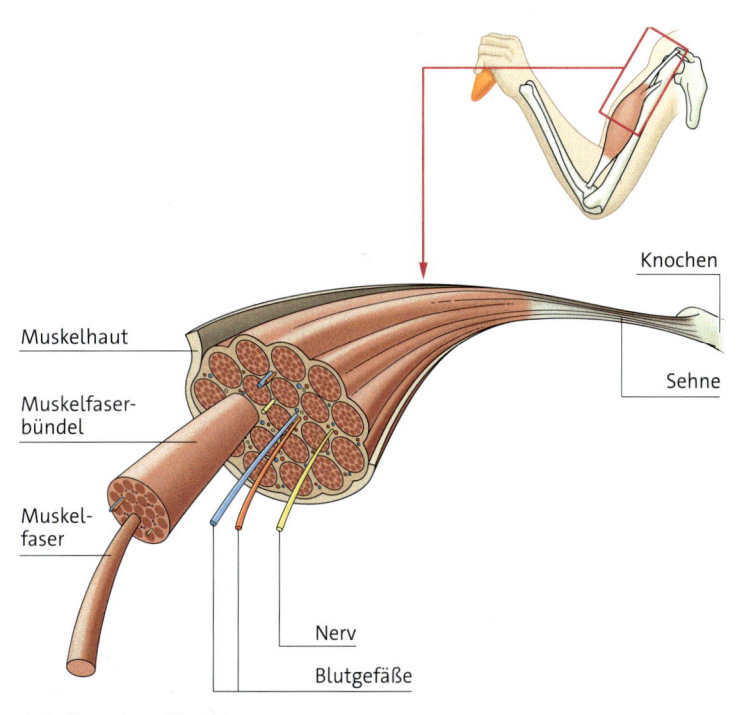

Struktur der Muskeln • Die Muskeln sorgen zusammen mit dem Skelett einerseits für die aufrechte Haltung. Andererseits ermöglicht die Muskulatur im Zusammenspiel mit den Gelenken die Bewegung des Körpers. Die **Skelettmuskulatur** umfasst alle Muskeln, mit denen sich das Skelett bewegen lässt. Über 650 Muskeln befähigen den Menschen zu unterschiedlichen Bewegungen wie beim Turnen.

Der Grundaufbau ist bei allen Muskeln gleich. Der gesamte spindelförmige Muskel ist von einer festen **Muskelhaut** umgeben. Diese Muskelhaut geht an beiden Enden des Muskels in kräftige **Sehnen** über, die fest mit den Knochen verbunden sind. Innerhalb der Muskelhaut liegen mehrere **Muskelfaserbündel**. In einem Muskelfaserbündel sind viele Muskelfasern zusammengefasst. Eine Muskelfaser ist die kleinste Einheit des Muskels. Zwischen den Muskelfasern und den Muskelfaserbündeln verlaufen

4 Aufbau eines Muskels

Funktion der Muskeln • Das Beugen unseres Arms, zum Beispiel beim Klettern, erfolgt durch den **Beugemuskel**. Im Oberarm ist dieser Muskel oben mit dem Schulterblatt und unten mit der Speiche über Sehnen verbunden. Beim Beugen verkürzt sich dieser Muskel und wird dadurch dicker und härter, er ist angespannt. Dies lässt sich am Oberarm auch ertasten. Durch die Verkürzung wird der Arm gebeugt. Zum Strecken des Arms muss ein anderer Muskel verkürzt werden. Dieser **Streckmuskel** liegt auf der gegenüberliegenden Seite des Oberarms. Er ist über Sehnen mit dem Schulterblatt und der Elle verbunden. Durch die Verkürzung des Streckmuskels wird der Beugemuskel automatisch verlängert, er ist entspannt. Da Beugemuskel und Streckmuskel entgegengesetzt arbeiten, nennt man sie **Gegenspieler**. Ein Muskel kann sich nur aktiv verkürzen, er kann sich nicht aktiv verlängern. Daher arbeiten an allen Gelenken mindestens zwei Muskeln nach dem **Gegenspielerprinzip**. Durch die aktive Verkürzung des einen Muskels wird sein Gegenspieler passiv verlängert.

Auch wenn man steht oder sitzt, wenn also äußerlich keine Bewegung erkennbar ist, arbeiten bestimmte Skelettmuskeln. Diese Haltearbeit kann man sich so vorstellen, als ob sich jeweils zwei Gegenspielermuskeln abwechselnd im sehr schnellen Wechsel zusammenziehen, ohne dass außen eine Bewegung erkennbar ist.

Muskeln können wachsen • Werden Muskeln häufig gebraucht, so werden neue Muskelfasern sowie Blutgefäße zur Versorgung des Muskels gebildet. Der Muskel wird trainiert. Durch Training wachsen Skelettmuskeln und werden stärker durchblutet. Wird ein Muskel nicht beansprucht oder nicht mehr trainiert, so führt dies zum Abbau des Muskels – er wird dünner.

1 ◪ Nenne Alltagsgegenstände, bei denen Bauteile verwendet werden, die in ihrer Funktion dem Kugelgelenk und dem Scharniergelenk ähnlich sind.

2 ◪ Beschreibe, wie das Beugen und Strecken des Arms durch Muskeln ermöglicht wird.

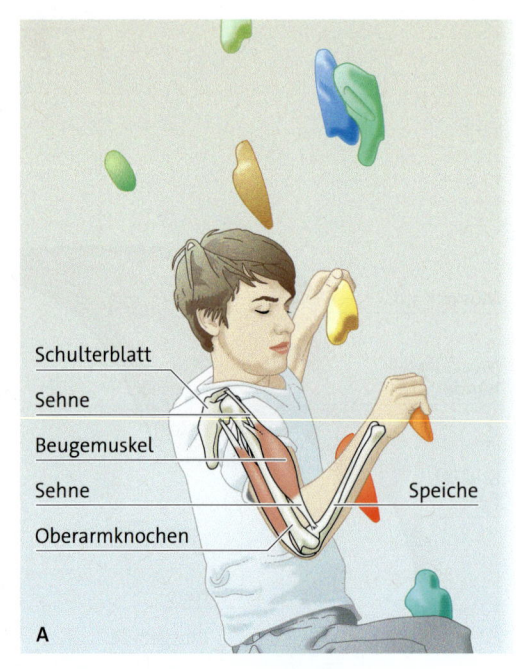

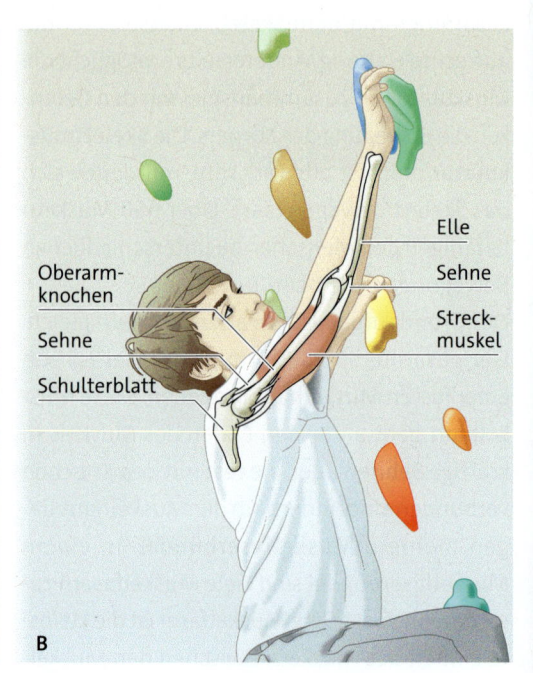

1 Bewegung des Arms: **A** Beugen, **B** Strecken

Material — Körper des Menschen • Gelenke und Muskeln

Versuch A Modellhand

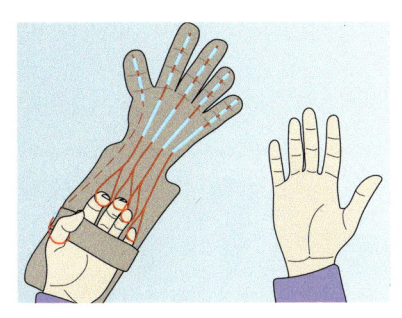

A1 Modellhand

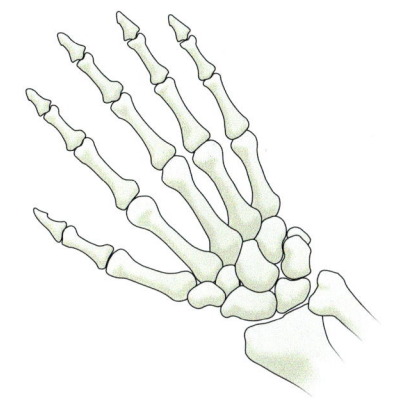

A2 Skelett der Hand

Die Hand des Menschen besitzt Knochen, Muskeln, Sehnen und Gelenke. Für die Funktion der Hand ist das Zusammenspiel aller Strukturen wichtig.

Material:
DIN-A4-Blatt, Stift, Schere, Röhrennudeln (z. B. lange Makkaroni), Messer, Schnur, Klebestreifen

Durchführung:

a Zeichne die Umrisse deiner linken Hand auf dem Papier nach. Spreize dabei die Finger auseinander. Betrachte deine Handrückseite, während du die Finger bewegst. Ertaste die Sehnen und trage sie in die Handzeichnung ein.

b Führe in der Luft Greifbewegungen mit der linken Hand aus. Markiere in der Zeichnung die Gelenkstellen und zähle sie. Trage die Umrisse der Knochen ein. Nimm Abbildung A2 zu Hilfe.

c Schneide die Handzeichnung zum Bau der Modellhand aus. Schneide die Nudeln in Stücke, die so groß wie die Umrisse der Knochen sind. Klebe die Nudeln auf die Knochenumrisse. Ziehe durch jeden Finger eine Schnur. Klebe sie an den Fingerspitzen fest.

d Ziehe an den Schnüren und versuche, etwas mit der Hand zu greifen.

1 ☐ Beschreibe deine Beobachtungen.

2 ◪ Nenne Schwachstellen der Modellhand.

Material B Muskeln als Gegenspieler

B1 Fußballspieler

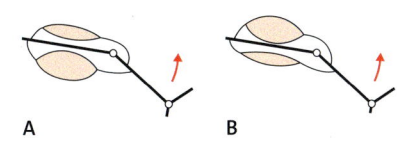

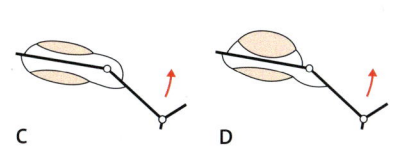

B2 Muskeln des Oberschenkels

	Beugemuskel	Streckmuskel
A	~~~~~~~~~~	~~~~~~~~~
B	~~~~~~~~~~	~~~~~~~~~

B3 Zustand von Beuge- und Streckmuskel

Die Beinmuskeln des Oberschenkels arbeiten wie die Muskeln im Oberarm. Eine der Skizzen in Abbildung B2 passt zum fußballspielenden Jungen (▶ B1).

1 ☐ Benenne in Abbildung B2 A den Beugemuskel und den Streckmuskel des Oberschenkels.

2 ◪ Ordne eine Skizze in Abbildung B2 (A, B, C oder D) dem im Foto gezeigten Bewegungsablauf begründet zu.

3 ◪ Beschreibe den Zustand von Beugemuskel und Streckmuskel des Oberschenkels in Abbildung B2 A und B. Lege dazu eine Tabelle an (▶ B3).

4 ◪ Beschreibe das Gegenspielerprinzip in eigenen Worten.

5.3 Bewegung hält fit

1 Einradfahren

Einradfahren erfordert viel Geschicklichkeit und Körperbeherrschung. Zum Joggen oder Fußballspielen braucht man viel Ausdauer. So hat jede Sportart ihre eigenen Ansprüche. Doch warum treiben viele Menschen Sport?

Sport und Spiel • Ob in der Schule, im Büro oder zu Hause, einen Großteil ihrer Zeit verbringen Menschen heutzutage mit bewegungsarmen Beschäftigungen oder im Sitzen. Auch die Freizeit verbringen viele vor dem Fernseher, am Computer oder am Handy. Dieser Mangel an Bewegung führt zusammen mit falschen Ernährungsgewohnheiten häufig zu Übergewicht, mangelnder Beweglichkeit bis hin zu Haltungsschäden.
Im Gegensatz dazu tragen sportliche Aktivitäten zum Ausgleich des Bewegungsmangels bei und stärken das seelische Wohlbefinden. Viele Menschen haben Spaß daran, auszuprobieren und zu erfahren, was ihr Körper leisten kann, zum Beispiel bei besonderen Aktivitäten wie dem Einradfahren. Andere nutzen Joggen, Fahrradfahren oder Gymnastikübungen, um geistig abzuschalten und zu entspannen. Wieder andere treffen sich mit Freundinnen und Freunden im Sportverein, um gemeinsam aktiv zu sein und die Geselligkeit zu genießen. Für viele ist es auch wichtig, sich in Wettbewerben mit anderen zu messen und Erfolge zu erzielen, etwa bei Punktspielen im Ballsport.
Sport und Spiel können also neben der Gesundheit auch das Selbstbewusstsein fördern sowie das seelische Gleichgewicht und die Lebensqualität steigern.

Auswirkungen des Trainings • Wer regelmäßig Sport treibt und sich in seinem Alltag viel bewegt, trainiert seinen Körper: Knochen werden fester, Gelenke geschmeidiger, Muskeln kräftiger, Sehnen und Bänder elastischer. Das hilft, Verletzungen des Bewegungsapparats zu verhindern. Darüber hinaus beugt die Kräftigung der Rückenmuskulatur möglichen Rückenschmerzen und Erkrankungen der Wirbelsäule vor. Die Leistungsfähigkeit von Lunge, Herz und Kreislaufsystem wird erhöht und somit die Ausdauer gesteigert. Durch den vermehrten Energiebedarf verbraucht der Körper zu viel aufgenommene Nährstoffe und Fettreserven. Das hilft dabei, das Körpergewicht zu halten oder zu reduzieren.

Schwitzen gehört dazu • Auch wenn es manchmal unangenehm erscheint, Schwitzen ist wichtig für den Körper. Wenn man sich bewegt und die Muskeln arbeiten, erhöht sich die Körpertemperatur. Es wird einem warm. Als Folge schwitzt man. Die Schweißschicht auf der Haut sorgt für Abkühlung. Der Körper kann damit überschüssige Wärme abgeben.
Durch das Schwitzen verliert der Körper aber auch viel Wasser. Wer Sport macht, muss deshalb viel trinken. Geeignete Getränke sind Mineralwasser und Fruchtschorlen, da sie viele Mineralstoffe und wenig Zucker enthalten.

Seitenstechen und Muskelkater • Wenn man sich überlastet hat, falsch atmet oder vor dem Laufen gegessen hat, kann ein stechender Schmerz auftreten. Gegen dieses Seitenstechen hilft in der Regel, tief ein- und auszuatmen, mit der Hand die schmerzende Stelle zu massieren und eine Gehpause einzulegen.
Nach ungewohnten Bewegungen oder sehr intensiven Trainingseinheiten kommt es Stunden oder wenige Tage später oft zu Muskelschmerzen. Die Muskeln fühlen sich hart und steif an, reagieren empfindlich auf Berührungen und lassen sich nicht richtig bewegen. Man hat einen Muskelkater. Die Beschwerden können mehrere Tage andauern. Zu den Ursachen gibt es verschiedene Vermutungen. Man nimmt an, dass Muskelfasern verletzt werden und ausheilen müssen. Daher sollte man die betroffenen Muskeln schonen und nur leicht belasten.

2 Verschiedene Sportarten

1 ☐ Nenne Gründe, warum Sport und Bewegung im Alltag sinnvoll sind.

2 ✏ Erkläre, warum Trinken bei sportlichen Aktivitäten so wichtig ist.

171

1 Viele Verletzungen lassen sich vermeiden.

Verletzungen • Plötzliche oder übermäßige Belastungen können zu Verletzungen führen. Durch Aufwärmübungen kann man sie vermeiden. Verletzungen können auch durch Unachtsamkeit oder Unfälle auftreten. Beim Sport sollte immer jemand da sein, der im Notfall helfen oder Hilfe holen kann. Bei starken Schmerzen oder Unsicherheit sollte man eine Ärztin oder einen Arzt aufsuchen.

Hat man sich nicht gut genug aufgewärmt und beansprucht die noch „kalte" Muskulatur übermäßig, kommt es schnell zu **Zerrungen.** Der Muskel schmerzt, da einzelne Muskelfasern beschädigt sind. Auch Schläge, Tritte oder Stürze können einen Muskel schädigen. Er wird kurzzeitig zusammengedrückt und schwillt an. Diese Verletzung wird als **Prellung** bezeichnet. Sind Blutgefäße verletzt, so bilden sich **Blutergüsse,** die man bei oberflächlichen Verletzungen als blaue Flecke auf der Haut sehen kann.

Häufige Verletzungen im Gelenkbereich sind die **Bänderdehnung** und der **Bänderriss.** Dabei wird ein Gelenk über seine Bewegungsmöglichkeiten hinaus gedreht oder gebogen, sodass die Bänder überdehnt werden oder sogar reißen. Durch Überdehnung der Bänder wird das Gelenk instabil. Bei einem Stoß oder Sturz kann dann der Gelenkkopf kurzzeitig aus der Gelenkpfanne springen. Man spricht von einer **Verstauchung.** Bleibt der Gelenkkopf außerhalb der Gelenkpfanne, liegt eine **Verrenkung** vor. Beides ist äußerst schmerzhaft, das betroffene Gelenk schwillt an und lässt sich nicht mehr richtig bewegen.

Erste Hilfe • Bei den genannten Muskel- und Gelenkverletzungen hilft die **PECH-Regel** bei der Erstversorgung (▸2). Die Buchstaben PECH stehen für Pause, Eis, Compression, das bedeutet Druck, und Hochlagern. Man sollte also sofort seine Aktivitäten beenden, die verletzte Stelle kühlen und einen Druck- oder Stützverband anlegen. Sind Arme oder Beine verletzt, soll man diese erhöht ablegen. Diese Maßnahmen sollen starke Schwellungen oder weitere Verletzungen verhindern.

Bei **Knochenbrüchen** hört man oft ein Knackgeräusch. Bei der kleinsten Bewegung spürt man starke Schmerzen und der Knochen ist nicht mehr belastbar. Bei einem geschlossenen Bruch bleibt die Haut unverletzt, dennoch können Blutgefäße und das umliegende Gewebe verletzt sein. Bei offenen Brüchen durchtrennt der Knochen die Haut. In diesem Fall muss die Blutung gestillt und die Wunde keimfrei abgedeckt werden. Der gebrochene Knochen und die umliegenden Gelenke müssen in jedem Fall ruhiggestellt werden, bis der Bruch ärztlich behandelt werden kann.

1 **P**ause
2 **E**is auflegen
3 **C**ompression
4 **H**ochlagern

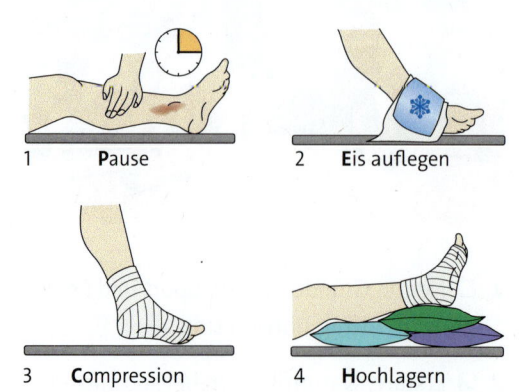

2 PECH-Regel

1 📝 Stelle in einer Tabelle Verletzungen und Erste-Hilfe-Maßnahmen dar. Gib in den Spalten Verletzungsart, betroffenen Körperteil und Hilfsmaßnahmen an.

Material

Körper des Menschen • Bewegung hält fit

Material A Richtiges Heben

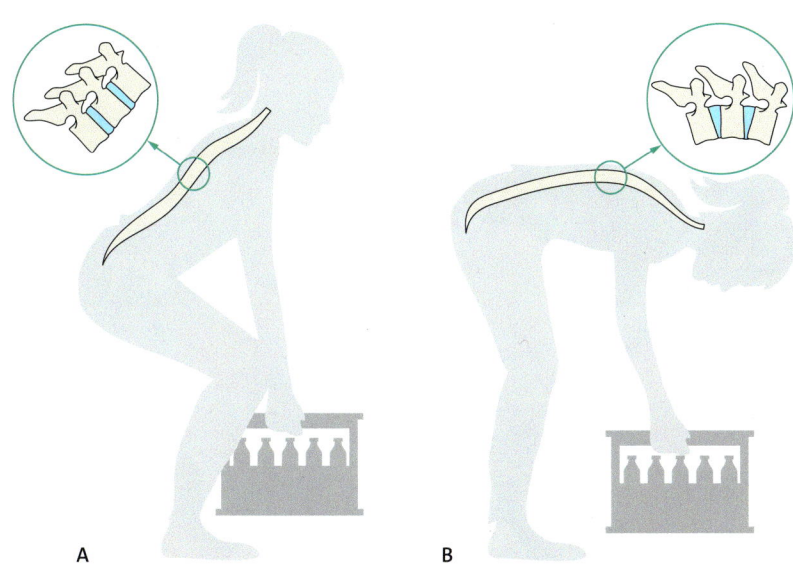

Beim Heben schwerer Gegenstände sollte man die richtige Technik anwenden, um die Bandscheiben und Wirbelkörper zu entlasten.

1. 🗸 Vergleiche die Belastung der Bandscheiben bei geradem und gekrümmtem Rücken (▶ A1 A und B).

2. 🗸 Erkläre, welche der beiden Hebetechniken die richtige ist.

3. 🗸 Schreibe eine Anleitung zum „richtigen Heben". Berücksichtige dabei die Beinhaltung.

A1 Heben schwerer Gegenstände: **A** bei geradem und **B** bei gekrümmtem Rücken

Material B Falsche Körperhaltung

Hohl- Rund- Schief-
rücken rücken rücken

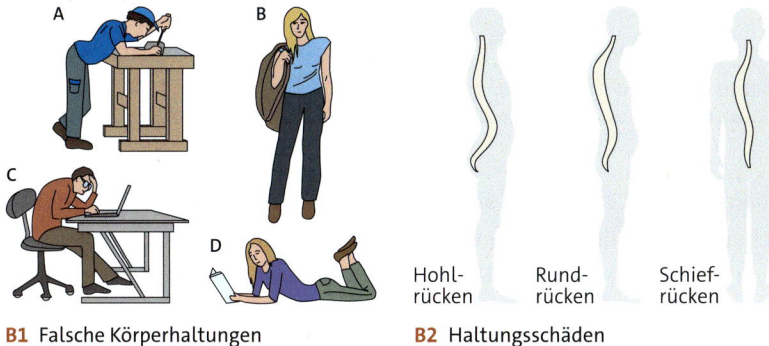

B1 Falsche Körperhaltungen   **B2** Haltungsschäden

Falsche Körperhaltungen können Haltungsschäden hervorrufen.

1. 🗸 Ordne den Körperhaltungen (▶ B1 A–D) die Haltungsschäden (▶ B2) begründet zu.

2. 🗸 Beschreibe, wie die korrekte Haltung aussehen müsste.

Material C Rückenübungen

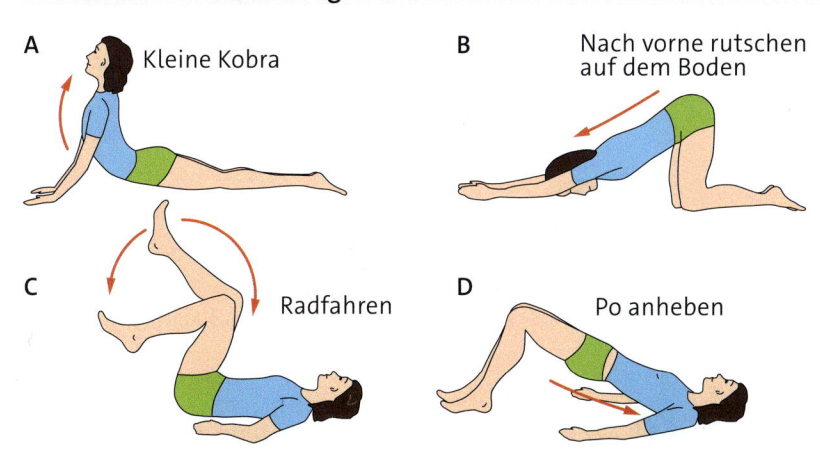

A Kleine Kobra

B Nach vorne rutschen auf dem Boden

C Radfahren

D Po anheben

C1 Regelmäßige Rückenübungen halten dich gesund und beweglich.

Die Übungen a und b fördern eine aufrechte Körperhaltung. Die Übungen c und d machen die Wirbelsäule im Bereich der Lendenwirbel beweglicher (▶ C1).

1. ☐ Führe die Übungen durch und beschreibe, welche Körperbereiche besonders beansprucht werden.

2. ☐ Nenne die Übung, die Hohlrücken direkt entgegenwirkt.

5.4 Die Ernährung

1 Obst und Gemüse

Hübsch angerichtetes Obst und Gemüse fördert bei vielen Menschen den Appetit. Welche Nahrung aber braucht ein Mensch und wie kann man dies herausfinden?

2 Grundnahrungsmittel: **A** kohlenhydratreiches Nahrungsmittel: Vollkornbrot; **B** eiweißreiche Nahrungsmittel: Fleisch, Fisch, Eier, Nüsse, Bohnen

Lebensmittel • Je nach Region und Land ernähren sich die Menschen unterschiedlich. Auch die Geschmäcker einzelner Menschen sind verschieden. Allen gemeinsam ist aber, dass ihre Nahrung von Lebewesen stammt. Pflanzliche Produkte wie Obst, Gemüse, Reis und Getreideprodukte sowie tierische Produkte wie Fleisch, Fisch, Milch oder Eier werden als **Nahrungsmittel** bezeichnet. Sie enthalten für die menschliche Ernährung wichtige Inhaltsstoffe. Besonders wichtig sind **Kohlenhydrate, Eiweißstoffe** und **Fette.** Man bezeichnet sie als **Nährstoffe.** Nahrungsmittel, die größere Mengen der drei Nährstoffe enthalten, nennt man **Grundnahrungsmittel** (▶2). Sie machen den Hauptteil der Nahrung aus.

Es gibt viele verschiedene Grundnahrungsmittel. Daher können Menschen überall auf der Welt sehr unterschiedliche Nahrung zu sich nehmen.

Auf einen weiteren Nahrungsbestandteil kann allerdings kein Mensch verzichten: Ohne **Wasser** überlebt man nur wenige Tage. Unser Körper besteht zu 70 Prozent aus Wasser und benötigt es vor allem, um Stoffe im Körper zu transportieren. Wasser und Nahrungsmittel bilden die Lebensmittel.

Verwendung der Nährstoffe • Jeder menschliche Körper wächst oder ersetzt alte Bestand-

Körper des Menschen • Die Ernährung

Nervenzellen

Zellen der Wände der Lungenbläschen

Zellen des Dünndarms

Muskelzellen

Zellen der Bronchien und Luftröhre

Zellen der Bauchspeicheldrüse

Knochenzellen

3 Zellen als Ziel der Bau- und Betriebsstoffe

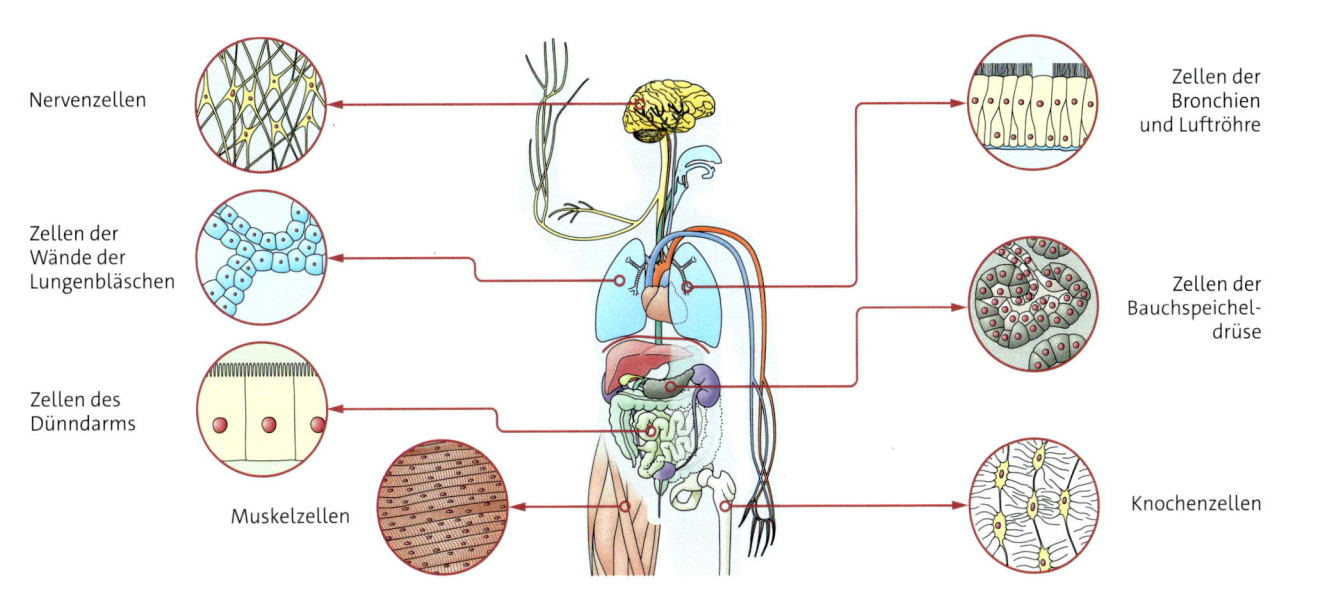

teile durch neue. Muskeln, Haare und Nägel bestehen zum Beispiel zu einem großen Teil aus Eiweißstoffen, den **Proteinen.** Proteinhaltige Nahrung liefert die Stoffe, mit denen Muskeln, Haare und Nägel neu gebildet werden. Man bezeichnet sie als **Baustoffe.**

Weitere Baustoffe bekommt der menschliche Körper aus **Kohlenhydraten** und **Fetten**. Sie werden, genau wie Proteine, in allen Zellen verwendet (▶3).

Sämtliche Vorgänge im menschlichen Körper sowie die Fortbewegung benötigen Energie. Die Nährstoffe liefern nicht nur Baustoffe für den menschlichen Körper. Der Körper kann mit ihnen auch Energie bereitstellen. Vor allem mit Kohlenhydraten und Fetten erhält er genügend Energie für den Betrieb der Lebensvorgänge. Daher sind diese beiden Nährstoffe zusätzlich **Betriebsstoffe** für den Körper.

Weitere Nahrungsbestandteile • Die Lebensmittel enthalten weitere Bestandteile, die der Körper zu seiner Funktion benötigt. Calcium, das in Milch und Kohlrabi enthalten ist, wird für die Knochenbildung gebraucht. Es ist ein **Mineralstoff.** Andere Mineralstoffe wie Magnesium, Kalium und Natrium sind für die Muskel- und Nerventätigkeit wichtig. Iod und Fluor sind Mineralstoffe, die unsere Nahrung oft in zu geringer Menge enthält. Sie werden dem Kochsalz und der Zahncreme zugesetzt.

Vitamine sind an allen lebenswichtigen Vorgängen beteiligt und müssen in geringen Mengen aufgenommen werden. Man erhält sie hauptsächlich mit Obst und Gemüse. Das Vitamin B_{12} ist dagegen vornehmlich in tierischen Produkten enthalten. Menschen, die sich vegan ernähren, müssen Vitamin B_{12} zum Beispiel mit Vitamintabletten zu sich nehmen.

Die menschliche Nahrung enthält einige Stoffe, die nur den Darm füllen und nicht in den Körper aufgenommen werden. Man nennt sie **Ballaststoffe.** Sie regen bei gesunden Menschen die Darmtätigkeit an. Dadurch verhindern sie Verstopfung und machen länger satt. Außerdem beugen sie wahrscheinlich Darmkrebs vor. Vollkornprodukte sind reich an Ballaststoffen und werden daher zur Ernährung empfohlen.

1 ☐ Fasse zusammen, wie Lebensmittel den Bau und Betrieb des menschlichen Körpers ermöglichen.

2 ☐ Beschreibe, auf welche Weise Lebensmittel mit vielen Ballaststoffen unseren Körper gesund erhalten.

Art der Arbeit	Beispiele	Energiebedarf pro Tag in Kilojoule
Sitzende Tätigkeit	Büroangestellte und Büroangestellter	9200 bis 10 880
Leichte Muskelarbeit	Gabelstaplerfahrerin und Gabelstaplerfahrer	10 880 bis 11 700
Mäßig starke Muskelarbeit	Gebäudereinigerin und Gebäudereiniger	11 700 bis 13 400
Ausgeprägte Muskelarbeit	Maurerin, Maurer, Steinmetzin und Steinmetz	13 400 bis 16 750

1 Energiebedarf bei unterschiedlicher Arbeit (für Frauen gelten die niedrigen Werte)

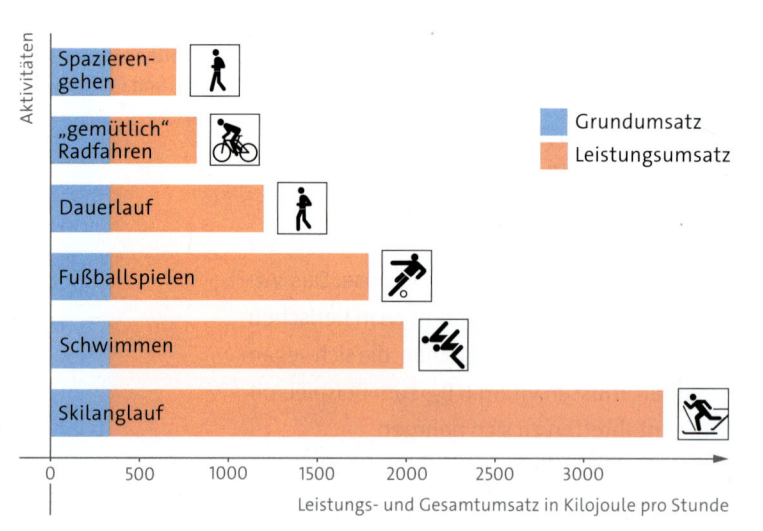

2 Leistungsumsatz und Gesamtumsatz bei verschiedenen Tätigkeiten

Energiebedarf • Ein Mensch, der schwer körperlich arbeitet, nimmt in der Regel mehr Nahrung zu sich als ein Mensch, der nur leichte Arbeit verrichtet. Er benötigt mehr Nährstoffe, die als Betriebsstoffe Energie bereitstellen, und muss daher mehr essen als eine leicht arbeitender Mensch. Der **Energiebedarf** ist für verschiedene Tätigkeiten unterschiedlich. Die Energiemenge wird in der Einheit **Kilojoule** gemessen (▶1). Der Energiebedarf ist zudem abhängig vom Körperbau, dem Alter und Geschlecht.
Wenn ein Mensch weniger Nahrung zu sich nimmt, als es seinem Energiebedarf entspricht, wird er nach und nach an Körpermasse verlieren. Weil der menschliche Körper aus Nährstoffen aufgebaut ist, werden diese als Energiequelle benutzt. Dadurch verliert der Körper Baustoffe. Nimmt ein Mensch mehr Nahrung zu sich, als es seinem Baustoffbedarf und Energiebedarf entspricht, lagert er Körperfett ein. Dies gilt besonders bei übermäßiger Zufuhr von Kohlenhydraten wie Zucker und Stärke.

Körperliche Belastung • Je mehr Muskelarbeit verrichtet werden muss, desto mehr Energie braucht ein Mensch. Aber auch ohne Arbeit benötigt der Körper Energie, zum Beispiel für Atmung, Verdauung sowie Herz und Gehirntätigkeit. Man bezeichnet die bei völliger Ruhe benötigte Energiemenge als **Grundumsatz.**
Sobald man Muskel- oder Denkarbeit leistet, erhöht sich der Energiebedarf. Diese zusätzliche Energiemenge wird **Leistungsumsatz** genannt. Am Beispiel verschiedener Sportarten wird deutlich, dass zum jeweils gleichen Grundumsatz ein unterschiedlicher Leistungsumsatz hinzukommt. Dadurch ergibt sich jedes Mal ein anderer **Gesamtumsatz** (▶2). Hieran muss die Nahrungsaufnahme angepasst sein.

Fehlernährung • Wenn man zu viel oder zu wenig isst, ernährt man sich falsch. Darüber hinaus kommt es auch vor, dass man zu wenig Vitamine oder Ballaststoffe zu sich nimmt. Dann stellen sich **Mangelerkrankungen** ein. Durch die Erforschung solcher Erkrankungen hat man herausgefunden, wie man sich gesund ernähren kann. Vitaminmangel ist heute bei den Menschen in Deutschland nicht mehr festzustellen.

1 ☐ Beschreibe, was die Begriffe Energiebedarf und Gesamtumsatz bedeuten.

2 ■ Stelle eine Vermutung auf, weshalb Kinder und Jugendliche einen höheren Energiebedarf als Erwachsene haben.

Material

Körper des Menschen • Die Ernährung

Material A Nährstoffe in unterschiedlichen Nahrungsmitteln

Gericht, getrocknet, 100 Gramm	Energiegehalt in Kilojoule	Eiweißgehalt in Gramm	Fettgehalt in Gramm	Kohlenhydratgehalt in Gramm
Pizza	2009	16	22	52
Hamburger	2176	23	28	40
Makkaroni mit Tomatensoße	2240	19	31	41
Empfohlener Gehalt	1880	16	15	59

A1 Energie- und Nährstoffgehalt verschiedener Gerichte

Wenn man zum Beispiel eine Pizza einen ganzen Tag lang bei 100 Grad Celsius in einen Ofen stellt, trocknet sie vollständig. 100 Gramm dieser getrockneten Pizza liefern 2009 Kilojoule an Energie und unter anderem 16 Gramm Eiweiß (▶ A1). Ernährungsempfehlungen sagen, dass 100 Gramm eines getrockneten Gerichts nur 1880 Kilojoule Energie liefern sollten. Die Pizza in unserem Beispiel sollte also eine andere Zusammensetzung der Nährstoffe haben.

1. Vergleiche die drei Gerichte aus der Tabelle mit dem empfohlenen Gehalt an Nährstoffen und Energie (▶ A1).

2. Bewerte die drei Gerichte. Gib an, wie die übrige Nahrung an einem Tag mit der jeweiligen Mahlzeit beschaffen sein muss.

Material B Energiebedarf

Aktivitäten eines Schülers	Leistungsumsatz pro Stunde in Kilojoule
Schlafen	0
Liegen	84
Sitzen, Essen, Lesen, Fernsehen	194
Sitzend Schreiben, Teilnahme am Unterricht	260
Zu-Fuß-Gehen, 5 Kilometer pro Stunde	786
Radfahren, 10 Kilometer pro Stunde	704
Radfahren, 20 Kilometer pro Stunde	1952
Fußballtraining	1942
Dauerlauf, 15 Kilometer pro Stunde	3232

B1 Leistungsumsatz bei verschiedenen Tätigkeiten

Der Grundumsatz eines Menschen lässt sich schätzen. Man multipliziert die Körpermasse in Kilogramm mit 4,2 Kilojoule pro Kilogramm.
Ein 40 Kilogramm schwerer Schüler hat den folgenden Tagesablauf: An Tagen ohne Fußballtraining macht der Schüler ein einstündiges Radfahrtraining. Er fährt dabei jeweils 20 Kilometer weit. Unmittelbar vor jedem Radfahrtraining isst er eine Banane. Der Körper kann durch die Kohlenhydrate in der Banane aus einer Frucht von 100 Gramm eine Energiemenge von 385 Kilojoule gewinnen. Nach dem Training löscht er seinen Durst mit zwei Gläsern Apfelsaft, die jeweils 197 Kilojoule Energie liefern. Etwas später hat der Schüler besonderen Hunger auf eine kleine Portion Spaghetti mit Tomatensoße. Das bedeutet zusätzliche 1230 Kilojoule Energie.

1. Berechne den Leistungsumsatz und den Gesamtumsatz dieses Schülers an dem Tag ohne Fahrradtraining.

2. Berechne, wie viel Energie der Schüler durch die zusätzlichen Lebensmittel am Tag mit Fahrradtraining erhält.

3. Erläutere, wie der Schüler sich gemäß seinem Energiebedarf ernähren kann.

5.5 Nährstoffnachweise

1 Stärkenachweis bei einer Kartoffel

Eine Schülerin tropft eine braune Flüssigkeit auf einen Bereich der Schnittfläche einer halbierten Kartoffel. Daraufhin entsteht dort ein blauvioletter Fleck. Wie ist das zu erklären?

Nachweisstoff • In der braunen Flasche neben der Schülerin befindet sich Iod-Kaliumiodid-Lösung. Das ist Wasser, das Iod-Kaliumiodid enthält. Es bewirkt eine blauviolette Färbung, wenn es mit Stärke in Berührung kommt. Wenn man dagegen die Lösung zum Beispiel auf Zucker oder in Milch tropft, bleibt die Lösung braun, der entstehende Fleck ist ebenfalls braun.

Wenn man Zucker und Stärke mischt, entsteht bei Zugabe von Iod-Kaliumiodid-Lösung wieder eine blauviolette Färbung. Genauso verhält es sich mit einer Mischung von Stärke und Milch. Man kann also mit der Lösung entdecken, ob in einem Lebensmittel Stärke enthalten ist oder nicht. Iod-Kaliumiodid-Lösung ist ein **Nachweisstoff** für Stärke.

Weil in den Zellen der Kartoffel Stärke enthalten ist, färbt sich die betropfte Stelle blauviolett. So kann man die Stärke nachweisen.

2 Stärkenachweis mit Iod-Kaliumiodid-Lösung

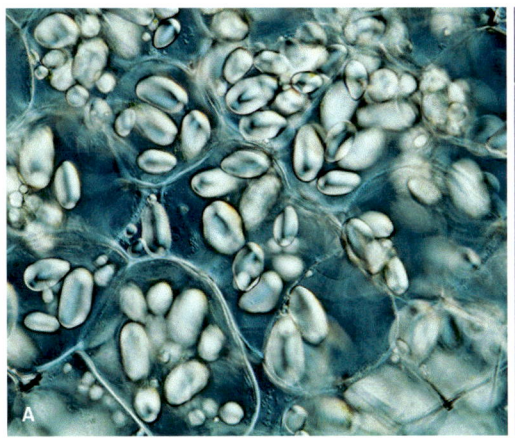

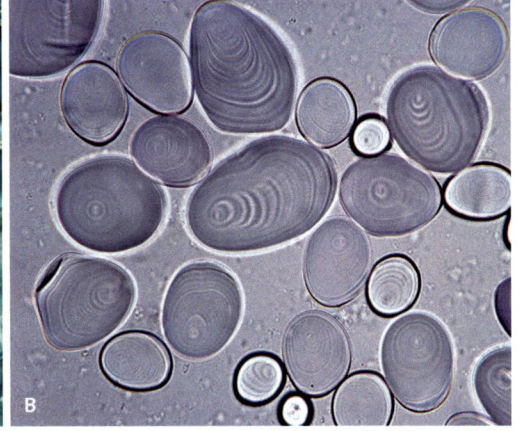

Körper des Menschen • Nährstoffnachweise

3 Stärkekörner der Kartoffel: **A** Zellen mit Stärkekörnern, **B** einzelne Stärkekörner

Nachweise • Der Nachweis von Stärke in den Zellen der Kartoffel gelingt auch unter dem Mikroskop. Man sieht gefärbte Stärkekörner in den Zellen der Kartoffelknolle (▶ **3B**).

In pflanzlichen oder tierischen Produkten, die zu Nahrungsmitteln verarbeitet wurden, sind die Zellen meistens nicht mehr vorhanden. Beispielsweise stellt man reine Kartoffelstärke folgendermaßen her: Man zerkleinert Kartoffeln auf einer Kartoffelreibe zu einem Brei. Dabei werden die Zellen zerstört. Den Brei drückt man durch ein Tuch, sodass die flüssigen Bestandteile hindurchlaufen. Man wäscht mehrmals mit Wasser nach. Die aufgefangene Flüssigkeit wird getrocknet. Übrig bleibt die weiße Stärke. Mit Iod-Kaliumiodid-Lösung kann man dies durch blauviolette Färbung nachweisen.

Bei der Untersuchung von Lebensmitteln verwendet man weitere Nachweise für die Nährstoffe Kohlenhydrate, Fette und Proteine. Unter den Kohlenhydraten sind neben der Stärke auch der Zucker von besonderer Bedeutung, denn viele Produkte enthalten für eine gesunde Ernährung zu viel Zucker. Zucker kann man ebenfalls nachweisen. Fette und Proteine findet man in verschiedenen Samen und Früchten. Mit diesem Wissen können vegetarisch oder vegan lebende Menschen Gerichte zusammenstellen, in denen genügend Protein und Fett enthalten sind.

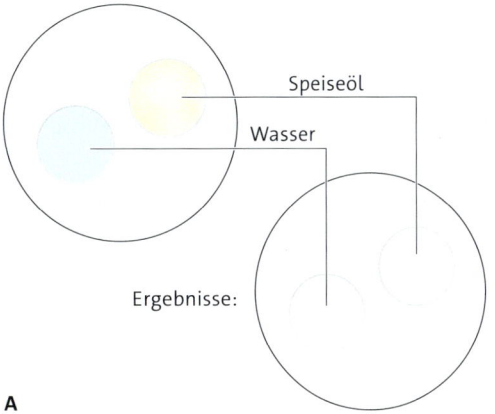

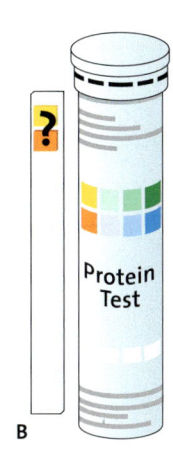

4 A Fettfleckprobe, **B** Teststäbchen für Proteinnachweise

Methoden Der Nachweis von Fett gelingt mit der Fettfleckprobe (▶ **4A**). Hierzu gibt man das zu untersuchende Lebensmittel auf ein Papier. Feste Lebensmittel werden verrieben. Wenn nach dem Trocknen ein gegen das Licht durchscheinender Fettfleck bleibt, ist Fett nachgewiesen.

Es gibt Teststreifen, auf denen Nachweisstoffe haften. Zucker- und Protein-Teststreifen sind gebräuchlich (▶ **4B**). Man taucht sie kurz in ein Lebensmittel, zum Beispiel Eiklar, und kontrolliert, ob sich die Farbe ändert.

1 ▰ Begründe, weshalb man mit Iod-Kaliumiodid-Lösung Stärke in Lebensmitteln nachweisen kann.

Material

Versuch A Nachweis von Stärke in verschiedenen Lebensmitteln

Protokollblatt Stärkenachweis		Name: ...	Datum: ...
Lebensmittel	Kartoffel	Reiskörner	~~~~~~~
Blaufärbung	ja	~~~~~~~~~~~	~~~~~~~
Intensität	hoch	~~~~~~~~~~~	~~~~~~~
Deutung Farbe	enthält Stärke	~~~~~~~~~~~	~~~~~~~
Deutung Intensität	enthält viel Stärke	~~~~~~~~~~~	~~~~~~~

A1 Einige Lebensmittel

A2 Protokollblatt

Nudeln und Reis werden häufig statt Kartoffeln zu den Hauptmahlzeiten gegessen. Liegt es an der Stärke, dass diese drei Produkte untereinander austauschbar sind? Darüber hinaus kann man sich fragen, ob etwa Gurken oder weitere Nahrungsmittel Stärke enthalten.

Frage: Welche häufigen Lebensmittel enthalten Stärke?

Vermutung: Kartoffeln, Reis, Nudeln enthalten Stärke.

Material: verschiedene Lebensmittel, Iod-Kaliumiodid-Lösung (GHS 8) in einer Tropfflasche, weißes Tablett

Durchführung: Gib kleine Proben der verschiedenen Lebensmittel nebeneinander auf das Tablett. Auf jede Probe gibst du drei Tropfen Iod-Kaliumiodid-Lösung.

1. Protokolliere das Experiment. Lege dazu ein Protokollblatt an.

2. Führe das Experiment durch und werte es aus.

Versuch B Nachweis von Fett in verschiedenen Lebensmitteln

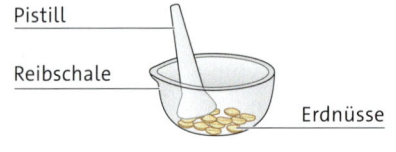

Fettreiche Produkte erkennt man mit der Fettfleckprobe.

Durchführung: Flüssigkeiten, die auf ihren Fettgehalt untersucht werden, kannst du direkt auf das Papier bringen.
Erdnüsse und andere feste Lebensmittel werden in einer Reibschale mit einem Werkzeug aus Porzellan, dem Pistill, vorsichtig zerstoßen. Danach zerreibst du sie auf dem Papier und entfernst die festen Reste wieder.
Für jedes neue Lebensmittel musst du die Reibschale gründlich ausspülen.
Bevor du beginnst, umkreist du mit einem Bleistift mehrere Bereiche auf einem Blatt Schreibpapier. An jeden Bereich schreibst du den Namen des zu untersuchenden Lebensmittels (▶ B1). Das ist besonders bei Lebensmitteln wichtig, die keinen Fleck hinterlassen.

1. Formuliere eine Fragestellung für das Experiment und erstelle eine Materialliste. Nimm Abbildung 4 auf Seite 179 zu Hilfe.

2. Begründe, weshalb die Reibschale immer wieder gespült werden muss.

3. Führe das Experiment durch und werte es aus.

B1 Durchführung des Fettnachweises

Körper des Menschen • Nährstoffnachweise

Versuch C Nachweis von Protein mit Teststreifen

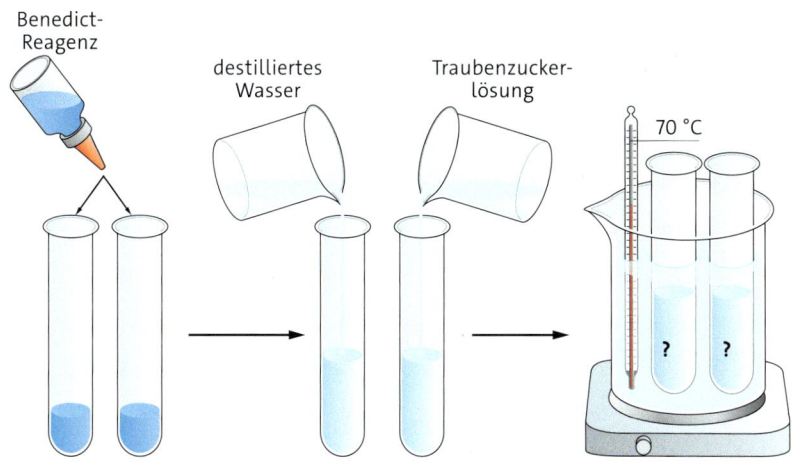

C1 Durchführung des Proteinnachweises

Mit Teststreifen kann man sehr einfach Nährstoffe nachweisen. Allerdings müssen feste Nahrungsmittel wie Bohnen vor dem Test mit etwas Wasser zerrieben werden. Um sicher zu sein, dass das Wasser nicht zu einer Verfärbung der Teststreifen führt, macht man einen Kontrollversuch. Man behandelt es genauso wie die Probe mit dem Eiklar.

Material: 5 Bechergläser (50 ml), destilliertes Wasser, Eiklar, Glasstab, Protein-Teststreifen, Reibschale mit Pistill, Bohnen, weitere Lebensmittel

1. ⬛ Führe das Experiment durch. Verfahre gemäß der Abbildung und notiere die Ergebnisse.

2. ⬛ Fertige ein Protokoll an und unterscheide dabei Experimentalansatz und Kontrollansatz. Nimm Seite 85 zu Hilfe.

Versuch D Nachweis von Zucker mit Benedict-Reagenz

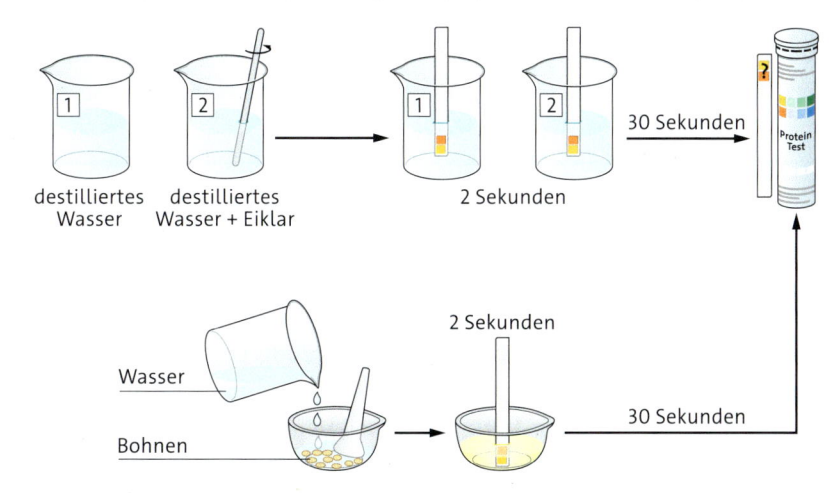

D1 Durchführung des Zuckernachweises mit Benedict-Reagenz

Material: Schutzbrille, Becherglas (250 ml), Heizplatte, Thermometer, 3 Bechergläser (50 ml), Reagenzglasständer, 3 Reagenzgläser, 2 Spatel, Benedict-Reagenz (GHS 7, 9) in einer Tropfflasche, destilliertes Wasser, Glasstab, Traubenzucker, Honig

Durchführung: Fülle das große Becherglas gut zur Hälfte mit Wasser und erhitze es auf der Heizplatte auf etwa 70 °C. Fülle in die drei Bechergläser jeweils 25 ml Wasser. In ein Becherglas gibst du einen Spatel Traubenzucker, in ein weiteres einen Spatel Honig. Rühre um.

Fülle jedes Reagenzglas etwa 3 cm hoch mit Benedict-Reagenz und danach entweder 3 cm hoch mit destilliertem Wasser, Traubenzuckerlösung oder Honiglösung aus den Bechergläsern. Schüttle jeweils vorsichtig und stelle alle Reagenzgläser in das heiße Wasser. Nach etwa 10 Minuten siehst du in zwei Reagenzgläsern eine rote Färbung.

1. ⬛ Führe das Experiment durch, fotografiere das Ergebnis und vergleiche es mit den Ergebnissen von Mitschülerinnen und Mitschülern.

2. ⬛ Notiere die Fragestellung für das Experiment, das Ergebnis und die Auswertung in deinem Heft.

5.6 Gesunde und umweltschonende Ernährung

1 Junge isst einen Apfel.

Nach dem englischen Sprichwort „An apple a day keeps the doctor away" bleibt man gesund, wenn man täglich einen Apfel isst. Wörtlich ist das Sprichwort allerdings nicht zu verstehen. Was also ist gesunde Ernährung?

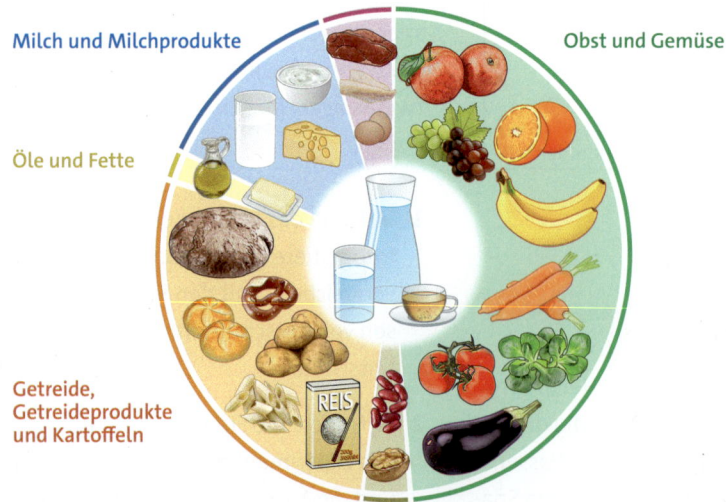

2 Ernährungskreis

Ernährungsempfehlungen • Es gibt viele wissenschaftliche Untersuchungen über gesunde Ernährung. Genauso gibt es viele Meinungen über gesunde Ernährung. Daher ist die Verwirrung bei vielen Menschen groß. Man sollte vielfältig essen, weil kein Lebensmittel allein alle für unseren Körper notwendigen Nährstoffe, Vitamine und Mineralstoffe enthält.

Der Ernährungskreis (▶ 2) hilft dabei zu entscheiden, in welchem Mengenverhältnis Nahrung von bestimmten Lebensmittelgruppen gegessen werden sollte. Je größer eine Lebensmittelgruppe im Ernährungskreis eingezeichnet ist, desto mehr kann man von den zugehörigen Lebensmitteln essen.

Im Zentrum des Ernährungskreises stehen die Getränke. Sie sollten möglichst zuckerfrei sein, wie Wasser oder Früchtetees. Wissenschaftlerinnen und Wissenschaftler empfehlen, dass eine gesunde Ernährung zu etwa 75 Prozent pflanzlich ist. Milchprodukte wie Joghurt und Käse liefern Kalzium für den Knochenbau und Proteine. Fleisch, Fisch und Eier liefern zwar auch Proteine, sollten aber nur mäßig oft gegessen werden. Fette und Öle enthalten viel Energie und sind für viele Vorgänge im Körper wichtig. Man sollte sie sparsam verwenden und eher pflanzliche Öle wählen. Hülsenfrüchte wie Bohnen und Erbsen sind reich an Eiweiß, Vitaminen, Mineral- und Ballaststoffen. Nüsse liefern zusätzlich lebensnotwendige Fette und sind gut für die Herzgesundheit.

Gesund leben im Alltag • Während der Schulzeit ist der Alltag oft stressig. Häufig hat man hat keine Zeit und Lust, sich mit den Regeln für gesundes Essen zu beschäftigen. Folgende Empfehlungen können helfen:
Iss überwiegend pflanzliche Lebensmittel. Wähle sie möglichst abwechslungsreich und fettarm. Iss möglichst wenig süße, salzige oder fettreiche Snacks. Achte darauf, viel zu trinken. Vermeide süße Getränke und nimm eher Leitungswasser. Bewege dich täglich.

Werbung • Eine gesunde Ernährungsweise muss man üben. Werbung verführt aber oft dazu, Lebensmittel mit zu hohem Zucker- und Fettgehalt zu kaufen. Häufig enthält zum Beispiel Fruchtjoghurt zwar Obst, aber auch zu viel Zucker. Auch in fertig zubereiteten Salaten und Getreideprodukten wie Müslis ist oft zu viel Zucker enthalten. Fertiggerichte haben häufig eine ungünstige Zusammensetzung an Nährstoffen und können ungesunde Zusatzstoffe enthalten. Häufig wird für Vitaminzusätze in Getränken geworben. In Deutschland gibt es aber keine Unterversorgung mit Vitaminen. Diese Getränke braucht man also nicht. Ballaststoffe erhält man beim Verzehr von Vollkornprodukten, Obst und Gemüse. Die von der Werbung hervorgehobenen Fertigprodukte mit Ballaststoffen sind deutlich teurer. Mit einem Apfel isst man dagegen eine Mischung an Vitaminen, Mineral- und Ballaststoffen, die für die Ernährung günstig ist. Insofern ist es gesund, einen Apfel zu essen und die Werbung zu ignorieren.

Brötchen: Weißbrot mit weicher Kruste
Mayonnaise: enthält viel Fett
Salat
Tomate
Zwiebeln
Gurke
Senf: wird aus Senfkörnern, Wasser und Essig hergestellt
Ketchup: enthält viel Zucker
Käse
Burgerpatty: meist aus Rindfleisch

3 Zutaten eines Hamburgers

1 ☐ Nenne jeweils zwei Lebensmittelgruppen, die man bevorzugt wählen sollte, und zwei Lebensmittelgruppen, von denen man nur wenig Nahrungsmittel essen sollte.

2 ◪ Ordne die einzelnen Zutaten eines Hamburgers in Abbildung 3 den Lebensmittelgruppen im Ernährungskreis (▶ 2) zu.

1 Vegetarischer Ernährungskreis

Milch, Milchprodukte und Eier
Obst und Gemüse
Öle und Fette
Getreide, Getreideprodukte und Kartoffeln
Hülsenfrüchte, Nüsse und Tofu

Vegetarische Ernährung • Für die meisten Menschen gehören neben pflanzlichen Lebensmitteln auch immer Fisch und Fleisch zum Speiseplan dazu. Man nennt dies **Mischkost**. Viele entscheiden sich aber dafür, auf Fisch- und Fleischprodukte zu verzichten. Sie ernähren sich vegetarisch. Diese Menschen wollen nicht, dass Tiere für die Nahrung getötet werden. Eine ausgewogene **vegetarische Ernährung** ist gesund und kann Krankheiten vorbeugen. Bei einer vegetarischen Ernährung muss man darauf achten, alle Nährstoffe und Vitamine in ausreichender Menge zu bekommen. Das erfordert etwas Information und Planung.

Vegane Ernährung • Manche Menschen essen gar keine tierischen Produkte. Bei dieser veganen Ernährung verzichtet man neben Fleisch und Fisch auch auf Milch, Eier oder zum Beispiel Honig. Veganerinnen und Veganer möchten nicht, dass Tiere durch Haltung in Ställen leiden oder getötet werden. Eine **vegane Ernährung** kann gesund sein, weil pflanzliche Nahrung reich an Vitaminen und Mineralstoffen ist. Jedoch müssen vegan lebende Menschen besonders auf eine abwechslungsreiche Ernährung achten, damit sie alle Nährstoffe und Vitamine in ausreichender Menge aufnehmen. Deshalb ist es wichtig, sich gut über die Inhaltsstoffe zu informieren. Pflanzliche Nahrung enthält meist zu wenig Iod und kein Vitamin B_{12}. Man sollte daher bei veganer Ernährung Vitamin B_{12} als Präparat einnehmen und mit Iod angereichertes Speisesalz verwenden.

Nachhaltige Ernährung • Um Fleisch, Milch und andere tierische Produkte herzustellen, braucht man viel Wasser und Futter. Außerdem entstehen in der Tierhaltung viele Treibhausgase, die den Klimawandel befördern. Pflanzliche Nahrung ist somit umweltfreundlicher. Durch die richtige Auswahl der Lebensmittel und das Vermeiden von Verpackungen kann man die Umwelt schonen. Dies bezeichnet man als nachhaltige Ernährung.

- 1 gelbe und eine grüne Paprika
- 1 Zucchini
- 8 Kirschtomaten
- 2 Möhren
- 1 Zwiebel
- 4 EL Olivenöl
- Salz
- frische oder getrocknete Kräuter

Backform einölen, Gemüse waschen und kleinschneiden, in der Form verteilen, salzen, mit Öl überträufeln. 15 bis 20 Minuten backen

2 Gemüsepfanne, selbst zubereitet

1 ▨ Vergleiche den Ernährungskreis für eine Ernährung mit Mischkost (▶ 2, S. 182) mit dem für die vegetarische Ernährung (▶ 1).

2 ▨ Mit etwas Übung und ein wenig Zeit kann man gesundes Essen selbst kochen (▶ 2).

Material A Bewertung von Lebensmitteln

Lebensmittel, 100 g	Energie [kJ]	Wasser [g]	Eiweiß [g]	Fett [g]	Kohlenhydrate [g]	Ballaststoffe [g]	Mineralstoffe [mg]	Vitamine [mg]
Leitungswasser	0	100	0	0	0	0	45	0
Colagetränk	255	85	3	0	11	0	12	0
Kuhmilch fettarm	203	89	3	2	5	0	378	1
Magerquark	306	81	3	2	5	0	12	0
Gouda	1529	40	26	29	0	0	1490	2
Linsengemüse	352	81	4	3	9	2	252	1
Erbsen grün tiefgefroren, gegart	353	74	7	1	12	6	407	12
Haselnuss	2666	5	12	62	11	8	1356	30
Tofu frisch	301	86	8	4	1	1	394	1
Erbsen-/Möhrengemüse	255	85	2	3	6	3	352	11
Gemüsemischung frisch, gegart	141	88	3	0	5	4	289	36
Kohlrabi frisch, gegart	85	93	2	0	3	2	328	42
Broccoli frisch, gegart	97	91	3	0	2	3	514	63
Obstmischung frisch	360	76	1	0	20	2	258	21
Apfel frisch, ganz	200	78	0	0	11	2	155	12
Vollkornbrot	785	44	7	1	37	9	605	1
Toastbrot	1087	35	8	3	48	3	356	1
Bratlinge vegetarisch	597	69	9	8	8	3	514	3
Müsli mit Milch, Zucker und Obst	724	59	3	5	29	2	469	12
Kartoffeln gekocht	293	76	2	0	17	2	559	8
Brathähnchen, Schenkel gegart	898	59	28	11	0	0	532	1
Fleisch gegart	934	58	28	12	1	0	404	1
Fischstäbchen paniert	638	56	14	1	21	2	557	1
Hühnerei frisch, gegart	647	74	13	11	1	0	435	3
Olivenöl	3695	0	0	100	0	0	2	12
Butter	3157	15	1	83	1	0	2	1
Tomatenketchup	461	68	2	0	24	1	678	4
Milchspeiseeis	355	81	2	2	13	0	261	1

In der Tabelle sind Lebensmittel, die zu einer Gruppe gehören, mit derselben Farbe gekennzeichnet. Zugesetztes Kochsalz ist in der Mineralstoffangabe nicht enthalten. Fischstäbchen, Ketchup, Brot und Bratlinge enthalten relativ viel Salz. Salz soll man sparsam verwenden.

1 ☐ Ordne den Lebensmitteln in der Tabelle die passenden Gruppen im Ernährungskreis zu (▶ 2, S. 182).

2 ☐ Nenne fünf Lebensmittel aus der Tabelle, die reich an Energie, Protein, Fett, Ballaststoffen oder Vitaminen sind.

3 ◪ Stelle aus den Lebensmitteln in der Tabelle ein Gericht zusammen, das dir schmeckt.

4 ■ Bewerte dein Gericht im Hinblick auf eine gesunde Ernährung.

Blickpunkt

Essstörungen

Wer Hunger hat, muss etwas essen. Hat man genug gegessen, ist man satt. Diese natürlichen Signale können Menschen mit Essstörungen häufig nicht mehr wahrnehmen.

1 Die Gedanken kreisen ums Essen.

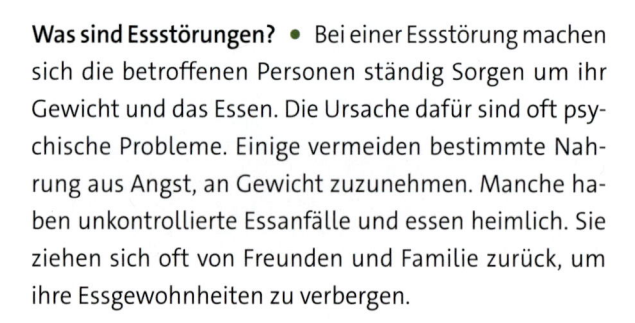

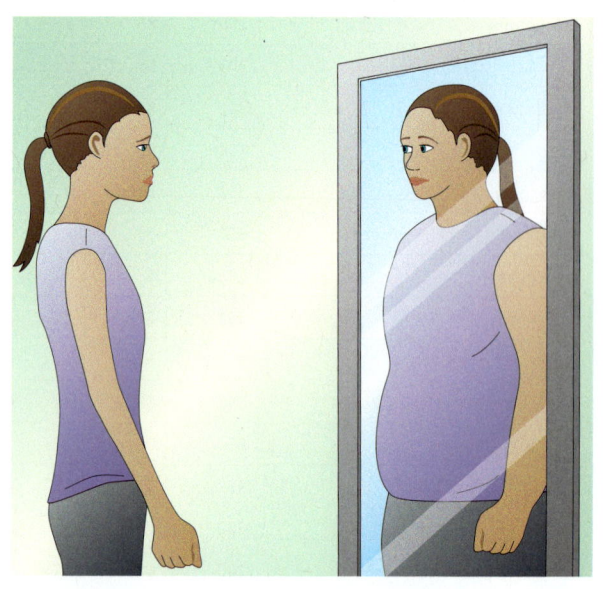

2 Gestörte Körperwahrnehmung

Was sind Essstörungen? • Bei einer Essstörung machen sich die betroffenen Personen ständig Sorgen um ihr Gewicht und das Essen. Die Ursache dafür sind oft psychische Probleme. Einige vermeiden bestimmte Nahrung aus Angst, an Gewicht zuzunehmen. Manche haben unkontrollierte Essanfälle und essen heimlich. Sie ziehen sich oft von Freunden und Familie zurück, um ihre Essgewohnheiten zu verbergen.

Magersucht • Menschen mit Magersucht haben große Angst davor, zuzunehmen. Deshalb versuchen sie, ihr Gewicht durch extremes Hungern oder übermäßigen Sport zu reduzieren. Sie sind stolz darauf, dass sie sich so gut „unter Kontrolle" haben. Die Kontrolle vermittelt das Gefühl, selbstbewusst zu sein. Auch wenn sie schon sehr dünn sind, sehen sich magersüchtige Menschen oft selbst als zu dick an. Ständige Gewichts- und Ernährungskontrollen rücken in den Lebensmittelpunkt. Bereits geringe Gewichtszunahmen lösen panische Ängste aus. Da der Körper so immer weiter abmagert, spricht man von **Magersucht**. Die Essstörung kann zu schweren gesundheitlichen Problemen führen wie Herzschäden und Knochenschwund. Um weiter abzunehmen, greifen manche zu appetithemmenden Medikamenten, zu Abführmitteln und Entwässerungstabletten, was den Körper schädigt. In extremen Fällen kann eine Magersucht zum Tod führen. Bei Anzeichen einer Magersucht sollte ärztliche Hilfe in Anspruch genommen werden.

Bulimie • Menschen mit einer Ess-Brech-Sucht oder Bulimie haben massive Heißhungerattacken, bei denen sie riesige Nahrungsmengen in kurzer Zeit essen. Um nicht zuzunehmen, erbrechen sie nach den Essanfällen oder nehmen Abführmittel. Ihr Gewicht kann stark schwanken. Oft ist äußerlich aber kaum zu erkennen, dass die Betroffenen Probleme haben und psychologische Hilfe benötigen.
Diese Menschen schämen sich häufig und verheimlichen ihre Ess-Brech-Sucht. Das hat zur Folge, dass sie vereinsamen können. Durch das erzwungene Erbrechen kommen die Zähne und die Speiseröhre regelmäßige in Kontakt mit dem stark säurehaltigen Mageninhalt. Dies kann dem Zahnschmelz schaden und die Speiseröhre entzünden. Die ständige Belastung für den Körper kann zu Verdauungsproblemen, Herzproblemen und Haarausfall führen.

3 Bilder sind oft bearbeitet und zeigen nicht die Realität.

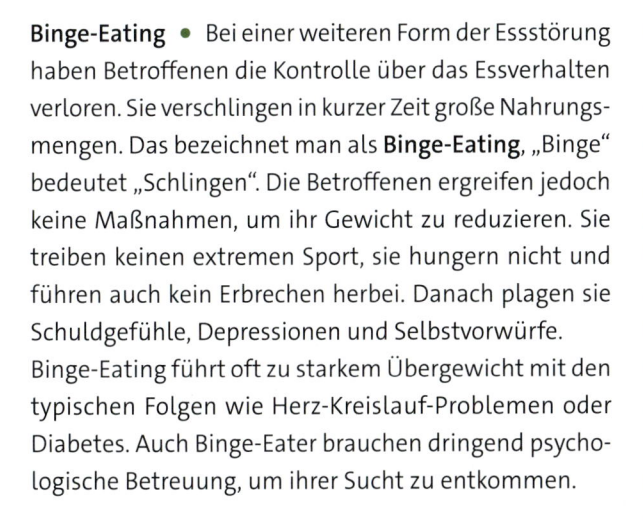

4 Jeder Mensch ist anders schön.

Binge-Eating • Bei einer weiteren Form der Essstörung haben Betroffenen die Kontrolle über das Essverhalten verloren. Sie verschlingen in kurzer Zeit große Nahrungsmengen. Das bezeichnet man als **Binge-Eating**, „Binge" bedeutet „Schlingen". Die Betroffenen ergreifen jedoch keine Maßnahmen, um ihr Gewicht zu reduzieren. Sie treiben keinen extremen Sport, sie hungern nicht und führen auch kein Erbrechen herbei. Danach plagen sie Schuldgefühle, Depressionen und Selbstvorwürfe. Binge-Eating führt oft zu starkem Übergewicht mit den typischen Folgen wie Herz-Kreislauf-Problemen oder Diabetes. Auch Binge-Eater brauchen dringend psychologische Betreuung, um ihrer Sucht zu entkommen.

Soziale Medien • Fotos in sozialen Medien sind oft bearbeitet und zeigen vorteilhafte Posen. Solche unrealistischen Darstellungen können dazu führen, dass man unzufrieden mit dem eigenen Äußeren ist. Manche versuchen durch extremes Abnehmen oder Erbrechen den Körper zu verändern. Diese Verhaltensweisen können sich zu einer Essstörung entwickeln. Es ist wichtig zu wissen, dass Bilder in sozialen Medien oft nicht der Realität entsprechen. Jeder Körper ist einzigartig. Es gibt nicht die eine „richtige Art" attraktiv auszusehen.

Adipositas • Die Mehrzahl der Berufstätigen arbeitet im Sitzen und verbringt zusätzlich Zeit sitzend, zum Beispiel im Auto. Gleichzeitig steht den meisten Menschen in Mitteleuropa viel energiereiche Nahrung zur Verfügung. Wenn das Normalgewicht deutlich überschritten wird, spricht man von **Fettleibigkeit** oder **Adipositas**. Folgen sind oft Bluthochdruck, Diabetes und Probleme an den Gelenken und an der Wirbelsäule. Außer falscher Ernährung und Bewegungsmangel können aber auch Krankheiten die Ursache für Fettleibigkeit sein. Es ist wichtig, Menschen mit Übergewicht nicht zu verurteilen. Schuldgefühle wegen des hohen Körpergewichts können zu Depressionen führen, die wiederum Anlass sind, sich mit noch mehr Essen zu trösten.

1 ☐ Beschreibe, woran man Essstörungen erkennen kann.

2 ◪ Vergleiche die Merkmale und gesundheitlichen Folgen von Magersucht, Bulimie und Binge-Eating in einer Tabelle.

3 ■ Begründe, weshalb Menschen mit einer Essstörung unbedingt ärztliche Hilfe in Anspruch nehmen sollten.

5.7 Die Verdauung

1 Mädchen beißt in ein Brötchen.

Ein Brötchen ist völlig anders aufgebaut als ein Mensch. Dennoch kann sich ein Mensch von einem Brötchen ernähren. Wie ist das zu erklären?

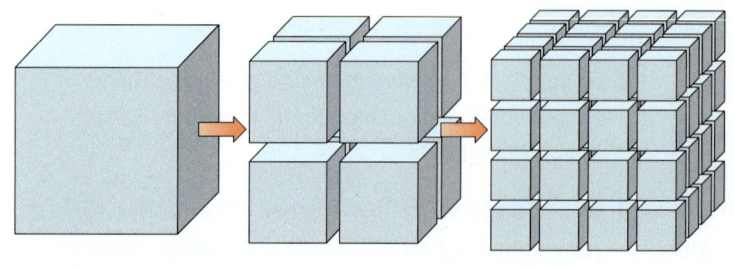

2 Oberflächenvergrößerung bei der Zerteilung eines Würfels

Weg der Nahrung • Die Nahrung wird mit dem **Mund** aufgenommen, mit den Zähnen zerkleinert und mit Speichel vermischt. Dieser wird in den **Speicheldrüsen** gebildet. Die Zerkleinerung im Mund bewirkt, dass ein Nahrungsbrocken eine größere Oberfläche erhält (▶ 2). Es gibt also mehr Gesamtfläche, die mit dem Speichel in Kontakt kommt.

Der durchgekaute Bissen wird anschließend geschluckt. Dabei schließt sich der Kehldeckel, sodass keine Nahrung in die Luftröhre kommt.

Die Nahrung gelangt durch die **Speiseröhre** in den **Magen.** Hier kommt saurer Magensaft hinzu. Die Säure tötet Bakterien. Der entstandene Speisebrei wird von der muskulösen Magenwand durchgeknetet. Er bleibt zwischen einer und fünf Stunden im Magen.

Danach öffnet sich ein Muskelring am Ausgang des Magens, der **Pförtner.** Er lässt den Speisebrei portionsweise in den **Dünndarm.** Aus der **Gallenblase** und der **Bauchspeicheldrüse** werden Verdauungssäfte hinzugefügt. Sie gelangen über Zuführgänge in den Darm. Der Gallensaft teilt Fetttropfen in winzig kleine Tröpfchen, bewirkt also ebenfalls eine **Oberflächenvergrößerung.** So kommt das Fett gut mit Verdauungssäften in Berührung. Im Dünndarm bleibt der Brei etwa zwei bis vier Stunden.

Die Dünndarmwand ist stark gefaltet (▶ 3). Sie hat daher eine sehr große Fläche. In der Wand befinden sich viele kleine Blutgefäße. Die Be-

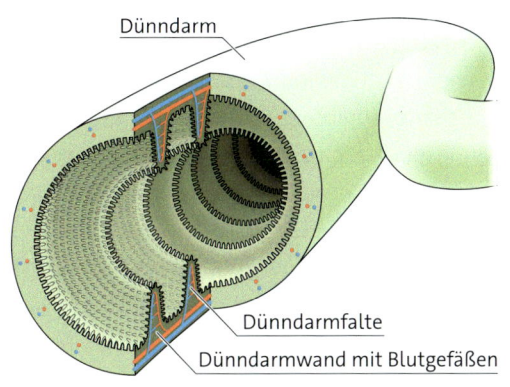

3 Bau der Dünndarmwand (Schema)

standteile des Speisebreis, die der Körper verwenden kann, werden durch die Dünndarmwand in das Blut übertragen. Wegen der großen Fläche können viele Bestandteile der Nahrung gleichzeitig aus dem Darm in das Blut gelangen.

Die restlichen Anteile der Nahrung werden durch die Bewegungen der Muskeln in der Darmwand in den **Dickdarm** gedrückt. Hier wird dem Brei Wasser entzogen, das ebenfalls wieder in das Blut gelangt. Es kann für die Neubildung von Speichel und weiteren Verdauungssäften genutzt werden. Der eingedickte Nahrungsbrei wird im **Enddarm** gesammelt. Nahrungsreste bleiben dort bis zu 70 Stunden. Danach wird der Enddarm entleert.

Verarbeitung der Nahrung • Das belegte Brötchen enthält Kohlenhydrate, Proteine, Fette, Mineralstoffe, Ballaststoffe und Vitamine. Kohlenhydrate, Proteine und Fette werden in ihre Bausteine zerlegt. Das ist die eigentliche **Verdauung**. Die Bausteine der Nährstoffe gelangen durch die Darmwand ins Blut. Mineralstoffe und Vitamine werden unverarbeitet vom Dünndarm ins Blut übertragen. Ballaststoffe werden nicht verarbeitet. Mit den Bausteinen der Nährstoffe erhält der Mensch alles, was er benötigt, um den eigenen Körper aufzubauen und zu betreiben. Ein Mensch kann sich also von einem Brötchen ernähren, weil es die nötigen Bau- und Betriebsstoffe enthält.

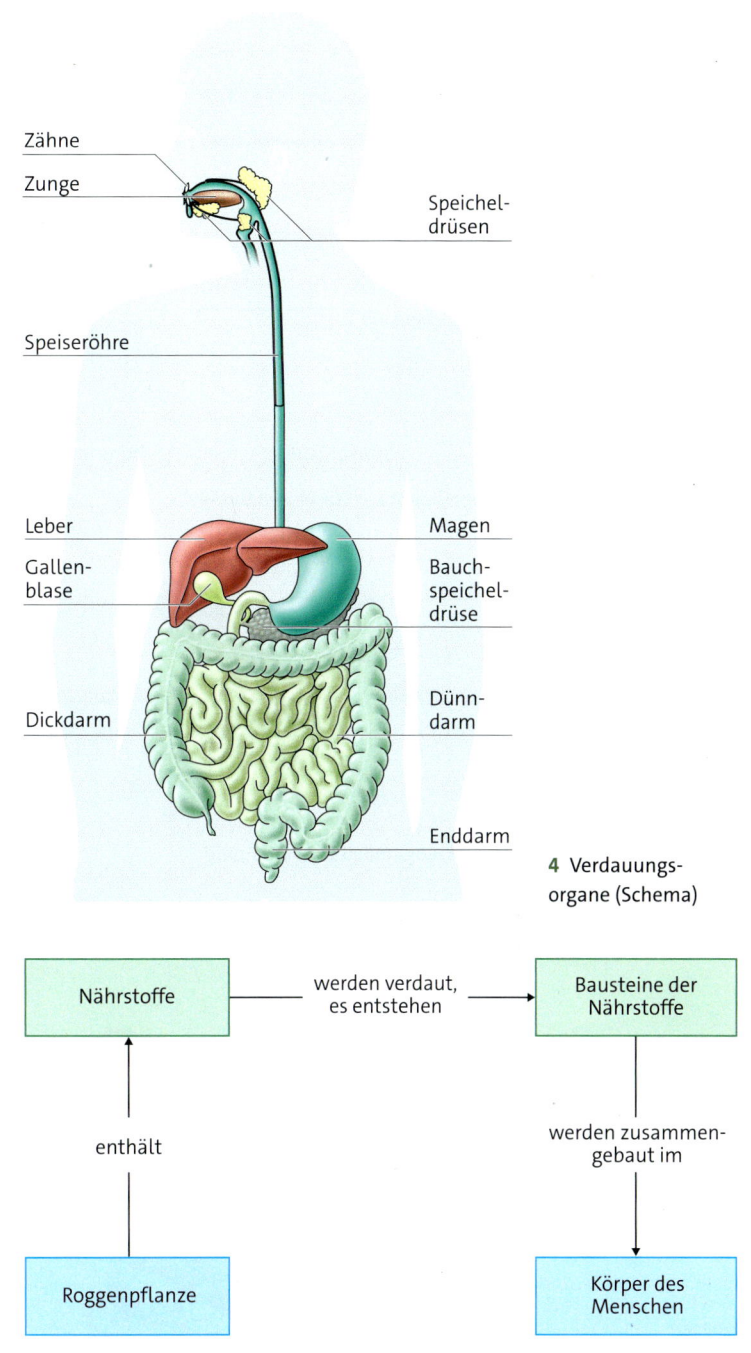

4 Verdauungsorgane (Schema)

5 Prinzip der Verdauung

1. 📝 Beschreibe den Weg und die Verarbeitung der Nahrung bei der Verdauung.

2. 📝 Erläutere am Bau des Dünndarms das Prinzip der Oberflächenvergrößerung. Nimm die Abbildungen ▶2 und ▶3 zu Hilfe.

3. 📝 Erläutere den Begriff Verdauung.

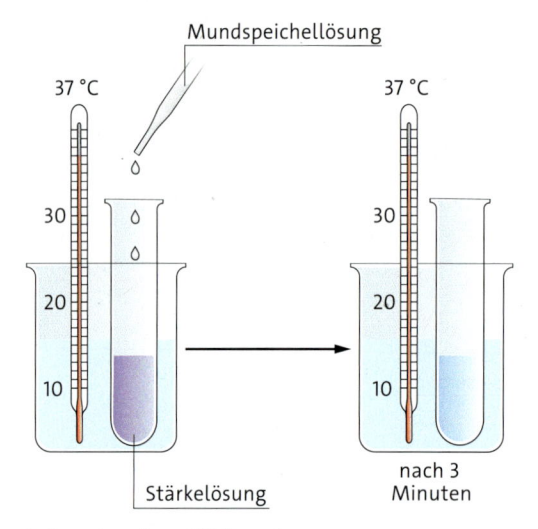

Wirkstoffe der Verdauung • In einem Experiment stellt man eine Lösung von Stärke in Wasser her. Mit etwas Iod-Kaliumiodid-Lösung färbt sie sich blauviolett. Nun tropft man wenig Mundspeichel hinzu, der zuvor in Wasser gelöst wurde. Nach etwa drei Minuten hat sich bei einer Umgebungstemperatur von 37 Grad Celsius das Wasser wieder entfärbt (▶1). Daraus ist zu schließen, dass die Stärke nicht mehr vorhanden ist. Man kann aber zeigen, dass die Lösung jetzt Malzzucker enthält, der vorher nicht vorhanden war.

Im Mundspeichel befindet sich ein Wirkstoff. Dieser Wirkstoff heißt **Amylase.** Er muss nur in kleinen Mengen vorhanden sein. Amylase arbeitet wie ein Werkzeug, das man mehrmals hintereinander benutzt. Dieses Werkzeug baut Stärke ab, wobei Malzzucker gebildet wird (▶2). Stärke wird also mithilfe des Wirkstoffs Amylase in seine Bausteine zerlegt, das heißt „verdaut". Andere Nährstoffe werden durch weitere spezielle Wirkstoffe verdaut. Sie heißen **Enzyme.** Enzyme sind auf bestimmte Wirkungen spezialisiert, ähnlich wie es für verschiedene Arbeiten spezielle Werkzeuge gibt (▶3).

Teamarbeit • Im Mund entsteht beim Stärkeabbau Malzzucker. Dieser gelangt mit dem Speisebrei bis in den Dünndarm. Dort gibt es das Enzym **Maltase.** Es bewirkt den Abbau von Malzzucker und die Bildung von Traubenzucker. Traubenzucker kann durch die Darmwand in das Blut übertreten.

In jedem Verdauungsorgan werden unterschiedliche Bestandteile der Nahrung abgebaut. Die Organe arbeiten zusammen, sodass letztlich alle Nährstoffe in ihre Bausteine zerlegt werden.

1 Experiment zur Stärkeverdauung

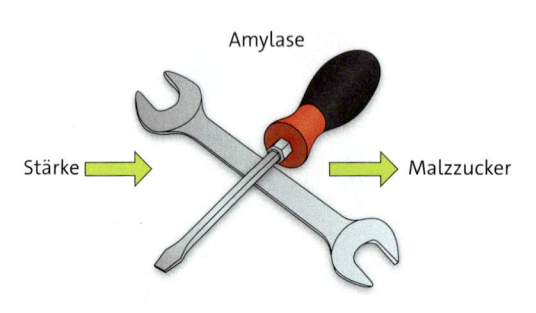

2 Werkzeugmodell zur Verdauung

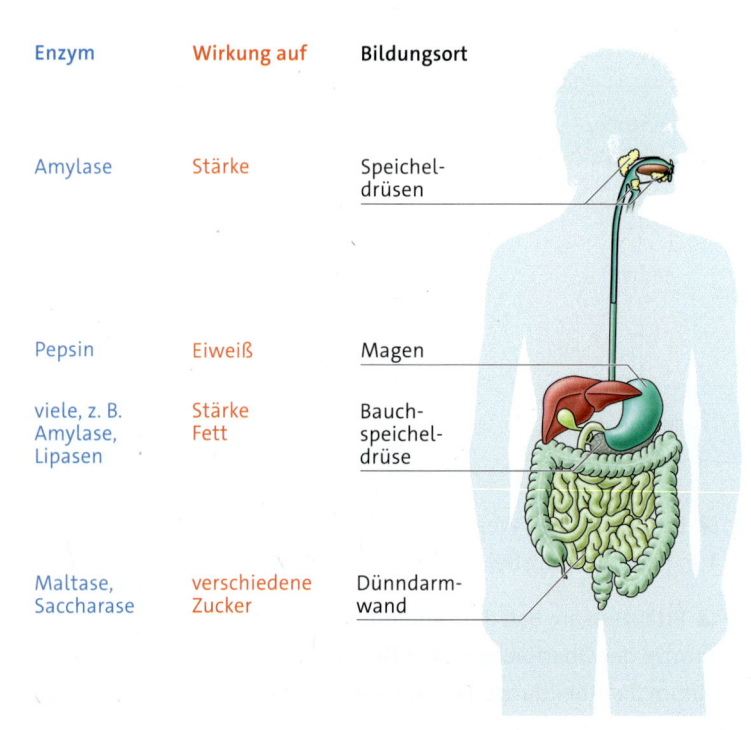

Enzym	Wirkung auf	Bildungsort
Amylase	Stärke	Speicheldrüsen
Pepsin	Eiweiß	Magen
viele, z. B. Amylase, Lipasen	Stärke Fett	Bauchspeicheldrüse
Maltase, Saccharase	verschiedene Zucker	Dünndarmwand

3 Wirkstoffe der Verdauung

1 ☐ Beschreibe das Vorgehen und das Ergebnis des Experiments zur Stärkeverdauung (▶1).

2 ☐ Begründe, dass die Verdauungsorgane arbeitsteilig arbeiten.

Material

Körper des Menschen • Die Verdauung

Material A Verdauungsorgane arbeiten zusammen

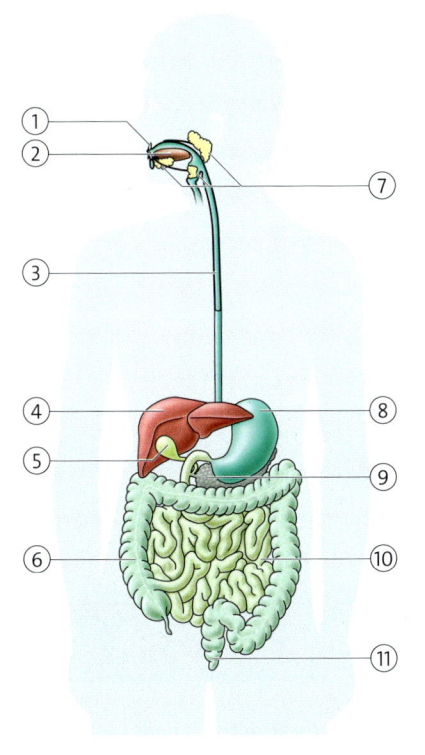

Der Speisebrei fließt nicht durch alle Organe, die an der Verdauung beteiligt sind. Die Speicheldrüsen, die Leber und die Bauchspeicheldrüse geben lediglich Verdauungssäfte zum Speisebrei. Die Leber produziert die Gallenflüssigkeit. Diese wird in der Gallenblase gesammelt, bis sie benötigt wird. Wenn aufgrund einer Erkrankung die Gallenblase entzündet ist, wird sie manchmal durch eine Operation entfernt.

100 Gramm eines vegetarischen Bratlings enthalten: 9 Gramm Protein, 8 Gramm Fett, 8 Gramm Kohlenhydrate, 3 Gramm Ballaststoffe, 514 Mikrogramm Mineralstoffe ohne Kochsalz und 3 Mikrogramm Vitamine. Von den Kohlenhydraten ist ein größerer Anteil Stärke.

1 ☐ Benenne die mit Zahlen markierten Verdauungsorgane.

2 ▨ Beschreibe den Weg des aus dem Bratling entstehenden Nahrungsbreis. Gib dabei an, welche Bestandteile an welchem Ort verdaut werden.

3 ▨ Erläutere anhand der Verdauung des Bratlings, dass alle Verdauungsorgane zusammenarbeiten.

4 ■ Erläutere die Folgen einer Entfernung der Gallenblase für die Verdauung.

Material B Verdauung von Fleisch

B1 Experiment zur Verdauung

In drei Reagenzgläser wird zu Beginn eines Experiments ein gleich großes Stückchen Fleisch gegeben. Dann werden unterschiedlich zusammengesetzte Flüssigkeiten hinzugefügt (▶ B2). Anschließend werden die Reagenzgläser die gleiche Zeitspanne bei 37 Grad Celsius stehen gelassen.

Reagenzglas 1	9 ml Wasser
	1 ml Salzsäure
Reagenzglas 2	9 ml Wasser
	1 ml Pepsinlösung
Reagenzglas 3	8 ml Wasser
	1 ml Salzsäure
	1 ml Pepsinlösung

B2 Inhalt der Reagenzgläser

Im Magen wird die Nahrung bei der Verdauung mit Salzsäure vermischt, die der Magen selbst herstellt. Außerdem gibt die Magenschleimhaut das Enzym Pepsin hinzu.

1 ☐ Beschreibe die Ergebnisse des Experiments.

2 ■ Vergleiche die Ansätze in Reagenzglas 2 und 3 und deute die unterschiedlichen Ergebnisse.

3 ▨ Belege anhand der Versuchsergebnisse, dass Fleisch viel Eiweiß enthält. Nutze dazu Abbildung 3 auf S. 190.

4 ▨ Erkläre, weshalb der Magen Salzsäure herstellt.

191

5.8 Die Atmung

1 Eine Joggerin ist aus der Puste.

Erschöpft bleibt die Joggerin stehen, um eine kurze Pause zu machen. Ihr Brustkorb hebt und senkt sich. Obwohl Menschen in der Regel bis zu 15-mal pro Minute ein- und ausatmen, wird uns die Atmung meist erst bei körperlicher Belastung bewusst. Warum atmen wir überhaupt? Und was passiert mit der eingeatmeten Luft?

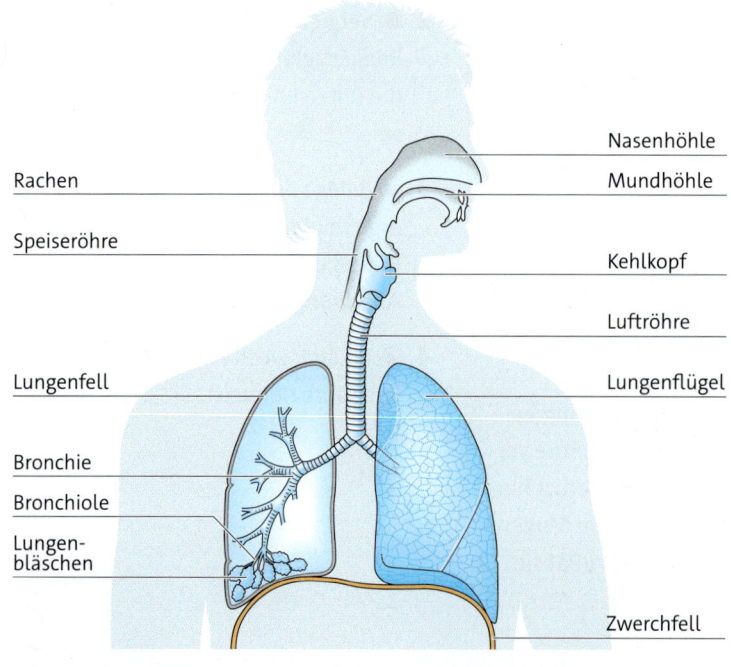

Brustatmung • Bei großer körperlicher Belastung ringt man wie die Joggerin im Bild nach Luft. Man kann beobachten, wie sich der eigene **Brustkorb** im Rhythmus der Atmung hebt und senkt. Hierfür verantwortlich sind kurze Muskeln, die zwischen den Rippen des Brustkorbs verlaufen. Sie werden **Zwischenrippenmuskeln** genannt. Ziehen sich diese zusammen, werden die Rippen aufgerichtet. Der Brustkorb wird angehoben und der Brustraum vergrößert sich. Die **Lunge,** das wesentliche Atmungsorgan des Menschen, ist mit dem Brustkorb verbunden und dehnt sich dadurch aus. Dabei wird Luft wie bei einem aufgehenden Blasebalg in die Lunge gesaugt. Erschlafft die Zwischenrippenmuskulatur und senkt sich der Brustkorb wieder, wird die Luft aus der Lunge herausgedrückt. Diese Form der Atmung nennt man **Brustatmung** (▶ 3A).

2 Weg der Atemluft

Rachen, Speiseröhre, Lungenfell, Bronchie, Bronchiole, Lungenbläschen, Nasenhöhle, Mundhöhle, Kehlkopf, Luftröhre, Lungenflügel, Zwerchfell

Bauchatmung • Bei geringer körperlicher Anstrengung überwiegt eine zweite Atemtechnik. Im Liegen kann man diese gut an sich selbst beobachten. Der Bauch hebt und senkt sich dabei regelmäßig.

Die Ursache dafür ist das Zusammenziehen dünner Muskeln und Sehnen, die den Brustraum nach unten zum Bauchraum abtrennen. Diese Schicht, das **Zwerchfell,** ist in entspannter Form nach oben in den Brustraum gewölbt. Wenn man das Zwerchfell anspannt, dehnt sich auch der Bauch. Dabei flacht das Zwerchfell ab und der Brustraum wird nach unten erweitert. Die Lunge folgt dieser Bewegung und dehnt sich. Luft wird eingesaugt. Man atmet ein. Den gesamten Vorgang bezeichnet man als **Bauchatmung** (▶3B). Meistens werden Brust- und Bauchatmung kombiniert eingesetzt.

Weg der Atemluft • Durch die Atmung wird die Luft durch den Mund oder die Nase angesaugt (▶2). Gelangt die Luft über die Nase in den Körper, so wird sie in den **Nasenhöhlen** angefeuchtet und erwärmt. Die Nasenschleimhaut produziert eine Schleimschicht, in der Fremdkörper hängen bleiben. So gelangen sie nicht mit der Atemluft in die weiteren Atemwege. Kleine Haare, die **Flimmerhärchen,** transportieren den Schleim bis in den **Rachen,** wo er verschluckt werden kann.

Unterhalb des Rachens trennen sich **Luftröhre** und Speiseröhre. Hier liegt der **Kehlkopf** (▶2). Der Kehlkopf besitzt eine bewegliche Klappe, den **Kehldeckel,** der beim Schlucken die Luftröhre verschließt. So gelangen keine Speisereste in die Atemwege. Funktioniert dieser Mechanismus nicht richtig, dann verschluckt man sich. Die Luftröhre ist zudem von kräftigen Knorpelspangen umgeben. Beim Schlucken des Speisebreis durch die benachbarte Speiseröhre verhindern diese, dass die Luftröhre zusammengedrückt wird.

Die Luftröhre teilt sich anschließend in zwei Äste, die **Bronchien.** Diese sind ebenso wie die

A eingeatmet — ausgeatmet

Zwischenrippenmuskulatur
Rippe
Zwerchfell

B eingeatmet — ausgeatmet

Rippe
Zwerchfell

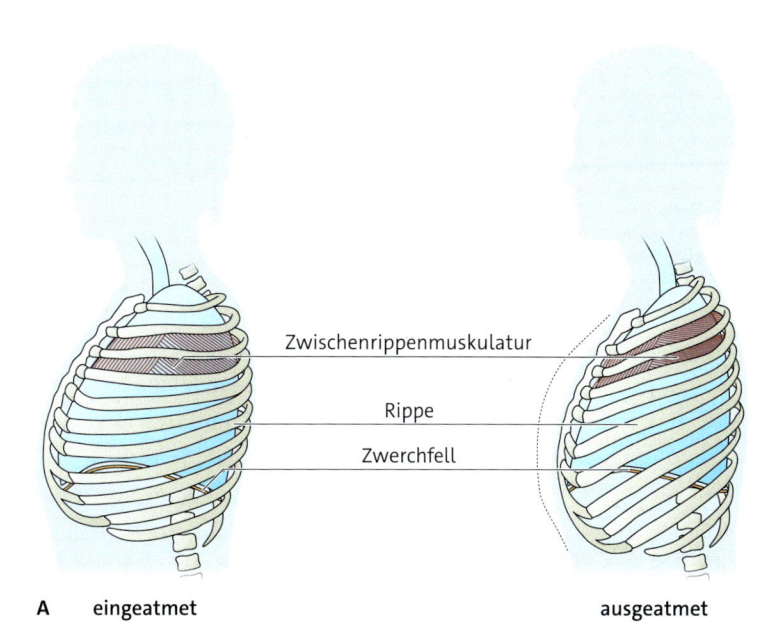

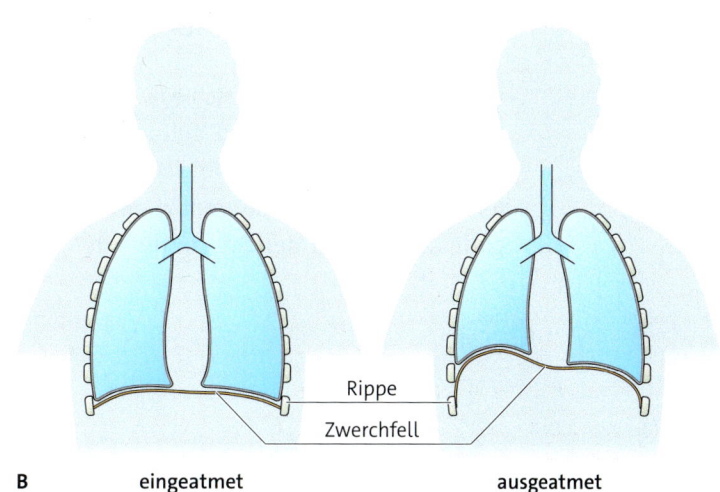

3 Atembewegungen: **A** Brustatmung, **B** Bauchatmung

Nase von einer Schleimhaut mit Flimmerhärchen ausgekleidet (▶4). Über die Bronchien gelangt die Luft schließlich in die **Lunge,** die aus einem rechten und einem linken Lungenflügel besteht.

4 Flimmerhärchen

1. 🗹 Vergleiche Brust- und Bauchatmung. Nutze folgende Kriterien: sichtbare Atembewegung, beteiligte Muskeln und Intensität der Belastung.

2. ☐ Beschreibe die Struktur und Funktion der Flimmerhärchen in den Atemwegen.

Die Lunge • Die Bronchien führen die Luft in den rechten und linken **Lungenflügel.** Im linken Teil des Brustkorbs liegt das Herz. Dadurch ist der linke Lungenflügel etwas kleiner als der rechte. Eine schützende Haut, das **Lungenfell**, umgibt beide Lungenflügel (▶ 2, S. 192).

Die Luft strömt durch die Bronchien in immer feinere Ästchen, die **Bronchiolen.** An deren Ende sitzen traubenförmig viele kleine **Lungenbläschen**, umgeben von einem feinen Netz von Blutgefäßen, den **Lungenkapillaren** (▶ 1). Der Vorteil vieler kleiner Lungenbläschen gegenüber einer einzigen großen Lungenblase ist die größere Oberfläche. Dieses Prinzip der **Oberflächenvergrößerung** ermöglicht einen verbesserten Austausch von Stoffen zwischen den Lungenbläschen und den Lungenkapillaren.

Gasaustausch • Die unterschiedlichen Organe des Körpers benötigen zur Erfüllung ihrer Aufgaben **Sauerstoff.** Umgekehrt fällt dabei **Kohlenstoffdioxid** als Abfallprodukt an. Die Lungenbläschen sind der Ort, an dem der Austausch dieser beiden Gase, der **Gasaustausch**, stattfindet. Über die dünnen Wände der Lungenbläschen gelangt der Sauerstoff in die Lungenkapillaren. So wird er über das Blut im Körper verteilt. Auf umgekehrtem Weg gelangt das mit dem Blut angelieferte Kohlenstoffdioxid in die Lungenbläschen und verlässt über die Ausatemluft den Körper.

1 ☐ Beschreibe den Weg der Atemluft von der Nasenhöhle bis zu den Lungenbläschen in Form eines Fließdiagramms.

2 ◪ Fasse die Vorgänge in den Lungenbläschen mit eigenen Worten zusammen.

3 ◪ Erläutere anhand der Lungenbläschen das Prinzip der Oberflächenvergrößerung.

4 ◼ Stelle eine Vermutung auf, wie die Atemluft zusammengesetzt ist, sodass eine Atemspende möglich wird. Dabei wird ein bewusstloser Mensch über eine Mund-zu-Mund-Beatmung kurzzeitig beatmet.

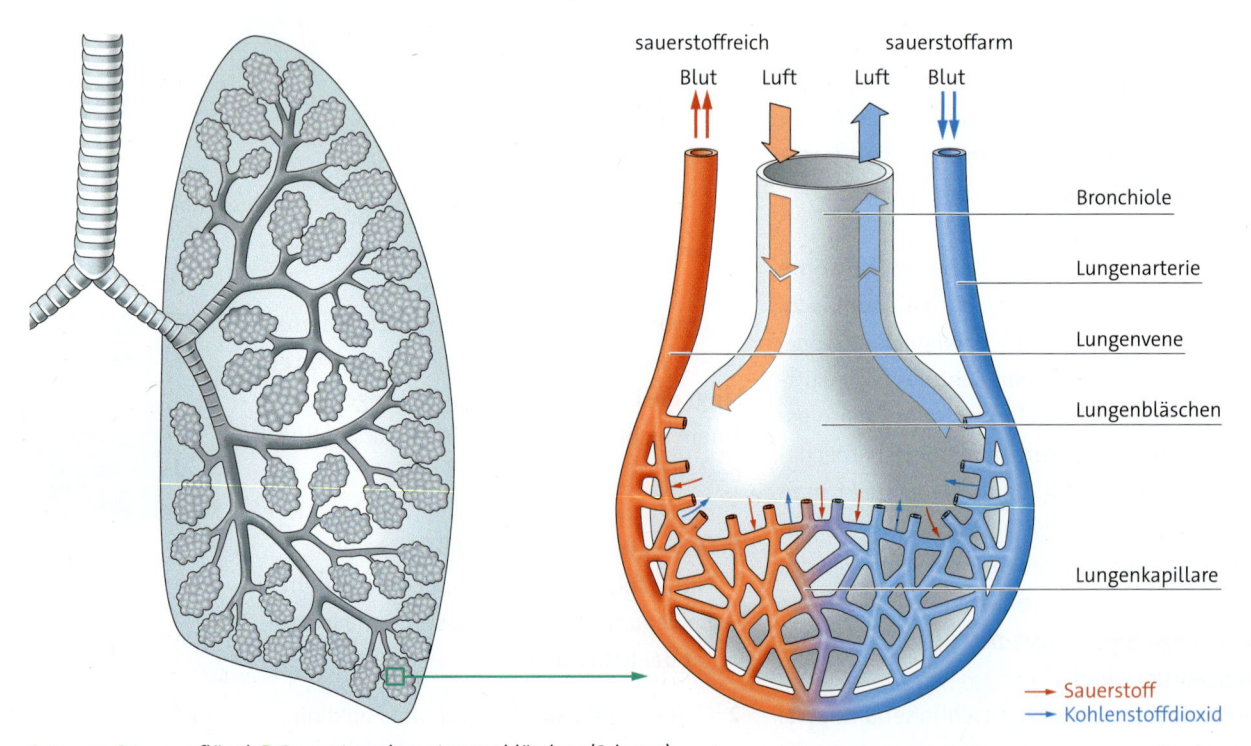

1 Lunge: **A** Lungenflügel, **B** Gasaustausch am Lungenbläschen (Schema)

Material

Körper des Menschen • Die Atmung

Versuch A Experiment zur Atmung

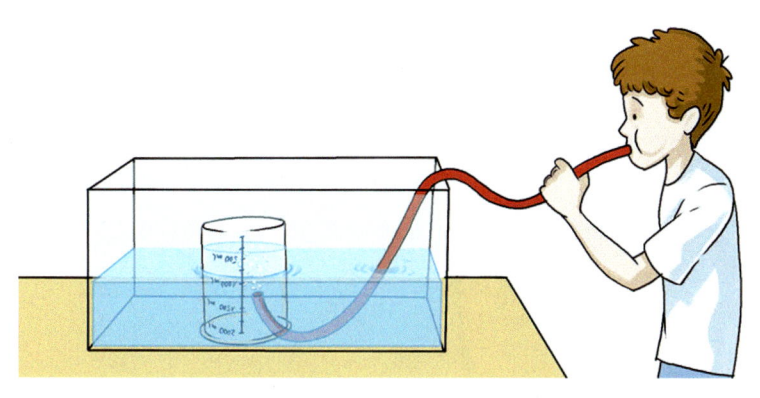

A1 Experiment zur Atmung

1. ☐ Formuliere Fragen, die du mit dem abgebildeten Experiment beantworten könntest.
2. ◩ Erkläre, wozu die Gegenstände in diesem Experiment dienen.
3. ◩ Führt in Gruppen das Experiment durch und stellt eure Ergebnisse tabellarisch dar. Wurde eure Frage beantwortet?

Material B Modell zur Atemtechnik – die Donder'sche Glocke

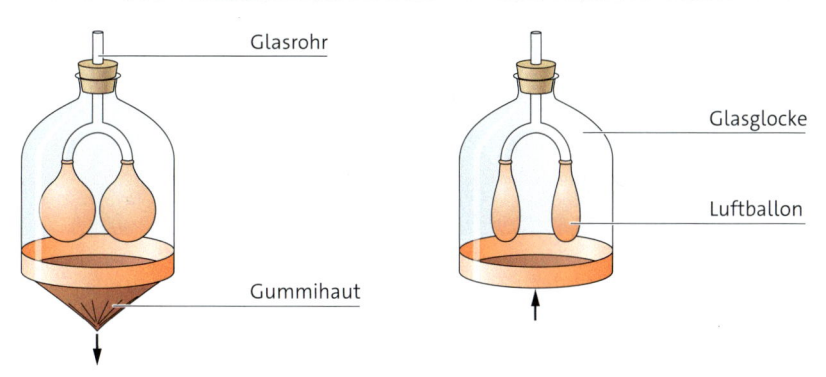

Glasrohr
Glasglocke
Luftballon
Gummihaut

B1 Funktionsweise des Modells

1. ◩ Ordne die beschrifteten Teile des Modells den entsprechenden Strukturen des Körpers zu.
2. ◩ Beschreibe die Funktionsweise des Modells.
3. ◩ Beurteile, ob das Modell die Brust- oder die Bauchatmung veranschaulicht.

Material C Asthma

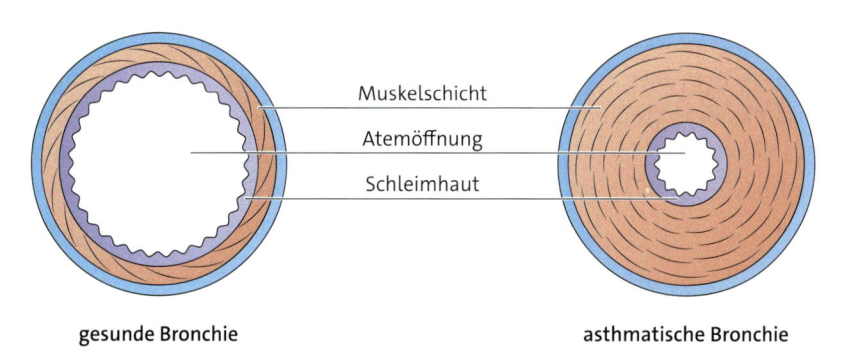

Muskelschicht
Atemöffnung
Schleimhaut

gesunde Bronchie   asthmatische Bronchie

C1 Bronchie im Querschnitt (Schema)

Asthma ist eine Erkrankung der Atemwege. Betroffene leiden vorübergehend unter Atemnot oder Kurzatmigkeit. Ausgelöst wird die Erkrankung durch Reize oder Stoffe aus der Umwelt (z. B. Kälte, Zigarettenrauch), die über die Luft in die oberen Atemwege gelangen und dort zu Verkrampfungen der Muskeln führen. Häufig tragen an Asthma erkrankte Personen einen Inhalator mit einem Mittel gegen Asthmaanfälle mit sich.

1. ◩ Beschreibe die Veränderungen in einer Bronchie während eines Asthmaanfalls.
2. ◩ Erläutere, warum die Veränderungen vorübergehend zu Atemnot führen können.
3. ■ Stelle Vermutungen auf, wie ein Mittel, das bei einem Asthmaanfall inhaliert wird, die Beschwerden lindern kann.

195

5.9 Blutkreislauf und Herz

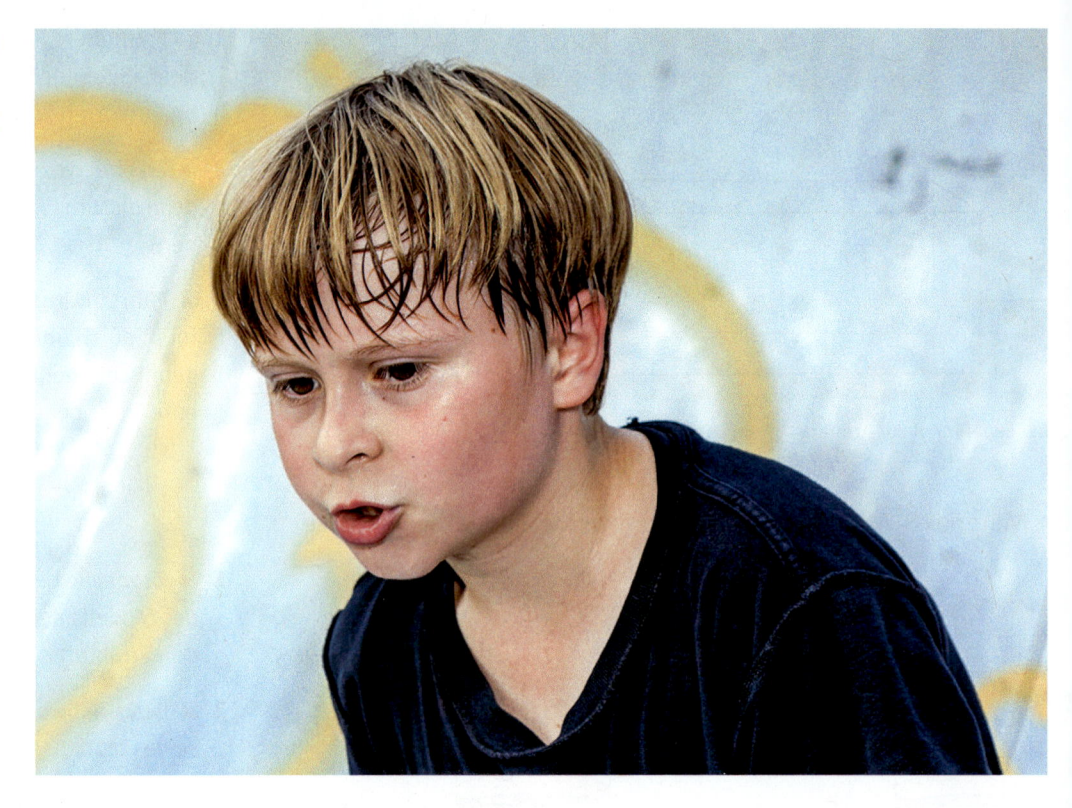

1 Junge mit erhitztem Gesicht

Unter Belastung wird der Körper stark durchblutet. Besonders deutlich ist das im Gesicht zu erkennen. Wie wird das Blut im Körper transportiert?

Blutkreislauf • Ob man läuft, springt, sitzt oder schläft, immer benötigt der Körper Sauerstoff, der bei der Atmung aufgenommen wird. Das Blut transportiert den Sauerstoff. Dabei fließt es durch **Blutgefäße,** die man auch Adern nennt. Angetrieben wird das Blut durch das **Herz.** Dieses arbeitet dabei wie eine Pumpe. Blutgefäße und Herz bilden zusammen den **Blutkreislauf.**

Durchblutung • Innerhalb des Blutkreislaufs unterscheidet man zwei Typen von Blutgefäßen: Die Gefäße, die das Blut zum Herzen hin transportieren, werden als **Venen** bezeichnet. Die Blutgefäße, die das Blut vom Herzen wegführen, heißen **Arterien.** Das Blut wird in der Lunge mit Sauerstoff angereichert. Anschließend fließt es zum Herzen und verlässt es über die größte Arterie des Körpers, die **Aorta.** Diese spaltet sich im Anschluss in ein Netz immer dünner werdender Arterien auf, das den ganzen Körper durchzieht. Die kleinsten dieser Gefäße bezeichnet man als **Kapillaren.**
In den Kapillaren finden der Gas- und Stoffaustausch zwischen dem Blut und dem umgebenden Gewebe statt. Sauerstoff und Nährstoffe werden aus dem Blut in die Zellen aufgenommen. Kohlenstoffdioxid und andere Abfallprodukte werden von den Zellen an das Blut abgegeben. Über die Venen fließt es dann zurück zum Herzen. Dieser Teil des Blutkreislaufs wird **Körperschleife** genannt (▶ 2).
Das sauerstoffarme Blut wird vom Herzen in die Lunge gepumpt. Dort findet der Austausch von Kohlenstoffdioxid und Sauerstoff statt. Sauerstoffreiches Blut fließt anschließend zurück zum Herzen. Diesen Teil des Blutkreislaufs bezeichnet man auch als **Lungenschleife.**

Arterien • Das Herz pumpt das Blut mit hohem Druck in den Blutkreislauf. Dadurch entsteht in den Arterien eine Druckwelle. An manchen Stellen des Körpers, beispielsweise am Hals, liegen die Arterien sehr dicht unter der Haut. Dort kann man diese Schwankung des Blutdrucks, den **Puls,** messen. Um der Belastung durch die Druckwelle standhalten zu können, sind die Wände der Arterien muskulös verdickt. Mithilfe der Muskeln können sie sich während der Druckwelle weiten und anschließend zusammenziehen.

Kapillaren • Die Kapillaren sind feine Verästelungen der Blutgefäße und durchziehen den ganzen Körper (▶3). Die Geschwindigkeit, mit der das Blut durch die Kapillaren fließt, ist sehr niedrig. Somit sind die Kapillaren keinem großen Druck ausgesetzt, und ihre Wände können sehr dünn gestaltet sein. Der Austausch von Gasen und Stoffen zwischen dem Blut und dem umgebenden Gewebe wird dadurch stark begünstigt.

Venen • Über die Venen findet der Rücktransport des Blutes zum Herzen statt. Der Blutdruck ist in ihnen nur noch sehr niedrig. Daher sind die Wände der Venen dünner als die der Arterien. Der niedrige Druck reicht nicht aus, um das Blut zum Herzen zurückzutransportieren. Der Bluttransport in den Venen muss demnach auf andere Weise erfolgen.

So liegen Venen oft neben Arterien oder Muskeln. Dehnen sich die Arterien aus oder verdicken sich die Muskeln beim Zusammenziehen, wird Druck auf die angrenzenden Venen ausgeübt und das Blut wird in Richtung Herz gedrückt. In regelmäßigen Abständen befinden sich zudem Klappen in den Venen, die **Venenklappen.** Diese öffnen sich nur in eine Richtung und verhindern so ein Zurückfließen des Blutes. Der auf diese Weise unterstützte Bluttransport in den Venen wird als **Arterienpumpe** beziehungsweise **Muskelpumpe** bezeichnet (▶4).

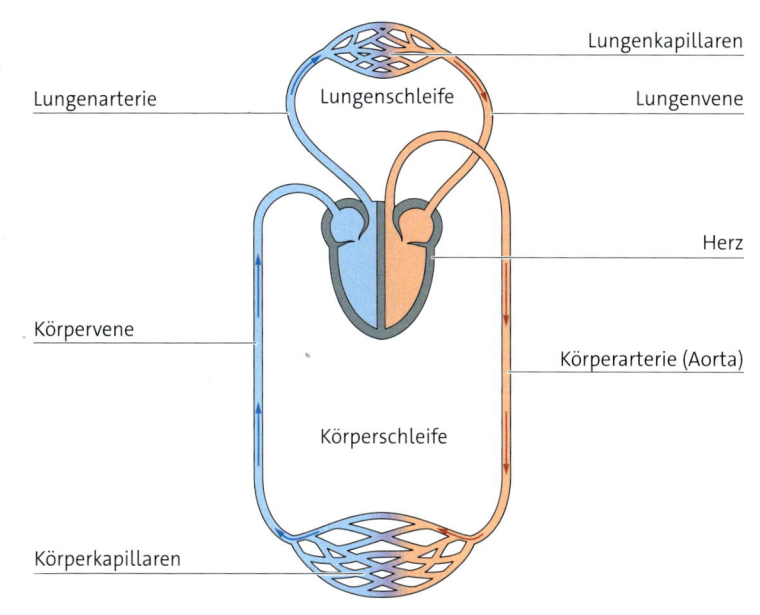

2 Blutkreislauf

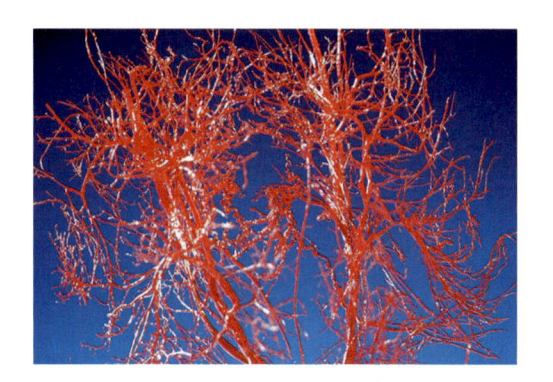

3 Kapillaren

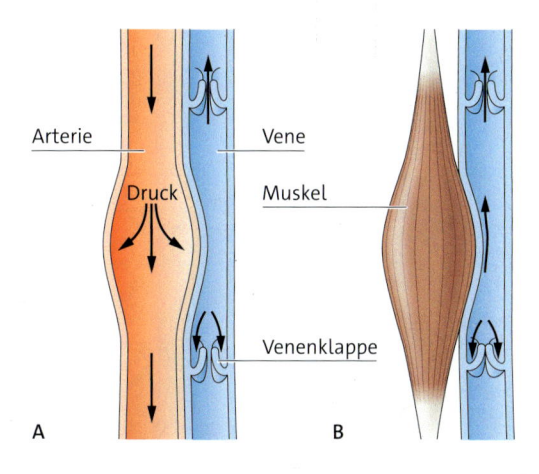

4 A Arterienpumpe, **B** Muskelpumpe

1 🔲 Du unternimmst eine Reise durch den Blutkreislauf. Beschreibe deinen Weg in einem Reisebericht.

1 Lage des Herzens

Herz • Das Herz ist ein Muskel, der ungefähr so groß wie eine Faust ist. Er wird durch die Herzscheidewand in eine linke und eine rechte Hälfte getrennt. Beide Hälften bestehen jeweils aus einem **Vorhof**, in dem sich das Blut sammelt, und einer muskulösen **Herzkammer**, die das Blut aus dem Herzen drückt (▶ 2A).

Vorhöfe und Herzkammern sind jeweils durch Klappen voneinander getrennt. Diese verhindern beim Zusammendrücken des Herzens ein Zurückfließen des Blutes in die Vorhöfe. Sie werden **Segelklappen** genannt. Auch die Herzkammern und die von ihnen abgehenden Blutgefäße werden durch Klappen, die **Taschenklappen**, getrennt. Sie verhindern jeweils bei nachlassendem Druck einen Rückfluss des Blutes aus den Gefäßen in die Herzkammern.

Funktionsweise des Herzens • Das sauerstoffarme Blut aus dem Körper gelangt über zwei große Venen, die obere und untere **Hohlvene**, in den rechten Vorhof des Herzens. Von dort fließt das Blut in die rechte Herzkammer. Zieht sich das Herz zusammen, werden die Segelklappen zwischen Vorhof und Herzkammer geschlossen und das Blut wird über die **Lungenarterie** in die Lunge gepumpt. Dort wird es mit Sauerstoff angereichert.

Das mit Sauerstoff beladene Blut strömt anschließend über die **Lungenvene** zum Herzen zurück. Dort sammelt es sich zunächst im linken Vorhof, bevor es in die linke Herzkammer fließt. Durch das Zusammenziehen des Herzmuskels wird das Blut aus der linken Herzkammer in die Aorta und von dort weiter in den Körper gepumpt (▶ 2B).

1 ☐ Beschreibe den Aufbau des Herzens.

2 ◪ Erkläre, weshalb das Blut immer nur in einer Richtung durch das Herz fließt.

3 ◪ Beurteile die folgende Aussage: „Venen transportieren immer sauerstoffarmes Blut, Arterien immer sauerstoffreiches."

4 ■ Diskutiere, ob es sich beim Blutkreislauf um einen oder um zwei Kreisläufe handelt.

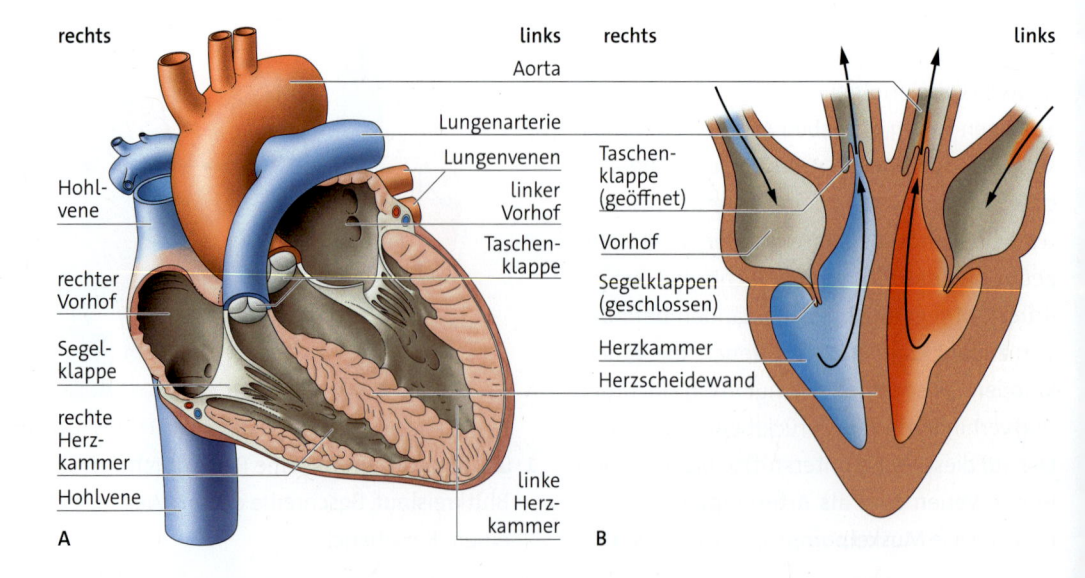

2 Herz: **A** Bau (Längsschnitt), **B** Funktionsweise (Schema)

Material

Körper des Menschen • Blutkreislauf und Herz

Material A Bau des Herzens und Herzfehler

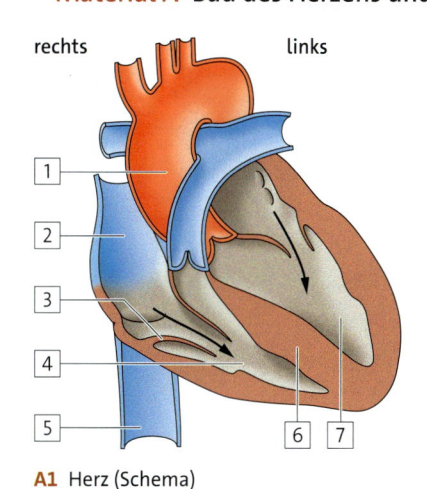

A1 Herz (Schema)

Veränderungen im Bau des Herzens und der angrenzenden Gefäße können die Funktionsweise des Herzens beeinträchtigen. Derartige Herzfehler können angeboren sein oder sich im Laufe des Lebens entwickeln.

1 ☐ Benenne die mit Ziffern gekennzeichneten Teile des Herzens.

2 ■ Stelle Vermutungen auf, welche Folgen auftreten, wenn die linke Taschenklappe nicht richtig schließt.

3 ■ Stelle Vermutungen auf, weshalb Müdigkeit und Atemnot häufige Symptome für ein Loch in der Herzscheidewand sind.

Material B Einfluss der Herzgröße auf die Anzahl der Herzschläge

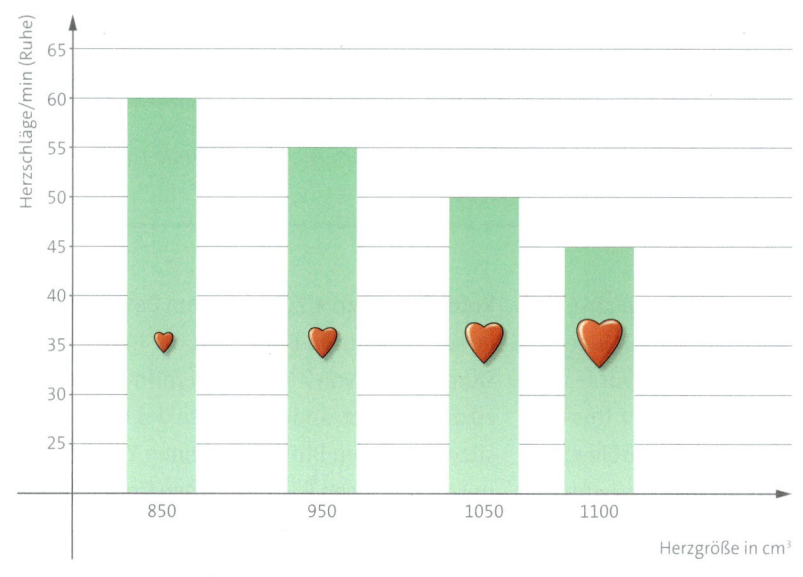

B1 Anzahl der Herzschläge pro Minute bei verschiedenen Herzgrößen

Die Größe des menschlichen Herzens ist veränderlich. Sie schwankt um einen Mittelwert. Bis zum Erwachsenenalter nimmt sie zu.

1 ◪ Stelle die Werte aus dem Diagramm in einer Tabelle dar.

2 ◪ Beschreibe den Zusammenhang zwischen Herzgröße und Anzahl der Herzschläge. Formuliere dazu einen Satz wie folgt: „Je größer ..., desto ..."

3 ◪ Erläutere, warum die Herzgröße die Anzahl an Herzschlägen pro Minute beeinflusst.

Material C Kreislaufzusammenbruch

C1 Kreislaufzusammenbruch

Frau Reckhardt arbeitet mehrere Stunden in ihrem Garten. Plötzlich wird ihr „schwarz vor Augen" und sie muss sich hinlegen. Sie hat einen Kreislaufzusammenbruch erlitten. Hierbei ist der Blutfluss gestört und das Gehirn wird nicht ausreichend mit Sauerstoff versorgt.

1 ◪ Erkläre, warum man nach einem Kreislaufzusammenbruch die Beine hochlegen soll.

2 ■ Leite mithilfe deines Wissens über den Blutkreislauf weitere Maßnahmen ab, um einem Kreislaufzusammenbruch vorzubeugen.

5.10 Blut und Blutbestandteile

1 Kind mit blutender Wunde

Mit schmerzverzerrtem Gesicht sitzt das Mädchen auf dem Rasen. Aus ihrer Wunde fließt rot das Blut. Woraus besteht Blut und welche Aufgaben hat es?

Bestandteile des Blutes • Ein erwachsener Mensch besitzt etwa 5–6 Liter Blut, ein Jugendlicher etwa 3,5–4,5 Liter. Blut besteht aus festen und aus flüssigen Bestandteilen. Der flüssige Teil des Blutes, das **Blutplasma**, macht in etwa die Hälfte des Blutes aus. In ihm schwimmen die festen Bestandteile.

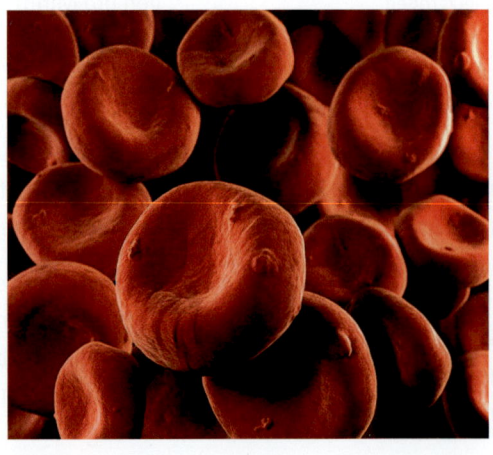

Rote Blutzellen • Zu den festen Bestandteilen gehören die roten Blutzellen. Sie haben einen Durchmesser von 7 Mikrometern. Im Gegensatz zu den meisten anderen Zellen des Körpers besitzen die roten Blutzellen keinen Zellkern. Im mikroskopischen Bild erscheinen sie wie dünne Scheiben, deren Zentrum leicht eingedellt ist (▶2). Rote Blutzellen transportieren die Gase **Sauerstoff** und **Kohlenstoffdioxid** durch die Blutbahn. Der rote Blutfarbstoff **Hämoglobin** nimmt dabei den Sauerstoff sowie in geringerem Maß Kohlenstoffdioxid auf. Das Hämoglobin ist auch für die rote Farbe des Blutes verantwortlich. Rote Blutzellen können sich jedoch nicht aktiv fortbewegen, sondern werden durch das Schlagen des Herzens durch den Körper bewegt.

Eine rote Blutzelle lebt nur etwa vier Monate lang. Da wir außerdem Blut über Wunden verlieren, müssen rote Blutzellen ständig vom Körper neu gebildet werden.

2 Rote Blutzellen

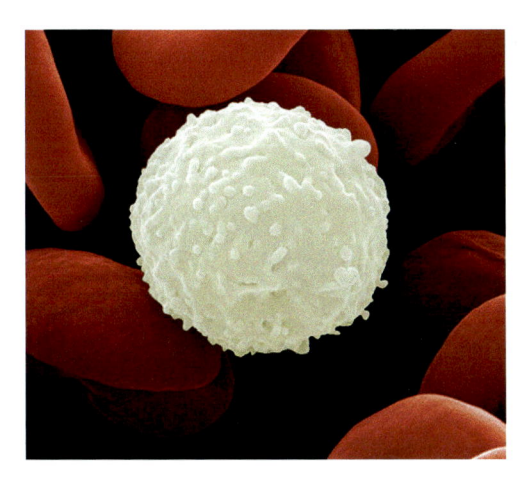

3 Weiße Blutzelle

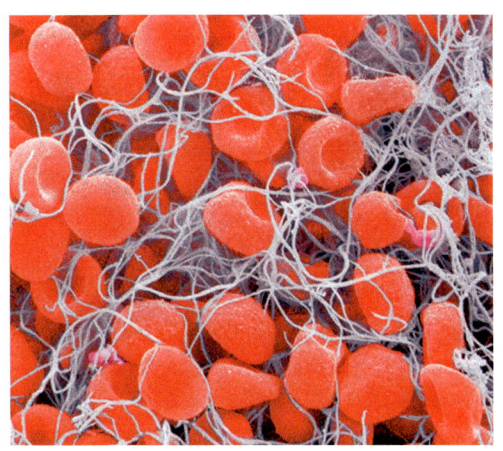

4 Rote Blutzellen in einem Netz aus Eiweißfäden

Weiße Blutzellen • Die weißen Blutzellen (▶3) machen den geringsten Anteil an festen Blutbestandteilen aus. Sie besitzen alle einen Zellkern, können jedoch äußerlich stark verschieden aussehen. Sie haben einen Durchmesser von etwa 7 bis 20 Mikrometern. Aufgrund ihrer unterschiedlichen Gestalt können sie vielfältige Funktionen übernehmen. Eine wichtige Aufgabe ist zum Beispiel das Abwehren von eingedrungenen Fremdkörpern und Krankheitserregern.

Einige der weißen Blutzellen können sich eigenständig fortbewegen und die Blutgefäße verlassen. Sie werden in den umliegenden Geweben tätig und fressen dort Fremdkörper und Krankheitserreger auf. Häufig sterben die weißen Blutzellen dabei.

Die Reste abgestorbener weißer Blutzellen und die von ihnen aufgenommenen körperfremden Stoffe werden als weißgelber **Eiter** vom Körper ausgeschieden. Weiße Blutzellen müssen auch sonst ständig vom Körper neu gebildet werden. Ihre Lebensdauer beträgt einige Tage bis wenige Monate.

Blutplättchen • Die Blutplättchen sind mit einem Durchmesser von 2 bis 3 Mikometern der kleinste der drei festen Blutbestandteile. Ihre Lebensdauer beträgt nur etwa 8–12 Tage. Wie die roten Blutzellen besitzen sie keinen Zellkern. Gemeinsam mit dem flüssigen Bestandteil des Blutes sorgen sie dafür, dass das Blut gerinnt und eine Wunde verschlossen werden kann.

Blutgerinnung • Der Vorgang der Blutgerinnung ähnelt einer Kettenreaktion. Ein Schritt setzt jeweils den folgenden Schritt in Gang. Zu Beginn lagern sich Blutplättchen vom Rand der Wunde aus aneinander an und überziehen rasch die verletzte Stelle. Anschließend veranlassen die Blutplättchen, dass Stoffe aus dem flüssigen Teil des Blutes Eiweißfäden bilden. Diese Eiweißfäden verkleben sich gemeinsam mit den bereits angelagerten Blutplättchen zu einem engmaschigen Netz, in dem sich die roten Blutzellen verfangen. Die entstandene Verbindung härtet aus und es bildet sich **Schorf.** Unter dem Schorf kann eine neue Hautschicht entstehen.

1 ☐ Stelle Merkmale und Funktionen der drei festen Blutbestandteile in einer Tabelle dar.

2 ◩ Erläutere das Prinzip der Oberflächenvergrößerung am Beispiel der roten Blutzellen.

3 ◩ Beschreibe den Vorgang der Blutgerinnung in einer dreiteiligen Bildgeschichte.

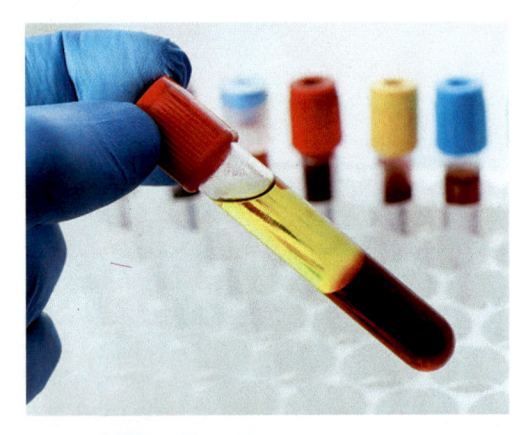

1 Aufgetrenntes Blut

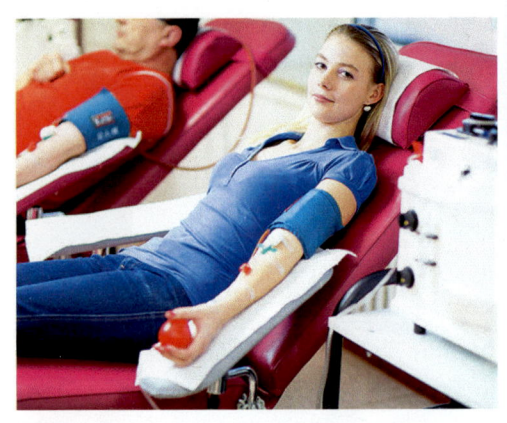

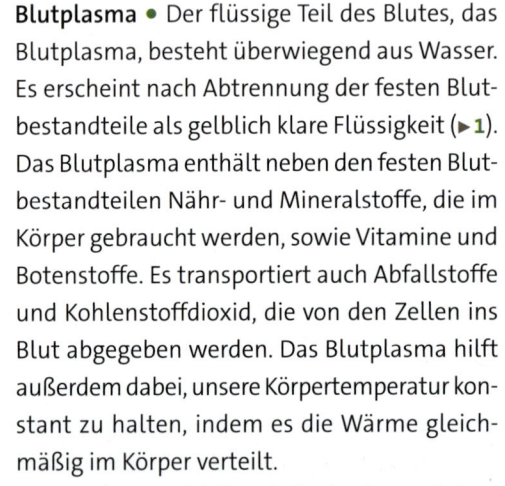

3 Bei der Blutspende

Blutplasma • Der flüssige Teil des Blutes, das Blutplasma, besteht überwiegend aus Wasser. Es erscheint nach Abtrennung der festen Blutbestandteile als gelblich klare Flüssigkeit (▶1). Das Blutplasma enthält neben den festen Blutbestandteilen Nähr- und Mineralstoffe, die im Körper gebraucht werden, sowie Vitamine und Botenstoffe. Es transportiert auch Abfallstoffe und Kohlenstoffdioxid, die von den Zellen ins Blut abgegeben werden. Das Blutplasma hilft außerdem dabei, unsere Körpertemperatur konstant zu halten, indem es die Wärme gleichmäßig im Körper verteilt.

Eine weitere wichtige Aufgabe kommt dem Blutplasma mit der Bildung der Eiweißfäden bei der Blutgerinnung zu. Entfernt man die hierfür notwendigen Eiweiße aus dem Blutplasma, so gerinnt das Blut nicht mehr. Die so erhaltene Flüssigkeit nennt man dann **Blutserum**.

Blutspende • Wenn man bei einem Unfall sehr viel Blut verliert, kann der Körper den Blutverlust meist nicht schnell genug ausgleichen. In einer solchen lebensbedrohlichen Situation muss dem Körper von außen Blut zugeführt werden. Bis heute ist man darauf angewiesen, dass genügend Menschen bereit sind, Blut zu spenden. In Deutschland werden täglich bis zu 15 000 Blutspenden benötigt. Blut spenden darf, wer mindestens 18 Jahre alt ist, über 50 Kilogramm wiegt und gesund ist. Das wird von Ärztinnen und Ärzten vor Ort festgestellt. Bei der **Vollblutspende** wird der Spenderin oder dem Spender etwa ein halber Liter Blut abgenommen. Das abgenommene Blut wird anschließend in die einzelnen Bestandteile aufgetrennt. So können je nach Bedarf die roten Blutzellen oder auch nur die Blutplättchen anschließend an eine Empfängerin oder einen Empfänger übertragen werden. Das aus einer Blutspende gewonnene Blutplasma wird häufig zur Herstellung von Medikamenten genutzt.

1 ☐ Nenne die Aufgaben des Blutplasmas.

2 ☑ Erkläre, warum man nach einer Vollblutspende mindestens 56 Tage warten muss, bis man wieder spenden darf.

3 ☑ Kurz nach einer Blutspende ist die sportliche Leistungsfähigkeit eingeschränkt. Stelle Vermutungen an, weshalb das so ist.

2 Aufruf zur Blutspende

Material

Körper des Menschen • Blut und Blutbestandteile

Material A Leben in großen Höhen

Zusammensetzung des Blutes	Im Flachland lebender Mensch	Im Hochgebirge lebender Mensch
Anzahl roter Blutzellen (Million pro Mikroliter)	5,11	6,44
Hämoglobingehalt (Gramm pro Liter)	156	201

A1 Zusammensetzung des Blutes von Menschen im Flachland und Hochgebirge

In großer Höhe wird die Luft „dünn". Sie enthält weniger Sauerstoff als im Flachland. Untersucht man das Blut der im Hochgebirge lebenden Menschen, zeigen sich entsprechende Anpassungen an diese Bedingungen.
Sportlerinnen und Sportler trainieren oft an hoch gelegenen Orten in Höhentrainingslagern. Die Veränderung des Blutes durch das Training in der Höhe verbessert die Leistung im Flachland.

1. Vergleiche die Zusammensetzung des Blutes von Menschen im Flachland und im Hochgebirge (▶ A1).
2. Erkläre die Unterschiede.
3. Begründe, warum das Höhentraining die Leistungsfähigkeit steigert.

Material B Vampirfledermäuse

B1 Vampirfledermaus

Vampirfledermäuse sind die einzigen Säugetiere, die ausschließlich vom Blut anderer Tiere leben. Sie beißen die Tiere und geben mit dem Speichel einen Stoff ab, der die Eiweißfäden im Blut des gebissenen Tieres auflöst. Danach lecken sie das aus der Wunde austretende Blut auf. Da Vampirfledermäuse nur wenig Blut auf einmal trinken können, fliegen sie das gebissene Tier mehrfach an, um von derselben Wunde zu lecken.

1. Erkläre, warum Blut als Nahrungsquelle für Vampirfledermäuse ausreichend ist.
2. Erkläre, weshalb Vampirfledermäuse einen Stoff im Speichel benötigen, der Eiweißfäden auflöst.

Material C Eisenmangel

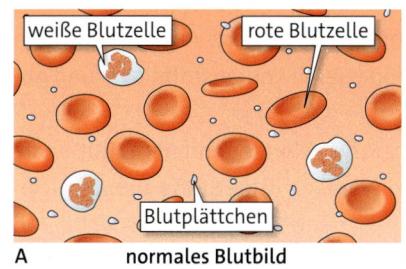

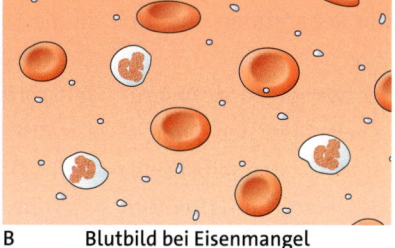

A normales Blutbild
B Blutbild bei Eisenmangel

C1 Blut unter dem Mikroskop: **A** normales Blut, **B** Blut bei Eisenmangel

Zur Blutbildung wird Eisen benötigt. Eisen ist in Nahrungsmitteln wie Fleisch, Bohnen und Erbsen enthalten. Fehlt dem Körper Eisen, kann dies zu verringerter Leistungsfähigkeit führen. Menschen mit Eisenmangel sind zudem oft blass im Gesicht.

1. Vergleiche das Blut einer gesunden und einer an Eisenmangel leidenden Person (▶ C1).
2. Erkläre anhand der Unterschiede, weshalb Menschen mit Eisenmangel oft eine Blässe im Gesicht zeigen und körperlich nicht so belastbar sind.
3. Begründe, warum man nach einer Blutspende den Verzehr eisenhaltiger Nahrung empfiehlt.

5.11 Zusammenspiel der Organe

1 Nach dem Sport

Puh, Sport treiben ist anstrengend! – Dominic schwitzt und wird rot im Gesicht. Sein Herz rast und er atmet schnell. Später merkt er, dass er großen Durst hat, und beim Mittagessen langt er kräftig zu. Wie hängen diese Körperreaktionen zusammen?

Versorgung der Zellen • Wenn Dominic sich beim Sport bewegt und seine Muskeln sich dabei zusammenziehen, brauchen die Muskelzellen Bausteine von Nährstoffen und Sauerstoff. Auch alle anderen Zellen seines Körpers benötigen **Nährstoffe, Sauerstoff** und **Wasser** für ihre jeweiligen Aufgaben, für Reparaturen und für das Wachstum.

Um jede Zelle mit den notwendigen Stoffen zu versorgen, arbeiten die verschiedenen Organe des Körpers eng zusammen. Organe selbst sind aus Zellen aufgebaut. Sauerstoff erhalten sie aus der Lunge, Nährstoffe aus dem Darm. Transportiert wird beides im Blut.

Jedes Organ erfüllt eine bestimmte Funktion. Oft sind Organe mit unterschiedlichen Funktionen zu einem Organsystem zusammengeschlossen. Erst die Abfolge der verschiedenen Organe sorgt zum Beispiel im Verdauungssystem für eine vollständige Zerlegung der Nahrung und Aufnahme der Nährstoffe ins Blut.

Entsorgung von Abfallstoffen • Beim Ausatmen gibt Dominic **Kohlenstoffdioxid** ab. Es entsteht bei der Muskelarbeit und wird vom Blut in die Lunge transportiert. Auch die übrigen Organe produzieren Kohlenstoffdioxid und Abfallstoffe.

Die Abfallstoffe gelangen mit dem Blut in die Leber. Dort werden giftige Stoffe zu ungiftigen Stoffen wie Harnstoff umgebaut. In den Nieren werden die Abfallstoffe aus dem Blut herausgefiltert und mit Wasser vermischt als **Urin** ausgeschieden. Nahrungsreste, die nicht verdaut werden können, werden über den Enddarm als **Kot** abgegeben. Beim Wasserlassen, beim Schwitzen und beim Ausatmen verliert Dominic Wasser. Es muss durch Trinken ersetzt werden.

Wärmetransport • Beim Sport entsteht vor allem in den Muskeln viel Wärme. Außerdem fließt bei körperlicher Bewegung mehr Blut durch die Blutgefäße in den Muskeln und in der Haut. Dadurch wird die Wärme zur Körperoberfläche transportiert und dort an die Umgebung abgegeben. Wenn Dominic schwitzt und der **Schweiß** verdunstet, wird der Körper zusätzlich gekühlt.

Zusammenspiel der Organe • Man kann also Sport treiben, wenn alle genannten Organe zusammenwirken: Die **Muskeln** und die anderen Organe brauchen Nährstoffe aus dem **Dünndarm,** Wasser aus dem **Dickdarm** und Sauerstoff aus der **Lunge.** Abfallstoffe müssen über **Leber, Nieren** und **Enddarm** ausgeschieden werden. Wärme muss, wenn nötig, an die Körperoberfläche transportiert und über die **Haut** abgegeben werden. Die Zusammenarbeit der Organe gelingt, weil sie über **Herz** und **Blutgefäße** verbunden sind und das **Blut** den Transport aller Stoffe übernimmt (▶2).

Austausch mit der Umwelt • Insgesamt nimmt der Körper somit Wasser, Sauerstoff und Nährstoffe aus der Nahrung auf. Kohlenstoffdioxid, Wasser und Abfallstoffe gibt er ab. Die Organe, die den Austausch der Stoffe ermöglichen, zeigen eine auffallende Ähnlichkeit. Die Luftröhre verzweigt sich zu vielen Lungenbläschen. Die Darmwand ist stark eingefaltet. In allen Organen verästeln sich die Blutgefäße in viele Kapillaren. Sie haben zusammen eine viel größere **Austauschfläche** als eine einzelne Arterie.
An den Stellen, an denen Stoffe aufgenommen oder abgegeben werden, finden sich also vergrößerte Oberflächen, sodass Stoffaufnahme oder -abgabe sehr schnell erfolgen können.

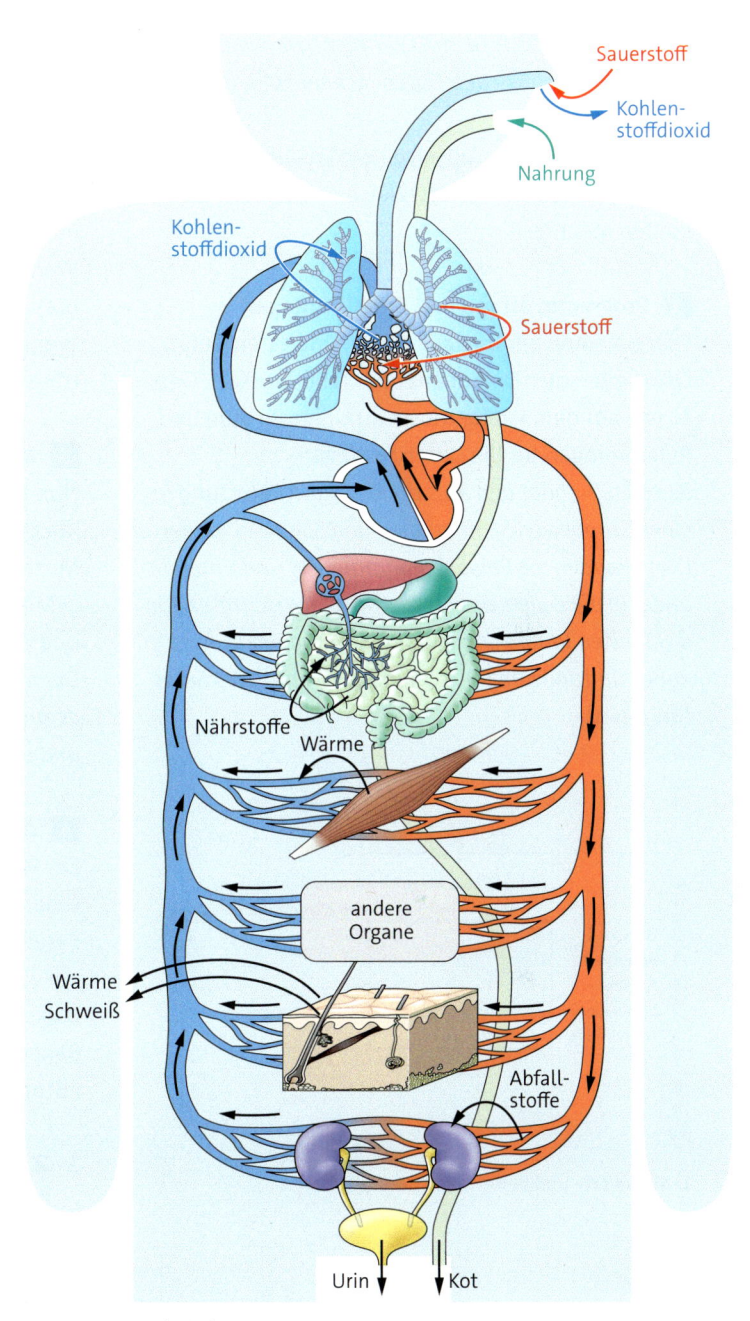

2 Zusammenarbeit der Organe

1 ☐ Nenne die Stoffe, die der Körper aufnimmt und abgibt, sowie die Organe, in denen der Austausch erfolgt.

2 ◪ Stelle die Transportaufgaben des Blutes übersichtlich zusammen. Benutze folgendes Muster: Lunge: Sauerstoff → alle Zellen.

3 ◪ Erkläre, warum Dominics Herz beim Sport schneller schlägt, er schneller atmet, im Gesicht rot wird und schwitzt.

Methode

Daten verarbeiten und darstellen

Beim Experimentieren werden oft Messungen durchgeführt und Daten erhoben. Wenn man mit den Daten rechnen will, ist es nützlich, mit einem Tabellenkalkulationsprogramm zu arbeiten.

So gehst du vor, wenn du mit einem Tabellenkalkulationsprogramm wie Excel Messwerte verarbeiten und darstellen möchtest:

1 Programm öffnen und Tabelle anlegen
Öffne die Anwendung auf deinem digitalen Gerät. Öffne ein neues Dokument oder Tabellenblatt. Genau so wie auf dem Papier musst du Überschriften und Benennungen für die Daten festlegen.
Beispiel: Ihr habt den Puls bei Ruhe und Belastung in einer Gruppe von Schülerinnen und Schülern gemessen. Dann werden die Personen nummeriert und untereinander in die Zeilen eingetragen. Die Überschriften für die Spalten lauten „Anzahl Pulsschläge pro Minute in Ruhe" und „Anzahl Pulsschläge pro Minute bei Belastung" (▸1).

2 Messwerte eintragen
Nun trägst du die erhobenen Messwerte in die entsprechenden Zellen der Tabelle ein. Du kannst die Werte schon direkt bei der Messung in ein Tabellenblatt im Tabellenkalkulationsprogramm eintragen. Wenn du die Messwerte zuerst auf Papier notiert hast, trägst du sie nachträglich ein.

3 Mittelwert ermitteln
Nun lässt sich leicht der Mittelwert ermitteln. Klicke auf die Zelle unterhalb der Daten, für die der Mittelwert bestimmt werden soll, und schreibe „=Mittelwert(" (▸1). Markiere die Daten in der Spalte und drücke die Enter-Taste.
Der Mittelwert im Beispiel gibt an, wie viele Pulsschläge pro Minute in der Gruppe im Durchschnitt in Ruhe und unter Belastung gemessen wurden.

4 Aus den Daten ein Diagramm erstellen
Zur Veranschaulichung kann man die Daten in einem Diagramm darstellen lassen. Man markiert den Bereich, den man darstellen möchte, klickt im Menü auf „Einfügen" und wählt zum Beispiel „Säulen- und Balkendiagramme". Wenn du die Überschriften und Benennungen korrekt angelegt hast, bekommst du automatisch ein übersichtliches Diagramm (▸2).

1 Erstelle aus den Daten im QR-Code (▸ [◰]) ein Diagramm.

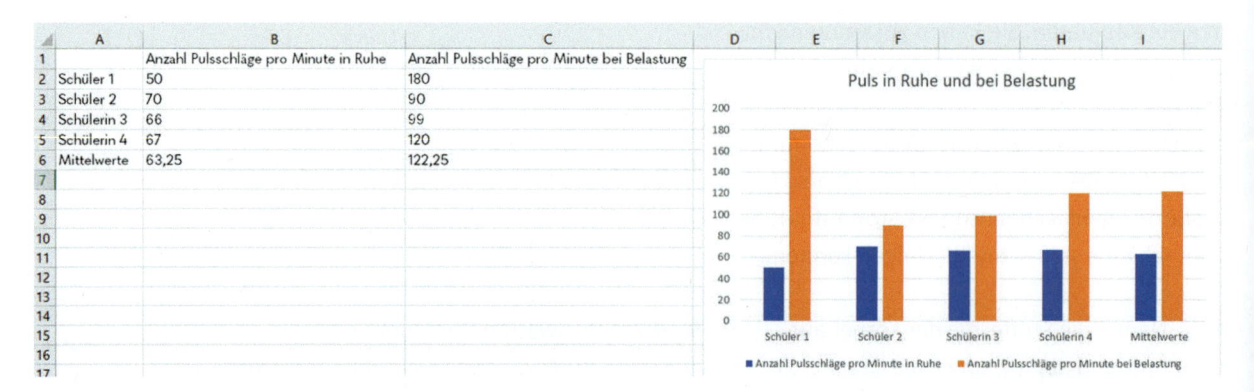

1 Messwerte und Berechnung des Mittelwerts

2 Aus den Messwerten erstelltes Diagramm

Material

Körper des Menschen • Zusammenspiel der Organe

Versuch A Leistungen des Herzens

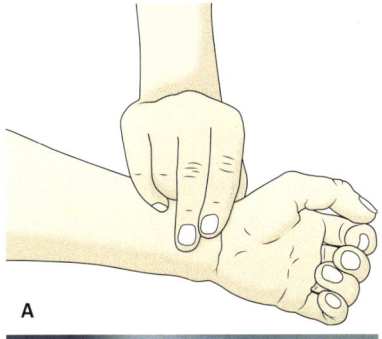

A1 A Pulsmessung, B Pulsuhr

Das Herz arbeitet in einem ruhenden Körper anders als unter Belastung. Für die Messung der Herzarbeit kann man eine Pulsuhr verwenden oder den Pulsschlag selbst ertasten (▶A1).

Der Puls wird ertastet, indem man Zeige- und Mittelfinger der einen Hand auf die Arterie an der Daumenseite der anderen Hand legt. Man fühlt so lange, bis man ein Klopfen wahrnimmt. Dann werden eine Minute lang die Pulsschläge gezählt. Diese entsprechen der Anzahl der Herzschläge pro Minute. Eine Pulsuhr legt man an und startet die Pulsmessung.

Vorbereitung: Bildet Dreiergruppen: Bestimmt eine Versuchsperson und zwei Personen, die anschließend die Messungen durchführen und die Werte notieren.

Durchführung:

1 ☐ Messt den Puls der Versuchsperson im Ruhezustand. Sie soll dabei sitzen und sich vorher nicht bewegt haben. Einer misst die Anzahl der Pulsschläge in einer Minute und notiert diese. Ein anderer zählt, wie oft die ruhende Versuchsperson in einer Minute ein- und ausatmet. Ein- und Ausatmung sind ein Atemzug. Notiert diesen Wert ebenfalls.

2 ☐ Nun bewegt sich die Versuchsperson intensiv: Sie macht direkt hintereinander 15 Kniebeugen.
Messt anschließend den Puls. Zählt dazu die Pulsschläge pro Minute. Zählt auch die Anzahl der Atemzüge pro Minute. Notiert beide Werte.

Auswertung:

3 ✏ Erklärt, weshalb der Pulsschlag und die Atemzüge unter Belastung schneller sind als in Ruhe.

Material B Organsysteme arbeiten zusammen

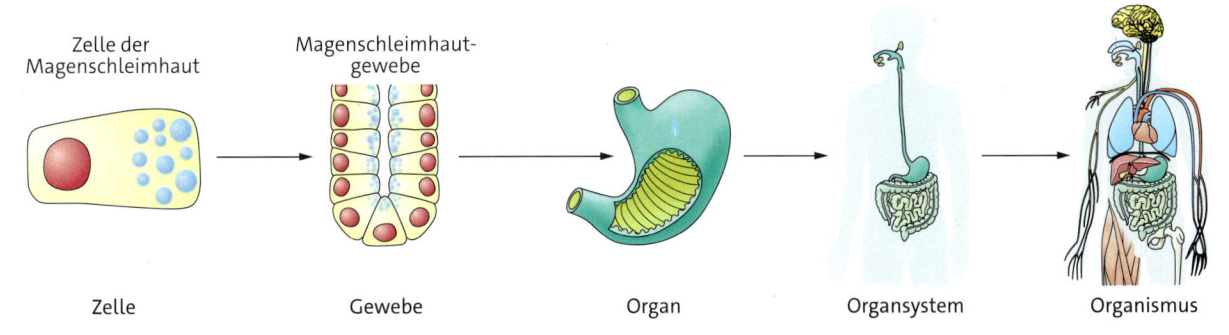

Zelle der Magenschleimhaut → Magenschleimhautgewebe → Organ → Organsystem → Organismus

Zelle — Gewebe — Organ — Organsystem — Organismus

B1 Organisationsebenen: von der Zelle zum Organismus

1 ✏ Beschreibe mithilfe der Abbildung den Aufbau des menschlichen Körpers aus Zellen, Geweben, Organen und Organsystemen.

2 ☐ Ordne die folgenden Begriffe den verschiedenen Organisationsebenen (▶B1) zu: Magen, Lunge, Dünndarmschleimhaut, Zellen der Lungenbläschen, Herz-Kreislauf-System, Zellen der Nasenschleimhaut, Herz, Bronchien, Muskelgewebe.

3 ✏ Beschreibe, wie die Verdauungsorgane im Verdauungssystem zusammenarbeiten.

207

Auf einen Blick

Körper des Menschen

Mit dieser Übersicht kannst du die wichtigsten Inhalte des Kapitels wiederholen. Ergänze das Schema um weitere Begriffe und finde Querbeziehungen zwischen den Themen.

Körperhaltung und Bewegung
- Knochen und Skelett
- Wirbelsäule
- Gelenke und Muskeln
- Bewegung hält fit

Ernährung und Verdauung
- Bestandteile der Nahrung
- Gesunde und umweltschonende Ernährung
- Verdauung

Atmung und Herz-Kreislauf-System
- Atmungsorgane
- Blut
- Herz und Blutkreislauf
- Zusammenspiel der Organe
- Messung von Puls- und Atemfrequenz

Körper des Menschen

Methode: Mit Modellen forschen

Doppel-S-Form der Wirbelsäule

Gelenktypen

Muskeln als Gegenspieler

Training

Nährstoffe

Vitamine, Mineralstoffe und Ballaststoffe

Nährstoffnachweise

Ernährungskreis

Weg der Nahrung

Wirkstoffe der Verdauung

Lunge

Blutbestandteile und Aufgaben

Bau und Funktion des Herzens

Blutgefäße

Versorgung, Entsorgung und Transport

Methode: Daten verarbeiten und darstellen

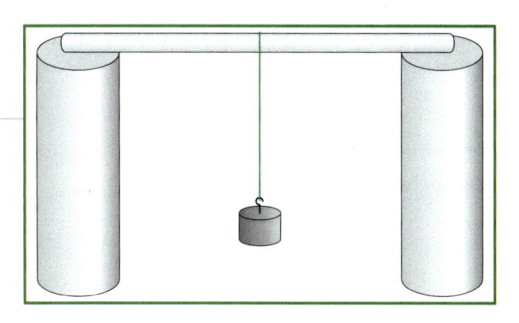

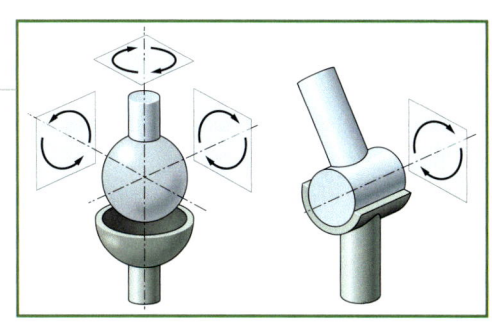

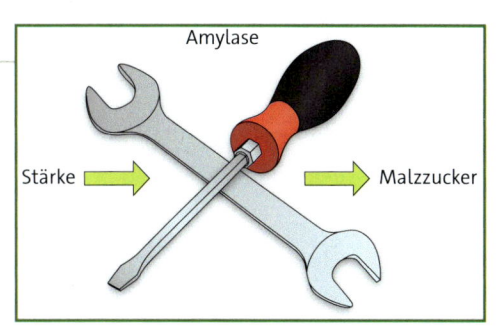

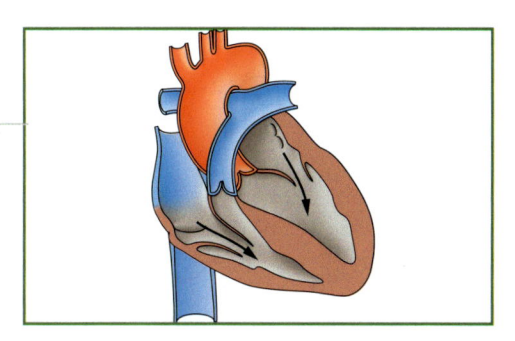

Check-up

Körper des Menschen

Mit den folgenden Aufgaben kannst du überprüfen, ob du die Inhalte aus dem Kapitel verstanden hast. In der Tabelle findest du die zu erwerbenden Kompetenzen sowie Angaben zu den Seiten, auf denen du zum jeweiligen Thema noch einmal nachlesen kannst.

Körperhaltung und Bewegung

1 Das Skelett erfüllt verschiedene Aufgaben.
   a ☐ Nenne die drei Hauptaufgaben des menschlichen Skeletts und gib als Beispiel jeweils den Teil des Skeletts sowie dessen Funktion an.
   b ☐ Nenne die Knochen des Beinskeletts.

2 Die Wirbelsäule dient als Stütze und sorgt für eine hohe Beweglichkeit.
   a ☐ Beschreibe den Aufbau der Wirbelsäule.
   b ◪ Erläutere die Bedeutung der Bandscheiben.

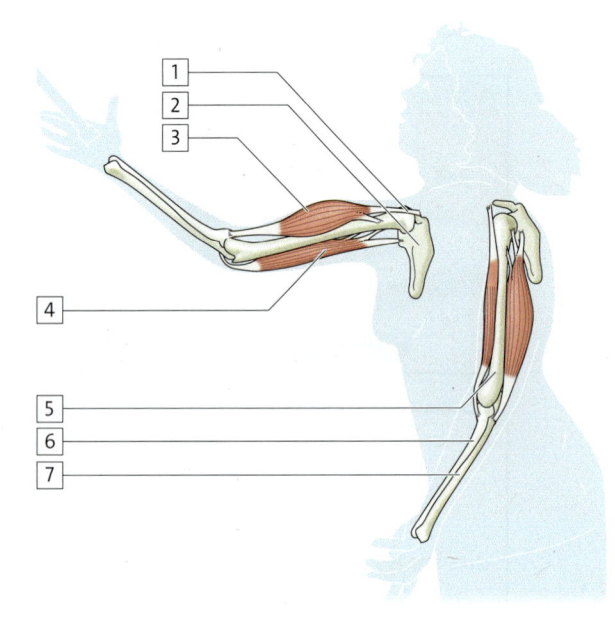

3 Gelenke und Muskeln machen den Körper beweglich.
   a ☐ Beim Jonglieren (▶1) werden die Muskeln des Oberarms abwechselnd zusammengezogen und gedehnt. Ordne den Ziffern in Abbildung 1 folgende Begriffe zu: Streckmuskel, Beugemuskel, Sehne, Oberarmknochen, Elle, Speiche, Schulterblatt.
   b ◪ Beschreibe die Funktion der Sehnen.
   c ◪ Erläutere am Beispiel der Oberarmmuskeln das Gegenspielerprinzip.
   d ◪ Erläutere mithilfe der Abbildung 2 die Funktionsweise eines Gelenks.
   e Benenne die Gelenktypen in der Abbildung (▶2 A, B).
   f ◪ Ordne eines der Gelenke dem Schultergelenk begründet zu.

Ernährung und Verdauung

4 Die Nahrung enthält lebenswichtige Inhaltsstoffe.
   a ☐ Nenne die drei Nährstoffe und zwei weitere Inhaltsstoffe der Nahrung.
   b ◪ Erläutere die Begriffe Baustoff und Betriebsstoff.

5 Jeder Mensch muss über die Nahrung seinen täglichen Energiebedarf decken.
   a ◪ Maja und Kira hatten einen teils unterschiedlichen Tagesablauf (▶3). Erkläre, warum der Leistungsumsatz der Mädchen unterschiedlich war und wer den größeren Energiebedarf hatte.
   b ◪ Begründe, weshalb der Grundumsatz beider Mädchen ungefähr gleich groß war.
   c ◪ Beurteile, welche der Mahlzeiten in der Tabelle (▶4) als Abendessen für Maja beziehungsweise Kira hinsichtlich ihres Energiegehalts empfehlenswert sind. Begründe.
   d ◼ Bewerte die beiden Mahlzeiten hinsichtlich der Kriterien für eine gesunde Ernährung.

1 Oberarmmuskeln beim Jonglieren

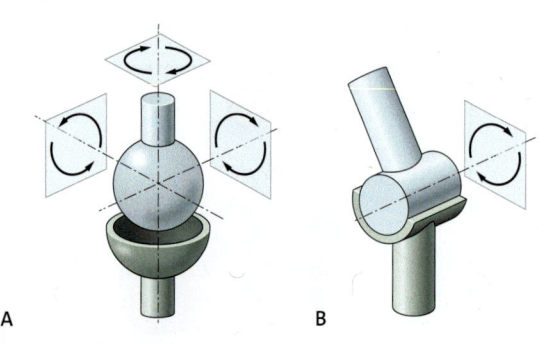

2 Zwei Gelenktypen

6 Bei der Verdauung wird die Nahrung in ihre Bestandteile zerlegt.
  a ☐ Nenne die Organe, in denen die drei Nährstoffe jeweils verdaut werden.

7 Das Enzym Amylase ist für die Stärkeverdauung zuständig.
  a ▨ Erläutere die Wirkungsweise dieses Enzyms.
  b ☐ Beschreibe ein Experiment, mit dem man die Wirkung der Amylase nachweisen kann.

Atmung und Herz-Kreislauf-System

8 Die Versorgung des Körpers mit Sauerstoff ist lebenswichtig.
  a ☐ Nenne die für die Atmung nötigen Organe.
  b ▨ Erläutere den Gasaustausch an den Lungenbläschen. Berücksichtige dabei das Prinzip der Oberflächenvergrößerung.

9 Im Blutkreislauf fließt das Blut durch den Körper.
  a ☐ Nenne die Bestandteile und Aufgaben des Blutes.
  b ▨ Ordne die Stationen, durch die das Blut im Körper fließt, nach ihrer Reihenfolge: rechte Herzkammer, Lungenkapillaren, Körperkapillaren, Körperarterie, Lungenarterie, linke Herzkammer, rechter Vorhof, Körpervene, linker Vorhof, Lungenvene.

Maja und Kira sind Freundinnen, beide sind 12 Jahre alt, gleich groß und gleich schwer. Am Vormittag haben sie dasselbe gegessen und insgesamt etwa 4000 Kilojoule Energie mit der Nahrung aufgenommen. Den restlichen Tag haben sie mit unterschiedlichen Aktivitäten verbracht. Maja ist mit dem Fahrrad zum Handballtraining gefahren. Kira hat zu Hause gelernt und sich einen Film angeschaut. Der mittlere Energiebedarf von 12-jährigen Mädchen liegt zwischen etwa 7000 und 9000 Kilojoule.

3 Tagesablauf von zwei Mädchen

Mahlzeit / Nährwerte	Kürbissuppe, 2 Scheiben Vollkornbrot, Apfelsaft	Spaghetti mit Tomatensoße, Limonade, Schokopudding
Kohlenhydrate	80 Gramm	150 Gramm
Eiweiß	14 Gramm	37 Gramm
Fett	15 Gramm	47 Gramm
Ballaststoffe	11 Gramm	8 Gramm
Energie	2589 Kilojoule	4932 Kilojoule

4 Zwei Mahlzeiten und ihre Nährwerte

Mithilfe des Kapitels kannst du:	Aufgabe	Hilfe
✓ den Bau und die Funktion der Teile des menschlichen Skeletts beschreiben; den Aufbau der Wirbelsäule beschreiben und die Bedeutung der Bandscheiben erläutern.	1, 2	S. 160–161
✓ die Knochen und Muskeln des Arms benennen und das Gegenspielerprinzip am Beispiel der Oberarmmuskulatur beschreiben; Gelenktypen benennen und zuordnen.	3	S. 166–168
✓ Inhaltsstoffe der Nahrung nennen sowie Bau- und Betriebsstoffe unterscheiden.	4	S. 174–175
✓ den Energiebedarf situationsbedingt einschätzen, den Grundumsatz vom Leistungsumsatz unterscheiden und zum Energiebedarf passende Mahlzeiten auswählen; eine Mahlzeit hinsichtlich der Kriterien für gesunde Ernährung bewerten.	5	S. 176, S. 182–184
✓ Verdauungsorgane und ihre Funktion nennen; die Wirkungsweise eines Enzyms erläutern und ein Experiment zum Nachweis der Wirkung von Amylase beschreiben.	6, 7	S. 188–190
✓ die an der Atmung beteiligten Organe nennen und den Gasaustausch unter Berücksichtigung des biologischen Prinzips der Oberflächenvergrößerung erläutern.	8	S. 192–194
✓ Bestandteile und Aufgaben des Blutes nennen und den Blutkreislauf beschreiben	9	S. 196–198

▶ Die Lösungen findest du im Anhang.

6 Sexualität und Fortpflanzung des Menschen

▶ In diesem Kapitel beschäftigst du dich mit der Entwicklung des Menschen. Dabei lernst du die körperlichen Veränderungen bei der Entwicklung vom Kind zum Erwachsenen kennen. Du erfährst, wie sich das Verhalten von Jungen und Mädchen während der Pubertät verändert.

▶ Du lernst den Aufbau und die Funktion der männlichen und weiblichen Geschlechtsorgane kennen. Außerdem wird erklärt, wie der Menstruationszyklus funktioniert.

▶ Du erfährst, was Sexualität ist, und dass sich nicht alle Menschen mit ihrem biologischen Geschlecht identifizieren. Hier wird auch beschrieben, welche sexuellen Orientierungen es bei Menschen gibt und was in einer Partnerschaft zählt.

▶ Jede Person hat das Recht, über ihren Körper zu entscheiden. Daher ist es wichtig, in bestimmten Situationen „Nein" zu sagen. Du findest auch heraus, wo du im Notfall Hilfe bekommst.

▶ Das Kapitel beschäftigt sich auch mit der Fortpflanzung des Menschen. Du lernst, wie es zur Befruchtung einer Eizelle kommt, was bei einer Schwangerschaft passiert, wie sich das Ungeborene im Mutterleib entwickelt und wie die Geburt abläuft.

Jeder Mensch war einmal ein Baby. Als Erwachsene können Menschen Kinder bekommen. Wie entsteht ein Mensch? Wann und wie werden aus Kindern Erwachsene?

6.1 Pubertät – ein wichtiger Entwicklungsschritt

1 Ein Gruppe Jugendlicher

In der letzten Zeit ist vieles komisch. Der Körper fühlt sich sonderbar an. Es gibt Spannungen zu Hause und in der Schule. Die Mädchen und Jungen in der Klasse verhalten sich neuerdings anders. Manche werden stiller, manche sehr schnell wütend. Cliquen bilden sich. Was ist da los?

Alles verändert sich • Die Zeit zwischen Kindheit und Erwachsensein ist eine Reifezeit. Dabei vollziehen sich körperliche und seelische Veränderungen. Am Ende dieser Phase sind die jungen Erwachsenen biologisch voll entwickelt und dazu in der Lage, sich fortzupflanzen und Nachwuchs zu bekommen. Sie sind **geschlechtsreif.**

Die Zeit, in der diese Entwicklung erfolgt, wird als **Pubertät** bezeichnet. Wann die Pubertät einsetzt, wird durch die Erbanlagen und durch Umwelteinflüsse, zum Beispiel die Ernährung, bestimmt sowie durch **Geschlechtshormone** geregelt.

Daher verläuft die Pubertät bei jedem Menschen unterschiedlich. So können Jugendliche besonders im Alter zwischen 10 und 17 Jahren zu unterschiedlichen Zeiten in die Höhe wachsen und sehr verschieden entwickelt sein. Erst zum Ende der Pubertät verringern sich die Unterschiede wieder.

Körperliche Veränderungen bei Mädchen • Bei der Geburt ist das biologische Geschlecht eines Menschen meist an den äußeren und inneren Geschlechtsorganen erkennbar. Weil sie schon beim Neugeborenen ausgebildet sind, heißen sie **primäre Geschlechtsorgane.** Bis zur Pubertät verändern sie sich kaum. Während der Pubertät vergrößern sie sich und reifen. Die Gebärmutter der Mädchen wird funktionsfähig, ebenso die Eierstöcke. Nun kann monatlich eine Eizelle reifen.

In dieser Zeit kommt es zu weiteren Veränderungen. Die Mädchen werden größer, die Proportionen ihrer Körper verändern sich. Das Becken wird breiter, die Taille wirkt schmaler im Verhältnis zum Becken. Die weibliche Brust entwickelt sich. Im Intimbereich und in den Achselhöhlen bildet sich Körperbehaarung aus (▶ 2). Die Stimme wird etwas tiefer. Diese Merkmale werden als **sekundäre Geschlechtsmerkmale** bezeichnet.

Die wichtigsten Geschlechtshormone sind Östrogen und Testosteron.

Körperliche Veränderungen bei Jungen • Die Pubertät beginnt bei Jungen im Durchschnitt etwas später als bei Mädchen. Daher erfolgt auch der Wachstumsschub bei Jungen im Allgemeinen etwas später. So sind viele Jungen eine Zeit lang kleiner als gleichaltrige Mädchen. Während der Pubertät verändern sich auch bei Jungen die Geschlechtsorgane. Der Penis und die Hoden werden größer. In den Hoden beginnen die Spermienzellen zu reifen.

Die sekundären Geschlechtsmerkmale werden ebenfalls ausgeprägt. Mit dem Größenwachstum erfolgt ein Muskelwachstum. Die Proportionen des Körpers verändern sich, die Schultern werden breiter. Die Körperbehaarung wird stärker und bildet sich besonders im Intimbereich und in den Achselhöhlen aus, der Bartwuchs setzt ein. Außerdem verändert sich der Kehlkopf, wodurch die Stimme tiefer wird. Da die Veränderung allmählich erfolgt, kann die Stimme eine Zeit lang schnell zwischen hoher und tiefer Stimmlage wechseln. Diesen Zustand bezeichnet man als Stimmbruch.

Veränderungen der Haut • Durch die Geschlechtshormone wird die Talgproduktion in der Haut angeregt. Wenn sich Talg und Hautschüppchen in den Poren festsetzen, kann es zu Entzündungen kommen. Aus diesem Grund leiden viele Jugendliche während der Pubertät unter Hautunreinheiten und Pickeln. Mit der Zeit reguliert sich die Talgproduktion und das Hautbild bessert sich wieder. Eine geeignete Hautpflege wirkt Entzündungen entgegen und lässt sie schneller abheilen. Gelingt das nicht, sollten sie ärztlich behandelt werden.

Die Pubertät verläuft immer individuell. Die Zeiträume und Veränderungen unterscheiden sich von Person zu Person.

1 ◻ Beschreibe sekundäre Geschlechtsmerkmale bei Mädchen und Jungen.

2 ◪ Erläutere, warum niemand beunruhigt sein muss, wenn gleichaltrige Jugendliche größer und körperlich weiter entwickelt sind als man selbst.

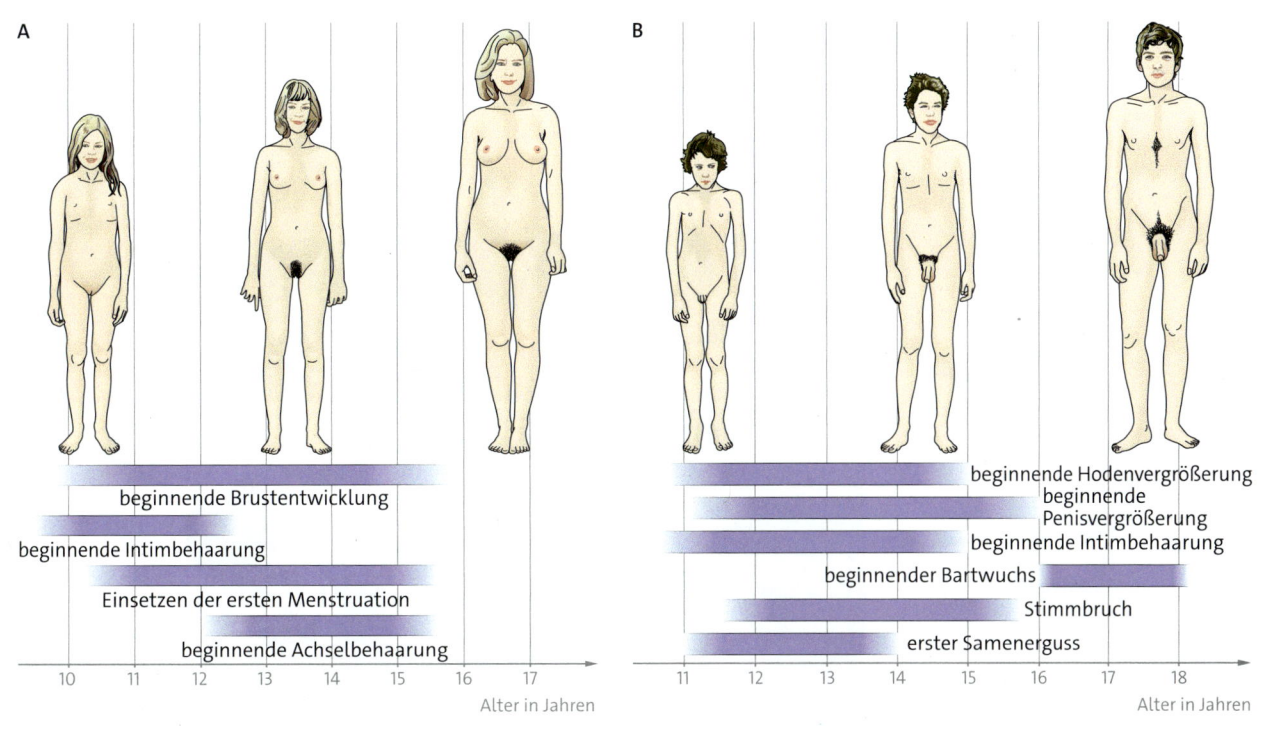

2 Körperliche Veränderungen in der Pubertät bei Mädchen (links) und Jungen (rechts)

Seelische Veränderungen • Die Pubertät ist eine aufregende Zeit. Die Veränderungen verunsichern viele und führen zu einem neuen Körpergefühl. Das geht mit einem Wandel in den Beziehungen zu anderen Personen und meist mit einem zunehmenden körperlichen Interesse einher.

Nicht nur der Körper, auch das Gehirn reift. Es wird dadurch schneller im Denken. Neue Erfahrungen werden gewonnen und neue Ansichten ausgebildet. Das Gehirn wird auf die Zeit vorbereitet, in der die Jugendlichen ihr Leben alleine meistern werden. Dazu laufen im Gehirn eine Menge Umbauarbeiten ab. Das führt zwischenzeitlich zu einer emotionalen Achterbahn, weil Jugendliche in dieser Phase Gefühle besonders deutlich wahrnehmen. So kommt es zu plötzlichen Gefühlsausbrüchen und oftmals zu vorschnellem, unüberlegtem und manchmal zu risikoreichem Handeln.

Gleichzeitig ändert sich die persönliche Situation nicht nur, weil sich die Beziehung zu den Eltern wandelt. Neue Wünsche und Vorstellungen, Interessen und Gewohnheiten bilden sich heraus, das Verhalten der Jugendlichen wandelt sich. Sie orientieren sich oft nicht mehr an den Eltern, sondern an neuen Vorbildern. Die Heranwachsenden wollen zunehmend Verantwortung übernehmen und selbstbestimmt sein, beachten aber nicht immer alle Konsequenzen ihres Handelns. Da bleiben Meinungsverschiedenheiten oder Konflikte in der Familie, im Umfeld und in der Schule nicht aus.

Der Freundeskreis nimmt häufig eine besondere Rolle ein. Das Verständnis und die Anerkennung durch andere geben Halt, um sich in der neuen Situation zurechtzufinden und mit den Veränderungen klarzukommen. Daraus ergibt sich neben all den neuen Möglichkeiten auch eine Gefahr. Ausgrenzung und Mobbing werden besonders wahrgenommen und können langfristig psychische Probleme bereiten.

1 ☐ Beschreibe seelische Veränderungen, die in der Pubertät auftreten.

2 ◪ Gib an, welche Menschen Vorbilder für dich sind, und begründe deine Wahl.

3 ◪ Erkläre, warum die Pubertät in der Entwicklung von Jugendlichen wichtig ist.

1 Verschiedene Situationen im Leben von Jugendlichen

Material — Sexualität und Fortpflanzung des Menschen • Pubertät – ein wichtiger Entwicklungsschritt

Material A Körperliche Veränderungen

A1 Mädchen im Alter von 5 und 16 Jahren

A2 Junge im Alter von 8 und 18 Jahren

1. ☐ Beschreibe körperliche Veränderungen während der Pubertät (▶ A1 und A2).

2. ▨ Vergleiche die Pubertät bei Mädchen und Jungen.

Versuch B Von hoch bis tief – Modellexperiment

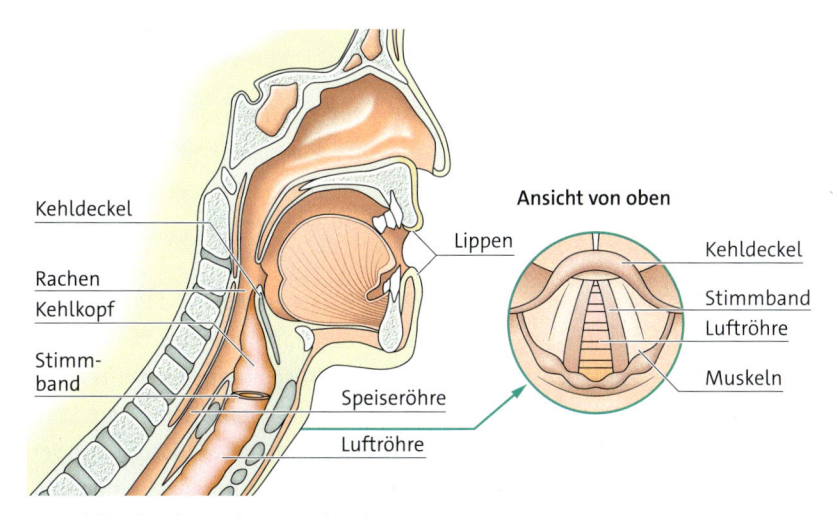

Kehldeckel
Rachen
Kehlkopf
Stimmband
Speiseröhre
Luftröhre

Ansicht von oben
Lippen
Kehldeckel
Stimmband
Luftröhre
Muskeln

B1 Kehlkopf und Lage der Stimmbänder

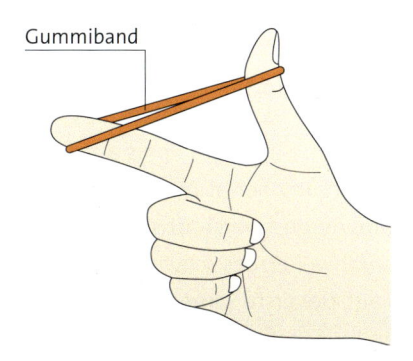

Gummiband

B2 Durchführung des Experiments

Während der Pubertät verändert sich die Stimmlage von Jugendlichen. Das fällt besonders bei Jungen auf, denn ihr Kehlkopf wird deutlich größer. Dabei wachsen die Stimmlippen um ungefähr einen Zentimeter. Sie schwingen beim Sprechen und erzeugen so Töne. Ein Experiment zeigt die Folgen der Längenveränderung.

Material:
2 verschieden lange Gummiringe

Durchführung:
Halte zwei verschieden lange Gummiringe jeweils straff und zupfe daran (▶ B2).

Auswertung:

1. ☐ Gib an, welchem Teil des Kehlkopfs (▶ B1) die Gummibänder im Modellexperiment entsprechen.

2. ▨ Beschreibe deine Beobachtungen. Leite den Zusammenhang zwischen der Länge der Gummibänder und der Tonhöhe ab.

3. ▨ Erläutere, wie und warum sich die Tonlage während der Pubertät ändert.

6.2 Bau der Geschlechtsorgane

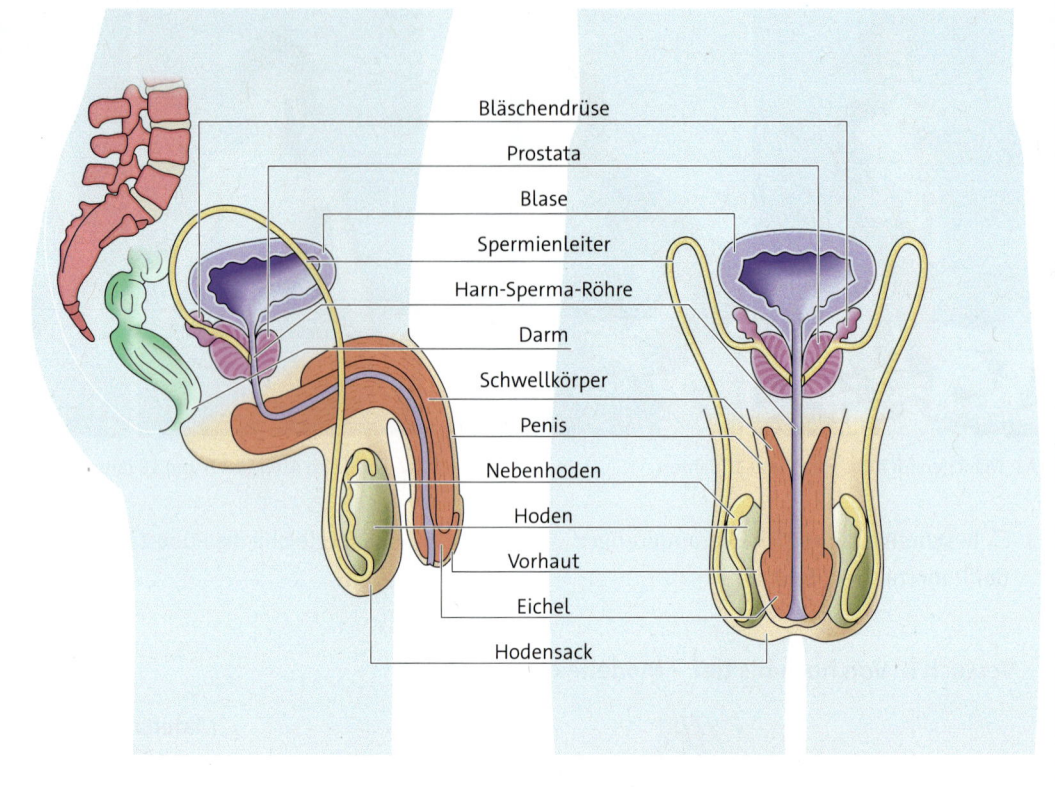

1 Bau der männlichen Geschlechtsorgane

Beschriftungen der Abbildung: Bläschendrüse, Prostata, Blase, Spermienleiter, Harn-Sperma-Röhre, Darm, Schwellkörper, Penis, Nebenhoden, Hoden, Vorhaut, Eichel, Hodensack

Der Körper von Jungen und Mädchen verändert sich in der Pubertät durch Hormone und wird geschlechtsreif. Dieser Wandel wird an den Geschlechtsorganen sichtbar. Welchen Aufbau zeigen die Geschlechtsorgane von Mann und Frau? Wie läuft der Menstruationszyklus ab?

Männliche Geschlechtsorgane • Der Penis und der Hodensack gehören zu den äußeren Geschlechtsorganen des Mannes. Der Penis besteht im Inneren aus **Schwellkörpern**, die sich mit Blut füllen können, sodass der Penis dicker und länger wird. Hierbei wird die **Vorhaut** hinter die **Eichel** gezogen. Diesen Vorgang nennt man **Erektion**.

Die **Hoden** sind zwei kleine ovale Organe, die in einer Hauttasche liegen. Dies ist der von außen sichtbare **Hodensack**. Er umgibt und schützt die Hoden. In ihnen werden die **Spermienzellen** sowie die männlichen Geschlechtshormone produziert, insbesondere Testosteron. Jede Spermienzelle kann eine Eizelle befruchten. Hinter den Hoden liegen die **Nebenhoden**, die die Spermienzellen speichern und reifen lassen. Sobald die Spermienzellen reif sind, wandern sie in Richtung **Bläschendrüse** und **Prostata**, die sich unterhalb der Blase befinden. Die Prostata und die Bläschendrüse produzieren Flüssigkeiten, in denen die Spermienzellen einige Stunden überleben können. Diese Flüssigkeiten vermischen sich mit den Spermienzellen und bilden das **Sperma**.

Der Spermienleiter mündet in die **Harn-Sperma-Röhre**, die den Penis durchzieht. Über sie gelangt der Urin nach außen. Auch das Sperma wird während des Samenergusses über die Harn-Sperma-Röhre aus dem Penis ausgestoßen. Diesen Vorgang nennt man **Ejakulation**. Vor dem Samenerguss versteift sich der Penis durch das Anschwellen des Schwellkörpers und richtet sich auf. Der erste Samenerguss tritt bei den meisten Jungen im Alter zwischen 10 und 14 Jahren auf.

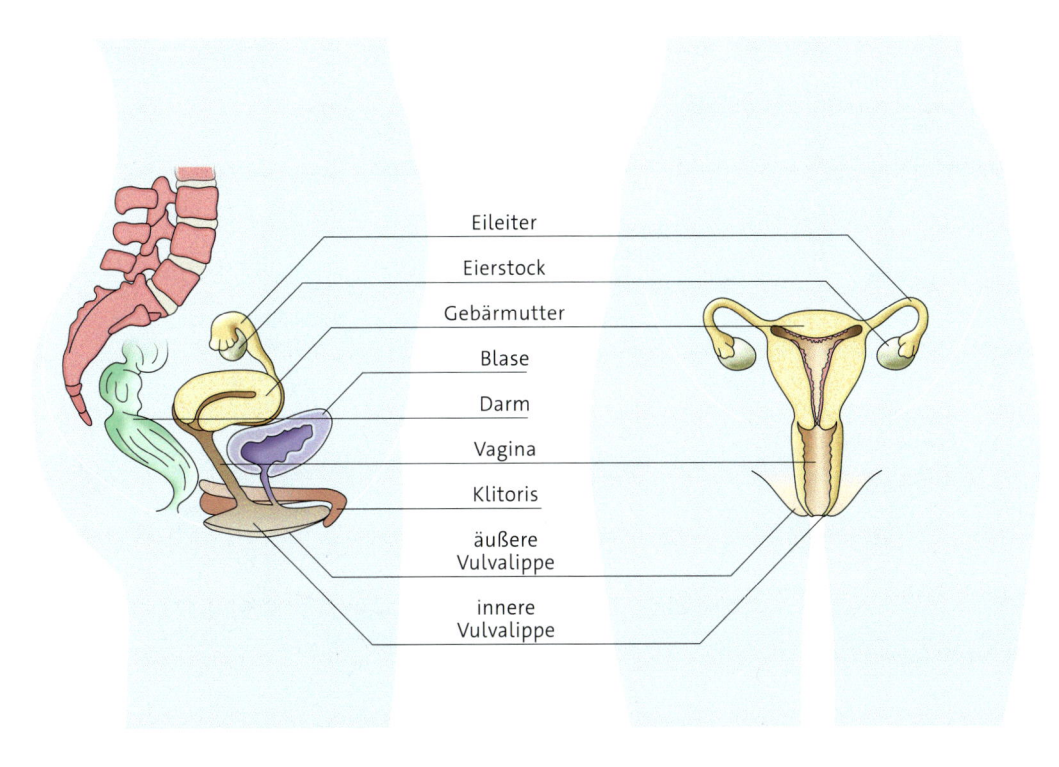

Bau der weiblichen Geschlechtsorgane

Eileiter
Eierstock
Gebärmutter
Blase
Darm
Vagina
Klitoris
äußere Vulvalippe
innere Vulvalippe

2 Bau der weiblichen Geschlechtsorgane

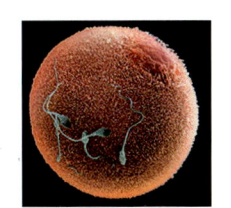

3 Eizelle und Spermienzellen

Weibliche Geschlechtsorgane • Alle äußerlich sichtbaren weiblichen Geschlechtsorgane zusammen werden **Vulva** genannt. Dazu gehören die **Vulvalippen** sowie die **Klitoris**. Die inneren und äußeren Vulvalippen verdecken den Eingang der Vagina, die Öffnung der Harnröhre und die Klitoris. Der größte Teil der Klitoris befindet sich im Inneren des Körpers. Sie hat zwei Äste, die rechts und links von der Vagina verlaufen. Die Klitoris ist 7–12 Zentimeter groß und besitzt wie der Penis Schwellkörper, die sich vergrößern können.

Die **Vagina** ist ein schlauchähnlicher Muskel, der an der **Gebärmutter** endet. Beide bilden zusammen mit den **Eileitern**, den **Eierstöcken** und Teilen der Klitoris die inneren Geschlechtsorgane. Von der Gebärmutter führen rechts und links die Eileiter zu den Eierstöcken. In jedem Eierstock liegen etwa 200 000 unreife **Eizellen**. Meist reift in einem der beiden Eierstöcke nur eine Eizelle in einem mit Flüssigkeit gefüllten Bläschen heran, dem **Follikel**. Nach 14 Tagen platzt das Bläschen und die Eizelle wird in den Eileiter gespült. Dieser Vorgang heißt **Eisprung**.

Durch Muskelbewegungen des Eileiters und mithilfe kleiner Flimmerhärchen im Eileiter wird die Eizelle bis in die Gebärmutter transportiert. Die **Gebärmutterschleimhaut** kleidet die Gebärmutter aus und verdickt sich während der Eireifung deutlich. Sie ist stark durchblutet und schafft eine ideale Umgebung für eine Schwangerschaft.

Funktion der Geschlechtsorgane • Die Geschlechtsorgane des Menschen erfüllen nicht nur die Funktion der Fortpflanzung. Bei Berührung der Geschlechtsorgane und des Intimbereichs entstehen angenehme Gefühle. Dies steigert die Lust auf Zärtlichkeit und Sex zwischen Menschen.

1 ☐ Nenne die inneren und äußeren Geschlechtsorgane.

2 ☐ Beschreibe, wie sich Sperma zusammensetzt.

3 ☐ Beschreibe, was man unter Befruchtung versteht.

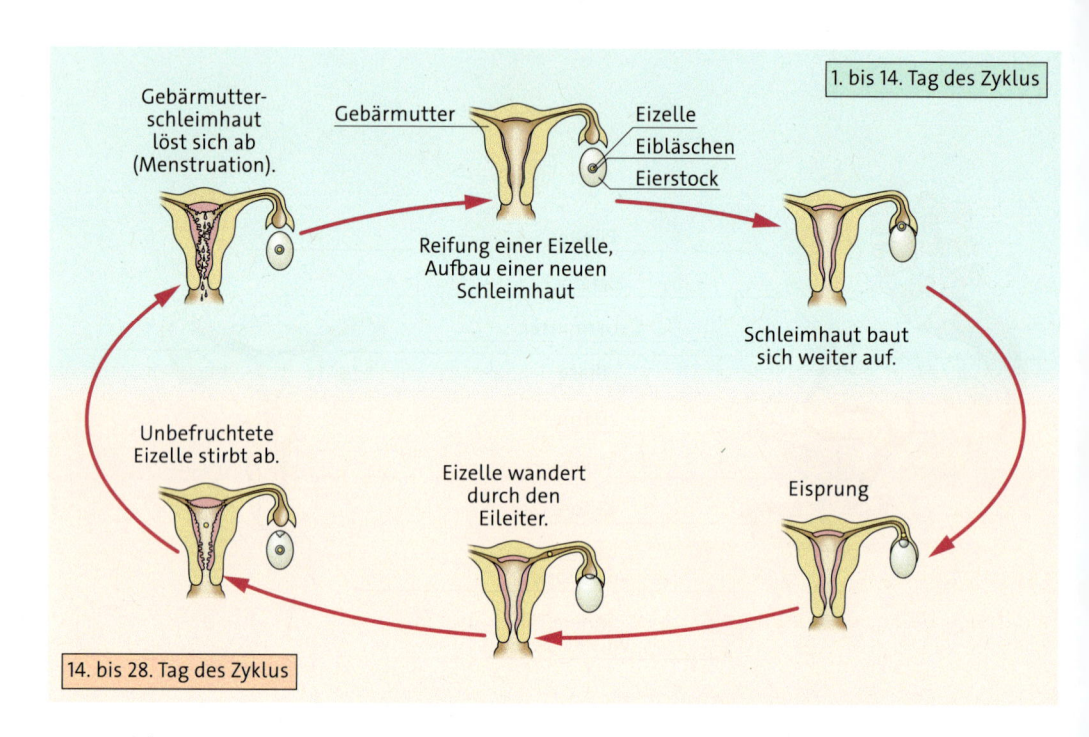

1 Ablauf von Eireifung und Menstruation

Bildbeschriftungen (im Uhrzeigersinn):
- 1. bis 14. Tag des Zyklus
- Gebärmutterschleimhaut löst sich ab (Menstruation).
- Gebärmutter – Eizelle, Eibläschen, Eierstock
- Reifung einer Eizelle, Aufbau einer neuen Schleimhaut
- Schleimhaut baut sich weiter auf.
- Eisprung
- Eizelle wandert durch den Eileiter.
- Unbefruchtete Eizelle stirbt ab.
- 14. bis 28. Tag des Zyklus

Der Zyklus der Frau • Etwa 2–3 Jahre nach Beginn der Pubertät bekommen Mädchen ihre erste Blutung. Damit reift ein Mädchen zur Frau heran. Die Blutung tritt danach immer regelmäßiger auf. Während in den Eierstöcken eine Eizelle heranreift, bereitet sich der Körper auf die Einnistung einer befruchteten Eizelle in der Gebärmutter vor. Dies wird ermöglicht, indem die **Gebärmutterschleimhaut** wächst, sie wird dicker. Wenn keine Befruchtung erfolgt, muss die vorbereitete Gebärmutterschleimhaut wieder zurückgebildet werden, was zur monatlichen Blutung, der **Menstruation**, führt. Da sich dieser Vorgang regelmäßig wiederholt, wird er Zyklus oder **Menstruationszyklus** genannt.

Zyklusanfang • Der Beginn des Zyklus ist auf den ersten Tag der Blutung festgelegt, da sie äußerlich sichtbar ist. So startet der Zyklus mit der Ablösung der Gebärmutterschleimhaut. Die Schleimhautreste werden zusammen mit der unbefruchteten Eizelle durch die Vagina nach außen abgegeben. Sobald die Gebärmutterschleimhaut vollständig abgestoßen wurde, ist die Menstruation beendet.

Nach der Menstruation reift eine der etwa 400 000 unreifen Eizellen in einem der Eierstöcke heran. Sie ist dabei von einem mit Flüssigkeit gefüllten Bläschen umgeben. Parallel dazu beginnt sich die Gebärmutterschleimhaut wieder aufzubauen. Sie wächst während der Eireifung auf ein Vielfaches ihrer ursprünglichen Dicke heran.

Zyklusmitte • Nach etwa 14 Tagen ist der Follikel etwa 2–2,5 Zentimeter groß. Nun erfolgt der **Eisprung**. Die Eizelle wird in Richtung Gebärmutter transportiert. Diese baut sich in dieser Zeit weiter auf, wird mit Blutgefäßen versorgt und mit Nährstoffen angereichert. Wird die Eizelle im Eileiter von einer Spermienzelle befruchtet, kann sie sich in der stark durchbluteten Gebärmutterschleimhaut einnisten. Diese kann die befruchtete Eizelle aufnehmen und versorgen.

1 Beschreibe die Abbildung (▶1).

2 Erkläre die Funktion der Gebärmutterschleimhaut.

Zyklusende und Neubeginn • Wird die Eizelle nicht befruchtet, stirbt sie ab. In diesem Fall wird die Gebärmutterschleimhaut etwa 14 Tage nach dem Eisprung bis auf die Grundschicht abgestoßen und die Menstruation setzt ein. Danach beginnt in einem der beiden Eierstöcke wieder eine Eizelle zu reifen. Dieser Ablauf wird von verschiedenen Hormonen gesteuert und wiederholt sich etwa alle 28 Tage. Die durchschnittliche Zykluslänge von 28 Tagen kann aber bei jungen Mädchen auch viel kürzer oder deutlich länger sein.

Das Zusammenziehen der Gebärmutter während der Menstruation verursacht manchmal Schmerzen. Diese halten meist zwei Tage an. Es ist hilfreich, einen Regelkalender zu führen, um besser abschätzen zu können, wann die nächste Menstruation zu erwarten ist.

Intimhygiene • Während der Menstruation verliert ein Mädchen im Schnitt etwa 60 Milliliter Blut. Das entspricht ungefähr vier Esslöffeln. Um das austretende Blut aufzufangen, gibt es eine Vielzahl an Hygieneprodukten, die auf verschiedene Bedürfnisse ausgerichtet sind. Dünne Slipeinlagen dienen als Schutz für den Beginn und das Ende der Regelblutung. Sie können austretende Flüssigkeit aufnehmen. Auch die etwas dickeren Binden stellen einen äußeren Schutz dar. Beide werden während der Menstruation in den Slip geklebt und nehmen die Blutung außen am Körper auf.

Das Blut benetzt die Vulvalippen sowie die Behaarung im Intimbereich. Da sich das Blut im Kontakt mit Sauerstoff rasch zersetzt, kann es zur Geruchsentwicklung kommen. Eine sorgfältige Intimhygiene sowie ein häufiger Wechsel der Binden sind daher besonders wichtig. Tampons bieten einen inneren Schutz. Sie werden in die Vagina eingeführt und nehmen die Blutung im Inneren des Körpers auf. Auch sie müssen regelmäßig gewechselt werden. Richtig platziert, ist der Tampon kaum spürbar. Der Einsatz von Tampons erfordert etwas Übung, allerdings ist er praktisch bei vielen Sportarten. Egal für welches Produkt man sich schließlich entscheidet, eine gründliche und vor allem regelmäßige Intimhygiene ist unerlässlich, um Infektionskrankheiten vorzubeugen.

2 Verschiedene Hygieneprodukte

Die erste Menstruation • Es gibt einige Anzeichen, die erkennen lassen, dass die Menstruation bevorsteht. Etwa ein Jahr vor der ersten Menstruation entdecken die meisten Mädchen einen weißlichen Ausfluss im Slip. Dazu kommt das Wachstum der Brust und die Behaarung im Intimbereich. Kurz vor ihrer ersten Menstruation verspüren viele Mädchen Schmerzen im Unterleib, die sich häufig wie ein leichtes Ziehen anfühlen. Manche Mädchen bekommen Kopf- oder Rückenschmerzen, die von Stimmungsschwankungen oder Müdigkeit begleitet sein können. Auch die ersten Pickel sind ein Anzeichen.

Mit einer Binde im Schulrucksack und einer Slipeinlage im Slip ist man gut auf die erste Menstruation vorbereitet und muss auch keine Angst vor unangenehmen Momenten haben.

1 Stelle in einer Tabelle die Zyklusabschnitte und deren Merkmale dar.

2 Benenne die Vor- und Nachteile verschiedener Hygieneprodukte für die Menstruation.

Material

Material A Geschlechtsorgane

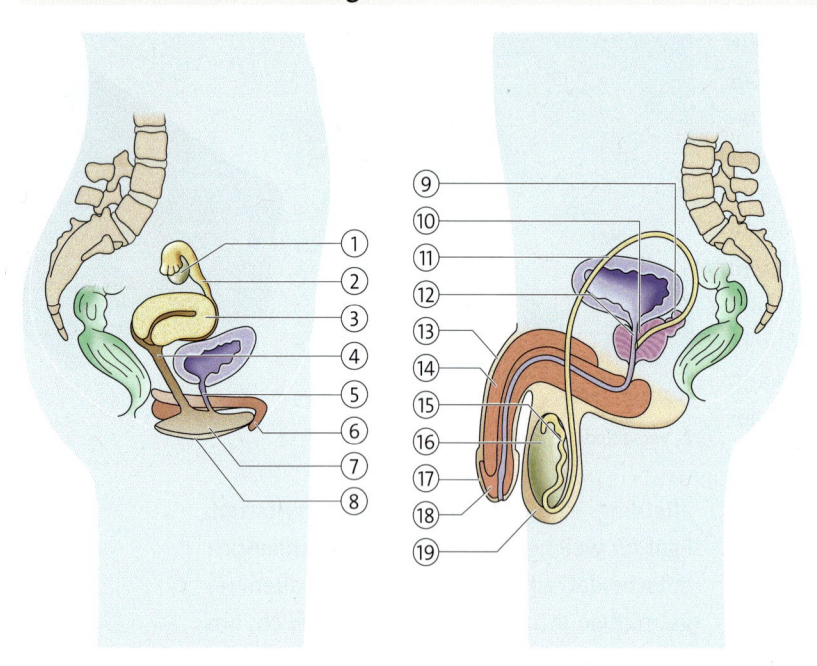

1 ☐ Benne die mit Ziffern markierten weiblichen und männlichen Geschlechtsorgane.

2 ✎ Stelle in einer zweispaltigen Tabelle die weiblichen und männlichen Geschlechtsorgane sowie ihre Funktionen dar.

3 ✎ Erkläre den Unterschied der weiblichen und männlichen Geschlechtsorgane hinsichtlich deren Lage im und am Körper.

4 ✎ Beschreibe, was der Begriff Vulva bedeutet.

5 ✎ Erkläre den Unterschied zwischen Vulva und Vagina.

Material B Intimhygiene – Teil 1

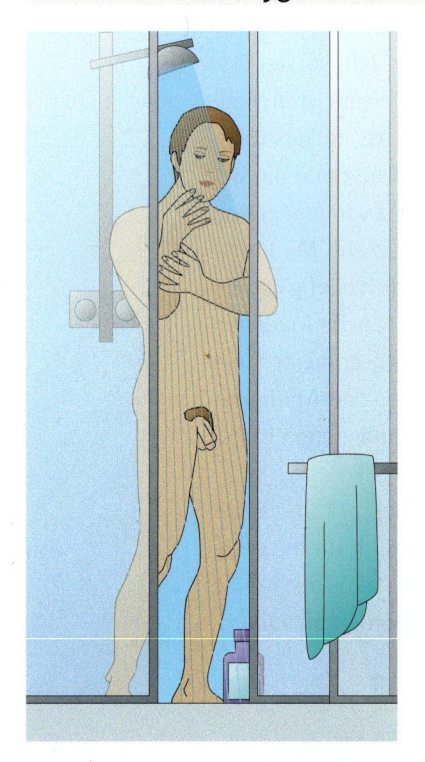

a) Trocknen   b) Milde Seife   c) Warmes Wasser
d) Sanft waschen   e) Händewaschen

1 Benutze warmes Wasser für die Reinigung. Es ist mild zur Haut und entfernt Schmutz und Schweiß.

2 Nach dem Waschen solltest du den Bereich sanft mit einem sauberen Handtuch abtrocknen. Achte darauf, dass alles gut trocken ist, um Reizungen zu vermeiden.

3 Wasche den Intimbereich vorsichtig. Du kannst dabei die Vorhaut (sofern vorhanden) sanft zurückziehen, um auch die Haut darunter zu reinigen. Achte darauf, dass du alles gut abspülst, damit keine Seifenreste zurückbleiben.

4 Bevor du mit der Reinigung beginnst, wasche dir zuerst die Hände gründlich mit Seife. So verhinderst du, dass Bakterien in den Intimbereich gelangen.

5 Du kannst eine milde, pH-hautneutrale Seife verwenden, um den Intimbereich zu reinigen. Achte darauf, dass die Seife nicht zu stark parfümiert ist, da das die empfindliche Haut reizen könnte.

1 ✎ Ordne die Überschriften (a–e) den passenden Texten (1–5) zu.

2 ✎ Notiere den Text in der korrekten Reihenfolge in deinem Heft.

3 ✎ Notiere Sätze in respektvoller Sprache, um jemandem Tipps für eine gute Intimhygiene zu geben.

Material

Sexualität und Fortpflanzung des Menschen • Bau der Geschlechtsorgane

Material C Zyklus der Frau

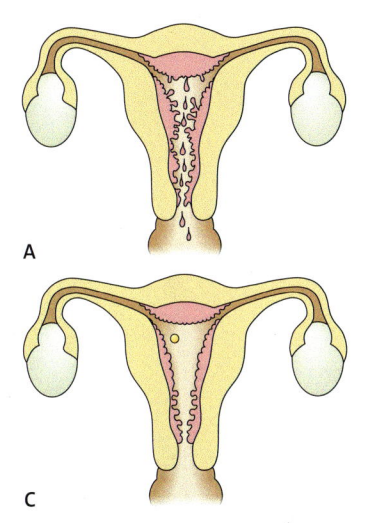

A

B

C

D

C1 Menstruationszyklus

C2 Menstruationskalender-App

Mädchen und Frauen sollten ihre Menstruationstage in einem Kalender notieren. Seit einigen Jahren gibt es hierfür praktische Menstruationskalender-Apps. In der Abbildung siehst du einen Auszug aus einer solchen App.

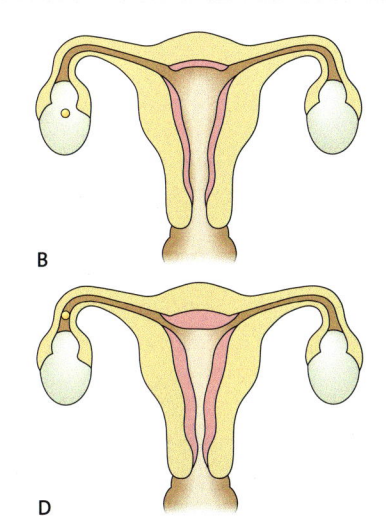

1 ☐ Notiere für die Abbildungen C1 A–D passende Überschriften.

2 ✎ Ordne deine Überschriften aus Aufgabe 1 in eine zeitliche Reihenfolge.

3 ✎ Erkläre, wann im Monat März der Eisprung stattgefunden hat.

4 ✎ Bestimme den Tag des Eisprungs sowie den ersten Blutungstag im April.

Material D Intimhygiene – Teil 2

Körperhygiene ist ein wichtiges Thema, insbesondere ab der (…). In dieser Lebensphase finden viele körperliche (…) statt, die eine regelmäßige und gründliche Hygiene (…) machen.
Während der Pubertät verändert sich der Körper. Die (…) produzieren mehr Talg, was zu Hautunreinheiten führen kann. Eine gründliche (…) der Haut hilft, diese (…) zu vermeiden und das Hautbild zu verbessern.
Mit dem Einsetzen der Menstruation wird die (…) wichtig. Regelmäßiges Waschen und der Gebrauch von geeigneten Hygieneprodukten wie (…) oder (…) sind notwendig, um Krankheiten vorzubeugen.
Der (…) kann intensiver werden. Regelmäßiges (…) und das Tragen von (…) Kleidung helfen, unangenehme Gerüche zu vermeiden.
Eine gute Hygiene trägt dazu bei, das Risiko von (…), insbesondere im Intimbereich, reduzieren.

Wörter für die Lücken: Unreinheiten, Infektionen, Penis, Duschen, Pubertät, frischer, unerlässlich, Intimhygiene, Veränderungen, Vulva, Talgdrüsen, Reinigung, Binden, Körpergeruch, Tampons, Menstruation

1 ☐ Übertrage den Text in dein Heft und fülle die Lücken mithilfe der angebotenen Wörter aus. Du musst nicht alle Wörter verwenden.

2 ✎ Stelle Verhaltensregeln zur Hygiene für Jungen und Mädchen speziell in der Pubertät auf.

3 ✎ Erkläre in eigenen Worten, warum es für Jungen und Mädchen wichtig ist, auf Intimhygiene zu achten.

6.3 Liebe und Sexualität

1 Julia oder Julian oder keines von beidem?

Während der Pubertät müssen Jugendliche mit tiefgreifenden körperlichen und seelischen Veränderungen klarkommen. Sie sind oft unsicher und stellen sich viele Fragen: Was ist „normal"? Bin ich richtig, so wie ich bin? Ist bei mir alles in Ordnung?

Mädchen, Junge oder ganz anders? • Jeder Mensch ist einzigartig. Dabei geht es nicht nur um die äußere Erscheinung, sondern auch um Ansichten, Werte und Gefühle. Kennzeichnende Merkmale, die wir selbst für wichtig halten, bestimmen unsere Selbstwahrnehmung, unsere **Identität**.

2 Menschen sind vielfältig.

Ein wesentliches Merkmal unserer Identität ist das Geschlecht. Durch die Erbanlagen und Hormone prägt sich im Mutterleib sowie während der Pubertät das biologische Geschlecht aus. Die Geschlechtsmerkmale bestimmen, ob jemand biologisch eine Frau oder ein Mann ist. Bei einigen Menschen sind die biologischen Geschlechtsmerkmale jedoch nicht eindeutig. Sie sind **intergeschlechtlich**.

Neben dem biologischen Geschlecht ist das persönliche Empfinden wichtig. Das Empfinden des eigenen Geschlechts wird als **Geschlechtsidentität** bezeichnet. Bei einigen Personen weicht die Geschlechtsidentität vom biologischen Geschlecht ab. Obwohl sie biologisch eine Frau sind oder ein Mann, fühlen sie sich nicht so. Diese Menschen sind **transident**. Einige Menschen fühlen sich auch keinem Geschlecht zugehörig (▶2).

Sexualität • Mit den körperlichen Veränderungen erwacht oft der Wunsch nach körperlicher Nähe. Jungen bemerken, dass der Penis in manchen Situationen steif wird und Berührungen angenehme Gefühle auslösen. Auch bei Mädchen werden durch Berührungen des eigenen Körpers angenehme Gefühle ausgelöst. Bestimmte Menschen werden als besonders attraktiv empfunden und das Interesse an einer Beziehung zu einer anderen Person wächst. Diese körperlichen Bedürfnisse und ein entsprechendes Verhalten heißen **Sexualität**.

Verliebt und ein Paar? • Wer jemanden besonders attraktiv findet, möchte die Person kennenlernen. Viele Jugendliche sind zuerst schüchtern. Es ist ja auch nicht einfach, seine Gefühle offenzulegen. Immerhin besteht die Möglichkeit, dass die Gefühle nur einseitig sind und das Interesse nicht erwidert wird. So eine Zurückweisung macht traurig.

Mit der Zeit wird man sicherer im Umgang mit der Situation und findet bestimmt eine passende Person, die ebenfalls an einer Beziehung interessiert ist. Dann verbringt das Paar viel Zeit miteinander und erlebt zusammen körperliche Nähe und vielleicht auch erste sexuelle Erfahrungen. Wie weit das Paar beim körperlichen Kontakt geht, hängt immer davon ab, was beide schön finden.

Sexuelle Orientierung • Verliebt zu sein, ist ein schönes Gefühl. Man denkt viel an den geliebten Menschen, hat „Schmetterlinge im Bauch" und möchte seine ganze Zeit mit der Person verbringen. Oft verlieben sich Mädchen in Jungen und Jungen in Mädchen. Sie sind **heterosexuell**. Es kann aber auch sein, dass sich ein Mädchen in ein anderes Mädchen verliebt oder sich ein Junge von anderen Jungen sexuell angezogen fühlt. Sie sind **lesbisch** oder **schwul** beziehungsweise **homosexuell**. Es gibt außerdem Jugendliche, die sich sowohl von Mädchen als auch von Jungen sexuell angezogen fühlen. Diese Jugendlichen sind **bisexuell**. Manche Jugendliche wissen schon zu Beginn der Pubertät, ob Jungen oder Mädchen für sie begehrenswert sind, manche finden es erst heraus, wenn sie erwachsen sind. Einige empfinden auch gar keine sexuelle Anziehung.

Seine **sexuelle Orientierung** kann sich niemand aussuchen. Sie ist Bestandteil der Persönlichkeit. Da jeder Mensch einzigartig ist, ist auch die menschliche Sexualität vielfältig. Deshalb sind alle Varianten normal.

Die sexuelle Orientierung ist unabhängig von der Geschlechtsidentität.

1 ☐ Beschreibe den Unterschied zwischen dem biologischen Geschlecht und der Geschlechtsidentität.

2 ◩ Erläutere folgende Aussage: Menschliche Sexualität ist vielfältig.

3 Paarbeziehungen sind vielfältig.

1 Händchenhalten zeigt Zusammengehörigkeit.

2 Du hast das Recht, „Nein!" zu sagen.

Körperliche Nähe und Partnerschaft • In einer Beziehung kann es zum Austausch körperlicher Zärtlichkeiten kommen. Dazu gehören Berührungen wie das Händchenhalten (▶1), aber auch Küsse und Liebkosungen am ganzen Körper. Manche Stellen des Körpers sind dabei besonders empfindlich. Sie heißen **erogene Zonen**. Berührungen lösen eine sexuelle Erregung aus. Dringt der Penis dabei nicht in die Vagina ein, bezeichnet man dies als **Petting**. Wenn sich die Beteiligten einig sind, kann es auch dazu kommen, dass der steife Penis in die Vagina eingeführt wird. Es kommt zum **Geschlechtsverkehr**. Manche sprechen auch von **Sex**.

Sowohl beim Petting als auch beim Geschlechtsverkehr können Spermienzellen in den weiblichen Körper gelangen. Bei derartigen sexuellen Kontakten besteht außerdem die Möglichkeit, dass Krankheitserreger übertragen werden. Bevor sich ein Paar so nahe kommt, ist es deshalb wichtig, über Empfängnisverhütung und die Vermeidung von Infektionskrankheiten zu sprechen.

Die Grundlage für den Austausch von Zärtlichkeiten sollte immer gegenseitiger Respekt und Vertrauen sein. Zu einer langfristigen Beziehung gehört jedoch mehr. Aus der Verliebtheit kann sich Liebe entwickeln, wenn man sich zusätzlich zur körperlichen Anziehung in der Partnerschaft geborgen und anerkannt fühlt und Konflikte gemeinsam gelöst werden.

Dein Körper gehört dir • Jeder Austausch von Berührungen ist nur dann in Ordnung, wenn die beteiligten Personen einverstanden sind. Alle haben ein Recht darauf, „Nein" oder „Stopp!" zu sagen, wenn etwas unangenehm wird. Das gilt nicht nur in einer Beziehung, sondern überall in unserer Gesellschaft. Jede Person hat das Recht zu entscheiden, ob sie sich berühren lassen möchte, und auch, ob sie über sexuelle Handlungen reden möchte. Jeder Mensch entscheidet nicht nur über seinen Körper, sondern auch über persönliche Fotos und Videos. Niemand darf von jemand anderem Fotos oder Videos machen oder diese verlangen, wenn derjenige oder diejenige das nicht möchte. Das trifft besonders auf Bildmaterial zu, auf dem jemand leicht bekleidet oder nackt ist. Leider kommt es immer wieder vor, dass andere Personen Druck auf Kinder oder Jugendliche ausüben und sie zu sexuellen Handlungen überreden oder zwingen. So etwas heißt **sexualisierte Gewalt** oder **sexueller Missbrauch** und ist strafbar. Wenn das passiert, wende dich an eine Vertrauensperson. Egal wie du in dem moment reagiert hast: Du brauchst dich auf keinen Fall schuldig zu fühlen, sondern benötigst Hilfe.

Hier bekommst du Hilfe:
– Kinder und Jugendtelefon Nummer gegen Kummer: **116 111**
– juuuport.de
– Hilfe-Telefon Bei sexuellem Missbrauch: **0800 22 55 530**
– Online-Beratung des Hilfe-Telefons: hilfe-portal-missbrauch.de

1 ☐ Beschreibe Situationen, in denen du „Stopp!" oder „Nein!" sagen würdest.

2 ☐ Nenne mögliche Vertrauenspersonen, bei denen du Rat und Hilfe erhältst.

Material

Sexualität und Fortpflanzung des Menschen • Liebe und Sexualität

Material A Geschlechterrollen

A1 Geschlechterrollen in der Mode?

A2 Geschlechterrollen im Beruf?

In jeder Gemeinschaft gibt es Rollenbilder für bestimmte Personen. Dabei handelt es sich um typische Verhaltensweisen oder ein typisches Aussehen, das von diesen Personen erwartet wird.

Wenn bestimmte Erwartungen an das Geschlecht der Person gebunden sind, spricht man von der Geschlechterrolle. Die Geschlechterrolle – also die Erwartungen, die an Personen eines bestimmten Geschlechts gestellt werden – verändert sich im Laufe der Zeit.

1 ☐ Beschreibe die Kleidung (▶A1) und den Beruf (▶A2) der abgebildeten Personen.

2 ▨ Notiere Erwartungen an Jungen und Mädchen beziehungsweise an Männer und Frauen, die sich deiner Meinung nach aus den Geschlechterrollen ableiten.

3 ■ Nimm Stellung zu folgenden Aussagen: „Ein Junge darf keine langen Haare haben, das ist nur was für Mädchen." „Ein Mädchen kann keinen technischen Beruf ergreifen, davon versteht es nichts."

Material B Wenn sich etwas falsch anfühlt

> Danke fürs Foto. Die kurze Hose steht dir! Schick gern noch mehr Bilder. 😊
>
> Ich schau mal ... 😊
>
> Hey, ich würde dich gerne treffen. Hast du mal Zeit? 🕐
>
> Ich bin nicht sicher.
>
> Es muss ja niemand erfahren, ist unser Geheimnis. Wo wohnst du überhaupt? 😘

Sexualisierte Gewalt umfasst sehr verschiedene Übergriffe. Dabei werden gezielt persönliche Grenzen überschritten. Dadurch wird die Situation für Betroffene unangenehm und verletzend.

1 ☐ Beschreibe die Situation im Chat sowie auf den Abbildungen A–C. Gib an, welche Grenze jeweils überschritten wird.

2 ▨ Schildere weitere Handlungen, die als sexualisierte Gewalt gewertet werden können.

3 ▨ Deine Freundin oder dein Freund berichtet dir von einer derartig unangenehmen Situation. Formuliere einen Rat.

4 ▨ Nenne Verhaltensweisen, mit denen du dich vor sexualisierter Gewalt im Internet schützen kannst.

6.4 Schwangerschaft, Geburt und Empfängnisverhütung

1 Ein junges Paar erwartet ein Kind.

Schwanger zu werden und ein Kind zu bekommen, ist für viele Paare etwas Wundervolles und sehr Schönes. Bevor sich ein neuer Mensch entwickeln kann, hat das Paar miteinander Geschlechtsverkehr. Was heißt das? Wie entwickelt sich das Kind anschließend im Bauch der Mutter? Was passiert bei der Geburt? Und wie lässt sich eine ungewollte Schwangerschaft verhindern?

Manchmal werden statt einem Kind Zwillinge geboren. **Zweieiige Zwillinge** entstehen, wenn gleichzeitig zwei Eizellen reif werden. Sie werden von je einer Spermienzelle befruchtet. **Eineiige Zwillinge** entstehen hingegen aus einer einzigen befruchteten Eizelle.

Geschlechtsverkehr • Eine Frau und ein Mann, die sich lieben und zärtlich miteinander sind, möchten irgendwann auch „miteinander schlafen". Mit diesen Worten wird häufig der **Geschlechtsverkehr** umschrieben.

Bei heterosexuellen Paaren passiert dabei Folgendes: Der Mann führt seinen steifen Penis in die feuchte Vagina der Frau ein. Die Bewegungen des Penis in der Vagina können für beide sehr angenehm sein und es kann zu einem **Samenerguss** des Mannes kommen. Dabei gelangen viele Millionen Spermienzellen in die Vagina der Frau. Von dort schwimmen sie mithilfe ihres Schwanzfadens durch die Gebärmutter bis in die beiden Eileiter.

Befruchtung • Treffen die Spermienzellen im Eileiter auf eine reife, befruchtungsfähige Eizelle, kann eine von ihnen in die Eizelle eindringen. Dabei wirft sie ihren Schwanzfaden ab und die Zellkerne von Eizelle und Spermienzelle verschmelzen miteinander. Diesen Vorgang bezeichnet man als **Befruchtung** (▶ 2).

Die befruchtete Eizelle, die **Zygote,** wandert anschließend in Richtung Gebärmutter. Bereits auf ihrem Weg dorthin beginnt sie sich zu teilen. Aus einer Zelle, der befruchteten Eizelle, entstehen so immer mehr Zellen. Etwa 6–10 Tage nach der Befruchtung nistet sich der entstandene Zellhaufen, der **Keim,** in die Gebärmutterschleimhaut ein.

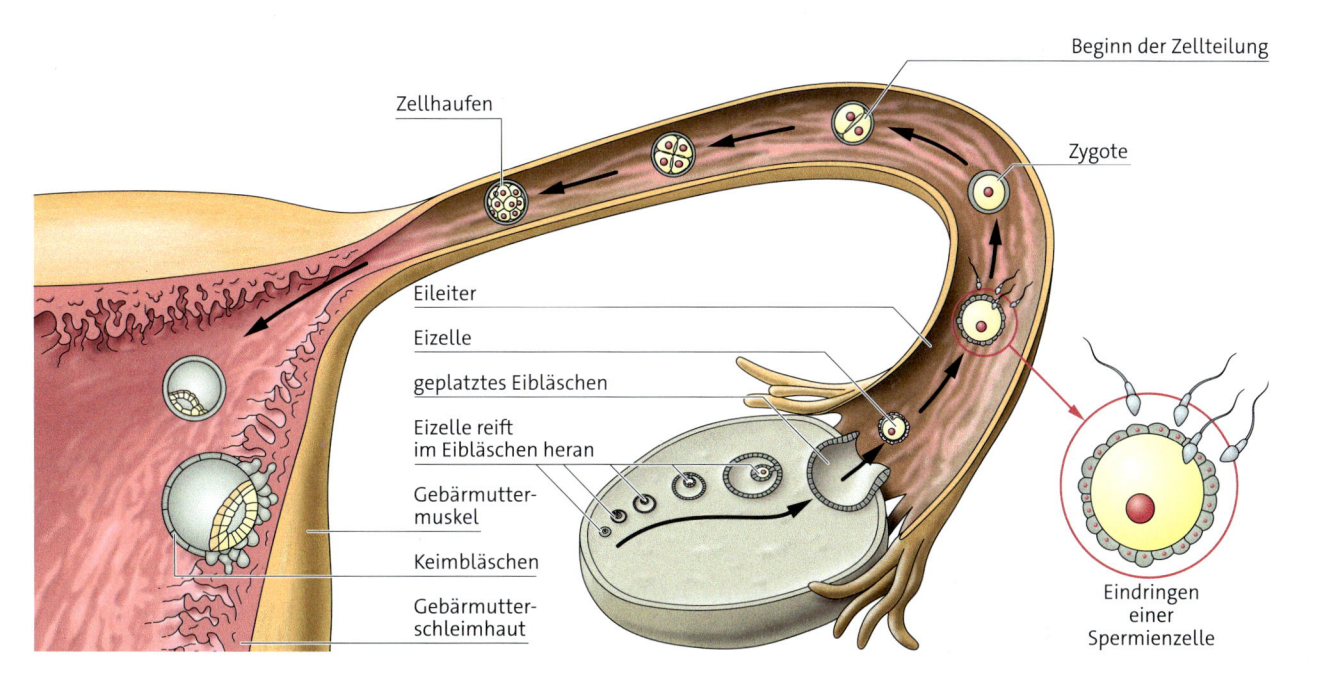

Sexualität und Fortpflanzung des Menschen • Schwangerschaft, Geburt und Empfängnisverhütung

Bildbeschriftung (Abbildung):
- Beginn der Zellteilung
- Zellhaufen
- Zygote
- Eileiter
- Eizelle
- geplatztes Eibläschen
- Eizelle reift im Eibläschen heran
- Gebärmuttermuskel
- Keimbläschen
- Gebärmutterschleimhaut
- Eindringen einer Spermienzelle

2 Von der Eizelle zum Keimbläschen

Schwangerschaft • Mit der Einnistung des Keims in die Gebärmutterschleimhaut beginnt die Schwangerschaft. Hormone sorgen dafür, dass die Gebärmutterschleimhaut weiter wächst und nicht abgestoßen wird. Die monatliche Regelblutung bleibt dann aus, die Frau ist schwanger. In rund 9 Monaten entwickelt sich aus einer mikroskopisch kleinen befruchteten Eizelle ein neuer Mensch. In diesem Zeitraum werden alle Organe ausgebildet.

Entwicklung und Versorgung des Embryos • Zum Zeitpunkt der Einnistung ist aus dem Keim ein **Keimbläschen** entstanden (▶ 2). Die Zellen im Inneren dieses Keimbläschens entwickeln sich weiter zum ungeborenen Kind. In diesem frühen Stadium bezeichnet man es als **Embryo**. Die Zellen der äußeren Schicht des Embryos verwachsen mit der Gebärmutterschleimhaut und bilden mit ihr später den Mutterkuchen, die **Plazenta**.
Die Plazenta ist von Blutgefäßen der Mutter und des Embryos durchzogen. Die mütterlichen und kindlichen Blutgefäße sind voneinander getrennt. Dennoch steht das Ungeborene über die Plazenta mit dem Blutkreislauf der Mutter in Verbindung. Es erhält vom mütterlichen Organismus Sauerstoff und Nährstoffe, gleichzeitig werden Abfallstoffe in den mütterlichen Blutkreislauf abgegeben. Die **Nabelschnur** bildet die Verbindung zwischen dem Embryo und der Plazenta.

Auch andere Stoffe wie Nikotin, Alkohol oder Medikamente können über die Nabelschnur zum ungeborenen Kind gelangen und dieses schädigen. Deshalb ist eine gesunde Lebensweise der Mutter sehr wichtig. Zudem braucht sie Verständnis und Unterstützung, da die Schwangerschaft eine große körperliche Belastung und seelische Umstellung darstellt.
Bereits im zweiten Monat ist der Herzschlag des Embryos messbar. Die Entwicklung von Gehirn, Augen und Ohren beginnt. Bei einer Ultraschalluntersuchung sind erste Bewegungen von Armen und Beinen erkennbar.

1 🗹 Beschreibe die ersten Schritte der menschlichen Entwicklung von der Befruchtung bis zur Einnistung (▶ 2).

2 🗹 Erläutere die Bedeutung der Plazenta.

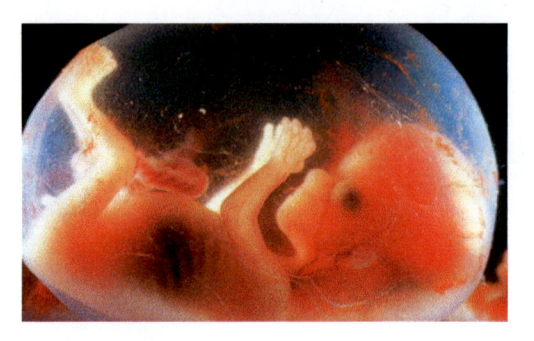

1 Ein 4 Monate alter Fetus in der Fruchtblase

Entwicklung des Fetus • Ab dem 3. Schwangerschaftsmonat wird der Embryo **Fetus** genannt. Alle inneren Organe sind bereits angelegt. Sie müssen nur noch reifen.

In der Gebärmutter hat sich zwischenzeitlich die **Fruchtblase** gebildet. Sie ist mit einer Flüssigkeit, dem **Fruchtwasser,** gefüllt (▶1). Der Fetus ist vollständig davon umgeben. Er kann sich im Fruchtwasser frei bewegen und ist gleichzeitig vor Verletzungen geschützt.

Etwa ab dem 5. Monat kann die Mutter Bewegungen des Fetus spüren. Zu diesem Zeitpunkt sind auch die äußeren Geschlechtsorgane ausgebildet. So lässt sich feststellen, ob das Ungeborene ein Junge oder ein Mädchen ist.

Der Fetus nimmt an Größe und an Gewicht immer mehr zu. Die meisten Organe wie Nieren, Magen und Darm beginnen zu arbeiten. Das Ungeborene hat Schlaf- und Wachphasen und reagiert auf Geräusche. Gegen Ende der Schwangerschaft hat es immer weniger Platz in der Gebärmutter. Die meisten Ungeborenen liegen dann bereits in der richtigen Geburtslage mit dem Kopf nach unten.

Geburt • Nach etwa 9 Monaten ist der Fetus so weit entwickelt, dass er außerhalb des Körpers der Mutter überleben kann. Er ist dann etwa 50–54 Zentimeter groß und 3–4 Kilogramm schwer.

Das Ende der Schwangerschaft, die **Geburt**, kündigt sich durch krampfartiges Zusammenziehen der Muskeln der Gebärmutter an. Dies ist für die Frau sehr schmerzhaft und „tut weh", weshalb es als **Wehen** bezeichnet wird.

Die Wehen kommen regelmäßig in immer kürzeren Abständen und lassen die Fruchtblase platzen. Das Fruchtwasser läuft aus der Vagina. Die Wehen werden immer stärker und drücken schließlich das Kind durch die Vagina nach außen (▶2). Mit dem ersten Schrei beginnt das Kind selbstständig zu atmen. Die bislang lebensnotwendige Nabelschnur wird durchschnitten.

Nachdem das Kind geboren ist, sorgen weitere Wehen dafür, dass sich die Gebärmutter wieder zusammenzieht. Die Plazenta wird als **Nachgeburt** ausgestoßen, da sie zur Versorgung des Kindes nicht mehr benötigt wird.

Während, aber auch vor und nach der Geburt unterstützen Hebammen und Geburtshelfer sowie Ärztinnen und Ärzte werdende Eltern.

1 ☐ Nenne wichtige Schritte bei der Entwicklung von Embryo und Fetus.

2 ☐ Vergleicht eure Geburtsgewichte und Geburtsgrößen.

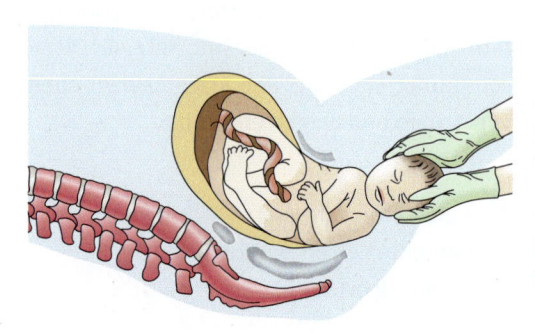

2 Geburt (Schema)

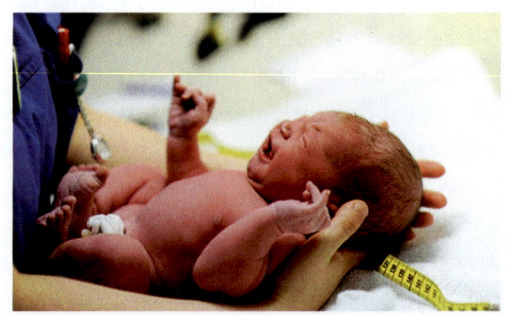

3 Neugeborenes

Wenn Paare keine Kinder wollen • Nicht alle Menschen wollen ein Kind bekommen. Ein Kind zu haben, ist etwas sehr Schönes, bedeutet aber auch eine große Verantwortung. Deshalb ist es wichtig zu wissen, wie man eine Schwangerschaft verhindern kann. Entsprechende Methoden werden **Empfängnisverhütung** genannt. Das Kondom und die Pille sind sichere **Verhütungsmittel**, die auch von Jugendlichen benutzt werden können (▶ 4 und 5). Darüber hinaus gibt es noch weitere Verhütungsmittel.

Kondom • Das Kondom ist, wenn es richtig angewendet wird, eines der sichersten Verhütungsmittel. Es ist in Apotheken und Drogerien erhältlich und das einzige Mittel, das von männlichen Personen selbst benutzt werden kann.
Das Kondom ist eine sehr dünne Gummihaut, die über den steifen Penis gerollt wird. Diese Haut hat an der Spitze eine kleine Wölbung. Sie fängt die Spermienzellen beim Samenerguss auf und verhindert so, dass eine reife Eizelle befruchtet wird.
Auch wenn die Benutzung des Kondoms einfach scheint, sollte sie vor dem ersten Mal geübt werden. Vor allem beim Öffnen der Verpackung sollte man vorsichtig sein: Scheren, spitze Fingernägel oder Schmuck können das Kondom beschädigen und kleine Löcher hineinreißen. Ein ausreichender Schutz ist dann nicht mehr gegeben. Gleiches gilt beim Überstreifen des Kondoms. Wird das Kondom falsch herum aufgesetzt und lässt sich deshalb nicht abrollen, sollte unbedingt ein neues verwendet werden. Richtig angewendet schützen Kondome nicht nur vor einer ungewollten Schwangerschaft. Sie schützen gleichzeitig auch vor Krankheiten, die bei sexuellen Handlungen übertragen werden können.

Pille • Die Antibabypille, kurz „Pille" genannt, ist ein weiteres, sehr sicheres Verhütungsmittel. Sie wird Mädchen und Frauen von der Frauenärztin oder dem Frauenarzt verschrieben. Die Tabletten enthalten Hormone, die auch normalerweise im weiblichen Körper vorkommen. Die Mischung und Dosis der Hormone greift jedoch in den natürlichen Menstruationszyklus ein und verhindert so eine Schwangerschaft. Zum einen wird verhindert, dass Eizellen reifen und ein Eisprung stattfindet. Zum anderen wird die Gebärmutterschleimhaut so verändert, dass sich keine befruchtete Eizelle einnisten kann. Die Tabletten müssen regelmäßig und oft zu einer genauen Uhrzeit eingenommen werden. Wird die Einnahme vergessen, verhütet die Pille nicht mehr zuverlässig. Nebenwirkungen wie Kopfschmerzen und Durchblutungsstörungen sind möglich. Außerdem schützt die Pille nicht vor sexuell übertragbaren Krankheiten.

4 Kondome tragen ein Haltbarkeitsdatum. Nach Ablauf des Datums verhüten sie nicht mehr sicher.

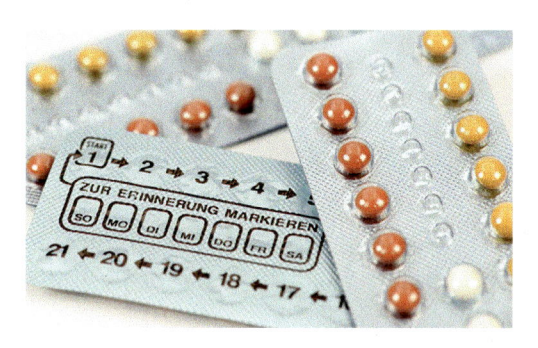

5 Die „Pille"

3 ◻ Begründe, weshalb Kondome als besonders sicheres Verhütungsmittel gelten.

4 ◻ Stelle Tipps für die sichere Anwendung von Kondomen zusammen.

5 ◻ Beschreibe, wie die Pille wirkt.

Material

Material A Das erste Mal

Hey, was hast du? Hat es dir gestern nicht gefallen?

Doch, ich fand es schön, aber wir haben nicht verhütet …

Beim ersten Sex achten immer mehr Jugendliche auf Verhütung. Das hat eine Umfrage der Bundeszentrale für gesundheitliche Aufklärung ergeben. Dennoch gaben im Jahr 2019 insgesamt 9 Prozent der 14- bis 17-Jährigen an, beim ersten Mal nicht verhütet zu haben. In Jahr 1980 waren es noch 20 Prozent der Mädchen und 29 Prozent der Jungen.

1 ☐ Beschreibe die dargestellte Situation auf dem Bild: Was ist passiert? Wovor hat das Mädchen Angst?

2 ☑ Begründe, ob ihre Angst berechtigt ist.

Aufgaben für die Weiterarbeit:
Bildet Kleingruppen und bearbeitet die folgenden Aufgaben. Stellt eure Ergebnisse der Klasse vor.

3 ☑ Überlegt und notiert, welche Gründe es geben kann, dass ein Paar beim ersten Mal nicht verhütet.

4 ☑ Formuliert Ratschläge, was man tun kann, damit es nicht zu sexuellem Kontakt ohne Verhütung kommt.

Auswertung:

5 ■ Diskutiert die Antworten: Wie realistisch und hilfreich sind sie?

6 ☐ Nennt Personen, an die die beiden Jugendlichen sich in ihrer Situation wenden könnten.

Material B Sicherer Umgang mit dem Kondom

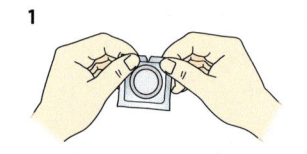

1

2

3

4

5

a Um das Kondom überziehen zu können, muss der Penis steif sein. Ziehe die Vorhaut, sofern sie vorhanden ist, zurück, sodass die Eichel nicht bedeckt ist.

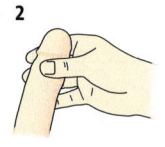

b Halte nun mit der einen Hand das Kondom fest und rolle mit der anderen Hand das Kondom bis zum Schaft ab. Dabei sollte das Kondom ganz leicht nach unten gleiten.

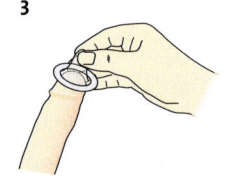

c Nach der Ejakulation wird der Penis schlaff. Ziehe den Penis vor dem Erschlaffen aus der Vagina heraus und halte dabei das Kondom fest. Reinige den Penis von Spermienresten und entsorge das Kondom im Restmüll.

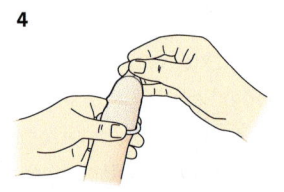

d Reiße die Kondomverpackung vorsichtig auf. Achte darauf, dass du das Kondom nicht beschädigst. Verwende auf keinen Fall scharfe Gegenstände zum Öffnen.

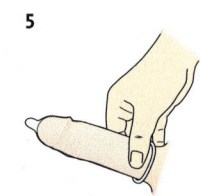

e Drücke das Reservoir mit Daumen und Zeigefinger zusammen, um keine Luft einzuschließen und setze anschließend das Kondom mit dem Rollrand nach außen auf.

1 ☐ Ordne die Textkärtchen a–e den passenden Bildabschnitten 1–5 zu.

2 ☐ Nenne mögliche Fehler bei der Anwendung des Kondoms.

Material C Wie entstehen Zwillinge?

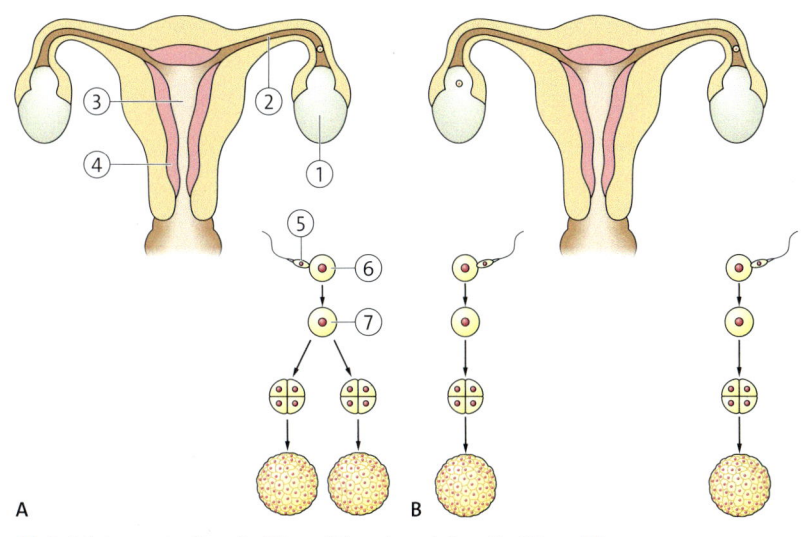

C1 Entstehung eineiiger Zwillinge (A) und zweieiiger Zwillinge (B)

1. ☐ Benenne die mit Ziffern versehenen Organe, Gewebe und Zellen (▶ C1).

2. ☐ Stelle die Entstehung von eineiigen und zweieiigen Zwillingen in einer Tabelle gegenüber. Nutze folgende Kriterien: Anzahl der Eisprünge, Anzahl der befruchtungsfähigen Eizellen, Anzahl der befruchtenden Spermienzellen, Anzahl der befruchteten Eizellen.

3. ☐ Beschreibe, wie eineiige und zweieiige Zwillinge entstehen.

4. ☐ Erkläre, warum zweieiige Zwillinge einander nicht mehr ähneln als andere Geschwister.

Von einer Zwillingsschwangerschaft spricht man, wenn eine Frau gleichzeitig mit zwei Kindern schwanger ist. Zwillinge können auf zwei verschiedenen Wegen entstehen. Deshalb unterscheidet man zwischen eineiigen und zweieiigen Zwillingen (▶ C1 A und B).

Material D Entwicklung des ungeborenen Kindes

Organe	Entwicklungsbeginn	Voll ausgebildet ab
Gliedmaßen	4. SSW	20. SSW
Herz	2. SSW	16. SSW
Lunge	4. SSW	36. SSW
Augen	4. SSW	26. SSW
Gehirn	3. SSW	28. SSW

D1 Wichtige Schritte bei der Organentwicklung des ungeborenen Kindes

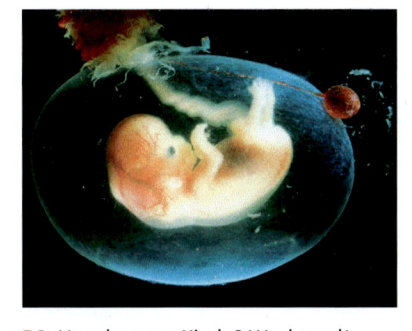

D2 Ungeborenes Kind: 8 Wochen alt

Im Laufe der Schwangerschaft wächst und entwickelt sich das Ungeborene geschützt und versorgt im Körper der Mutter. Dabei entwickeln sich die verschiedenen Organe in den einzelnen Phasen unterschiedlich schnell.

Meist wird in Schwangerschaftswochen (SSW) gerechnet: Eine Schwangerschaft dauert etwa 9 Monate, das entspricht 40 Schwangerschaftswochen nach der letzten Regelblutung.
Werden Kinder vor der 37. Schwangerschaftswoche geboren, spricht man von einer Frühgeburt. Je früher die Geburt stattfindet, umso wahrscheinlicher ist es, dass schwere und lebensbedrohliche Probleme auftreten.

1. ☐ Beschreibe, welche Organe bei einem 8 Wochen alten Ungeborenen zu erkennen sind (▶ D2).

2. ☐ Nenne die Fachbegriffe für ein ungeborenes Kind vor und nach dem 3. Schwangerschaftsmonat.

3. ■ Vergleiche die Organentwicklung beim Ungeborenen (▶ D1).

4. ☐ Begründe mithilfe der Tabelle, warum die meisten Frühgeborenen Schwierigkeiten beim Atmen haben (▶ D1).

Auf einen Blick

Sexualität und Fortpflanzung des Menschen

Mit dieser Übersicht kannst du die wichtigsten Inhalte des Kapitels wiederholen. Ergänze das Schema um weitere Begriffe und finde Querbeziehungen zwischen den Themen.

- **Pubertät**
  - Geschlechtshormone

- **Bau der Geschlechtsorgane**
  - Männliche Geschlechtsorgane
  - Weibliche Geschlechtsorgane
  - Intimhygiene

- **Liebe und Sexualität**
  - Geschlecht
  - Sexualität
  - Dein Körper gehört dir

- **Schwangerschaft und Geburt**
  - Befruchtung
  - Schwangerschaft

- **Empfängnisverhütung**
  - Verhütungsmethoden

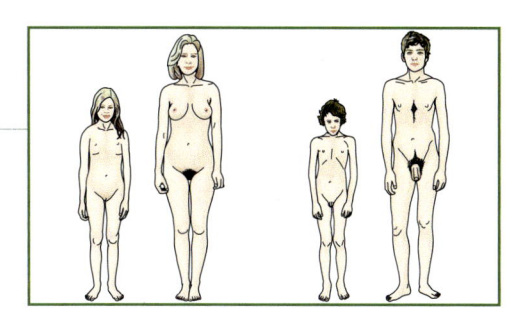

Sexualität und Fortpflanzung des Menschen

- Körperliche Veränderungen
- Seelische Veränderungen
- Bildung von Spermienzellen
- Bildung von Eizellen 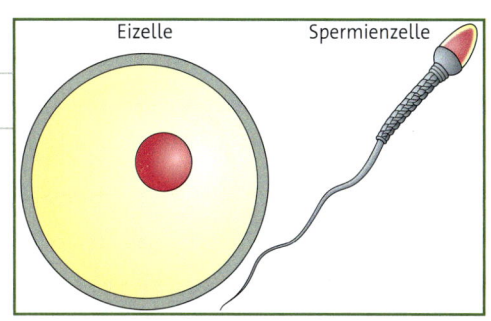
- Menstruationszyklus
- Hygiene bei Mädchen und Jungen
- Vielfalt der Geschlechtsidentität
- Sexuelle Orientierung 
- Paarbeziehungen
- Geschlechtsverkehr
- Nein sagen
- Entwicklung der befruchteten Eizelle 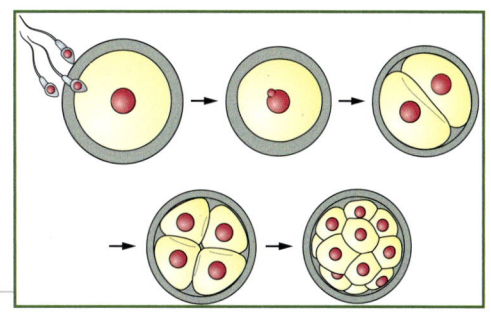
- Entwicklung des Embryos
- Entwicklung des Fetus
- Pille und Kondom

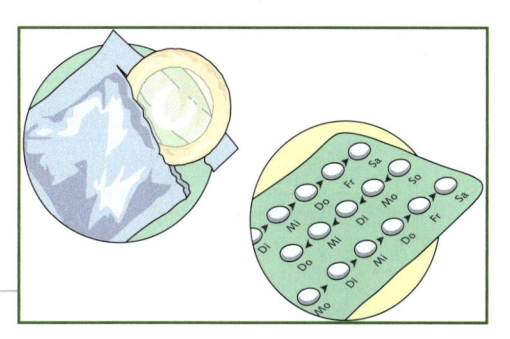

Check-up

Sexualität und Fortpflanzung des Menschen

Mit den folgenden Aufgaben kannst du überprüfen, ob du die Inhalte aus dem Kapitel verstanden hast. In der Tabelle findest du die zu erwerbenden Kompetenzen sowie Angaben zu den Seiten, auf denen du zum jeweiligen Thema noch einmal nachlesen kannst.

Pubertät – ein wichtiger Entwicklungsschritt

1 Die Pubertät verläuft bei jedem Mädchen und jedem Jungen unterschiedlich.
 a ☐ Erläutere, was in der Phase der Pubertät passiert und in welchem Zeitraum sie erfolgt.
 b ✏ Werte die beiden Diagramme in Abbildung 1 aus. Formuliere jeweils vier Sätze zur Entwicklung von Mädchen und Jungen.

2 In der Pubertät entstehen oft Hautunreinheiten.
 a ☐ Beschreibe, wie es während der Pubertät zu Mitessern und Pickeln kommt (▶2).
 b ✏ Leite Möglichkeiten ab, die Entwicklung von Hautunreinheiten zu vermindern.

Bau der Geschlechtsorgane

3 Die Geschlechtsorgane erfüllen bestimmte Funktionen.

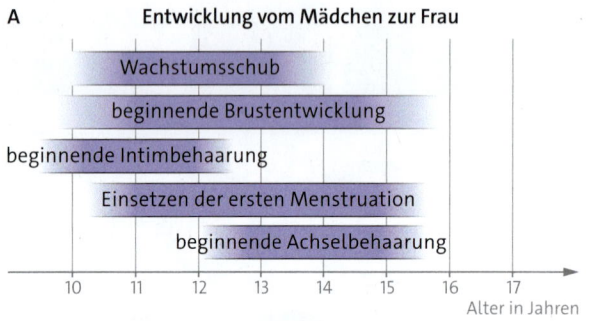

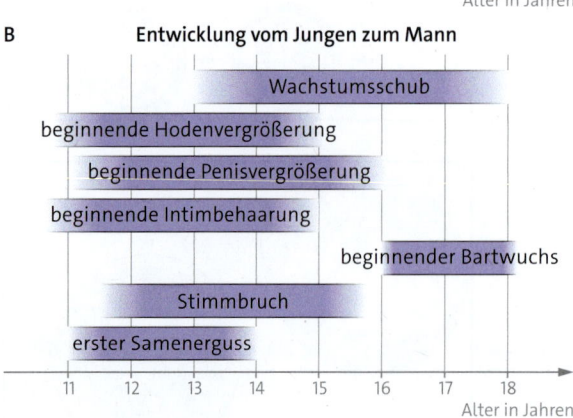

A Entwicklung vom Mädchen zur Frau
- Wachstumsschub
- beginnende Brustentwicklung
- beginnende Intimbehaarung
- Einsetzen der ersten Menstruation
- beginnende Achselbehaarung

Alter in Jahren: 10–17

B Entwicklung vom Jungen zum Mann
- Wachstumsschub
- beginnende Hodenvergrößerung
- beginnende Penisvergrößerung
- beginnende Intimbehaarung
- beginnender Bartwuchs
- Stimmbruch
- erster Samenerguss

Alter in Jahren: 11–18

1 Entwicklung in der Pubertät

a ☐ Erläutere die Begriffe primäre und sekundäre Geschlechtsorgane.
b ☐ Ordne den weiblichen und männlichen Geschlechtsorganen die passende Funktion aus der Tabelle zu. Notiere die vollständigen Sätze.
– Weibliche Geschlechtsorgane: Die äußeren und inneren Vulvalippen … Die Klitoris … Die Vagina … Die Eierstöcke … Die Eileiter … Die Gebärmutter …
– Männliche Geschlechtsorgane: Der Penis … Bläschendrüse und Prostata … Die Eichel … Die Vorhaut … Die Hoden mit den Nebenhoden … Die Harn-Sperma-Röhre … Der Spermienleiter …

… verbindet äußere und innere Geschlechtsorgane.
… dient dem Schutz des Penis.
… sind der Speicherort der Eizellen.
… transportiert Sperma und Harn.
… leitet die Spermien zur Prostata.
… enthält Schwellkörper und dient dem Lustempfinden.
… bedecken und schützen die empfindlichen Schleimhäute.
… leitet die Spermien zur Prostata.
… produzieren Flüssigkeit für die Spermien.
… verbinden Eierstöcke und Gebärmutter.
… dienen der Produktion und Speicherung der Spermien.
… ist der Ort, an dem sich der Embryo entwickelt.

c ✏ Beschreibe die Vorgänge während des Menstruationszyklus.

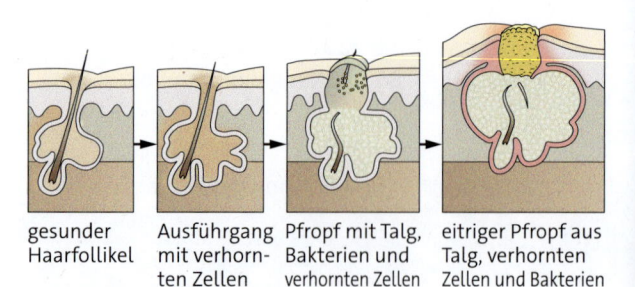

gesunder Haarfollikel → Ausführgang mit verhornten Zellen → Pfropf mit Talg, Bakterien und verhornten Zellen → eitriger Pfropf aus Talg, verhornten Zellen und Bakterien

2 Entstehung eines Pickels

d 🖉 Stelle den Weg der Spermien von der Bildung bis zum Samenerguss als Fließschema dar.

Liebe und Sexualität

4 Menschen sind hinsichtlich ihrer Sexualität unterschiedlich.
  a 🖉 Erläutere die Begriffe biologisches Geschlecht und Geschlechtsidentität.
  b 🖉 Bei einigen Menschen weicht die Geschlechtsidentität vom biologischen Geschlecht ab. Erläutere, was das bedeutet.
  c ☐ Nenne Formen der sexuellen Orientierung.

5 Liebe und Partnerschaft sind wichtig – doch wie muss der Mensch sein, der zu dir passt?
  a ☐ Formuliere sechs Eigenschaften, die dir an einem Partner oder einer Partnerin wichtig wären.
  b 🖉 Häufig nutzen Jugendliche die sozialen Medien zur Partnersuche. Nenne Vor- und Nachteile einer solchen Suche.

Schwangerschaft, Geburt und Empfängnisverhütung

6 Im Körper der Frau kann sich ein Kind entwickeln.
  a 🖉 Nenne Voraussetzungen, die für das Entstehen einer Schwangerschaft notwendig sind.

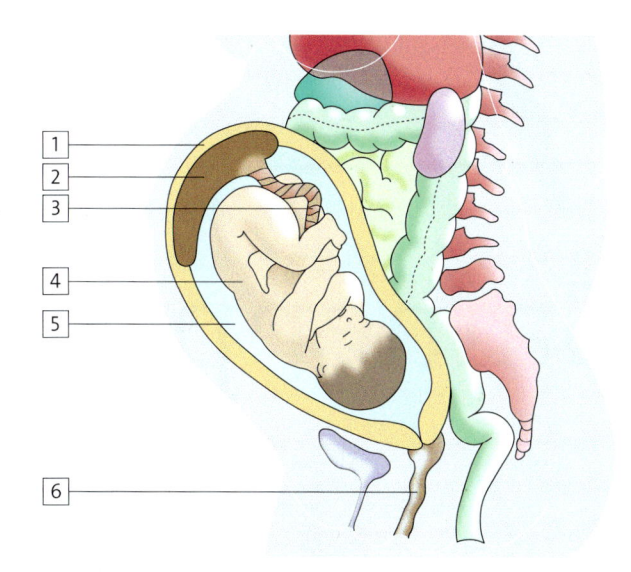

3 Fetus im Körper der Schwangeren

  b ☐ Ordne folgende Stadien der Entwicklung in ihrer Reihenfolge: Zellhaufen, Fetus, Keimbläschen, Embryo, Zygote.
  c 🖉 Ordne den Ziffern in Abbildung 3 die Fachbegriffe zu.
  d 🖉 Nenne wirksame Methoden, um sich vor einer ungewollten Schwangerschaft zu schützen, und beschreibe Vor- und Nachteile dieser Methoden.

Mithilfe des Kapitels kannst du:	Aufgabe	Hilfe
✓ biologische Veränderungen während der Pubertät beschreiben.	1, 2	S. 214–215
✓ den Bau und die Funktion der äußeren und inneren Geschlechtsorgane beschreiben.	3 a, b	S. 218–219
✓ den Verlauf des weiblichen Zyklus sowie der Spermienbildung beschreiben.	3 c, d	S. 220
✓ die Begriffe biologisches Geschlecht und Geschlechtsidentität erläutern und Formen der sexuellen Orientierung nennen.	4	S. 224–225
✓ Einstellungen zu einer Partnerschaft reflektieren und Gefahren der Nutzung sozialer Medien im Hinblick auf möglichen Missbrauch nennen.	5	S. 226–227
✓ Voraussetzungen für eine Schwangerschaft beschreiben und die Entwicklungsstadien eines Menschen nennen.	6 a–c	S. 228–230
✓ Methoden zur Empfängnisverhütung nennen und ihre Vor- und Nachteile beschreiben.	6 d	S. 231

▶ Die Lösungen findest du im Anhang.

7 Samenpflanzen

- Dieses Kapitel beschäftigt sich mit dem Aufbau von Samenpflanzen. Du lernst, die verschiedenen Organe der Samenpflanzen zu unterscheiden, und erfährst etwas über die Aufgaben dieser Organe.

- Im Kapitel wird beschrieben, wie eine Blüte aufgebaut ist und welche Aufgaben ihre einzelnen Bestandteile haben. Du lernst, wie aus der Blüte Samen gebildet werden, wie Früchte entstehen und wie Samen verbreitet werden. Du erfährst also etwas darüber, wie sich die Samenpflanzen fortpflanzen und entwickeln.

- Die Vielfalt der Samenpflanzen ist ein weiteres Thema dieses Kapitels. Hier wird erklärt, wie man Ordnung in die Vielfalt bringt. Dabei lernst du verschiedene Pflanzenfamilien kennen und erfährst, wie man sie unterscheiden kann.

- Mithilfe einer Anleitung kannst du Pflanzen bestimmen und einer Pflanzenfamilie zuordnen. Außerdem erfährst du, wie man ein Herbarium mit getrockneten Pflanzen anlegt.

- Pflanzen prägen bestimmte Lebensräume, zum Beispiel den Wald. Das Kapitel beschreibt den Lebensraum Wald. Du kannst dich darüber informieren, welche Pflanzen im Wald wachsen und an welche Bedingungen die Lebewesen dort angepasst sind.

- Pflanzen und Tiere leben miteinander und voneinander. Du erfährst, welche Beziehungen es zwischen Pflanzen und Tieren im Wald gibt. Außerdem beschäftigst du dich mit der Veränderung des Laubwalds im Jahresverlauf.

- Schließlich lernst du in diesem Kapitel auch, weshalb der Schutz von Pflanzen und Lebensräumen wichtig ist und was man dafür tun kann.

Auf einer Wiese wächst eine Vielfalt von unterschiedlichen Blumen. Immer findet man dort auch Insekten wie Bienen oder Schmetterlinge. Wie kann man die verschiedenen Pflanzen unterscheiden? Wie hängen blühende Pflanzen und Insekten zusammen?

7.1 Samenpflanzen – Bau und Funktion der Organe

1 Rapsfeld

Wenn man im Frühling über Land fährt, fallen die gelb blühenden Rapsfelder auf. Der Raps ist eine Samenpflanze. Wie sind Samenpflanzen aufgebaut und welche Aufgaben haben ihre Organe?

Raps – eine Samenpflanze • Der Raps ist eine von ungefähr 2500 Arten von Samenpflanzen in Deutschland. Alle an Land wachsenden Samenpflanzen haben einen gemeinsamen Grundaufbau. Sie bestehen aus den Organen Wurzeln, Sprossachse und Blättern.

Wurzel • Der Raps ist mit seinen unterirdischen Organen, den **Wurzeln**, fest im Boden verankert. Wurzeln dienen bei Pflanzen auch der Aufnahme von Wasser und Mineralstoffen. An der Wurzel befindet sich ein Filz aus feinen Härchen. Diese **Wurzelhärchen** vergrößern die Oberfläche der Wurzel (▶2). So ermöglichen sie die Aufnahme von viel Wasser und den darin gelösten Mineralstoffen. Das Wasser gelangt von der Wurzelrinde in den inneren Bereich der Wurzel, den Zentralzylinder. Von dort wird es in die Sprossachse geleitet.

Sprossachse • Krautige Pflanzen haben einen grünen, flexiblen Stängel, die **Sprossachse**. Mit ihr wächst die Pflanze zum Licht. Sie gibt der Pflanze auch ihre Gestalt und Festigkeit. Beim Raps kann die Sprossachse 1,5 Meter hoch werden. Die Sprossachse trägt auch die Blätter. Sprossachse und Blätter zusammen bezeichnet man als **Spross**.

In den röhrenförmigen Zellen der Sprossachse werden Wasser und darin gelöste Stoffe transportiert. Diese Gewebe heißen **Leitungsbahnen** (▶2). Sie ziehen sich durch Wurzel, Sprossachse und Laubblätter. In den Leitungsbahnen gelangen Wasser und Mineralstoffe von der Wurzel in die gesamte Pflanze.
Der Transport von Nährstoffen, die in den Laubblättern gebildet werden, erfolgt in weiteren Leitungsbahnen mit siebartig durchlöcherten

Querwänden. Deshalb heißen diese Bahnen **Siebröhren**. Alle Leitungsbahnen bilden zusammen ein **Leitbündel**.

Laubblatt • Die grünen Laubblätter der Rapspflanze wachsen an der Sprossachse. Betrachtet man die Unterseite eines Laubblatts unter dem Mikroskop, kann man kleine Öffnungen erkennen, die **Spaltöffnungen**. Durch sie kann die Pflanze Wasserdampf an die Umgebung abgeben.
Wenn Wasser abgegeben wird, entsteht in den Leitungsbahnen ein Sog, der das Wasser aus den Wurzeln bis in die Spitze der Pflanze zieht. In den Leitungsbahnen strömt so ständig Wasser von unten nach oben. Bei Trockenheit können sich die Spaltöffnungen schließen. So wird verhindert, dass die Pflanze zu viel Wasser verliert und die Blätter welken.
Die grüne Farbe der Laubblätter und der Sprossachse beruht auf den Chloroplasten in den Zellen. Bei Sonnenlicht wird in ihnen aus Kohlenstoffdioxid und Wasser der Nährstoff Traubenzucker sowie Sauerstoff hergestellt. Dieser Vorgang heißt **Fotosynthese**.
Das für die Fotosynthese benötigte Kohlenstoffdioxid gelangt aus der Luft durch die Spaltöffnungen in die Blätter. Auf umgekehrtem Weg wird der bei der Fotosynthese entstandene Sauerstoff an die Umgebung abgegeben. Die in den Laubblättern gebildeten Nährstoffe werden über die Siebröhren in die gesamte Pflanze verteilt.
Das enge Zusammenspiel aller Grundorgane sorgt also dafür, dass eine Pflanze leben kann.

1 ☐ Nenne jeweils die Aufgaben von Wurzeln, Sprossachse und Laubblättern.

2 ◪ Stelle die Fotosynthese als Pfeilschema dar. Übertrage dazu das folgende Schema in dein Heft: ... + ... → ... + ... Notiere links die Stoffe, die bei der Fotosynthese gebraucht werden, rechts die Stoffe, die entstehen.

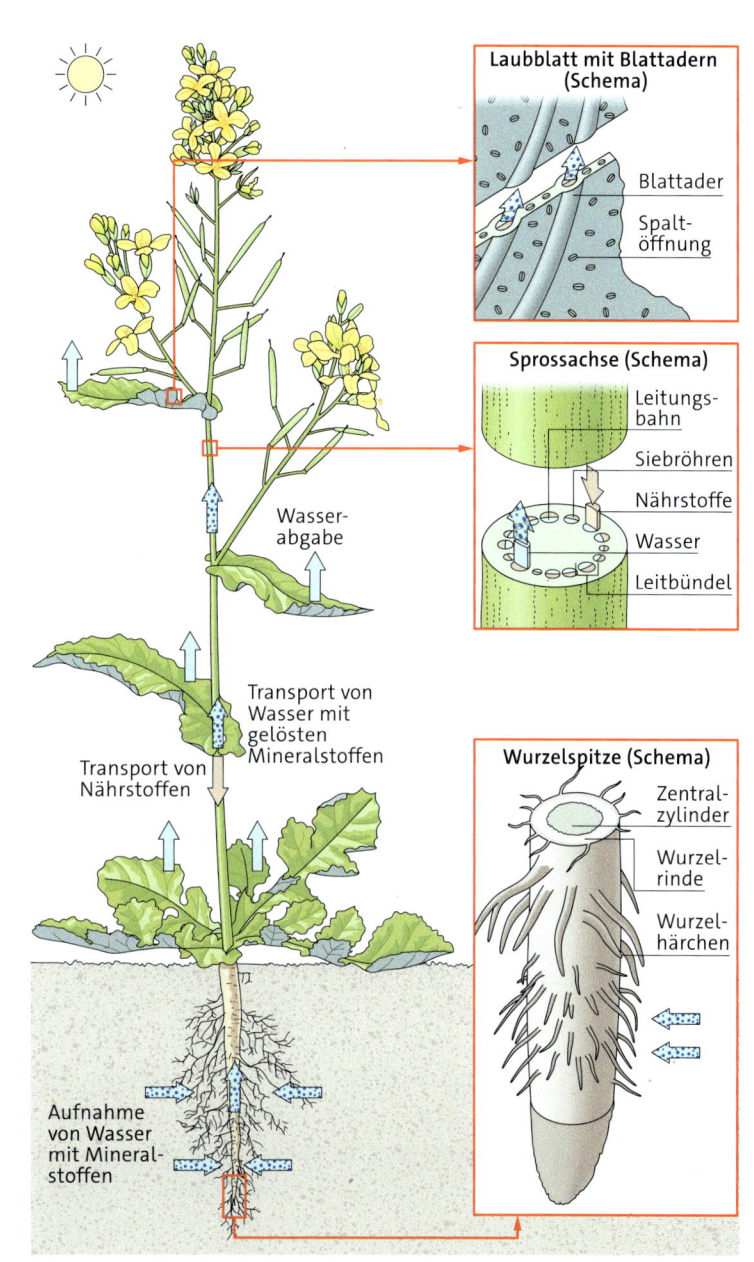

2 Raps: Aufbau und Funktion der Pflanzenorgane

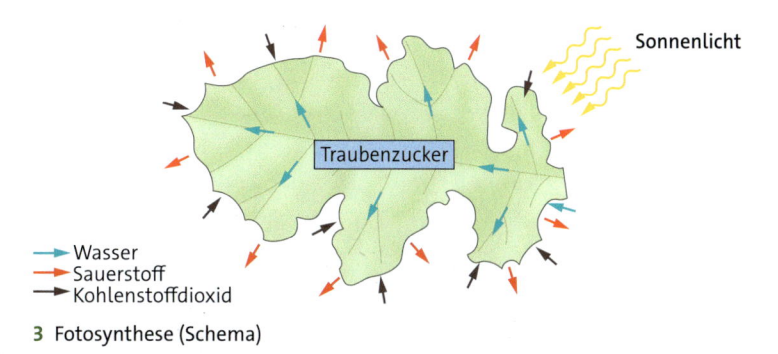

3 Fotosynthese (Schema)

1 Wuchsformen

A Krautige Pflanze — Scharfer Hahnenfuß, Höhe 0,3–1 m
B Strauch — Schwarzer Holunder, Höhe 3–7 m
C Baum — Stieleiche, Höhe bis 40 m

Wuchsformen von Samenpflanzen • Der Raps mit seiner grünen, biegsamen Sprossachse ist eine **krautige Pflanze**. Man bezeichnet krautige Pflanzen auch als Kräuter. Viele blühende Wiesenpflanzen sowie die Gräser sind Kräuter. Sie werden in der Regel nicht höher als 2 Meter.

Wenn die Sprossachse einer Pflanze fest und verholzt ist, bezeichnet man sie als Zweig, Ast oder Stamm. Pflanzen mit solchen holzigen Sprossachsen nennt man **Gehölze**.

Besitzt die Pflanze einen einzigen dicken Stamm, aus dem Äste und Zweige wachsen, nennt man sie einen **Baum**. Bäume können sehr groß werden. Die höchsten Bäume in Deutschland sind etwa 60 Meter hoch.

Wenn sich die Sprossachse eines Gehölzes schon in Bodennähe in mehrere Stämme oder Äste verzweigt, nennt man es **Strauch**. Sträucher werden selten höher als 10 Meter.

Abwandlung der Pflanzenorgane • Der Efeu besitzt nicht nur am Grund der Sprossachse Wurzeln, sondern am ganzen Spross. Mit diesen **Haftwurzeln** verankert er sich an Bäumen und Mauern. So kann er in die Höhe wachsen und erhält auch im Wald ausreichend Sonnenlicht.

In den trockenen Gebieten Amerikas wachsen Kakteen. Ihre Sprossachse ist sehr dick und fleischig. Mit dem darin gespeicherten Wasser überstehen sie Trockenzeiten in der Wüste.

Der Sonnentau wächst in mineralstoffarmen Mooren. Seine Laubblätter sind zu **Fangblättern** umgebildet. Diese besitzen klebrige Haare. Die Tropfen enthalten Verdauungssäfte. Der Sonnentau fängt und verdaut so Insekten. Er nutzt sie als Mineralstoffquelle.

Die Abwandlungen der Organe sind Angepasstheiten der Pflanzen an ihre jeweiligen Lebensbedingungen.

2 Abwandlungen der Pflanzenorgane: **A** Efeu, **B** Kaktus, **C** Sonnentau

Material

Samenpflanzen • Samenpflanzen – Bau und Funktion der Organe

Material A Wuchsformen

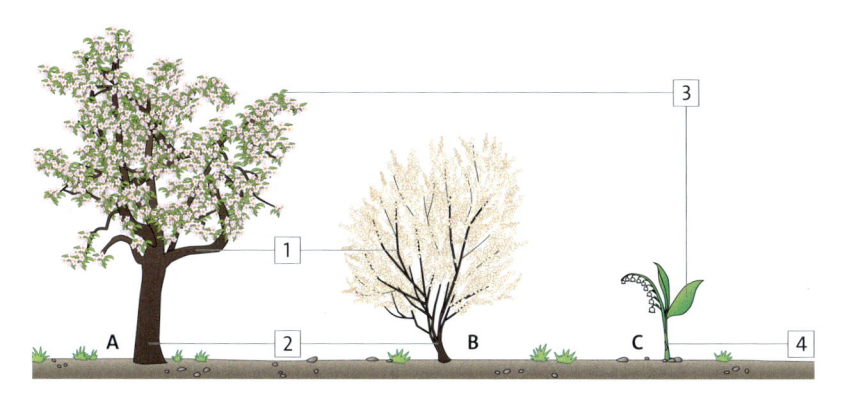

1. ☐ Nenne die Bezeichnungen für die drei Wuchsformen (▶ A–C).

2. ☐ Nenne die Begriffe für die Ziffern 1–4 in der Abbildung.

3. ◪ Stelle eine Vermutung auf, welchem Grundorgan die Nadeln einer Tanne oder Kiefer entsprechen.

Material B Abwandlungen eines Pflanzenorgans

B1 Ranken der Weinrebe

B2 Dornen des Weißdorns

B3 Knollen des Kohlrabi

Die Abbildungen B1–B3 zeigen verschiedene Abwandlungen ein und desselben Pflanzenorgans.

1. ☐ Beschreibe die jeweilige Gestalt des Organs in den drei Abbildungen (▶ B1–B3).

2. ◪ Begründe, um welches Pflanzenorgan es sich handelt.

3. ◪ Stelle Vermutungen über die jeweilige Funktion des Pflanzenorgans auf.

4. ◪ Beschreibe, wie die Struktur jeweils zur Funktion passt.

Material C Nachweis der Stärkeproduktion bei der Fotosynthese

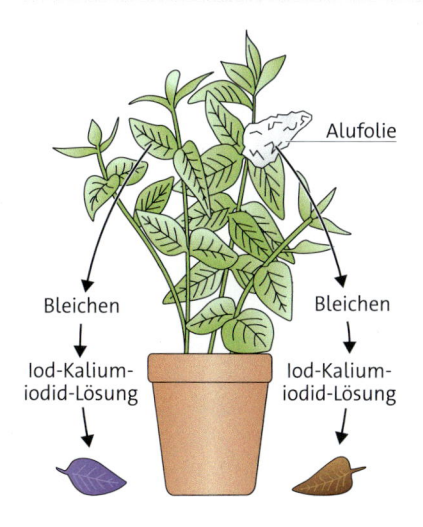

Den bei der Fotosynthese gebildeten Traubenzucker wandelt die Pflanze schnell in Stärke um. Stärke färbt sich mit Iod-Kaliumiodid-Lösung blauviolett. In einem Experiment wurde eine Pflanze 12 Stunden lang ins Dunkle gestellt. Dann umwickelte man mehrere Blätter mit Alufolie und belichtete die Pflanze einige Stunden lang. Ein Blatt aus der Folie und eines ohne Folie wurden abgepflückt. Der grüne Farbstoff wurde aus den Blättern entfernt und die ausgebleichten Blätter wurden mit Iod-Kaliumiodid-Lösung übergossen.

1. ☐ Beschreibe das Ergebnis des Experiments.

2. ◪ Erkläre das Ergebnis des Experiments.

3. ◪ Erkläre, warum man die Pflanze ins Dunkle stellen und warum man den grünen Farbstoff entfernen musste.

243

7.2 Die Kirsche – Aufbau einer Blüte

1 Kirschbaum in Blüte

Im Frühjahr beginnen viele Pflanzen zu blühen, zum Beispiel die Kirsche. Sowohl Bäume, Sträucher als auch krautige Pflanzen bilden Blüten aus. Diese können ganz unterschiedliche Formen und Farben aufweisen. Was haben alle Blüten gemeinsam?

Funktion der Blüte • Fortpflanzung und Entwicklung sind wichtige Merkmale von Lebewesen. Die Blüte ist wie die Wurzel, die Sprossachse und das Laubblatt ein Pflanzenorgan. Sie dient der Fortpflanzung der Pflanze. Diese Funktion kann die Blüte erfüllen, da ihre Bestandteile einen entsprechenden Aufbau haben. Alle Bestandteile der Blüte sind umgewandelte Blätter.

Aufbau der Kirschblüte • Ganz außen an der Blüte der Kirsche befinden sich die **Kelchblätter**. Sie sind meistens grün und dicker als die anderen Blütenbestandteile. Während sich die Blüte entwickelt, umhüllen sie die Knospe und schützen das Innere der Blüte. Weiter innen folgen die weißen, sonst oft farbigen **Kronblätter**. Sie locken durch ihre Farbe und ihren Duft Bestäuber an, meistens Insekten.

2 Kirschblüte: **A** Aufsicht, **B** Längsschnitt, **C** Schema

244

Im Blüteninneren findet man viele Fäden mit kleinen, gelben Köpfen. Das sind die **Staubblätter**. Sie bestehen aus einem Stiel, dem **Staubfaden**, und dem **Staubbeutel**, der den **Pollen** enthält. Der Pollen oder Blütenstaub besteht aus vielen **Pollenkörnern**. Jedes Pollenkorn enthält eine männliche Geschlechtszelle. Die Staubblätter bilden den männlichen Teil der Blüte (▶ 3).

Im Zentrum der Blüte, umgeben von den Staubblättern, ragt eine antennenförmige Struktur hervor, die oben flach ist. Es handelt sich um den **Stempel**. Der untere, kugelförmige Teil des Stempels wird **Fruchtknoten** genannt. Er enthält in der **Samenanlage** die weibliche Geschlechtszelle, die Eizelle. Der schlanke Teil des Stempels heißt **Griffel** und das obere abgeflachte Ende ist die **Narbe**.

Bei der Kirsche sind fünf **Fruchtblätter** zum Stempel verwachsen. Manche Pflanzenarten haben getrennte Fruchtblätter. Der Stempel beziehungsweise das Fruchtblatt mit Narbe, Griffel und Fruchtknoten bildet den weiblichen Teil der Blüte (▶ 4).

Zwitter- und getrenntgeschlechtige Blüten •
Lebewesen, die sowohl männliche als auch weibliche Geschlechtsorgane aufweisen, werden als **Zwitter** bezeichnet. Die meisten Blüten haben wie die Kirschblüte sowohl Staub- als auch Fruchtblätter. Man nennt sie **Zwitterblüten**. **Getrenntgeschlechtige Blüten**, zum Beispiel die der Zucchini, enthalten entweder nur Fruchtblätter oder nur Staubblätter (▶ 5).

1 ◪ Bastle ein einfaches Blütenmodell aus Papier oder Knete. Berücksichtige alle wichtigen Blütenteile und beschrifte sie. Nutze verschiedene Farben für die männlichen und weiblichen Blütenbestandteile.

2 ◪ Vergleiche den Aufbau einer Kirschblüte mit dem einer Tulpe. Halte Gemeinsamkeiten und Unterschiede in einer Tabelle fest.

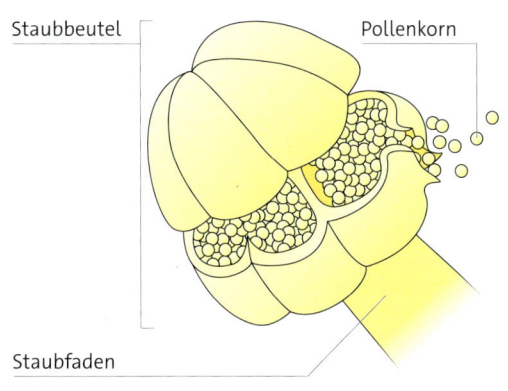

3 Aufbau des Staubblatts

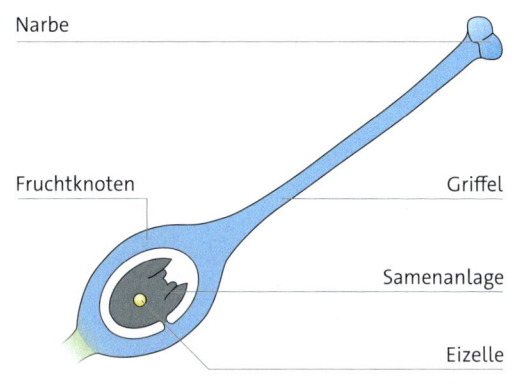

4 Aufbau des Fruchtblatts

5 Zucchiniblüten: **A** Fruchtblätter tragende Blüten, **B** Staubblätter tragende Blüte

Methode

Mit der Lupe arbeiten

Um kleine Lebewesen oder Teile von Lebewesen wie Blütenbestandteile zu betrachten, werden Hilfsmittel zur Vergrößerung eingesetzt. Das Mikroskop hast du bereits auf Seite 24 kennengelernt. Hier werden dir Tipps zum Einsatz der Lupe gegeben.

Die Lupe wird auch Vergrößerungsglas genannt. Mit ihr kannst du ein Objekt bei bis zu 15-facher Vergrößerung betrachten. Manche Lupen haben zwei ausziehbare oder übereinander verschiebbare Gläser. Diese können so kombiniert werden, dass sich verschiedene Vergrößerungen ergeben. So arbeitest du mit der Lupe:

1 Halte das Objekt mit einer Pinzette oder mit der Hand oder lege es auf eine feste Unterlage. Achte darauf, dass das Objekt gut belichtet ist.

2 Halte die Lupe direkt vor ein Auge. Schließe das andere Auge (▶ 2).

3 Führe das Objekt so nah an die Lupe, bis du es scharf siehst. Die Lupe wird nur minimal bewegt. Befindet sich das Objekt auf einem Tisch oder möchtest du Details eines größeren Objekts betrachten, bewegst du deinen Kopf mit der Lupe vor dem Auge zum Objekt hin.

1 ▢ Betrachte den Text in Abbildung 3 durch die Lupe. Probiere dabei zwei Methoden aus:
  a Du legst die Lupe auf den Text und näherst dich mit dem Auge daran an.
  b Du führst die Schritte wie links beschrieben aus. Beschreibe deine Beobachtung.

2 ▢ Löse ein Staubblatt mit der Pinzette aus einer Blüte. Suche dir einen gut beleuchten Ort. Lege das Staubblatt auf eine dunkle Unterlage, zum Beispiel schwarze Pappe. Betrachte das Staubblatt durch die Lupe. Zeichne und beschrifte die Strukturen, die du erkennen kannst.

1 Verschiedene Lupentypen: **A** Einschlaglupe (10- bis 15-fach), **B** Taschenlupe (2-fach), **C** Becherlupe (2- bis 4-fach), **D** Leselupe (3- bis 5-fach)

Wenn du die Lupe direkt auf den Text legst und dich mit dem Auge näherst, wirst du durch die Vergrößerung der Lupe eine genaue Darstellung der einzelnen Buchstaben sehen können. Je näher du mit dem Auge an die Lupe gehst, desto schärfer wird der Text, bis du einen optimalen Punkt erreichst, an dem die Vergrößerung gut sichtbar ist und keine Verzerrungen mehr auftreten. Wenn sich das Auge zu nah an der Lupe befindet, kann der Text jedoch unscharf oder verzerrt wirken.

3 Text zur Vergrößerung mit der Lupe

4 Staubblatt, betrachtet durch die Lupe bei 10-facher Vergrößerung

2 Richtige Haltung der Lupe vor dem Auge

Methode Samenpflanzen • Die Kirsche – Aufbau einer Blüte

Mit der Stereolupe arbeiten

Die Stereolupe wird auch als Binokular bezeichnet. Der Vorteil im Vergleich zu einfachen Lupen ist, dass das Bild räumlich erscheint und es stärker vergrößert werden kann. Da der Objekttisch fest am Stativ montiert ist, verwackelt das Bild nicht. Das Objekt wird von oben beleuchtet, aber nicht wie beim Mikroskop von Licht durchstrahlt.

1 Transport
Transportiere die Stereolupe, indem du sie mit einer Hand am Stativarm und mit der anderen unter dem Fuß hältst.

2 Vorbereitung
Schließe die Stromversorgung an und schalte die Lampe der Stereolupe ein.

3 Auflegen des Objekts
Lege das Objekt, zum Beispiel ein Staubblatt, in einer Petrischale auf den Objekttisch.
Manche Modelle haben im Objekttisch eine runde Platte eingelassen, die auf einer Seite weiß, auf der anderen schwarz ist. Sie kann vorsichtig herausgenommen und gedreht werden. Je nachdem, was du betrachtest, kann der schwarze oder weiße Hintergrund hilfreich sein.

4 Scharfstellen
Schaue mit beiden Augen durch die Okulare. Bewege den Grobtrieb, bis du ein scharfes Bild siehst. Manche Stereolupen haben zusätzlich einen Feintrieb, mit dem du die Bildschärfe noch genauer einstellen kannst.

5 Ausrichten des Objekts
Schaue durch die Okulare und schiebe das Objekt mit einer Pinzette langsam hin und her, um den Ausschnitt zu wählen, den du betrachten möchtest. Vielleicht musst du nochmals scharfstellen.

6 Ausrichtung der Lampe
Bei manchen Stereolupen kannst du die Ausrichtung oder Lichtstärke der Lampe verändern. So kannst du Reflexionen vermeiden.

7 Aufräumen
Entferne das Präparat, schalte das Binokular aus und ziehe den Stecker aus der Steckdose. Räume deinen Platz auf.

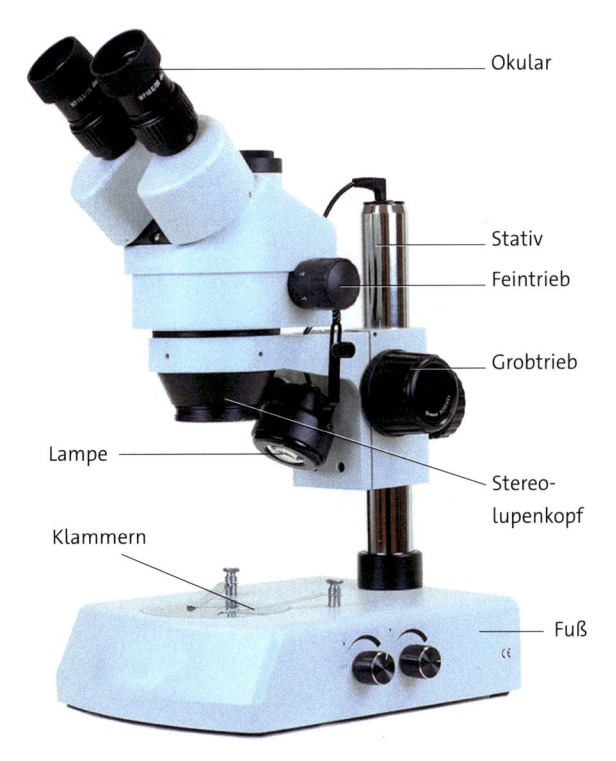

5 Stereolupe

6 Staubblatt, betrachtet durch die Stereolupe bei 15-facher Vergrößerung

247

Methode

Eine Blüte untersuchen

Das Untersuchen ist eine wichtige biologische Methode. Dabei betrachtet man Lebewesen oder Lebensräume genau, um etwas über sie zu lernen. Pflanzliches Material wie eine Blüte kannst du in einzelne Bestandteile zerlegen, um etwas über den Aufbau zu erfahren.

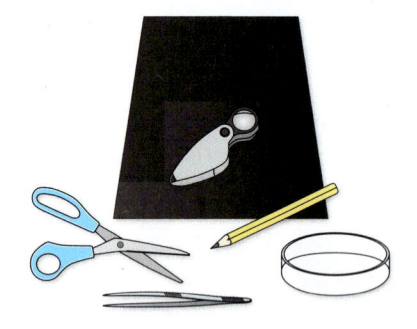

1 Benötigtes Material

3 Blüte des Raps: Aufsicht und Seitenansicht

Bei der Untersuchung einer Blüte gehst du wie folgt vor:

1 Material bereitlegen
Du benötigst: eine Lupe, eine Pinzette, eventuell eine Schere, eine Petrischale, schwarzes Tonpapier, weißes Papier, Stift.

2 Betrachtung von außen
Trenne die Blüte von der Sprossachse. Betrachte die Blüte von oben und von der Seite (▶3). Welche Bestandteile kannst du jetzt schon erkennen? Nutze auch schon die Lupe.

3 Zerlegen und Untersuchen der Bestandteile
Zupfe vorsichtig mit einer Pinzette die Bestandteile der Blüte auseinander (▶2). Lege diese in eine Petrischale oder auf das schwarze Papier. Schaue dir die verschiedenen Blütenteile mit der Lupe genau an.

4 Dokumentieren
Zeichne die verschiedenen Blütenteile mit ihren jeweiligen Bestandteilen.
Benenne die Blütenteile mit Fachbegriffen (▶4). Notiere auf dem Blatt den Namen der Pflanzenart oder die Familie, den Fundort und das Datum.

Sicherheitshinweis: *Viele Pflanzen sind giftig. Wasche dir nach der Untersuchung gründlich die Hände. Während der Untersuchung darfst du nichts essen. Frage deine Lehrkraft, ob du die Pflanze ohne Handschuhe untersuchen kannst.*

1. 📝 Untersuche eine Blüte, indem du die oben genannten Schritte befolgst. Wähle am besten eine nicht zu kleine Blüte. Große Blüten haben zum Beispiel Stinkender Storchschnabel, Knoblauchrauke, Rose, Pfingstrose und Schöllkraut.

2. 📝 Nenne eine Pflanze, die keine Kelchblätter hervorbringt.

3. 📝 Manchmal bilden viele einzelne Blüten eine Struktur, die wie eine Blüte aussieht. Es handelt sich um einen Blütenstand. Untersuche den Blütenstand von Löwenzahn und Lavendel.

2 Untersuchen

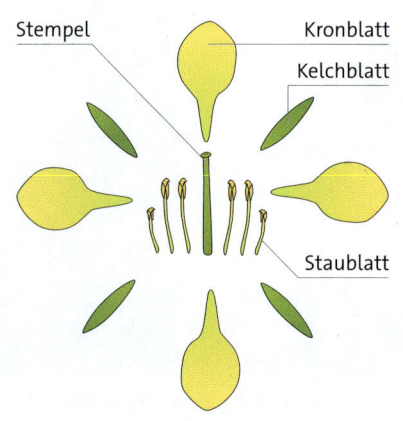

4 In ihre Bestandteile zerlegte Rapsblüte

Material — Samenpflanzen • Die Kirsche – Aufbau einer Blüte

Versuch A Untersuchung von Blüten – Blütendiagramme erstellen

A1 Legebild der Kirschblüte

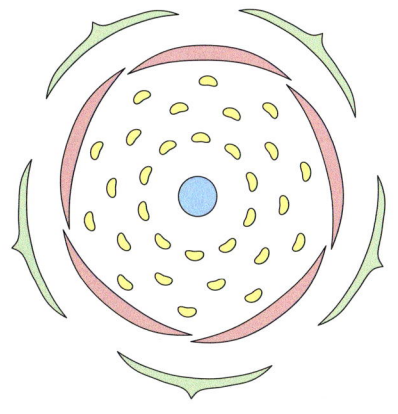

A2 Blütendiagramm der Kirschblüte

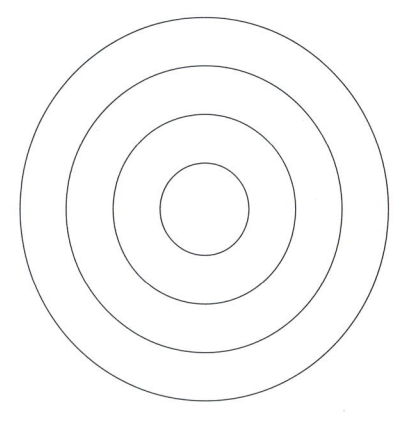

A3 Vorlage für ein Blütendiagramm

Bei der Untersuchung einer Blüte ist es sinnvoll, ein **Blütendiagramm** zu erstellen. Es zeigt den genauen Aufbau der Blüte. Außerdem erleichtert es, die Pflanze zu bestimmen oder sie einer Pflanzenfamilie zuzuordnen.
Die Bestandteile der Kirschblüte finden sich auch in fast allen anderen Blüten von Samenpflanzen. Oft sind Form, Farbe und Anzahl verschieden.

Betrachtet man eine Blüte von oben, ist zu erkennen, dass die Blütenbestandteile kreisförmig angeordnet sind. Die Anzahl und Anordnung werden im Blütendiagramm festgehalten (▶ A2). Pflanzen, die näher miteinander verwandt sind, zeigen oft ähnliche Blütendiagramme.

Die Kelchblätter bilden den äußeren Kreis und werden grün dargestellt. Die Kronblätter werden rot dargestellt. Weiter innen folgen die Staubblätter, die in gelber Farbe gekennzeichnet werden, und im Zentrum wird der Stempel in blauer Farbe eingezeichnet.

Die Kirschblüte hat die Blütenformel:
KE 5 : KR 5 : ST 10 + 10 + 10 : FK 1
Auf drei Ebenen sind jeweils 10 Staubblätter angeordnet. Deshalb schreibt man: 10 + 10 + 10.

In einer **Blütenformel** werden nacheinander, durch Doppelpunkt getrennt, die Blütenbestandteile und ihre Anzahl angegeben: Kelchblätter (KE), Kronblätter (KR), Staubblätter (ST) und Fruchtknoten (FK). Der Fruchtknoten beziehungsweise Stempel kann wie hier aus mehreren verwachsenen Fruchtblättern bestehen. Deren Anzahl zu bestimmen ist schwierig. Hier kannst du die Form einzeichnen.

Material: Lupe, Pinzette, Schere, Papier, Stift, Blüten

Durchführung:
a Zeichne die Blütenbestandteile und deren Anordnung von außen nach innen.
Achte darauf, wie sie zueinander stehen, und bestimme, in wie vielen Kreisen sie angeordnet sind.
b Als Hilfe kannst du die Teile von außen nach innen mit einer Pinzette entfernen. Anschließend legst du sie auf ein Blatt Papier, auf das du Kreise gezeichnet hast (▶ A3).
Damit du richtig darstellst, wie die Blätter zueinander stehen, kannst du die Sprossachse an der Seite, die zu dir zeigt, mit einem dünnen Strich markieren.
c Gib die Blütenformel an.

1 ☐ Zeichne das Blütendiagramm der Kirschblüte ab und beschrifte es mit der Bezeichnung der verschiedenen Blütenbestandteile.

2 ◪ Untersuche eine Rapsblüte, wie auf Seite 248 beschrieben. Erstelle ein Legebild und übertrage dieses in ein Blütendiagramm.

3 ■ Untersuche Blüten aus deinem Schulumfeld. Erstelle Blütendiagramme und ermittle die Blütenformel. Beachte die Sicherheitshinweise.

7.3 Vielfalt der Bestäubung

1 Honigbiene an einer Kirschblüte

Insekten werden vom Duft, von der Farbe und von der Form der Blüten angelockt. Welchen Vorteil haben die Pflanzen davon, wenn sie Insekten anlocken?

Bestäubung • Gelangt der Pollen aus dem Staubblatt der Kirschblüte auf die Narbe einer anderen Kirschblüte, wird dies als **Bestäubung** bezeichnet. Die Bestäubung ist der erste Schritt der Fortpflanzung von Samenpflanzen. Der Pollen enthält die männlichen Geschlechtszellen, die Spermienzellen. Die weiblichen Geschlechtszellen, die Eizellen, befinden sich in der Samenanlage der Blüte. Je nach Pflanzenart wird der Pollen unterschiedlich übertragen.

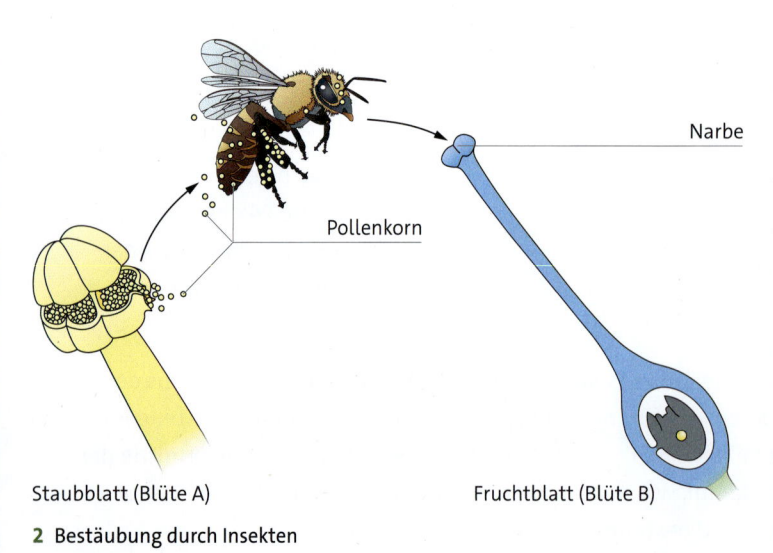

Tierbestäubung • Besucht eine Honigbiene eine Kirschblüte, bleibt der klebrige Pollen an ihrem Körper hängen (▶1). Beim Besuch einer anderen Kirschblüte bleiben manche der Pollenkörner, die am Bienenkörper haften, an der Narbe der Blüte kleben. Die Blüte wird bestäubt.

Wird der Pollen von Tieren transportiert, wird dies als **Tierbestäubung** bezeichnet. Die Tiere werden dann **Bestäuber** genannt. Sie werden von der Farbe, der Form und dem Duft der Blüten angelockt. Die Tiere erhalten von der Pflanze zuckerhaltigen **Nektar** und eiweißhaltigen Pollen bei der Bestäubung.

2 Bestäubung durch Insekten

Staubblatt (Blüte A) — Pollenkorn — Narbe — Fruchtblatt (Blüte B)

Zu den einheimischen Bestäubern gehören neben Honigbienen, Wildbienen, Hummeln und Schmetterlingen auch andere Insekten wie Käfer oder Fliegen. In einigen Ländern gibt es neben Insekten auch bestimmte Fledermausarten oder Vogelarten, wie Kolibris, die zu den Bestäubern zählen.

Windbestäubung • Die Hasel hat getrenntgeschlechtige Blüten. Sie besitzt männliche Blüten, die nur Staubblätter enthalten, und weibliche Blüten, die den Stempel mit der Samenanlage tragen (▶3).

Mehrere männliche Blüten bilden zusammen einen Blütenstand, der als Kätzchen bezeichnet wird. Der Pollen wird im Februar und März vom Wind verweht. Er gelangt so zu den weiblichen Blüten der Hasel. Der Pollentransport über den Wind wird Windbestäubung genannt.

Windbestäubte Pflanzen wie die Hasel produzieren sehr viele kleine flugfähige Pollen. Oft blühen windbestäubte Pflanzen, bevor sie im Frühjahr die Blätter ausprägen. So kann der Pollen gut aus den männlichen Blütenständen verweht werden. Durch Zufall landet dieser auf den klebrigen Stempeln einer anderen Pflanze der gleichen Art.

Viele Bäume wie die Buche und die meisten Gräser, einschließlich der Getreidepflanzen, sind windbestäubt.

Wasserbestäubung • Bei Pflanzen, die im Wasser wachsen, wie dem Seegras und der Wasserpest, wird der Pollen über das Wasser verbreitet. So gelangt er schwimmend von Pflanze zu Pflanze.

3 Kätzchen (**A**) und weibliche Blüte (**B**) der Hasel

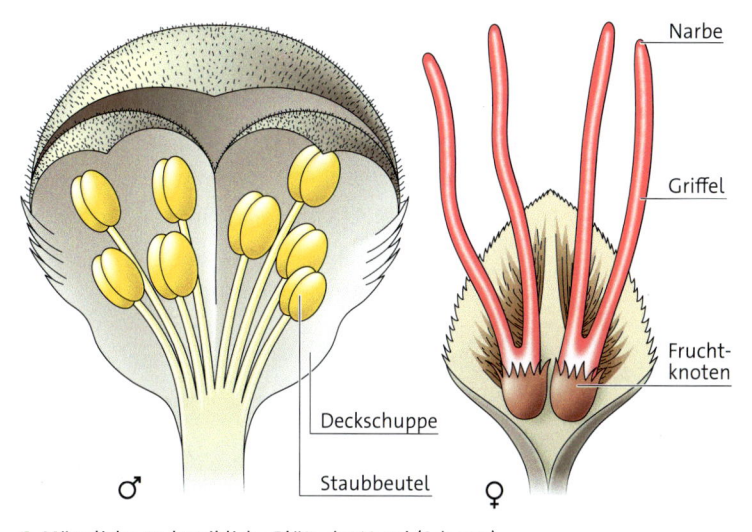

4 Männliche und weibliche Blüte der Hasel (Schema)

1 ☐ Nenne die Vorteile, die die Bestäubung für die Pflanze und für den Bestäuber hat.

2 ◪ Vergleiche die Merkmale von wind- und insektenbestäubten Pflanzen in einer Tabelle. Betrachte dabei den Aufbau der Blüte und die Beschaffenheit der Pollen.

3 ■ Erläutere mithilfe der Tabelle aus Aufgabe 2, inwieweit der Aufbau der Blüte die Bestäubungsart bedingt. Erläutere außerdem, welche Funktion die Ausprägungen der einzelnen Blütenbestandteile haben.

4 ◪ Stelle die Bestäubung der Kirschblüte in einem Fließdiagramm dar.

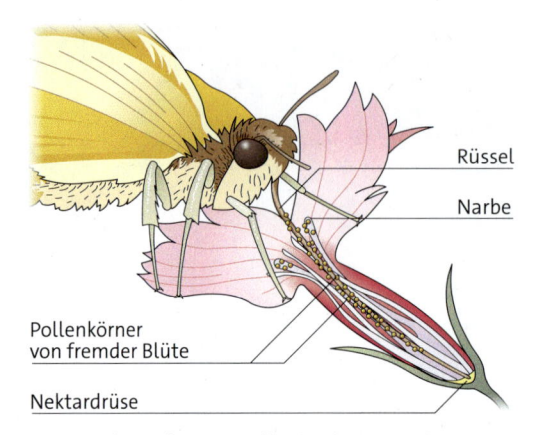

1 Bestäubung der Steinnelke durch einen Schmetterling

Bestäuber und Pflanzen • Blüten haben besondere Formen und Farben und locken dadurch oft nur ganz bestimmte Bestäuber an. Die Bestäuber wiederum haben Mundwerkzeuge, die einen besonderen Bau aufweisen, oder können nur aufgrund ihrer Größe an den Nektar am Blütenboden einer Blüte gelangen.

Die Staubblätter sind in der Blüte so angeordnet, dass möglichst viele Pollen an den Bestäubern haften bleiben. Tief in der Blüte liegende Nektarkammern sorgen dafür, dass Insekten weit in die Blüte eintauchen müssen, um an den Nektar zu gelangen. So ist gesichert, dass auch Pollen am Bestäuber haften bleibt und übertragen werden kann.

Die roten Kronblätter der Steinnelke sind am unteren Ende zu einer Röhre ausgebildet (▶1). Nur Insekten mit sehr langem Rüssel gelangen an den Nektar, der sich tief im Blütenkelch befindet. Deshalb wird die Steinnelke besonders von langrüsseligen Schmetterlingen besucht und bestäubt. Dies wird dadurch begünstigt, dass einige Schmetterlinge im Gegensatz zu anderen Insekten Rot als Farbe erkennen können.

Beim Wiesensalbei findet sich in der Blüte ein Hebelmechanismus (▶2). Das Staubblatt bildet eine Art Schranke, die den Weg zum Nektar im Blütenboden versperrt. Nur schwere Insekten wie Hummeln können die Schranke wegdrücken. Das Staubblatt kippt dann am vorderen Ende herunter und hinterlässt Pollen auf dem Hummelkörper. Beim Besuch der Hummel von älteren Blüten, bei denen das Staubblatt vertrocknet ist, wird der Pollen auf die Narbe übertragen.

1 ◪ Beschreibe den Bestäubungsmechanismus beim Wiesensalbei.

2 ◼ Stelle eine Vermutung auf, worin die Vor- und Nachteile der Spezialisierung von Pflanzen auf wenige Bestäuber liegen.

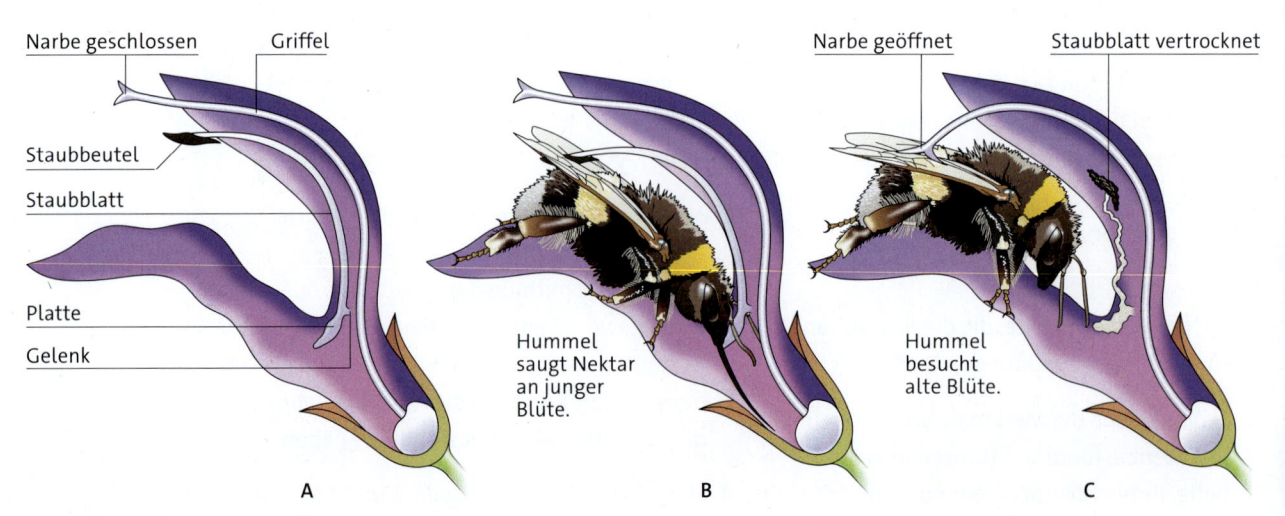

2 Bestäubung beim Wiesensalbei

Material

Samenpflanzen • Vielfalt der Bestäubung

Material A Pollen von wind- und von tierbestäubten Blüten

A1 Windbestäubte Blüten von Mais: **A** weibliche Blüte, **B** männliche Blüte

- klebrig
- Oberfläche mit Widerhaken und anderen Erhebungen
- große Mengen
- nährstoffreich
- geringe Mengen
- manche mit Luftsäcken
- klein
- leicht
- groß
- Oberfläche glatt

1 ◯ Erläutere mithilfe der Abbildung A1 die Kennzeichen von windbestäubten Pflanzen.

2 ◨ Ordne die Merkmale in den Wortkästen begründet den Pollen von tier- oder windbestäubten Blüten zu. Lege eine Tabelle an.

3 ■ Ordne die Pollenkörner (▶ A2) wind- oder tierbestäubten Blüten zu.

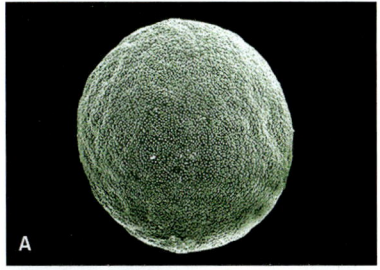

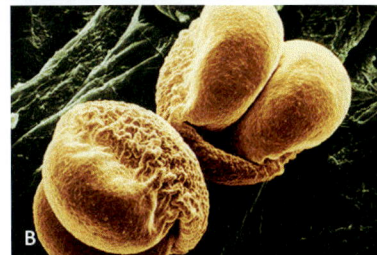

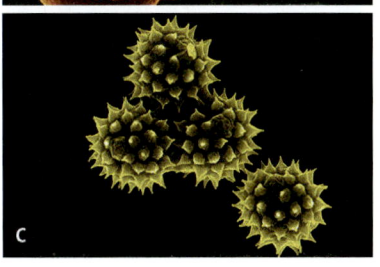

A2 Pollenkörner verschiedener Pflanzen

Material B Gefleckter Aronstab

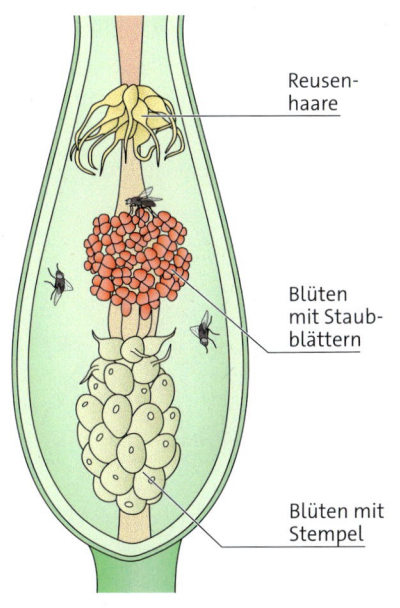

B1 Blütenstand des Aronstabs (Längsschnitt)

Beschriftungen: Reusenhaare, Blüten mit Staubblättern, Blüten mit Stempel

Der Aronstab kommt in heimischen Wäldern, aber auch in Asien und Afrika vor. Seine Früchte sind kleine rote Beeren. **Alle Pflanzenteile sind giftig.** Der Aronstab lockt Insekten durch einen modrigen, fauligen Geruch an. Indem er hohe Temperaturen von bis zu 40 °C erzeugt, wird der Geruch verstärkt und verteilt. So täuscht die Pflanze einen möglichen Eiablageplatz vor, besonders für Insekten, die ihre Eier in abgestorbenes Material legen. Landen die Insekten auf dem Blütenstand, rutschen sie aufgrund der glatten Oberfläche in die kesselförmige Röhre. Hier befinden sich die Blüten mit Staub- und Fruchtblättern. Weil der Weg hinaus durch Reusenhaare versperrt ist, verbleiben sie länger im Kessel und nehmen Pollenkörner auf oder bestäuben die Blüte. Nach der Bestäubung verwelken die Reusenhaare: Die Insekten können den Kessel der Blüte verlassen.

1 ◯ Erstelle ein Fließdiagramm zur Bestäubung des Aronstabs.

2 ◨ Begründe, warum der Aronstab Wärme erzeugt.

3 ■ Der Aronstab gehört zu den Kesselfallenblüten. Begründe, warum diese Bezeichnung passend ist.

7.4 Die Kirsche – von der Blüte zur Frucht

1 Kirschbaum im Sommer

Ein Kirschbaum blüht nicht nur sehr schön im Frühjahr, sondern er trägt im Sommer auch rote, gut schmeckende Kirschen. Aber wie entwickelt sich aus der schönen Blüte eine saftige Frucht?

Auswachsen des Pollenschlauchs • Nach der Bestäubung durch eine Biene liegen Pollen auf der Narbe der Kirschblüte (▶ 2). Aus den Pollen wächst ein dünner Fortsatz in den Griffel der Blüte hinein (▶ 3). Dieser **Pollenschlauch** wächst weiter bis in den Fruchtknoten und transportiert dadurch den Zellkern der männlichen Spermienzellen aus den Pollen in Richtung des Zellkerns der weiblichen Eizelle im Fruchtknoten. In der Regel kann nur ein Pollenkorn einer Kirschblüte einen Pollenschlauch auf der Narbe einer Kirschblüte ausbilden.

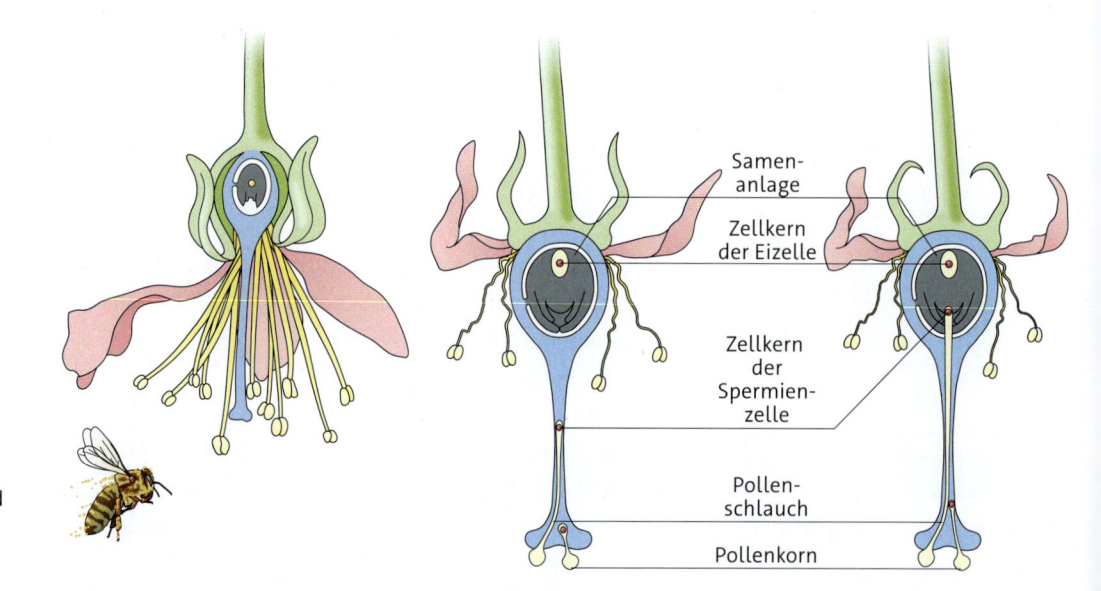

2 Bestäubung und Auswachsen des Pollenschlauchs

Samenpflanzen • Die Kirsche – von der Blüte zur Frucht

Befruchtung • Schließlich erreicht der Pollenschlauch die Samenanlage im Fruchtknoten. Der Pollenschlauch öffnet sich an der Spitze und die männliche Spermienzelle gelangt in die Samenanlage. Anschließend verschmilzt die männliche Spermienzelle mit der weiblichen Eizelle. Diesen Vorgang bezeichnet man als **Befruchtung**. In vielen Fällen wachsen mehrere Pollenschläuche der gleichen Pflanzenart in Richtung Fruchtknoten. Dadurch wird eine erfolgreiche Befruchtung wahrscheinlicher. Die Eizelle im Fruchtknoten verschmilzt aber nur mit einer Spermienzelle.

Fruchtbildung • Nach der Befruchtung beginnt die befruchtete Eizelle, sich zu teilen. Die beiden entstandenen Zellen wachsen und teilen sich erneut, sodass nun vier Zellen vorliegen. Dieser Wechsel aus Wachstum und Teilung wiederholt sich, bis aus den Zellen ein kleines Keimpflänzchen entstanden ist, der **Embryo**. Gleichzeitig entwickelt sich aus der Samenanlage der **Samen**. Dieser enthält den Embryo und ein Nährgewebe. Der Fruchtknoten um die Samenanlage entwickelt sich zur **Frucht**, während die Blüten- und Kelchblätter der Kirschblüte verwelken. Die äußere Fruchtknotenwand wird zur Schale der Kirschfrucht und der mittlere Teil

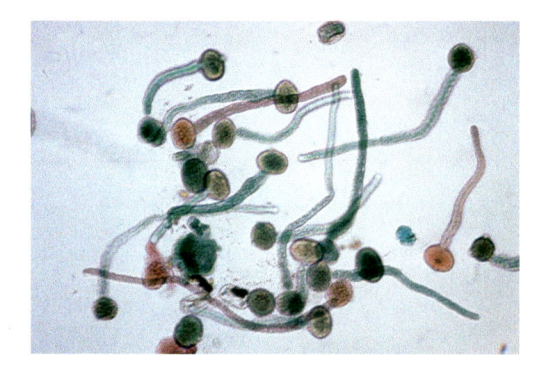

3 Pollenkörner mit auswachsendem Pollenschlauch unter dem Mikroskop

zum süßen Fruchtfleisch. Dabei nimmt der Fruchtknoten viel Wasser auf und lagert Zucker ein. Der Zucker stammt aus der Fotosynthese in den Laubblättern. Die innere Fruchtknotenwand wird zum steinharten Kirschkern. Die harte Schale schützt den Samen und den darin liegenden Embryo.

1 ☐ Stelle die Entwicklung von der Kirschblüte zu einer Kirsche in einem Fließdiagramm dar.

2 ☐ Stelle die Entwicklung von der Haselblüte zu einer Haselnuss anhand eines Legebilds dar. Nutze dazu den QR-Code (▶ ▣).

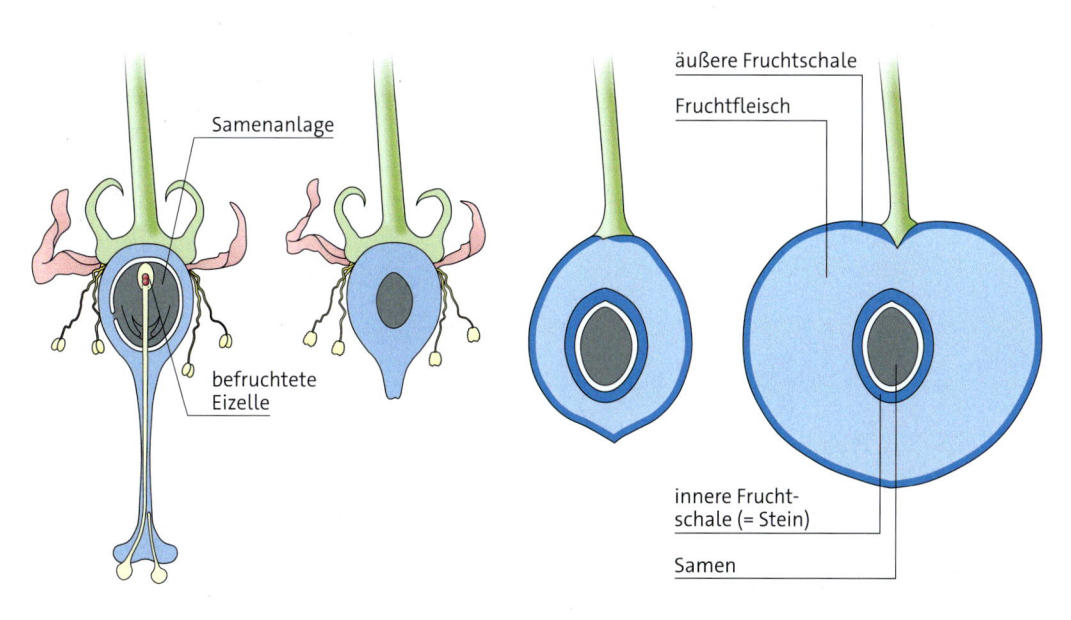

4 Befruchtung und Bildung der Frucht

255

Fruchtschalen
Fruchtfleisch
Samen

A B
1 Kirsche (Steinfrucht)

A B
2 Haselnuss (Nuss)

A B
3 Stachelbeere (Beere)

A B
4 Erdbeere (Sammelfrucht)

A B
5 Bohne (Hülsenfrucht)

Fruchtformen • Früchte schmecken nicht nur verschieden, sondern sehen auch unterschiedlich aus. Dabei besitzen alle Früchte Samen, die aber in ihrer Anzahl und Lage verschieden sein können. Das liegt an der Entwicklung der jeweiligen Frucht. Die mittlere Fruchtknotenwand der Kirschblüte wurde zum saftigen Fruchtfleisch der Kirsche (▶ 1A). Im Fruchtfleisch befindet sich ein Samen, der von einer harten Schale umgeben ist. Diese harte Schale entstand aus der inneren Fruchtknotenwand. Die Kirsche ist daher eine **Steinfrucht** (▶ 1B).

Auch die Haselnuss besitzt einen Samen, der von einer harten Schale umgeben ist. Da hier die harte Schale durch die gesamte Fruchtknotenwand gebildet wird, spricht man von einer **Nussfrucht** (▶ 2B).

Bei der Stachelbeere bildet die gesamte Fruchtknotenwand der Blüte das Fruchtfleisch mit der Fruchtschale. Der Samen hat dadurch keine harte Schale. Diese Früchte werden **Beeren** genannt (▶ 3B). Beeren können mehrere Samen enthalten, die alle aus einem Fruchtknoten entstanden sind.

Anders ist dies bei der Erdbeere. Diese trägt viele kleine Samen auf ihrer Oberfläche, die aus vielen Fruchtknoten in einer Blüte entstanden sind. Die Erdbeere ist eine **Sammelfrucht** (▶ 4B). Da die Samen der Erdbeere eine harte Schale besitzen, die aus der inneren Fruchtwand entstanden ist, zählt sie nicht zu den Beeren.

Es gibt auch Früchte, die sich nach der Entwicklung zur Frucht öffnen und die Samen in die Umgebung freigeben. Hierzu gehören **Hülsenfrüchte** wie Erbse und Bohne (▶ 5B), sowie **Schoten**, zum Beispiel die Früchte des Rapses.

1 Beurteile die Aussage: „Die Erdbeere ist keine Beere, sondern eine Sammelnussfrucht."

2 Stelle eine Vermutung auf, warum Früchte wie die Kirsche oft süß sind und auffällige Farben haben.

Material

Samenpflanzen • Die Kirsche – von der Blüte zur Frucht

Material A Vielfalt der Früchte

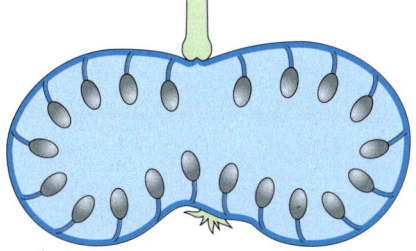

A1 Kürbis: Samen weich

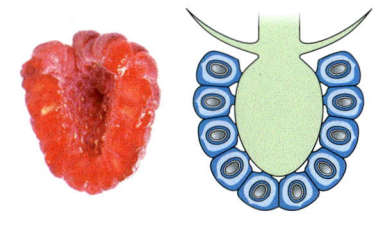

A4 Walnuss: Samen mit harter Schale

A2 Himbeere: Samen mit harter Schale

A3 Tomate: Samen weich

1. ☐ Ordne die Früchte in den Abbildungen (▶ A1–A4) den jeweiligen Fruchtformen (▶ S. 256) begründet zu.

2. ☐ Stelle Vermutungen auf, bei welchen der abgebildeten Früchte es sich um Sammelfrüchte handeln könnte.

3. ■ Stelle anhand des Querschnitts (▶ A4) und Seite 256 eine Vermutung auf, warum die Walnuss lange den Steinfrüchten zugeordnet wurde.

Material B Untersuchung eines Apfels – von der Apfelblüte zum Apfel

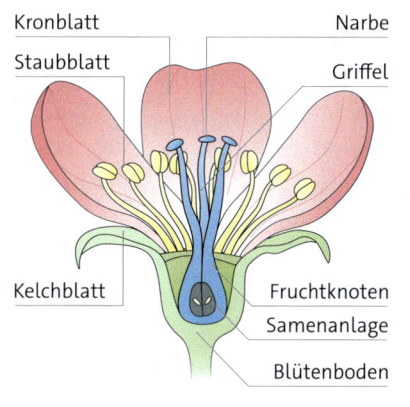

Kronblatt – Narbe
Staubblatt – Griffel
Kelchblatt – Fruchtknoten – Samenanlage – Blütenboden

B1 Apfelblüte

B2 Apfelfrucht

Aus einer befruchteten Apfelblüte entwickelt sich ein Apfel. Das Fruchtfleisch des Apfels entwickelt sich aus dem unteren Teil der Blüte, dem **Blütenboden**. Schaut man sich einen Apfel genauer an, so kann man bei diesem auch weitere Reste der ursprünglichen Blüte entdecken (▶ B1).

So können außen noch Reste der Kronblätter und Kelchblätter gefunden werden. Im Inneren des Apfels findet man die umgewandelten Fruchtknoten der Sammelfrucht als Samen. Diese sind vom Kerngehäuse umgeben, das sich wiederum im Fruchtfleisch des Apfels befindet.

1. ▰ Halbiere einen Apfel und suche nach den Resten der Apfelblüte. Untersuche das Kerngehäuse mit den Samen.

2. ▰ Skizziere den Aufbau des halbierten Apfels. Beschrifte ihn mit folgenden Begriffen: Kerngehäuse, Samen, Fruchtfleisch, Stiel, Reste von Kelch- und Staubblättern, Rest des Griffels.

3. ▰ Erläutere die Veränderungen von der Apfelblüte zum Apfel.

4. ▰ Erkläre die Beobachtung, dass der Apfel mehrere Kerne besitzt.

5. ■ Untersuche weitere Früchte und stelle Vermutungen über die Herkunft der beobachteten Strukturen an.

7.5 Ausbreitung von Samen und Früchten

1 Löwenzahnpflanze in einer Dachrinne

Den Löwenzahn mit seinen gelben Blüten findet man an vielen Orten. Sogar auf den Dächern von Häusern kann man diese Pflanze finden. Aber wie kommt der Löwenzahn auf das Dach?

gefiedert
= federartige Form

Ausbreitung durch Wind • Die meisten haben schon einmal in eine „Pusteblume", den Fruchtstand des Löwenzahns, gepustet und beobachtet, wie die Früchte durch die Luft fliegen (▶ 3). Betrachtet man die Früchte des Löwenzahns genauer, fallen einem die gefiederten Flugschirme auf, die aus Haaren bestehen. An diesem Flugschirm hängt der Samen. Der Flugschirm lässt den Samen nicht sofort zu Boden fallen, sondern trägt ihn mit dem Wind über weite Strecken durch die Luft. Dadurch kann er Orte erreichen, die ohne den besonderen Aufbau der Frucht nicht erreichbar wären.

Auch die Frucht des Ahorns kann mithilfe des Windes verbreitet werden. Diese besitzen geflügelte Früchte (▶ 2). Je ein Samen hängt an einem dünnen Flügel, der das Fallen der gesamten Frucht verlangsamt, sodass der Wind den Samen verwehen kann. Die Früchte des Löwenzahns und des Ahorns besitzen nicht nur Strukturen, die sie länger in der Luft halten, sondern sie sind auch sehr leicht. Diese Eigenschaften sind typisch für **Flugfrüchte**, die über den Wind ausgebreitet werden. Die Strukturen der Flugfrüchte sind so angepasst, dass sie die Funktion der Samenausbreitung erfüllen können.

2 Früchte des Ahorns

3 Fruchtstand und Früchte des Löwenzahns

1 Erkläre, wie der Löwenzahn auf das Dach kommt, und welche Angepasstheiten dem Samen dabei helfen.

Ausbreitung durch Wasser • Pflanzen, die am oder im Wasser wachsen, verbreiten ihre Samen zum Teil mithilfe des Wassers. So sind die Früchte von Kokospalmen innen hohl (▶4). Die Hohlform wirkt als **Schwimmkörper**, sodass die Samen im Wasser schwimmen und weit mit der Strömung des Meeres ausgebreitet werden. Die Samen der Seerose besitzen **Schwimmsäcke**, mit denen sie ebenfalls auf dem Wasser schwimmen und mit dem Strom des Wasserlaufes ausgebreitet werden.

4 Ausbreitung durch Wasser: Kokosnuss

Ausbreitung durch Tiere • Die kleinen Samen der Seerose werden außerdem von Vögeln ausgebreitet. Sie bleiben im Gefieder hängen und werden an einen anderen Ort getragen. Auch die Samen der Kletten werden an Tieren haftend ausgebreitet. Die Früchte der Klette besitzen viele kleine Widerhaken auf ihrer Oberfläche, sodass sie sich im Fell von Tieren verfangen (▶5B). Man nennt sie **Klettfrüchte**. Andere Früchte wie die Beere vom Weißdorn (▶5A) oder der Eberesche sind auffällig gefärbt. Dadurch werden Tiere, hauptsächlich Vögel, angelockt. Die Tiere fressen das zuckerhaltige Fruchtfleisch, das Energie liefert. Den unverdaulichen Samen scheiden sie an einem anderen Ort aus. Diese Früchte nennt man auch **Lockfrüchte**. Eichhörnchen und andere Tiere sammeln im Herbst Nüsse und andere Früchte in Vorratslagern. Manche der Vorräte fressen sie nicht, sodass aus den vergessenen Samen an neuen Orten Pflanzen wachsen können. Manche Samen, wie die der Taubnessel, bilden ein kleines, fettreiches Anhängsel (▶5C). Ameisen tragen die Samen als Nahrung in ihr Nest. Auf dem Weg können Samen verloren gehen und es wächst dort eine neue Pflanze.

5 Ausbreitung durch Tiere: **A** Lockfrüchte, **B** Klettfrüchte, **C** fettreiches Anhängsel am Samen

Selbstausbreitung • Das Springkraut (▶6A) hat seinen Namen, weil seine Früchte bei Berührung „springen". Die reife Frucht steht unter Spannung, platzt bei Berührung auf und schleudert ihre Samen bis zu 7 Meter weit in die Umgebung. Diese Art von Frucht bezeichnet man als **Schleuderfrucht**. Der Klatschmohn bildet Früchte, die aus einer Kapsel mit kleinen Öffnungen am oberen Rand bestehen (▶6B). Diese Kapsel funktioniert wie ein Salzstreuer. Wenn sie gekippt wird, werden die Samen ausgestreut. Es handelt sich um eine **Streufrucht**. Durch die vielen Wege der Samenausbreitung können Pflanzen an neuen Orten, die weit entfernt von der Mutterpflanze liegen, wachsen.

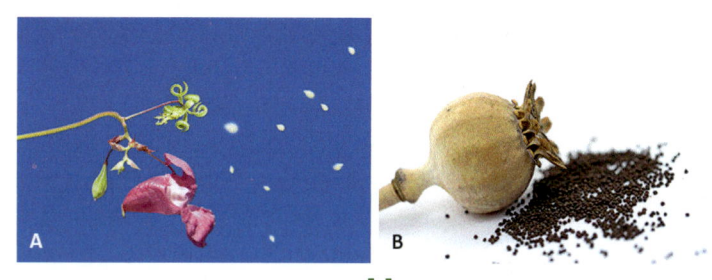

6 Selbstausbreitung: **A** Springkraut (▶ 🔲), **B** Mohn

1 Erdbeere: Fortpflanzung durch Ausläufer

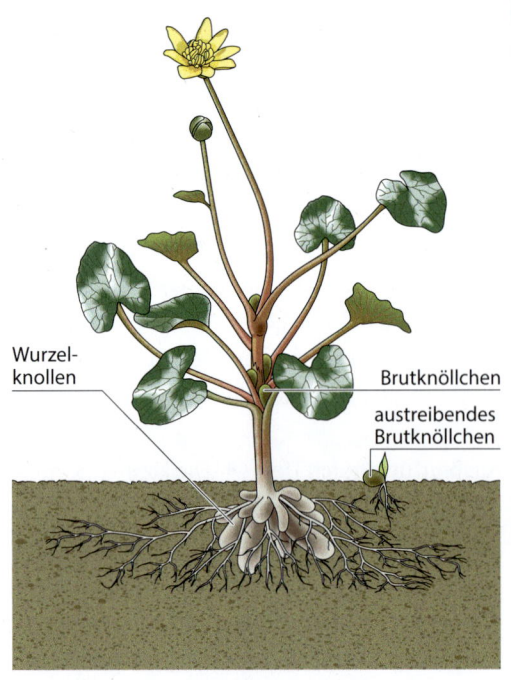

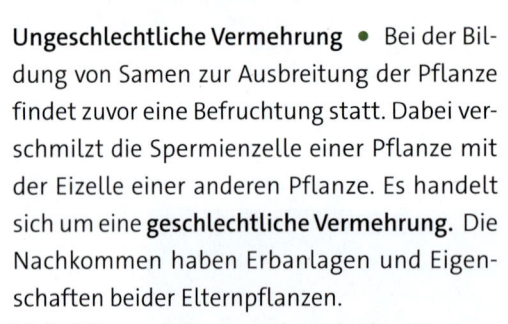

2 Scharbockskraut: Fortpflanzung mit Brutknöllchen

Ungeschlechtliche Vermehrung • Bei der Bildung von Samen zur Ausbreitung der Pflanze findet zuvor eine Befruchtung statt. Dabei verschmilzt die Spermienzelle einer Pflanze mit der Eizelle einer anderen Pflanze. Es handelt sich um eine **geschlechtliche Vermehrung.** Die Nachkommen haben Erbanlagen und Eigenschaften beider Elternpflanzen.

Viele Pflanzen können sich auch ohne Samenausbreitung vermehren. Erdbeerpflanzen bilden zum Beispiel lange Seitentriebe. An diesen Ausläufern bilden sich neue Pflanzen mit Sprossachse, Blättern und Wurzel (▶1). Da hierzu keine Befruchtung notwendig ist, entspricht dies einer **ungeschlechtlichen Vermehrung**.

Das Scharbockskraut ist ein Frühblüher (▶2). In Verdickungen der Wurzeln, den **Wurzelknollen**, speichert es energiereiche Stoffe. Aus den Wurzelknollen können im Frühjahr neue Pflanzen wachsen. Außerdem bildet die Pflanze in den Ansatzstellen der Blätter kleine Knospen. Diese **Brutknöllchen** fallen ab, wenn sie groß genug sind, bilden Wurzeln und wachsen zu neuen Pflanzen heran. Das Scharbockskraut pflanzt sich so ungeschlechtlich fort. Zudem kann es sich auch geschlechtlich durch Samen fortpflanzen. Durch die ungeschlechtliche Vermehrung können am gleichen Ort bei guten Bedingungen schnell viele neue Pflanzen gebildet werden. Für diese Vermehrung findet keine Befruchtung statt. Dadurch ist jede der neu entstandenen Pflanzen bezüglich der Erbanlagen identisch mit der Mutterpflanze.

1 ◪ Vergleiche die geschlechtliche und die ungeschlechtliche Vermehrung.

2 ◻ Erkläre den Vorteil, den die Samenausbreitung für Pflanzen hat.

3 ◪ Stelle mögliche Angepasstheiten in der Struktur von Früchten an die Funktion der Wind-, Wasser- und Tierausbreitung in einer Tabelle dar.

4 ◼ Stelle eine Vermutung an, welche Vorteile es für die Erdbeerpflanze hat, dass sie sich sowohl durch Ausläufer als auch durch Tierausbreitung ausbreiten kann.

Material

Samenpflanzen • Ausbreitung von Samen und Früchten

Versuch A Experimente mit Flugfrüchten – Löwenzahn und Ahorn im Vergleich

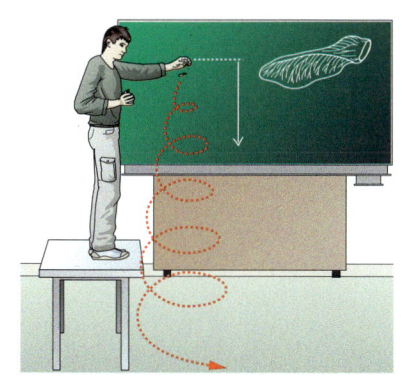

A1 Durchführung des Experiments

Die Flugfrüchte von Löwenzahn und Ahorn sind leicht und haben Strukturen, die eine Ausbreitung durch den Wind unterstützen.
Material: Früchte von Ahorn und Löwenzahn, Stoppuhr, feine Schere

Durchführung:

a Lass die Flugfrüchte nacheinander aus 2 Metern Höhe fallen. Miss mit der Stoppuhr die Flugdauer. Diese entspricht der Zeit, bis die Flugfrucht zu Boden gefallen ist (▶A1).
Das Experiment wird 5-mal wiederholt und der Mittelwert ermittelt. Weitere Beobachtungen werden notiert.

b Entferne mit der Schere die Flügel der Ahornfrucht und die Fallschirme der Löwenzahnfrucht.
Wiederhole die Durchführung mit den veränderten Früchten. Notiere deine Beobachtungen.

1 ◩ Stelle eine Hypothese darüber auf, welcher der beiden Samen länger in der Luft bleibt.

2 ☐ Führe das Experiment durch und erstelle ein Protokoll.

3 ◩ Notiere im Protokoll die Werte in einer Tabelle wie unten dargestellt. Beschreibe weitere Beobachtungen.

Auswertung:

1 ■ Deute das Ergebnis des Experiments.

2 ◩ Überprüfe und korrigiere gegebenenfalls deine Hypothese.

Flugfrucht	Flugdauer mit Flügel/Fallschirm in Zehntelsekunden		Flugdauer ohne Flügel/Fallschirm in Zehntelsekunden	
	Einzelwerte	Mittelwert	Einzelwerte	Mittelwert
Ahornfrucht	~~~~~~~~~~	~~~~~~~~~	~~~~~~~~	~~~~~~~~~~~~
Löwenzahnfrucht	~~~~~~~~~~	~~~~~~~~~	~~~~~~~~	~~~~~~~~~~~~

Material B Modell der Ahornfrucht

B1 Ahornfrüchte

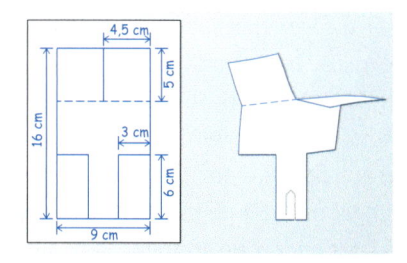

B2 Modell der Ahornfrucht

Modelle können helfen, Phänomene zu erklären. So kann ein Modell einer Ahornfrucht dazu beitragen, die Angepasstheiten für die Windausbreitung zu verstehen.
Material: DIN-A4-Papier, Büroklammer

Anleitung zum Bau des Modells:
Zeichne die Linien auf ein DIN-A4-Papier (▶B2). Schneide an den durchgezogenen Linien und falte an der gestrichelten Linie. Hefte abschließend die Büroklammer an das untere Ende.

1 ☐ Baue das Modell der Ahornfrucht nach der Anleitung nach.

2 ◩ Vergleiche das Modell mit dem Original einer Ahornfrucht.

3 ◩ Führe das in Versuch A beschriebene Experiment mit dem Modell durch.

4 ◩ Vergleiche das Ergebnis der beiden Durchführungen.

5 ◩ Erkläre, was das Modell gut zeigt und wo es vom Original der Ahornfrucht abweicht.

7.6 Aus Samen entwickeln sich Pflanzen

1 Ein Bohnensamen keimt und wächst zur Pflanze heran.

Bohnensamen kann man viele Monate kühl und trocken lagern. Gibt man sie jedoch in feuchte Erde, wachsen aus ihnen in wenigen Tagen Pflanzen heran. Wie entsteht aus dem Samen eine Pflanze?

Bau des Samens • Wenn man einen Bohnensamen von außen betrachtet, sieht man die harte Samenschale und den Nabel. An dieser Stelle war der Samen mit der Mutterpflanze verbunden. Entfernt man die Samenschale, zerfällt der Samen in zwei dicke, ovale und leicht gewölbte Hälften, die **Keimblätter** (▶4). Zwischen den Keimblättern liegt ein winziges Pflänzchen. Es besteht aus zwei kleinen Laubblättern, dem **Keimstängel** und der **Keimwurzel**. Die beiden Keimblätter bilden zusammen mit dem kleinen Pflänzchen den Keimling, auch als **Embryo** bezeichnet.

Bohnensamen enthalten sehr wenig Wasser. Deshalb können sie lange gelagert werden. In dieser Zeit ruhen sie weitgehend und entwickeln sich nicht weiter. Sie befinden sich in der **Samenruhe**. In diesem Zustand können sie ungünstige Bedingungen wie Trockenheit oder Frost längere Zeit überstehen.

Quellung • Wenn der Bohnensamen mit Wasser in Berührung kommt, nimmt er Wasser auf. Dadurch wird der Samen dicker, er quillt auf. Diesen Vorgang nennt man **Quellung**. Sie ist notwendig, damit sich der Keimling weiterentwickeln kann. Bei der Quellung der Bohne bricht die harte Samenschale auf.

Wachstum des Keimlings • Wenn bestimmte Umweltbedingungen gegeben sind, kann sich der Embryo im Samen weiterentwickeln. Zum Beispiel darf die Umgebungstemperatur nicht zu niedrig sein. Zu Beginn bricht die Keimwurzel durch die Samenschale (▶3). Es bilden sich Wurzeln und Wurzelhaare. Dadurch kann der Embryo viel Wasser aufnehmen und sich im Boden verankern. Kurze Zeit später wächst die Sprossachse des Embryos, der Keimstängel. Er streckt sich und durchbricht bogenförmig die Erde. Die Keimblätter werden mit nach oben gezogen.

Samenpflanzen • Aus Samen entwickeln sich Pflanzen

2 Verschiedene Bohnensamen

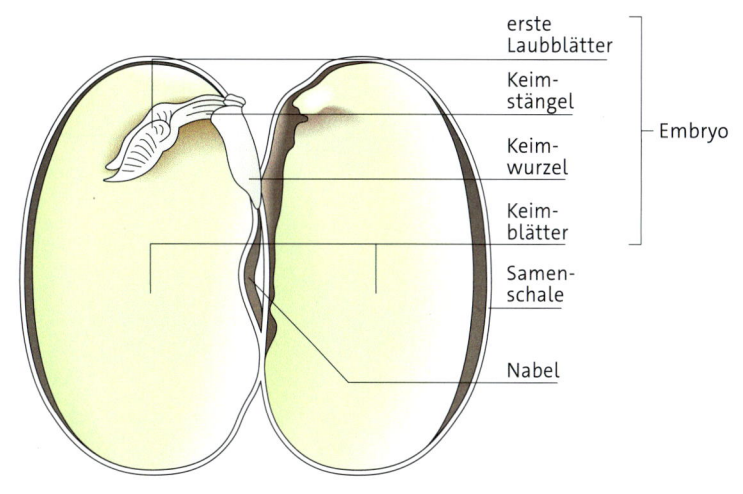

4 Hälften eines Bohnensamens (Beschriftungen: erste Laubblätter, Keimstängel, Keimwurzel, Keimblätter – Embryo; Samenschale; Nabel)

Die im Embryo angelegten ersten Laubblätter entfalten sich. Nun wächst die Sprossachse in die Länge und es bilden sich weitere Laubblätter. Den Vorgang vom Beginn der Entwicklung des Embryos bis zur Ausbildung der ersten Laubblätter bezeichnet man als **Keimung**.

Versorgung mit Nährstoffen • Damit aus dem Bohnensamen eine Pflanze wachsen kann, benötigt der Embryo Nährstoffe. Diese sind in den Keimblättern gespeichert. Der Embryo baut diese Nährstoffe ab. Sie liefern ihm Energie und Baustoffe für das Wachstum.

Sobald sich die ersten Laubblätter entfaltet haben und grün sind, beginnen sie Fotosynthese zu betreiben. Ist der Vorrat an Nährstoffen in den Keimblättern ausgeschöpft, schrumpfen sie und fallen ab. Sobald die junge Pflanze Fotosynthese betreibt, produziert sie selbst Nährstoffe. Die Keimung ist abgeschlossen.

1 ☐ Stelle den Vorgang der Bohnenkeimung in einem Fließdiagramm dar.

2 ◪ Erkläre, warum die Keimblätter am Ende der Keimung schlaff und runzelig sind.

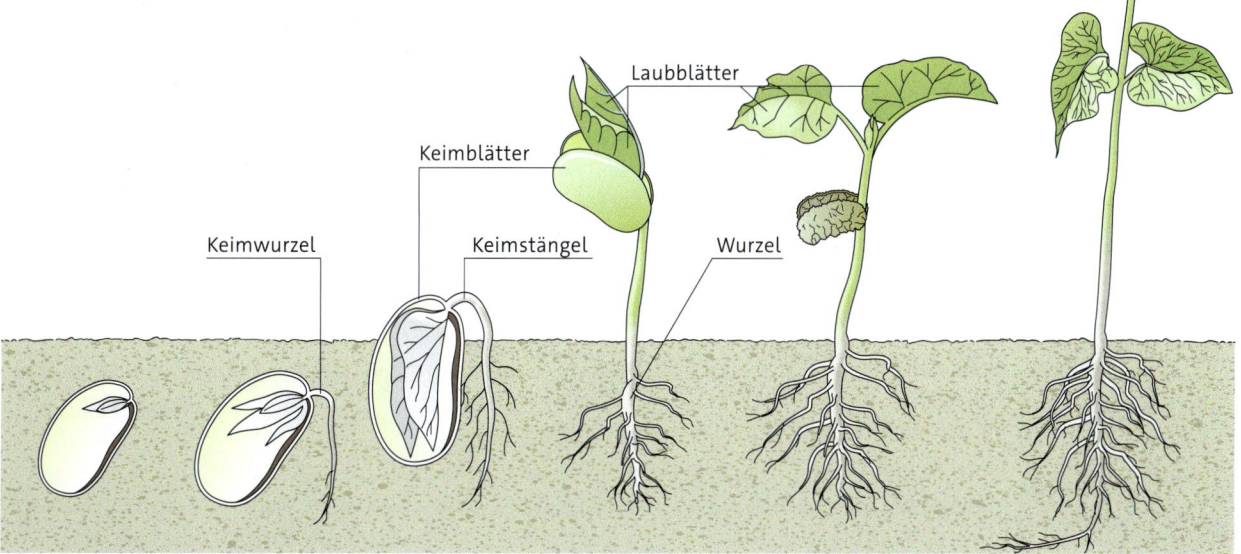

3 Keimung und Wachstum einer Bohne

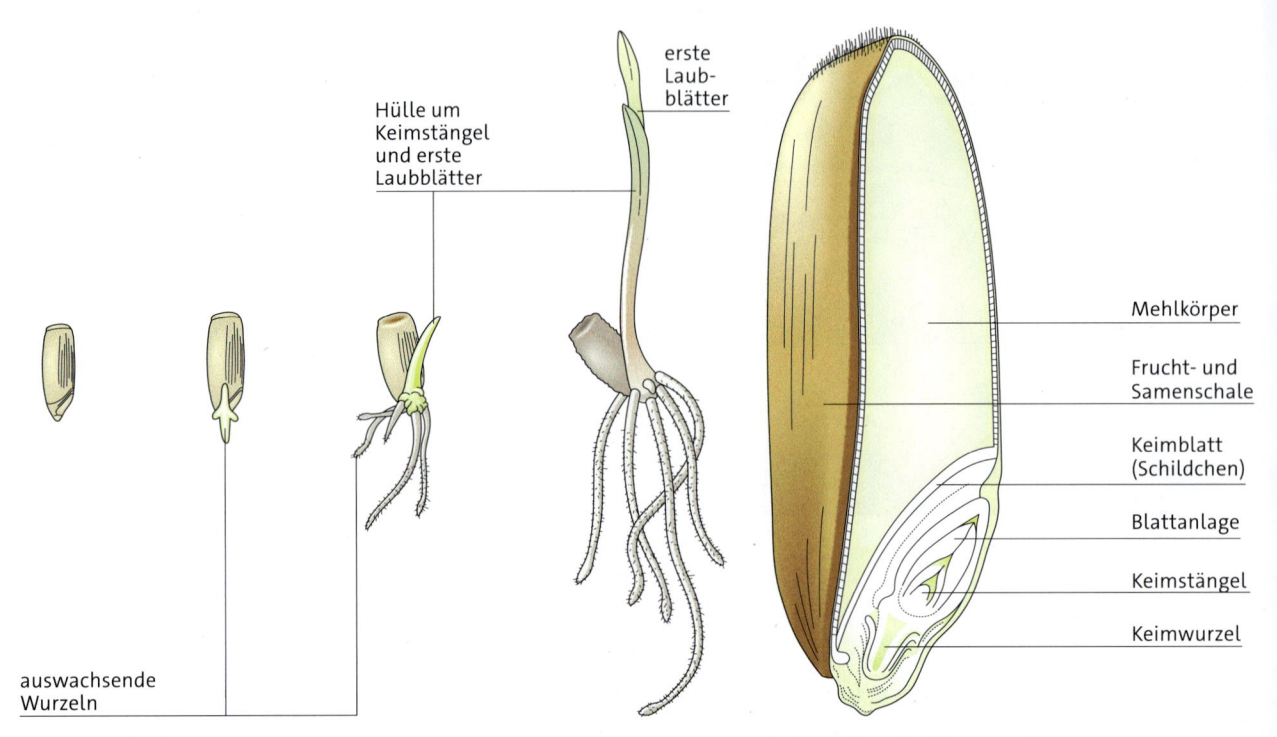

1 Keimung des Roggenkorns

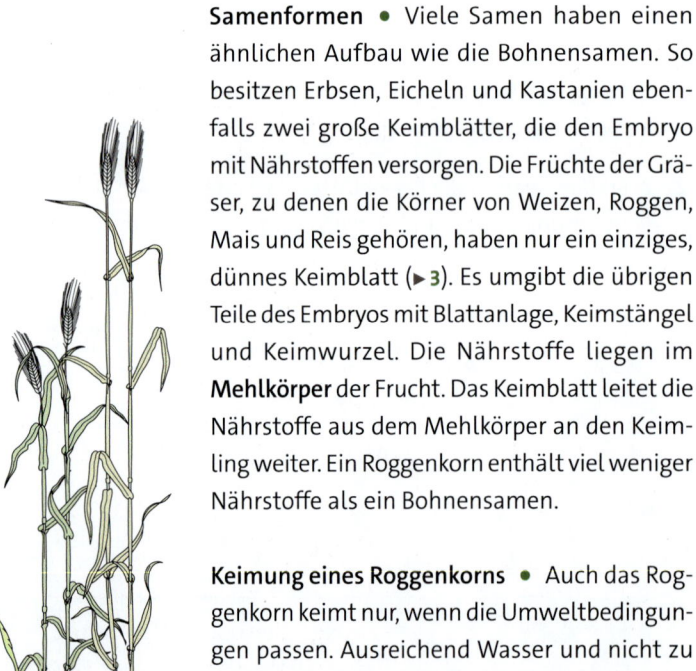

Labels (Abb. 1): erste Laubblätter; Hülle um Keimstängel und erste Laubblätter; auswachsende Wurzeln

3 Roggenkorn im Längsschnitt

Labels (Abb. 3): Mehlkörper; Frucht- und Samenschale; Keimblatt (Schildchen); Blattanlage; Keimstängel; Keimwurzel

2 Roggenpflanze

Samenformen • Viele Samen haben einen ähnlichen Aufbau wie die Bohnensamen. So besitzen Erbsen, Eicheln und Kastanien ebenfalls zwei große Keimblätter, die den Embryo mit Nährstoffen versorgen. Die Früchte der Gräser, zu denen die Körner von Weizen, Roggen, Mais und Reis gehören, haben nur ein einziges, dünnes Keimblatt (▶ 3). Es umgibt die übrigen Teile des Embryos mit Blattanlage, Keimstängel und Keimwurzel. Die Nährstoffe liegen im **Mehlkörper** der Frucht. Das Keimblatt leitet die Nährstoffe aus dem Mehlkörper an den Keimling weiter. Ein Roggenkorn enthält viel weniger Nährstoffe als ein Bohnensamen.

Keimung eines Roggenkorns • Auch das Roggenkorn keimt nur, wenn die Umweltbedingungen passen. Ausreichend Wasser und nicht zu kühle Temperaturen sind notwendig. Das Roggenkorn quillt durch die Aufnahme von Wasser zuerst auf. Die Schale des Roggenkorns bricht auf und die Keimwurzel beginnt zu wachsen. Dann wächst der Keimstängel mit den Anlagen für die ersten Laubblätter, bis die Erdoberfläche erreicht ist. Während dieser Phase sind die Blätter und der Stängel von einer derben Schutzhülle umgeben. Diese öffnet sich, wenn die Erdoberfläche erreicht ist. Dann wächst die Sprossachse und es bilden sich Laubblätter. Die Keimung ist abgeschlossen und die Pflanze kann sich durch Fotosynthese selbst ernähren. Der Nährstoffvorrat im Mehlkörper ist nun verbraucht.

1 ◪ Vergleiche den Aufbau der Samen und den Vorgang der Keimung bei einem Bohnensamen und einem Roggenkorn. Lege eine Tabelle an.

2 ◼ Begründe, weshalb ein Bohnensamen im Gegensatz zum Roggenkorn auch dann keimt, wenn er tief in die Erde gesteckt wird.

3 ◪ Untersuche weitere Samen hinsichtlich ihres Aufbaus, zum Beispiel von Linsen, Hirse oder Kürbis.

Material

Samenpflanzen • Aus Samen entwickeln sich Pflanzen

Material A Keimungsbedingungen

A B C

Zeichenerklärung: Wärme, Erde, Wasser, Licht

D E

A1 Ansätze im Experiment zur Bohnenkeimung

In einem Experiment zur Keimung von Bohnensamen sind 5 Ansätze bei unterschiedlichen Bedingungen getestet worden. Pro Versuchsansatz wird eine Größe verändert (▶ A1).

1. Formuliere eine Fragestellung, die mit dem Experiment beantwortet werden sollte.

2. Formuliere für die verschiedenen Ansätze je eine Vermutung.

3. Erkläre, bei welchen Ansätzen eine Keimung stattfinden kann.

4. Nenne den Ansatz, der als Kontrolle dient. Begründe deine Entscheidung.

Material B Keimblätter und Wachstum

Versuchsprotokoll   *Datum: xxxxxx*
Frage: Sind die Keimblätter der Gartenbohne für das weitere Wachstum notwendig?
Vermutungen: ??????????????????????????????
Material: 3 Blumentöpfe oder Gläser, 3 Bohnensamen, Erde
Versuchsaufbau und Durchführung:
In drei Blumentöpfen lässt man drei Bohnensamen bei günstigen Bedingungen keimen. Kurz nach Durchbruch des Keimsprosses durch die Erde werden im Ansatz **A** beide Keimblätter entfernt, bei Ansatz **B** wird nur ein Keimblatt entfernt und im Ansatz **C** kein Keimblatt.
Beobachtung: ??????????????????????????????
Deutung: ??????????????????????????????

A B C

B1 Versuchsprotokoll zum Experiment

In einem weiteren Experiment soll untersucht werden, ob die Keimblätter für das Wachstum der Bohnenpflanze notwendig sind, nachdem der Keimspross die Erde durchdrungen hat.

1. Übertrage das Protokoll (▶ B1) in dein Heft. Ergänze die Hypothesen.

2. Beschreibe die Beobachtungen entsprechend den Abbildungen A–C im Protokoll.

3. Prüfe anhand der Beobachtungen, ob deine Hypothesen bestätigt wurden.

4. Deute die Beobachtungen und formuliere eine Antwort auf die Fragestellung.

7.7 Samenpflanzen lassen sich ordnen

1 Blühende Samenpflanzen:
A Wiesenschaumkraut, **B** Hirtentäschelkraut, **C** Fingerkraut, **D** Mädesüß

Im Sommer blühen viele Samenpflanzen. Auf Anhieb erkennt man unterschiedliche Blütenfarben. Andere Merkmale sind weniger auffällig, aber geeignet, um Ähnlichkeiten zu erkennen. Nach welchen Merkmalen lassen sich Samenpflanzen ordnen?

Vielfalt der Samenpflanzen • Weltweit gibt es ungefähr 270 000 Arten von Samenpflanzen. Diese große Vielfalt lässt sich nur überschauen, wenn man die Pflanzen nach bestimmten Kriterien ordnet und so in Gruppen einteilt

Kreuzblütengewächse • Die Blüten des Wiesenschaumkrauts (▶1A) haben ein helles Lila, die des Hirtentäschelkrauts sind weiß (▶1B). Den Blüten der beiden Pflanzenarten ist gemeinsam, dass sie aus vier Kelch- und vier Kronblättern bestehen. Im Inneren der Blüte erkennt man vier lange und zwei kurze Staubblätter sowie einen zentralen Stempel, der aus zwei Fruchtblättern entstanden ist. Beide Blüten haben den gleichen Grundbauplan. Deshalb werden sie zu einer **Pflanzenfamilie** zusammengefasst. Sie gehören zu den **Kreuzblütengewächsen**. Der Name geht auf die vier kreuz-

förmig angeordneten Kronblätter zurück. Zu dieser Pflanzenfamilie gehören auch Nutzpflanzen wie der Raps und der Blumenkohl.
Die Pflanzen einer Pflanzenfamilie zeigen nicht nur bei der Blüte ähnliche Merkmale. Die Laubblätter an der Basis der Sprossachse sind beim Wiesenschaumkraut (▶2) und beim Hirtentäschelkraut (▶3) kreisförmig als Rosette angeordnet. Dies ist ein zweites typisches Merkmal für die Pflanzenfamilie der Kreuzblütengewächse. Ein drittes gemeinsames Merkmal ist der Aufbau der Frucht. Die Früchte der Pflanzen bestehen aus zwei äußeren Fruchtwänden und einer Mittelwand. An dieser sitzen die Samen. Eine Frucht mit diesem Aufbau bezeichnet man als **Schote**.
Neben diesen gemeinsamen Merkmalen zeigen die Pflanzen der Kreuzblütengewächse auch Unterschiede. Die Schote des Wiesenschaum-

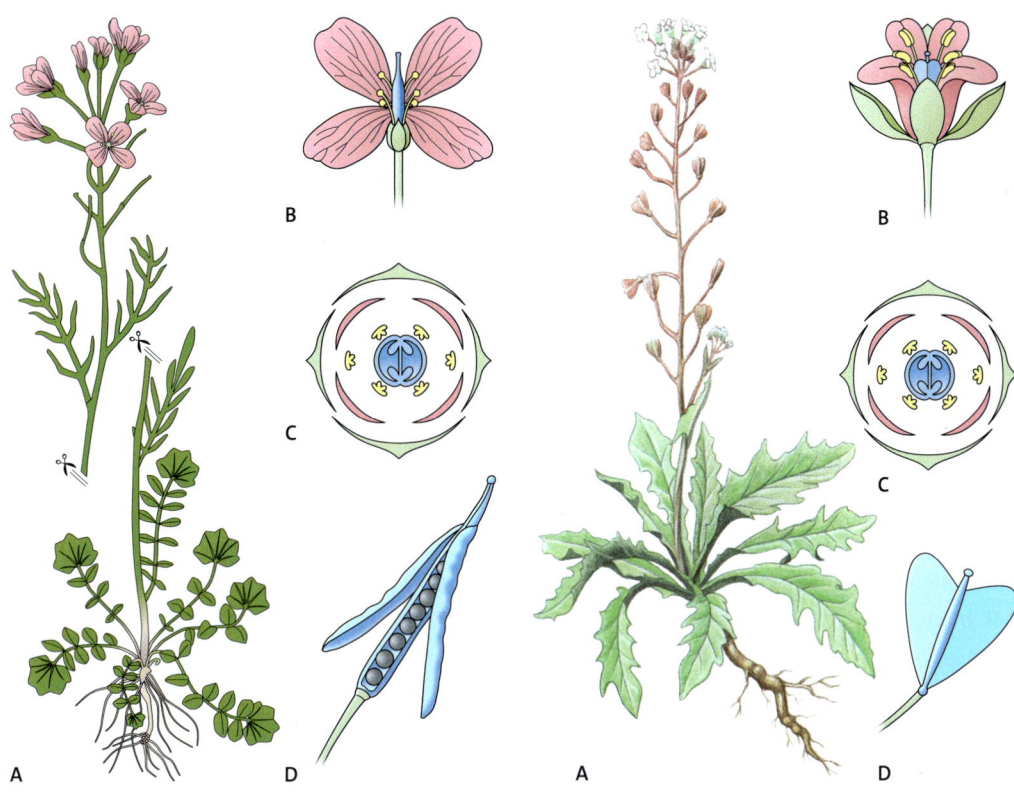

Samenpflanzen • Samenpflanzen lassen sich ordnen

2 Wiesenschaumkraut: **A** Pflanze, **B** Blütenschema, **C** Blütendiagramm, **C** Frucht

3 Hirtentäschelkraut: **A** Pflanze, **B** Blütenschema, **C** Blütendiagramm, **D** Frucht

krauts ist lang gestreckt und dünn. Die Schote des Hirtentäschelkrauts ist klein, dreieckig und flach. Die Laubblätter des Wiesenschaumkrauts sind tief eingeschnitten: Sie haben kleine Fiederblättchen. Die Laubblätter des Hirtentäschelkrauts sind lang gestreckt, weniger tief eingeschnitten und am Rand grob gezähnt.

Das Wiesenschaumkraut und das Hirtentäschelkraut sind zwei Arten, die sich in der Blütenfarbe und der Form der Schote unterscheiden.

Die Familie der Kreuzblütengewächse ist mit etwa 40 000 Arten weltweit verbreitet. Die verschiedenen Arten wachsen unter sehr unterschiedlichen Bedingungen. Auf der Nordhalbkugel leben sie in Zonen mit Dauerfrost und auf der Südhalbkugel in tropischen Regionen.

Verwandtschaft • Die vielen verschiedenen Pflanzenarten haben sich über Jahrtausende aus einer Ursprungsart entwickelt. Sie gehen alle auf einen gemeinsamen Vorfahren zurück und sind deshalb miteinander verwandt. Im Laufe dieser Entwicklung über Tausende von Jahren entstanden zufällig neue Merkmale. Manche Pflanzen hatten Vorteile durch diese veränderten Eigenschaften. Sie waren nun an ihre Lebensräume und ihre wechselnden Lebensbedingungen besser angepasst und konnten sich besonders gut ausbreiten.

1 Begründe die Zugehörigkeit von Wiesenschaumkraut und Hirtentäschelkraut zur Pflanzenfamilie der Kreuzblütengewächse anhand typischer Merkmale.

2 Erläutere anhand der Unterschiede von Wiesenschaumkraut und Hirtentäschelkraut, warum die beiden Pflanzen verschiedene Arten sind.

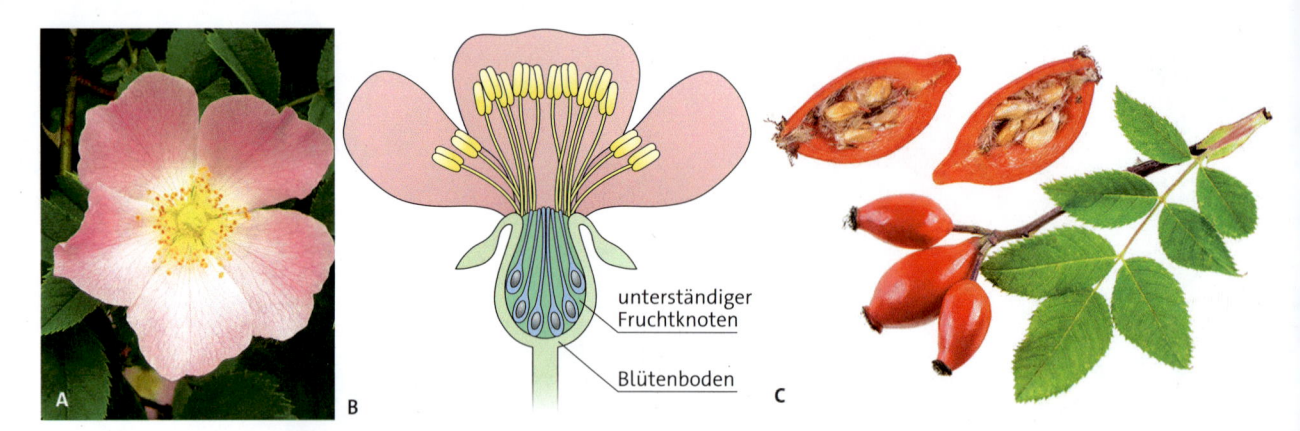

1 Heckenrose: **A** Blüte, **B** Längsschnitt durch die Blüte (Schema), **C** Frucht und Blatt

Rosengewächse • Die Familie der Rosengewächse umfasst etwa 3000 Arten. Zu ihnen gehören die Heckenrose (▶1), das Fingerkraut und das Mädesüß (▶1C und D, S. 266), aber auch bekannte Obstsorten wie Apfel, Birne, Erdbeere, Himbeere, Kirsche und Pflaume.

Alle Arten dieser Familie haben typische gemeinsame Merkmale: Die Blüte besteht meist aus fünf Kelch- und fünf Kronblättern. Die Farbe der Kronblätter kann weiß, rosa oder gelb sein. Im Inneren der Blüte befinden sich viele dicht beieinanderstehende Staubblätter. Die Laubblätter haben häufig eine einfache Blattspreite oder sind zusammengesetzt. Der Blattrand ist häufig gesägt oder ganzrandig.

Neben diesen Merkmalen, die die Pflanzenfamilie charakterisieren, gibt es sehr deutliche Unterschiede zwischen den Arten. Bei den Wuchsformen sind Bäume, Sträucher und krautige Pflanzen vertreten.

Besonders vielseitig sind die Früchte bei den Rosengewächsen. Sie werden daher in mehrere Gruppen unterteilt. Eine Gruppe bildet **Sammelfrüchte**. Die Rose besitzt Sammelnussfrüchte. Brombeere und Himbeere haben Sammelsteinfrüchte.

Der Apfel gehört zu einer weiteren Gruppe, die als Fruchtform **Kernobst** ausbildet. Die Pflaume und die Kirsche gehören zur Gruppe der einsamigen **Steinfrüchte**. Diese Früchte besitzen meist saftiges Fruchtfleisch.

Die Sammelnussfrucht der Rose heißt Hagebutte. Sie entsteht aus dem unterständigen Fruchtknoten und dem Gewebe des Blütenbodens (▶1B).

Ordnung der Pflanzenfamilien • Die Vielfalt der Samenpflanzen ist groß. In Deutschland gibt es fast 3000 Arten. Sie unterscheiden sich in der Anzahl und Gestalt ihrer Pflanzenorgane. Anhand von typischen Merkmalen ordnet man sie in Gruppen.

Kriterien für das Ordnen sind zum Beispiel der Aufbau der Blüte, die Fruchtform sowie die Form und Gestalt der Laubblätter und der Sprossachse. Arten mit ähnlicher Ausprägung dieser Merkmale, beispielsweise gleichem Aufbau der Blüte und gleicher Anzahl und Anordnung der Kronblätter, gehören in eine Gruppe. Große Ähnlichkeiten bei Merkmalen weisen auf eine nahe Verwandtschaft hin.

Heute sind viele Samenpflanzen gefährdet und vom Aussterben bedroht, oft durch Einflüsse des Menschen. Um die Vielfalt an Arten zu erhalten, sollte man Pflanzenarten schützen und ihre Lebensräume erhalten.

1 ☐ Nenne Kriterien, nach denen sich Pflanzen ordnen lassen.

2 ☐ Erkläre, warum sich die Blütenfarbe nicht gut zum Ordnen von Samenpflanzen eignet.

3 ☐ Recherchiere zu jeder Pflanzenfamilie einen weiteren Vertreter und erstelle einen Steckbrief.

Material

Samenpflanzen • Samenpflanzen lassen sich ordnen

Material A Kreuzblütengewächse und Rosenblütengewächse

A1 Blüten

A2 Früchte

Die Knoblauchrauke ist eine bekannte Heilpflanze, die die Verdauung fördert. Die Blätter haben ein knoblauchartiges Aroma und die Samen schmecken senfartig. Deshalb wird die Pflanze auch zum Würzen von Speisen genutzt.

Die Quitte ist ein beliebter Obstbaum. Ihre Früchte enthalten sehr viele Vitamine. Man kann aus ihnen Marmelade, Kompott und Saft herstellen. Die meisten Sorten sollten nicht roh gegessen werden.

1 ☐ Ordne die Blüten (▶A1) den Kreuzblütengewächsen oder Rosengewächsen begründet zu.

2 ◪ Benenne die Fruchtformen (▶A2).

3 ◪ Ordne die Früchte den beiden Pflanzenfamilien begründet zu.

Versuch B Untersuchung von Wildrosen und Zuchtrosen

B1 Zuchtrose

B2 Wildrose (Hundsrose)

Rosen werden heute gerne als Zeichen der Zuneigung und Liebe verschenkt. Bei diesen Rosen handelt es sich um Zuchtformen (▶B1). Sie können sehr unterschiedlich aussehen.
Die wild wachsende Hundsrose (▶B2) unterscheidet sich deutlich von den Zuchtformen. Untersucht man die Blüten einer Zuchtrose und vergleicht sie mit der Hundsrose, werden nicht nur die Unterschiede, sondern auch die Gemeinsamkeiten erkennbar.

Material: Blüte einer Hundsrose, Blüte einer Zuchtrose, Lupe, Pinzette, schwarzes Tonpapier, weißes Papier, Bleistift, Buntstifte

1 ◪ Untersuche die Blüten. Nimm die Seiten 248 und 249 zu Hilfe.

2 ◪ Erstelle jeweils ein Blütendiagramm und ermittle die Blütenformeln.

3 ◪ Vergleiche die Blütenformeln von Hundsrose und Zuchtrose.

4 ◪ Beschreibe, wie sich die Blütenformel durch Züchtung verändert hat.

5 ◪ Begründe die Zugehörigkeit der Zuchtrose zu den Rosengewächsen.

7.8 Weitere Pflanzenfamilien

1 Wiesenblumenstrauß

In einem Wiesenblumenstrauß kann man verschiedene Pflanzenarten wie Margeriten, Klee und Kornblumen unterscheiden. Zu welchen Pflanzenfamilien gehören sie? Welche Merkmale sind für diese Pflanzenfamilien typisch?

Merkmale • Die vielen Pflanzenarten lassen sich anhand typischer Merkmale in Familien einordnen. Pflanzen mit ähnlichen Merkmalen stellt man in eine Pflanzenfamilie.

Lippenblütengewächse • Für die Pflanzen der Lippenblütengewächse sind der Aufbau der Blüten, die Form der Sprossachse und die Anordnung der Laubblätter charakteristisch (▶2).

Betrachtet man die Blüten der Taubnessel, erkennt man, dass die Kronblätter zu einer Röhre verwachsen sind, der **Kronblattröhre**. Ebenso sind die Kelchblätter zu einer Röhre verwachsen. Die Blütenform ist zweiseitig symmetrisch. Die Kronblattröhre ist im oberen Teil helmartig geöffnet. Der obere Teil wird **Oberlippe** genannt und der flache, untere Teil **Unterlippe**. Im Inneren der Blüte befinden sich meist vier Staub-

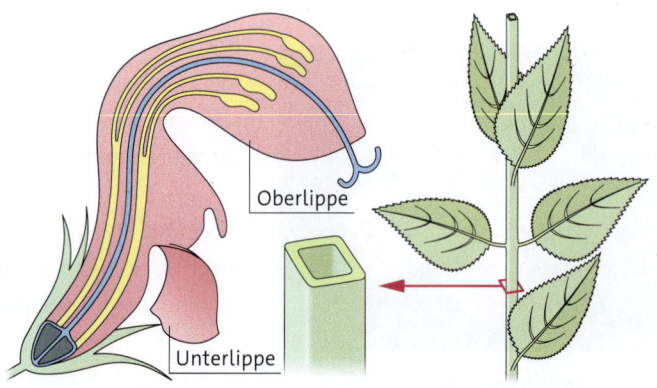

2 Lippenblütengewächse: **A** Blüte der gefleckten Taubnessel, **B** Blütenaufbau, Sprossachse und Anordnung der Laubblätter

Samenpflanzen • Weitere Pflanzenfamilien

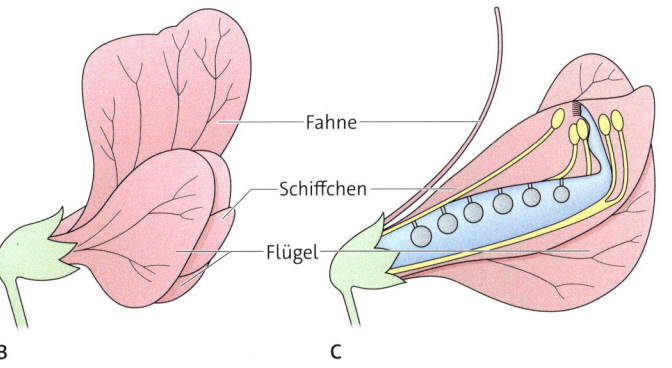

3 Schmetterlingsblütengewächse:
A Blüte der Gartenerbse,
B Blütenaufbau,
C Blütenquerschnitt

blätter und ein Stempel. Die vierkantige, hohle Sprossachse ist ein weiteres typisches Merkmal, das alle Pflanzen der Lippenblütengewächse besitzen. An der Sprossachse sind die Laubblätter kreuzgegenständig angeordnet: Je zwei Blattpaare stehen im rechten Winkel zueinander.

Zur Familie der Lippenblütengewächse gehören viele Gewürzpflanzen, zum Beispiel Basilikum, Rosmarin und Thymian.

Schmetterlingsblütengewächse • Die Gartenerbse ist ein typisches Schmetterlingsblütengewächs (▶3). Die Blüte ist vierteilig. Das obere, große Kronblatt nennt man **Fahne**. Die beiden äußeren Kronblätter heißen **Flügel**, denn sie sehen wie Schmetterlingsflügel aus. Sie geben der Pflanzenfamilie ihren Namen. Die zwei unteren Kronblätter stehen zwischen den Flügeln, sind miteinander verwachsen und bilden das **Schiffchen**. Die Kelchblätter sind ebenfalls zu einer Röhre verwachsen. Im Inneren der Blüte bilden 9 der 10 verwachsenen Staubblätter eine Röhre und umgeben den Stempel.

Schmetterlingsblütengewächse bilden nach der Befruchtung eine für die Pflanzenfamilie typische Fruchtform, die **Hülsenfrucht**.

Die Laubblätter sind oft gefiedert, dreizählig oder handförmig. Neben der Gartenerbse gehören auch die Gartenbohne und die Sojabohne zur Familie der Schmetterlingsblütengewächse. Manche Pflanzen dieser Familie wie der Besenginster haben giftige Pflanzenteile.

Blattstellung und Blattränder • Die Blätter wachsen bei den verschiedenen Pflanzen unterschiedlich an der Sprossachse (▶4). Stehen jeweils zwei Blätter auf gleicher Höhe, sind sie **gegenständig**. Sind die Blätter einzeln abwechselnd angeordnet, heißt das **wechselständig**. Stehen die Blattpaare kreuzweise gegenständig, heißt das **kreuzgegenständig**. Wachsen mehrere Blätter auf gleicher Höhe, sind sie **quirlständig**. Für das Ordnen von Pflanzen werden neben der Blattstellung auch die Blattform und der Blattrand herangezogen. Manche Blätter haben glatte Ränder ohne Einschnitte, sie sind **ganzrandig**. Andere sind gesägt oder haben Einkerbungen.

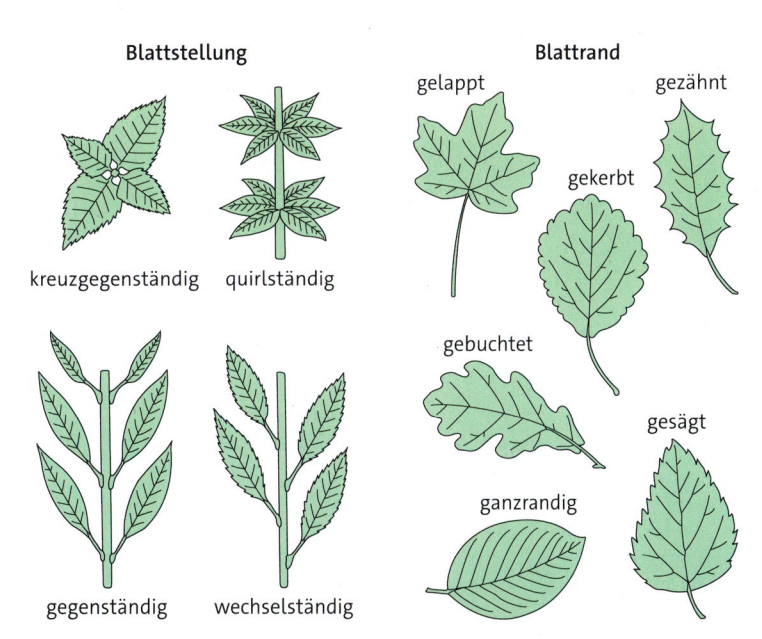

4 Blattstellungen und Blattränder bei Pflanzen

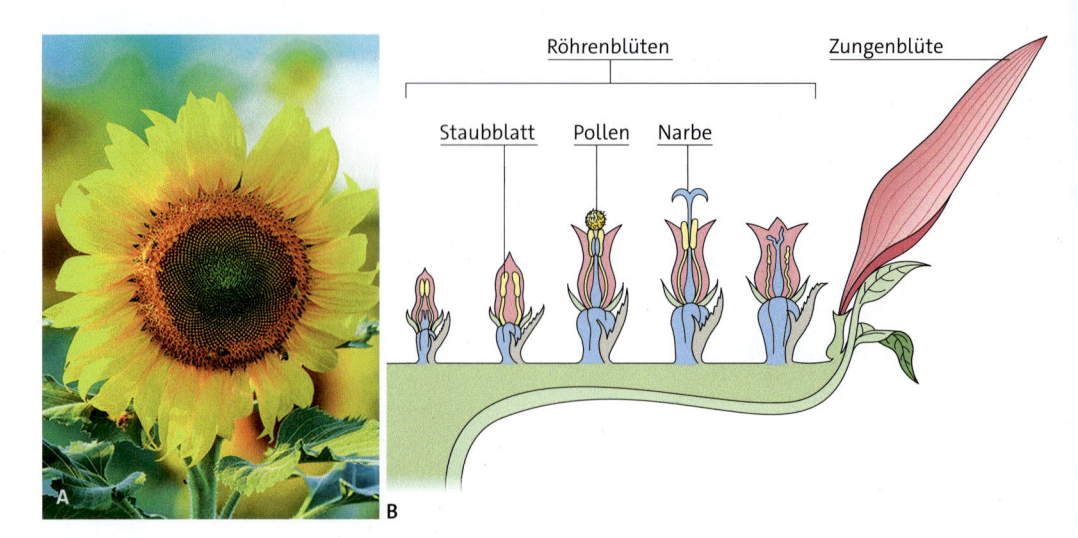

1 Sonnenblume:
A Blütenstand,
B Blütenaufbau

Korbblütengewächse • Die Sonnenblume hat scheinbar riesige Blüten. Aber das täuscht: Hier bilden viele kleine Blüten zusammen einen **Blütenstand**, auch Scheinblüte genannt. Diese dichte Anordnung erinnert an einen tellerförmigen, flachen Korb mit vielen Blüten. Pflanzen mit einem solchen Blütenstand werden **Korbblütengewächse** genannt.

Der Aufbau der einzelnen Blüten der Sonnenblume ist im Inneren des Blütenstands anders als am Rand (▶ 1B). Die innen liegenden Einzelblüten haben einen winzigen Blütenkelch und Kronblätter, die zu einer Röhre verwachsen sind. In der Mitte befinden sich ein Stempel und 5 Staubblätter. Eine so aufgebaute Blüte nennt man **Röhrenblüte**. Die am Rand liegenden Blüten des Blütenstands haben keine Staubblätter und einen unvollständigen Stempel. Die verwachsenen Kronblätter sehen wie eine große, nach außen gebogene gelbe Zunge aus. Deshalb heißen diese Blüten **Zungenblüten**.

Die Blütenstände der verschiedenen Korbblütengewächse sind unterschiedlich hinsichtlich der Form und der Anordnung ihrer Einzelblüten. Die Kornblume besitzt ausschließlich große blaue Röhrenblüten. Bei der Echten Kamille (▶ 2B) ist der Blütenkorb gewölbt. Er besteht aus kleinen, grün-gelben Röhrenblüten und einem Rand aus weißen Zungenblüten. Der Blütenstand des Löwenzahns (▶ 2C) besteht nur aus Zungenblüten. Sie haben im Unterschied zur Sonnenblume Staubblätter sowie einen vollständigen Stempel.

1 ☐ Nenne die Merkmale, die zur Bestimmung von Pflanzenfamilien herangezogen werden.

2 ◩ Vergleiche in einer Tabelle den Aufbau der Blüten der verschiedenen Pflanzenfamilien. Nutze folgende Kriterien: Anzahl der Kronblätter, Anordnung der Kronblätter und mögliche Verwachsungen.

2 Korbblütengewächse: **A** Kornblume, **B** Kamille, **C** Löwenzahn

Material

Samenpflanzen • Weitere Pflanzenfamilien

Material A Pflanzensteckbriefe

Steckbrief Hufeisenklee

Vorkommen: trockene Standorte mit viel Licht; Süd- und Mitteleuropa, Alpen
Merkmale: Laubblätter gefiedert, ganzrandig; Blütenstand aus mehreren Blüten, Blüte aus Fahne, 2 Flügeln und 2-teiligem Schiffchen; Hülsenfrucht
Blütezeit: April bis September
Bedeutung: Futterpflanze

Steckbrief Schlehe

Vorkommen: als Heckenpflanze weit verbreitet, sonnige Standorte
Merkmale: Laubblätter ungeteilt, gesägt, Blüte aus 5 Kelch-, 5 Kronblättern und etwa 20 Staubblättern; Steinfrucht
Blütezeit: April bis Mai
Bedeutung: Verwendung der Früchte für Saft, Gelee; Heilpflanze

Steckbrief Gänseblümchen

Vorkommen: häufig auf Weiden, in Parks und Gärten
Merkmale: Laubblätter als Rosette, Blattrand gesägt oder gewellt, Scheinblüte aus gelben Röhren- und weißen Zungenblüten
Blütezeit: Februar bis Oktober
Bedeutung: Küchenkraut und Heilpflanze

Steckbrief Taubnessel

Vorkommen: halbschattige Standorte, an Weg- und Wiesenrändern, in Hecken
Merkmale: vierkantige Sprossachse, Laubblätter kreuzgegenständig, ei- bis herzförmig, gezähnter Blattrand, Blüte aus Ober- und Unterlippe und 5 verwachsenen Kelchblättern
Blütezeit: April bis Oktober
Bedeutung: Küchenkraut und Heilpflanze

Steckbrief Senfrauke

Vorkommen: ursprünglich aus Südeuropa, inzwischen weit verbreitet, sonnige Standorte
Merkmale: Laubblätter stark gebuchtet, ganzrandig, Blätter der Sprossachse kleiner als die der Rosette; Blüten in lockeren Trauben, aus 4 Kelch- und 4 Kronblättern; Schotenfrucht
Blütezeit: Mai bis August
Bedeutung: Küchenkraut, als Rucola bekannt

Bestimme zu jeder der fünf mit Steckbrief vorgestellten Pflanzen die zugehörige Pflanzenfamilie. Nutze den Bestimmungsschlüssel auf Seite 274. Gehe folgendermaßen vor:

1. Notiere bei jeder Pflanze deine Entscheidungen bei jedem Schritt im Bestimmungsschlüssel.

2. Ordne jede Pflanze begründet einer Pflanzenfamilie zu.

3. Überprüfe deine Ergebnisse der Bestimmung, indem du recherchierst oder eine App zur Pflanzenbestimmung verwendest.

Methode

Einen Bestimmungsschlüssel für Pflanzenfamilien anwenden

Biologinnen und Biologen nutzen Bestimmungsschlüssel, um Organsimen einer Art oder Gruppe genau zuzuordnen. Blühenden Samenpflanzen kann man anhand ihrer Blütenmerkmale einer Pflanzenfamilie zuordnen.

Die Vielfalt der Arten von Samenpflanzen wird in etwa 130 Pflanzenfamilien eingeordnet. Mit dem abgebildeten Bestimmungsschlüssel kann man 7 Familien unterscheiden.

1 Du möchtest eine blühende Pflanze bestimmen, die du in der Natur oder auf einem Foto gesehen hast (▶2). Dafür brauchst du einen geeigneten Bestimmungsschlüssel (▶1).

2 Einen Bestimmungsschlüssel geht man von oben nach unten durch. Bei jedem Schritt wird ein **Kriterium** betrachtet. Das ist ein Merkmal, das geeignet ist, Lebewesen zu unterscheiden.

2 Zu bestimmende Pflanze

Der Bestimmungsschlüssel für Pflanzenfamilien (▶1) beginnt mit dem Kriterium Blütenform.

3 Bei jedem Kriterium gibt es **zwei Entscheidungsmöglichkeiten**: Das sind zwei Ausprägungen des Merkmals. Du betrachtest die zu bestimmende Pflanze und beurteilst, welche der beiden Möglichkeiten zutrifft. Damit bist du einen Schritt weiter.

Hier wird gefragt, ob die Blüte aus gleich großen, kreisförmig angeordneten Kronblättern besteht oder ob eine andere Blütenform vorliegt.

4 Beim nächsten Schritt wird ein weiteres Kriterium abgefragt. Wieder gibt es zwei Möglichkeiten. So geht es weiter, bis der richtige Name für die Pflanzenfamilie gefunden ist.

1 📝 Bestimme, zu welcher Pflanzenfamilie die abgebildete Pflanze gehört (▶2). Notiere die Entscheidungsschritte im Bestimmungsschlüssel.

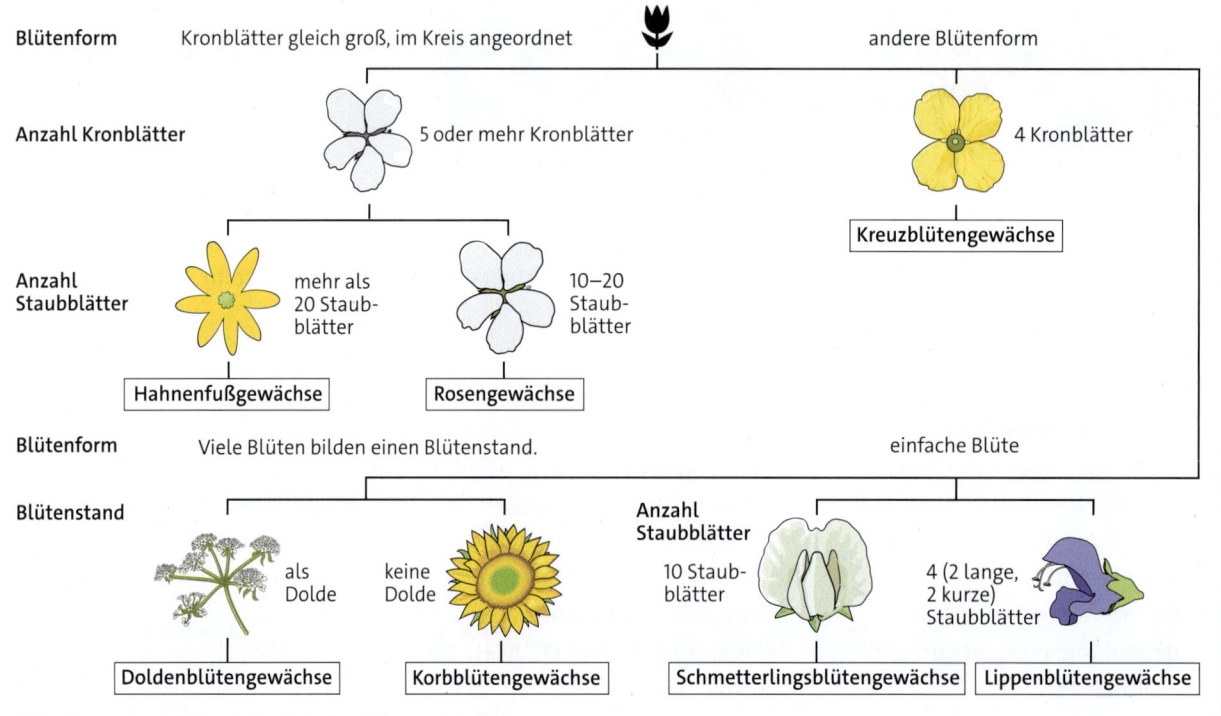

1 Bestimmungsschlüssel für 7 häufige Pflanzenfamilien

Methode   Samenpflanzen • Weitere Pflanzenfamilien

Ein Herbarium anlegen

Um die Pflanzenvielfalt kennenzulernen, kann man eine Sammlung gepresster Pflanzen anlegen. Eine solche Sammlung nennt man Herbarium (von lateinisch herba = Kraut). Diese alte Methode benutzen Wissenschaftlerinnen und Wissenschaftler auch heute noch, um neu entdeckte Pflanzenarten zu beschreiben.

So gehst du beim Anlegen eines Herbariums vor:

1 Material vorbereiten
Du benötigst: Bestimmungsbuch oder -App, Notizzettel, Stift, Gefrierbeutel, Schere, festes weißes DIN-A4-Papier, Klebestreifen, Klarsichthüllen, Pinzette, Zeitungspapier, selbstklebende Etiketten (5–6 cm breit), Holzplatte oder starke Pappe, schwere Bücher oder Pflanzenpresse, Ordner

2 Bestimmen und Sammeln
Suche Pflanzen, die du in deinem Herbarium verwenden möchtest. Bestimme sie möglichst vor Ort mithilfe eines Bestimmungsbuchs oder einer App.
Wenn eine Pflanze geschützt ist, darfst du sie nicht sammeln! Sammle auch nicht in Naturschutzgebieten.
Schneide mit der Schere einen Spross der Pflanze ab und packe sie in einen Gefrierbeutel (▶ 3).

Achte bei der Auswahl des Sprosses darauf, dass die für die Pflanze typischen Merkmale wie Blattform und Blüte erkennbar sind.

3 Notizen anfertigen
Noch an der Sammelstelle notierst du auf einem Notizzettel den Fundort, das Datum und möglichst schon den Namen der gesammelten Pflanze. Lege den Notizzettel zur Pflanze in die Klarsichtfolie.

4 Pressen und Trocken
Lege je eine Pflanze zusammen mit dem Notizzettel in einen Zeitungsbogen. Achte hierbei darauf, dass die Blätter und Blüten möglichst glatt liegen (▶ 4). Staple die Bögen mit mehreren Zwischenlagen Zeitungspapier auf einem Karton oder einer Holzplatte. Lege oben wieder einen Karton oder eine Holzplatte darauf. Beschwere das Ganze mit Büchern. Eventuell hat deine Schule auch eine Pflanzenpresse. In diesem Fall benötigst du keine Bücher. Lagere die Pflanzen für mindestens zwei Wochen an einen warmen, trockenen Platz. Zwischendurch solltest du das Zeitungspapier austauschen, damit die Pflanzen nicht schimmeln.

5 Aufkleben und Beschriften
Sind die Pflanzen getrocknet, löse sie vorsichtig von der Zeitung ab und platziere sie auf ein Blatt weißes DIN-A4-Papier. Hierbei ist eine Pinzette hilfreich. Fixiere die Pflanze mit Klebestreifen. Schreibe folgende Informationen auf ein Etikett: Artname der Pflanze, Pflanzenfamilie, Fundort und Funddatum. Nutze dazu deine Notizzettel und recherchiere die übrigen Informationen. Klebe das Etikett auf einer Ecke auf (▶ 5). Hefte anschließend das Präparat der getrockneten Pflanze in einer Klarsichthülle im Ordner ab.

Pflanzenfamilie: Lippenblütler
Pflanzenname: Wiesensalbei
Fundort: Wiese, Leinebergland
Datum: 15.06.2025
Gesammelt von: Lea Müller

3 Bestimmen und Sammeln    **4** Pressen und Trocknen   **5** Aufkleben und Beschriften

7.9 Der Mensch nutzt Pflanzen

1 Verschiedene Kohlsorten

Samenpflanzen haben große Bedeutung als Nutzpflanzen. Viele davon dienen Menschen als Nahrung. Welches sind die wichtigsten Nahrungspflanzen? Wie sind sie entstanden?

Züchtung • Der Wildkohl ist eine unscheinbare Samenpflanze aus der Familie der Kreuzblütengewächse (▶2). Er kommt vor allem in Küstenregionen vor. Menschen kannten diese essbare Pflanze schon vor vielen Jahrhunderten und bauten sie vermutlich an.

Zufällig gab es immer wieder Kohlpflanzen, die besonders günstige Eigenschaften hatten, zum Beispiel besonders große und gut schmeckende Blätter. Diese Pflanzen vermehrte man über die Samen. Ein Teil der Nachkommen hatte die gleichen gewünschten Eigenschaften. Durch Auswahl der geeigneten Pflanzen und deren weitere Vermehrung wurden diese Merkmale von Generation zu Generation noch verstärkt. Auf diese Weise haben Menschen in Hunderten von Jahren immer wieder Kohlpflanzen mit verschiedenen Eigenschaften ausgewählt und weitervermehrt. Diesen Vorgang nennt man **Züchtung**. Je nach den bevorzugten Eigenschaften, dem Zuchtziel, und je nachdem, welches Pflanzenorgan verändert wurde, entstanden in vielen kleinen Veränderungsschritten unterschiedliche **Sorten** des Kohls.

Eine Kohlsorte, die krause, zarte und wohlschmeckende Laubblätter besitzt, ist der Grünkohl. Die Sorten Rotkohl, Weißkohl und Wirsing haben eine verkürzte Sprossachse. Sie wird auch als gestauchte Sprossachse bezeichnet. Die Knospe, aus der die Laubblätter wachsen, ist stark vergrößert und zum kugelförmigen Kohlkopf geworden. Beim Rosenkohl nutzt man die Seitensprosse. Sie sind gestaucht und knospenförmig. Der Blumenkohl besitzt verdickte Blütenknospen und Blütenstiele. Beim Kohlrabi ist der unteren Teil der Sprossachse verdickt.

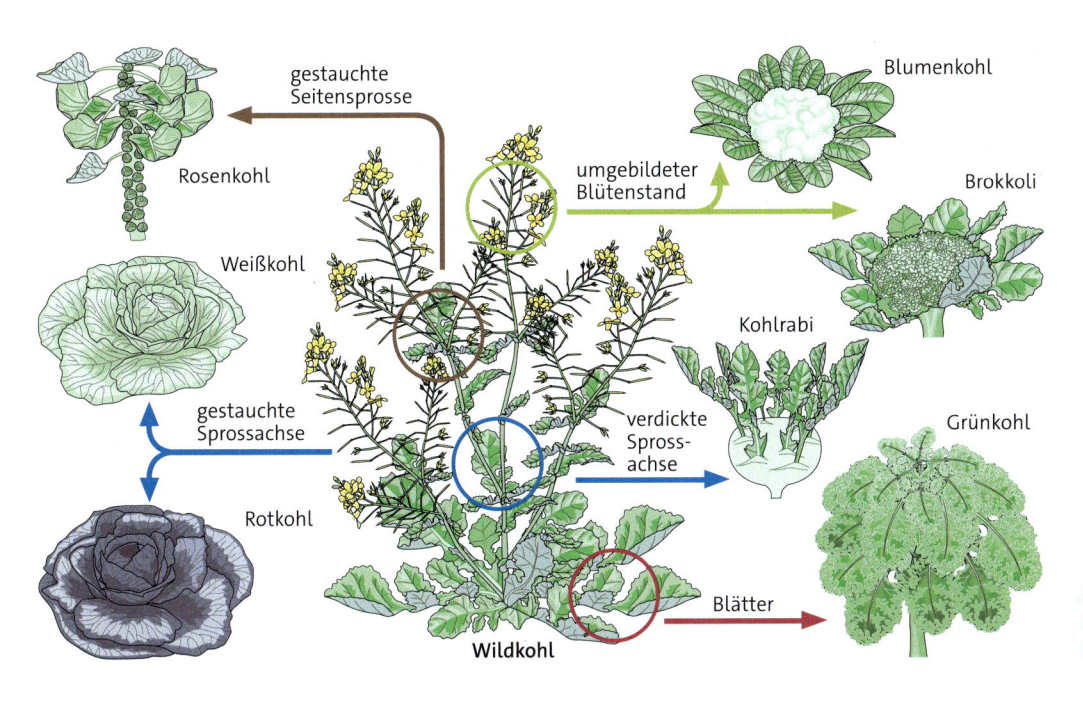

Samenpflanzen • Der Mensch nutzt Pflanzen

Rosenkohl — gestauchte Seitensprosse
Blumenkohl — umgebildeter Blütenstand
Brokkoli
Weißkohl — gestauchte Sprossachse
Rotkohl
Kohlrabi — verdickte Sprossachse
Grünkohl — Blätter
Wildkohl

2 Wildkohl und aus ihm gezüchtete Kohlsorten

Grundnahrungsmittel Kartoffel • Die Kartoffel stammt ursprünglich aus Südamerika und wurde im 16. Jahrhundert von spanischen Seefahrern nach Europa gebracht. Ihre oberirdischen Pflanzenteile sind giftig. Dies ist ein Merkmal der Familie der **Nachtschattengewächse**, zu der die Kartoffel ebenso gehört wie die Tomate und der Tabak.

Die unterirdischen Knollen der Kartoffel sind nach dem Kochen essbar. Sie sind aus Verdickungen der Sprossachse entstanden. Diese wächst im Boden weiter und verzweigt sich zu Seitensprossen, den Ausläufern. Im Frühsommer verdicken sich die Enden dieser Ausläufer und werden zu **Sprossknollen,** den Kartoffeln. In ihnen sind Nährstoffe gespeichert, vor allem Kohlenhydrate in Form von Stärke. Aus den nährstoffreichen Knollen können wieder neue Pflanzen wachsen. Die Pflanze vermehrt sich auf diese Weise ungeschlechtlich. Die Kartoffelpflanze kann sich über Samen auch geschlechtlich fortpflanzen.

Mit ihrem hohen Anteil an Stärke sind die Kartoffelknollen ein sättigendes Grundnahrungsmittel. Kartoffeln werden geerntet, wenn die oberirdischen Teile trocknen und absterben.

1 ☐ Beschreibe, wie durch Züchtung aus dem Wildkohl der Kohlrabi entstanden ist.

2 ◪ Skizziere die Kartoffelpflanze (▸3) in dein Heft und beschrifte folgende Pflanzenteile: Sprossknolle, Sprossachse, Laubblatt, Blüte, Frucht.

3 ◪ Begründe, warum man sagt: „Kartoffeln werden gelegt" und nicht: „Kartoffeln werden gesät."

3 Kartoffelpflanze

Steckbrief Weizen

Bau: bis 1,5 m lange Halme, Blüten in Ähren, kurze Grannen, rundliche Körner

Standortansprüche: warmes Klima, mineralstoffreiche Böden mit ausreichend Feuchtigkeit

Verwendung: Brot und andere Teigwaren, Futtermittel

Steckbrief Gerste

Bau: bis zu 1 m lange Halme, Blüten in Ähren, sehr lange Grannen, Körner mit Spelzen

Standortansprüche: gering, wächst auch in kühlem Klima und auf mineralstoffarmen Böden, kurze Sommer ausreichend

Verwendung: als Braugerste für Bier, Tierfutter

Steckbrief Hafer

Bau: bis 1,5 m lange Halme, Blüten in Rispen, längliche Körner

Standortansprüche: mildes bis kühleres Klima, wächst auch auf sandigen und mineralstoffarmen Böden

Verwendung: Haferflocken, Futtermittel, vor allem für Pferde

Getreide • Alle Getreidearten gehören zur Pflanzenfamilie der **Süßgräser**. Der Mensch begann schon vor mehr als 10 000 Jahren, aus den Wildformen der Gräser verschiedene Getreidearten wie den Weizen zu züchten. Er wählte dabei Pflanzen zur Vermehrung aus, die viele dicke Früchte besaßen, die Getreidekörner. Im getrockneten Zustand ließen sich die nährstoffreichen Körner gut lagern. So war die Nahrungsversorgung auch im Winter gesichert.
Getreidearten wie Weizen, Roggen, Mais, Reis, Gerste und Hirse sind weltweit die wichtigsten Nahrungspflanzen. Um gute Erträge zu erzielen, müssen ihre unterschiedlichen Standortansprüche berücksichtigt werden.

Ertragssteigerung • Die durch Züchtung entstandenen Getreidesorten werden immer weiter gezüchtet. Ein wichtiges Zuchtziel ist die Widerstandsfähigkeit gegen Krankheiten. Sie sollen zudem Ähren mit großen Körnern bilden, um den Ernteertrag zu verbessern. Ihre Halme sollen bruchfest und kurz sein. Diese können mit Maschinen einfach abgeerntet werden. Zudem knicken sie bei starkem Wind nicht so schnell um wie langstielige Sorten.

In der **konventionellen Landwirtschaft** werden die Felder mit Mineralstoffen gedüngt und mit Unkraut- und Schädlingsvernichtungsmitteln behandelt. Dabei können Rückstände der Gifte die Ackerböden belasten und ins Grundwasser gelangen. Das schädigt die Umwelt. Außerdem finden wild lebende Tier- und Pflanzenarten in der meist ausgeräumten Landschaft keinen geeigneten Lebensraum. Das führt zu einer Verringerung der Artenvielfalt.
In der **biologischen Landwirtschaft** soll die Umwelt möglichst geschont werden. Hier werden vermehrt alte Getreidearten wie Dinkel oder Emmer angebaut, da diese anspruchsloser und unempfindlicher gegen Krankheiten sind. Der Ertrag ist allerdings meist nicht so hoch, da biologisch wirtschaftende Betriebe auf künstlichen Mineraldünger und auf chemische Mittel gegen Krankheitserreger verzichten.

1 ☐ Beschreibe, welcher Pflanzenteil beim Getreide genutzt wird. Nimm Seite 264 zu Hilfe.

2 ☑ Erstelle Steckbriefe zu weiteren Getreidearten.

Material

Samenpflanzen • Der Mensch nutzt Pflanzen

Material A Züchtung der Kartoffel

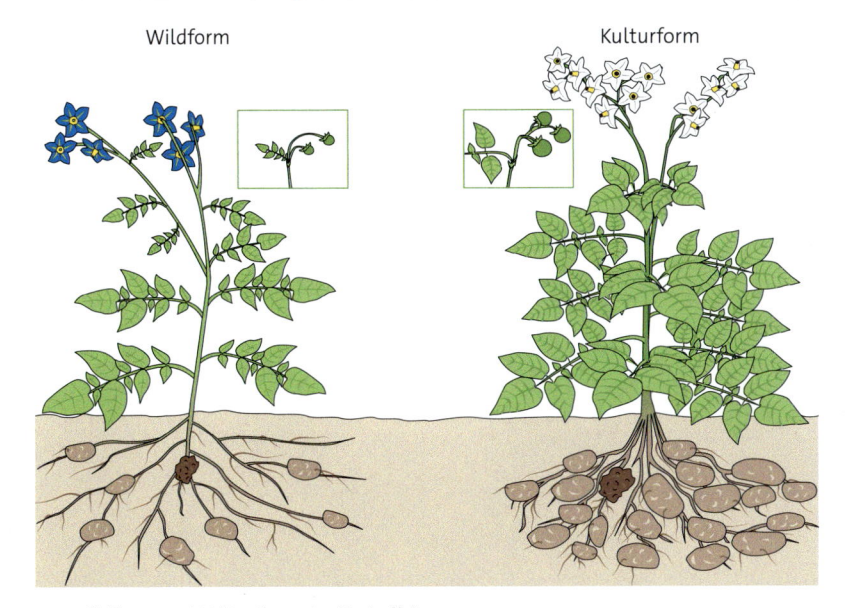

Wildform · Kulturform

A1 Wildform und Kulturform der Kartoffel

Die Kartoffel entstand durch Züchtung aus einer Wildform. Die durch Züchtung veränderte Pflanze nennt man Kulturform. Durch die Züchtung vergrößerte sich die Sprossknolle der Kartoffel. Die Blütenfarbe und die Schalenfarbe der Kulturform sind je nach Sorte unterschiedlich. Heute gibt es etwa 3000 verschiedene Kartoffelsorten.

1 ☐ Nenne mögliche Zuchtziele für die Züchtung der Kartoffel.

2 ☐ Vergleiche die Wildform und die Kulturform der Kartoffel nach selbst gewählten Kriterien.

3 ☐ Erkläre, weshalb sich zur Anfangszeit des Kartoffelanbaus viele Menschen durch den Verzehr von Teilen der Pflanze vergiftet haben.

Material B Reis – ein Grundnahrungsmittel

B1 Reisanbau

B2 Reispflanzen

Getreideart	Ernte weltweit in Millionen Tonnen (2024)
Mais	1225
Weizen	789
Reis	521
Gerste	142

B3 Erntemengen der wichtigsten Getreidearten

Reis ist eine der ältesten Nutzpflanzen der Welt und wird in Asien, Amerika, Afrika und Europa angebaut. Die größten Anbauflächen befinden sich in Asien. Dort ist Reis ein Grundnahrungsmittel. Die gezüchtete Reispflanze wird bis 160 cm groß. Der Blütenstand ist eine Rispe mit länglichen Körnern. Eine Pflanze kann 30 Halme mit bis zu 3000 Reiskörnern ausbilden. Der Anbau erfolgt als Trockenreis- oder Nassreisanbau. Beim Nassreisanbau steht die Reispflanze bis zu 30 cm tief im Wasser. Der Reis benötigt zum Wachstum ein warmes Klima von 25 bis 30 °C. Reisgerichte sind beispielsweise Risotto, Sushi und Milchreis. Außerdem dient Reis zur Reiswein- und Bierherstellung. Reis enthält neben Kohlenhydraten und Eiweißen auch viele Vitamine und Mineralstoffe.

1 ☐ Erstelle einen Steckbrief zum Reis.

2 ☐ Vergleiche Weizen und Reis nach selbst gewählten Kriterien.

3 ☐ Begründe, warum in Deutschland kein Reis angebaut wird.

4 ☐ Stelle die Erntemengen (▶B3) in einem Säulendiagramm dar.

7.10 Lebensräume sind überall

1 Streuobstwiese

Die Streuobstwiese ist ein vielfältiger Lebensraum. Hier finden sich Obstbäume, die auf einer Wiese mit vielen Kräutern und Frühblühern stehen. Die Blüten all dieser Pflanzen locken Insekten an. Unter den Bäumen können Schafe oder Ziegen weiden. In alten Baumhöhlen nisten seltene Vogelarten wie Steinkauz und Kleinspecht. Was sind Lebensräume? Warum ist es notwendig, vielfältige Lebensräume zu erhalten?

Lebensräume • Ein Gebiet oder einen Teil einer Landschaft, in dem Lebewesen vorkommen, nennt man **Lebensraum**. Alle Lebewesen, also Pflanzen, Tiere und Kleinstlebewesen wie Bakterien, die in so einem Lebensraum leben, bilden eine Lebensgemeinschaft.

In einem Getreidefeld sind viel weniger Arten von Lebewesen zu finden als in einem Mischwald mit vielen verschiedenen Pflanzen. Dementsprechend ist ein Feld ein artenarmer Lebensraum, ein Mischwald ist dagegen artenreich.

Lebensräume rund um die Schule • Selbst auf dem Schulgelände findet man viele verschiedene Lebensräume: der Rasen auf dem Sportplatz, die Außenwände des Schulgebäudes, die Pflasterfugen des Schulhofs oder eine Kräuterspirale im Schulgarten. In all diesen Lebensräumen findet man zahlreiche Arten: Mauersegler am hohen Schulgebäude, Regenwürmer in der Erde, Schmetterlinge an den Blüten der

2 Kräuterspirale

Kräuter, Marienkäfer in der Wiese, die Blattläusen auf den Blumen nachjagen, und Mückenlarven in Pfützen auf dem Schulhof.

Lebensraum Pfütze • Pfützen entstehen dort, wo Wasser nicht mehr einfach im Boden einsickern kann. Durch häufiges Befahren oder Platttrampeln an den immer gleichen Stellen wird der Boden stark zusammengepresst, sodass das Wasser auf dem Boden stehen bleibt. So bildet sich dort eine Pfütze. Auch Tiere, die die immer dieselben Stellen in Wiesen, Weiden und Wäldern nutzen, tragen zur Bildung von Pfützen bei.
Abhängig davon, wo sich eine Pfütze befindet, welche Größe sie hat und vor allem wie lange sie existiert, kann sie Lebensraum für viele Arten sein. Je nach Jahreszeit und Umgebungstemperatur kann man unterschiedliche Arten antreffen. Fast in allen Pfützen jedoch findet man Wasserflöhe (▶3), Rädertierchen, Bärtierchen (▶4), Pantoffel- und Wimpertierchen sowie Mückenlarven.
Wenn Pfützen an Wegrändern von Feldern, Wäldern oder Schuttgebieten mindestens zwei Monate stehen und nicht gestört werden, dann dienen sie zeitweise auch als Laichgewässer von Amphibien. Mit viel Glück kann man an solchen Pfützen in Kies- und Lehmgruben die seltenen Wechsel- und Kreuzkröten (▶5) erspähen.
An heißen Tagen dienen Pfützen zahlreichen Vogelarten als Bade- und Trinkplatz. Schlammige, lehmhaltige Pfützen werden besonders von Schwalben (▶6) aufgesucht, da diese den Schlamm für ihren Nestbau benötigen.

Umweltfaktoren • Jeder einzelne Lebensraum wird von ganz bestimmten Umweltbedingungen geprägt. Man bezeichnet diese als **Umweltfaktoren**. Wind, Regen, Temperatur, Sonneneinstrahlung, Luftfeuchtigkeit und Bodenbeschaffenheit sind einige nicht lebende Umweltfaktoren, die den Lebensraum beeinflussen. Man nennt sie **abiotische Faktoren**.

3 Wasserflöhe

4 Bärtierchen

5 Kreuzkröte

6 Mehlschwalbe

Aber auch Tiere und Pflanzen beeinflussen ihre Umwelt und andere Lebewesen. Sie gehen Beziehungen ein. So ernährt sich die Kreuzkröte von fliegenden Insekten und der Storch frisst die Kreuzkröte. Solche Beziehungen zwischen Lebewesen sind lebende Umweltfaktoren. Man nennt sie **biotische Faktoren**.

1 ☐ Nenne weitere Lebensräume in deiner Umgebung.

2 ☐ Nenne abiotische und biotische Umweltfaktoren.

3 ◪ Begründe, warum die zunehmende Befestigung und Asphaltierung von Feld-, Wiesen- und Waldwegen die Artenvielfalt der Amphibien bedroht.

Methode

Abiotische Faktoren erfassen am Beispiel der Temperatur

Die abiotischen Faktoren Wind, Regen, Sonneneinstrahlung, Luftfeuchtigkeit, Bodenbeschaffenheit und Temperatur beeinflussen einen Lebensraum. Um herauszufinden, wie intensiv ein einzelner dieser abiotischen Faktoren auf einen Lebensraum wirkt, musst du lernen, diese Intensität mit Messungen zu erfassen. Wie verändert sich beispielsweise die Temperatur in einem bestimmten Lebensraum über den Tag?

1 Auswahl des abiotischen Faktors

Angenommen, du möchtest die Frage aus dem Eingangstext beantworten. Dann hast du dich für den abiotischen Faktor Temperatur entschieden.
Für den Anfang solltest du eine kleinere Untersuchung planen. Stelle dir folgende Fragen: In welchem Lebensraum erwarte ich eine Veränderung der Temperatur? Welche Materialien stehen mir zur Verfügung? Zu welchen Zeiten kann ich Messungen durchführen?

2 Auswahl des Biotops

Du kannst zum Beispiel die Veränderung der Temperatur im Schulhof nachverfolgen. Überlege dir, an welchen Stellen im Schulhof du Thermometer auslegen möchtest. Wähle am besten zugängliche Orte aus, die aber zugleich nicht von vielen anderen Menschen gestört werden: hinter dem Gebäude, an einem Fenster, an der Hecke oder am Zaun (▶1).

3 Planung der Messung

Jetzt fehlt dir noch ein Untersuchungsplan. Lege fest, wann, wie oft pro Tag und über welchen Zeitraum du Daten erheben wirst. Erstelle dazu eine Tabelle (▶2).

4 Notieren der Messdaten

Notiere in der Tabelle immer das Datum und die genaue Uhrzeit deiner Messung. Danach notierst du deinen gemessenen Wert. Außerdem solltest du Besonderheiten aufschreiben, die bei der Auswertung der Messung wichtig sein könnten: Hat die Sonne geschienen? War es bewölkt?

5 Wer einmal misst, misst Mist!

Wenn du ernsthaft wissenschaftlich forschen möchtest, dann führst du deine geplante Untersuchung mehrfach durch. Damit kannst du Zufälle ausschließen und Fehler minimieren. Das heißt, du musst dieselbe Untersuchung ohne Veränderung, gemäß dem Schritt 4, mehrfach durchführen.

6 Auswertung der Messung

Wenn du deine Messung abgeschlossen hast, geht es an die Auswertung und Deutung. Überlege dir, was an deiner Planung funktioniert hat und was nicht. Diese Überlegungen musst du notieren.
Danach solltest du bewerten, ob deine Daten zuverlässig sind und Schlüsse erlauben.
Wenn du deinen Plan aus Schritt 3 weitgehend eingehalten hast und deine Notizen aus Schritt 4 vollständig sind, dann hast du zuverlässige Daten und kannst versuchen, diese auszuwerten. Am besten schaust du hierbei darauf, ob dir Regelmäßigkeiten auffallen. Vielleicht gibt es aber auch Messdaten, die zunächst nicht zu passen scheinen. Das sind „Ausreißer". Hier können dir bei der Auswertung deine zusätzlichen Notizen zu den Besonderheiten aus Schritt 4 helfen.

hinter dem Gebäude · am Fenster
an der Hecke · am Zaun

1 Orte für mögliche Messungen

Uhrzeit / Ort der Messung	Hinter dem Gebäude	Am Fenster	An der Hecke
Vor der ersten Stunde	~~~~~~~~~	~~~~~~~~~	~~~~~~~~~
Vor der zweiten Pause	~~~~~~~~~	~~~~~~~~~	~~~~~~~~~
Nach der sechsten Stunde	~~~~~~~~~	~~~~~~~~~	~~~~~~~~~
Besonderheiten	~~~~~~~~~	~~~~~~~~~	~~~~~~~~~

2 Beispieltabelle zur Erhebung der Messdaten

Material

Samenpflanzen • Lebensräume sind überall

Versuch A Messen mit Thermometern

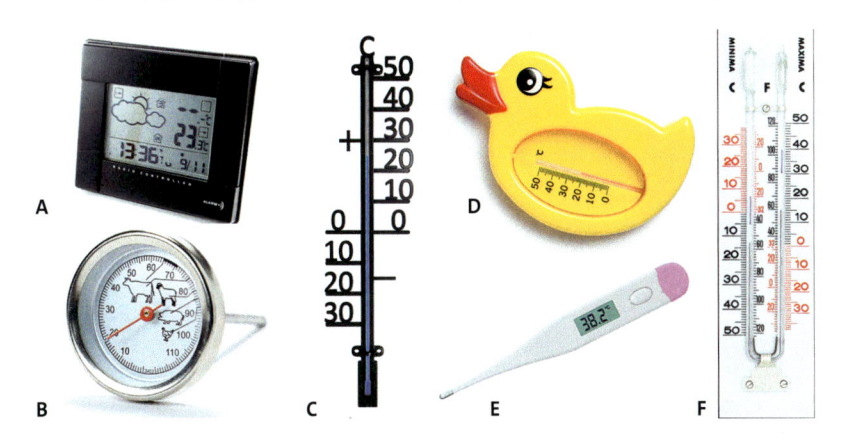

Die Abbildung zeigt Thermometer, die in unterschiedlichen Bereichen genutzt werden.

1 ☐ Nenne den Verwendungszweck der abgebildeten Thermometer A–F.

2 ✎ Befülle zwei Gläser mit Leitungswasser. In Glas 1 gibst du kaltes, in Glas 2 warmes Wasser. Stelle ein Thermometer in das Glas 1. Lies alle 5 Minuten die Temperatur über einen Zeitraum von 30 Minuten ab. Verfahre genauso auch für Glas 2.

3 ✎ Notiere deine Messdaten in einer Tabelle. In die Spaltenköpfe trägst du die Bezeichnungen für beide Gläser, in die Zeilenköpfe die sechs Messzeitpunkte ein.

Versuch B Untersuchung einer künstlich angelegten Pfütze

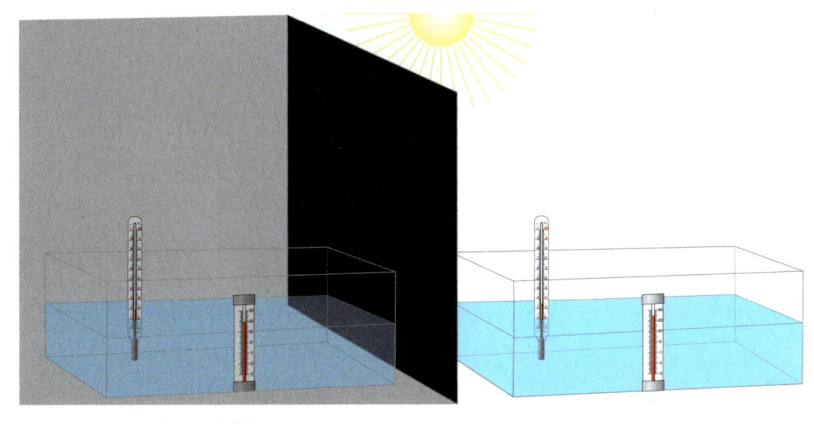

B1 Material und Durchführung

Untersuche eine künstlich angelegte Pfütze über einen Zeitraum von einer Woche.

Material:
2 Thermometer zur Messung der Wassertemperatur, 2 Thermometer zur Messung der Lufttemperatur, 2 gleiche Behälter, die man mit Wasser befüllen kann (▶B1), etwa in der Größe eines Schuhkartons Die Behälter sollen im Versuch die Pfütze darstellen.

Durchführung:
Befülle beide Behälter circa 10–15 cm hoch mit Leitungswasser oder mit Wasser aus einer Regentonne.
Stelle einen Behälter an einen schattigen und einen an einen sonnigen Platz (▶B1).
Mit Thermometern, die du gegen die beiden Behälter lehnst, kannst du zusätzlich zur Wassertemperatur die Umgebungstemperatur der Luft messen.

1 ✎ Miss über 5 Tage morgens vor der Schule, mittags nach der Schule und abends gegen 20 Uhr die Wassertemperatur in beiden Behältnissen. Lies die Temperatur frühestens nach 3 Minuten in jedem Behältnis ab.

2 ✎ Wenn du weitere Thermometer zur Verfügung hast, dann ermittle auch die Lufttemperatur zu den genannten Zeitpunkten.

3 ✎ Erstelle eine Tabelle deiner Messdaten.

Auswertung:

4 ☐ Beschreibe Regelmäßigkeiten und Auffälligkeiten deiner Messdaten.

5 ✎ Begründe, warum das Thermometer im Wasser frühestens nach 3 Minuten abgelesen werden soll.

283

7.11 Pflanzen und Tiere des Waldes

1 Lebensraum Wald

Wenn man durch einen Wald geht, kann man viele unterschiedliche Pflanzen wie Bäume, Sträucher und Kräuter erkennen. Durch aufmerksames Beobachten entdeckt man auch viele verschiedene Tiere wie Spechte, Mäuse und Käfer. Doch wie ist es möglich, dass im Wald so viele verschiedene Pflanzen und Tiere leben?

Stockwerk = Gruppe von verschiedenen Pflanzen einer vergleichbaren Wuchshöhe, die eine gemeinsame Schicht bilden

Stockwerke des Waldes • Die Bäume, die Sträucher und die Kräuter in einem Wald wachsen unterschiedlich hoch. Aufgrund der unterschiedlichen Wuchshöhen bilden sie mehrere Schichten. Mithilfe dieser Pflanzenschichten gliedert man den Wald in **Stockwerke** (▶2).

Die größten Pflanzen in einem Wald sind Bäume wie die Rotbuche oder die Fichte, denn sie wachsen bis zu 40 Meter hoch. An ihren Stämmen leben kleine Säugetiere wie das Eichhörnchen und der Baummarder, aber auch viele Vögel wie der Kleiber und der Buntspecht. Die Baumkronen nutzen zum Beispiel der Buchfink oder die Ringeltaube als Lebensraum. Das von den Bäumen gebildete Stockwerk wird als **Baumschicht** bezeichnet.

Der Holunder und die Hasel wachsen bis zu 5 Meter hoch. Gemeinsam mit weiteren Sträuchern und jungen Bäumen bilden sie die **Strauchschicht**. In ihr kommen Vögel wie die Amsel, Säugetiere wie die Haselmaus und Insekten wie der Marienkäfer vor.

Gräser, Farne und Kräuter bilden ein weiteres Stockwerk, das bis zu einer Höhe von einem Meter reicht. Beispiele für solche Pflanzen sind das Waldrispengras, der Tüpfelfarn und die Walderdbeere. In dieser **Krautschicht** finden zum Beispiel Schmetterlinge wie der Admiral oder der Kleine Fuchs einen idealen Lebensraum.

Unterhalb der Krautschicht gedeihen Moose wie das Waldbürstenmoos oder das Weißmoos

2 Stockwerke im Mischwald

mit einer Wuchshöhe von wenigen Zentimetern. Sie bilden die **Moosschicht**. Hier leben Reptilien wie die Waldeidechse, Säugetiere wie die Waldmaus und der Igel sowie Insekten wie der Waldmistkäfer oder die Waldameise. Außerdem kommen dort Spinnen und Schnecken vor. Unterirdisch verlaufende Wurzeln bilden das unterste Stockwerk des Waldes, die **Wurzelschicht**. Darin kommen wirbellose Tiere wie der Regenwurm, die Mauerassel und der Doppelfüßer (▶ 3) vor. Durch den vielfältigen Aufbau des Waldes mit seinen unterschiedlichen Stockwerken bietet der Wald einer Vielzahl von Tierarten und Pflanzenarten einen Lebensraum.

Waldtypen • Die verschiedenen Stockwerke können von Wald zu Wald unterschiedlich stark ausgeprägt sein. In einem Wald aus dicht stehenden Fichten gelangt nur wenig Licht durch die Baumschicht zu den unteren Pflanzenschichten. Dadurch können nur wenige Pflanzenarten der Krautschicht und der Strauchschicht gedeihen. Neben dem Licht bestimmen weitere abiotische Faktoren des Waldes, welche Pflanzenarten dort wachsen. Kann ein Waldboden viel Wasser speichern, wachsen vermehrt Rotbuchen. Die Waldkiefer kann hingegen auch auf trockenerem Boden gedeihen. Enthält ein Waldboden nur wenige Mineralstoffe, können diese nur in geringer Menge mit dem Wasser durch die Wurzeln aufgenommen werden. Die Rotbuche kann an einem solchen Standort nicht gut wachsen, da sie für ihr Wachstum viele Mineralstoffe benötigt. Die Fichte kann auch mit wenigen Mineralstoffen gut wachsen.

Je nachdem, welche Bäume in einem Wald vorkommen, unterscheidet man verschiedene Waldtypen. Einen Wald, in dem ausschließlich Laubbäume wachsen, nennt man **Laubwald**. Ein **Nadelwald** besteht nur aus Nadelbäumen. Kommen Laubbäume und Nadelbäume gemeinsam vor, handelt es sich um einen **Mischwald**.

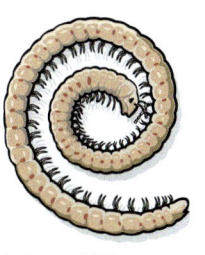

3 Doppelfüßer

1 Waldkauz mit Beute

3 Waldkauz füttert seine Jungtiere.

Tiere im Wald • Der Waldkauz fliegt lautlos durch die Luft und erbeutet Vögel und größere Insekten, die in allen Stockwerken oberhalb des Waldbodens leben. Er ergreift auch kleine Wirbeltiere wie Mäuse und Frösche, die in der Moosschicht vorkommen. In natürliche Höhlen in den Stämmen alter Bäume oder in verlassenen Spechthöhlen baut der Waldkauz sein Nest.

Er füttert dort seine Jungtiere, bis diese 8–9 Wochen nach dem Nisten flügge werden. Der Waldkauz nutzt für das Nisten und die Nahrungssuche viele Stockwerke des Waldes. Nur so können er und sein Nachwuchs überleben und sich erfolgreich fortpflanzen. Die Stockwerke des Waldes, in denen der Waldkauz lebt, stellen seinen Lebensraum dar. Gemeinsam mit allen anderen dort lebenden Tieren und Pflanzen bildet der Waldkauz eine **Lebensgemeinschaft**.

2 Wald als Lebensraum für viele Tiere

1 ☐ Notiere eine Definition für die drei Begriffe Laubwald, Nadelwald und Mischwald.

2 ☐ Vergleiche die Stockwerke des Waldes nach den Kriterien Wuchshöhe, typische Pflanzen und typische Tiere. Lege eine Tabelle an.

3 ☐ Recherchiere zur Rotbuche und erstelle dann einen Steckbrief.

4 ☐ Erkläre, weshalb in einem Wald viele verschiedene Tierarten leben können.

5 ☐ Stelle die Wechselwirkungen zwischen dem Waldkauz und seinem Lebensraum sowie seiner Lebensgemeinschaft dar. Erstelle hierfür eine Skizze und beschrifte sie.

Material

Samenpflanzen • Pflanzen und Tiere des Waldes

Material A Abiotischer Faktor Licht

Die Abbildung links zeigt einen jungen Mischwald. In der rechten Abbildung ist derselbe Mischwald 20 Jahre später dargestellt. In drei Höhen wurde jeweils die Lichtstärke gemessen.

1 ☐ Beschreibe, wie die Stockwerke in den Abbildungen jeweils ausgeprägt sind.

2 ✎ Begründe die unterschiedliche Ausprägung der Strauchschicht mithilfe der Angaben zum Lichteinfall.

Material B Stockwerke des Waldes

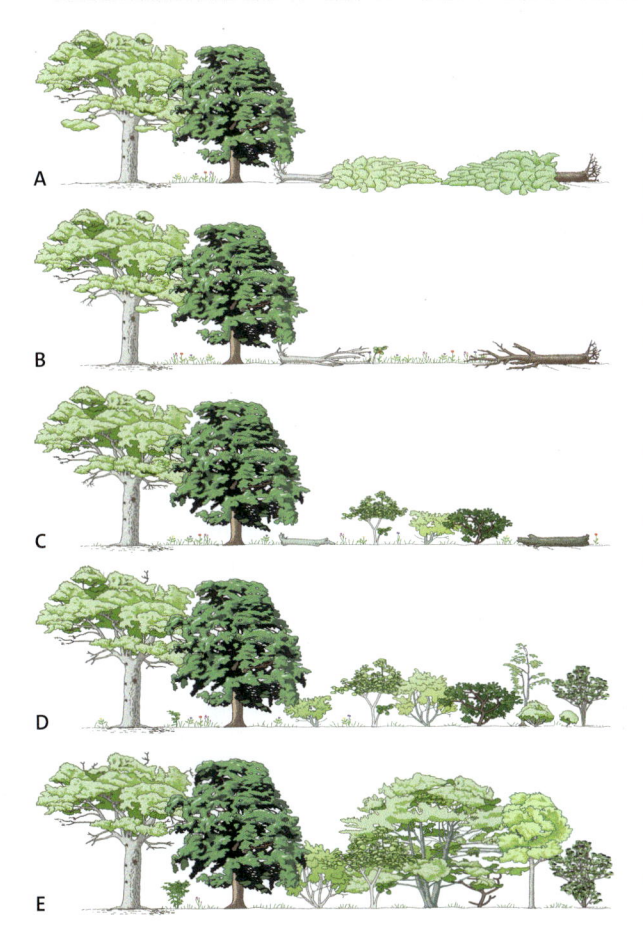

Immer wieder kann es passieren, dass im Wald durch natürliche Ursachen oder durch menschliche Eingriffe eine kahle Fläche entsteht. Waldbrände, Stürme, abrutschende Schneemassen, Überschwemmungen oder Rodungen können für eine Entwaldung sorgen.
Die entstehenden Flächen kann man gezielt aufforsten oder aber sich selbst überlassen. Überlässt man entwaldete Flächen dem natürlichen Lauf der Dinge, dann entsteht im Laufe der Zeit auf natürliche Weise ein Bestand an Pflanzen. Diese Zusammensetzung an Pflanzenarten bildet die Grundlage für die Entstehung des nächsten Pflanzenbestands. Jede Pflanzenzusammensetzung bedingt so die jeweils folgende. Diese Entwicklung vom Kahlschlag hin zum Wald mit Stockwerken bezeichnet man als Sukzession.

1 ☐ Nenne die Stockwerke des Waldes.

2 ✎ Beschreibe die fünf dargestellten Zustandsbilder des gezeigten Waldabschnitts genau.

3 ✎ Nenne die abiotischen Faktoren, die stark auf die gezeigte Entwicklung des Waldes einwirken.

4 ✎ Vergleiche den Zustand der Krautschicht im Teilbild B und E miteinander.

7.12 Nahrungsbeziehungen im Wald

1 Junges Reh im Wald

In einem Wald leben viele Tiere wie Rehe, Eichhörnchen und Füchse, manchmal auch Wölfe. Diese Tiere teilt man nach ihrer Nahrung in Pflanzenfresser und Fleischfresser ein. In welcher Beziehung stehen Pflanzenfresser und Fleischfresser in ihrer Lebensgemeinschaft?

Nahrungskette • Das Reh lebt bevorzugt am Waldrand, wo es viele Sträucher und junge Bäume gibt. Sind im Frühling die jungen Laubblätter der Bäume ausgetrieben, stellen diese die Hauptnahrung der Rehe dar. Das Reh ernährt sich aber auch von Gräsern und Früchten, zum Beispiel Brombeeren. Es nimmt ausschließlich pflanzliche Nahrung auf und gilt deshalb als **Pflanzenfresser**.

Auch der Wolf ist ein Bewohner des Waldes. Im Rudel jagt er seine Beute, zu der auch das Reh gehört. Der Wolf ernährt sich ausschließlich von tierischer Nahrung. Er ist ein **Fleischfresser**. Zwischen Pflanze, Pflanzenfresser und Fleischfresser besteht eine **Nahrungsbeziehung**, die sich in ihrer Abfolge als kettenartig beschreiben lässt. Sie wird daher als **Nahrungskette** bezeichnet (▶2). Eine Nahrungskette zeigt die Abhän-

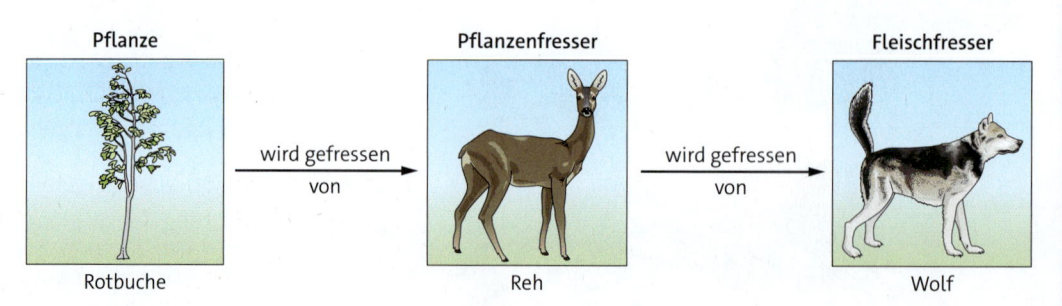

Pflanze		Pflanzenfresser		Fleischfresser
Rotbuche	wird gefressen von →	Reh	wird gefressen von →	Wolf

2 Nahrungskette im Wald

Samenpflanzen • Nahrungsbeziehungen im Wald

gigkeit zwischen Lebewesen aufgrund ihrer Ernährungsweise. Im Wald gibt es viele Nahrungsketten. Vogelbeeren werden vom Eichhörnchen gefressen, das selbst wiederum vom Baummarder gejagt wird. Brombeeren werden von der Haselmaus gefressen, die vom Fuchs erbeutet wird.

Das Wildschwein frisst nicht nur Samen oder Pilze, sondern auch Würmer und kleine Säugetiere. Es ist ein **Allesfresser.** Beschreibt man die Nahrungsbeziehung des Wildschweins, hängt seine Stellung in der Nahrungskette davon ab, welche Nahrung es gerade frisst.

Allen Nahrungsketten des Waldes ist gemeinsam, dass zu Beginn immer eine Pflanze steht. Ein Pflanzenfresser folgt stets an zweiter Stelle der Nahrungskette. Daran kann sich ein Fleischfresser anschließen. Die Pfeile symbolisieren hierbei, wer von wem gefressen wird: Der Pfeil startet bei der Nahrung und die Pfeilspitze zeigt auf das Tier, das frisst.

Nahrungsnetz • Einzelne Nahrungsketten stehen in einem Ökosystem nicht unabhängig nebeneinander, vielmehr sind sie miteinander verknüpft. Der Wolf beispielsweise frisst nicht nur Rehe, sondern auch weitere Tiere wie Mäuse. Diese wiederum sind auch Beute von anderen Fleischfressern wie Fuchs, Mauswiesel oder Habicht. Alle Lebewesen sind Glieder mehrerer Nahrungsketten. Verknüpft man alle Nahrungsketten der Lebewesen in einem Lebensraum miteinander, entsteht ein komplexes Netz aus Nahrungsbeziehungen. Dieses bezeichnet man als **Nahrungsnetz**. Mehrere Nahrungsketten bilden also ein Nahrungsnetz. Dieses beschreibt die Zusammenhänge der Nahrungsbeziehungen einer Lebensgemeinschaft.

Lebensraum und Lebensgemeinschaft bilden zusammen das Ökosystem.

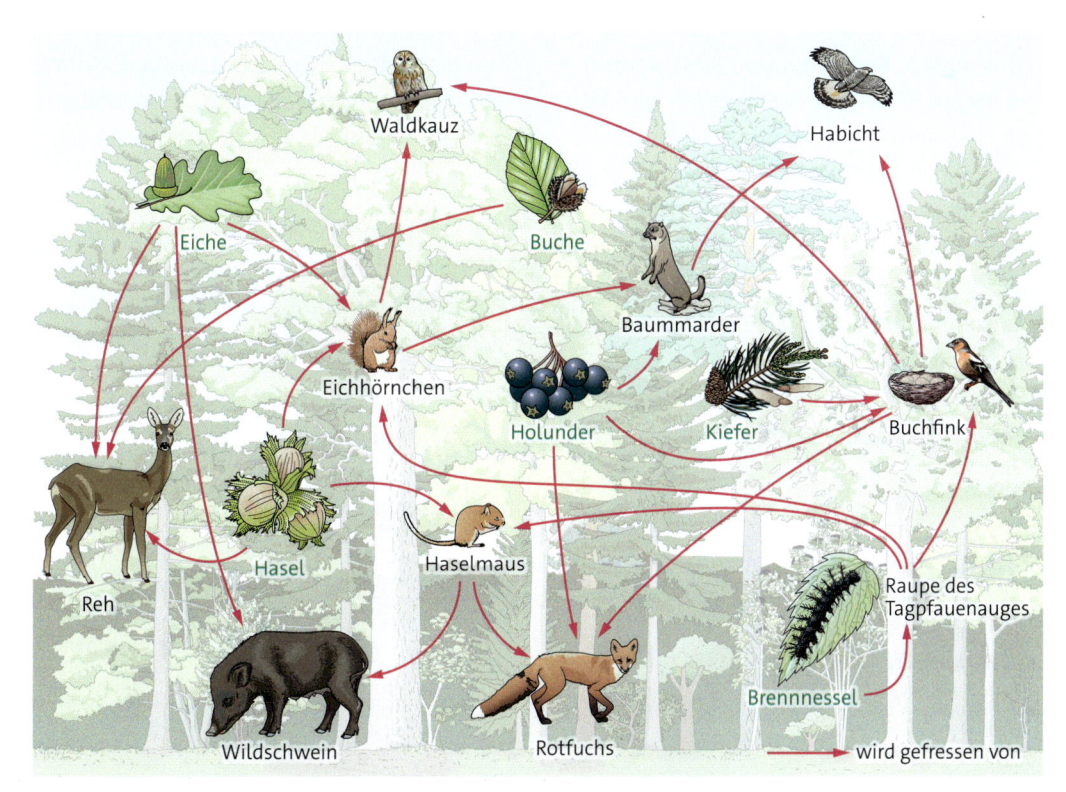

1 ◪ Notiere eine mögliche Nahrungskette aus dem Ökosystem Wald.

2 ◪ Erkläre den Zusammenhang zwischen Nahrungskette und Nahrungsnetz.

3 Nahrungsnetz im Wald

Nahrungsbeziehungen • Waldkäuze jagen neben anderen Tieren auch Eichhörnchen als Beutetiere. Diese beiden Arten stehen also in einer **Räuber-Beute-Beziehung** zueinander. Durch ihre Nahrungsbeziehung beeinflussen sie sich gegenseitig. Eichhörnchen erhöhen das Vorkommen von Waldkäuzen: Je mehr Eichhörnchen in einem Lebensraum leben, desto mehr Waldkäuze finden dort ausreichend Nahrung. Waldkäuze hingegen verringern das Vorkommen von Eichhörnchen: Je mehr Waldkäuze in einem Lebensraum leben, desto mehr Eichhörnchen werden dort erbeutet.

Eichhörnchen sind auch ein wichtiges Beutetier des Baummarders. Waldkauz und Baummarder haben also teilweise die gleiche Nahrung. Sie stehen im Wettbewerb um diese Nahrung, sie konkurrieren. Durch die **Konkurrenz** um Nahrung beeinflussen sie sich ebenfalls. Denn je mehr Waldkäuze in einem Lebensraum leben, desto weniger Baummarder finden dort ausreichend Nahrung und umgekehrt.

Produzenten, Konsumenten, Destruenten • Die Beeren der Vogelbeere werden vom Eichhörnchen gefressen und dieses wiederum vom Baummarder. Alle Pflanzen, so auch die Vogelbeere, bezeichnet man als **Produzenten**. Sie produzieren aus dem Kohlenstoffdioxid der Luft und aus Wasser bei der Fotosynthese neues Pflanzenmaterial. So wachsen Pflanzen und werden größer.

Die Produzenten werden von anderen Lebewesen gefressen, den **Konsumenten**. Im vorliegenden Fall ist also das Eichhörnchen der Konsument. Konsumenten, die Produzenten konsumieren, werden als Konsumenten 1. Ordnung bezeichnet. Der Baummarder hingegen ist ein Konsument 2. Ordnung, da er andere Konsumenten frisst. Junge, unvorsichtige Baummarder werden manchmal von Greifvögeln wie dem Habicht geschlagen. Den Habicht bezeichnet man in dieser Nahrungskette dann als Konsumenten 3. Ordnung.

Neben den pflanzlichen Produzenten und den tierischen Konsumenten gibt es noch die Lebewesen, die von den Überresten anderer Tiere und Pflanzen leben. Das sind die Zersetzer. Man bezeichnet sie als **Destruenten**. Zu den Destruenten zählt man verschiedene Bakterien, Würmer, Asseln, Käfer und viele Pilze. Destruenten bauen tote Pflanzen und Tiere oder Teile von diesen ab. Kot, Fell, Federn, Laub, abgebrochene Äste oder Kastanienschalen werden von den Destruenten zu Kohlenstoffdioxid, Wasser und Mineralstoffen abgebaut.

Die Produzenten nehmen dann das freigesetzte Kohlenstoffdioxid und Wasser sowie die Mineralstoffe wieder auf und können dadurch wachsen. So schließt sich ein Kreislauf (▶ 1).

1 ◩ Stelle eine weitere mögliche Nahrungskette aus dem Ökosystem Wald dar. Ordne den Pflanzen und Tieren die Begriffe Produzent und Konsument zu.

2 ◩ Beschreibe den oben erwähnten Kreislauf. Nimm Abbildung 1 zu Hilfe.

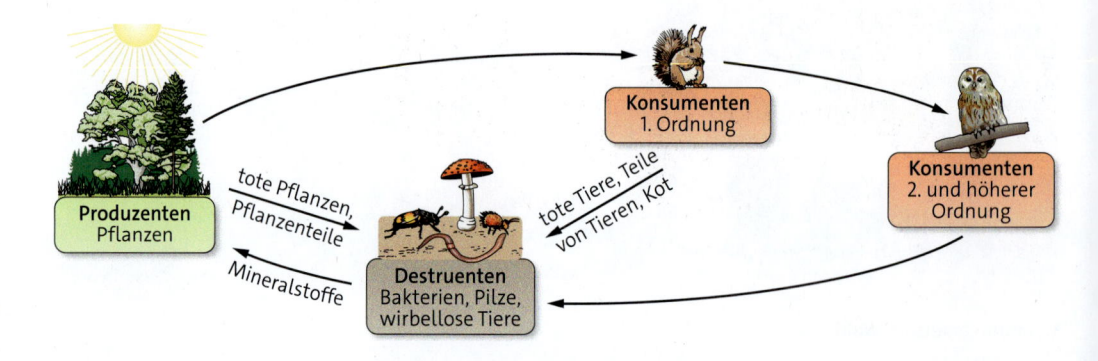

1 Stoffkreislauf im Wald

Material — Samenpflanzen • Nahrungsbeziehungen im Wald

Material A Nahrungsbeziehungen im Wald

Grüner Eichenwickler
Nahrung: junge Eichenblätter

Großer Puppenräuber
Nahrung: Raupen

Eichelhäher
Nahrung: Eicheln, Bucheckern, Früchte, Vogeleier, Jungvögel, Mäuse, Eidechsen

Buchfink
Nahrung: Samen, Beeren, Insekten, Spinnen

Waldkauz
Nahrung: Mäuse, kleine Vögel, Eichhörnchen

Eichhörnchen
Nahrung: Früchte, Samen, Insekten, Jungvögel, Vogeleier

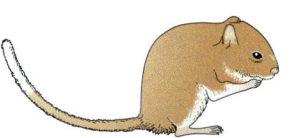

Haselmaus
Nahrung: Eicheln, Bucheckern, Früchte

Wildschwein
Nahrung: Früchte, Wurzeln, Insekten, Larven, Mäuse, Jungvögel, tote Tiere

Rotbuche

Schwarzer Holunder

Stieleiche

1. Stelle mögliche Nahrungsbeziehungen der abgebildeten Tier- und Pflanzenarten in zwei langen Nahrungsketten dar.
Beachte: A → B bedeutet: A wird von B gefressen.

2. Stelle die Nahrungsbeziehungen der dargestellten Lebewesen in einem Nahrungsnetz dar.

3. Alle Stieleichen in diesem Lebensraum werden gefällt. Stelle Vermutungen darüber auf, welche Auswirkungen dieser Eingriff für die Anzahl der Großen Puppenräuber und der Waldkäuze hat. Verwende dazu das von dir erstellte Nahrungsnetz.

Material B Borkenkäfer in der Nahrungskette

Der Borkenkäfer bohrt Löcher in Rinde und Holz von Bäumen wie der Fichte und legt seine Eier hinein. Die Larven ernähren sich von Holz und fressen dabei ein typisches Muster in das Holz. Dadurch können Bäume so stark geschädigt werden, dass sie absterben.
Der Buntspecht erbeutet Borkenkäferlarven und versorgt so seine Jungtiere mit Nahrung. Zwischen den Bäumen, den Borkenkäfern und den Buntspechten besteht also eine Nahrungsbeziehung.

1. Beschreibe die vorgestellte Nahrungskette.

2. Ordne den beteiligten Lebewesen die Begriffe Produzent und Konsument zu.

3. Nenne Destruenten, die deine Nahrungskette aus Aufgabe 1 ergänzen können.

4. Erläutere, wie sich die Anzahl der Borkenkäfer und die Anzahl der Buntspechte gegenseitig beeinflussen. Formuliere dazu Je-desto-Sätze.

7.13 Der Laubwald im Jahresverlauf

1 Buchenwald im Frühling

Jedes Jahr im Frühling wächst in diesem Wald unter den noch unbelaubten Buchen ein Teppich aus Buschwindröschen. Im Sommer ist von ihnen kaum mehr etwas zu entdecken. Der Wald sieht völlig anders aus. Wo kommen die Blumen im zeitigen Frühjahr plötzlich her? Warum verändert sich der Wald im Laufe des Jahres?

Wurzelknolle
A

Sprossknolle
B

Zwiebel
C

2 Frühblüher und ihre Speicherorgane: **A** Scharbockskraut, **B** Krokus, **C** Schneeglöckchen

Laubwald im Frühling • Die Sonne steigt im Frühjahr höher, langsam nehmen die Temperaturen wieder zu. Im Wald erwachen die Tiere aus dem Winterschlaf und der Kältestarre, die Paarungszeit beginnt. Die Laubbäume tragen noch keine Blätter. Der Waldboden wird von den Sonnenstrahlen erwärmt. Die steigenden Temperaturen und die Feuchtigkeit bieten beste Bedingungen für Buschwindröschen, Scharbockskraut, Krokus, Schneeglöckchen und andere Samenpflanzen, die zeitig im Frühling wachsen und blühen. Sie heißen **Frühblüher.** Die notwendigen Nährstoffe haben diese Pflanzen im Vorjahr produziert und in die unterirdischen Speicherorgane eingelagert (▶ 2). So können früh im Jahr die oberirdischen Pflanzenteile wachsen, blühen sowie Samen und Früchte bilden. Diese Phase ist abgeschlossen, wenn die Bäume und Sträucher Blätter bekommen und voll belaubt sind. Danach reicht die Lichtstärke am Boden für diese Pflanzen der Krautschicht nicht mehr aus (▶ 3).

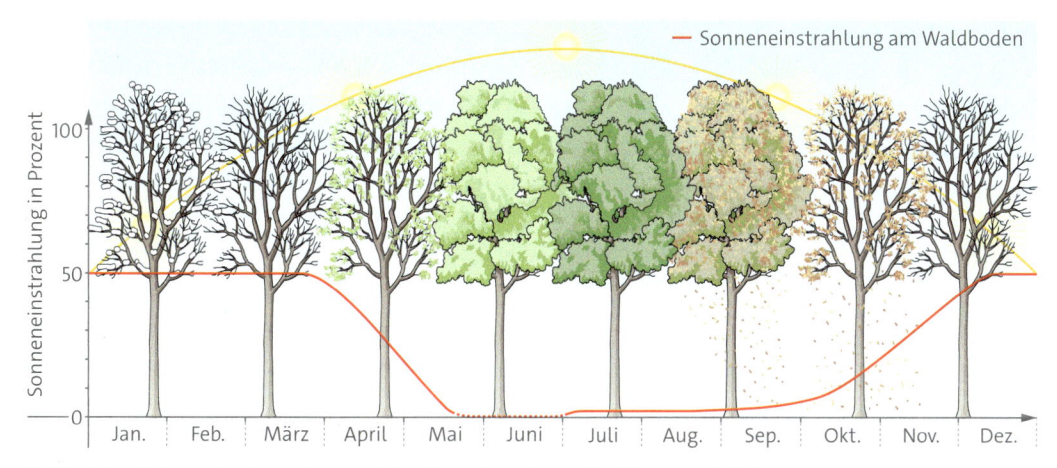

3 Die Lichtstärke am Boden verändert sich mit der Belaubung der Bäume und Sträucher.

Laubwald im Sommer • Im Sommer ist es warm und es regnet weniger als im Frühjahr. Die meisten Tiere im Wald sind mit der Aufzucht ihres Nachwuchses beschäftigt. Sie sind sehr aktiv und suchen intensiv Futter.
Die Sträucher und Laubbäume haben Blätter ausgebildet. Die Laubbäume schirmen durch ihr Laub die Sonne ab, sodass es am Boden schattig ist. In der Krautschicht wachsen Pflanzen, die mit weniger Licht als die Frühblüher auskommen, zum Beispiel Gräser und Farne.

Laubwald im Herbst • Langsam werden die Tage wieder kürzer, die Temperatur sinkt, es regnet häufiger. Die Tiere des Waldes bereiten sich auf den Winter vor, indem sie sich Fettreserven anfressen. Einige legen Futtervorräte an. Tiere, die nicht aktiv überwintern, suchen geeignete Winterquartiere. Zugvögel sammeln sich und fliegen nach Süden.
Die Laubbäume bauen den grünen Blattfarbstoff, das Chlorophyll, ab und transportieren wichtige Stoffe aus den Blättern zum Wurzelsystem und speichern sie dort. Verbleibende Farbstoffe färben das Laub bunt. Dann bildet sich eine Trennschicht zwischen dem Blattstiel und dem Zweig. Dadurch werden die Blätter nicht mehr versorgt und sterben ab. Sie fallen ab und bilden am Waldboden die **Laubstreu**. Die oberirdischen Teile vieler Pflanzen der Krautschicht sterben ebenfalls ab, die unterirdischen Teile überwintern geschützt im Boden.

Laubwald im Winter • Die Tage sind im Winter kurz, die Temperaturen niedrig und häufig frostig. Im Boden herrscht Trockenheit, denn das Wasser ist oft gefroren. Durch den Laubfall betreiben die Laubbäume keine Fotosynthese mehr und befinden sich in einem **Ruhezustand**. Dadurch sind sie an die Bedingungen im Winter angepasst.
Für die Tiere des Waldes ist der Winter eine anstrengende Zeit. Sie müssen mit der Kälte klarkommen. Das kostet Energie. Aber Futter ist knapp. Einige Säugetiere sparen Energie, indem sie sich zur **Winterruhe** zurückziehen oder den Winter im **Winterschlaf** verbringen. Wechselwarme Tiere fallen in **Kältestarre** und benötigen so ebenfalls wenig Energie.

1 ☐ Beschreibe die unterschiedlichen Bedingungen im Laubwald während der vier Jahreszeiten.

2 ◪ Nenne Speicherorgane von Frühblühern und gib jeweils ein Beispiel an.

3 ◪ Erläutere die Angepasstheit von zwei Lebewesen des Waldes an die unterschiedlichen Bedingungen im Laufe des Jahres.

1 Laubstreu am Boden eines Buchenwalds

Springschwänze und Milben beißen kleine Löcher in die Blattunterseite. Nach und nach wird das Gewebe zwischen den Blattadern von Asseln, Schnecken, Tausendfüßern und anderen gefressen. Durch diese Zerkleinerung können Bakterien und Pilze die restlichen Pflanzenteile besonders gut abbauen. Regenwürmer fressen ebenfalls Pflanzenteile, den Kot der Tiere sowie Erde. Sie tragen so zum Abbau der Blätter und zur Vermischung des Bodens bei. Durch die Tätigkeit der Bodenlebewesen entsteht ein mineralstoffreicher Boden, der als **Humus** bezeichnet wird. In einem solchen humusreichen Boden können Pflanzen besonders gut wachsen.

Was passiert mit dem toten Laub? • Schätzungsweise fallen pro Jahr auf einer Fläche von einem Quadratkilometer Laubwald ungefähr ein halbe bis eine Million Kilogramm abgestorbene Blätter an. Die Schicht aus toten, abgeworfenen Blättern bedeckt den Boden (▶1). Diese Laubstreu schützt besonders im Winter die unterirdischen Pflanzenteile und bietet Insekten und anderen Kleintieren Unterschlupf. Obwohl der Laubfall jedes Jahr erfolgt, nimmt die Dicke der Laubstreu nicht zu, weil die alten Blätter vielen Lebewesen, den **Destruenten**, als Nahrung dienen (▶2).

1 ☐ Beschreibe das letzte Blatt in der Reihe in Abbildung 2.

2 ✏ Stelle eine begründete Vermutung über die Ursache für das Aussehen des Blattes auf.

3 ✏ Erläutere die Bedeutung der Destruenten im Laubwald.

4 ✏ Begründe, weshalb in einem natürlichen Wald keine Düngung mit Mineraldünger erforderlich ist.

Springschwänze (1–2 mm)
Milben (0,5–2 mm)
Assel (16–20 mm)
Käferlarven (1–4 cm)
Regenwurm (5–18 cm)
Fliegenlarven (1–2 cm)
Tausendfüßer (2–4 cm)
Bakterien und Pilze

2 Abbau der abgestorbenen Blätter

Material

Samenpflanzen • Der Laubwald im Jahresverlauf

Material A Haselmaus

A1 Haselmaus frisst eine Nuss.

A2 Haselmaus im Winterquartier

Haselmäuse gehen nachts auf Nahrungssuche. Sie sind zwar Pflanzenfresser, nutzen aber in den Jahreszeiten unterschiedliche Nahrungsquellen.
Im Frühjahr ernähren sie sich hauptsächlich von Pollen und Knospen, im Sommer nutzen sie gerne unterschiedliche Früchte und im Herbst fressen sie vor allem fetthaltige Nahrung wie Nüsse und Samen (▶ A1).
Die Zeit von Oktober bis April verbringen sie in einem ausgepolsterten Nest (▶ A2). Das Herz schlägt währenddessen sehr langsam. Zwischen zwei Atemzügen können bis zu 11 Minuten liegen. Die Körpertemperatur ist abgesenkt, der Stoffwechsel stark verringert.

1 ☐ Gib den Fachbegriff für den Zustand an, in dem die Haselmaus den Winter verbringt.

2 ◪ Erläutere, warum sie die Zeit ohne Nahrung überstehen kann.

3 ■ Erkläre, warum die Haselmaus im Herbst besonders fetthaltige Nahrung aufnimmt.

Material B Wo kommen die neuen Laubblätter her?

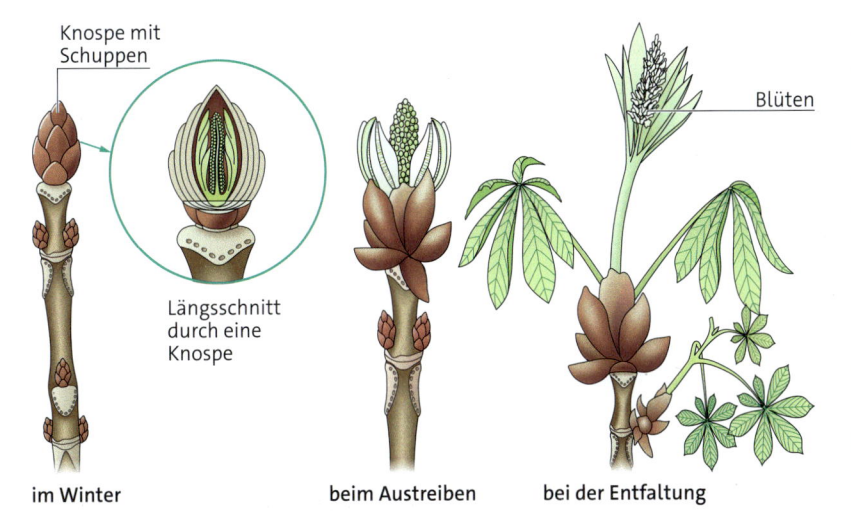

Knospe mit Schuppen

Längsschnitt durch eine Knospe

Blüten

im Winter   beim Austreiben   bei der Entfaltung

B1 Bau einer Knospe und Blattaustrieb

Laubbäume durchlaufen im Winter eine Ruhephase. Sie haben die Blätter abgeworfen und führen keine Fotosynthese durch. Ihr Stoffwechsel ist verlangsamt. Die Bäume leben von ihren Reserven. Erst wenn im späten Frühjahr die neuen Blätter gewachsen sind, ist die Fotosynthese wieder möglich. Nährstoffe werden wieder gebildet. Die neuen Laubblätter sowie die Blüten können schnell wachsen. Die Anlagen für diese neuen Blätter und Blüten wurden schon im Vorjahr gebildet und haben den Winter als Knospen in einer Ruheform überdauert. Die Knospen sind durch kleine schuppenförmige Blättchen vor Feuchtigkeit und vor dem Eindringen von Insekten geschützt. Diese Blättchen heißen Knospenschuppen. Wenn die Tage wieder länger werden und die Temperaturen steigen, werden die Knospen mit Wasser versorgt, sie schwellen und platzen auf. Die neuen Blätter treiben aus, entfalten sich und wachsen rasch heran.

1 ☐ Beschreibe den Aufbau einer Knospe.

2 ◪ Erläutere, warum der Baum gespeicherte Reservestoffe nutzt, bis die neuen Blätter ausgetrieben sind und sich entfaltet haben.

3 ■ Erläutere, warum die Bildung von Knospen eine Angepasstheit an die abiotischen Faktoren im Winter ist.

7.14 Lebensräume schützen

1 Blaumeise auf einem Holzapfelbaum. Dieser besitzt kleine, herb schmeckende Früchte.

Der Holzapfelbaum wächst in lichten Laubwäldern, an Waldrändern und in Hecken. Die Pflanze ist jedoch in den letzten Jahren selten geworden. Laut der Roten Liste ist die Art aktuell noch nicht gefährdet, könnte es jedoch bald sein. Was haben gefährdete Arten, Naturschutz und der Schutz von Lebensräumen miteinander zu tun?

Gefährdete Vielfalt • Nicht nur sehr viele Tierarten, auch Pflanzenarten wie der Holzapfel, die Sumpfdotterblume, der Sonnentau (▶2) sowie das Schneeglöckchen sind in ihren Lebensräumen zunehmend seltener geworden. Weltweit und auch in Deutschland ist ein Artenrückgang zu verzeichnen. Die Vielfalt der Wildblumen nimmt ab, vielen Menschen fallen besonders Veränderungen bei der Zahl der Vögel und Insekten auf. Weil die Anzahl der Pflanzen und Tiere geringer wird und immer mehr Arten verschwinden, ist es wichtig, sie mit geeigneten Maßnahmen zu schützen.

Artenschutz • Eine Maßnahme zur Erhaltung der Vielfalt besteht darin, einzelne Arten gesetzlich unter Schutz zu stellen. So gilt für das wild wachsende Schneeglöckchen und den Sonnentau die **Bundesartenschutzverordnung**. Danach dürfen diese Pflanzen an ihren Fundorten in der Natur nicht abgebrochen, beschädigt oder ausgegraben werden. Vom Schneeglöckchen gibt es allerdings viele Zuchtformen, die in Gärten gepflanzt wurden. Diese Gewächse sind von den Regelungen nicht betroffen.

2 A Sonnentau, **B** Sumpfdotterblume

3 Wildblumen am Feldrand

4 Nationalpark Schleswig-Holsteinisches Wattenmeer

5 In vielen Bundesländern kennzeichnet die Eule auf einem gelben Schild ein Naturschutzgebiet.

Lebensräume und Artenvielfalt • Durch den Bau von Straßen und Häusern, durch Landwirtschaft und Waldnutzung sowie durch das Trockenlegen von Gewässern werden Lebensräume zerstört. Dadurch verändern sich die Lebensbedingungen der Pflanzen und Tiere in diesen Gebieten. Nur wenige Arten kommen mit den neuen Bedingungen klar. Andere werden verdrängt. Wenn sie keine passenden Lebensräume mehr finden, besteht die Gefahr, dass sie aussterben. Im **Bundesnaturschutzgesetz** wird darum neben dem Schutz der Arten auch der Schutz von Lebensräumen geregelt.

Als besonders schützenswert gelten Ackerrandstreifen (▶3) und Feldhecken. Insekten finden Nahrung und Unterschlupf, wenn am Feldrand viele Wildkräuter wachsen. Die Pflanzenvielfalt von Feldhecken bietet Vögeln und anderen Tieren gute Lebensbedingungen. Da Lebensräume auch als Biotope bezeichnet werden, spricht man vom **Biotopschutz**.

In einigen Fällen werden größere Naturräume unter Schutz gestellt, die für seltene Arten von Bedeutung sind. Beispiele sind die Lüneburger Heide, das Peenetal und die Schorfheide. In diesen **Naturschutzgebieten** darf die Landschaft nicht verändert werden. Lebewesen dürfen nicht beeinträchtigt werden. Zerstörungen und Beschädigungen sind verboten. Man muss auf vorgeschriebenen Wegen bleiben.

Ein **Nationalpark** hat eine größere Fläche als einzelne Naturschutzgebiete. So umfasst der Nationalpark Schleswig-Holsteinisches Wattenmeer (▶4) Teile des Wattenmeers, Salzwiesen des Vorlands, Sandbänke und Dünen. Die vielfältigen und seltenen Ökosysteme mit ihren speziellen abiotischen Umweltfaktoren machen das Schutzgebiet ökologisch besonders wertvoll und landschaftlich attraktiv. Durch die besonderen Bedingungen bietet der Nationalpark Lebensraum für eine einzigartige Lebensgemeinschaft. Neben vielen anderen Arten leben hier Seehunde und Kegelrobben, Schweinswale und seltene Seevogelarten.

In einem Nationalpark soll ein naturnaher Zustand erhalten oder wiederhergestellt werden. Menschliche Eingriffe in die Entwicklung sollen möglichst unterbleiben. Damit gelten ähnliche Regeln wie in einem Naturschutzgebiet.

1 ☐ Nenne drei Maßnahmen, die zum Erhalt der Artenvielfalt beitragen.

2 ▨ Beschreibe vier Verhaltensregeln, die in einem Naturschutzgebiet einzuhalten sind.

3 ▨ Erläutere, warum der Schutz von Lebensräumen auch dem Artenschutz dient und somit zum Erhalt der Artenvielfalt beiträgt.

1 Auen im Biosphärenreservat Flusslandschaft Elbe

2 Radwanderweg auf dem Elbedeich bei Dessau

1 Hektar entspricht einer Fläche von 100 mal 100 Metern, also 10 000 m² beziehungsweise 0,01 km².

Zu den Naturgütern gehören unter anderem Rohstoffe, Boden, Luft, Wasser, Erdwärme oder Wind- und Sonnenenergie sowie die Artenvielfalt.

Mensch und Natur • Im Naturschutz gilt: Je größer die unter Schutz gestellten Flächen sind, desto weniger werden sie von äußeren Faktoren beeinflusst. Allerdings können dafür nur begrenzt Gebiete zur Verfügung gestellt werden. Menschen müssen wohnen, sich ernähren und benötigen Arbeit und Einkommen. Daher werden auch für Landwirtschaft, Verkehr und Siedlungen Flächen benötigt. Die Menschen gehören zur jeweiligen Region dazu, sind Teil der Umwelt und wirken auf sie ein. Der sich weltweit vollziehende Klimawandel belastet die Ökosysteme zusätzlich.

Deshalb wurde ein internationales Netz von Großschutzgebieten ins Leben gerufen. Diese **Biosphärenreservate** sind Kulturlandschaften, in denen man gleichzeitig die Artenvielfalt bewahren und die regionale Wirtschaft fördern will. Dabei stehen Projekte im Mittelpunkt, die Naturgüter so nutzen, dass sie auch für zukünftige Generationen erhalten bleiben. Das bezeichnet man als **nachhaltige Entwicklung**.

Biosphärenreservat Flusslandschaft Elbe • Das Biosphärenreservat Flusslandschaft Elbe umfasst Gebiete in Sachsen-Anhalt, Brandenburg, Mecklenburg-Vorpommern, Niedersachsen und Schleswig-Holstein. Es umfasst eine Fläche von 278 660 ha. Die Elbauen sind vielfältig strukturiert und bieten ganz verschiedene Lebensräume. Deshalb leben hier viele vom Aussterben bedroht Pflanzen- und Tierarten. Fahrradtourismus spielt eine große Rolle, weil er vergleichsweise naturverträglich ist. Städte wie Dessau, Wörlitz und Wittenberg machen das Gebiet auch kulturell attraktiv.

Nachhaltige Entwicklung geht alle an • Das Handeln von vielen kann Naturgüter schützen. So verbraucht die Herstellung von Kleidung und anderen Konsumgütern eine Menge Wasser und Energie. Man kann selbst entscheiden, wie viele Dinge man wirklich benötigt. Im eigenen Umfeld kann jeder Energie sparen oder umweltgerechte Fortbewegungsmittel nutzen. Sogar die eigene Ernährung spielt eine Rolle: Die Produktion von Fleisch verbraucht mehr Naturgüter als die Produktion von Pflanzen. Außerdem kann man sich in lokalen Umweltgruppen engagieren.

1 ☐ Beschreibe, wie Menschen die Natur beeinflussen.

2 ☐ Erläutere Möglichkeiten, die du hast, um zum Schutz der Umwelt beizutragen.

Material

Samenpflanzen • Lebensräume schützen

Material A Gestaltungsmöglichkeiten auf dem Schulgelände

A1 Parkflächen auf dem Schulgelände

Ich bin dagegen, dass wieder ein Parkplatz entsteht. Eine Grünfläche wäre besser.

Eine Asphaltfläche macht die wenigste Arbeit. Ich muss hier schließlich für Ordnung sorgen.

Ich bin für Parkflächen, allerdings nicht für Autos, sondern für Fahrräder.

A2 Verschiedene Perspektiven

Die Parkflächen an der Schule (▶A1) müssen aufgerissen werden, weil die darunter befindliche Leitung verlegt werden soll. In diesem Zusammenhang startet die Schule einen Ideenwettbewerb zur Gestaltung der Parkflächen. Viele Vorschläge werden geäußert und verschiedene Möglichkeiten diskutiert. Die Meinungen dazu sind sehr unterschiedlich (▶A2). Finde deinen eigenen Standpunkt.

1. ☐ Nenne das Problem.
2. ☐ Notiere drei Gestaltungsmöglichkeiten.
3. ◪ Nenne Kriterien, die dir wichtig sind, zum Beispiel Lebensraum für Tiere. Lege eine Tabelle an. Nimm die Seiten 62 und 63 zu Hilfe.
4. ◪ Formuliere mindestens ein Argument für jedes Kriterium.
5. ◪ Gewichte die Argumente, indem du Punkte vergibst: Ein für dich besonders wichtiges Argument erhält 2 Punkte, ein weniger wichtiges 1 Punkt und ein unwichtiges 0 Punkte.
6. ■ Formuliere deinen eigenen Standpunkt und begründe ihn.

Material B Lebensraum Feldhecke

B1 Naturnahe, artenreiche Feldhecke

Feldhecken sind längere Gehölzstreifen an Rändern von Feldern oder zwischen Feldern, an Wegen und entlang von Gräben (▶B1). Meist wachsen dort viele einheimische Pflanzen. Auch vom Menschen gepflanzte Hecken können aus einheimischen Gehölzen bestehen. Besonders Insekten, Vögel und Kleinsäuger finden hier Nahrung, Schutz und Nistplätze. Hecken dienen Pflanzen und Tieren auch als Rückzugsgebiete, wenn ihre Lebensräume an anderer Stelle zerstört wurden.

1. ☐ Erläutere, warum eine Feldhecke (▶B1) eine besonders hohe Artenvielfalt an Insekten und Vögeln aufweist.
2. ◪ Erkläre, warum auf Feldern weniger Pestizide benötigt werden, wenn sie durch solche Feldhecken begrenzt sind.
3. ■ Begründe, warum naturnahe Feldhecken mit einer Länge von mindestens 50 Metern gesetzlich geschützt sind.

Auf einen Blick

Samenpflanzen

Mit dieser Übersicht kannst du die wichtigsten Inhalte des Kapitels wiederholen. Ergänze das Schema um weitere Begriffe und finde Querbeziehungen zwischen den Themen.

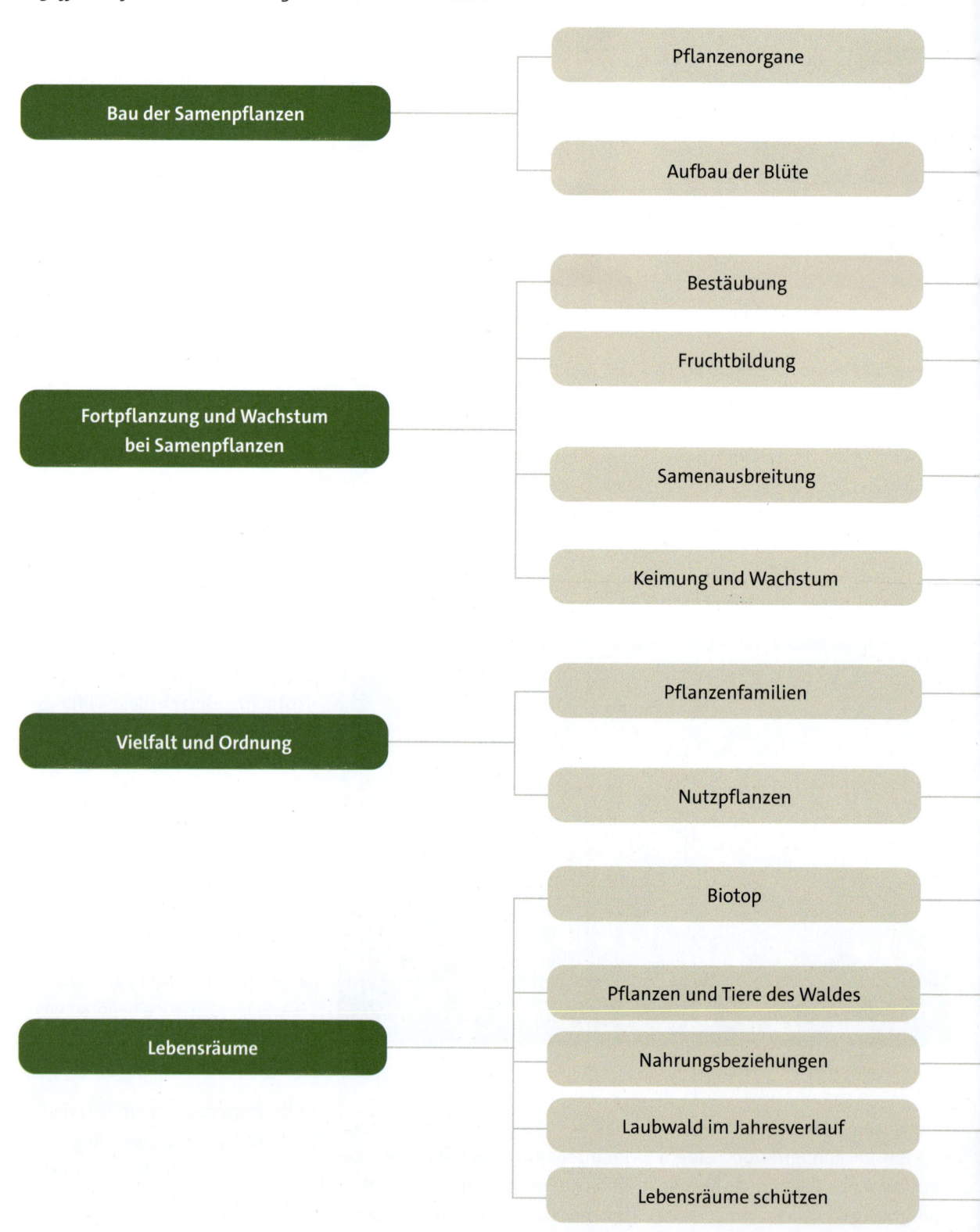

Bau der Samenpflanzen
- Pflanzenorgane
- Aufbau der Blüte

Fortpflanzung und Wachstum bei Samenpflanzen
- Bestäubung
- Fruchtbildung
- Samenausbreitung
- Keimung und Wachstum

Vielfalt und Ordnung
- Pflanzenfamilien
- Nutzpflanzen

Lebensräume
- Biotop
- Pflanzen und Tiere des Waldes
- Nahrungsbeziehungen
- Laubwald im Jahresverlauf
- Lebensräume schützen

Samenpflanzen

Wurzel, Sprossachse und Laubblatt

Methode: Mit Lupe und Stereolupe arbeiten

Methode: Untersuchen

Tierbestäubung, Windbestäubung, Selbstbestäubung

Fruchtformen

Wind-, Tier-, Wasser- und Selbstausbreitung

Ungeschlechtliche Vermehrung

Bau des Bohnensamens

Methode: Einen Bestimmungsschlüssel für Pflanzenfamilien anwenden

Methode: Herbarium

Züchtung von Kohlsorten

Umweltfaktoren

Methode: Abiotische Faktoren erfassen

Stockwerke des Waldes

Nahrungskette und Nahrungsnetz

Frühblüher

Artenschutz und Biotopschutz

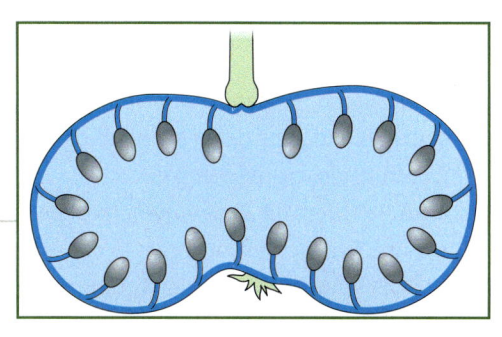

301

Check-up

Samenpflanzen

Mit den folgenden Aufgaben kannst du überprüfen, ob du die Inhalte aus dem Kapitel verstanden hast. In der Tabelle findest du die zu erwerbenden Kompetenzen sowie Angaben zu den Seiten, auf denen du zum jeweiligen Thema noch einmal nachlesen kannst.

Bau der Samenpflanzen

1 Die Grundorgane einer Samenpflanze arbeiten zusammen.
   a ☐ Nenne die drei Grundorgane von Samenpflanzen und ihre Funktionen. Lege eine Tabelle an.
   b ◨ Beschreibe den Bau und die Funktion der Wurzeln und gehe dabei auch auf das Prinzip der Oberflächenvergrößerung ein.
   c ◨ Erläutere die Zusammenarbeit der Organe anhand des Wassertransports in der Pflanze.
   d ◨ Beschreibe, was in den Laubblättern mit dem aufgenommenen Wasser und dem Kohlenstoffdioxid passiert. Verwende folgende Begriffe: Fotosynthese, Ernährung und Traubenzucker.

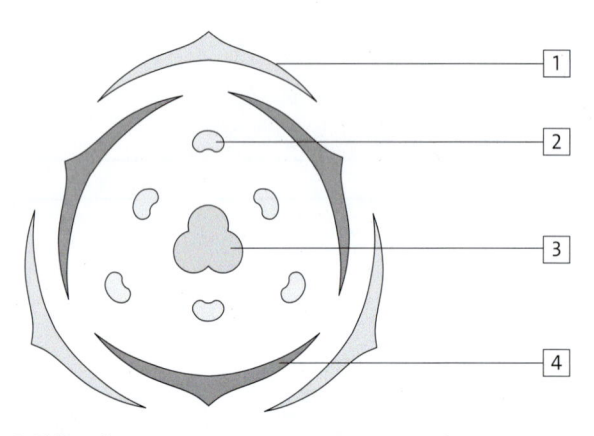

1 Blütendiagramm

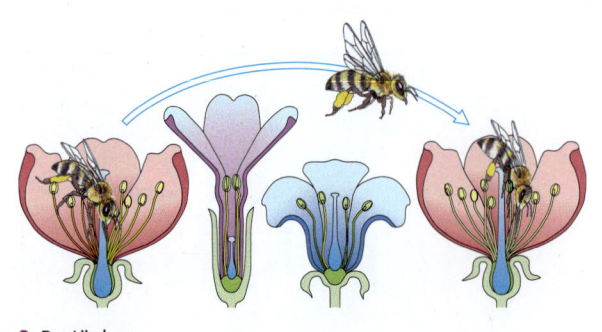

2 Bestäubung

Fortpflanzung und Wachstum bei Samenpflanzen

2 Blüten dienen der Fortpflanzung. Ihr Aufbau ist an diese Funktion angepasst.
   a ☐ Benenne die Teile einer Blüte unter Nutzung des dargestellten Blütendiagramms (▶1).
   b ☐ Erläutere den Begriff Bestäubung.
   c ◨ Benenne die in Abbildung 2 dargestellte Art der Bestäubung und beschreibe den Ablauf.
   d ◨ Nenne eine weitere Bestäubungsart. Erläutere, wie sich die Blüten in ihrem Bau unterscheiden.
   e ☐ Ordne die Sätze zu den Vorgängen nach der Bestäubung in die richtige Reihenfolge:

A	Eizelle und Spermienzelle verschmelzen.
B	Ein Embryo entsteht.
C	Das Pollenkorn keimt auf dem Stempel.
D	Über diesen Schlauch wandern die männlichen Geschlechtszellen zur Samenanlage.
E	Ein Pollenschlauch wächst durch den Griffel in Richtung des Fruchtknotens.
F	In der Samenanlage treffen sie auf die Eizelle.

3 Samenpflanzen bilden Samen und Früchte.
   a ☐ Nenne drei verschiedene Fruchtformen von Samenpflanzen und gib jeweils ein Beispiel an.
   b ■ Stelle eine begründete Vermutung über die Form der Ausbreitung der abgebildeten Früchte (▶3A und B) auf.

3 Früchte zweier Samenpflanzen

4 Manche Samenpflanzen können sich auf unterschiedliche Art und Weise fortpflanzen.
a ◪ Erdbeerpflanzen bilden Früchte und Ausläufer. Nenne die Fachbegriffe für die beiden Formen der Vermehrung sowie Vor- und Nachteile.

5 Aus Samen entwickeln sich neue Pflanzen.
a ☐ Beschreibe den Verlauf der Keimung des Bohnensamens in Stichworten.
b ◪ Die Laubblätter bilden sich erst zum Ende der Keimung. Erkläre, warum sich die Pflanze trotzdem so weit entwickeln konnte.
c ■ Begründe, weshalb Bohnensamen zur Keimung kein Licht benötigen.

Vielfalt und Ordnung

6 Samenpflanzen lassen sich ordnen.
a ☐ Nenne drei Pflanzenfamilien sowie ihre typischen Merkmale und gib je einen Vertreter an.
b ☐ Nenne Kriterien, die zur Bestimmung von Samenpflanzen geeignet sind.

7 Pflanzen werden durch Züchtung verändert und unter anderem für die Ernährung genutzt.
a ☐ Beschreibe die Veränderung vom Wildkohl zum Blumenkohl.
b ◪ Nenne das beim Roggen und bei der Kartoffel jeweils genutzte Pflanzenorgan.

Lebensräume

8 Der Wald ist Lebensraum für Pflanzen und Tiere.
a ◪ Frühblüher wie Buschwindröschen zeigen besondere Angepasstheiten. Beschreibe diese und verwende dabei folgende Begriffe: abiotischer Faktor, Speicherorgane, Jahreszeit.
b ◪ Im Herbst werfen die Laubbäume die Laubblätter ab. Begründe, warum die Laubschicht im Wald trotzdem nicht jedes Jahr höher wird.
c ☐ Stelle die Nahrungsbeziehung zwischen Waldkauz, Rotbuche und Haselmaus in einem Pfeilschema dar. Nenne den Fachbegriff dafür.
d ☐ Ordne den Lebewesen im Schema die Begriffe Konsument, Pflanzenfresser, Fleischfresser und Produzent zu.

9 Lebensräume werden geschützt.
a ◪ Begründe, weshalb Biotopschutz wichtig ist, um Tier- und Pflanzenarten zu schützen.
b ■ Vergleiche die Schutzgebiete Biosphärenreservat und Nationalpark. Diskutiere Vor- und Nachteile.

Mithilfe des Kapitels kannst du:	Aufgabe	Hilfe
✓ die Struktur und Funktion der Pflanzenorgane von Samenpflanzen erläutern.	1	S. 240–241
✓ den Aufbau der Blüten von Samenpflanzen beschreiben und einen Zusammenhang zwischen Blütenbau und Art der Bestäubung herstellen.	2	S. 244–245, S. 249–251
✓ Fruchtformen von Samenpflanzen nennen und von der Struktur der Frucht auf die Art der Ausbreitung schließen.	3	S. 254–256, S. 258–259
✓ die verschiedenen Formen der Fortpflanzung von Samenpflanzen unter Verwendung der Fachsprache beschreiben und vergleichen.	4	S. 260
✓ Bedingungen für Keimung und Wachstum von Samenpflanzen erläutern.	5	S. 262–264
✓ verschiedene Pflanzenfamilien sowie Kriterien zur Bestimmung von Pflanzen nennen.	6	S. 266–274
✓ die Züchtung von Nutzpflanzen für die Ernährung beschreiben.	7	S. 276–278
✓ abiotische und biotische Faktoren unterscheiden und Wechselbeziehungen von Lebewesen im Ökosystem beschreiben.	8	S. 280–281; S. 292–294; S. 284–290
✓ Maßnahmen zum Schutz von Lebensräumen nennen und bewerten.	9	S. 296–299

▶ Die Lösungen findest du im Anhang.

Basiskonzepte

Übergeordnete Merkmale und Prinzipien der Biologie werden in Basiskonzepten zusammengefasst. Mithilfe der Basiskonzepte kann man viele Themen im Zusammenhang sehen und so besser verstehen.

Basiskonzepte

Struktur und Funktion

Lebewesen, Organe und Zellen haben Strukturen, also Baumerkmale, die für die jeweiligen Funktionen günstig sind. Sie sind so gebaut, dass sie ihre Funktion optimal erfüllen können. Diese Erkenntnis fasst man im Basiskonzept **Struktur und Funktion** zusammen. Fleischfresser wie der Hund haben ein Gebiss, das zu ihrer Ernährungsweise passt. Mit den langen Eckzähnen, den Fangzähnen, können sie Beute sehr gut ergreifen und festhalten. Mit scherenartig wirkenden Backenzähnen, den Reißzähnen (▶ 1A), zerreißen sie das Fleisch und zerbeißen sogar Knochen. Im Gegensatz dazu haben Pflanzenfresser wie das Rind ein Gebiss, das zum Zermahlen von harter Pflanzennahrung geeignet ist. Ihre Backenzähne sind flach und gefurcht (▶ 1B). Mit ihnen kann Gras zerkleinert werden.

Bei vielen biologischen Strukturen findet man das Prinzip der **Oberflächenvergrößerung**. In der Lunge bewirkt die riesige Zahl der Lungenbläschen (▶ 2) eine enorm große Oberfläche. Die Wand der Lungenbläschen hat sehr engen Kontakt mit den feinen Blutgefäßen, den Lungenkapillaren. Erwachsene besitzen etwa 300–400 Millionen Lungenbläschen, deren Oberfläche zwischen 80 und 120 Quadratmeter groß ist. Über diese Fläche kann sehr viel Sauerstoff in kurzer Zeit ins Blut und so in den Körper gelangen und Kohlenstoffdioxid abgegeben werden. Im Dünndarm werden verschiedene Bestandteile der Nahrung verdaut und die Nährstoffbausteine ins Blut aufgenommen. Die innere Oberfläche des Dünndarms ist stark gefaltet und mit vielen kleinen Ausbuchtungen versehen, sodass die Kontaktfläche mit den Blutgefäßen besonders groß ist. So können viele Nährstoffbausteine in kurzer Zeit ins Blut gelangen.

Auch bei Pflanzen ist das Prinzip der Oberflächenvergrößerung zu finden. Ihre Wurzeln sind stark verzweigt und enden in feinen Wurzelhaaren, die nur unter einer starken Lupe oder dem Mikroskop zu erkennen sind. Sie vergrößern die Oberfläche, sodass die Wurzel viel Kontakt mit dem Boden bekommt. So kann die Pflanze sehr gut Wasser aus dem Boden aufnehmen.

An den Unterseiten der Laubblätter haben Pflanzen viele mikroskopisch kleine Spaltöffnungen. Diese vergrößern die untere Blattoberfläche. Über die Spaltöffnungen kann die Pflanzen das zur Fotosynthese benötigte Kohlenstoffdioxid aufnehmen und Sauerstoff sowie Wasserdampf abgeben.

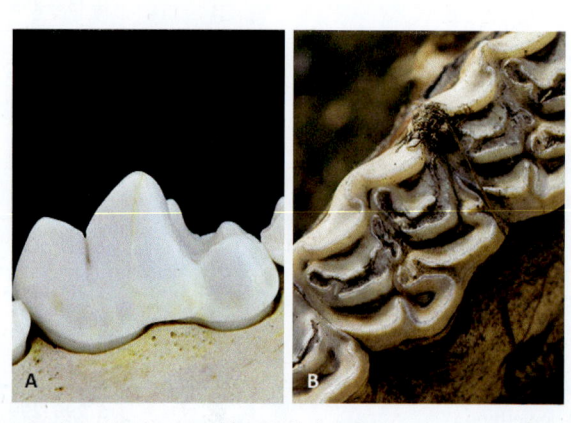

1 Backenzähne: **A** Hund (Reißzahn), **B** Rind

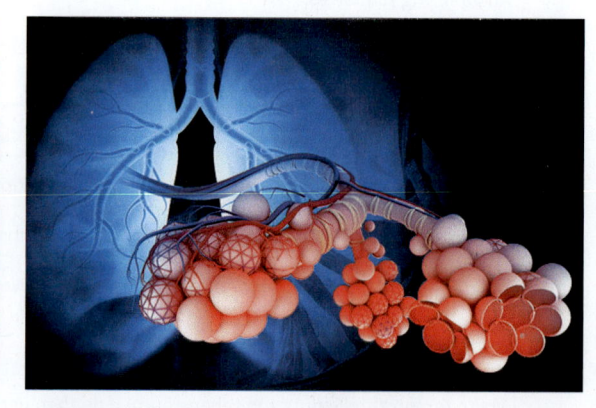

2 Lungenbläschen (Modell)

Basiskonzepte

Stoff- und Energieumwandlung

Pflanzen nutzen die Sonnenenergie, um in ihren grünen Laubblättern Fotosynthese zu betreiben. Dabei nehmen sie Wasser und Kohlenstoffdioxid auf, stellen Traubenzucker her und geben Sauerstoff ab. Der Traubenzucker wird für Wachstum sowie Blüten- und Fruchtbildung genutzt. Einen Teil des Zuckers wandeln die Pflanzen in Speicherstoffe um. So lagert die Kartoffel Stärke in ihren Sprossknollen ein.

Die Stoff- und Energieumwandlung bei Pflanzen bildet die Grundlage für alle anderen Lebewesen. Tiere ernähren sich von Pflanzen oder von anderen Lebewesen und nehmen so energiereiche Stoffe zu sich (▶3). Nur so können sie ihre Lebensprozesse wie Bewegung, Wachstum oder die Produktion von Körperwärme aufrechterhalten. Die aufgenommene Nahrung wird verdaut und Bausteine und Nährstoffe werden über das Blut im Körper verteilt. So gelangen energiereiche Stoffe beispielsweise zu den Muskeln, in denen sie abgebaut werden. Dabei wird die darin enthaltene Energie für die Bewegung verfügbar. Dies bezeichnet man als **Energieumwandlung**.

Ein Teil der mit der Nahrung aufgenommenen Stoffe wird in körpereigene Stoffe umgewandelt. So wird ein Teil der aufgenommenen Proteine als Baustoffe genutzt. Mithilfe dieser **Stoffumwandlung** können Lebewesen wachsen, Haut und Haare neu bilden und verletzte Organe reparieren.

Steuerung und Regelung

Lebewesen steuern und regeln ihre Lebensprozesse. Sie können so unter anderem mit wechselnden Umwelteinflüssen zurechtkommen.

Säugetiere haben unabhängig von der Umgebungstemperatur eine gleichbleibende Körpertemperatur. Damit die Körpertemperatur aufrechterhalten werden kann, wird diese innerhalb des Körpers ständig gemessen, kontrolliert und bei Bedarf neu eingestellt, also geregelt. Sinkt die Körpertemperatur beispielsweise beim Menschen nur geringfügig, bekommt man Gänsehaut, beginnt zu zittern und die Muskeln produzieren Wärme. Ist die Körpertemperatur zu hoch, zum Beispiel beim Sport, beginnt man zu schwitzen und kühlt dadurch den Körper ab.

Die Fähigkeit von Lebewesen, die Temperatur oder andere Bedingungen innerhalb des Körpers auf einen bestimmten Wert einzustellen, bezeichnet man als **Regelung**.

Manche Säugetiere, zum Beispiel der Siebenschläfer (▶4), halten Winterschlaf. Dabei senken sie die Körpertemperatur und verlangsamen den Herzschlag. So verringern sie ihren Energiebedarf und überstehen die nahrungsarme Zeit.

Im menschlichen Körper steuern Hormone die individuelle Entwicklung, indem sie beispielsweise die Pubertät auslösen. **Steuerung** ist bei allen Lebewesen zu finden.

3 Reh bei der Nahrungsaufnahme

4 Siebenschläfer im Winterschlaf

Basiskonzepte

Individuelle Entwicklung

Alle Lebewesen entwickeln und verändern sich im Laufe ihres Lebens. Das bezeichnet man als **individuelle Entwicklung**.

Säugetiere pflanzen sich wie alle Wirbeltiere geschlechtlich fort. Nach einer inneren Befruchtung wachsen sie im mütterlichen Körper heran und werden mehr oder weniger weit entwickelt geboren. Manche Säugetiere sind nach der Geburt blind und hilflos (▶1). Mit dem Heranwachsen nehmen die Organe ihre vollständige Funktion auf und die Jungtiere entwickeln immer mehr Fähigkeiten. Sie werden größer, bis sie schließlich erwachsen sind und sich selbst fortpflanzen können. Das Prinzip der **Fortpflanzung** oder Reproduktion ist bei allen Lebewesen zu finden.

Bei allen anderen Wirbeltiergruppen, den Fischen, Amphibien, Reptilien und Vögeln, findet die erste Phase der Entwicklung in der Regel vollständig außerhalb des mütterlichen Körpers statt – im Ei.

Froschlurche machen im Laufe ihrer Entwicklung einen grundlegenden Gestaltwandel durch. Als Larve schlüpfen sie aus dem Ei, leben zunächst ausschließlich im Wasser und atmen mit Kiemen. Mit der Zeit wachsen ihnen Hinter- und Vorderbeine, ihre Kiemen bilden sich zurück und es entwickeln sich Lungen. Nach Abschluss dieser Metamorphose können die Amphibien an Land leben, atmen und sich fortpflanzen.

Manche Fische wie der Guppy und Amphibien wie der Alpensalamander schlüpfen bereits im mütterlichen Körper aus dem Ei, sie sind lebendgebärend.

Samenpflanzen können sich geschlechtlich fortpflanzen. Sie bilden nach der Bestäubung und Befruchtung Samen. Im Samen befindet sich der Embryo, in dem die kleine Pflanze bereits angelegt ist. Bei der Keimung entwickelt sich der Embryo mithilfe des Nährstoffvorrats im Samen. Er bildet eine Wurzel, Sprossachse und Laubblätter aus (▶2). Die Pflanze wächst, kann später Blüten als Fortpflanzungsorgane entwickeln und sich wieder geschlechtlich fortpflanzen. Durch die geschlechtliche Fortpflanzung können sich die Pflanzen über ihre Samen weit ausbreiten und auch neue Lebensräume besiedeln.

Viele Pflanzen können sich auch ungeschlechtlich fortpflanzen und vermehren. Dies geschieht zum Beispiel über Ausläufer wie bei der Erdbeere oder über Brutknöllchen wie beim Scharbockskraut. Durch die ungeschlechtliche Fortpflanzung können an einem Ort schnell viele neue Pflanzen gebildet werden. Diese sind hinsichtlich ihrer Erbanlagen identisch mit der Mutterpflanze.

Nicht nur Lebewesen entwickeln sich, sondern auch Ökosysteme verändern sich und zeigen Entwicklung. Wird in einem Wald eine Fläche abgeholzt und im weiteren Verlauf nicht gestört, dann wachsen dort neue Pflanzenarten. Die Zusammensetzung dieser Lebensgemeinschaft aus Pflanzen verändert sich mit der Zeit. Innerhalb eines langen Zeitraums kann sich schließlich ein neuer Wald entwickeln. Diese Form der Entwicklung nennt man Sukzession.

1 Katze säugt ihre Jungen.

2 Keimung und Wachstum einer Bohne

Basiskonzepte

Evolutive Entwicklung

Lebewesen verändern sich im Verlauf der Erdgeschichte. Innerhalb langer Zeiträume haben sich die heute auf der Erde vorkommenden Tiere und Pflanzen aus Vorfahren entwickelt.

Lebewesen gibt es schon seit etwa 3,5 Milliarden Jahren. Dabei sahen sie früher nicht so aus wie heute. Immer wieder sind Arten oder Gruppen von Lebewesen ausgestorben wie die Saurier und neue hinzugekommen wie Vögel und Säugetiere. So gibt es die Gruppe der Vögel erst seit 120 Millionen Jahren. Dabei haben sie sich im Laufe der Zeit ständig verändert und es sind viele neue Arten entstanden. Dies bezeichnet man als **evolutive Entwicklung** oder kurz Evolution.

Manche dieser früher existierenden Lebewesen oder Teile von ihnen sind als Fossilien erhalten. Forscherinnen und Forscher können mithilfe von Fossilien die Entwicklungsgeschichte der Lebewesen rekonstruieren. An Übergangsformen wie dem *Tiktaalik* (▶3) erkennt man zum Beispiel Merkmale, die zum Leben im Wasser passen, sowie andere Merkmale, mit denen das Tier bereits an ein Leben an Land angepasst war. Tiktaalik gilt somit als Verbindungsglied zwischen Fischen und Amphibien.

Es gibt zu jeder Zeit Lebewesen, die besser an die Umweltbedingungen angepasst sind als andere. Diese können besonders viele Nachkommen haben und sich so vermehrt fortpflanzen. So verändern sich Lebewesen im Verlauf der Evolution und sind an die jeweiligen Lebensbedingungen angepasst.

Information und Kommunikation

Tiere nehmen mit ihren Sinnesorganen **Informationen** aus der Umwelt auf, verarbeiten sie und reagieren darauf. Sie tauschen Informationen mit anderen Tieren aus und verständigen sich so.

Ein Amselmännchen wirbt mit seinem Gesang um Weibchen. Gleichzeitig teilt es anderen Amselmännchen mit, dass dies sein Revier ist. Die akustischen Signale des Amselmännchens werden von Artgenossen verstanden. Diese können entsprechend reagieren. Das Austauschen solcher Informationen nennt man **Kommunikation**.

Wölfe verständigen sich nicht nur durch Laute, sondern auch durch ihre Körpersprache und Düfte. Sie nutzen die Augen, das Gehör und vor allem ihren Geruchssinn, um Informationen aufzunehmen. So können sie sich in ihrer Umwelt orientieren und sich innerhalb des Rudels verständigen.

Auch Pflanzen nehmen Informationen aus der Umwelt auf und reagieren darauf. Grüne Pflanzen können sich am Lichteinfall orientieren und in Richtung des Lichts wachsen.

Viele Samenpflanzen locken mit ihren Blüten bestäubende Insekten an. Sie informieren die Bestäuber mit der Farbe, dem Duft und süßem Nektar über die Nahrungsquelle. Insekten nehmen diese Informationen auf und besuchen die Blüten, die so bestäubt werden können. Diese Wechselwirkung ist sowohl vorteilhaft für die Pflanzen als auch für die Bestäuber und wird durch Kommunikation möglich.

3 Tiktaalik: Rekonstruktion (links) und Fossil (rechts)

4 Wölfe kommunizieren

Aufgaben richtig verstehen – Aufgaben lösen

Aufgaben sind ein wichtiger Bestandteil deines Biologiebuchs und unterstützen auf vielfältige Weise das Lernen. Um Aufgaben richtig lösen zu können, muss man zunächst verstehen, was genau verlangt wird. Wichtig ist dabei, die verschiedenen Typen von Aufgaben zu unterscheiden. Das Wort zu Beginn der Aufgabe, der Operator, ist entscheidend. Es sagt dir, in welcher Form die Lösung erwartet wird. Im Folgenden findest du zu einigen verschiedenen Operatoren jeweils eine Beschreibung und Beispielaufgaben mit Lösungen.

Nennen • Aufgaben mit dem Wort „Nennen" fordern dazu auf, bestimmte Sachverhalte, Begriffe oder Daten ohne weitere Ausführungen aufzuzählen. Auch das Beschriften einer Abbildung gehört dazu.

- **Beispielaufgabe:** Nenne die Merkmale, die ein Lebewesen kennzeichnen.

- **Lösung:** Die Merkmale eines Lebewesens sind: Bewegung, Wachstum, Reizbarkeit, Stoffwechsel, Fortpflanzung und Entwicklung.

Beschreiben • Beim Beschreiben wird ein Gegenstand oder ein Vorgang mit sprachlichen Mitteln dargestellt. Eine Beschreibung erfolgt meist als Folge einer Beobachtung. Die Kriterien der Beobachtung können als Hilfe bei einer Beschreibung dienen.

- **Beispielaufgabe 1:** Beschreibe den äußeren Bau einer Maus.

- **Lösung:** Der Körper einer Maus ist in Kopf, Rumpf und Schwanz gegliedert. Er ist von einem grauen Fell bedeckt. Am Kopf befinden sich die kleine Schnauze, ein Paar Augen und ein Paar Ohren. Am Rumpf befinden sich ein Paar Vordergliedmaßen und ein Paar Hintergliedmaßen. Der Schwanz ist fast so lang wie der restliche Körper und unbehaart.

- **Beispielaufgabe 2:** Beschreibe den Ablauf der Blütenbestäubung durch eine Biene.

- **Lösung:** Die Biene landet zunächst auf den Kronblättern der Blüte. Dann kriecht sie in den Blütentrichter, um Nektar zu saugen. Dabei streift sie die Narbe der Blüte. Einige Pollenkörner am Körper der Biene bleiben so an der Narbe kleben. Die Blüte ist bestäubt.

Erklären • Beim Erklären zeigst du auf, warum ein Objekt so aussieht oder warum ein Vorgang genau so abläuft. Finde zugrunde liegende allgemeine Aussagen oder Gesetzmäßigkeiten.

- **Beispielaufgabe :** Erkläre, warum Eulen in der Nacht jagen können.

- **Lösung:** Eulen haben besonders große, lichtempfindliche Augen. Daher reichen auch kleinste Lichtmengen aus, damit die Eule ihre Umgebung erkennt. So kann sie auch in der Nacht jagen.

Erläutern • Beim Erläutern wird ein Sachverhalt zunächst beschrieben und dann durch zusätzliche Informationen oder Beispiele veranschaulicht.

- **Beispielaufgabe:** Erläutere die Bedeutung des Hundes für den Menschen.

- **Lösung:** Der Hund ist ein wichtiges Haustier des Menschen. Er wird vom Menschen schon seit vielen Jahren gezüchtet, sodass je nach Nutzungsziel verschiedene Rassen entstanden. So gibt es Hunde für die Jagd, zum Hüten, Wachhunde und noch viele weitere Hunderassen für andere Zwecke.

Vergleichen • Aufgaben mit dem Wort „Vergleichen" dienen dazu, Gemeinsamkeiten und Unterschiede zwischen Gegenständen, Lebewesen oder Vorgängen festzustellen. Bevor man etwas vergleicht, muss man Kriterien festlegen. Die Ergebnisse eines Vergleichs werden häufig in einer Tabelle festgehalten, die aus mindestens drei Spalten besteht. Spalte 1 enthält die Vergleichskriterien. In den Spalten 2 und 3 werden die Merkmale der zu vergleichenden Gegenstände, Lebewesen oder Vorgänge festgehalten.

– Beispielaufgabe: Vergleiche den Bau einer Raps- und einer Kirschblüte.

– **Lösung in Form einer Tabelle:**

Kriterien	Rapsblüte	Kirschblüte
Anzahl der Kelchblätter	4	5
Anzahl der Kronblätter	4	5
Anzahl der Staubblätter	4 lange, 2 kurze	bis zu 30
Farbe der Kronblätter	gelb	weiß

Ordnen • Aufgaben mit dem Wort „Ordnen" fordern dazu auf, nach einem vorher festgelegten Kriterium Gruppen von Gegenständen, Lebewesen oder Vorgängen zu bilden. Die Gegenstände, Lebewesen oder Vorgänge einer Gruppe haben gemeinsame Merkmale. Die Zuordnung kann zum Beispiel in Form einer Tabelle oder eines Schemas dargestellt werden. Dabei wird für jede Gruppe ein Begriff gebildet.

– Beispielaufgabe: Ordne die aufgeführten Säugetiere nach der Art ihrer Nahrung: Schwein, Hund, Rind, Mensch, Maus, Fuchs.

– **Lösung in Form einer Tabelle:**
Einteilung der Säugetiere nach ihrer Nahrung:

Pflanzenfresser	Fleischfresser	Allesfresser
Rind	Hund	Schwein
Maus	Fuchs	Mensch

Begründen • Beim Begründen oder Ableiten wird für einen Sachverhalt ein logischer oder folgerichtiger Zusammenhang zwischen Ursache und Wirkung hergestellt. Dabei sind Formulierungen wie „Wenn ..., dann ..." oder Wörter wie „weil" und „deshalb ..." hilfreich.

– **Beispielaufgabe 1:** Begründe, warum die meisten Fische gut schwimmen können.

– **Lösung:** Fische besitzen einen stromlinienförmigen Körper. Deshalb haben sie wenig Wasserwiderstand. Vortrieb erzeugen sie durch flächige Flossen. Weil die Schwanzflosse besonders groß ist, liefert sie den meisten Vortrieb. Richtungsänderungen werden durch die Brust- und Bauchflosse bewirkt.

– **Beispielaufgabe 2:** Begründe, warum die Katze zu den Fleischfressern gehört.

– **Lösung:** Die Katze gehört zu den Fleischfressern, weil sie ein Fleischfressergebiss hat. Die großen, spitzen Eckzähne dienen dem Fangen und Festhalten der Beute. Die scharfkantigen Backen- und Reißzähne zerkleinern die Nahrung.

Bewerten • Beim Werten oder Bewerten werden Aussagen oder Sachverhalte an Kriterien gemessen. Bewertungskriterien können zum Beispiel sein: fachliche Richtigkeit, Gesundheitsverträglichkeit, Naturverträglichkeit oder auch Nützlichkeit. Das Bewerten setzt das Sammeln von Sachinformationen voraus, die an den Bewertungskriterien gemessen werden.

Dabei wird der Sachverhalt aus verschiedenen Gesichtspunkten betrachtet und der eigene Standpunkt formuliert.

– **Beispielaufgabe:** Bewerte die Bedeutung von Sport für dein Wohlbefinden.

– **Lösung:** Durch Sport wird mein Körper trainiert. Die Organe werden leistungsfähiger und man ist stolz, wenn die Leistungen steigen. Regelmäßige sportliche Betätigung an der frischen Luft stärkt die Abwehrkräfte des Körpers und fördert die Gesundheit. Sport kann auch zu Verletzungen führen, besonders wenn man nicht regelmäßig Sport treibt. Insgesamt jedoch fördert regelmäßige sportliche Betätigung mein Wohlbefinden.

Lösungen der Check-up-Aufgaben

Die Biologie beschäftigt sich mit Lebewesen (Seiten 34–35)

1 a Bewegung, Reizbarkeit, Stoffwechsel, Fortpflanzung, Entwicklung und Wachstum

b Bewegung zeigen Pflanzen zum Beispiel, wenn sie abhängig vom Sonnenlicht morgens die Blüten entfalten und abends wieder schließen.

c Der Mensch zeigt alle Kennzeichen des Lebendigen. Fortbewegung: Er bewegt sich fort, zum Beispiel durch Gehen oder Laufen. Reizbarkeit: Mithilfe der Sinnesorgane wie der Ohren und Augen nimmt er Reize aus der Umwelt auf. Er reagiert auf Wahrnehmungen, zum Beispiel bleibt er stehen, wenn eine Ampel rot anzeigt. Stoffwechsel: Der Mensch nimmt Nahrung zu sich, verdaut sie und scheidet unverdauliche Reste aus. Fortpflanzung: Frauen können schwanger werden und Kinder gebären. Entwicklung und Wachstum: Aus einem Säugling entwickelt sich ein Kleinkind, das größer wird und schließlich zum Jugendlichen und dann zum Erwachsenen heranwächst.

2 a Denkweisen: Planen und Durchführen, Fragen stellen; Arbeitsweisen: Beobachten, Modellieren, Vergleichen

b Im Gegensatz zum „Hingucken" nutzt man beim Beobachten Kriterien. Man beobachtet nur das, was für das jeweilige Kriterium wichtig ist. Zum Beispiel könnte man beobachten, wie viele Kohlmeisen pro Tag zum Futterhaus kommen. Das Kriterium ist dann die Anzahl der Kohlmeisen. Man zählt also nur die Kohlmeisen und nicht andere Vogelarten. Außerdem greift man beim Beobachten nicht ein. So würde man beim Beobachten so viel Abstand zu den Vögeln halten, dass diese nicht beeinflusst werden.

c Das Beobachten soll möglichst neutral und objektiv erfolgen, ohne das Beobachtete zu bewerten. Daten, die man so erhoben und dann ausgewertet hat, kann man im Anschluss deuten. Mit der Deutung versucht man zu erklären, wie die Ergebnisse zustande gekommen sein können. Die Deutung ist eine persönliche Einschätzung und daher nicht objektiv, sondern subjektiv. Man beurteilt das eigene Vorgehen kritisch und notiert mögliche Fehler.

d Hypothese 1 kann als „Je-desto-Hypothese" durch Beobachten untersucht werden. Hypothese 2 ist eine „Wenn-dann-Hypothese", sie beschreibt einen Zusammenhang zwischen Ursache und Wirkung und wird durch Experimentieren überprüft.

e Die Hypothese 2 benötigt eine Begründung. Sie könnte dann beispielsweise lauten: „Wenn eine Erdbeerpflanze 72 Stunden lang kein Licht bekommt, dann stirbt sie ab, weil die Pflanze ohne Licht keine Fotosynthese betreiben und sich dann nicht mehr ernähren kann."

3 a 1. Arbeitsplatz vorbereiten: Platz aufräumen und alles wegräumen, was nicht benötigt wird, lange Haare zusammenbinden. 2. Die Versuchsdurchführung klären, alle benötigten Materialien bereitstellen und den Versuchsaufbau im Zweifelsfall von der Lehrkraft prüfen lassen. 3. Sorgfältig experimentieren: möglichst im Stehen arbeiten, nichts verschütten, keine Chemikalien in Originalbehälter zurückschütten, nicht weggehen, solange das Experiment läuft, nicht essen oder trinken. 4. Aufräumen und entsorgen: Materialien aufräumen, Gefäße reinigen, Abfälle nach Vorschrift entsorgen.

b Gefahrstoffe sind durch Gefahrstoffsymbole auf den Gefäßen, in der Versuchsanleitung oder bei Alltagschemikalien auf der Verpackung gekennzeichnet. Beim Umgang mit diesen Stoffen sollte man Schutzbrille und Schutzhandschuhe tragen und den Anweisungen der Lehrkraft folgen. Bei Alltagschemikalien sollte man die Hinweise auf der Verpackung beachten.

4 a 1 = Okular, 2 = Tubus, 3 = Objektivrevolver, 4 = Objektiv, 5 = Objekttisch, 6 = Blende, 7 = Triebrad: Feintrieb, 8 = Triebrad: Grobtrieb, 9 = Mikroskopleuchte, 10 = Stativ und Fuß

b Okular und Objektiv

c Vergrößerung und Auflösung

5 a Das Mikroskop muss an die Stromversorgung angeschlossen und die Lampe muss eingeschaltet werden. Der Objekttisch sollte mit dem Grobtrieb ganz nach unten gefahren werden und das kürzeste Objektiv sollte eingestellt sein. Der Objektträger mit dem Objekt sollte so über der Öffnung auf dem Objekttisch platziert sein, dass dieses gut ausgeleuchtet wird. Indem man seitlich kontrolliert, fährt man durch Drehen am Grobtrieb den Objekttisch an das Objektiv heran, ohne dass dieses das Präparat berührt. Nun schaut man durch das Okular und dreht mit dem Grobtrieb den Objekttisch langsam nach unten, bis man ein Bild des Präparats sieht. Mit dem Feintrieb kann noch reguliert werden.

6 a Pflanzenzelle = 2A, Tierzelle = 2B
b 1 = Chloroplasten, 2 = Mitochondrien, 3 = Zellkern, 4 = Vakuole, 5 = Zellplasma, 6 = Zellmembran, 7 = Zellwand, 8 = Zellkern, 9 = Zellplasma, 10 = Zellmembran
c Sowohl Tier- als auch Pflanzenzellen haben eine Zellmembran, Zellplasma und einen Zellkern (sowie Mitochondrien).
d Die Vakuole dient der Pflanzenzelle zur Speicherung von Abfallstoffen, Farbstoffen und Nährstoffen sowie Frostschutzmitteln.
e Zwiebelzellen besitzen anders als Mundschleimhautzellen Zellwände. Diese Zellwände sorgen für einen starken Zusammenhalt der Zellen untereinander.

7 a Organ, Gewebe, Zelle
b Herz = Organ, Muskelzelle = Zelle, Mensch = Organismus, Mundschleimhaut = Gewebe
c Durch die räumliche Trennung der Organe werden abgegrenzte Reaktionsräume geschaffen. So können bei Pflanzen die Reaktionen der Fotosynthese in den Blättern getrennt von der Wasseraufnahme in den Wurzeln erfolgen. Somit kann eine Spezialisierung der Organe auf ihre jeweilige Aufgabe erfolgen.
d Auf der Ebene der Zelle gibt die Vakuole dem Blatt Stabilität. Eine mit Wasser gefüllte Vakuole drückt von innen gegen die Zellwand der Zelle. Steht der Pflanze nun wenig Wasser zur Verfügung, lässt dieser Druck nach. Betrifft dies nicht nur eine Zelle, sondern einen ganzen Zusammenschluss von Zellen (Gewebe) innerhalb des Blattes (Organ), hängt dieses schlaff herunter. Im Sommer beschleunigt sich dieser Vorgang aufgrund der hohen Temperaturen und des dadurch erhöhten Wasserverbrauchs.

Säugetiere (Seiten 90–91)

1 a Gemeinsam sind dem Hund und der Katze die Gliederung des Skeletts in den Schädel, das Rumpfskelett mit Schwanz und die Extremitäten oder Gliedmaßen. Eine weitere Gemeinsamkeit ist die Fortbewegungsweise als Zehengänger, wobei ein Unterschied darin besteht, dass die Katze die Krallen zurückziehen kann, der Hund aber nicht. Beim Zusammenleben zeigt sich ein weiterer Unterschied: Während Hunde Rudeltiere sind und daher viel Kontakt zum Menschen suchen, sind Katzen Einzelgänger, die weniger an den Menschen gebunden sind.
b Wirbeltiere besitzen ein knöchernes Innenskelett mit einer Wirbelsäule, die aus einzelnen Wirbeln besteht.
c Der Hund ist ein Hetzjäger und daher ein ausdauernder Läufer. Das macht ihn zu einem guten Jagdhund. Sein sehr guter Geruchssinn ermöglicht es, dass er als Spürhund Personen und Gegenstände suchen kann. Als Rudeltier mit einem ausgeprägten Revierverhalten lässt er sich gut als Wachhund und als Hütehund einsetzen.
d 1 = Schneidezahn, 2 = Eckzahn (Fangzahn), 3 = Backenzahn, 4 = Reißzahn
e Säugetiere bringen ihre Jungtiere lebend zur Welt und ernähren sie in der ersten Zeit mit Milch, indem sie sie mit ihren Zitzen säugen.
f 1 = Oberschenkelknochen, 2 = Schienbein, 3 = Wadenbein, 4 = Fersenknochen, 5 = Fußwurzelknochen, 6 = Mittelfußknochen, 7 = Zehenknochen

2 a Beide sind Rudeltiere, zeigen in der Körpersprache Verhaltensweisen wie Imponier-, Droh- und Demutsverhalten, sie hinterlassen Reviermarkierung mit Kot und Urin.
b Kriterium Jagd einzeln oder zu mehreren: Wölfe jagen im Rudel, Katzen sind Einzelgänger, jagen also allein. Kriterium Art der Jagd: Wölfe verfolgen ihr Beutetier längere Zeit, bis es erschöpft ist, sie sind Hetzjäger. Katzen lauern und schleichen sich ungesehen an ihr Beutetier heran, sie sind Schleichjäger.
c Hund und Katze besitzen ein Fleischfressergebiss. Der Hund hat einen sehr guten Geruchssinn und kann seine Beute dadurch gut verfolgen. Er ist als Zehengänger ein ausdauernder Läufer. Die Katze hat besonders angepasste Augen, mit denen sie auch in der Dämmerung sehr gut sehen und ihre Beute fangen kann. Sie kann ihre Krallen zum Anschleichen einziehen und zum Fangen der Beute ausfahren.
d Hunde verteidigen das heimische Grundstück als ihr Revier. Eindringlinge wie der Briefträger werden angegriffen. Das Postamt ist nicht das heimische Revier. Hier greift der Hund den Briefträger nicht an.

3 a Milchrinderrassen sind für die Produktion von Milch gezüchtet. Ihre Jahresmilchleistung ist sehr hoch, die Fleischleistung gering. Anderseits gibt es Rassen, die eine sehr hohe Fleischleistung, aber nur eine geringe Milchleistung vorweisen und daher zu

den Fleischrinderrassen zählen. Solche Rassen bezeichnet man als Einnutzungsrassen. Es gibt aber auch Rassen, die sowohl für die Milch- als auch für die Fleischproduktion gezüchtet werden. Diese Rassen bezeichnet man als Zweinutzungsrassen.
b Bei der Züchtung werden je ein männliches und ein weibliches Tier mit gewünschten Eigenschaften gezielt vom Menschen verpaart. Bei Schweinen werden dabei Eigenschaften zweier Rassen kombiniert, zum Beispiel schnelles Wachstum und große Anzahl an Ferkeln. Soche Eigenschaften nennt man Zuchtziele. Einige Nachkommen aus der Verpaarung dieser Elterntiere zeigen die gewünschten Eigenschaften. Diese Nachkommen wählt man aus und verpaart sie erneut. Dies wird über viele Generationen wiederholt. Man erhält so Rassen mit besonders geeigneten Eigenschaften.

4 a 1 = Backenzahn, 2 = Schneidezahn, 3 = Eckzahn (Hauer)

b Rind: Pflanzenfressergebiss

6	0	0	0	0	6
6	1	3	3	1	6

Schwein (Keiler): Allesfressergebiss

7	1	3	3	1	7
7	1	3	3	1	7

c Die Backenzähne des Rindes sind flach wie Mahlsteine und haben raue Oberflächen, zwischen denen die Nahrung zerrieben wird. Die Backenzähne des Hundes sind spitz und scharf. Besonders ein Paar auf jeder Seite wirkt wie eine Schere und dient dem Zerreißen der Nahrung, daher nennt man sie auch Reißzähne.

5 a Die vorderen Zehenspitzen der Huftiere sind mit einem Huf aus Horn umgeben, auf dem sie laufen. Rinder und Schweine haben behufte Zehen, die paarweise angeordnet sind, weswegen man sie als Paarhufer bezeichnet. Zehenspitzengänger laufen nur auf dem vordersten Zehenknochen.
b Schweine können ihre Zehen spreizen. Dadurch sinken sie auch im feuchten oder sumpfigen Untergrund nicht so weit ein und können sich in diesem Gelände gut fortbewegen.

6 a Land: Eichhörnchen, Reh, Fuchs; Wasser: Biber, Wale; Luft: Fledermaus
b Der Biber ist durch seine Körperform an das Leben an und im Wasser angepasst. Der Körper ist länglich, der Schwanz unbehaart und zur Biberkelle abgeflacht, er dient zum Steuern im Wasser. Eine weitere Angepasstheit zeigt das Fell: Es ist wasserabweisend, weil der Biber es ständig einfettet.
Bei Fledermäusen, die an den Lebensraum Luft angepasst sind, sind die Vordergliedmaßen zu Flügeln umgebildet. Sie jagen auch im Flug. Dies gelingt ihnen durch eine besondere Angepasstheit: die Echoortung, mit der sie Insekten wahrnehmen. Maulwürfe sind an ihre grabende Lebensweise im Boden durch besonders gestaltete Vordergliedmaßen in Form von Grabhänden angepasst. Auch ihr walzenförmiger Körperbau und ihr Fell ohne Strichrichtung stellen Angepasstheiten an ihr Leben in engen Gängen dar.
c Es gibt winteraktive Tiere, Winterruher und Winterschläfer. Winteraktive Tiere fressen sich im Herbst Fettreserven an, um den Winter zu überstehen. Sie bleiben aktiv, bewegen sich aber weniger. Körpertemperatur, Herzschläge und Atemzüge pro Minute entsprechen der im Sommer. Sie bekommen ein Winterfell, das die Wärmeabgabe verringert. Beispiele sind das Reh, der Biber und der Maulwurf. Winterruher wie das Eichhörnchen halten während ihrer Ruhe ihre Körpertemperatur aufrecht, senken aber ihre Atemzüge und Herzschläge pro Minute ab, sodass sie weniger Energie benötigen. Sie wachen gelegentlich auf, um Nahrung zu sich zu nehmen. Winterschläfer senken ihre Körpertemperatur drastisch auf etwa 5 Grad Celsius ab. Die Anzahl ihrer Atemzüge und Herzschläge pro Minute sinkt stark. Ihr Stoffwechsel ist damit deutlich verlangsamt, sodass sie sehr wenig Energie für die Aufrechterhaltung der Lebensvorgänge benötigen und den Winter durchschlafen. Beispiele sind der Siebenschläfer, der Hamster und die einheimischen Fledermausarten.
d Fleischfresser: Hund, Katze; Pflanzenfresser: Rind, Reh, Biber (Nagetier); Allesfresser: Schwein, Eichhörnchen (Nagetier); Insektenfresser: Maulwurf
e Wiederkäuer sind Pflanzenfresser. Zu ihnen zählt beispielsweise das Rind. Wiederkäuer kauen ihre Nahrung mehrmals und besitzen einen mehrteiligen Magen (aus Pansen, Netzmagen, Blättermagen und Labmagen).

7 a Die Informationen in einem Steckbrief sollten in verschiedene Kategorien gegliedert sein. Die wichtigsten Informationen sollten am Anfang stehen. Der Steckbrief sollte nicht zu viele Informationen enthalten, damit er noch übersichtlich ist. Er sollte auch ansprechend gestaltet und gut lesbar sein.

Außerdem sollte er ein oder zwei Fotos des jeweiligen Lebewesens enthalten.

b Ergänzter Steckbrief des Eichhörnchens

Lebensweise: tagaktiv, klettert in Bäumen, baut Nester (Kobel), wo es übernachtet, seine Jungen großzieht und Winterruhe hält

Nahrung: Allesfresser; Nüsse, Beeren, Pilze, Knospen, Insekten, Vogeleier, Jungvögel

Wissenswert: Es legt Wintervorräte an. Wenn es diese vergisst, keimen sie. Das Eichhörnchen wird deshalb auch als „Gärtner des Waldes" bezeichnet.

c Vergleich: Kriterien, Gemeinsamkeiten, Unterschiede

Je nach Fragestellung wählt man geeignete Kriterien für den Vergleich. Man prüft für jedes Kriterium nacheinander die zu vergleichenden Tiere, ob sie hinsichtlich dieses Kriteriums Gemeinsamkeiten aufweisen oder Unterschiede. Man kann diese übersichtlich in einer Tabelle darstellen.

d Kriterien zur Bewertung der Haltungsbedingungen von Rindern können sein: Stall- oder Weidehaltung, zur Verfügung stehender Platz, Art des Futters.

e Argument 1 ist sachlich falsch und daher kein gültiges Argument. Argument 2 ist unsachlich; hier wird das Tier nach menschlichen Kriterien beurteilt. Glücklich ist eine menschliche Eigenschaft, die man nicht auf Rinder übertragen kann. Daher ist auch dieses Argument nicht geeignet.

f Mögliche Argumente:

1. Die Weidehaltung ist für Rinder besser geeignet als die Stallhaltung, weil Rinder dadurch ihren natürlichen Bedürfnissen wie Grasen, Laufen und Kontakt zu anderen Tieren in der Herde besser nachkommen können.

2. Die Weidehaltung ist besser, weil Rinder auf diese Weise frische, vielfältige und natürliche Nahrung aufnehmen. (Dies verbessert auch die Fleisch-/Milchqualität.)

Vögel (Seiten 116–117)

1 a Zu Flügeln umgebildete Vordergliedmaßen, stromlinienförmiger Körper, starre Wirbelsäule zur Stabilisierung des Körpers beim Fliegen, Flügel mit Federn, Lunge mit Luftsäcken, geringe Körpermasse durch hohle Knochen, sehr leichter Schädel, Schnabel aus leichtem Horn, keine Zähne

b 1 = Fingerknochen, 2 = Mittelhandknochen, 3 = Handwurzelknochen, 4 = Speiche, 5 = Elle, 6 = Oberarmknochen, 7 = Brustbeinkamm, 8 = Unterschenkelknochen, 9 = Oberschenkelknochen, 10 = Becken

c Die Vordergliedmaßen dienen sowohl bei der Taube als auch bei der Fledermaus dem Fliegen. Kriterium Skelett: Sowohl die Flügel der Taube als auch die der Fledermaus werden vom Armskelett gebildet, wobei sich die Flughaut des Fledermausflügels bis zu den Beinen und dem Schwanz spannt. Teile des Flügels sind jeweils Oberarmknochen, Elle, Speiche, Handwurzelknochen, Mittelhandknochen und Fingerknochen. Während die Hand der Fledermaus fünf Finger besitzt, verfügt die der Taube nur über drei Finger. Das Armskelett des Vogels ist insgesamt kräftiger ausgebildet. Bei der Fledermaus sind die Unterarm-, die Mittelhand- und die Fingerknochen stark verlängert und ermöglichen so eine große Flügelfläche.

Kriterium Flügelfläche/-bedeckung: Während die Flügelfläche des Fledermausflügels von der Flughaut gebildet wird, sind die Flügel der Taube von Federn bedeckt.

d Gemeinsamkeiten bestehen in der äußeren Form und dem röhrenförmigen Grundaufbau. Unterschiede bestehen im Inneren. Beim Vogelknochen besteht es aus vielen kleinen Hohlräumen, die mit Luft gefüllt sind und Luftkammern genannt werden. Das Innere des Säugetierknochens ist eine mit Knochenmark gefüllte Markhöhle.

2 a Schwungfeder, Steuerfeder, Deckfeder (Ein weiterer Federtyp ist die Daune.)

b Steuern: Steuerfeder; Fliegen: Schwungfeder; Körperbedeckung: Deckfeder; Wärmedämmung: Daune

c Zwischen den feinen Strukturen der Federn (Federäste und Federstrahlen) befindet sich Luft. Die Luft wird in den Federn gehalten. So verliert der Vogel nur wenig Körperwärme. Insbesondere die Daunen lagern viel Luft ein und sorgen für Wärmedämmung.

3 a A Aufwärtsschlag, B Abwärtsschlag

b Beim Abwärtsschlag werden die Flügel (durch den großen Flugmuskel) nach unten bewegt. Die Schwungfedern bilden dabei eine geschlossene Fläche, die für Luft undurchlässig ist. So wird der Vogel nach oben und nach vorn gedrückt.

Beim Aufwärtsschlag bewegt der Vogel die Flügel nach oben. Sie sind dabei gedreht (durch Zusammenziehen des kleinen Flugmuskels). Dabei sind die

Schwungfedern gespreizt, sodass die Luft von oben nach unten hindurchströmt. Dadurch ist der Luftwiderstand verringert.

c Beim Ruderflug werden die Flügel mithilfe der Muskulatur schnell auf und ab bewegt. Dies benötigt viel Energie.

d Große Vögel wie Mäusebussarde oder Störche können im Gleitflug längere Strecken zurücklegen, ohne die Flügel auf und ab zu bewegen, da durch die große Flügelfläche ein großer Auftrieb erzeugt wird. Der Gleitflug kann von großen Vögeln mit einer weiteren Flugtechnik kombiniert werden, dem Segelflug. Bei diesem werden Aufwinde genutzt, die zum Beispiel an Berghängen entstehen.

4 a 1 = Dotterhaut, 2 = Keimscheibe, 3 = Kalkschale, 4 = Luftkammer, 5 = Schalenhäute, 6 = Dotter, 7 = Eiklar/Eiweiß, 8 = Hagelschnur

b 1. Dotter (6): Die reife Eizelle, die den Eierstock verlässt, besteht bereits aus der Dotterkugel. 2. Eiklar (7): Das Eiklar wird der Dotterkugel aufgelagert, bevor die Schalenhäute entstehen. 3. Kalkschale (3): Sie wird am Ende des Eileiters durch die Schalendrüse gebildet.

c Der Embryo entwickelt sich aus der Keimscheibe des Eies.

d Der Dotter und das Eiklar sind nährstoffreich. Sie liefern die Nährstoffe, die der Vogelembryo für seine Entwicklung benötigt.

5 a Revier

b In einem Amselrevier müssen ausreichend Nahrung wie Regenwürmer und Insekten sowie Nistmöglichkeiten wie Bäume und Sträucher vorhanden sein. (Es muss groß genug sein, um ausreichend Nahrung zu bieten, aber auch nicht zu groß, damit es vom Amselmännchen gegen Artgenossen verteidigt werden kann.)

c Der Gesang des Amselmännchens dient der Abgrenzung des Reviers. Es signalisiert damit den Anspruch auf das Revier. Außerdem dient der Gesang dazu, Amselweibchen anzulocken.

6 a Amselküken schlüpfen nackt und blind aus dem Ei und sind damit auf die intensive Pflege durch die Eltern angewiesen. Erst nach 14 Tagen sind sie so weit entwickelt, dass sie das Nest verlassen können. Hühnerküken besitzen beim Schlüpfen bereits Daunenfedern. Sie können sehen und kurz nach dem Schlupf laufen sowie Nahrung suchen.

b Amseln sind Nesthocker und Hühner sind Nestflüchter.

7 a / b Standvögel: Kohlmeise, Sperling; Zugvögel: Storch, Rauchschwalbe

c Vögel wie Schwalben, die sich vor allem von Insekten und anderen kleine Tieren ernähren, finden im Winter nicht ausreichend Nahrung in unseren Breiten. Das Fliegen in wärmere Regionen ist eine Strategie, die Nahrungsknappheit im Winter zu umgehen.

d Amseln, die ursprünglich in Waldgebieten lebten, haben sich einerseits neue Lebensräume wie Gärten und Parks in Städten erschlossen, wo auch im Winter, zum Beispiel durch Futterhäuser, ausreichend Nahrung vorhanden ist. Andererseits werden die Winter bei uns bedingt durch den Klimawandel wärmer und das Nahrungsangebot daher für Vögel besser. Vögel, die hier überwintern, haben außerdem den Vorteil, dass sie zeitig im Frühjahr Reviere besetzen können.

e Die Futterstelle ist sauber zu halten, damit sich die Vögel nicht mit Krankheiten anstecken. Das Angebot an Nahrung sollte passend und vielfältig sein und zum Beispiel aus Nüssen, Haferflocken, Rosinen und Obst bestehen. Brot und salzige Essensreste dürfen nicht verfüttert werden. Meisenknödel sollten möglichst nicht von Kunststoffnetzen umhüllt sein.

Fische – Amphibien – Reptilien (Seiten 156–157)

1 a Fische besitzen einen stromlinienförmigen Körperbau, nutzen Flossen zur Fortbewegung, haben das Seitenlinienorgan als besonderes Sinnesorgan zur Wahrnehmung von Schwingungen im Wasser, atmen über Kiemen, ernähren sich von Wasserorganismen und überwintern als wechselwarme Tiere im Wasser. Knochenfische haben eine Schwimmblase zur Änderung ihrer Lage im Wasser.

b Fische atmen über Kiemen, die links und rechts am Kopf unter den Kiemendeckeln liegen. Beim Einatmen öffnen sie ihren Mund und schließen den Kiemendeckel, sodass Wasser an den Kiemen vorbeifließt. Dabei nehmen die gut durchbluteten Kiemenblättchen Sauerstoff aus dem Wasser in die Blutgefäße auf. Im Austausch geben die Blutgefäße Kohlenstoffdioxid über die Kiemenblättchen ins Wasser ab. Die Aufnahme von Sauerstoff und die Abgabe von Kohlenstoffdioxid nennt man Gasaustausch. Beim Ausatmen öffnen sich die Kiemendeckel und der Mund schließt sich, sodass das Wasser durch den Kiemenraum wieder herausfließt.

c Haie gehören zu den Knorpelfischen und haben keine Schwimmblase, um den Auftrieb zu regulieren. Sie können also nicht Gase in die Schwimmblase füllen oder diese entleeren, um ihre Lage im Wasser zu ändern. Nur durch aktive Schwimmbewegungen können Haie verhindern, dass sie auf den Boden sinken.

d Die Rückenflosse hält den Fisch im Gleichgewicht und stabilisiert seine Lage wie der Kiel beim Schiff. Die Seitenflossen dienen der Richtungsänderung wie die Ruder beim Ruderboot. Die Schwanzflosse treibt den Fisch an wie der Heckmotor eines Motorboots. Die Schwimmblase ermöglicht das Schweben, Schwimmen und Sinken wie die Sauerstofftanks beim U-Boot. Die stromlinienförmige Körperform wird oft für den Schiffsrumpf übernommen.

2 a Es handelt sich um die äußere Befruchtung.

b Der Stichling betreibt Brutpflege.

c Der Vorteil ist, dass die Eier und Larven vor Feinden geschützt sind und optimal mit Frischwasser versorgt werden. So können sich die Larven gut im Nest entwickeln. Die Weibchen legen auch weniger Eier und trotzdem gibt es viele Nachkommen. Nachteile ergeben sich für das Männchen, da es durch die Brutpflege rund um die Uhr ans Nest gebunden ist und viel Zeit sowie Energie investiert.

3 a Gemeinsamkeiten: Vorhandensein von Arm- und Beinskelett, Wirbelsäule, Rippen, Schädel; beide haben 4 Finger und 5 Zehen.
Unterschiede: Teichfrosch hat breiteren Schädel und Schultergürtel, unterschiedliche Arm- und Beinskelette, lange Beckenknochen; Bergmolch hat eine lang gestreckte Wirbelsäule mit mehr Wirbelknochen und Rippen insbesondere Schwanzwirbeln, gleich gestalte Arm-/Beinskelette.

b Der Bergmolch hat eine lang gestreckte Wirbelsäule mit vielen beweglichen Wirbeln und stabilisierenden Schwanzwirbeln. Seine Gliedmaßen sind annähernd gleich lang und nach vorne gerichtet, sodass er auf dem Hand- und Fußskelett laufen kann. (Das kleine Becken unterstützt die Beweglichkeit der Beine.)

c Durch die unterschiedlich langen Arme und Beine kann der Frosch nicht auf beiden Gliedmaßen in gleicher Höhen laufen. Er würde nach vorne kippen. Die Wirbelsäule ist ebenfalls zu kurz für eine schlängelnde Bewegung und der breite Schultergürtel schränkt die Beweglichkeit der Arme ein. Dem Salamander fehlen die langen Hinterbeine, um sich für den Sprung abdrücken zu können. Er kann sich nicht dazu auf seine kurzen Hinterbeine setzen, sondern nur mit allen Gliedmaßen gleichzeitig etwas hochdrücken. Durch die lange Wirbelsäule und die kleinen Schulterblätter könnte er den Sprung auch nicht abfedern.

4 a Der Teichfrosch verbringt seine Entwicklung vom Ei zur Larve bis hin zum Jungfrosch im Wasser. Dort findet auch die Fortpflanzung statt. An Land lebt er als erwachsenes Tier, sobald seine Lunge ausgreift ist und er an der Luft atmen kann. Aufgrund seiner Hautatmung muss er aber in feuchten Gebieten beziehungsweise in Wassernähe bleiben und dort auch überwintern.

b Amphibien besitzen eine dünne, drüsenreiche Haut, die feucht gehalten werden muss, damit sie auch über die Haut atmen können. Damit die Haut beziehungsweise der Schleim nicht austrocknet, müssen sie in feuchten Gebieten leben.

c Im Gewässer können sie über die Hautatmung Sauerstoff aufnehmen. Die Versorgung über die Hautatmung ist möglich, da der Stoffwechsel heruntergefahren wird und sie Sauerstoff aus dem Wasser aufnehmen können. (Kälteres Wasser enthält mehr Sauerstoff als warmes.) Im Erdreich können sie über die Lungen und die Haut atmen, da die Sauerstoffaufnahme aus der sie umgebenden Luft über die Haut und eine stark verlangsamte Lungenatmung möglich ist.

5 a Eine große Gefahr stellt der Straßenverkehr dar. Daher werden Zäune und Tunnel um die Geburtsgewässer errichtet und Kröten auch in Eimern über die Straße getragen.

b Bei der Erdkröte ähnelt die Kaulquappe nicht dem erwachsenen Tier. Während des Larvenstadiums treten grundlegende Veränderung im Körperbau auf. So werden zum Beispiel Kiemen und Schwanz zurückgebildet sowie Lungen und ein froschartiges Aussehen ausgebildet. Diese Gestaltwandlung bezeichnet man als Metamorphose.

c Kröten kehren immer wieder zur Fortpflanzung in ihr Geburtsgewässer zurück. Ist es zerstört, wandern sie trotzdem dorthin. Sie könnten sich nicht fortpflanzen, wenn man sie nicht zu einem anderen Gewässer tragen würde. Ihre Nachkommen schlüpfen dann im neuen Gebiet aus den Eiern und wandern später dorthin zur Fortpflanzung zurück. Daher müssen nur die Elterntiere jedes Jahr umgesetzt werden.

6 a Das Nilkrokodil hat einen abgeflachten Körper, 4 gleichartige Gliedmaßen und eine langen Schwanz sowie eine lang gezogene Schnauze. Seine Haut besitzt dicke Hornschuppen.

b Aufgrund seines Körperbaus mit dem lang gestreckten Körper, dem Schwanz und den 4 Gliedmaßen ähnelt es einem zu groß geratenen Schwanzlurch. Außerdem lebt es am Wasser.

c Der Teichmolch hat eine andere Schädelform und keine scharfen Zähne. Er ist wesentlich kleiner und seine Haut ist dünn und mit Schleim überzogen, wohingegen das Krokodil eine dicke, feste Haut mit Hornschuppen besitzt. Aufgrund der feuchten Haut kann der Teichmolch über die Haut atmen, während das Nilkrokodil nur über Lungen atmen kann, weshalb die Nasenlöcher meist aus dem Wasser herausschauen. Man kann das Nilkrokodil auch bei höheren Temperaturen beobachten, wie es sich an Land sonnt (aufwärmt), der Teichmolch würde dabei austrocknen. Die Färbung der Tiere ist ebenfalls unterschiedlich.

7 a Größe, Gestalt des Körpers, Schädelform, Gliedmaßen: vorhanden oder nicht; Gestalt der Gliedmaßen, Panzer: vorhanden oder nicht; Haut: Färbung und Hautstruktur

b Bestimmungsschlüssel Reptilien:

1	Kriterium: Gliedmaßen	gleich gestaltete Vorder- und Hinterbeine	weiter bei 2
1*		keine Vorder- und Hinterbeine erkennbar, schlangenartige Gestalt	Ringelnatter
2	Kriterium Panzer	Rückenpanzer vorhanden	Sumpfschildkröte
2*		Rückenpanzer nicht vorhanden	weiter bei 3
3	Kriterium Haut	große, aufragende Hornschuppen aufgrund der Größe (> 2 Meter)	Nilkrokodil
3*		kleine, dachziegelartig angeordnete Hornschuppen	Zauneidechse

(Der Bestimmungsschlüssel kann auch in Form eines Schemas wie auf Seite 132 dargestellt werden.)

8 a Säugetiere, Reptilien, Vögel, Amphibien, Fische. Zuerst sind die Fische vor etwa 435 Millionen Jahren entstanden, dann die Amphibien vor etwa 350 Millionen Jahren und die Reptilien vor etwa 230 Millionen Jahren. Von den Reptilien haben sich zuerst die Säugetiere vor etwa 200 Millionen Jahren und später die Vögel vor etwa 150 Millionen Jahren abgespalten.

b Siehe zum Beispiel Seite 148, Abbildung 2.

c Vergleich als Tabelle:

Kriterien	Vögel	Säugetiere
Fortbewegung	fliegen, laufen, schwimmen	laufen, schwimmen, fliegen
Körperbedeckung	Federn	Haare (Fell)
Körpertemperatur	gleichwarm	gleichwarm
Befruchtung	innere Befruchtung	innere Befruchtung
Entwicklung	eierlegend, Entwicklung außerhalb des Mutterleibs	lebendgebärend, Entwicklung innerhalb des Mutterleibs

9 a Fossilien sind Überreste und Abdrücke von Lebewesen, die in früheren Zeiten gelebt haben. Stirbt ein Lebewesen und wird mit Schlamm, Sand oder Erde bedeckt, so versteinern die Knochen mit der Zeit. Andere Teile des Lebewesens werden abgebaut und hinterlassen Abdrücke im versteinerten Boden.

b Der Tiktaalik zeigt Merkmale von Fischen und Landtieren. Er gilt als Verbindungsglied beziehungsweise Übergangsform zwischen Fischen und Amphibien. Obwohl er noch Flossen, Kiemen und Schuppen besaß, hatte er schon einfache Lungen und als Gliedmaßen fleischige Flossen, mit denen er sich an Land fortbewegen konnte.

10 a Der Mensch verändert und zerstört Lebensräume durch die Anlage von Siedlungen und die landwirtschaftliche Nutzung von Flächen. Durch intensive Tierhaltung verbreitet er Krankheitserreger unter den Tieren. Unkontrolliertes Jagen und Überfischen, die Abholzung von Wäldern und die Überweidung vermindern ebenfalls Anzahl und Vielfalt der Arten. Schädlingsbekämpfungsmittel verschmutzen Land- und Gewässerlebensräume. Eingeschleppte fremde Arten können einheimische Arten verdrängen. Klimaveränderungen durch den menschengemachten Klimawandel wirken sich auf das Leben vieler Tierarten aus. Sie sind bedroht oder wandern ab, weil ihre Lebensräume so stark verändert werden, dass sie

mit den Lebensbedingungen nicht mehr zurechtkommen, oder indem die Nahrung knapp wird.
b Als wechselwarme Tiere sind Zauneidechsen auf die Wärme der Sonne angewiesen, um ihre Körperaktivitäten aufrechtzuerhalten. Daher sonnen sie sich gerne auf Steinplatten. In die Spalten von Steinhaufen und Mauern ziehen sie sich bei zu starker Sonneneinstrahlung oder Gefahr zurück. Die abwechslungsreiche Bepflanzung lockt Beutetiere an, vor allem Insekten.

Körper des Menschen (Seiten 210–211)

1 a Stützfunktion: Wirbelsäule, Becken, Fußskelett
Schutzfunktion: Schädel, Brustkorb, Becken
Beweglichkeit: Wirbelsäule, Gliedmaßenskelett, Gelenke
b Knochen des Beinskeletts: Oberschenkelknochen, Kniescheibe, Wadenbein, Schienbein, Ferse, Fußwurzelknochen, Mittelfußknochen, Zehenknochen

2 a Die Wirbelsäule besteht aus einzelnen Knochen, den Wirbeln. Sie werden nach der Lage im Körper in 7 Halswirbel, 12 Brust- und 5 Lendenwirbel unterteilt. Weitere 5 Wirbel sind zum Kreuzbein verwachsen. Daran schließen sich die letzten Wirbel an, die sehr klein sind und das Steißbein bilden. Die Wirbelsäule ist doppelt S-förmig gebogen. Zwischen den Wirbeln liegen die elastischen Bandscheiben.
b Die Bandscheiben dämpfen Stöße ab und verhindern außerdem die Reibung der Wirbelknochen aneinander.

3 a 1 = Sehne, 2 = Schulterblatt, 3 = Beugemuskel, 4 = Streckmuskel, 5 = Oberarmknochen, 6 = Speiche, 7 = Elle
b Sehnen verbinden Knochen mit den Muskeln. Dies ist die Voraussetzung, dass das Zusammenziehen der Muskeln eine Wirkung hat wie beispielsweise das Beugen des Arms.
c Beuge- und Streckmuskel arbeiten entgegengesetzt. Wenn sich der Beugemuskel im Oberarm zusammenzieht, wird der Unterarm angehoben (da er mit einer Sehne an der Speiche verbunden ist). Das Anheben ist aber nur möglich, weil sich der gegenüberliegende Streckmuskel dehnt. Umgekehrt dehnt sich der Beugemuskel, wenn sich der Streckmuskel verkürzt und den Arm dadurch streckt.
d Ein Gelenk ist eine bewegliche Verbindung zwischen Knochen. Der eine Knochen bildet den Gelenkkopf, der andere die Gelenkpfanne. Beide sind durch eine Knorpelschicht geschützt. Im Gelenkspalt befindet sich Gelenkschmiere, die das Aneinandergleiten der Knochen erleichtert. Die Gelenkkapsel hält das Gelenk zusammen und wird durch Gelenkbänder noch verstärkt. Je nach Bau sind die Bewegungsmöglichkeiten eines Gelenks unterschiedlich. Ein Scharniergelenk (▶ 2B) beispielsweise lässt sich nur um eine Achse drehen beziehungsweise hin und her bewegen.
e 2A = Kugelgelenk, 2B = Scharniergelenk
f Beim Schultergelenk handelt es sich um ein Kugelgelenk. Man kann es kreisend in viele Richtungen bewegen.

4 a Nährstoffe: Kohlenhydrate, Proteine (Eiweiße), Fette; weitere Inhaltsstoffe: Vitamine, Mineralstoffe, Ballaststoffe
b Die Begriffe beziehen sich auf die Verwendung der Nährstoffe im Körper. Baustoffe werden genutzt, um neue Zellen und Gewebe im Körper aufzubauen. Dafür werden hauptsächlich Proteine, aber auch Fette und Kohlenhydrate genutzt. Betriebsstoffe liefern Energie für Vorgänge im Körper wie Bewegung, aber auch andere Lebensvorgänge wie Herzschlag oder Atmung. Als Betriebsstoffe werden vor allem Kohlenhydrate und Fette genutzt.

5 a Maja hatte einen höheren Leistungsumsatz und einen höheren Energiebedarf, da sie sich mehr bewegt hat als Kira. Sie ist Fahrrad gefahren und hat Handball gespielt, während Kira den Tag überwiegend sitzend verbracht hat.
b Der Grundumsatz ist die Energie, die der Körper benötigt, um Lebensfunktionen wie Atmung, Herz- und Gehirntätigkeit aufrechtzuerhalten. Dies trifft auf beide Mädchen gleichermaßen zu (und weil beide gleich groß, gleich schwer sind und das gleiche Alter haben).
c Die Mahlzeit mit den Spaghetti ist deutlich energiereicher. Daher ist diese für Maja zu empfehlen, die einen höheren Energiebedarf hat. Mit dieser Mahlzeit kommt sie ungefähr auf die täglich empfohlene Energiemenge. Die Mahlzeit mit der Kürbissuppe ist eher für Kira zu empfehlen, die sich wenig bewegt und dadurch einen geringeren Energiebedarf hat.
d Es wird empfohlen, dass der überwiegende Teil der Nahrung aus Gemüse und Obst bestehen soll, außerdem sollte man Ballaststoffe sowie wenig Fett und wenig Zucker zu sich nehmen. Hinsichtlich dieser

Kriterien ist die Mahlzeit mit der Kürbissuppe eher zu empfehlen. Die Spaghettimahlzeit enthält viel Fett und durch die Limonade und den Nachtisch auch relativ viel Zucker.

6 a Mund: Stärke (Kohlenhydrat); Magen: Proteine (Eiweiß); Dünndarm: Fette, Zucker (Kohlenhydrat)

7 a Enzyme wie die Amylase wirken in geringen Mengen und arbeiten wie Werkzeuge. Amylase, das im Speichel enthalten ist, zerlegt Stärke, wobei Malzzucker entsteht. Die Amylase wird dadurch nicht verändert und kann weitere Stärke zerlegen. Jedes Enzym hat eine bestimmte Wirkung. Amylase kann also nur Stärke abbauen.
b Man kann in je zwei Reagenzgläser die gleiche Menge Stärke und Wasser geben. Zu beiden Stärkelösungen gibt man etwas Iod-Kaliumiodid-Lösung, wodurch sich eine Violettfärbung ergibt. Dann fügt man in ein Reagenzglas einige Tropfen Mundspeichel hinzu, in das andere einige Tropfen Wasser. Die Stärkelösung, zu der Mundspeichel gegeben wurde, entfärbt sich, da die Amylase im Speichel die Stärke in Malzzucker zerlegt hat.

8 a Mundhöhle, Nasenhöhle, Rachen, Kehlkopf (mit Kehldeckel), Luftröhre, Bronchien, Bronchiolen, Lunge, Lungenbläschen
b Beim Einatmen wird Luft über die Atemwege bis zu den Lungenbläschen transportiert. Diese sitzen zu vielen traubenförmig an den Bronchiolen. Über die dünnen Wände der Lungenbläschen tritt Sauerstoff in die Lungenkapillaren und so ins Blut über. Die Kapillaren umgeben die Lungenbläschen wie ein feines Netz. Umgekehrt gelangt Kohlenstoffdioxid aus dem Blut über die Kapillaren in die Lungenbläschen und kann ausgeatmet werden. Durch die Vielzahl der Lungenbläschen ergibt sich eine sehr große Oberfläche, durch die viel Sauerstoff aufgenommen und Kohlenstoffdioxid abgegeben werden kann. Das Prinzip der Oberflächenvergrößerung gewährt also einen optimalen Gasaustausch.

9 a Flüssiger Bestandteil: Blutplasma; enthält Nähr-, Mineralstoffe, Botenstoffe, Abfallstoffe sowie Eiweiße für die Blutgerinnung; feste Blutbestanteile: rote Blutzellen, weiße Blutzellen, Blutplättchen
b rechte Herzkammer, Lungenarterie, Lungenkapillaren, Lungenvene, linker Vorhof, linke Herzkammer, Körperarterie, Körperkapillaren, Körpervene, rechter Vorhof

Sexualität und Fortpflanzung des Menschen (Seiten 236–237)

1 a Zwischen dem 10. und 17. Lebensjahr findet bei Mädchen und Jungen eine Zeit großer körperlicher und psychischer Veränderungen statt. Die Entwicklung vom Mädchen zur Frau und vom Jungen zum Mann ist geprägt von körperlichem Wachstum, Reifung der primären Geschlechtsorgane, Ausbildung der sekundären Geschlechtsmerkmale, Umbau des Gehirns mit möglichen Stimmungsschwankungen sowie Wandel der Beziehungen zu anderen Menschen.
b Entwicklung bei Mädchen: Die Phase des körperlichen Wachstums findet hauptsächlich vom 10. bis 14. Lebensjahr statt. Die erste Monatsblutung setzt zwischen den Lebensjahren 10,5 und 15,5 ein. Die Entwicklung der Brüste kann eine ähnlich große Zeitspanne umfassen, beginnend mit dem 10. Lebensjahr kann sie sich auch über das 15. Lebensjahr hinaus noch weiterentwickeln. Die Entwicklung der Intimbehaarung erfolgt zwischen den Lebensjahren 9,5 und 12,5.
Entwicklung bei Jungen: Die Veränderungen beginnen mit der Größenzunahme der Hoden und kurz darauf des Penis sowie dem ersten Samenerguss, etwa im Alter von 11 Jahren. Der Stimmbruch tritt zwischen den Lebensjahren 11,5 und 15,5 ein. Der Wachstumsschub erfolgt bei Jungen erst später, im Alter von 13 bis 18 Jahren. Während die Intimbehaarung bereits zwischen dem 11. und 15. Lebensjahr beginnt, setzt der Bartwuchs erst nach dem 16. Lebensjahr ein.

2 a Wenn die Ausführgänge der Haarfollikel mit Hautschuppen verstopft wird, können sich dort Talg und Bakterien festsetzen. Dadurch kann es zu Entzündungen kommen, wodurch die Stelle anschwillt, es bildet sich ein eitriger Pickel.
b Regelmäßige Hautreinigung (mit milden Reinigungsmitteln), um Hautschuppen, Talg und Bakterien zu entfernen, kann der Bildung von Pickeln vorbeugen.

3 a Als primäre Geschlechtsorgane bezeichnet man die Geschlechtsorgane, die bereits bei der Geburt angelegt sind, zum Beispiel Penis und Hoden sowie Vulva und Eierstöcke. Die sekundären Geschlechtsorgane sind die Geschlechtsmerkmale, die sich im Verlauf der Pubertät ausbilden, zum Beispiel Intimbehaarung, weibliche Brust und Bart.

b Die äußeren und inneren Vulvalippen bedecken und schützen die empfindlichen Schleimhäute.
Die Klitoris enthält Schwellkörper und dient dem Lustempfinden.
Die Vagina verbindet äußere und innere Geschlechtsorgane.
Die Eierstöcke sind der Speicherort der Eizellen.
Die Eileiter verbinden Eierstöcke und Gebärmutter.
Die Gebärmutter ist der Ort, an dem sich der Embryo entwickelt.
Der Penis enthält Schwellkörper und dient dem Lustempfinden.
Bläschendrüse und Prostata produzieren Flüssigkeit für die Spermien.
Die Vorhaut dient dem Schutz des Penis.
Die Hoden mit den Nebenhoden dienen der Produktion und Speicherung der Spermien.
Die Harn-Sperma-Röhre transportiert Sperma und Harn.
Der Spermienleiter leitet die Spermien zur Prostata.
c Der Zyklus startet mit dem ersten Tag der Menstruationsblutung. Nachdem die Menstruation beendet ist, reift eine neue Eizelle in einem der beiden Eierstöcke und die Schleimhaut in der Gebärmutter wird erneut aufgebaut. Am 14. Tag kommt es zum Eisprung und die reife Eizelle wandert durch den Eileiter in Richtung Gebärmutter. Wird die Eizelle auf dem Weg zur Gebärmutter nicht befruchtet, stirbt sie ab und wird zusammen mit der Gebärmutterschleimhaut abgestoßen, die Menstruationsblutung setzt wieder ein. Dieser Prozess umfasst etwa 28 Tage, dann beginnt der Zyklus von vorn.
d Spermien werden in den Hoden gebildet.
↓
Sie gelangen dann in die Nebenhoden, wo sie gespeichert werden und reifen.
↓
Durch den Spermienleiter werden sie zu Bläschendrüse und Prostata transportiert. Diese geben Flüssigkeiten dazu, die wichtig für die Beweglichkeit und das Überleben der Spermien sind.
↓
Nun gelangen sie in die Harn-Sperma-Röhre und werden bei einer Ejakulation aus dem Penis ausgestoßen.

4 a Das biologische Geschlecht ist bei der Geburt anhand der primären Geschlechtsorgane wie Penis oder Vulva sichtbar. Die Geschlechtsidentität beschreibt, wie ein Mensch sein eigenes Geschlecht empfindet.
b Ein Mensch kann sich weiblich fühlen, obwohl er primäre männliche Geschlechtsorgane besitzt, also biologisch ein Mann ist. Ebenso gibt es Personen mit primären weiblichen Geschlechtsorganen, die sich als Mann fühlen. Es gibt auch Menschen, die sich keinem Geschlecht zugehörig fühlen.
c Homosexuell (lesbisch, schwul), heterosexuell, bisexuell

5 a Eigenschaften, die einem an einem Partner oder einer Partnerin wichtig sind, könnten sein: ehrlich, liebevoll, stark, intelligent, lustig, attraktiv.
b Vorteile: große Anzahl an Menschen, die man kennenlernen kann; Entfernungen spielen erst einmal keine Rolle; scheinbar sichere Anonymität des Internets; bietet auch für schüchterne oder unsichere Menschen eine Chance
Nachteile: man weiß nicht, wer tatsächlich hinter einem Profil steht (falsches Profil); viele Online-Partnervermittlungen sind sehr teuer; der Wahrheitsgehalt der Angaben lässt sich nicht überprüfen; Gefahr durch Belästigung und sexualisierte Gewalt

6 a Geschlechtsverkehr, Befruchtung einer Eizelle, Einnistung der befruchteten Eizelle in die Gebärmutterschleimhaut (Verhinderung des Abbaus der Gebärmutterschleimhaut durch Hormone)
b Zygote, Zellhaufen, Keimbläschen, Embryo, Fetus
c 1 = (Wand der) Gebärmutter, 2 = Plazenta, 3 = Nabelschnur, 4 = Fetus, 5 = Fruchtblase/Fruchtwasser, 6 = Vagina
d Verhütungsmittel wie Kondome und Antibabypillen sind geeignet. Ein großer Vorteil von Kondomen ist, dass sie bei richtiger Anwendung sehr sicher sind und gleichzeitig vor sexuell übertragbaren Krankheiten schützen. Nachteilig ist, dass sie richtig passen müssen, man sie korrekt anwenden muss und sie bei falscher Anwendung reißen können. Der Vorteil der Antibabypille ist, dass sie sehr einfach anzuwenden ist. Als Nachteil kann man betrachten, dass sie verschreibungspflichtig ist, Nebenwirkungen hat und dass sie ihre Zuverlässigkeit verliert, wenn sie nicht regelmäßig eingenommen wird.

Samenpflanzen (Seiten 302–303)

1 a

Grundorgan	Funktionen
Wurzel	• Verankerung im Boden • Aufnahme von Wasser und Mineralstoffen • Speicherorgan
Sprossachse	• leitet Wasser, Mineral- und Nährstoffe • trägt die Laubblätter und Blüten • gibt der Pflanze ihre Form
Laubblätter	• Herstellung der Nährstoffe über die Fotosynthese • Sog durch Wasserdampfabgabe

b Wurzeln verzweigen sich im Boden, sodass sie die Pflanze gut verankern können. Dadurch haben sie auch eine große Oberfläche zur Wasseraufnahme. Diese wird noch stärker durch die Wurzelhärchen vergrößert. Über sie wird das Wasser mit Mineralstoffen in die Pflanze aufgenommen und zum Zentralzylinder geleitet.

c Nachdem das Wasser durch die Wurzeln aufgenommen und zum Zentralzylinder weitergeleitet wurde, gelangt es in die Sprossachse. In den Gefäßen der Sprossachse wird es transportiert und in der ganzen Pflanze verteilt. Dass es entgegen der Erdanziehungskraft dabei nach oben strömt, wird durch einen Sog in Richtung der Laubblätter ermöglicht. An der Unterseite der Laubblätter befinden sich die Spaltöffnungen. Über diese wird Wasserdampf an die Umgebung abgegeben, was den Sog des Wassers in den Gefäßen bewirkt. Ohne das Zusammenspiel der drei Grundorgane wäre die Versorgung der ganzen Pflanze mit Wasser und Mineralstoffen nicht möglich.

d Jedem Lebewesen dienen energiereiche Nährstoffe zur Ernährung, damit es überleben kann. Diese können wie beim Menschen entweder mit der Nahrung aufgenommen oder im Organismus selbst hergestellt werden, so wie bei den Pflanzen über die Fotosynthese. Mithilfe des Sonnenlichts und der Chloroplasten in den Laubblättern wird aus Kohlenstoffdioxid und Wasser der Nährstoff Traubenzucker sowie Sauerstoff hergestellt.

2 a 1 = Kelchblatt, 2 = Staubblatt, 3 = Fruchtknoten/Stempel, 4 = Kronblatt

b Bestäubung ist die Übertragung des Pollens von den Staubblättern einer Blüte auf die Narbe einer anderen Blüte.

c Dargestellt ist eine Form der Insektenbestäubung. Auf der Suche nach dem Nektar gelangen die Pollenkörner an den Körper der Biene und bleiben haften. Fliegt die Biene nun zu einer weiteren Blüte der gleichen Art, hinterlässt sie die Pollenkörner unter anderem auf der klebrigen Narbe, wodurch sie diese bestäubt.

d Die Windbestäubung ist eine weitere Art der Bestäubung. Die Blüten sind meist unscheinbar und ohne auffällige Kronblätter. Sie verströmen keinen besonderen Duft und produzieren keinen Nektar, aber große Mengen Pollen. Die Hasel ist eine windbestäubte Pflanze. (Weitere Bestäubungsart: Wasserbestäubung)

e Korrekte Reihenfolge:
C) Das Pollenkorn keimt auf dem Stempel.
E) Ein Pollenschlauch wächst durch den Griffel in Richtung des Fruchtknotens.
D) Über diesen Schlauch wandern die männlichen Geschlechtszellen zur Samenanlage.
F) In der Samenanlage treffen sie auf die Eizelle.
A) Eizelle und Spermienzelle verschmelzen.
B) Ein Embryo entsteht.

3 a Flugfrüchte (werden durch Wind ausgebreitet), z. B. Löwenzahnfrucht, Ahornfrucht; Schwimmfrüchte (werden durch das Wasser ausgebreitet), z .B. Kokosnuss; Lockfrüchte (werden durch Tiere ausgebreitet), z. B. Kirsche, Haselnuss

b Die Frucht in 3A (Frucht der Linde) wird vermutlich durch den Wind ausgebreitet, ist also ein Flugfrucht, denn sie besitzt flügelartig verbreitete Fortsätze. Die Frucht in 3B (Klette) ist vermutlich eine Klettfrucht, denn sie hat kleine Widerhaken, mit denen sie sich im Fell von Tieren verfangen kann.

4 a Die Vermehrung über Ausläufer wird als ungeschlechtliche Fortpflanzung bezeichnet, die über Lockfrüchte als geschlechtliche Vermehrung. Vermehrung über Ausläufer: Von Vorteil sind die vielen Nachkommen, die in kurzer Zeit gebildet werden, ohne auf andere Pflanzen der gleichen Art angewiesen zu sein. Nachteilig ist, dass die Vermehrung nur in der Nähe der Mutterpflanze erfolgt, daher ist die Ausbreitung sehr begrenzt. (Die Nachkommen sind untereinander und hinsichtlich der Erbanlagen mit der Mutterpflanze identisch, wodurch keine neuen Eigenschaften ausgebildet werden können.) Vermehrung über Lockfrüchte: Vorteil ist die weite Verbreitung der Samen durch Tiere. Dadurch können neue Lebensräume besiedelt werden. (Bei der geschlechtlichen Fortpflanzung können durch die Kombination von Eigenschaften beider Eltern neue Merkmale auftreten, mit denen die Pflanzen möglicherweise besser angepasst sind). Von Nachteil ist, dass die Zeit, bis die Nachkommen sich entwickelt haben, wesentlich länger ist als bei der ungeschlechtlichen Fortpflanzung, da sie Bestäubung, Befruchtung, Fruchtbildung mit Samen, Verbreitung der Samen, Keimung der Samen und die Entwicklung der neuen Pflanze umfasst. Außerdem ist der Erfolg bei der Bestäubung vom Vorhandensein anderer Pflanzen der gleichen Art abhängig.

5 a Die Quellung geht der Keimung voraus, dabei nimmt der Samen Wasser auf, dadurch folgen Aufbrechen der Samenschale, Auswachsen der Keimwurzel, Bildung von Wurzeln und Wurzelhaaren; Keimstängel wächst und durchbricht bogenförmig die Erde, die Keimblätter werden mit nach oben gezogen, erste Laubblätter wachsen.
b Der Samen enthält einen Nährstoffvorrat, dadurch hat der Embryo ausreichend Nährstoffe, um sich zu entwickeln.
c Licht ist für die Fotosynthese notwendig, die in den Laubblättern abläuft und bei der Nährstoffe gebildet werden, die für das Wachstum notwendig sind. Da sich der Embryo zunächst vom Nährstoffvorrat im Samen ernährt, wird keine Fotosynthese für die Keimung benötigt und damit auch kein Licht.

6 a **Kreuzblütengewächse** – typische Merkmale: 4 Kelchblätter, 4 Kronblätter, kreuzförmige Anordnung der Kelch- und Kronblätter, 2 kurze und 4 lange Staubblätter, Schote als Frucht, Vertreter: Hirtentäschelkraut
Lippenblütengewächse – typische Merkmale: zweiseitig symmetrische Blüte, Kelch- und Kronblätter sind zu einer Röhre verwachsen, die Kronblattröhre öffnet sich in eine Ober- und Unterlippe, 4 Staubblätter, hohle, vierkantige Sprossachse, Vertreter: Rote Taubnessel
Korbblütengewächse – typische Merkmale: Blütenstand aus vielen Einzelblüten, Röhrenblüten mit 5 Staubblättern und einem Stempel, Zungenblüten oft ohne Staubblätter und nur mit einem unvollständigen Stempel, Vertreter: Sonnenblume
b Form der Blüte (z. B. Symmetrie, Anordnung als Blütenstand), Anzahl der Kron-, Kelch-, Frucht- und Staubblätter, Anordnung der Laubblätter

7 a Beim Blumenkohl ist im Vergleich zur Wildform der Blütenstand umgebildet: Er besitzt verdickte Blütenstiele und Blütenknospen.
b Roggen: Frucht (Getreidekorn), Kartoffel: Sprossknolle

8 a Frühblüher besitzen unterirdische Speicherorgane, in denen Nährstoffe gespeichert sind. Dadurch können sie bereits zeitig im Jahr in der Jahreszeit Frühling austreiben und blühen. Dies ist von Vorteil, da zu diesem Zeitpunkt der abiotischer Faktor Licht im Laubwald noch ausreichend verfügbar ist.
b Die Laubstreu im Wald wird von verschiedenen wirbellosen Tieren und Pilzen, den Destruenten, abgebaut. Dadurch entsteht Humus, also mineralstoffreicher Boden.
c Rotbuche → Haselmaus → Waldkauz. Es handelt sich um eine Nahrungskette.
d Rotbuche = Produzent; Haselmaus = Pflanzenfresser, Konsument (1. Ordnung); Waldkauz = Fleischfresser, Konsument (2. Ordnung)

9 a Die Lebensräume oder Biotope bieten Pflanzen- und Tierarten die notwendigen Lebensbedingungen wie Nahrung, Orte zur Jungenaufzucht und geeignetes Klima. Werden diese Lebensräume bewahrt und geschützt, so bleiben auch die Lebensbedingungen bestehen und eine Art kann dort weiterhin leben und sich fortpflanzen.
b In einem Biosphärenreservat soll eine nachhaltige Entwicklung ermöglicht werden. Das bezieht Menschen und andere Lebewesen mit ein. Man will gleichzeitig die Artenvielfalt bewahren und die Kultur und Wirtschaft fördern.
In einem Nationalpark soll ein möglichst naturnaher Zustand erhalten oder wiederhergestellt werden. Menschliche Eingriffe in die Entwicklung sollen möglichst unterbleiben. Es gelten ähnliche Regeln wie in einem Naturschutzgebiet.
Vorteile Biosphärenreservat: wirtschaftliche Entwicklung bei gleichzeitiger Bewahrung von Lebensräumen. Nachteile: Der Schutz von Lebensräumen, Tier- und Pflanzenarten ist nicht so stark wie in einem Nationalpark, möglicherweise stärkere Konflikte zwischen Nutzung und Naturschutz. Vorteile Nationalpark: großflächiger Schutz eines Ökosystems, umfassender Schutz von Tier- und Pflanzenarten. Nachteile: Einschränkungen für menschliche Aktivitäten, zum Beispiel für den Tourismus, Konflikte sind in diesem Zusammenhang ebenfalls möglich.

Glossar

A

abiotische Faktoren: nicht lebende Umweltfaktoren, die einen ▶ Lebensraum prägen wie Wind, ▶ Temperatur, Regen, Sonnenstrahlung oder Bodenbeschaffenheit

Adipositas (Fettleibigkeit): Essstörung und Stoffwechselstörung; bei Betroffenen liegt das Körpergewicht deutlich über dem Normalgewicht.

Amphibien (Lurche): Wirbeltierklasse; Tiere mit einer dünnen, feuchten Haut, die sowohl an Land als auch im Wasser leben können

Angepasstheit: spezielle Ausprägung von Körperbau oder Lebensweise eines Lebewesens, abhängig von den Bedingungen des ▶ Lebensraums

Aorta (Herzschlagader): größte ▶ Arterie des Körpers, die von der linken Herzkammer abzweigt

Art: Lebewesen, die in allen wesentlichen Merkmalen übereinstimmen und fruchtbare Nachkommen hervorbringen können, gehören zu einer Art.

Artenschutz: gesetzlich geregelter Schutz von einzelnen Tier- und Pflanzenarten

Arterien: Blutgefäße, die vom Herzen wegführen

Auftrieb: Wirkung (Kraft), die einen Körper im Wasser oder in der Luft nach oben drückt, was Fliegen oder Schweben ermöglicht

äußere Befruchtung: ▶ Eizelle und ▶ Spermienzelle verschmelzen außerhalb des weiblichen Körpers (z. B. bei ▶ Fischen, ▶ Amphibien).

Auswertung (Auswerten): naturwissenschaftliche Denkweise, bei der z. B. in einem Experiment gemessene Daten möglichst objektiv, ohne Wertung, beschrieben werden

B

Bakterien (Singular: Bakterium): einzellige Organismen ohne ▶ Zellkern

Ballaststoffe: Inhaltsstoffe von Nahrungsmitteln, die vom Körper nicht verwertet und fast unverändert wieder ausgeschieden werden; wichtig für die Darmtätigkeit

Balz: Verhalten, bei dem männliche und weibliche Tiere einer Art umeinander werben; geht der Paarung oder Begattung voraus

Bandscheiben: elastische Scheiben der ▶ Wirbelsäule, die zwischen den einzelnen Wirbeln liegen

Baustoffe: Stoffe, die aus ▶ Nährstoffen in körpereigene Stoffe umgewandelt und verwendet werden, um ▶ Gewebe wie Muskeln und Haare neu zu bilden

Befruchtung: Verschmelzung von ▶ Eizelle und ▶ Spermienzelle. Dabei entsteht die ▶ Zygote.

Beobachten: naturwissenschaftliche Arbeitsweise, bei der man kriteriengeleitet und zielgerichtet Objekte, Lebewesen oder Vorgänge genau wahrnimmt

Bestäubung: bei ▶ Samenpflanzen die Übertragung von ▶ Pollenkörnern auf die Narbe der ▶ Blüte

Betriebsstoffe: ▶ Nährstoffe, die für die Bereitstellung von Energie im Körper genutzt werden, z. B. für die Bewegung

Beugemuskel: Muskel, der durch Anspannung die Beugung eines Körperteils wie des Arms ermöglicht

biotische Faktoren: lebende Umweltfaktoren; Beziehungen zwischen Lebewesen

Biotop: ▶ Lebensraum

Biotopschutz: gesetzlich geregelter Schutz von Lebensräumen, um Pflanzen- und Tierarten zu erhalten und ihre Lebensbedingungen zu bewahren

bisexuell: ▶ sexuelle Orientierung, bei der sich jemand sexuell sowohl von Personen desselben als auch des anderen Geschlechts angezogen fühlt

Blüte: Teil der ▶ Samenpflanze, der der Fortpflanzung dient, bestehend aus umgewandelten Blättern: Kelchblättern, Kronblättern, ▶ Staubblättern und ▶ Fruchtblättern

Blütendiagramm: kreisförmige schematische Darstellung des Aufbaus einer ▶ Blüte; zeigt die Anzahl und Anordnung von Blütenbestandteilen

Blütenstand (Scheinblüte): Viele kleine Blüten bilden eine große, blütenartige Struktur, z. B. bei Korbblütengewächsen.

Blutgerinnung: Vorgang, der eine Blutung stillt und die Wunde verschließt; dabei bilden ▶ Blutplättchen und Eiweißfäden mithilfe weiterer Stoffe ein Netz.

Blutplasma: flüssiger Teil des Blutes, der ▶ Nährstoffe, ▶ Mineralstoffe und Abfallstoffe enthält

Blutplättchen: feste Blutbestandteile ohne ▶ Zellkern, die eine Rolle bei der ▶ Blutgerinnung spielen

Blutserum: enthält alle flüssigen Bestandteile des Blutes (▶Blutplasma) außer den Stoffen, die für die ▶Blutgerinnung notwendig sind

Bronchien: Atmungsorgane; röhrenförmige Verzweigungen, die Luft von der Luftröhre zur ▶Lunge leiten und sich dort in feinere Äste verzweigen

Bronchiolen: feinste Verzweigungen der ▶Bronchien, die die Luft zu den Lungenbläschen transportieren

Brutpflege: Verhalten von Elterntieren, die sich nach der Eiablage oder Geburt um ihre Nachkommen kümmern

C

Chloroplasten (Blattgrünkörner): Zellorganellen von Pflanzenzellen, in denen die ▶Fotosynthese abläuft

D

Destruenten: Zersetzer; Lebewesen (z. B. ▶Bakterien, Pilze), die sich von toten ▶Organismen ernähren

Deutung (Deuten): naturwissenschaftliche Denkweise; eigene, subjektive Interpretation von Ergebnissen, z. B. aus Experimenten

E

Echoortung: Mittel zur Orientierung, z. B. bei der Jagd, bei der Tiere wie Fledermäuse und Delfine Schallwellen nutzen

Eierstöcke: innere weibliche ▶Geschlechtsorgane, in denen ▶Eizellen gebildet und gespeichert werden

Eileiter: inneres weibliches ▶Geschlechtsorgan; röhrenförmige Strukturen, die ▶Eizellen von den ▶Eierstöcken zur ▶Gebärmutter transportieren

Einzeller: Lebewesen, die aus einer einzigen ▶Zelle bestehen, z. B. ▶Bakterien

Eisprung: Freisetzung einer reifen ▶Eizelle aus dem ▶Follikel im ▶Eierstock während des ▶Menstruationszyklus

Eizelle: weibliche Geschlechtszelle

Ejakulation (Samenerguss): Austritt des Spermas aus dem ▶Penis

Embryo: Lebewesen im frühen Entwicklungszustand

Energiebedarf: Menge an Energie, die ein ▶Organismus benötigt, um grundlegende Körperfunktionen wie die Aufrechterhaltung der Körpertemperatur und Aktivitäten wie Bewegungen auszuführen

Enzyme: Wirkstoffe, die andere Stoffe umwandeln, ohne sich dabei zu verändern. Bei der Verdauung zerlegen Enzyme die ▶Nährstoffe in ihre Bausteine.

Erektion: Versteifung des ▶Penis aufgrund der Füllung der Schwellkörper mit Blut

Experimentieren: naturwissenschaftliche Arbeitsweise, bei der man einen Zusammenhang zwischen einer Ursache und ihrer Wirkung untersuchen kann

F

Fetus: Ungeborenes ab dem 3. Schwangerschaftsmonat (9. Schwangerschaftswoche). In diesem Entwicklungsstadium sind bereits alle ▶Organe angelegt.

Fette: energiereiche ▶Nährstoffe, die als ▶Baustoffe in allen Zellen verwendet werden

Feuchtlufttiere: Tiere wie ▶Amphibien, die eine feuchte Umgebung benötigen, um ihre Hautatmung aufrechtzuerhalten

Fische: Wirbeltierklasse; wechselwarme ▶Wirbeltiere, die im Wasser leben, mit ▶Kiemen atmen und Flossen zur Fortbewegung nutzen. Man unterscheidet Knochen- und Knorpelfische.

Flimmerhärchen: kleine, haarartige bewegliche Strukturen; Zellfortsätze, die Fremdkörper oder ▶Zellen transportieren, z. B. in den ▶Bronchien oder im ▶Eileiter

Follikel: flüssigkeitsgefülltes Bläschen in den ▶Eierstöcken, in dem eine ▶Eizelle heranreift

Fotosynthese: Vorgang, bei dem grüne Pflanzen mithilfe der Energie des Sonnenlichts aus ▶Kohlenstoffdioxid und Wasser energiereichen Traubenzucker bilden. Dabei entsteht auch Sauerstoff.

Frucht: geht aus dem Fruchtknoten und weiteren Teilen der ▶Blüte hervor und umschließt den ▶Samen. Früchte dienen der Ausbreitung der Samen.

Fruchtblatt: weiblicher Teil der ▶Blüte aus Fruchtknoten, Griffel und Narbe, der die Samenanlage mit der ▶Eizelle enthält. Oft bilden mehrere Fruchtblätter zusammen den ▶Stempel.

G

Gasaustausch: Vorgang, bei dem gasförmige Stoffe aufgenommen und abgegeben werden. In den Lungenbläschen und den ▶Kiemen wird Sauerstoff ins Blut aufgenommen und Kohlenstoffdioxid als

Abfallprodukt aus dem Blut abgegeben. Bei Pflanzen findet der Gasaustausch an den ▶ Spaltöffnungen statt. Sie nehmen Kohlenstoffdioxid auf und geben Sauerstoff sowie Wasserdampf ab.

Gebärmutter: weibliches inneres ▶ Geschlechtsorgan, in dem sich ein ▶ Embryo beziehungsweise ▶ Fetus entwickeln kann. Alle weiblichen ▶ Säugetiere besitzen eine Gebärmutter.

Gelenk: bewegliche Verbindung zwischen Knochen

Gesamtumsatz: Energiemenge, die ein Mensch innerhalb von 24 Stunden benötigt; Summe von ▶ Grundumsatz und ▶ Leistungsumsatz

geschlechtliche Fortpflanzung: Erzeugung von Nachkommen durch ▶ Befruchtung. Das neue Lebewesen besitzt Eigenschaften beider Eltern. Pflanzen können sich ebenso wie Tiere geschlechtlich fortpflanzen.

Geschlechtsidentität: Empfinden des eigenen Geschlechts; kann vom biologischen Geschlecht abweichen. Einige Menschen fühlen sich keinem Geschlecht zugehörig.

Geschlechtsorgane: ▶ Organe, die der Fortpflanzung dienen

getrenntgeschlechtige Blüte: Blüte, die entweder nur männliche (▶ Staubblätter) oder nur weibliche (▶ Fruchtblätter) Blütenteile enthält

Gewebe: Zusammenschluss aus gleich aufgebauten ▶ Zellen

gleichwarm: Die Körpertemperatur gleichwarmer Tiere wird gleich hoch (konstant) gehalten und ermöglicht so eine Aktivität unabhängig von der Umgebungstemperatur, z. B. ▶ Säugetiere, ▶ Vögel.

Grundumsatz: Energiemenge, die der Mensch bei völliger Ruhe innerhalb von 24 Stunden benötigt

H

Hämoglobin: roter Blutfarbstoff in den ▶ roten Blutzellen, der Sauerstoff bindet und im Blut transportiert

Hautatmung: Aufnahme von Sauerstoff aus der Luft und Abgabe von Kohlenstoffdioxid (▶ Gasaustausch) über die Haut, z. B. bei ▶ Amphibien; setzt eine feuchte Haut voraus

heterosexuell: ▶ sexuelle Orientierung, bei der sich eine Person vom anderen Geschlecht sexuell angezogen fühlt

Hoden: männliche ▶ Geschlechtsorgane, in denen die ▶ Spermienzellen gebildet werden

homosexuell: ▶ sexuelle Orientierung, bei der sich eine Person vom gleichen Geschlecht sexuell angezogen fühlt

Hormone: körpereigene Botenstoffe, die in geringen Mengen wirken. Hormone lösen z. B. die ▶ Pubertät aus, steuern den ▶ Menstruationszyklus und halten eine Schwangerschaft aufrecht.

Hornschuppen: Körperbedeckung der ▶ Reptilien aus Horn. Die Haut muss von Zeit zu Zeit abgestreift werden, da sie nicht mitwächst.

Hypothese: wissenschaftlich begründete Vermutung oder Voraussage. Sie dient als Mittel zur Erkenntnisgewinnung.

I

innere Befruchtung: ▶ Eizelle und ▶ Spermienzelle verschmelzen im Körper des Weibchens.

intergeschlechtlich: Menschen, bei denen die biologischen Geschlechtsmerkmale nicht eindeutig weiblich oder männlich sind

J

Joule, Kilojoule: Maßeinheit für Energie

K

Kältestarre (Winterstarre): Zustand des Körpers ▶ wechselwarmer Tiere, bei dem die Körpertemperatur abhängig von der Umgebungstemperatur stark abgesenkt ist, z. B. bei ▶ Amphibien und ▶ Reptilien

Kapillaren (Haargefäße): Blutgefäße mit geringem Durchmesser; gewährleisten den Stoffaustausch in den ▶ Geweben aller ▶ Organe des Körpers

Kätzchen (bei Pflanzen): langer, hängender ▶ Blütenstand mancher Sträucher und Bäume. Er besteht aus vielen männlichen Blüten und produziert viel Pollen, z. B. Hasel, Weide.

Kaulquappe: ▶ Larve der Froschlurche

Kehldeckel: bewegliche Klappe, die beim Schlucken die Luftröhre verschließt

Keimung: Entwicklung des im ▶Samen enthaltenen ▶Embryos zu einer jungen Pflanze

Kiemen: dünnhäutige, stark durchblutete Atmungsorgane z. B. bei ▶Fischen und ▶Larven von ▶Amphibien. Man unterscheidet Außen- und Innenkiemen.

Klitoris: weibliches ▶Geschlechtsorgan mit Schwellkörpern, die bei sexueller Erregung anschwellen

Kloake: Körperöffnung, in die Darm, Harnleiter und ▶Geschlechtsorgane enden, z. B. bei ▶Vögeln

Knospe: ein von schützenden Blättern umgebener Pflanzenteil, aus dem sich Laubblätter, Blüten oder Sprosse entwickeln können

Kobel: Nest des Eichhörnchens, in dem es Winterruhe hält und seine Jungen aufzieht

Kohlenhydrate: aus Zuckerbausteinen bestehender ▶Nährstoff, z. B. ▶Stärke

Konkurrenz: Wettbewerb von einzelnen Lebewesen oder ▶Arten um Lebensräume und Nahrung

Konsument: Lebewesen, das energiereiche Stoffe (▶Nährstoffe) mit der Nahrung aufnehmen muss

L

Laich: Eier von Tieren, die sich im Wasser fortpflanzen, z. B. bei ▶Fischen und ▶Amphibien. Sie sind nur von einer dünnen Hülle umgeben, Amphibieneier zusätzlich von einer gelartigen Schicht.

Larve: Jugendform eines Tieres, die sich in Aussehen und in der Lebensweise meist stark von den erwachsenen Tieren unterscheidet, z. B. ▶Kaulquappe

Laubstreu: abgefallene Blätter und Pflanzenteile, die den Waldboden bedecken und von ▶Destruenten abgebaut werden

lebendgebärend: Die Jungtiere entwickeln sich nach einer ▶inneren Befruchtung im Mutterleib und werden lebend geboren.

Lebensgemeinschaft: alle Lebewesen eines ▶Lebensraums

Lebensraum: Ort oder Standort für Lebewesen, der von bestimmten ▶abiotischen Faktoren bestimmt wird

Leistungsumsatz: Energiemenge, die der Mensch z. B. für körperliche Bewegung und Denkarbeit zusätzlich zum ▶Grundumsatz benötigt

Lungen: Atmungsorgane, die Sauerstoff aus der Luft aufnehmen und Kohlenstoffdioxid abgeben

Lungenatmung: Aufnahme von Sauerstoff aus der Luft und Abgabe von Kohlenstoffdioxid (▶Gasaustausch) über die ▶Lungen; bei ▶Amphibien, ▶Reptilien, ▶Vögeln und ▶Säugetieren

M

Maltase: ▶Enzym, das Malzzucker in Traubenzucker spaltet; im Dünndarm vorkommend

Masse: gibt an, wie viel ein Körper wiegt. Die Einheit für Masse ist das Kilogramm (1 kg = 1000 g).

Menstruation: Regelblutung der Frau; wird die ▶Eizelle nicht befruchtet, dann wird die Gebärmutterschleimhaut abgebaut und zusammen mit etwas Blut durch die Vagina ausgeschieden.

Menstruationszyklus: etwa monatlich wiederkehrender, über ▶Hormone gesteuerter Vorgang; Vorbereitung des weiblichen Körpers auf eine mögliche Schwangerschaft

Metamorphose: Gestaltwandel bei der Entwicklung von Tieren wie Froschlurchen. Dabei entwickelt sich die ▶Larve zum erwachsenen Tier.

Mineralstoffe: Stoffe, die Lebewesen nicht selbst herstellen können, aber zum Aufbau körpereigener Stoffe benötigen, z. B. Kalzium, Magnesium, Kalium, Fluor. Pflanzen nehmen Mineralstoffe zusammen mit Wasser über die Wurzel auf.

Mitochondrien: ▶Zellorganellen in Tier- und Pflanzenzellen. Sie dienen der Energiebereitstellung.

Modellieren: naturwissenschaftliche Arbeitsweise. Modelle sind Hilfsmittel, um biologische Strukturen oder Phänomene zu veranschaulichen, aber auch Werkzeuge der Erkenntnisgewinnung. Gedankliche Modelle helfen, Phänomene zu erforschen.

N

nachhaltige Entwicklung (Nachhaltigkeit): Prinzip, das fordert, dass Naturgüter so zu nutzen, dass sie auch für zukünftige Generationen erhalten bleiben

Nagetiergebiss: Gebissform von ▶Säugetieren mit großen Schneidezähnen, die ständig wachsen und zum Nagen harter Materialien geeignet sind

Nährstoffe: Energie liefernde Stoffe (▶Fette, ▶Proteine und ▶Kohlenhydrate). Pflanzen können sie bei der ▶Fotosynthese in Form von Traubenzucker oder Stärke selbst herstellen.

Nahrungskette: Nahrungsbeziehung aus mehreren Gliedern, in der jedes Lebewesen die Nahrungsgrundlage für das nächste bildet

Nahrungsnetz: Nahrungsbeziehung aus mehreren ▶Nahrungsketten, die miteinander verknüpft sind

Narbe (von Pflanzen): abgeflachtes oberes Ende des ▶Fruchtblatts oder Stempels einer ▶Samenpflanze, auf dem die Pollenkörner haften bleiben

Nestflüchter: Jungtiere mancher Tierarten, die weit entwickelt zur Welt kommen und schon kurz nach der Geburt ihren Eltern folgen können, z. B. Rind, Haushuhn

Nesthocker: Jungtiere mancher Tierarten, die wenig entwickelt zur Welt kommen, anfangs unselbstständig sind und von den Eltern versorgt werden, z. B. Hund, Katze, Amsel

O

Oberflächenvergrößerung: biologisches Prinzip, bei dem durch eine große Oberfläche, die durch Verzweigung und Auffaltung von Strukturen zustande kommt, der Austausch von Stoffen erleichtert wird, z. B. Gasaustausch in den Lungenbläschen und ▶Kapillaren der ▶Lungen in den ▶Kiemen oder bei Pflanzen über die ▶Spaltöffnungen sowie Wasseraufnahme über die ▶Wurzelhaare

Ökosystem: wird aus ▶Lebensraum und ▶Lebensgemeinschaft gebildet

Organ: Einheit aus verschiedenen ▶Geweben im ▶Organismus, die gemeinsam bestimmte Aufgaben erfüllen

Organismus: Lebewesen; lebendiges ▶System, dessen Teile (▶Zellen, ▶Gewebe, ▶Organe) zusammenwirken

P

Penis: männliches äußeres ▶Geschlechtsorgan mit Schwellkörpern, die bei sexueller Erregung anschwellen

Petting: Austausch von körperlichen Zärtlichkeiten, die sexuell erregen; ▶Penis dringt dabei nicht in die ▶Vagina ein.

Plazenta: Gewebe der ▶Gebärmutter, das zum ▶Embryo gehört, und von Blutgefäßen der Mutter und des Embryos durchzogen ist; dadurch steht der Embryo mit dem Blutkreislauf der Mutter in Kontakt.

Pollen: Gesamtheit der im ▶Staubblatt gebildeten Pollenkörner bei ▶Samenpflanzen. Die Pollenkörner enthalten die ▶Spermienzellen.

Präparation: Methode zur möglichst lebensgetreuen Erhaltung von mikroskopischen und anderen biologischen Objekten

primäre Geschlechtsmerkmale: ▶Geschlechtsorgane, die bereits von Geburt an vorhanden sind und das biologische Geschlecht bestimmen, z. B. ▶Vagina und ▶Eierstöcke, ▶Hoden und ▶Penis

Produzent: Lebewesen, das energiereiche Stoffe aus energiearmen Ausgangsstoffen herstellen kann. Pflanzen sind die wichtigsten Produzenten.

Proteine (Eiweiße): ▶Nährstoffe und ▶Baustoffe

Pubertät: Zeitraum, in dem sich Kinder körperlich und geistig zu Erwachsenen entwickeln und geschlechtsreif werden. Das Einsetzen der Pubertät wird durch ▶Hormone ausgelöst.

Puls: rhythmisches Zusammenziehen und Ausdehnen der Wände der Blutgefäße, entsteht durch Pumpen des Herzens und die so ausgelöste Druckwelle; fühlbar z. B. am Handgelenk. Die Pulsfrequenz entspricht der Anzahl der Herzschläge.

Q

Quellung: Vorgang, bei dem ein Samen Wasser aufnimmt, dadurch dicker wird und die Samenschale aufbricht; Voraussetzung für die ▶Keimung

R

Räuber-Beute-Beziehung: Nahrungsbeziehung; Wechselwirkung zwischen zwei ▶Arten, bei der die eine (Räuber) die andere (Beute) jagt und frisst, wodurch beide Arten sich gegenseitig beeinflussen

Reptilien (Kriechtiere): Wirbeltierklasse; ▶Wirbeltiere mit trockener Haut und ▶Hornschuppen, die sich meist an Land fortpflanzen

Revier: Gebiet, das ein Tier für bestimmte Zwecke (z. B. Nahrungssuche, Jungenaufzucht) nutzt und gegen Artgenossen verteidigt

rote Blutzellen (rote Blutkörperchen): feste Blutbestandteile; ▶Zellen im Blut, die vor allem Sauerstoff transportieren

Rote Liste: Liste der gefährdeten Tier- und Pflanzenarten; dient zur Einschätzung, wie schutzbedürftig eine ▶Art ist, sowie als Grundlage für Schutzmaßnahmen

S

Samen: aus der Samenanlage einer ▶Samenpflanze nach der ▶Befruchtung entstehende Struktur, bestehend aus ▶Embryo, Nährstoffspeicher und Samenschale; ermöglicht die Ausbreitung

Samenanlage: Bestandteil des ▶Fruchtblatts von ▶Samenpflanzen, in dem sich die ▶Eizelle befindet

Samenerguss: ▶Ejakulation

Samenpflanzen: Gruppe der Pflanzen mit Wurzel, Sprossachse und Blättern, die sich über ▶Blüten geschlechtlich fortpflanzen und ▶Samen bilden

Säugetiere: Wirbeltierklasse; ▶gleichwarme Tiere, die ihre Jungen lebend gebären, säugen und ein Fell besitzen

Scheinblüte: ▶Blütenstand

Schwimmblase: ▶Organ vieler ▶Fische, das mit Gas gefüllt wird und den ▶Auftrieb in unterschiedlicher Wassertiefe reguliert

Segelflug: Flugtechnik ohne aktives Flügelschlagen, bei dem ▶Vögel Aufwinde nutzen

Segelklappen: Herzklappen, die zwischen Vorhöfen und Herzkammern liegen und das Zurückfließen des Blutes in die Vorhöfe verhindern

Sehnen: feste, elastische Strukturen, die Muskeln mit Knochen verbinden und Kräfte übertragen

Seitenlinienorgan: Sinnesorgan von ▶Fischen, das Bewegungen und Strömungen im Wasser aufnimmt und der Orientierung dient

sekundäre Geschlechtsmerkmale: Geschlechtsmerkmale, die sich mit dem Beginn der Pubertät entwickeln, z. B. Intimbehaarung, Bart, weibliche Brust

sexuelle Orientierung: sexuelle und emotionale Anziehung einer Person anderen Personen gegenüber

Skelett: bei ▶Wirbeltieren Gesamtheit aller Knochen; es stützt den Körper, bildet zusammen mit den Muskeln die Grundlage für Bewegung und schützt die inneren ▶Organe

Skelettmuskulatur: alle Muskeln, die das ▶Skelett bewegen, ermöglichen Bewegungen und die aufrechte Haltung des Körpers

Spaltöffnungen: kleine Öffnungen auf der Unterseite von Laubblättern, dienen dem ▶Gasaustausch

Speicherorgan: Teil einer Pflanze, in dem ▶Nährstoffe wie ▶Stärke gespeichert werden, z. B. Sprossknolle, Wurzelknolle, Zwiebel. Es ermöglicht ein zeitiges Wachstum im Frühjahr.

Spermienzelle: männliche Geschlechtszelle

Sprossachse: ▶Organ der ▶Samenpflanzen, das die Blätter trägt und in dem Stoffe von der Wurzel in die Blätter transportiert werden

Stammbaum: grafische Darstellung von Verwandtschaftsbeziehungen zwischen ▶Arten oder Gruppen von Lebewesen

Standvögel: Vogelarten, die in ihrem Brutgebiet überwintern

Stärke: Kohlenhydrat; Speicherstoff

Staubblätter: männliche Teile der ▶Blüte, bestehend aus Staubfaden und Staubbeutel

Stempel: aus mehreren verwachsenen ▶Fruchtblättern bestehender weiblicher Teil der ▶Blüte

Stoffwechsel: Aufbau, Abbau und Umbau von Stoffen durch Lebewesen; eines der Kennzeichen des Lebens

Strichvögel: ▶Vögel, die je nach Nahrungsangebot in der Umgebung ihres Brutgebiets umherstreichen, aber keine längeren Wanderungen unternehmen

Stromlinienform: Körperform, die den Luft- oder Wasserwiderstand verringert, z. B. bei ▶Fischen, Delfinen und ▶Vögeln

System: aus mehreren Teilen zusammengesetztes Ganzes, dessen unterschiedliche Teile zusammenarbeiten und das aus unterschiedlichen Systemebenen (Organisationsebenen) besteht, z. B. ▶Organismus, ▶Organ, ▶Zelle

T

Taschenklappen: Herzklappen, die den Rückfluss des Blutes aus der ▶Aorta und der Lungenarterie in die Herzkammern verhindern

Temperatur: gibt an, wie kalt oder warm ein Körper ist. Sie wird in der Einheit Grad Celsius (°C) gemessen und ist auch ein ▶abiotischer Faktor.

transident: Personen, bei denen die ▶ Geschlechtsidentität vom biologischen Geschlecht abweicht. Obwohl sie biologisch eine Frau oder ein Mann sind, fühlen sie sich nicht so.

U

Übergangsformen: Lebewesen oder ▶ Arten, die als Fossilien bekannt sind und die Merkmale von Lebewesen zweier unterschiedlicher Gruppen vereinen

Ultraschall: Schallwellen, die außerhalb des menschlichen Hörbereichs liegen und von manchen Tieren bei der ▶ Echoortung genutzt werden

Umweltfaktoren: Bedingungen, die einen Lebensraum prägen. Sie werden in ▶ abiotische und ▶ biotische Faktoren unterteilt.

ungeschlechtliche Fortpflanzung: Erzeugung von Nachkommen, bei der keine ▶ Befruchtung stattfindet. Manche ▶ Samenpflanzen können sich z. B. durch Ausläufer oder Brutknöllchen ungeschlechtlich fortpflanzen und vermehren.

V

Vagina: weibliches ▶ Geschlechtsorgan, das die ▶ Gebärmutter und ▶ Vulva verbindet

Vakuole: ▶ Zellorganell in Pflanzenzellen, das zur Speicherung von ▶ Nährstoffen, Farbstoffen und Abfallstoffen dient

vegane Ernährung: Ernährungsweise, bei der auf alle tierischen Produkte wie Fleisch, Fisch, Milch, Eier und Honig verzichtet wird

Vene: Blutgefäß, das zum Herzen hinführt

Vitamine: Inhaltsstoffe von Nahrungsmitteln, die der Körper in geringen Mengen benötigt, aber nicht selbst herstellen kann

Vögel: Wirbeltierklasse; ▶ gleichwarme Tiere mit Federn, die Eier legen

Vulva: Gesamtheit der äußeren weiblichen ▶ Geschlechtsorgane

W

wechselwarm: Die Körpertemperatur wechselwarmer Tiere wird nicht konstant gehalten, sondern schwankt mit der Umgebungstemperatur (z. B. ▶ Fische, ▶ Amphibien, ▶ Reptilien).

weiße Blutzellen (weiße Blutkörperchen): feste Blutbestandteile; ▶ Zellen unterschiedlicher Gestalt, die der Krankheitsabwehr dienen

Wiederkäuer: Gruppe der ▶ Säugetiere, Pflanzenfresser, die einen mehrteiligen Magen zur Verdauung harter Pflanzenfasern besitzen

Winterruhe: Überwinterungsstrategie von ▶ Säugetieren, bei der sich Ruhe- und aktive Zeiten abwechseln; Körpertemperatur wird aufrechterhalten.

Winterschlaf: Überwinterungsstrategie von ▶ Säugetieren, bei der Körpertemperatur, ▶ Puls- und Atemfrequenz gesenkt werden und so der ▶ Energiebedarf verringert wird

Wirbelsäule: Teil des ▶ Skeletts; knöcherne und teils knorpelige Struktur bei ▶ Wirbeltieren, die aus einzelnen Wirbeln mit ▶ Bandscheiben besteht; wichtigste Stütze des Körpers

Wirbeltiere: Tiere mit einer ▶ Wirbelsäule. Dazu gehören die ▶ Säugetiere, ▶ Vögel, ▶ Reptilien, ▶ Amphibien und ▶ Fische.

Wurzelhaare (Wurzelhärchen): sehr kleine, dünne Strukturen an der Wurzel, mit der die Pflanze Wasser und ▶ Mineralstoffe aufnimmt

Z

Zelle: Grundeinheit aller Lebewesen; kann mit dem Lichtmikroskop sichtbar gemacht werden. Sie besteht aus verschiedenen ▶ Zellorganellen.

Zellkern: ▶ Zellorganell; enthält die Erbinformation; steuert die Stoffwechselvorgänge der ▶ Zelle

Zellorganell: abgrenzbarer Bereich einer ▶ Zelle mit einer bestimmten Funktion, z. B. ▶ Mitochondrium

Züchtung: vom Menschen vorgenommene gezielte Verpaarung von Tieren oder Pflanzen, um Lebewesen mit bestimmten Merkmalen zu erhalten

Zugvögel: ▶ Vögel, die in unterschiedlichen Gebieten brüten und überwintern

Zwitter: Lebewesen, die sowohl männliche als auch weibliche ▶ Geschlechtsorgane haben

Zwitterblüte: Blüte, die sowohl männliche (▶ Staubblätter) als auch weibliche (▶ Fruchtblätter) Blütenteile enthält

Zygote: befruchtete ▶ Eizelle, die aus der Verschmelzung von Eizelle und ▶ Spermienzelle entsteht

Zyklus: ▶ Menstruationszyklus

Register

f. = folgende Seite
ff. = die folgenden Seiten

A

Aal 122, 126
Aalwanderung 126
Abfallstoffe 204
abiotische Faktoren 281 f., 285
– Licht 12, 47, 240, 285
– Temperatur 17, 47, 282
Adipositas (Fettleibigkeit) 187
Ahorn 258, 261
Allesfresser 56, 64, 121, 289
Allesfressergebiss 55 f., 67
Alpensalamander 135
Alpenveilchen 26, 28
Amphibien (Lurche) 128 f., 134 ff.
Amsel 106 ff., 111
Amylase 190
Angepasstheit 48, 52, 69, 73, 94 ff., 120, 143
– Lebensraum 120 ff., 128 ff., 280 ff.
Antibabypille (Pille) 231
Aorta (Herzschlagader) 196 ff.
Apfel 257, 268
Arbeitsweisen (Methode) 16 f.
Archaeopteryx 147
Aronstab 253
Art 38
Artenschutz 136, 153, 296
Artenvielfalt 278, 296 ff.
Arterie 196 f., 207
Atemluft 192 f.
Atemtechnik 193
Atmung 95, 143 f., 192 f.
– Amphibien 129, 143 f.
– Fische 120, 143 f.
– Reptilien 139, 144
Atmungsorgane 192 f.
Auftrieb 98, 100, 120, 122
Aufwind 100, 110
Ausläufer 260, 277
Außenkiemen 134 f.
Auswertung (Auswerten) 15, 282
Axolotl 131

B

Bachforelle 130 f.
Backenzahn 42 f., 56, 65, 77, 304
Bakterien 22, 53, 290, 293
Ballaststoffe 175 f., 183, 189

Balz 107
Bandscheibe 142, 162
Bartenwal 78
Basiskonzepte 304 ff.
Bauchatmung 193
Bauchspeicheldrüse 188
Baummarder 284, 290
Baumschicht 284 f.
Baustoffe 175
Beeren 256
Befruchtung 103, 220, 228
– äußere 124 f., 134, 143 f.
– innere 48, 125, 135, 139, 143 f.
– Pflanzen 255, 260
Begattung 103
Beobachten 16 f., 50
Bergmolch 129, 135
Bestäubung 250 ff., 254
Bestimmungsschlüssel (Methode)
– Amphibien 132 f.
– Pflanzenfamilie 274
Betriebsstoffe 175
Beugemuskel 168
Bewegung 10 ff., 167 f., 170 ff., 205
Bewerten (Methode) 62 f.
Biber 76 f., 79
Binge-Eating 187
Binokular 247
Biohaltung 61
biologisches Geschlecht 224
Biosphärenreservat 298
biotische Faktoren 281, 290, 297
Biotopschutz 297
bisexuell 225
Blattstellung/-ränder 271
Blaumeise 112
Blauwal 78
Blende 24 f.
Blindmaus 71
Blindschleiche 140
Blut 189 f., 196 ff., 204 f.
Blutbestandteile 200 ff.
Blutdruck 197
Blüte 244 f., 251, 270 ff.
Blütendiagramm 249, 267
Blütenformel 249
Blütenstand 251, 272, 279
Blütenuntersuchung
   (Methode) 248 f.
Blutgefäße 167 f., 172, 196 ff.
Blutgerinnung 201 f.

Blutkreislauf 196 ff.
Blutplasma 200, 202
Blutplättchen 201 ff.
Blutserum 202
Blutspende 202
Blutzellen 200 ff.
Bodenhaltung 61
Bodenlebewesen 294
Bohne 14 f., 262 ff., 306
Borkenkäfer 291
Borsten 57
Braunes Langohr 75, 81
Bronchien 193
Bronchiolen 194
Brustatmung 192 f.
Brustflossen 120, 125
Brustkorb 192
Brutknospen 260
Brutpflege 107, 125
Buchenwald 292, 294
Bulimie 186
Buntspecht 108
Buschwindröschen 292

C

Chlorophyll 293
Chloroplasten 26 ff., 241

D

Daten verarbeiten und darstellen
   (Methode) 206
Daunenfeder 96 f., 104
Deckfeder 96
Deckgläschen 24, 30
Deckhaar 43, 79
Demutsverhalten 39
Denkweisen (Methoden) 14 f.
Destruenten 290, 294
Deutung (Deuten) 15, 84 f.
Diagrammdarstellung (Methode) 86
Dickdarm 189, 205
Dokumentation 21
Doldenblütengewächse 274
Domestizierung 39
Doppelatmer 129
Doppel-S-Form 162 f.
Dornhai 122
Dotter (Eigelb) 102 f.
Dottersack 124 f.
Drohverhalten 39
Dünndarm 53, 188 ff., 205

E

Echoortung 72 f.
Eckzahn 42 f., 47, 56 f.
Efeu 242
Ei 102 ff.
Eiablage 61, 124 f., 147
Eibläschen 220, 229
Eichhörnchen 64 ff., 81, 290
Eierkennzeichnung 61
Eierstock 102 f., 219 f.
Eiklar (Eiweiß) 102 f.
Eileiter 219, 228 f.
Einnistung 220, 229
Einnutzungsrasse 54
Einzelgänger 46, 56, 68
Einzeller 22
Eireifung 220
Eisprung 219 ff.
Eiter 201
Eiweißstoffe *siehe* Proteine
Eizahn 104
Eizelle 22
– Mensch 219 ff., 228 f
– Pflanzen 250, 254 f., 260
– Tiere 48, 102 f., 124, 134 f., 139, 143
Ejakulation (Samenerguss) 218
Embryo
– Mensch 102, 229 f.
– Pflanzenkeimling 255, 262 ff.
– Tier 48, 103 f., 124 f., 134
Empfängnisverhütung 231
Enddarm 189
Energiebedarf 176 f.
Energieumwandlung 305
Entwicklung 11 f.
– nachhaltige 298
– Pflanzen 255 f.
– Pubertät 214 ff.
– stammesgeschichtliche 148
Enzym 190
Erdkröte 130 f., 136
Erektion 218
Ernährung 174 f., 182 ff.
– Amphibien 129
– Fische 121
– Säugetiere 69, 72, 82
– Vögel 94, 112 f.
Ernährungskreis 182, 184
erogene Zone 226
Erste Hilfe 172
Essstörung 186 f.
Europäische Sumpfschildkröte 150
Europäischer Grauwolf 41

Evolution 146 ff.
evolutive Entwicklung (Basiskonzept) 307
Experimentieren (Methode) 17 ff., 84

F

Fangzahn 42
Feder 94 ff., 144
Federtypen 96
Fehlernährung 176
Feldhecke 297, 299
Fell 43, 65 f., 77, 79, 81
Ferkel 57 ff.
Fette 174 f.
Fettfleckprobe 179 f.
Fettleibigkeit (Adipositas) 187
Fettnachweis 180
Fettreserven 74, 80 f.
Fettschicht 66, 81
Fetus 230
Feuchtlufttiere 129
Feuersalamander 145
Fische 120 ff., 124 ff., 144, 148
Flattertiere 73
Fledermaus 21, 72 ff.
Fleischfresser 56, 67, 121, 288 f.
Fleischfressergebiss 42 f., 47
Fleischrind 54
Fliegen 72, 94 f., 98 ff.
Flimmerhärchen 193
Flossen 78, 120 ff., 124 f., 130 f., 147
Flügel 95, 98 f., 271
Flugfrüchte 258, 261
Flughäute 73
Flugmuskulatur 99 f.
Flugtechniken 99 f.
Follikel 219 f.
Fortbewegung 50, 128, 139 f., 142, 144, 175
– Säugetiere 64, 73, 82, 98, 108
Fortpflanzung und Entwicklung 11 f., 143, 212 ff., 306
– Amphibien 134 f.
– Fische 124 f.
– Pflanzen 244, 260
– Reptilien 139
– Säugetiere 48, 66, 74
– Vögel 95, 102 ff., 107
Fossilien 146 f., 307
Fotosynthese 26, 241
Freilandhaltung 54, 60 f.
Friedfische 121
Frosch 119, 129

Froschlurche 128, 133 ff.
Frucht 257 f.
Fruchtbildung 255
Fruchtblase 230
Fruchtblatt 245
Fruchtform 256 f., 268, 271
Fruchtknoten 244 f., 254 ff.
Fruchtwasser 230
Frühblüher 260, 292
Frühgeburt 233
Fuchs 37, 67

G

Gallenblase 188 f.
Gänseblümchen 273
Gasaustausch 121, 194, 196
Gebärmutter 219, 221, 229
Gebärmutterschleimhaut 219 ff., 229
Geburt 230
Gefahrstoffe (Symbole) 19
Gefieder 94, 104
Gegenspielerprinzip 168
Gehflossen 147
Gehölz 242
Gehör (Gehörsinn) 43, 73, 77, 138
Gelbaal 126
Gelbbauchunke 137
Gelege 104
Gelenk 166 f., 170
Gelenkverletzung 172
Gepard 26
Gerste 278
Geruchssinn 43, 45, 47, 57, 70, 123
Gesamtumsatz 176
Geschlechterrolle 227
Geschlechtshormone 214
Geschlechtsidentität 224 f.
Geschlechtsmerkmale 224
Geschlechtsorgane
– männliche 218
– primäre/sekundäre 214
– weibliche 219
Geschlechtsreife 124, 214
Geschlechtsverkehr 226, 228, 231
Geschlechtszelle 245, 250
Getreide 278 f.
Gewebe 28
Gimpel (Dompfaff) 112
Glasaal 126
gleichwarm 43, 94, 144
Gleitflug 99 f.
Gliedmaßen (Extremitäten) 142, 160 f.

Goldammer 112
Grabhand 69
Grasfrosch 130 f.
Greifvögel 100
Griffel 245
Großer Abendsegler 75
Grundumsatz 176
Grünfink 112

H
Haare 144
Hafer 278
Hagebutte 268
Hahn 102 f.
Hahnenfußgewächse 274
Hai 122
Hämoglobin 200
Hasel 251
Haselmaus 295
Haselnuss 64 f., 256
Hauer 56
Haushuhn 61, 102 f.
Hausschwein 57 ff.
Haustiere 38 f., 45, 47
Hautatmung 129, 133, 144 f.
Häutung 138
Hecheln 43
Hecht 121 f.
Henne 102 ff.
Herbarium anlegen (Methode) 275
Herdentiere 52
Herz 196 ff.
Herz-Kreislauf-System 171, 204
heterosexuell 225
Hetzjäger 39, 42
Hilfe-Telefon 226
Hirtentäschelkraut 266 f.
Hoden 215, 218
Hohlvene 198
homosexuell 225
Hormone 218, 224, 229
Horn 95 f.
Hornschuppen 138, 144
Hufeisenklee 273
Huftiere 53, 57
Hühnerei 102 ff.
Hühnerhaltung 61
Hülsenfrucht 256, 271, 273
Humus 294
Hund 38 f., 42 ff.
Hundehaltung/-kauf 44
Hygiene 221 ff.
Hypothesen 14, 16 f., 84, 165

I
Ichthyostega 147
Identität 224
Imponierverhalten 39
Individualentwicklung 148
individuelle Entwicklung (Basiskonzept) 306
Information und Kommunikation (Basiskonzept) 307
Informationsrecherche (Methode) 152
Innenkiemen 135
innere Befruchtung 48, 125, 139, 143 f.
Insektenbestäubung 250 f.
Insektenfressergebiss 69 f., 72
Intensivtierhaltung 54, 60
intergeschlechtlich 224
Internetrecherche 152
Iod-Kaliumiodid-Lösung 178 f.

J
Jagdverhalten 39, 46, 109

K
Kalb 52, 54
Kalkschale 102 f.
Kältestarre 129, 139, 293
Kapillare (Haargefäß) 196 f.
Karpfen 121
Kartoffel 277, 279
Kätzchen (Blütenstand) 251
Katze 46 ff., 51, 306
Kaulquappe 134 f.
Kauplatte 52
Kehldeckel 193, 217
Kehlkopf 193, 217
Keimblatt 262 ff.
Keimscheibe 102 ff.
Keimstängel/-wurzel 262
Keimung 263 ff.
Kelchblatt 244
Kennzeichen der Lebewesen 10 ff., 20, 22
Kernobst 268
Kiemen 120 f., 143 f.
Kilojoule (kJ) 176 f.
Kirsche 244, 249, 254
Klettfrucht 259
Klitoris 219
Kloake 103
Knochen 162, 165 ff.
Knochenfische 122

Knorpel 122, 142
Knorpelfische 122, 125
Knospe 295
Kobel 64, 66
Kohlenhydrate 174 f.
Kohlenstoffdioxid 194, 200, 204
Kohlsorten 276 f.
Kondom 231 f.
Konkurrenz 290
Konsument 290
Kopf 160
Korbblütengewächse 272, 274
Körperbedeckung 131, 143 ff.
Körperform, stromlinienförmige 78, 94, 120, 131
Körperhaltung 173
Körpermasse 95
Körpersprache 39, 41, 51
Körpertemperatur 43, 74, 81, 94, 120, 129, 139, 171, 202
Kot 204
Kralle 42, 46, 51, 64, 69
Krautschicht 284
Kreuzblütengewächse 266 f., 274, 276
Kreuzgang 139
Kriterien 14, 16 f., 50, 62 f., 130 ff., 274, 308
kriterienset 17, 131
Krokodil 140
Kronblatt 244
Kronblattröhre 270
Krötenwanderung 136 f.
Kuckuck 111
Kuh 52, 54
Küken 102, 104
Kurzstreckenzieher 111

L
Laborgeräte 19
Lachs 126
Laich 124
Laichballen 134
Laichgewässer 136
Landrasse 58
Landwirtschaft 278
Langstreckenzieher 111
Larve 124, 126, 144
Larvenstadien 135
Laubblatt 241, 268, 271, 273
Laubstreu 293 f.
Laubwald 285, 292 ff.
Laufstallhaltung 54

lebende Fossilien 147
lebendgebärend 48, 78, 125, 143 f.
Lebensgemeinschaft 280, 286, 289
Lebensmittel 174 f., 182 f.
Lebensraum (Biotop) 280 f.
– Boden 68, 72
– Land 128, 135, 138, 145, 147
– Luft 72 ff., 98 ff.
– Wald 80, 284 ff., 288 ff.
– Wasser 76, 78, 120 ff., 128
Lebensraumschutz 150 f., 296 ff.
Legerasse 61
Leichtbauweise 95
Leicoma-Schwein 59
Leistungsumsatz 176
Leitbündel 241
Leitungsbahn 240
lesbisch 225
Lichtmikroskop 24 f.
Liniendiagramm 86 f.
Lippenblütengewächse 270 f., 274
Lockfrucht 259
Löwenzahn 258, 261
Luftröhre 193
Luftsack 95
Lunge 192 ff., 196 ff., 204
Lungenatmung 129, 138, 143 f.
Lungenbläschen 194, 304
Lungenkapillare 194, 197
Lungenvene 197
Lupe (Methode) 246

M

Magen 188 f.
Magersucht 186
Magnetsinn 123
Maltase 190
Mangelerkrankung 176
Marderhund 40
Masthuhn 61
Mastschwein 58
Mauereidechse 145
Mauersegler 111
Maulwurf 68 ff.
Mäusebussard 98, 100
Menstruation 220 f.
Menstruationszyklus 220 f., 223
Metamorphose 135
Mikroskop 20 ff., 24 f.
Mikroskopieren (Methode) 24 f., 30
mikroskopische Zeichnung (Methode) 31
Milchrind 54

Mineralstoffe 171, 175, 189, 240 f., 290
Mischkost 184
Mischling 38, 41
Mischwald 285, 287
Mitochondrien 27 f.
Modellieren (Methode) 164 f.
Molch 129, 131, 133, 135, 137
Moosschicht 285
Mundschleimhaut 28
Muskel 28, 167 f., 171 f., 175
Muskelkater 171
Muskelpumpe 197

N

Nabelschnur 229 f.
Nachgeburt 230
nachhaltige Entwicklung 298
Nachtschattengewächse 277
Nadelwald 285
Nagetiergebiss 65, 67, 77
Nagetiere 65, 76 f.
Nährstoffe 174 ff., 184, 189 f., 204
Nährstoffnachweise 178 ff.
Nahrungsbeziehungen 288 ff.
Nahrungskette 288 f.
Nahrungsmittel 174
Nahrungsnetz 289 f.
Narbe (Pflanzen) 244 f., 250 f.
Nasenhöhle 193
Nationalpark 297
Naturschutz 70, 77, 153, 298
Naturschutzgebiet 297
Neinsagen 226
Nektar 250
Nestbau 107
Nestflüchter 109
Nesthocker 107
Nussfrucht 256
Nutzpflanzen 276 ff.
Nutztiere 60
– Rind 52 ff.
– Schwein 57 f., 62

O

Oberflächenvergrößerung 188, 194, 304
Objektiv 24
Ökosystem 289, 197 f.
Operatoren 308 f.
Ordnung, stammesgeschichtliche 148

Ordnungssystem, kriterienstetes 17, 131
Organ 28, 104, 204 f., 230 ff.
Organisationsebenen 28, 207
Organismus 28, 207
Organsystem 204 f., 207
Östrogen 214

P

Paarbeziehung 225
Paarhufer 53, 57
Paarung 48, 107
Panderichthys 147
Partnerschaft 226
PECH-Regel 172
Penis 218, 225 f., 228
Petting 226
Pflanzen 12, 238 ff.
Pflanzenfamilien 266 ff., 270 ff.
– Bestimmungsschlüssel (Methode) 274
Pflanzenfresser 52, 55, 76, 121, 288 f.
Pflanzenorgane 241 ff.
Pflanzensteckbriefe 273, 278
Pflanzenzelle 26 f., 30
Pflanzenzüchtung 276
Pförtner 188
Pfote 43, 46, 49, 51, 77
Pille 231
Plazenta 229
Polarwolf 41
Pollen 245, 250
Pollenkorn 245, 255
Pollenschlauch 254 f.
Pottwal 78
Präparat 25, 30 f.
Präparation (Methode) 30
Produzent 290
Proteine (Eiweiße) 174 f., 179, 181
Protokollieren (Methode) 85
Pubertät 214 ff., 220, 224 f.
Puls 197, 206 f.

Q

Quastenflosser 146 f.
Quellung 262

R

Rachen 193
Rangordnung 39, 52
Raps 240 ff., 248 f.
Rasse 38
Räuber-Beute-Beziehung 290

Raubfische 121
Rauchschwalbe 111
Rehe 80, 82 f., 288
Reis 279
Reißzähne 42
Reizbarkeit 10 ff.
Reptilien (Kriechtiere) 138 ff., 144, 148, 150
Revier 46 f., 68, 76 f.
Revierverteidigung 106
Rind 52 ff.
Rinderrasse 54 f.
Roggen 264
Röhrenblüte 272
Rosenblütengewächse 268 f., 274
Rosskastanie 12
Rotauge 120, 124
rote Blutzellen 200 f.
Rote Liste 137, 151
Rotte 56
Rückenflosse 120, 131
Rudel 39
Ruderflug 99
Ruderschwanz 129
Rüttelflug 99 f.

S
Samen 255, 262
Samenanlage 245
Samenausbreitung 258
Samenerguss 215, 218
Samenformen 264
Samenpflanzen 240 ff., 266 ff.
Samenruhe 262
Sammelfrucht 256, 268
Sauerstoff 194, 200, 204
Säugetiere 38 ff., 80, 144, 148
Säulendiagramm 87
Schallblase 134
Scheide 228
Scheinblüte 272 f.
Schiffchen 271
Schlammspringer 149
schlängeln 139
Schlehe 273
Schleiche 140
Schleichjäger 46
Schleimdrüsen 129, 144
Schleuderfrucht 259
Schmetterlingsblütengewächse 271, 274
Schnabeltier 145
Schneidezahn 42

Schnüffelatmung 43
Scholle 127
Schorf 201
Schote 256, 266
Schuppe 120, 122
Schuppenkarpfen 122
Schuppenkriechtiere 140
Schwangerschaft 228 ff.
Schwanzlurch 129, 133
Schwarm 123
Schwein 56 ff.
Schweinehaltung 60
Schweinswal 150 f.
Schwellkörper 218 f.
Schwimmblase 120, 122
Schwitzen 171
schwul 225
Schwungfeder 96
Segelflug 99 f.
Sehne 167 ff.
Sehsinn 47, 72
Seitenlinienorgan 120, 123
Seitenstechen 171
Selbstausbreitung 259
Selbstbestäubung 260
Senfrauke 273
sexualisierte Gewalt 226 f.
Sexualität 224 f.
sexuelle Erregung 226
sexuelle Orientierung 225
sexueller Missbrauch 226
Sichelbein 69
Sicherheit (Experimentieren) 18 f.
Siebröhre 241
Skelett
– Amphibien 129
– Fische 122
– Mensch 45, 160 f., 167
– Reptilien 139 f.
– Säugetiere 42 f., 47, 65, 57, 65, 69, 73, 78
– Vögel 95
– Wirbeltiere 142, 144
Skelettmuskulatur 167 f.
Sohlengänger 65
Soziale Medien 187
Spaltöffnungen 241
Spechtschmiede 108
Speicheldrüsen 188 f.
Speicherorgan 292
Speiseröhre 188 f.
Sperma 218
Spermienbildung 215, 218 f.

Spermienleiter 218
Spermienpaket 135
Spermienzelle 102 f., 218 ff.
– Mensch 215, 218 ff., 228 f.
– Pflanze 250, 254 f., 260
– Tiere 48, 102 f., 124 f., 134, 139, 143
Sporenbein 73
Sport 170 f., 192, 204
Sprossachse 240 ff., 262 ff.
Sprossknolle 277, 292
Stallhaltung 57
Stammbaum 148
Standvogel 112
Stärke 178 f., 190
Stärkenachweis 178 f.
Stärkeverdauung 190
Staubblatt 245
Stechrochen 122
Steckbriefe (Methode) 40
– Axolotl 131
– Braunes Langohr 75
– Getreide 278
– Großer Abendsegler 75
– Luchs 153
– Marderhund 40
– Pflanzen 273
– Seeadler 153
– Wasserfledermaus 75
– Wolf 153
Steinfrucht 256, 268
Stellreflex 49
Stempel 245
Stereolupe (Methode) 247
Steuerfeder 96
Steuerung und Regelung (Basiskonzept) 305
Stichling 125
Stimmband 217
Stimmbruch 215
Stockwerke 284 f., 287
Stoff- und Energieumwandlung (Basiskonzept) 305
Stoffumwandlung 305
Stoffwechsel 10 ff.
Storch 108, 110 f.
Strauch 242
Strauchschicht 284
Streckmuskel 168
Streufrucht 259
Strichvogel 112
stromlinienförmig 78, 94, 96, 120, 129

Struktur und Funktion (Basiskonzept) 304
Suchmaschine 157
suhlen 56 f.
Sukzession 287, 306
Süßgräser 278
System 27
Systematik 148

T
Tabellenkalkulationsprogramm 206
tagaktiv 64
Tasthaare 47, 70, 77
Tastsinn 47
Taube 94 f., 99
Taubnessel 273
Teichfrosch 119, 128 f., 134 f.
Teichmolch 130 f.
Teilzieher 111
Temperatur 85 f., 104, 281 f.
Temperaturregulation 139, 141
Testosteron 214, 218
Thermometer 19, 283
Tierausbreitung 259
Tierbestäubung 250
Tierhaltung 54, 57, 60 ff.
Tierschutzgesetz 60
Tierwohl 60
Tierzelle 28
Tiktaalik 146 f., 307
Tragstarre 48
Training 168, 170 f.
transident 224
Traubenzucker 241
Trockenlufttiere 138
Turmfalke 109

U
Überfischung 127
Übergangsformen 147
Überwinterung 66 f., 74, 80 ff., 110 f., 129, 139
Ultraschall 72, 78
Umweltfaktoren 281 f., 285
ungeschlechtliche Vermehrung 260, 277
Urin 204
Ur-Wirbeltiere 147 f.

V
Vagina 219 f., 226
Vakuole 26 f.
Vampirfledermaus 203

vegan 175, 184
vegetarisch 179, 184
Vene 196 f.
Verdauung 53, 188 ff.
Verdauungssystem 205
Vergleichen (Methode) 50 f.
Vergleichen und Ordnen (Methode) 130 f.
Vergrößerung 21
Verhalten 38 f., 106 ff.
Verhütungsmittel 231 f.
Verletzungen 172
Vermehrung 260
Versuchsprotokoll 85
Verwandtschaft 140, 143, 148
Vitamine 175 f., 182 f., 189
Vögel 94 ff., 140, 142 ff., 148
Vogelberingung 110
Vogelfeder 96
Vogelflug 98 ff.
Vogelwarte 110
Vogelzug 110 f.
Vollblutspende 202
Vulva 219

W
Wachstum 11 f., 22
– Pflanzen 14 f., 262 f.
Wal 78, 149 f.
Wald 284 ff., 288 ff.,
Waldtypen 285
Wanderfische 126
Wärmedämmung 81, 83 f., 96
Wärmetransport 205
Wasser 174, 204
Wasserausbreitung 259
Wasserbestäubung 251
Wasserfledermaus 75
Wasserpest 26 f.
wechselwarm 120, 129, 144
Wehen 230
Weidehaltung 54, 62
Weidenblattlarve 126
Weinbergschnecke 10 f.
weiße Blutzellen 201
Weiße Taubnessel 273
Weißstorch 110 f.
Weizen 278
Wiederkäuer 53
Wiederkäuermagen 52 f.
Wiesensalbei 252
Wiesenschaumkraut 266 f.
Wildschwein 56, 59

Windausbreitung 258
Windbestäubung 251
winteraktiv 68
Winterfütterung 112
Winterruhe 66, 81, 293
Winterschlaf 74, 81, 293
Wirbel 162
Wirbelsäule 46, 94, 142, 161 ff.
Wirbeltiere 42, 65, 94, 142 ff., 146 ff.
Wirbeltierklassen 142, 144
Wirbeltierschutz 136, 150
Wochenstube 74
Wohnkessel 68
Wolf 38 f., 42, 307
Wolfshund 41
Wollhaare 43, 79
Wurzel 240
Wurzelhaare/-härchen 240 f., 262, 304
Wurzelknöllchen 260, 292
Wurzelschicht 285

Z
Zähne 42 f., 46, 52, 56 f, 65, 67, 76 f.
Zahnformel 42, 52, 65, 70
Zahnwal 78
Zauneidechse 138 f.
Zehengänger 42, 46
Zehenspitzengänger 53, 57
Zelle 20, 22, 26 ff., 175, 204
Zellgrößen 22
Zellhaufen 228 f.
Zellkern 27 f.
Zellmembran 27 f.
Zellorganell 27
Zellplasma 27 f.
Zellteilung 229
Zelltheorie 22
Zelltypen 22
Zellwand 26 f.
Züchtung 38, 54, 58, 276 f.
Zugrouten 110
Zugvogel 110 f.
züngeln 138, 140
Zungenblüte 272
Zweinutzungsrasse 54
Zwerchfell 193
Zwiebel 29 f., 292
Zwillinge 228, 233
Zwischenrippenmuskulatur 192
Zwitterblüte 245
Zygote 228 f.
Zyklus 220 f.

Bildnachweis

Fotos: Cover: Foto: stock.adobe.com/Anatolii; Schrift: Sofarobotnik; S. 3/l.: stock.adobe.com/Markus Wegmann; S. 3/r.: mauritius images/nature picture library; S. 4/l.: stock.adobe.com/serkanmutan; S. 4/r.: stock.adobe.com/Eric Isselée; S. 5/l.: Shutterstock.com/stockfour; S. 5/r.: stock.adobe.com/Drobot Dean; S. 6/l.: Shutterstock.com/Marina Lohrbach; S. 9: stock.adobe.com/Markus Wegmann; S. 10/1: mauritius images/nature picture library; S. 10/2: stock.adobe.com/YULIIA; S. 11/3 A+C: mauritius images/Minden Pictures; S. 11/3 B: Imago Stock & People GmbH/blickwinkel; S. 12/1: Shutterstock.com/kaczor58; S. 12/2: mauritius images/Minden Pictures; S. 13/A: mauritius images/Photononstop; S. 13/B: Shutterstock.com/Kolonko; S. 13/C: stock.adobe.com/phonlamaiphoto; S. 13/D: mauritius images/mauritius images/Rosenfeld; S. 13/E: mauritius images/DK Images; S. 13/F: Shutterstock.com/Stu Porter/Nattika; S. 13/G: mauritius images/alamy stock photo/© mauritius images; S. 13/H: mauritius images/alamy stock photo; S. 13/I: Shutterstock.com/Hatmidi; S. 14/1: bpk/Philadelphia Museum of Art/Art Resource, NY; S. 14/2: Shutterstock.com/images72; S. 16/1 A: stock.adobe.com/trattieritratti; S. 16/1 B: stock.adobe.com/Dragosh; S. 19/4 A: Cornelsen/Volker Döring; S. 19/4 B: Cornelsen/Volker Minkus; Cornelsen/Tim Kahler; S. 20/2 A: mauritius images/Science Source; S. 20/2 B: mauritius images/Science Source; S. 21: Cornelsen/Tim Kahler; S. 21: stock.adobe.com/creativenature.nl; S. 22/1 A+B: Cornelsen/Tim Kahler; S. 22/2 A: Imago Stock & People GmbH/imago images/blickwinkel; S. 22/2 B: mauritius images/Science Source; S. 22/2 C: mauritius images/Blickwinkel/Alamy Stock Photos; S. 23/A1 A: stock.adobe.com/Elle; S. 23/A1 B: stock.adobe.com/DoraZett; S. 23/A1 C: stock.adobe.com/Sophia; S. 23/A1 D: stock.adobe.com/Real Moment; S. 23/A2: Cornelsen/Tim Kahler; S. 24: Euromex Microscopen B.V.; S. 26/1 A: mauritius images/Reinhard Hölzl/imageBROKER; S. 26/1 B: mauritius images/Stu Porter/Alamy Stock Photos; S. 26/2 A: Science Photo Library/Cattlin, Nigel; S. 26/2 B: stock.adobe.com/juancajuarez; S. 27/3 A: mauritius images/Alamy/Grant Heilman Photography; S. 28/1 A: mauritius images/M. I. Walker/Science Source/M. I. Walker; S. 29/A1: stock.adobe.com/Anna Marín; S. 29/B1: mauritius images/Grzegorz Skaradziński/Alamy Stock Photos; S. 31/3: stock.adobe.com/Zadvornov; S. 37: mauritius images/nature picture library; S. 38: stock.adobe.com/Alex Segre; S. 39/2: Imago Stock & People GmbH/imago/blickwinkel; S. 40: Shutterstock.com/Neil Bowman; S. 41/A1: Shutterstock.com/Volodymyr Burdiak; S. 41/A2: Shutterstock.com/Michal Ninger; S. 41/A3: dpa Picture-Alliance/dpa/dpa-Zentralbild; S. 42: mauritius images/C S Wimsey/Alamy Stock Photos; S. 44/1 A: stock.adobe.com/love_dog_photo; S. 44/1 B: stock.adobe.com/Cavan; S. 46/1: tock.adobe.com/FurryFritz; S. 48/2: Shutterstock.com/Mr.Sutun photographer; S. 49/A1 A: Shutterstock.com/Super8; S. 49/A1 B: Imago Stock & People GmbH/imago images/imagebroker; S. 49/A1 C: stock.adobe.com/Firn; erzeugt mit generativer KI; S. 49/A2: Shutterstock.com/Adventuring Dave; S. 49/B1: mauritius images/Sam Sloan/Alamy Stock Photos; S. 51/2 A: stock.adobe.com/Vince Scherer; S. 51/2 B: stock.adobe.com/zontica; S. 51/4 A: stock.adobe.com/Puripatch; S. 51/4 B: stock.adobe.com/vizland; S. 52/1: Shutterstock.com/smereka; S. 54/1: Shutterstock.com/symbiot; S. 54/2: mauritius images/alamy stock photo/Godong; S. 54/3: stock.adobe.com/familie-eisenlohr.de; S. 55/A1: stock.adobe.com/argot; S. 55/A2: stock.adobe.com/Michael Siller; S. 55/B1: stock.adobe.com/vulkanismus; S. 55/B2: stock.adobe.com/Christophe Fouquin; S. 55/B3: mauritius images/Wayne HUTCHINSON/Alamy Stock Photos; S. 56: stock.adobe.com/nmelnychuk; S. 57/3: Shutterstock.com/Dennis van de Water; S. 57/4 l.: stock.adobe.com/David; S. 59/A1: Shutterstock.com/KACHALKIN OLEG; S. 59/A2: Shutterstock.com/acceptphoto; S. 59/B1: Detlef Finger; S. 60/1 A: stock.adobe.com/agrarmotive; S. 60/1 B: Shutterstock.com/Stephen Farhall; S. 61/3 B: Imago Stock & People GmbH/imago images/Countrypixel; S. 61/3 C: mauritius images/Blickwinkel/Alamy Stock Photos; S. 61/3A: Imago Stock & People GmbH/imago images/Cavan Images; S. 64/1: mauritius images/alamy stock photo; S. 65/4: Imago Stock & People GmbH/imagebroker; S. 66/1: Imago Stock & People GmbH/imago stock&people; S. 66/2: dpa Picture-Alliance/OKAPIA KG; S. 68/1: Imago Stock & People GmbH/imagebroker; S. 70/1: stock.adobe.com/carmenrieb; S. 70/2: stock.adobe.com/Reiner Wellmann; S. 71/B2: stock.adobe.com/natalya2015; S. 72: dpa Picture-Alliance/T. Douma/AGAMI/blickwinkel; S. 74/1: Imago Stock & People GmbH/blickwinkel; S. 75/u. l.: stock.adobe.com/Bernd Wolter; S. 75/u. m.: Okapia/imageBROKER/Dieter Mahlke; S. 75/u. r.: stock.adobe.com/AGAMI; S. 76/1: Shutterstock.com/Podolnaya Elena; S. 76/2: Shutterstock.com/That Hiking Guy; S. 78/2: mauritius images/nature picture library; S. 79/B1: mauritius images/McPHOTO; S. 80: mauritius images/Westend61; S. 81/2 A: stock.adobe.com/Gerisch; S. 81/2 B: stock.adobe.com/creativenature.nl; S. 82/1: mauritius images/Reiner Bernhardt; S. 82/3: Dr. Frank-Uwe F. Michler; S. 83: Martin Post; S. 83/B2: Cornelsen/Inhouse, Benutzeroberfläche aus Microsoft Excel 2016; S. 84: Shutterstock.com/COULANGES; S. 91: Shutterstock.com/Miroslav Hlavko; S. 93: stock.adobe.com/serkanmutan; S. 94/1: Shutterstock.com/Marta Fernandez Jimenez; S. 97/B1: stock.adobe.com/Krzysztof Bubel; S. 97/C1: mauritius images/Penny Baines/Alamy Stock Photos; S. 98/1: mauritius images/age fotostock; S. 101/B1: mauritius images/Rosemarie Kappler; S. 101/B2: mauritius images/Roger Tidman/FLPA/imageBROKER; S. 102/1: Shutterstock.com/Melnikov Dmitriy; S. 102/2: Cornelsen/Volker Minkus; S. 103/4: Imago Stock & People GmbH/blickwinkel; S. 104/1 A: mauritius images/Oleh Malshakov/Alamy Stock Photos; S. 104/1 b: mauritius images/Phil Degginger/imageBROKER; S. 104/1 C: dpa Picture-Alliance/imageBROKER; S. 104/2: dpa Picture-Alliance/OKAPIA KG; S. 105/A1: stock.adobe.com/rawintanpin; S. 105/C1: Cornelsen/Volker Minkus; S. 106/1: stock.adobe.com/Lothar Lenz; S. 106/2 A: Shutterstock.com/SanderMeertinsPhotography; S. 106/2 B: Imago Stock & People GmbH/imago images/UIG; S. 106/2 C: mauritius images/Bob Gibbons/Alamy Stock Photos; S. 107/3 A: Imago Stock & People GmbH/PantherMedia/Manfred Angermayr; S. 107/3 B: Shutterstock.com/Rolands Linejs; S. 107/3 C: Shutterstock.com/Peter S A Baker; S. 108/1: dpa Picture-Alliance/blickwinkel/McPHOTO/R. Mueller; S. 108/2: stock.adobe.com/Czesaw; S. 109/A2: dpa Picture-Alliance/blickwinkel/McPHOTO; S. 109/B1 A: mauritius images/Buiten-Beeld; S. 109/B1 B: mauritius images/Ben Schonewille/Alamy Stock Photos; S. 110/1: dpa Picture-Alliance/Felix Kästle/dpa; S. 110/2: mauritius images/alamy stock photo/Vasileios Karafyllidis; S. 111/4: mauritius images/Burkhard Sauskojus/imageBROKER; S. 112/1 A: Imago Stock & People GmbH/R. Kistowski/wunderbare-erde; S. 112/1 B: Shutterstock.com/Amanda Hedley; S. 112/1 C: Imago Stock & People GmbH/blickwinkel; S. 112/1 D: Shutterstock.com/Fascinadora; S. 112/2: stock.adobe.com/LDC; S. 113/B1 A: Imago Stock & People GmbH; S. 113/B1 B: stock.adobe.com/ArTo; S. 119: stock.adobe.com/Eric Isselée; S. 120/1: stock.adobe.com/julien leiv; S. 122/1 A: stock.adobe.com/Vladimir Wrangel; S. 122/1 B: mauritius images/Rolf von Riedmatten/imageBROKER; S. 122/1 C: stock.adobe.com/Swen Mecklenburg; S. 122/1 D: mauritius images/Frank Hecker/Alamy Stock Photos; S. 122/1 E: stock.adobe.com/prochym; S. 123: Cornelsen/Lisa Matthiesen; S. 125/1: Imago Stock & People GmbH/imago stock&people; S. 125/3 A: Imago Stock & People GmbH/imago images/blickwinkel; S. 125/3 B: Imago Stock & People GmbH; S. 125/3 C: dpa Picture-Alliance/blickwinkel/A. Hartl; S. 126/2: mauritius images/nature picture library; S. 128/1: dpa Picture-Alliance/Shotshop; S. 129/5: Imago Stock & People GmbH/Zoonar; S. 130/o. l.: imago/blickwinkel; S. 130/o. r.: stock.adobe.com/Erni; S. 130/u. l.: mauritius images/imageBroker/Neil Bowman/FLPA; S. 130/u. r.: stock.adobe.com/kikkerdirk; S. 131/u. r.: Shutterstock.com/JanBeZiemi; S. 132/2: stock.adobe.com/hfuchs; S. 133/A: Shutterstock.com/Rudmer Zwerver; S. 133/B: stock.adobe.com/bennytrapp; S. 133/C: Shutterstock.com/imageBROKER.com; S. 133/D: Shutterstock.com/HWall; S. 134/1: Imago Stock & People GmbH/blickwinkel; S. 134/2: stock.adobe.com/Maren Winter; S. 135/A: Shutterstock.com/Bachkova Natalia; S. 135/3 B: Shutterstock.com/Michael Benard; S. 135/3 C: dpa Picture-Alliance/imageBROKE/imageBROKER; S. 135/3 D: Imago Stock & People GmbH/blickwinkel; S. 135/4: stock.adobe.com/Wolfgang Hauke; S. 136/1: stock.adobe.com/Mario Hoesel; S. 136/2: stock.adobe.com/ms_pics_and_more; S. 138/1: stock.adobe.com/Claudia; S. 139/3: mauritius images/David Boag/Alamy Stock Photos; S. 140/1 A: stock.adobe.com/Kletr; S. 140/1 B: Imago Stock & People GmbH; S. 140/3 A: stock.adobe.com/Thorsten Spoerlein; S. 140/3 B: stock.adobe.com/Marcel; S. 140/3 C: Imago Stock & People GmbH; S. 140/3 D: stock.adobe.com/bennytrapp; S. 145/A1: Imago Stock & People GmbH/imagebroker; S. 145/A2: stock.adobe.com/Marek R. Swadzba; S. 146/1: Beth Rooney; S. 146/2 B: mauritius images/Tami Freed/Alamy Stock Photos; S. 149/A1: stock.adobe.com/Stéphane Bidouze; S. 150/1: mauritius images/Minden Pictures; S. 150/2: sciencephotolibrary/Â/MARTYN F. CHILLMAID; Tom Menzel, bearb. von newVision! GmbH, Bernhard A. Peter; S. 153/L: stock.adobe.com/henk bogaard; S. 153/m.: stock.adobe.com/JAKLZDENEK; S. 153/r.: stock.adobe.com/AB Photography; S. 157: Shutterstock.com/F.Rubino; S. 159: stock.adobe.com/stockfour; S. 160/1: Cornelsen/Volker Minkus; S. 163/B1: Cornelsen/Volker Minkus; S. 165/1 B: Okapia/imageBROKER/Emanuele Ciccomartino; S. 166/1: mauritius images/JIRI; S. 166/2 B: Imago Stock & People GmbH/blickwinkel; S. 169/B1: stock.adobe.com/BigandtPhotography.com/Mikkel Bigandt; S. 170: Imago/imagebroker; S. 171/2. v. o.: stock.adobe.com/africa-studio.com (Olga Yastremska and Leonid Yastremskiy)/studio.com (Olga Yastremska and Leonid Yastremskiy)/africa/Africa Studio; S. 171/3. v. o.: stock.adobe.com/Ripicts/Sergey Novikov; S. 171/o.: stock.adobe.com/yanlev; S. 171/u. r.: stock.adobe.com/Sergey Novikov (SerrNovik) ripicts.com; S. 172/1: stock.adobe.com/Racle Fotodesign; S. 174/1: stock.adobe.com/marucyan; S. 174/2 A: stock.adobe.com/Brent Hofacker; S. 174/2 B: stock.adobe.com/PhotoSG; S. 178/1, Hintergrund: Cornelsen/Oliver Meibert, Berlin; S. 179/3 A: Imago Stock & People/blickwinkel; S. 179/3 B: OKAPIA KG/ISM/J.C. Révy; S. 182/1: Shutterstock.com/b7; S. 183: stock.adobe.com/rdnzl; S. 184/2: Shutterstock.com/Annette Meyer;

335

Bildnachweis

S. 187/3: stock.adobe.com/Anetta; S. 187/4: stock.adobe.com/Anastasia; S. 188/1: mauritius images/André Pöhlmann; S. 191/B1: Science Photo Library/MARTYN F. CHILLMAID; S. 192/1: Shutterstock.com/wavebreakmedia; S. 193/4: mauritius images/Science Source; S. 195/A1: Cornelsen/Timo Grubing; S. 196: stock.adobe.com/travelview; S. 197/3: OKAPIA KG/Claude Cortier; S. 198/1: stock.adobe.com/Sebastian Kaulitzki; S. 199/C1: Shutterstock.com/Miriam Doerr, Martin Frommherz; S. 200/1: stock.adobe.com/2xSamara.com; S. 200/2: mauritius images/alamy stock photo/Cuelmages; S. 201/3: Okapia/David Spears/ARDEA; S. 201/4: Science Photo Library/Nishinaga, Susumu; S. 202/1: stock.adobe.com/angellodeco; S. 202/2: mauritius images/Helmut Meyer zur Capellen/imageBROKER; S. 202/3: Shutterstock.com/l i g h t p o e t; S. 203/B1: Picture-Alliance/dpa/Ardea/Mary Evans Pi; S. 204: Imago Stock & People GmbH/Westend61; S. 207/A1 B: stock.adobe.com/MyriamB; S. 213: stock.adobe.com/Drobot Dean; S. 214: stock.adobe.com/ehrenberg-bilder; S. 216/2 A: stock.adobe.com/yanik88; S. 216/2 B: stock.adobe.com/Monkey Business; S. 216/2 C: mauritius images/imageBroker/Uwe Umstätter; S. 216/2 D: stock.adobe.com/contrastwerkstatt; S. 216/2 E: stock.adobe.com/Egoitz; S. 217/A1 l.: stock.adobe.com/Anatoly Tiplyashin; S. 217/A1 r.: stock.adobe.com/pavelkant; S. 217/A2 l.: stock.adobe.com/makam1969; S. 217/A2 r.: stock.adobe.com/Ben Gingell; S. 219/3: OKAPIA/NAS/David M. Phillips; S. 221/2 l.: stock.adobe.com/manassanant; S. 221/2 r.: stock.adobe.com/ansyvan; S. 224/1: stock.adobe.com/Alfonso Sangiao Delgado/Sangiao_Photography; S. 224/2: stock.adobe.com/Scott Griessel; S. 225/L: stock.adobe.com/Guillem de Balanzó; S. 225/m.: stock.adobe.com/olly; S. 225/u.: stock.adobe.com/luisrojasstock; S. 226/1: stock.adobe.com/Uladzimir; S. 226/2: Shutterstock.com/GenViewFinder; S. 227/A1 A: stock.adobe.com/LIGHTFIELD STUDIOS; S. 227/A1 B: mauritius images/Goran Jakuš/Alamy Stock Photos; S. 227/A2 A: Shutterstock.com/Sansakrit; S. 227/A2 B: stock.adobe.com/Westend61; S. 228: stock.adobe.com/Syda Productions; S. 230/1: Science Photo Library/EDELMANN; S. 230/3: stock.adobe.com/BEVIS/bevisphoto; S. 231/4 l.: mauritius images/Oleksandr Latkun/imageBROKER; S. 231/4 r.: mauritius images/Westend61; S. 231/5: stock.adobe.com/Wolfilser; S. 232/o.: stock.adobe.com/Nataliya; S. 233/D2: Science Photo Library/DR G. MOSCOSO; S. 239: Shutterstock.com/Marina Lohrbach; S. 240: stock.adobe.com/muratart; S. 242/2 A: mauritius images/alamy stock photo; S. 242/2 B: stock.adobe.com/Danita Delimont; S. 242/2 C: stock.adobe.com/Tobias; S. 243/B1: Depositphotos/Eva Volpato; S. 243/B2: stock.adobe.com/Volodymyr; S. 243/B3: stock.adobe.com/Pixelmixel; S. 244/1: stock.adobe.com/Robert Schneider; S. 244/2 A: Shutterstock.com/Manfred Ruckszio; S. 244/2 B: Cornelsen/Volker Minkus; S. 245/5 A: stock.adobe.com/Lukassek; S. 245/5 B: stock.adobe.com/@escarlosfx; S. 245/5 u.: Okapia/Sohns; S. 246/1 A: stock.adobe.com/bornholm; S. 246/1 B: stock.adobe.com/michaklootwijk; S. 246/1 D: stock.adobe.com/electriceye; S. 246/2: Cornelsen/Engelhardt Göbel; S. 246/4: Cornelsen/Nicole Schaller-Picard; S. 247/5: stock.adobe.com/SERHAT; S. 247/6: Cornelsen/Nicole Schaller-Picard; S. 248/3: mauritius images/foodcollection; S. 249/A1: Cornelsen/Volker Minkus; S. 250/1: dpa Picture-Alliance/Patrick Pleul; S. 251/3 A: mauritius images/Ottfried Schreiter; S. 251/3 B: stock.adobe.com/Carola Schubbel; S. 253/A1 A: Imago Stock & People GmbH/Werner Lerooy; S. 253/A1 B: mauritius images/Tim Gainey/Alamy Stock Photos; S. 253/A2 A: Okapia/David Spears/Last Refuge/ARDEA; S. 253/A2 B: mauritius images/Science Source; S. 253/A2 C: Shutterstock.com/AGR211; S. 254/1: stock.adobe.com/robertuzhbt89; S. 255/3: OKAPIA KG/Dr.Frieder Sauer; S. 256/1 A: Depositphotos/Veniamin Kraskov; S. 256/2 A + 4 A + 5 A: Cornelsen/Volker Minkus; S. 256/3 A: Okapia/imagebroker/Creativ Studio Heinemann; S. 257/A1 l.: stock.adobe.com/spinetta; S. 257/A2 l.: stock.adobe.com/Julija Sapic; S. 257/A3 l.: stock.adobe.com/blende11.photo; S. 257/A4 l.: stock.adobe.com/dimakp; S. 257/B2: stock.adobe.com/mirkomedia; S. 258/1: mauritius images/Anna Grigorjeva/Alamy Stock Photos; S. 258/2: mauritius images/Pitopia; S. 258/3: stock.adobe.com/Thaut Images; S. 259/4: Shutterstock.com/Photoongraphy; S. 259/5 A: Okapia/imageBROKER/Dirk v. Mallinckrodt; S. 259/5 A: stock.adobe.com/S.R.Miller; S. 259/5 B: sciencephotolibrary/Camazine, Scott; S. 259/5 C: sciencephotolibrary/GERD GUENTHER; S. 259/6 B: stock.adobe.com/M. Schuppich; S. 261/B1: Shutterstock.com/AlessandroZocc; S. 262: Shutterstock.com/lovelyday12; S. 263/2: Shutterstock.com/VVVproduct; S. 266/1 A: stock.adobe.com/photobars; S. 266/1 B: stock.adobe.com/orestligetka; S. 266/1 C: stock.adobe.com/LFRabanedo; S. 266/1 D: Shutterstock.com/Vankich1; S. 268/1 A: Shutterstock.com/Radka1; S. 268/1 C: stock.adobe.com/KPixMining; S. 269/A1 A: Shutterstock.com/Luca love photo; S. 269/A1 B: Okapia/imageBROKER/Sunny Celeste; S. 269/A2 A: Imago Stock & People GmbH/imago blickwinkel; S. 269/A2 B: Okapia/imageBROKER/Robert Ruidl; S. 269/B1: Shutterstock.com/nnattalli; S. 269/B2: mauritius images/Flowerphotos; S. 270/1: Shutterstock.com/KarinSgu; S. 270/2 a: mauritius images/Alamy/Michal Boubin; S. 271/3 A: imago images/CHROMORANGE; S. 272/1 A: Shutterstock.com/boyphare; S. 273/o. l.: stock.adobe.com/gabriffaldi; S. 273/o. m.: stock.adobe.com/tom; S. 273/o. r.: Shutterstock.com/hadot 760; S. 273/u. l.: stock.adobe.com/Krzysztof Bubel; S. 273/u. m.: stock.adobe.com/delobol; S. 274/1: S. 274/2: mauritius images/alamy stock photo/Zoonar GmbH; S. 276: Okapia/Hans Reinhard; S. 277/3: mauritius images/dieKleinert; S. 279/B1: Shutterstock.com/thirawatana phaisalratana; S. 279/B2: Shutterstock.com/Yasin Hasan; S. 280/1: mauritius images/McPHOTO; S. 280/2: Imago Stock & People GmbH/CHROMORANGE; S. 281/3: dpa Picture-Alliance/blickwinkel/A. Hartl; S. 281/4: stock.adobe.com/Ernie Cooper; S. 281/5: mauritius images/imageBroker/Michael Krabs; S. 281/6: stock.adobe.com/PIXATERRA; S. 284: stock.adobe.com/AVTG; S. 286/1: mauritius images/imagebroker/Dieter Hopf; S. 286/3: mauritius images/imagebroker/Hugh Clark/FLPA; S. 288/1: dpa Picture-Alliance/Patrick Paul; S. 291/u.: dpa Picture-Alliance/ZB/Wolfgang Thieme; S. 292/1: Shutterstock.com/Lillian Tveit; S. 294/1: stock.adobe.com/scaleworker; S. 295/A1: mauritius images/alamy stock photo/tbkmedia.de; S. 295/A2: Imago Stock & People GmbH; S. 296/1: Okapia/imageBROKER/FLPA/Paul Miguel; S. 296/2 A: OKAPIA KG/Hans Reinhard/© Hans Reinhard; S. 296/2 B: stock.adobe.com/nadin333; S. 297/3: Shutterstock.com/INTREEGUE Photography; S. 297/4: stock.adobe.com/Aufwind-Luftbilder; S. 297/5: stock.adobe.com/Frank Roeder/Imaginis; S. 298/1: mauritius images/Frank Sommariva/imageBROKER; S. 298/2: stock.adobe.com/JEFs-FotoGalerie; S. 299/A1: stock.adobe.com/Inka; S. 299/B1: mauritius images/alamy stock photo/Jörg Müller; S. 302/3 A: mauritius images/alamy stock photo/Joe Blossom; S. 302/3 B: Panther Media GmbH/G. Temmen; S. 304/1 A: stock.adobe.com/allocricetulus; S. 304/1 B: stock.adobe.com/alan; S. 304/2: stock.adobe.com/Crystal light; S. 305/3: stock.adobe.com/Piotr Krzeslak; S. 305/4: Shutterstock.com/COULANGES; S. 306/1: stock.adobe.com/Reza; S. 306/2: Shutterstock.com/lovelyday12; S. 307/1: Beth Rooney; S. 307/4: mauritius images/J. Borris; hint. Vorsatz, links: o.: stock.adobe.com/Crystal light, m.: stock.adobe.com/Piotr Krzeslak, u.: Shutterstock.com/COULANGES; hint. Vorsatz, rechts: o.: Shutterstock.com/lovelyday12, m.: Beth Rooney, u.: mauritius images/J. Borris

Illustrationen: Cornelsen/Andrea Thiele: S. 15, S. 18, S. 22/1 C, S. 27/3 B, S. 28/1 B + 2, S. 33/außer 3. v. o., S. 35, S. 41/u., S. 45/B1, S. 48/1, S. 58, S. 71/B1, S. 74/2, S. 75/A1, S. 77/3, S. 122/2, S. 127, S. 135/5, S. 145/B1, S. 151, S. 155/3. v. o., S. 164, S. 186, S. 222/u., S. 223/C2, S. 227/u. A-C, S. 235/3. v. o., S. 243/o., S. 245/3, S. 248/2 + 4, S. 257/B1, S. 299/A2, S. 301/o.; **Cornelsen/Detlef Seidensticker, bearbeitet von newVision! GmbH, Bernhard A. Peter:** 173/A1 + B2, S. 235/5. v. o.; **Cornelsen/Esther Welzel bearbeitet von newVision! GmbH, Bernhard A. Peter:** S. 139/4; **Cornelsen/Hannes von Goessel:** S. 182/2, S. 184/1; **Cornelsen/Ingrid Schobel, bearbeitet von newVision! GmbH, Bernhard A. Peter:** S. 253/B1; **Cornelsen/Karin Mall:** S. 99/3, S. 128/2, S. 152/1; **Cornelsen/Karin Mall, bearbeitet von newVision! GmbH, Bernhard A. Peter:** S. 116/1, S. 136/3, S. 137, S. 176, S. 181, S. 190/1, S. 232/u., S. 271/4; **Cornelsen/Markus Ruchter:** S. 63/3, S. 285/3; **Cornelsen/Markus Ruchter, bearbeitet von newVision! GmbH:** S. 149/B1; S. 274/1; **Cornelsen/newVision! GmbH, Bernhard A. Peter:** S. 17, S. 30/u. l.–m., S. 31/2, S. 33/3.v.o., S. 63/2, S. 69/m. r., S. 79/o. l., S. 81/3, S. 82/4, S. 85, S. 87, S. 105/A2, S. 120/2, S. 131/3, S. 140/4, S. 152/2, S. 155/2.+5.v.o., S. 165/1 A, S. 169/A1 + B2, S. 172/2, S. 173/B1 + C1, S. 189/r. u., S. 209/1.+ 4. v. o., S. 190/2, S. 217/B2, S. 227/u. o. l., S. 243/u., S. 248/1, S. 249/A3, S. 257/A1–A4 r., S. 261/B2, S. 277/2, S. 279/A1, S. 282/1, S. 283/B1, S. 301/2. v. o.; **Cornelsen/Rainer Götze:** S. 98/2, S. 99/4, S. 100, S. 115/2.+ 5. v. o.; **Cornelsen/Rainer Götze, bearbeitet von newVision! GmbH, Bernhard A. Peter:** S. 101/A2, S. 111/3, S. 141/A1; **Cornelsen/Robert Fontner-Forget:** S. 156/2, S. 302/2; **Cornelsen/Stephan Winkler, bearbeitet von Tom Menzel und newVision! GmbH, Bernhard A. Peter:** S. 198/2; **Cornelsen/Tom Menzel:** S. 25, S. 46/2, S. 47/4 + u., S. 64/2, S. 68/2, S. 73/3, S. 135/3 u. (A–D), S. 142/2: S. 147/4, S. 160/2, S. 163/A1 + A2, S. 166/2 A, S. 167/4, S. 256/2–5 B, S. 272/2, S. 278/m. + r., S. 302/1, S. 303, S. 120/3; **Cornelsen/Tom Menzel, bearbeitet von Andrea Thiele:** S. 124, S. 245/4, S. 250/2, S. 265/B1, S. 267/2; **Cornelsen/Tom Menzel, bearbeitet von newVision! GmbH, Bernhard A. Peter:** S. 19/5, S. 20/1, S. 23/u. r., S. 30/1, S. 30/m. + u. r., S. 34, S. 39/3, S. 43, S. 45/A1, S. 47/3, S. 51/3 + 5 + 6, S. 53, S. 57/2 + 4 r., S. 65/3, S. 67, S. 69/2, S. 70/3, S. 73/2, S. 77/4 + S. 78/1, S. 89, S. 90, S. 94/2, S. 95, S. 96, S. 97/A2, S. 99/4, S. 100, S. 103/3, S. 109/A1, S. 115/1. + 3. + 4. v. o., S. 116/2 + 3, S. 117, S. 121/4 + 5, S. 126/1, S. 129/3 + 4, S. 132/1, S. 138/2, S. 139/5, S. 140/2, S. 141/B1, S. 142/3, S. 144, S. 146/2 A, S. 147/3, S. 148, S. 155/1. + 4. v. o., S. 156/1, S. 161, S. 162, S. 167/3, S. 168, S. 169/A2, S. 178/1, u. + 2, S. 179/4, S. 180, S. 181, S. 188/2, S. 189/3 + 4, S. 190/3, S. 191/o. l., S. 192/2, S. 193/3, S. 194, S. 195/B1 + C1, S. 197/2 + 4, S. 199/A1 + B1, S. 203/C1, S. 205, S. 207/A1 A + B1, S. 209/2. + 3. + 5. v. o., S. 210, S. 215, S. 217/B1, S. 218, S. 219/2, S. 220, S. 222/o., S. 223/C1, S. 229, S. 230/2, S. 233/C1, S. 235/1.+ 2.+ 4. v. o., S. 236, S. 237, S. 241, S. 242/1, S. 244/2 C, S. 249/A2, S. 251/4, S. 252, S. 254/2, S. 255/4, S. 256/1 B, S. 260, S. 261/A1, S. 263, S. 263/4, S. 264, S. 265/A1, S. 267/3, S. 268/1 B, S. 270/2 B, S. 271/3 B+C, S. 272/1 B, S. 275, S. 278/l., S. 285/2, S. 286/2, S. 287, S. 288/2, S. 289, S. 290, S. 291/o., S. 293, S. 294/2, S. 295/B1, S. 301/3.-5. v. o.

Basiskonzepte

Übergeordnete Merkmale und Prinzipien der Biologie werden in den Basiskonzepten zusammengefasst. Mithilfe der Basiskonzepte kann man viele Themen der Biologie im Zusammenhang sehen und so besser verstehen.

Struktur und Funktion

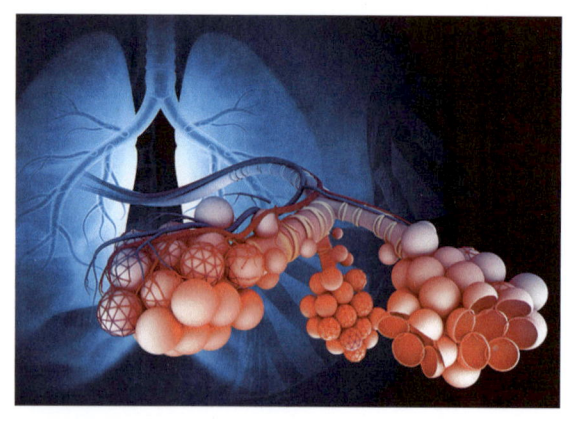

Lebewesen, Organe und Zellen haben Strukturen, die zu ihrer Funktion passen. Diese Erkenntnis beschreibt das Basiskonzept Struktur und Funktion. Bei vielen biologischen Strukturen findet man das Prinzip der Oberflächenvergrößerung. In der Lunge bewirkt die riesige Zahl der Lungenbläschen eine enorm große Oberfläche. Der Dünndarm ist stark gefaltet, sodass die Kontaktfläche zwischen Darm und Blutgefäßen besonders groß ist. Pflanzen besitzen feine Wurzelhaare, die die Oberfläche vergrößern. Alle diese Strukturen gewährleisten einen optimalen Stoffaustausch.

Stoff- und Energieumwandlung

Pflanzen betreiben mithilfe der Sonnenenergie Fotosynthese. Dabei nehmen sie energiearme Stoffe auf und stellen energiereiche Nährstoffe her. Die Stoff- und Energieumwandlung bei Pflanzen bildet die Grundlage für andere Lebewesen. Tiere nehmen Nährstoffe auf. Durch Stoffwechselvorgänge wird die darin enthaltene Energie verfügbar. Dies bezeichnet man als Energieumwandlung. Ein Teil der aufgenommenen Stoffe wird in körpereigene Stoffe umgewandelt. Mithilfe dieser Stoffumwandlung können Lebewesen wachsen und Gewebe neu bilden.

Steuerung und Regelung

Alle Lebewesen steuern und regeln ihre Lebensprozesse. So können sie mit wechselnden Umwelteinflüssen zurechtkommen. Die Körpertemperatur gleichwarmer Tiere wird aufrechterhalten, indem sie innerhalb des Körpers geregelt wird. Die Fähigkeit von Lebewesen, Bedingungen im Körper auf einen bestimmten Wert einzustellen, bezeichnet man als Regelung. Hormone steuern die individuelle Entwicklung bei Lebewesen. Sie lösen beim Menschen die Pubertät aus, steuern den Menstruationszyklus oder halten eine Schwangerschaft aufrecht.